Der „Studienkurs Politikwissenschaft"
wird herausgegeben von

Prof. Dr. Winand Gellner, Universität Passau

STUDIENKURS POLITIKWISSENSCHAFT

Prof. Dr. Gert Krell
Goethe-Universität Frankfurt am Main

Weltbilder und Weltordnung

Einführung in die Theorie der internationalen Beziehungen

4. überarbeitete und aktualisierte Auflage

Nomos

Die Deutsche Bibliothek verzeichnet diese Publikation in
der Deutschen Nationalbibliografie; detaillierte bibliografische
Daten sind im Internet über http://dnb.ddb.de abrufbar.

ISBN 978-3-8329-4605-0

4. überarbeitete und aktualisierte Auflage 2009
© Nomos Verlagsgesellschaft, Baden-Baden 2009. Printed in
Germany. Alle Rechte, auch die des Nachdrucks von Auszügen,
der fotomechanischen Wiedergabe und der Übersetzung,
vorbehalten. Gedruckt auf alterungsbeständigem Papier.

für Irene

(...) keines jener Gedankensysteme, deren wir zur Erfassung der jeweils bedeutsamen Bestandteile der Wirklichkeit nicht entraten können, kann ja ihren unendlichen Reichtum erschöpfen. Keins ist etwas anderes als der Versuch, auf Grund des jeweiligen Standes unseres Wissens und der uns jeweils zur Verfügung stehenden begrifflichen Gebilde, Ordnung in das Chaos derjenigen Tatsachen zu bringen, welche wir in den Kreis unseres Interesses jeweils einbezogen haben. (...) was sie [die Wissenschaft] allein leisten kann: Begriffe und Urteile, die nicht die empirische Wirklichkeit sind, auch nicht sie abbilden, aber sie in gültiger Weise *denkend ordnen* lassen.

Max Weber, 1904

Der Gegenstand des Denkens wird fortschreitend deutlicher durch die Vielfalt der Perspektiven, die sich auf ihn richten.

Peter L. Berger/Thomas Luckmann, 1966

Inhaltsverzeichnis

Teil 2: Weltbilder

Vorwort zum Studienkurs
Politikwissenschaft

Die Vielfalt politikwissenschaftlicher Studiengänge stellt für die akademische Lehre eine große Herausforderung dar. Neben die klassischen Magister- und Diplomstudiengänge treten zunehmend BA- und MA-Studiengänge, die die politikwissenschaftliche Lehre grundlegend zu verändern beginnen. Die Dozenten stehen vor dem Problem, dass in sehr kurzer Zeit hochgradig standardisierter politikwissenschaftlicher Stoff vermittelt werden muss, der in das sich immer stärker durchsetzende Klausurformat passt. Dazu tritt die Integration der Politikwissenschaft in immer mehr interdisziplinäre Studiengänge. Ob man es will oder nicht, dadurch wird der Druck immer stärker zunehmen, politikwissenschaftliches Wissen in neuen Formen bereitzustellen. Damit entsteht ein verstärktes Bedürfnis nach lehrbuchartiger Literatur, die aber selbstverständlich wissenschaftlichen Ansprüchen genügen muss. Der *Studienkurs Politikwissenschaft* ist das Ergebnis von Überlegungen, diese Herausforderung anzunehmen und erfolgreich zu bewältigen. Die Autorinnen und Autoren der Studienkurse sind profunde Kenner ihres jeweiligen Sachgebietes und bieten damit die Gewähr, dass mit der Vermittlung studienrelevanten Materials auch hohe wissenschaftliche Reputation verknüpft ist.

Alle Bände enthalten *erstens* grundlegende Informationen zu den spezifischen politikwissenschaftlichen Teilbereichen, *zweitens* darauf abgestimmte kommentierte Literaturhinweise und *drittens* Verständnisfragen. *Viertens* werden diese grundlegenden Informationen ergänzt durch in der Lehre einsetzbares Material (historische Quellen, Schaubilder oder multimediale Hilfsmittel). Ein besonderes Kennzeichen der Einführungsreihe ist die allfällige und schnelle Aktualisierung. Dabei bietet die Verknüpfung mit dem zwischenzeitlich fest etablierten politikwissenschaftlichen Online-Portal hppt://www.politik-im-netz.com/ ein hervorragendes Koordinierungs- und Aktualisierungsinstrument. Bei PIN werden die Basistexte sowie die Literaturhinweise regelmäßig aktualisiert und fortwährend aktualisierte und kommentierte Linkdatenbanken zu den verschiedenen Themenbereichen angeboten. Ferner werden die in den gedruckten Studienkursen aufgeworfenen Prüfungsfragen regelmäßig online aktualisiert und den

Dozenten verfügbar gemacht. Die Studienkurse sind also so angelegt, dass sie direkt in der Lehre einsetzbar sind. Das Konzept des Studienkurses sowie die Einhaltung der einheitlichen Formate und Standards wird vom Herausgeber sowie der PIN-Redaktion gewährleistet.

Der Studienkurs ist auf insgesamt 17 Bände angelegt. Die Bände verteilen sich auf die drei klassischen Teilgebiete der Politikwissenschaft.

Für die *Politische Theorie und Ideengeschichte* wird es drei Studienkurse geben, die sich zum einen der *Klassischen politischen Theorie* und der *Modernen politischen Theorie* sowie zum anderen den *Politischen Ideen als Ideenkreisen* widmen.

Die *Vergleichende Regierungslehre* wird durch insgesamt sieben Bände repräsentiert, die sich im Einzelnen zunächst der *Grundbegriffe, Ansätze und Methoden der Politikwissenschaft* annehmen, der horizontalen *Gewaltenteilung*, des *Föderalismus* und des *Parlamentarismus*. Neben der polity beschäftigen sich weitere Studienkurse mit politics-Themen, wie *Parteien und Wahlen, Interessengruppen* und *Medien*.

Die *Internationale Politik* schließlich wird neben dem Band zur *Weltpolitik* zunächst durch die area-orientierten Themen *Außenpolitik, Europäische Union* und *Lateinamerika* vertreten. Dazu kommen systematische Auseinandersetzungen mit der *Internationalen Politischen Ökonomie*, den *Internationalen Konflikten und Konflikttheorien* sowie schließlich der *Sicherheitspolitik*.

Wir sind fest davon überzeugt, dass die Arbeit unserer Autoren für sich selbst sprechen wird und dass der Studienkurs insgesamt zu einer großen Bereicherung der wissenschaftlichen Lehrbuchliteratur führen wird.

Prof. Dr. Winand Gellner
Passau und Zürich, im Juli 2004

Vorbemerkung zur 4. Auflage

Für die 4. Auflage habe ich den ganzen Text inhaltlich, sprachlich und formal (Schaubilder und Layout) überarbeitet, vor allem aktualisiert. Globale Entwicklungen sind bis zur gegenwärtigen Finanzkrise fortgeschrieben, die in mehreren Kapiteln angesprochen wird. An vielen Stellen habe ich zur Illustration theoretischer Annahmen aktuelle Beispiele eingefügt. Die Literaturhinweise habe ich durchgängig auf den neuesten Stand gebracht und viele neue Titel in den Text integriert, so dass sich auch jüngere fachliche Tendenzen der letzten Jahre nachvollziehen lassen. Das gilt für Fortschritte und Neubewertungen in allen Theorietraditionen, insbesondere im Realismus, im Liberalismus (hier vor allem in der zunehmend kritischer gewordenen demokratischen Friedenstheorie), im Marxismus oder im Institutionalismus. Im Kapitel über den Feminismus nehme ich verstärkt auf das Phänomen der Femiphobie und seine politischen Auswirkungen Bezug. Im Institutionalismus und im Marxismus ist jeweils ein neues Unterkapitel hinzugekommen. Die allgemeinen Literaturhinweise am Schluss enthalten jetzt auch Empfehlungen für eine kleine Kernbibliothek. Wer diese Texte frühzeitig liest oder noch besser: durcharbeitet, sollte für das Studium der Internationalen Beziehungen, in dem es noch viel mehr zu lesen geben wird, gut gerüstet sein.

Bei allen Literatur-Tipps handelt es sich selbstverständlich um eine Auswahl. Ich mische auch in den einzelnen Kapiteln immer Bücher, die ich für das Grundstudium als besonders geeignet erachte, mit anderen wichtigen Texten, die eher für Fortgeschrittene gedacht sind. Die Literatur-Tipps sind kein Literaturverzeichnis; die benutzte Literatur steht in den Fußnoten, und zwar in jedem Kapitel für sich bei der ersten Erwähnung eines Titels mit vollständigen bibliographischen Angaben, im weiteren Verlauf des Kapitels in Kurzform. Ich habe mich bemüht, bei allen Büchern die neuesten Ausgaben aufzuführen und auch danach zu zitieren. Das ist mir nicht immer gelungen, weil die entsprechenden Neuauflagen in den Bibliotheken nicht greifbar waren. Ich gebe an, wenn ich nach einer älteren Ausgabe zitiere. Bei einer Reihe von Texten habe ich hinter dem Titel in eckigen Klammern das Jahr der Erstveröffentlichung (in der Originalsprache) mit aufgeführt, um die historische Einordnung zu erleichtern.

Die Empfehlungen für einführende Texte gehen auf meine Lehrveranstaltungen an der Goethe-Universität in Frankfurt am Main zurück. Mit diesen Texten habe ich gute Erfahrungen bei Einführungen in die

Politikwissenschaft, die Theorie der internationalen Beziehungen, die Geschichte der Politischen Theorie und IB-Theorie (zusammen mit Peter Niesen) oder die Internationale Politische Ökonomie (zusammen mit Josef Esser) gemacht.

Weltbilder und Weltordnung ist aus diesen Einführungen und vielen anderen Universitäts-Veranstaltungen entstanden, aber wissenschaftlich aufgewachsen bin ich in der Hessischen Stiftung Friedens- und Konfliktforschung (HSFK) in den siebziger und achtziger Jahren. Dort hatte ich die besten intellektuellen Vorbilder, die ich haben konnte: vor allem Ernst-Otto Czempiel und Dieter Senghaas. E.-O. Czempiel hat mich für die Friedensforschung und das Studium der US-amerikanischen Außenpolitik (für ihn waren Friedensforschung und IB immer identisch) geworben und mich nachhaltig gefördert. Dieter Senghaas hat mit *Abschreckung und Frieden* und *Rüstung und Militarismus* die Bücher vorgelegt, an denen niemand, der sich damals mit Rüstungsdynamik beschäftigte, vorbei kam; für mich waren sie Initiation und Herausforderung zugleich. Wie man meinem Buch entnehmen kann, verdanke ich diesen beiden deutschen Politikwissenschaftlern sehr viel; aber natürlich auch vielen anderen Autoren und Autorinnen, von denen ich die meisten gar nicht persönlich kenne.

Für Rückmeldungen zum Entwurf für die erste Auflage im Jahr 2000 danke ich noch einmal den KollegInnen Michael Bothe, Marianne Braig, Lothar Brock, Josef Esser, Hans-Dieter König, Harald Müller und Michael Zürn. Bei den Literaturrecherchen war mir wieder Isabel Steinhardt behilflich, wichtige Tipps für die Formatierung haben mir Cornelia Hess von der HSFK und Claudia Palazzo vom Nomos-Verlag gegeben; Frau Palazzo hat mich auch auf eine Reihe von Fehlern aufmerksam gemacht. Wie immer hat mich mein Freund Klaus-Peter Wiltsch aus vielen PC-Notlagen befreit. Auch für dies alles herzlichen Dank.

Ich widme dieses Buch meiner Frau Irene; nicht weil sie mir den Rücken freigehalten hätte, wie das manchmal so schön heißt, sondern aus Dankbarkeit für eine nunmehr schon lange glückliche Beziehung.

Gert Krell, Hofheim (Taunus), im April 2009

Teil 1: Voraussetzungen

1. Politikwissenschaft, Internationale Beziehungen, Globalisierung

LESEHILFE

Die Politikwissenschaft ist die „älteste und zugleich jüngste aller Wissenschaften von der Gesellschaft des Menschen" (Carl Joachim Friedrich). Sie hat in Deutschland Vorläufer im Absolutismus und vor allem im Liberalismus des 19. Jhdts., die aufgrund der konservativen Wende der Politik im Deutschen Bund und im Kaiserreich häufig in Vergessenheit geraten. Was Politik im Kern bedeutet, darüber gehen die Auffassungen auseinander. Ich stelle einige Möglichkeiten vor und nenne dann die Teilgebiete der Politikwissenschaft, von denen die Internationalen Beziehungen das jüngste sind. Ich diskutiere, wie sich das Denken über die internationalen Beziehungen entwickelt hat, bis es sich nach der vorletzten Jahrhundertwende wissenschaftlich etablieren konnte. Im Anschluss daran gehe ich auf die Kategorien internationale Beziehungen, Weltbilder und Weltordnung ein; dabei stelle ich auch Aspekte der Debatte über Weltgesellschaft und Weltkultur vor. Im letzten Abschnitt erläutere ich verschiedene Modelle für die zentralen Strukturen der internationalen Beziehungen im Zeitalter der Globalisierung seit dem Ende des Ost-West-Konflikts.

1.1 Politikwissenschaft: das Fach

Für das Fach Politikwissenschaft gibt es keine einheitliche Bezeichnung. In älteren Lehrbüchern oder Vorlesungsverzeichnissen findet man auch Begriffe wie wissenschaftliche Politik oder politische Wissenschaft(en), auch Wissenschaft von der Politik oder Politologie. Politologie ist dem Wort Soziologie nachgebildet, wobei -logie für „die Lehre von" steht. Einige haben sogar vorgeschlagen, das Fach Politikologie zu nennen. *Politus* gibt es zwar im Lateinischen, aber das heißt auf Deutsch geschmackvoll hergerichtet oder auch fein und gebildet. Nun ist die Politikwissenschaft sicher ein feines und gebildetes Fach; ob geschmackvoll hergerichtet, das mag man angesichts der gelegentlich doch etwas ungemütlichen Zustände an den großen Massenuniversitäten bezweifeln. Bei der Soziologie kommen wir mit dem Lateinischen hin; bei der Politologie sind wir mit unserem Latein am Ende, da müssen wir zum Griechischen zurück. Da stoßen wir dann über eine analoge Wortbildung zum Lateinischen *socius* (was als Adjektiv „gemeinsam, verbunden, verbündet" heißt; als Substantiv kennen wir es auch als deutsches Lehnwort für Genosse, Gefährte, Bundes- oder Geschäftsgenosse) in der Tat auf *politikós*, was so viel wie „bürgerlich, staatlich, öffentlich" heißt. Gleichwohl ist Politikologie ein Kunstwort geblieben. Laut Berg-Schlosser und Stammen ist es in den Niederlanden gebräuchlich, so wie die Holländer auch Polemologie für Kriegsursachenforschung (*pólemos* = der Krieg) sagen.[1] Vielleicht können die Holländer besonders gut Alt-Griechisch; aber es gibt auch in Deutschland Kollegen, die für Politikologie plädiert haben.

Im Englischen oder Französischen hat man keine Schwierigkeiten, da heißt das Fach *Political Science* oder einfach *Politics* bzw. *Science Politique*, im Jargon der Studierenden *Science Po*. Die Unsicherheit der Deutschen in der Bezeichnung des Faches kann man als ein Indiz dafür nehmen, dass ihr Verhältnis zur Politikwissenschaft lange nicht so selbstverständlich war wie das anderer westlicher Demokratien. In der Nachbarschaft zur Soziologie passt zwar Politologie am besten; aber gebräuchlich geworden ist die Bezeichnung Politikwissenschaft, man kann sagen, sie hat sich durchgesetzt.[2]

---

1 Dirk Berg-Schlosser/Theo Stammen, *Einführung in die Politikwissenschaft*, 7. Aufl., München 2003, S. 2.
2 Kap. 2 (*Ein junges Fach mit alter Tradition*) bei Ulrich von Alemann, *Grundlagen der Politikwissenschaft*, 2. Aufl., Opladen 1995, S. 22-52.

Die Politikwissenschaft ist, je nachdem welche Kriterien man anlegt, entweder noch recht jung oder schon sehr alt; als durchgängig etablierte wissenschaftliche Disziplin ist sie jedenfalls jünger als die Philosophie, Theologie, Ökonomie, Rechtswissenschaft oder Soziologie. Hervorgegangen ist sie in der Neuzeit aus den Staats- und Verwaltungswissenschaften; an manchen Universitäten ist sie bis heute mit diesen eng verbunden, an anderen zählt sie zu den Sozialwissenschaften. Die Politikwissenschaft ist andererseits sehr alt, wenn man in Rechnung stellt, dass sich die Philosophie und in ihrem Rahmen insbesondere die Sozialphilosophie und die politische Theorie immer schon Gedanken gemacht haben über den Staat oder die staatliche Ordnung. Die Ahnengalerie beginnt hier mit Platon und Aristoteles. Allerdings spielten die internationalen Beziehungen[3] in dieser Tradition noch keine zentrale Rolle.

In Deutschland hat sich die Politikwissenschaft als Lehrfach einen festen Platz erst nach dem Zweiten Weltkrieg erarbeiten können bzw. von der Gesellschaft zugewiesen bekommen. Noch während der Weimarer Republik waren die Beziehungen zwischen der Intelligenz und der Politik problematisch. Es dominierten die national bzw. nationalistisch ausgerichtete Geschichtsschreibung und die eher konservative, noch am Obrigkeitsstaat orientierte Staatswissenschaft. Mit den Demokratisierungsschüben nach dem Zweiten Weltkrieg hat sich aber auch und gerade in der Bundesrepublik Deutschland eine ausdifferenzierte, politisch wie inhaltlich sehr vielseitige demokratische Politikwissenschaft entwickelt. Wilhelm Bleek hat dazu in einer ausführlichen Untersuchung in Erinnerung gerufen, dass die deutsche Politikwissenschaft nach 1945 keineswegs nur ein Produkt der *Reeducation* war, sondern neben ihren demokratischen Ansätzen in der Weimarer Republik auch an den Liberalismus in der ersten Hälfte des 19. Jahrhunderts anknüpfen konnte. Schon damals hat die Politikwissenschaft an den Universitäten eine gewisse Rolle gespielt, hat sie politisch Geschichte gemacht. Viele liberale Politikwissenschaftler (im weitesten Sinne) legten sich mit den damaligen Obrigkeiten an, einige wurden ins Paulskirchenparlament gewählt. Die Niederlage der Freiheits- und Einheitsbewegung 1848/49 war zugleich die Niederlage dieser poli-

---

3 Immer dann – das hat sich so eingebürgert –, wenn ich Internationale Beziehungen (abgekürzt IB) mit großem I schreibe, meine ich das Fach, die Teildisziplin; wenn ich internationale Beziehungen (kurz: iB) mit kleinem i schreibe, meine ich die real existierenden internationalen Beziehungen.

tischen Professoren, und der Fortschritt der Politikwissenschaft als Teil einer kritischen philosophischen oder staatswissenschaftlichen Demokratiewissenschaft, so wie sie sich etwa in den USA dann etablieren konnte, war damit erst einmal für längere Zeit abgeschnitten.[4]

1.2 Politikwissenschaft: Begriff und Gegenstand

Systematisches Nachdenken über Politik gibt es, so heißt es in einer Einführung, seitdem es sich als notwendig herausgestellt hat, dass Gesellschaften einer zentralisierten politischen Instanz zur allgemein verbindlichen, für alle Gesellschaftsmitglieder verpflichtenden Regelung ihrer gemeinsamen Angelegenheiten bedürfen.[5] Das Wort Politik hat seinen Urspruch im altgriechischen Begriff der *pólis*, dem man in Städtenamen wie Konstantinopel, der Stadt Konstantins (heute Istanbul), oder Neapel noch begegnet.[6] *Pólis* ist wörtlich zu übersetzen als Stadt, Ansiedlung, Burg oder Stadtgebiet, mit *pólis* ist zugleich der Stadt- und Gemeindestaat und die Gemeinschaft seiner Bürger gemeint. Der *polítes* ist der Bürger (es waren zunächst nur Männer), das Adjektiv *politikós* steht, wie schon gesagt, für bürgerlich, staatlich, öffentlich. Der Plural *ta politiká* bezeichnet „das Öffentliche, das Gemeinschaftliche, das alle Bürger Betreffende und Verpflichtende", und die *politiké téchne* ist die Staatskunst, „die Kunst der Führung und Verwaltung öffentlicher Angelegenheiten".[7] Als das Politische kann man also die öffentlichen, alle Bürger betreffenden Angelegenheiten bezeichnen. Man findet diesen Zusammenhang auch in dem Wort Republik, das sich aus dem lateinischen *res publica* herleitet, was soviel wie die öffentlichen Angelegenheiten, das öffentliche Interesse heißt und bei den Römern das Staatsvermögen, das Staatsinteresse, die Staatsgewalt bzw. Staatsverwaltung oder das Staatswesen bedeutete.

---

4 Ausführlich dazu Wilhelm Bleek, *Geschichte der Politikwissenschaft in Deutschland*, München 2001 (Taschenbuchausgabe 2002); kurz gefasst bei Herfried Münkler, *Geschichte und Selbstverständnis der Politikwissenschaft in Deutschland*, in: ders. (Hrsg.), *Politikwissenschaft: Ein Grundkurs*, Reinbek bei Hamburg 2003, S. 13-54, hier S. 35ff.

5 Jürgen Bellers/Rüdiger Kipke, *Einführung in die Politikwissenschaft*, 4. Aufl., München 2006, S. 1.

6 Neapolis (zu Deutsch: Neustadt) war anfangs eine griechische Kolonie.

7 Manfred G. Schmidt, *Wörterbuch zur Politik*, 2. Aufl., Stuttgart 2004, S. 538.

Wer aber ist für die öffentlichen Angelegenheiten zuständig? Bis weit in unsere Zeit sind es in allen patriarchalen Kulturen nur Männer; noch die französische Revolution schließt Frauen von der Staatsbürgerschaft aus. Und es sind auch nicht alle Männer, sondern bei den Griechen z.B. nur die freien, waffenfähigen Männer, also ein sehr geringer Teil aller erwachsenen Männer. In der Moderne sind es dann zunächst die freien und besitzenden Männer, die Besitzbürger. Der Kreis der Staatsbürger, die im weitesten Sinne für die Regelung der öffentlichen Angelegenheiten zuständig sind, hat sich im 19. und 20. Jhdt. immer weiter ausgedehnt; in den westlichen Demokratien umfasst er heute alle erwachsenen Männer und Frauen.

Auch das, was als öffentliche, alle Bürger betreffende Angelegenheiten gilt, ist nicht selbstverständlich. Öffentlich verlangt als Gegenbegriff privat. Es gab (und gibt noch) Staaten, in denen die Staatskasse mit dem Privathaushalt des Königs bzw. Sultans identisch war (ist). In den sozialistischen Zentralverwaltungswirtschaften war der größte Teil der Wirtschaft öffentlich, während die bürgerliche Gesellschaft zwischen wirtschaftlichen Aktivitäten der Allgemeinheit, des Staates, und der Privatwirtschaft unterscheidet. Was an Präsident William J. Clintons Affären von legitimem allgemeinem Interesse, was seine Privatangelegenheit und was puritanischer Voyeurismus war, das wurde 1998/1999 in den USA „öffentlich" verhandelt.

Also ist die Entscheidung darüber, was die alle Bürger betreffenden Angelegenheiten und was Privatsachen sind, selbst schon eine politische. Noch heute ist die religiöse Überzeugung, sind religiöse Praktiken nur in einem Teil der Welt Privatsache, und auch dort sind sie es erst nach langen Kämpfen und sogar Kriegen geworden. Der Schutz der Privatsphäre ist eine der wichtigsten Errungenschaften der modernen Demokratie. Auch dies hat seine Kehrseite, denn die Privatsphäre kann ihrerseits ein Bereich der Herrschaft und der Gewalt sein, wie die feministische Debatte gezeigt hat. Sei es, dass die politisch zuständige Öffentlichkeit den Privatbereich, also die Familie, rechtlich ausdrücklich als Herrschaftsverhältnis der Männer über Frauen und Kinder definiert, sei es dass die Verfügung bis hin zur ehelichen Gewalt toleriert wird, weil es sich ja um „Privatangelegenheiten" handle, die die Öffentlichkeit nichts angingen.[8]

---

8   Vgl. dazu etwa Sabine Lang, *Politik – Öffentlichkeit – Privatheit*, in: Sieglinde K. Rosenberger/Birgit Sauer (Hrsg.), *Politikwissenschaft und Geschlecht*, Wien 2004, S. 65-81.

Politik, das Politische ist also in einer ersten Annäherung über die Begriffsgeschichte die Regelung der öffentlichen Angelegenheiten in einem Gemeinwesen, wobei die Grenze zwischen öffentlich und privat selbst schon eine politische ist ebenso wie die Frage, wer dieses Geschäft betreibt, wer die öffentlichen Angelegenheiten verhandelt und über sie entscheidet. Werfen wir jetzt noch einen Blick in die englische Sprache, dann können wir die Bedeutung des Begriffs Politik weiter ausdifferenzieren. Denn im Englischen gibt es für die drei Hauptdimensionen der Politik jeweils eine spezielle Begriffsvariante, die aber alle drei aus dem Griechischen abgeleitet sind: *policy*, *politics* und *polity*. Unter dem Begriff *polity* lassen sich die Formen zusammenfassen, in denen und aus denen heraus Politik gemacht wird. Das umschließt Verfassung, Rechtsordnung und politische Institutionen, also alles, was im weitesten Sinne die Verfahrensregeln der Politik bestimmt. Die Inhalte, die durch Politik verwirklicht werden sollen, heißen *policy* oder *policies*. Dazu gehören politisch-programmatische Zielsetzungen ebenso wie die konkrete Politikformulierung oder das Ergebnis und die Wirkungen politischer Handlungen oder Entscheidungen. Das Ringen um diese Inhalte bezieht sich auf den politischen Prozess, und den bezeichnet die englischsprachige Politikwissenschaft als *politics*. *Politics* sind die Auseinandersetzungen und Kompromissbildungen um politische Inhalte (*policies*), die in einem vorgegebenen (auch veränderbaren) Rahmen von Institutionen und Verfahrensregeln (*polity*) ausgetragen bzw. ausgehandelt werden. Die Matrix bietet eine Übersicht zu den drei Dimensionen des Politikbegriffs.[9]

Das englische *policy* findet sich übrigens noch in dem deutschen Wort Polizei. Der Begriff Policey, Policei oder Pollicey taucht erstmals im 15. und 16. Jhdt. auf. In den aufgeklärten deutschen Fürstenstaaten war damit die Staatsverwaltung bzw. die Verwaltung der inneren Angelegenheiten gemeint, und die aufkommende Polizeywissenschaft hatte die Aufgabe, den Herrschern gut ausgebildete, loyale Staatsdiener bereitzustellen. War die *politeía*, die Verfassung oder politische Ordnung, bei Platon oder Aristoteles noch eng auf die Bürgerschaft bezogen, so enthielt der eingedeutschte Begriff eine obrigkeitliche Schlagseite. Erst im 18. und 19. Jhdt., auch unter der Kritik des Liberalismus, tritt der breite Policey-Begriff in den Hintergrund, ent-

---

9 Matrix und Erläuterung nach Claus Böhret/Werner Jann/Marie Therese Junkers/Eva Kronenwett, *Innenpolitik und politische Theorie: Studienbuch*, Opladen 1979, S. 33.

stehen nur für die Sicherheit zuständige Behörden, die als Polizei bezeichnet werden. Diesen Institutionen wird seit dem 19. Jhdt. in fast allen westlichen Ländern die innere Konfliktregelung übertragen.[10]

Schaubild: Drei Dimensionen des Politikbegriffs

Dimension	Erscheinungs-formen	Merkmale	Bezeichnung
Form	Verfassung Normen/Gesetze Institutionen	Verfahrens-regelungen *Ordnung*	*polity*
Inhalt	Aufgaben und Ziele Probleme	Problemlösung Aufgaben-erfüllung Wert- und Ziel-orientierung *Gestaltung*	*policy*
Prozess	Interessen Konflikte Kampf	Macht Konsens *Durchsetzung*	*politics*

1.3 Weitere Definitionen des Politischen

Die für alle BürgerInnen verbindliche Regelungsleistung sei der Kern der Politik, so habe ich eben sinngemäß formuliert. „Politics, in its broadest sense, is the activity through which people make, preserve and amend the general rules under which they live", so heißt es ganz ähnlich in einem englischen Lehrbuch der Politikwissenschaft.[11] Vielen AutorInnen sind diese Definitionen und Kategorisierungen zu formal, sie legen Wert auf ein inhaltliches Verständnis oder gar eine nor-

---

10 Ich orientiere mich an Schmidt, *Wörterbuch*, S. 561 und Wolfgang Knöbl, *Polizei und Herrschaft im Modernisierungsprozess: Staatsbildung und innere Sicherheit in Preußen, England und Amerika 1700-1914*, Frankfurt am Main-New York 1998, S. 27-29; ausführlich Bleek, *Politikwissenschaft in Deutschland*, S. 52ff. (Kap. 3).

11 Andrew Heywood, *Politics*, Basingstoke-London 1997, S. 4 (3. Aufl. 2007).

mative Zielsetzung der Politik. So kann die schon genannte allgemeine Regelsetzung so aufgewertet werden, dass sie den Kompromiss als Wesen des Politischen definiert. Politik ist die Lösung des Problems gesellschaftlicher oder staatlicher Ordnung, die den Ausgleich über die Gewalt und den Zwang stellt, meinte der englische Politologe Bernard Crick.[12] Für andere ist Politik der Kampf um die gute Ordnung des Gemeinwesens. Aber was heißt gute Ordnung? Soll sie vor allem stabil sein oder heißt gute in erster Linie gerechte Ordnung? Wieder andere betonen den Konflikt- und Machtcharakter der Politik. So hat der berühmte deutsche Soziologe Max Weber von der Macht als einem unvermeidlichen Mittel der Politik und vom Machtstreben als einer ihrer treibenden Kräfte gesprochen:

„Politik" würde für uns also heißen: Streben nach Machtanteil oder nach Beeinflussung der Machtverteilung, sei es zwischen Staaten, sei es innerhalb eines Staates zwischen den Menschengruppen, die er umschließt.[13]

Wer sich mit Politik, und das heißt mit Macht und damit letzten Endes auch der Gewaltsamkeit als Mitteln einlasse, der schließe einen Pakt mit diabolischen Mächten. Deshalb erfordere „der Beruf zur Politik" eine besondere Verantwortung für die Folgen politischen Handelns. Wer die Macht lediglich um ihrer selbst willen genieße, der wirke ins Leere und Sinnlose, der sei „verantwortungslos".[14] Für Ekkehart Krippendorff ist „Kritik das eigentliche Wesen des Politischen".[15] Beim Politischen handle es sich um das öffentliche Erörtern der Formen des Zusammenlebens von Menschen. Die Kritik komme dabei insofern ins Spiel, als dieses Verhandeln zugleich ein periodisches öffentliches Infragestellen der Abhängigkeiten, Unter- bzw. Überordnungen und Interdependenzen (wechselseitigen Abhängigkeiten) bedeute.

Das schon genannte englische Lehrbuch von Andrew Heywood unterscheidet zwischen vier Verständnissen von Politik, die die bisher

---

12 Ebd., S. 9.
13 Max Weber, *Wirtschaft und Gesellschaft: Studienausgabe* [1921], 5. Aufl. Tübingen 1972 (Nachdruck 2002), S. 822.
14 Max Weber, *Der Beruf zur Politik*, in: ders., *Soziologie, Weltgeschichtliche Analysen, Politik*, hrsg. von Johannes Winckelmann, 4. Aufl., Stuttgart 1968, S. 167-185, hier S. 169 und 178. Dem Artikel liegt ein Vortrag Webers von 1919 zugrunde.
15 Ekkehart Krippendorff, *Die Kunst, nicht regiert zu werden: Ethische Politik von Sokrates bis Mozart*, Frankfurt am Main 1999, S. 12.

diskutierten Varianten systematisch aufgreifen: (1) Politik als Regieren oder gar als Regierungskunst, (2) Politik als Verhandlung der öffentlichen Angelegenheiten, auch im Sinne der demokratischen Beteiligung der Öffentlichkeit, (3) Politik als Kompromiss und Konsens sowie (4) Politik als Macht(politik). Wer noch neu in der Politikwissenschaft ist, mag diese Unterschiede als verwirrend empfinden. Aber es gibt nun einmal in diesem Fach keine Einigkeit auch über wichtige Fragen, ja nicht einmal über zentrale Kategorien. Im weiteren Verlauf dieser Abhandlung wird deutlich werden, dass sich die Kontroverse darüber, was denn nun den Kern der Politik ausmacht, in den Internationalen Beziehungen fortsetzt.

1.4 Zur Vorgeschichte der Internationalen Beziehungen

Die Politikwissenschaft besteht aus mehreren Teilgebieten. In der Frühzeit des Faches hat man gemeinhin zwischen (1) Politischer Theorie und Ideengeschichte, (2) Innenpolitik, (3) Vergleichender Regierungslehre und (4) Außenpolitik unterschieden. Heute findet man oft die Dreiteilung Politische Theorie, Vergleichende Politikwissenschaft und Internationale Beziehungen. Es gibt auch noch weitergehende Ausdifferenzierungen, z.B. Politisches System der Bundesrepublik Deutschland, Politische Soziologie oder Politik und Ökonomie, aber die IB sind immer dabei; sie sind die jüngste der klassischen Teildisziplinen. Erst seit etwa 100 Jahren gibt es systematische und spezialisierte Reflexionen über internationale Beziehungen in einer Häufung, die es erlaubt, von einer Teildisziplin zu sprechen; gibt es Professuren, die sich auf dieses Gebiet konzentrieren.

Eine neue wissenschaftliche (Teil-)Disziplin tritt erst dann auf den Plan, wenn es dafür einen sozialen oder technischen Bedarf gibt, so schreibt der Historiker und Politikwissenschaftler Andreas Osiander in einer theoriegeschichtlichen Untersuchung über den Zusammenhang zwischen iB und IB, also den realen internationalen Beziehungen und der systematischen Reflexion darüber.[16] Die beiden entscheidenden Voraussetzungen für den Bedarf nach einer Theorie der zwischenstaatlichen Beziehungen sind seiner Ansicht nach:

---

16 Andreas Osiander, *Interdependenz der Staaten und Theorie der zwischenstaatlichen Beziehungen: Eine theoriegeschichtliche Untersuchung*, in: Politische Vierteljahresschrift, 36:2 (1995), S. 243-266.

– ein halbwegs stabiles Staatensystem, dessen Mitglieder deutlich gegeneinander abgegrenzt und gleichzeitig einander geographisch nahe genug sind, um mit den gegebenen technischen Mitteln einigermaßen leicht in Verbindung treten zu können
– eine wechselseitige Abhängigkeit in den Beziehungen zwischen diesen Staaten, die einen so hohen Grad erreicht, dass sie Bedeutung für das Funktionieren, ja das Überleben bzw. Wohl und Wehe nicht nur der Staaten, sondern der betroffenen Gesellschaften gewinnt.[17]

Diese Interdependenz zeigt sich insbesondere auf zwei Gebieten: Wirtschaftliche Interdependenz besteht dann, wenn zwei Staaten auf die Einfuhr von Gütern aus dem jeweils anderen Staat angewiesen sind oder auf die Ausfuhr von Produktion; militärische Interdependenz liegt vor, wenn sich Staaten gegenseitig kriegerisch bedrohen (können), und zwar wieder so, dass die Gesellschaften existenziell betroffen sind. Je höher die Interdependenz zwischen Staaten, desto höher der Integrationsgrad des Staatensystems. Die Wahrscheinlichkeit, dass systematisch über die Staatenbeziehungen reflektiert wird, wächst parallel zu diesem Integrationsgrad. Dieser Interpretation zufolge konnte die Antike deshalb noch keine Theorie der internationalen Beziehungen entwickeln, weil das System der Stadtstaaten viel zu instabil, der wirtschaftliche Austausch zwischen ihnen nicht überlebenswichtig und die militärischen Auseinandersetzungen trotz vieler Zerstörungen einzelner Städte für die griechische Gesellschaft nicht existenzbedrohend waren. Wo, wie etwa zu Zeiten Roms, Großreiche dominierten, waren Ausmaß und Bedeutung ihrer grenzüberschreitenden Beziehungen zu gering, um den Bedarf für solche Theorie entstehen zu lassen. Das schließt freilich – hier argumentiert Osiander für meine Begriffe zu apodiktisch – den Rückgriff auf Aspekte der europäischen bzw. der asiatischen Antike als Vorgeschichte der iB und auf Autoren aus dieser Zeit als Vordenker der IB nicht aus.

Auch im Mittelalter, so Osiander, konnte es noch keinen Bedarf für eine Theorie der IB geben, denn die mittelalterliche Gesellschaft war ökonomisch partikular und lokal organisiert, herrschaftlich ohne Zen-

---

17 Ich folge in diesem kurzen Abriss Osiander zum Teil, integriere aber stärker die neuzeitliche Frühgeschichte der IB-Theorie (vgl. etwa Mark V. Kauppi/Paul R. Viotti, *The Global Philosophers: World Politics in Western Thought*, New York 1992 oder Torbjörn Knutsen, *A History of International Relations Theory*, 2. Aufl., Manchester-New York 1997).

tralgewalt oder Gewaltmonopol. Dementsprechend wird noch im ausgehenden Mittelalter der Krieg in der politischen Theorie nicht mit staatlicher Organisation in Verbindung gebracht, sondern als Problem der menschlichen Natur oder der christlichen Ethik diskutiert. Erst in der frühen Neuzeit, z.B. bei Niccolò Machiavelli, finden sich Ansätze zu einer Theorie der zwischenstaatlichen Beziehungen. Mit der Zunahme des Städtewesens, der Verbesserung der Verkehrsverhältnisse und der Entwicklung der Verwaltungstechnik wich der Personenverbandsstaat des Mittelalters allmählich dem modernen Territorial- und dann Nationalstaat, was seinen Niederschlag in der politischen Theorie fand. Ihr ging es zunächst darum, die neuen Zentralgewalten politisch zu legitimieren und theoretisch abzusichern. Im Zuge der Herausbildung des Staatensystems in Europa, der Verdichtung der zwischenstaatlichen Beziehungen und allmählich heranwachsender weltweiter Kommunikationswege und Handelsbeziehungen nahm jedoch auch die systematische Reflexion darüber zu, in der Philosophie, in der politischen Theorie und insbesondere im Völkerrecht.[18]

Den Begriff internationale Beziehungen gibt es immerhin schon seit gut 200 Jahren, offenbar hat ihn der englische Philosoph, Ökonom und Jurist Jeremy Bentham in den achtziger Jahren des 18. Jhdts. zum ersten Mal verwendet.[19] Die sicherheitspolitische Interdependenz des europäischen Staatensystems wurde aber schon im 17. Jhdt. als durchaus existenziell verstanden. Ich verweise auf den schwedischen Reichskanzler Bengt Gabrielsson Oxenstierna, der im Dreißigjährigen Krieg (1618-1648) die überlebenswichtige Bedeutung eines Gleichgewichts der Mächte (*Balance of Power*) innerhalb des Heiligen Römischen Reiches für andere europäische Staaten, insbesondere die kleineren wie Schweden oder Dänemark, beschwor. „Teutschland" dürfe nicht „absolut" werden, so sagte er, sonst sei die Freiheit der anderen verloren.[20] Es kann sein, dass Oxenstierna seine Warnungen benutzte, um

---

18 Das von Heinz Duchhardt und Franz Knipping herausgegebene Handbuch der Geschichte der Internationalen Beziehungen (Paderborn 1997ff.), das auf 9 Bde. angelegt ist, lässt Bd. 1 (*Die spätmittelalterliche Res publica christiana und ihr Zerfall*) mit dem Jahr 1450 beginnen.

19 Und zwar in seiner Schrift *Introduction to the Principles of Morals and Legislation* [1832], New York 1965, Kap. XVII, Abschnitt XXV, S. 326.

20 Siehe Günter Barudio, *Der Teutsche Krieg 1618-1648*, Frankfurt am Main 1988, S. 58; zur Furcht Schwedens vor der habsburgischen Hegemonie auch S. 433, 487. „Absolut" steht hier für einen (absolutistischen) Einheitsstaat, den Habsburg anstrebte – für das Heilige Römische Reich

damit die schwedische Expansionspolitik zu legitimieren; aber diese Interpretation erschiene mir zu einfach. Vielen Politikern und Theoretikern war schon sehr früh der Zusammenhang zwischen der Deutschen Frage – in ihrer jeweiligen historischen Gestalt – und dem Frieden in Europa klar; in der politischen Praxis war er immer präsent.[21] Ich erinnere auch an den Siebenjährigen Krieg (1756-1763), den man als den ersten Weltkrieg bezeichnen kann. Er hat nicht nur sehr viele Opfer gefordert, seine psychologischen Auswirkungen in Preußen lassen sich bis in die Vorgeschichte des tatsächlich so genannten Ersten Weltkrieges hinein nachweisen.[22] Ein deutlicher Hinweis auf sicherheitspolitische Interdependenz findet sich auch bei dem preußischen General und Theoretiker des Krieges Carl von Clausewitz, der schrieb, die Staaten seien in der modernen Zeit so weit integriert, dass keine Kanone in Europa abgefeuert werden könne, ohne dass die Interessen aller Regierungen davon berührt würden.[23]

Die wirtschaftliche Interdependenz, der Welthandel und der frühe Kolonialismus sind wichtig für die Entwicklung des Völkerrechts und die politische Theorie, etwa die Entstehung der Schrift *Mare Liberum* (Über die Freiheit der Meere) von Hugo de Groot, genannt Grotius, im Zusammenhang mit der Rivalität zwischen dem portugiesischen und dem holländischen Kolonialismus.[24] Das Völkerrecht mit der Idee ei-

---

wohlgemerkt; wir sind noch nicht im 18. Jhdt., in dem sich die Spaltung in verschiedene „deutsche" Absolutismen durchsetzt.

21 Vgl. dazu Gert Krell, *Gleichgewicht aus der Mitte? Deutschland und die europäische Friedensordnung im neuzeitlichen Staatensystem*, in: Bruno Schoch (Hrsg.), *Deutschlands Einheit und Europas Zukunft*, Friedensanalysen 26, Frankfurt am Main 1992, S. 257-279. Ich komme auf das Thema in Kapitel 3 zurück.

22 Vgl. dazu Heinz Schilling, *Höfe und Allianzen: Deutschland 1648-1763*, Berlin 1989, S. 450-473; dort wird auf S. 472 folgender Tagebucheintrag eines Höflings anlässlich des Kriegsendes zitiert: „Somit hat alle Not ein Ende. Wenn man nun aber bedenkt, welche unzähligen Opfer dieser Krieg gefordert hat, wieviel Provinzen verwüstet, wieviel Familien ruiniert worden sind, und das alles, um die Herrscher in dem status quo ante zu sehen, so möchte man über den Wahnwitz der Menschheit laut aufschreien."

23 Ich paraphrasiere hier nach Knutsen, *History*, S. 145.

24 An den Auseinandersetzungen über die Freiheit der Meere – die Gegenposition zu Grotius' *Mare Liberum*, nämlich die Rechtsbehauptung des *Mare Clausum*, wurde ausgerechnet in England formuliert – lässt sich zeigen, wie sich ein Rechtsregime allmählich aus einem Interessenausgleich der Akteure entwickelt. Ich verdanke diesen Hinweis Michael Bothe.

ner *Society of States* spielt eine herausragende Rolle bis in die heutige Theoriebildung, insbesondere in der „Englischen Schule" in den IB, die ich beim Institutionalismus aufgreifen werde. Das Konzept der *Balance of Power*, das in der politischen Theorie seit dem 18. Jhdt. als entscheidendes Regulativ für die Freiheit Europas gilt, oder die Vorstellung von der prinzipiellen Anarchie des internationalen Systems bei Thomas Hobbes oder Jean-Jacques Rousseau nehmen den modernen Realismus vorweg. Immanuel Kant bietet mit der Idee des Friedens durch Gewaltenteilung, Rechtsstaatlichkeit und Bürgeremanzipation einerseits, einen Völkerbund andererseits ganz aktuellen Diskussionen in der liberalen IB-Theorie und in der Friedensforschung viele Anregungen. Bei Karl Marx finden sich interessante Überlegungen über das Verhältnis zwischen Ökonomie und Politik und zur Globalisierung, an die der Neomarxismus anknüpfen kann. Auf einige dieser für die IB außerordentlich wichtigen Denker werde ich noch etwas ausführlicher eingehen.

Ich will mit diesen Hinweisen sehr nachdrücklich dafür werben, die Klassiker, die sich noch nicht als Vertreter eines Teilgebiets Internationale Beziehungen begriffen haben, nicht zu vergessen.[25] Die Vorgeschichte der IB endet, wie schon angedeutet, vor gut 100 Jahren. 1886 erschien das in Paris verlegte Werk des russischen Soziologen J. Novikow mit dem Titel *La Politique Internationale* und 1900 das Buch *World Politics* des Amerikaners Paul S. Reinsch; 1914 veröffentlichte Kurt Riezler, der Berater des deutschen Reichskanzlers, unter Pseudonym eine Schrift mit dem Titel *Grundzüge der Weltpolitik der Gegenwart*. 1913 boten in den USA die ersten Universitäten Kurse über *World Politics* an, 1916 gab es Kurse mit dem Titel *International Relations*.[26] Der Erste Weltkrieg hat die Bemühungen um eine Theorie der internationalen Beziehungen entscheidend gefördert, und nach dem Zweiten Weltkrieg hat sich die Teildisziplin dann weltweit etablieren können.

---

25 Von Sammelbänden, die die Bedeutung der internationalen Beziehungen in der Geschichte der politischen Theoriebildung hervorheben, möchte ich besonders erwähnen: Chris Brown/Terry Nardin/Nicholas Rengger, *International Relations in Political Thought: Texts from the Ancient Greeks to the First World War*, Cambridge 2002 (wobei der Begriff international jeweils historisch kontextualisiert werden muss).

26 Die Angaben nach Osiander, *Interdependenz der Staaten*, S. 263.

1.5 Weltbilder und Weltordnung

Ich habe jetzt ausreichend vorgearbeitet, um zum Kern meiner Überlegungen zu kommen, nämlich zu den Kategorien, die den Titel dieses Buches ausmachen: Weltbilder und Weltordnung. Ich nehme die Begriffe Weltgesellschaft und Weltkultur hinzu, fange aber noch einmal mit den internationalen Beziehungen an. Als internationale Beziehungen kann man Beziehungen zwischen politisch organisierten Gruppen bezeichnen, die klar abgegrenzte Territorien besiedeln und bis zu einem gewissen Grad unabhängig voneinander sind. Ohne ein Mindestmaß von Unabhängigkeit könnten wir nicht von international sprechen; gleichzeitig müssen diese klar abgegrenzten Territorien aber auch in einer gewissen Abhängigkeit zueinander stehen, sonst bedürften sie keiner Beziehungen oder diese Beziehungen wären irrelevant.

In der Regel sind mit den klar abgegrenzten Territorien Staaten gemeint. Also geht es eigentlich nicht um Beziehungen zwischen Nationen, wie der Begriff international suggeriert, sondern um zwischenstaatliche Beziehungen. Staaten und Nationen sind keineswegs identisch. Aber auch „zwischenstaatliche Beziehungen" wäre missverständlich, denn das erweckt den Eindruck, als ginge es nur oder in erster Linie um Beziehungen zwischen Regierungen. Nur bei Staaten, die alle zwischengesellschaftlichen Beziehungen selbst organisieren, wie das die Zentralverwaltungsgesellschaften kommunistischen Typs getan haben, wäre das angemessen. Für die Beziehungen zwischen Marktwirtschaften oder Demokratien gilt das nicht; hier entwickeln sich vielfältige zwischengesellschaftliche Handlungszusammenhänge, die auf den politischen Entscheidungsprozess zurückwirken. Diese Thematik ist in der aktuellen Globalisierungsdebatte mit Händen zu greifen, aber sie ist natürlich viel älter. Grenzüberschreitende Aktivitäten gesellschaftlicher Akteure gehören ebenso zu den internationalen Beziehungen wie der übliche diplomatische Verkehr.

Der norwegische Friedensforscher Johan Galtung schreibt dazu, man müsse eigentlich statt von internationalen Beziehungen von „Beziehungen zwischen den Ländern" sprechen, da der Staat ja nur eine Organisation in einem Land darstelle. Und diese eine Organisation habe im Zeitalter transnationaler Konzerne, was das Kapital betreffe, und internationaler Nichtregierungsorganisationen, was die Zivilgesellschaft betreffe, kein Monopol auf die auswärtigen Angelegenheiten.[27] Als eine pragmatische Zwischenlösung schlage ich vor, internationale Beziehungen als alle politisch relevanten Beziehungen zwischen staatlich verfassten Gesellschaften zu verstehen, wobei man dann weiter über das „politisch relevant" streiten kann. Wo liegt die Grenze zwischen politisch und privat oder was heißt relevant? Das sind selbst wieder politische Fragen, wie ich am Anfang schon angedeutet habe. Ob etwas politisch relevant, also öffentlich wird, z.b. die weltweit verbreitete und zum Teil eklatante Ausbeutung ausländischer Hausmädchen, hat u.a. mit Machtfragen zu tun.

Dass es staatlich verfasste Gesellschaften gibt und dass diese miteinander in Beziehungen treten, die politisch relevant werden, aus denen also internationale Politik entsteht, das scheint nachvollziehbar. Aber wie kommen wir von dort zur Weltordnung oder zur Weltpolitik, wie sieht es mit einer Weltgesellschaft und wie mit ihrer staatlichen Verfassung aus? Was die Weltpolitik angeht, so ist die Situation in einer Hinsicht noch vergleichsweise klar: Einen Weltstaat gibt es nicht, allenfalls Tendenzen einer Weltstaatlichkeit.[28] Wir haben zwar die Vereinten Nationen, und die verfügen sogar über einen Militärischen Generalstabsausschuss; aber der Sicherheitsrat hat kein mit den Vollzugsorganen im innerstaatlichen Recht vergleichbares Gewaltmonopol. Dafür besitzt er nicht die notwendigen Durchsetzungsmittel, und die fünf ständigen Mitglieder können eine Beschlussfassung durch Veto verhindern.[29] Wenn ich, wie viele meiner KollegInnen, die Begriffe Weltordnung und Weltpolitik gleichwohl verwende, wenn ich ihnen in dieser Abhandlung sogar eine programmatische Bedeutung gebe, dann liegt das an einer weniger strengen Definition. Gemeint sind hier mit Weltpolitik alle diejenigen politisch bewussten, organisierten und koordinierten Aktivitäten von Regierungen und Nichtregierungsorganisationen, die sich nicht nur auf grenzüberschreitende Handlungszusammenhänge zwischen einzelnen oder mehreren staatlich verfassten Gesellschaften beziehen, sondern in der Tendenz auf den Globus insgesamt.

---

27 Johan Galtung, *Frieden mit friedlichen Mitteln: Friede und Konflikt, Entwicklung und Kultur*, Opladen 1998, S. 34, Fußnote 11 (Neuausgabe Münster 2007).

28 Vgl. dazu Mathias Albert/Rudolf Stichweh (Hrsg.), *Weltstaat und Weltstaatlichkeit: Betrachtungen globaler politischer Strukturbildung*, Wiesbaden 2007.

29 Wohl aber verfügt der Sicherheitsrat über ein Gewaltlegitimierungsmonopol, siehe dazu Kap. 4.

Was die inhaltliche Substanz von Weltpolitik betrifft, so geht es mir gerade nicht um weltweit abgesicherte Einflusszonen, so wie z.B. die Eliten des Deutschen Kaiserreichs Weltpolitik noch verstanden haben. Für den Ansatz, dem ich mich anschließe, ist Weltpolitik auf der normativen Ebene gleichbedeutend mit einer Weltordnungspolitik, der die Zielvorstellung eines vernünftigen, menschendienlichen Weltregierens ohne Weltregierung zugrunde liegt.[30] Inwieweit ein solches humanes Weltregieren überhaupt möglich ist, das wird im Einzelnen noch zu diskutieren sein. Freilich hat der Begriff Weltordnung bei mir auch eine allgemeine, neutrale Bedeutung im Sinne von: wie ist die Welt organisiert, wie ist sie strukturiert. Die Weltbilder beschäftigen sich ganz zentral mit beiden Dimensionen, ich verwende also den Begriff Weltordnung ganz bewusst in seiner Doppeldeutigkeit.

Mit Weltbildern meine ich nicht Fotografien unseres Globus, obwohl schon von Globalisierung die Rede war. Ich meine damit allgemeine wissenschaftliche Gedankengebäude darüber, was die Welt im Innersten zusammenhält, wie man im Anschluss an Goethes Faust sagen könnte. Gemeint ist hier aber natürlich nicht das physikalische Erdinnere, sondern wieder der Kern des Politischen, diesmal der internationalen Beziehungen und der Weltordnung. Großtheorien in den Internationalen Beziehungen formulieren allgemeine Annahmen über die entscheidenden Akteure und ihre Ziele oder Präferenzen, über die Qualität und Struktur des Handlungsumfeldes dieser Akteure, über die zentralen Antriebsmomente der internationalen Politik, ihre grundlegenden Probleme und ihre Entwicklungsperspektiven. Sie sind wie grobmaschige Netze, die das unendliche Meer der Fakten und Möglichkeiten auf je eigene Weise organisieren und vorstrukturieren.[31] Einige Großtheorien haben sich im Zusammenhang mit sozialen Bewe-

---

30 Im Englischen nennt man das: *governance without government*; vgl. dazu als jüngeren Klassiker: Michael Zürn, *Regieren jenseits des Nationalstaates*, Frankfurt am Main 1998. Zur normativen Orientierung Hans Küng, *Projekt Weltethos*, 11. Aufl., München 2008. Eine schöne Ausformulierung der Voraussetzungen für ein solches menschendienliches Weltregieren hat jetzt Harald Müller vorgelegt: *Wie kann eine neue Weltordnung aussehen? Wege in eine nachhaltige Politik*, Frankfurt am Main 2008.

31 Ausführlich zum Begriff und zur Funktion von Großtheorien Reinhard Meyers, *Internationale Beziehungen: Wissenschaft, Begriff und Perspektiven*, in: Olaf Tauras/Reinhard Meyers/Jürgen Bellers (Hrsg.), *Politikwissenschaft III: Internationale Politik*, Münster-Hamburg 1994, S. 3-57, hier vor allem S. 36-42.

gungen entwickelt, ohne dass es je zu einer völligen Deckung zwischen Politikwissenschaft und politischer Praxis gekommen wäre. Zweifellos gibt es Berührungspunkte zwischen dem Realismus (in den IB) und dem politischen Konservativismus, zwischen dem wissenschaftlichen und dem politischen Liberalismus, dem Marxismus und der Arbeiterbewegung, dem Feminismus und der Frauenbewegung; aber alle Großtheorien stehen und entstehen zugleich in wissenschaftlichen Kontexten, in denen sie sich auch bewähren müssen.

Großtheorien müssen einerseits von Metatheorien, andererseits von Bereichstheorien unterschieden werden. Metatheorien erörtern grundsätzliche Fragen der Wissenschaft wie: was macht Wissenschaft zur Wissenschaft, wie kommen wir überhaupt zu Erkenntnissen, was sind Kriterien für die Gültigkeit wissenschaftlicher Aussagen und lassen sie sich auf alle Wissenschaften gleichermaßen und einheitlich anwenden? Diese Aspekte klammere ich fast vollständig aus.[32] Gelegentlich nehme ich Bezug auf Bereichstheorien, insbesondere auf die demokratische Friedenstheorie, andeutungsweise auch auf Entwiclungstheorien oder Theorien über Rüstungsdynamik. Sie dürfen aber den Großtheorien nicht gleichgestellt werden, sie sind ihnen nachgeordnet. So gibt es realistische, marxistische und feministische Beiträge zur Entwicklungstheorie, die in ihren jeweiligen Großtheorien verankert sind; wobei durchaus nicht alle Großtheorien gleichermaßen stark in den verschiedenen Bereichstheorien vorkommen. Von den schon genannten Theorieformen können dann noch einmal Theorien im engeren Sinne unterschieden werden, die Aussagen über den Zusammenhang zwischen zwei Variablen (Messgrößen) machen.

Die Abfolge der Theorie-Ebenen möchte ich exemplarisch verdeutlichen: Die Großtheorie des Liberalismus geht davon aus, dass die entscheidenden Antriebsmomente für die internationalen Beziehungen aus den Gesellschaften kommen. Für den Bereich des Friedens postuliert die liberale Friedenstheorie einen positiven Zusammenhang zwischen der demokratischen Organisation von Herrschaft und einer Außenpolitik, die nicht zu Gewalt neigt. Von einer Theorie im engeren Sinne können wir dann sprechen, wenn ein Zusammenhang zwischen

---

32 Vgl. dazu etwa Werner Meinefeld, *Realität und Konstruktion: Erkenntnistheoretische Grundlagen einer Methodologie der empirischen Sozialforschung*, Opladen 1995, oder jetzt Richard Ned Lebow/Mark Irving Lichbach (Hrsg.), *Theory and Evidence in Comparative Politics and International Relations*, New York-Houndmills, Basingstoke 2007.

bestimmten Messgrößen für demokratische Partizipation auf der einen Seite und Messgrößen für Gewaltaversion in der Außenpolitik auf der anderen Seite nachgewiesen wird.[33]

Wie viele Großtheorien die IB kennen und wie sie voneinander abzugrenzen sind, darüber gehen die Ansichten auseinander. Manche AutorInnen vertreten die Auffassung, die Welt der IB-Theorie lasse sich auf den immer wiederkehrenden Gegensatz zwischen Idealismus und Realismus reduzieren.[34] Andere gehen von den drei großen klassischen politischen Theorietraditionen der Moderne aus, die sie auch in der IB-Theorie zu finden glauben: Konservativismus (in der Terminologie der IB: Realismus), Liberalismus und Marxismus.[35] Ulrich Menzel strukturiert seine umfassende Darstellung der Geschichte und Entwicklung der Lehre von den internationalen Beziehungen zwar am Gegensatzpaar Realismus und Idealismus, kommt aber durch die Ausdifferenzierung nach Interessenorientierung (Allgemeinwohl versus Eigenwohl) und leitenden Prinzipien (Ideen versus materielle Strukturen) auf vier Großtheorien. Das sind bei ihm Institutionalismus, Realismus, Idealismus und Strukturalismus, für die als klassische politische Theoretiker Hugo Grotius, Thomas Hobbes, Immanuel Kant und Karl Marx stehen.[36] Martin List bringt in seiner Einführung in die Internationale Politik vier Theorie-Traditionen in ein fiktives Streitgespräch: (R) für Realismus, (I) für Idealismus/Institutionalismus, (K) für Kognitivismus/Konstruktivismus und (G) für gesellschaftskritische Ansätze, die dem historischen Materialismus verpflichtet sind.[37]

---

33 Einen kleinen Versuch der Einordnung von Großtheorien, so wie ich sie hier behandle, in ein Gesamtverständnis von Theorie und Erkenntnis unternehme ich in dem Aufsatz *Theorien in den Internationalen Beziehungen*, in: Gert Krell/Manfred Knapp, *Einführung in die Internationale Politik: Studienbuch*, 4. Aufl., München-Wien 2004, S. 57-90, dort S. 58ff.

34 So z.B. in dem Klassiker von John H. Herz, *Politischer Realismus und Politischer Idealismus*, 2. Aufl., Meisenheim 1959, oder bei Robert M. A. Crawford, *Idealism and Realism in International Relations: Beyond the Discipline*, London-New York 2000.

35 So im Prinzip bei Paul R. Viotti/Mark V. Kauppi, *International Relations Theory: Realism, Pluralism, Globalism and Beyond*, 3. Aufl., Upper Saddle River, NJ 2005 (eine Neuauflage ist für 2009 angekündigt).

36 Ulrich Menzel, *Zwischen Idealismus und Realismus: Die Lehre von den Internationalen Beziehungen*, 3. Aufl., Frankfurt am Main 2004.

37 Martin List, *Internationale Politik studieren: Eine Einführung*, Wiesbaden 2006, S. 25-40.

Die von Siegfried Schieder und Manuela Spindler herausgegebene handbuchartige Übersicht behandelt 18 verschiedene Theorien der internationalen Beziehungen, die lose vier Gruppen zugeordnet werden; und zwar ähnlich wie in der wohl umfassendsten Sammlung mit 80 Texten zur IB-Theorie, die ihre vier Bände (!) um den Realismus, den Pluralismus (ausgehend vom Liberalismus), den Strukturalismus (ausgehend vom Marxismus) und die Reflexiven Theorien (dazu rechnen u.a. Konstruktivismus und Feminismus) organisiert.[38]

Ich selbst orientiere mich an einer Politischen Theorie der Internationalen Beziehungen, das heißt ich bette wie viele andere die Großtheorien in den IB in zentrale allgemeine politische oder wissenschaftliche Denktraditionen ein, nehme jüngere Entwicklungen wie den Feminismus und den Konstruktivismus als Denkweisen auf und berücksichtige außerdem Theorie-Ansätze, die aus der Politischen Psychologie kommen.[39] Was ich in diesem Buch vorstelle, sind sieben konkurrierende Weltbilder, Großtheorien, Theorietraditionen oder Denkweisen in den Internationalen Beziehungen. Bevor ich damit anfange, möchte ich aber erst noch weitere Voraussetzungen diskutieren.

1.6 Globalisierung: Die Welt zwischen Integration und Polarisierung

Ob es schon eine Art Weltgesellschaft, also eine „fortschreitende Zusammenfassung der menschheitlichen Zivilisation aller Völker in einem Gesellschaftskörper"[40] gibt, wird intensiv und kontrovers disku-

---

38 Siegfried Schieder/Manuela Spindler (Hrsg.), *Theorien in den Internationalen* Beziehungen, 2. Aufl., Opladen 2006, S. 31; Stephen Chan/Cerwyn Moore (Hrsg.), *Theories of International Relations*, 4 Bde., Thousand Oaks-New Delhi-London 2006.

39 Wenn ich es recht sehe, bin ich in Deutschland der Einzige, der das macht. Ich finde das gerade angesichts des großen tödlichen Wahnsinns der NS-Zeit erstaunlich und irritierend.

40 Niklas Luhmann, *Die Weltgesellschaft*, in: ders., *Soziologische Aufklärung*, Bd. 2, Opladen 1975, S. 51-71, hier S. 51; Luhmann bezieht sich auf den Soziologen Albert Schäffle, der diese Tendenz schon 1896 zu erkennen glaubte. Luhmanns Aufsatz ist nicht für Anfänger; eine gute Übersicht zur Diskussion über Weltgesellschaft bietet Ingo Take, *Weltgesellschaft und Globalisierung*, in: Schieder/Spindler, *Theorien*, S. 269-294. Für 2009 ist eine Einführung in die zentralen Konzepte der Weltgesellschaft von Jens Becker angekündigt.

tiert. Auf der einen Seite sehen wir vereinheitlichende Tendenzen, und zwar sowohl ökonomische als auch rechtliche und ansatzweise auch politisch-ideologische. Die „kosmopolitische Tendenz der Produktivkräfte" (Friedrich List), die wir heute Globalisierung nennen, war neben List auch Immanuel Kant und Karl Marx, damit also dem 18. und dem 19. Jhdt. schon durchaus vertraut. Wobei die „planmäßige Ausbeutung der Erde" (Karl Marx) allen dreien noch nicht einmal andeutungsweise als Problem erschien. Das Völkerrecht hat im 20. Jhdt. den Grundstein für ein globales kollektives Sicherheitssystem gelegt, und trotz aller Reibungsverluste und Rückschläge macht die Verregelung und Verrechtlichung der internationalen Beziehungen weitere Fortschritte. Wenn wir Umfragen trauen können, dann gehören demokratische Freiheitsrechte, eine unabhängige Justiz und soziale Marktwirtschaft zu den Aspirationen großer Mehrheiten überall auf der Welt.[41] Der Soziologe Niklas Luhmann hatte schon 1975 in einem epochemachenden Beitrag seine These von der Weltgesellschaft zunächst mit der Möglichkeit weltweiter Kommunikation begründet:

> Ein Argentinier mag eine Abessinierin heiraten, wenn er sie liebt; ein Seeländer in Neuseeland Kredit aufnehmen, wenn dies wirtschaftlich rational ist, ein Russe technischen Konstruktionen vertrauen, die in Japan erprobt worden sind; ein französischer Schriftsteller in Ägypten homosexuelle Beziehungen suchen; ein Berliner sich auf den Bahamas bräunen, wenn ihm dies ein Gefühl der Erholung vermittelt.[42]

Was macht aus dieser weltweiten Kommunikation einen Weltzustand, so fragte Luhmann weiter. Einmal das „immense Anwachsen der Kenntnisse über Fakten des Lebens und der Interaktionsbedingungen aller Menschen". Hinzu komme die universelle Verbreitung wissenschaftlichen Wissens und technologischer Errungenschaften mit einem globalen wissenschaftlich-technischen Kommunikationsnetz. Als drittes nannte er eine weltweite öffentliche Meinung, dann weltweite wirtschaftliche Verflechtungen und weltweite Möglichkeiten der Bedarfsdeckung; er sprach sogar von einer „auf Weltfrieden beruhenden Verkehrszivilisation", in der sich ein „urban erzogener Mensch gleich

---

41 The Pew Research Center For The People and The Press, *What the World Thinks in 2002: How Global Publics View their Lives, their Countries, the World, America*, Washington, D.C. 2002, und *Views of a Changing World June 2003*, Washington, D.C. 2003 (www.people.press.org).
42 Luhmann, *Weltgesellschaft*, S. 53.

welcher Provenienz" zurechtfinde. Die Weltgesellschaft sei dadurch entstanden, dass die Welt durch die Prämissen weltweiten Verkehrs vereinheitlicht worden sei.[43]

Auf der anderen Seite verläuft der Prozess globaler Vergesellschaftung widersprüchlicher oder in anderer Weise widersprüchlich, als es die großen Denker von Kant bis Luhmann formuliert haben; die Vereinheitlichung provoziert ihrerseits neue Polarisierungen und Fragmentierungen. Quer zu den kosmopolitischen Tendenzen liegen eine Reihe von Spaltungen oder gravierenden Differenzierungen, die es als höchst fahrlässig erscheinen lassen, ohne Kontextualisierung überhaupt von Globalisierung zu sprechen. Worin genau diese entscheidenden Spaltungen bestehen, das ist freilich nicht nur in der Alltagssprache oder in polarisierten Auseinandersetzungen, sondern auch in der politikwissenschaftlichen Diskussion umstritten. Dass der Ost-West-Konflikt das Weltgeschehen für eine Generation geformt bzw. deformiert hat, das lässt sich wohl nicht bestreiten; man kann höchstens darüber diskutieren, inwieweit die schon genannte kosmopolitische Tendenz der Produktivkräfte zu seinem Ende beigetragen hat. An Angeboten für neue globale Konfliktformationen fehlt es nicht. In der ersten Phase der öffentlichen Debatte nach dem Ende des Ost-West-Konflikts war häufig zu hören, der Ost-West-Gegensatz werde nun vom Nord-Süd-Konflikt abgelöst. Der Golf-Krieg von 1991, in dem die alte zweite Supermacht Sowjetunion das militärische Niederringen ihres einstigen Dritte-Welt-Klienten Irak durch den ehemaligen Systemgegner USA tolerierte, ja sogar politisch absicherte, schien diese These vordergründig zu untermauern. Aber schon die Koalitionsbildungen waren viel zu heterogen, der damalige Golfkrieg war eher ein Süd-Süd-Konflikt mit Beteiligung der Industriestaaten.

Statistisch gesehen haben wir es seit etwa einem halben Jahrhundert mit einer kontinuierlichen Abnahme der Nord-Süd-Kriege zu tun, wobei die historischen Schwerpunkte einmal in der gewaltsamen Unterwerfung des Südens in der Zeit des Kolonialismus und Imperialismus und dann wieder in der Phase der Befreiungskriege lagen. Diese Nord-Süd-Konflikte hatten weniger mit Sicherheits- als mit Macht- und Verteilungsfragen zu tun. Die Intervention der USA und Großbritanniens (mit Beiträgen weiterer Länder) im Irak 2003 widerspricht dieser Aussage nicht, denn die befürchteten Bedrohungen durch Nuklearwaffen und die Unterstützung des internationalen Terrorismus haben

---

43 Ebd., S. 54f.

sich als Fehleinschätzungen herausgestellt. Die Attentate des internationalen Terror-Netzwerks al-Qaida auf das Pentagon und das *World Trade Center* vom 11. September 2001 markieren in diesem Zusammenhang jedoch möglicherweise eine nicht nur symbolische Zäsur.

Parallel zur Debatte über die Weltgesellschaft hat sich eine Diskussion über eine Weltkultur oder ein Weltethos entwickelt, also über die Frage, ob neben der weltweiten Vergesellschaftung eine globale Vergemeinschaftungstendenz zu beobachten sei. Mit Max Weber können wir als Vergesellschaftung soziale Beziehungen begreifen, die sich auf rational motivierten Interessenausgleich oder rational motivierte Interessenverbindung gründen; von Vergemeinschaftung sprechen wir, wenn soziale Beziehungen auf „subjektiv gefühlter (...) Zusammengehörigkeit der Beteiligten" beruhen.[44] Die Forschungsgruppe Weltgesellschaft argumentierte schon in den neunziger Jahren, dass beide Dimensionen im Globalisierungsprozess zu finden sind, aber nicht zwangsläufig parallel laufen. Es seien sogar negative Wechselwirkungen möglich, das heißt weltweite Vergesellschaftungsprozesse könnten zu verstärkter Partikularisierung und Separierung statt zu mehr Gemeinschaftsbildung führen. In jedem Fall rechneten die Autoren mit einem Spannungsverhältnis zwischen universalistischen Vergesellschaftungs- und partikularistischen Vergemeinschaftungstendenzen.[45] Dieses Spannungsverhältnis findet sich in der Tat auf allen Analyse-Ebenen: global, transnational und in den nationalen Gesellschaften. *McWorld in Tel Aviv, Jihad in Jerusalem* heißt der Untertitel eines neuen Buches des israelischen Soziologen Uri Ram: globalisierte kapitalistische Integration und liberale Zivilisierung auf der einen Seite, lokaler national-religiöser Ethnozentrismus auf der anderen.[46]

Eine der bekanntesten Positionierungen zu diesem Thema hat der Ende 2008 verstorbene Politikwissenschaftler Samuel P. Huntington vorgenommen, der die Aussichten für eine globale Vergemeinschaftung sehr skeptisch einschätzte, obwohl auch er einen solchen Prozess

---

44 Weber, *Wirtschaft und Gesellschaft*, S. 21.
45 Forschungsgruppe Weltgesellschaft, *Weltgesellschaft: Identifizierung eines Phantoms*, in: Politische Vierteljahresschrift, 37:1 (1996), S. 5-26, hier S. 20-23.
46 Uri Ram, *The Globalization of Israel: McWorld in Tel Aviv, Jihad in Jerusalem*, London 2006. In der Tendenz ähnlich, aber auf Friedensprozesse bezogen, Guy Ben-Porat, *Global Liberalism, Local Populism: Peace and Conflict in Israel/Palestine and Northern Ireland*, Syracuse 2006. (Die Globalisierungsverlierer wenden sich gegen Ausgleich und Kompromiss.)

nicht völlig ausschloss.[47] Die Programmatik seines immer wieder neu aufgelegten und viel verkauften Buches über den Kampf der Kulturen ist insgesamt nicht ganz so eindeutig, wie es die Diskussion darüber manchmal nahe legt. Allerdings suggerieren der Titel und viele apodiktisch vorgetragene Thesen, der Ost-West-Konflikt werde von einer Art „Stammeskonflikt im Weltmaßstab" zwischen sieben (oder acht) großen Zivilisationen abgelöst. Zum ersten Mal in der Geschichte dominiere der Faktor Kultur die Konfliktursachen. So genannte Bruchlinienkonflikte an den Stellen, an denen große Zivilisationen in benachbarten Staaten oder in einem einzelnen Land aufeinander stießen, seien besonders eskalationsträchtig. Sie könnten weitere Akteure aus den großen Kulturkreisen in die Auseinandersetzungen hineinziehen und sie u.U. bis zu einem Krieg zwischen den zivilisatorischen Kernstaaten – sie lösen die alten Supermächte ab – und ihrem jeweiligen Anhang aufsteigen lassen. Aber diese Mechanismen sind auch bei Huntington nicht zwangsläufig. So können die Großstaaten mäßigend auf Bruchlinienkonflikte einwirken, der große *Clash* ist vermeidbar. Huntington plädiert im Übrigen am Ende ausdrücklich für eine multikulturelle Welt. Die Kulturen sollen nach Gemeinsamkeiten suchen, universelle Gültigkeit soll keine für sich in Anspruch nehmen.

Huntingtons Beispiele zeigen, welche mobilisierenden und auch gewalttätigen Wirkungen mit kultureller Identität verbunden sein können, aber kulturelle Differenz allein ist kein ausreichender Grund für gewaltsame Konflikte; genauso wenig wie kulturelle Ähnlichkeit oder Nachbarschaft Frieden garantiert. Die Statistik zeigt, dass gewaltsame Konflikte *innerhalb* der großen Kulturkreise häufiger sind als solche zwischen ihnen.[48] Der antiwestliche islamistische Fundamentalismus, vor allem seine terroristische Variante, und die Ansätze zur Gegenfundamentalisierung in der Politik der Regierung von George Bush jr. gaben Huntingtons Thesen einen Schein von Glaubwürdigkeit.[49] Die

---

47 Samuel P. Huntington, *Kampf der Kulturen: Die Neugestaltung der Weltpolitik im 21. Jahrhundert* [1996], München 2006 (Taschenbuchausgabe).
48 Vgl. dazu u.a. Bruce M. Russett/John R. Oneal/Michaelene Cox, *Clash of Civilizations, or Realism and Liberalism: Déja Vu?*, in: Journal of Peace Research 37, 5 (Sept. 2000), S. 583-608 und die Diskussion der AutorInnen mit Huntington ebda., S. 609-612.
49 Zur spiegelbildlichen Rhetorik von Osama bin Laden und George W. Bush vgl. Louise Richardson, *Was Terroristen wollen: Die Ursachen der Gewalt und wie wir sie bekämpfen können*, Frankfurt am Main 2007, S. 251-255; siehe aber auch die wechselseitigen Selbst- und Fremdwahrneh-

Führungsmacht des Westens stand in der Tat für längere Zeit nicht gerade hoch im Kurs bei den Öffentlichkeiten in den arabischen oder in anderen islamisch geprägten Staaten, die Umfragewerte erreichten Tiefstände und die Sympathien für Osama bin Laden waren in einigen Ländern phasenweise sehr stark; aber von einer einheitlich oder durchgängig antiwestlichen Einstellung im islamisch geprägten „Kulturkreis" kann keine Rede sein, und die Zustimmungswerte für Selbstmordattentate sind drastisch gesunken.[50]

Huntington übersieht, darauf hat Dieter Senghaas schon früh aufmerksam gemacht, dass alle nicht-westlichen Kulturen, gleich wie man sie kategorisiert, vor einer vergleichbaren systematischen Herausforderung stehen, wie sie der Westen selbst in einem sehr langwierigen und konfliktreichen Weg zu bewältigen hatte: der Transformation traditionaler in moderne Gesellschaften.[51] Pluralität unter den Bedingungen von Politisierung zu institutionalisieren ist dabei eine zentrale zivilisatorische Aufgabe. In den um diesen Prozess sich anlagernden Auseinandersetzungen der Kulturen *mit sich selbst* liegt die entscheidende Entwicklungs- und Konfliktdynamik. Mit welchen Schwierigkeiten die gewaltfreie und produktive Institutionalisierung von Pluralität auch im Westen verbunden war (und teilweise immer noch ist), das brauche ich als Deutscher nicht im Einzelnen auszuführen.

Eine ganz andere Dimension hat, ebenfalls in der Auseinandersetzung mit Huntington, Werner Link herausgearbeitet, der überprüft, ob sich aus dem transnationalen politisierten fundamentalistischen Islam Parallelen zu Genese des Ost-West-Konflikts zwischen Kapitalismus und Sozialismus ergeben können, der ja auch aus der partiellen Verstaatlichung einer transnationalen Bewegung gegen die etablierte Ordnung hervorgegangen ist.[52] Dass der Kampf der islamistischen Terro-

mungen zwischen westlicher und muslimischer Welt in: Pew Global Attitudes Project, *The Great Divide: How Westerners and Muslims View Each Other*, Washington, D.C. 2006 (www.pewglobal.org/reports/display.php?-ReportID=253) 15.11.2008.

50 Pew Global Attitudes Project, *Unfavorable Views of Jews and Muslims on the Increase in Europe*, Washington, D.C. 2008 (www.pewglobal.org/reports/display.php?ReportID=262) 15.11.2008.

51 Dieter Senghaas, *Zivilisierung wider Willen: Der Konflikt der Kulturen mit sich selbst*, Frankfurt am Main 1998.

52 Werner Link, *Konfliktformationen des Internationalen Systems im Wandel*, in: Manfred Knapp/Gert Krell (Hrsg.), *Einführung in die Internationale Politik: Studienbuch*, 4. Aufl., München-Wien 2004, S. 384-388.

risten nicht nur ein Kampf gegen den Westen schlechthin ist, sondern sich ebenso heftig und in Zahlen der Opfer gesprochen sogar viel mehr gegen die eigenen Lands- und Kulturleute richtet, wäre dabei kein Argument; das war ja in der Kommunistischen Internationale auch so. Auch die gewalttätigen Spaltungen etwa zwischen Schiiten und Sunniten wären nicht unbedingt eine spezifische Differenz. Plausibler erscheint mir, dass die Wahrscheinlichkeit einer dauerhaften und zentral gelenkten Verstaatlichung des terroristisch agierenden Islamismus als gering einzuschätzen ist.

Eine noch schärfere Deutung des Kampfes der Kulturen hat Norman Podhoretz vorgelegt, einer der Väter des Neokonservatismus in den USA und einer der wenigen Intellektuellen, die Präsident George Bush jr. bis zuletzt in allen Begründungsaspekten des Irak-Krieges die Stange gehalten haben. Laut Podhoretz befindet sich die Welt bereits im Vierten Weltkrieg, einem Weltkrieg zwischen im Wesentlichen den USA auf der einen und dem so genannten Islamofaschismus auf der anderen Seite. Es mag sein, dass Teile der Politik und der Wissenschaft die Bedrohung durch gewaltbereite islamische Extremisten, ja durch politisierte fundamentalistische Religion überhaupt unterschätzen; gleichwohl sind die Thesen von Podhoretz so fragwürdig, die Akteure auf der Gegenseite so nebulös, die historischen Analogien und die empfohlenen Strategien, wie im Irak zu sehen, so problematisch und zumindest teilweise kontraproduktiv, dass auf dieser Grundlage kaum eine seriöse Diskussion möglich ist.[53]

In der politikwissenschaftlichen Diskussion weitaus häufiger anzutreffen als der Kampf der Kulturen war eine Zeitlang die Aufteilung zwischen dem OECD-Gravitationszentrum mit einigen Aspiranten (China, Indien, Russland, Brasilien), die zunehmend oder wieder zunehmend selbst global aktiv sind, und dem randständigen Rest; in stärker sicherheitspolitischen Kategorien gesprochen zwischen der *Zone of Peace* und den *Zones of Turmoil*.[54] Empirisch untermauert wurde

---

53 Vgl. dazu Olivier Roy, *Der falsche Krieg: Islamisten, Terroristen und die Irrtümer des Westens*, München 2007, der Spaltungen der islamischen Welt, ihre Koalitionsbildungen quer zu den „Kulturen" und dringend erforderliche Kontextualisierungen zu verschiedenen Konflikten unter Beteiligung von Islamisten thematisiert und mahnt: „Wir müssen aufhören, die Welt durch die Zerrbrille von Al-Qaida zu betrachten, denn darin liegt ihre einzige Macht (S. 180)."

54 Max Singer/Aaron Wildavsky, *The Real World Order: Zone of Peace, Zones of Turmoil*, London 1996.

diese Sichtweise von der Kriegsstatistik, der zufolge die entwickelten Industriestaaten, von einigen ethnonationalistischen Randkonflikten wie in Nordirland oder im Baskenland abgesehen, seit 1945 fast völlig aus dem globalen Kriegstrend herausfielen. Zwar nahm die weltweite Kriegsbelastung von 1945 bis Mitte der achtziger Jahre kontinuierlich zu, aber diese Entwicklung wurde von den Bürgerkriegen in den Entwicklungsländern bestimmt. Nach dem Ende der Entkolonialisierung lag die Dritte Welt anscheinend mit sich selbst im Kriege. Hinzu kamen dann nach dem Ende des Ost-West-Konflikts neue ethnonationale Konflikte, die sich aus den Auflösungsprozessen der Vielvölkerstaaten UdSSR und Jugoslawien ergaben.

Dem stand auf der anderen Seite der „demokratische Frieden" gegenüber. Konsolidierte Demokratien führen keine Kriege gegeneinander; oder um es ganz genau im Sinne einer der jüngeren großen quantitativen Untersuchungen zu formulieren: die Zahl der militarisierten Auseinandersetzungen zwischen entwickelten Demokratien liegt 41% unter dem Dyaden-Durchschnitt; gemischte Dyaden (Demokratie versus Autokratie) liegen 73, autokratische Dyaden 67% darüber.[55] Abgesehen von der moralischen Herausforderung dieser Spaltung aus einer kosmopolitischen Perspektive bestünde demnach aus Sicht der „Friedenszone" das entscheidende Problem darin, dass der *Turmoil* nicht auf sich selbst beschränkt bleibt, sondern auch sie trifft: über Staatszerfall, internationalen Terrorismus, politische und Wirtschaftsflüchtlinge, Umweltschäden mit interregionalen Auswirkungen sowie Instabilität in Gebieten mit lebenswichtigen Rohstoffen.

Differenzierter nach ökonomischen Entwicklungsformen und Lebensbedingungen sowie heterogenen politischen Organisations-, Integrations- und Desintegrationsformen unterscheidet Dieter Senghaas in einer anderen Analyse die Konstitution der Welt. Er leugnet nicht die historische Dynamik, die auf „eine Welt" hinwirkt, will aber die in diesem Welt-Diskurs vernachlässigte „real existierende Welt" mit ihren Teilstrukturen und Abschichtungen zur Sprache bringen. Und diese real existierende Welt besteht vor allem aus vier Teilwelten: (1) der postmodernen Ersten Welt, d.h. der hoch integrierten und pazifizierten OECD-Welt der entwickelten Industriestaaten, (2) der modernen neuen Zweiten Welt der erfolgreichen Nachzügler in Osteuropa und Ost-

---

55 Bruce M. Russett/John R. Oneal, *Triangulating Peace: Democracy, Interdependence, and International Organization*, New York-London 2001, S. 115.

asien, (3) der pseudomodernen Dritten Welt der Entwicklungsländer mit ihren strukturell heterogenen Ökonomien, politischen Autokratien und vielfach Reformen blockierenden Eliten, insgesamt mit einem Mangel an breit gefächerter Entfaltung der produktiven Kräfte im weitesten Sinne, und (4) der prämodernen Vierten Welt mit ihrem Defizit an Staatlichkeit überhaupt bis hin zu *failing states* und ihren Gewaltökonomien. Nicht zuletzt im Rückgriff auf Friedrich List stellt Senghaas so das Entwicklungsdilemma ins Zentrum seiner Analyse der Weltordnung, also die Problematik nachholender Entwicklung unter Peripherisierungsdruck seitens der Vorreiter-Ökonomien.[56]

Gewiss wäre die Aufteilung in vier Welten noch weiter zu differenzieren. So haben die wechselseitigen Abhängigkeiten zwischen der OECD-Welt, dem (vorübergehenden?) Absteiger Sowjetunion/Russland, dem Aufsteiger China und einer Reihe von Schwellenländern, insbesondere den Ölexporteuren, zum Teil dramatisch zugenommen; nicht nur im Handel und bei den Rohstoffen, sondern auch bei den Investitionen und im Finanzwesen, wie sich im Zuge der globalen Finanzkrise 2008/2009 sehr deutlich zeigt. Außerdem geht auch dieser *Turmoil* doch wohl eher von der *Zone of Peace* aus. Über der Eigenständigkeit und den jeweils selbst produzierten, also endogenen Problematiken im „Süden" sollten die historischen und aktuellen Formen des „inhospitablen Betragens" der „gesitteten, vornehmlich Handel treibenden Staaten unseres Weltteils"[57] nicht in Vergessenheit geraten:

(1) Zwar hat der Ost-West Konflikt auch – wenn auch in einer perversen Weise (Thomas Mann hatte die Drohung der wechselseitigen Vernichtung seinerzeit als „schwachsinnig" bezeichnet) – pazifizierend gewirkt, teilweise bis in die Dritte Welt, etwa die Nahost-Region hinein; aber er hat einzelne Drittweltländer auch militarisiert und die Bürgerkriege dort politisch/militärisch aufgeladen und so mit zu deren Ruin beigetragen. Afghanistan ist dafür ein trauriges Beispiel.

(2) Neben der Förderung demokratischer Entwicklung steht deren Beeinträchtigung. Ein dramatischer Fall ist Guatemala, dessen demokratischen und wirtschaftlichen Fortschritt die direkten und indirekten Interventionen der USA seit 1954 gewaltsam und nachhaltig be- und verhindert haben.

---

56 Dieter Senghaas, *Die Konstitution der Welt – eine Analyse in friedenspolitischer Absicht,* in: Leviathan, 31:1 (März 2003), S. 117-152.

57 So Immanuel Kant schon 1795 in seiner Schrift *Zum Ewigen Frieden,* Stuttgart 1986, Nachdruck 2002, S. 22; vgl. auch Kap. 2, Anm. 25.

(3) Zum inhospitablen Betragen der Handel treibenden OECD-Staaten gehört auch, dass sie sich selbst nicht an die von ihnen gesetzten Regeln des Welthandels halten. So verhindern sie z.b. durch die Subventionierung ihrer Agrar- und Textilprodukte nicht nur Importe aus Entwicklungsländern, die in diesen Bereichen zum Teil wesentlich günstiger produzieren können, und damit Einnahmen, welche die Entwicklungshilfe um ein Mehrfaches überschreiten würden; sie zerstören sogar mit ihren künstlich verbilligten Exporten einheimische Märkte in diesen Ländern und erhöhen damit deren Abhängigkeit.

(4) Diese Doppelmoral zeigte sich auch deutlich im Unilateralismus der USA, der sich nicht nur gegen Verbündete, sondern auch gegen Entwicklungsländer richtete:

(4a) Der umfassende Test-Stopp-Vertrag (CTBT), der nicht einmal eine einfache Mehrheit, geschweige denn die erforderliche Zweidrittelmehrheit im Senat erreichte, war Teil einer Absprache zwischen den *Haves* (den offiziellen Nuklearwaffenstaaten) und den *Have-Nots* auf der Konferenz über die unbegrenzte Verlängerung des Nichtverbreitungsvertrages im Jahre 1995. Die *Have-Nots* erklärten sich mit der unbegrenzten Verlängerung einverstanden, aber sie erwarteten dafür Gegenleistungen; eine davon war der CTBT. Großbritannien, Frankreich und Russland haben den CTBT ratifiziert und damit ihre Zusagen eingelöst; die USA (und mit Berufung auf das Beispiel der USA auch die Volksrepublik China) nicht, wenn man davon absieht, dass sie vorerst keine weiteren Nukleartests durchgeführt haben.

(4b) In Europa und in den meisten Ländern der Dritten Welt kaum nachvollziehbar ist der heftige Widerstand in den USA gegen den Internationalen Strafgerichtshof (ICC), zumal sich dieses Objekt in vielerlei Hinsicht auf amerikanische Ideen und Traditionen zurückverfolgen lässt und die USA selbst führend beteiligt waren bei der Einrichtung von Tribunalen gegen Kriegsverbrechen, zuletzt im Falle Bosniens und Ruandas. Da die Basis des Völkerrechts das Prinzip der rechtlichen Gleichbehandlung ist, was natürlich nicht machtpolitische Gleichheit bedeutet, wurde der Widerstand der USA gegen den ICC zwangsläufig so gedeutet, dass die Vereinigten Staaten sich außerhalb oder vielmehr oberhalb des Völkerrechts stellen wollten; sie waren offenbar nicht einmal mehr am rechtlichen Schein der Gleichheit interessiert. Massive Pressionen gegenüber der UNO und gegenüber Beitrittsstaaten zum Statut des ICC haben diesen Eindruck nur verstärkt.

(4c) Mein dritter Fall ist das Kyoto-Protokoll. Vieles lässt sich gegen diesen sehr unzulänglichen Versuch einer Eindämmung der globalen CO_2-Emissionen einwenden, aber er fußt auf einem breit konsensfähigen Kompromiss. Einer der Hauptgründe für die Verweigerungshaltung der USA war das Argument (siehe die einstimmige Byrd-Hagel Resolution im Senat), ohne die Einbeziehung der Entwicklungsländer seien die Reduzierungsverpflichtungen nicht zumutbar. Dabei wurden zwei maßgebliche Tatbestände großzügig übersehen. Erstens, dass etwa die Hälfte der Menge an schädlichen anthropogenen Treibhausgasen, die in der Atmosphäre einigermaßen umweltverträglich deponiert werden können, bereits auf die Industrialisierungsgeschichte der OECD-Staaten zurückgeht; und zweitens, dass das Volumen an CO_2- Emissionen pro Einwohner in den USA im Jahre 1995 etwa achtmal so hoch lag wie in China und zwanzigmal so hoch wie in Indien; doppelt so hoch wie in Deutschland.

(4d) Besonders pikant gerade im Zusammenhang mit den Auseinandersetzungen um Saddam Husseins Verhalten gegenüber den Auflagen der Vereinten Nationen bezüglich seiner Massenvernichtungswaffen war die Haltung der USA zur Chemiewaffenkonvention – von der ursprünglichen Konstruktion her möglicherweise das bedeutendste internationale Rüstungskontrollabkommen überhaupt, weil es multilateral (tendenziell global) und egalitär ist und das vollständige Verbot bzw. die vollständige Abrüstung einer ganzen Waffengattung durch intensive internationale Kontrollen vorsieht und damit eine neue staatengemeinschaftliche Definition und Praxis von Sicherheit hätte etablieren können. Obwohl gerade das vorbildliche Inspektionsregime auf Vorschläge der USA zurückging, hatten die konservativen Gegner der Rüstungskontrolle in der republikanischen Partei im Ratifizierungsprozess vertragswidrige Einschränkungen bei den Inspektionen durchgesetzt, die das Abkommen erheblich verwässerten, weil sich natürlich auch andere Unterzeichnerstaaten unter Berufung auf die Politik der USA gegenüber der Konvention Sonderregelungen herausnehmen.

In den Bereichen Rüstungskontrolle und Umweltschutz deutet sich mit dem Wahlsieg von Barack Obama und dem Abtreten der Bush-Administration jetzt erfreulicherweise ein radikaler Wandel ab, der sich schon konkret, etwa bei der Frage der Raketenabwehr, bemerkbar macht. Vielleicht ändert sich sogar die amerikanische Haltung gegenüber dem Internationalen Strafgerichtshof. Immerhin haben die USA im Stationierungsvertrag mit der irakischen Regierung vom November 2008 nach hartnäckigem Widerstand substanzielle Konzessionen in der Frage der Rechtsaufsicht über ihre Soldaten eingeräumt.

(5) Als letzten Punkt möchte ich die „Neuen Kriege" erwähnen, in denen es nicht mehr um Staatlichkeit geht, sondern die organisierte Gewalt zum beherrschenden Element der gesellschaftlichen Tauschbeziehungen wird. Die Machthaber sind in diesen Fällen *warlords*, das heißt regionale Kriegsherren, oder auch terroristische Gruppierungen mit fließenden Grenzen zu kriminellen Banden. Solche Konstellationen sind das Ergebnis von Staatszerfall, insbesondere der Auflösung des staatlichen Gewaltmonopols, oder überhaupt eines Mangels an Staatlichkeit; oft auch die Folge von lang anhaltenden Bürgerkriegen, die sich verselbständigen und ihre ursprünglichen politischen Zielsetzungen verlieren. Historisch bekannt sind private Kriegsherren auch in Europa aus der Zeit vor der Verstaatlichung des Krieges, also etwa aus dem 16. und 17. Jahrhundert. Neu gegenüber den historischen *condottieri* ist, dass sich die modernen Kriegsherren nicht mehr primär aus der Erpressung der lokalen (Agrar-)Produktion und durch bloßen Raub ernähren, sondern dass sie über Ressourcenzufluss von außen verfügen, sei es durch die Bezuschussung von Staaten, Konzernen oder Emigrantengruppen, durch die Abzweigung bzw. Ausbeutung von internationalen Hilfeleistungen oder durch groß angelegte kriminelle transnationale Geschäfte, mit denen die Kriegsökonomien in der Vierten an die Friedensökonomien in der OECD-Welt andocken: Drogenhandel, Handel mit Gold oder Diamanten, Waffenhandel, Frauenhandel/Prostitution. Das heißt, ohne die Nachfrage nach „*Warlord*-Produkten" in der Ersten und Zweiten Welt könnten sich diese Ökonomien vermutlich nicht halten.

Ich hoffe, es ist mir gelungen deutlich zu machen, dass nicht nur in der Fortschritts- und Emanzipationsrhetorik vieler Gewaltherrscher und Menschenrechtsverächter in der Dritten Welt ein hohes Maß an ideologischer Verschleierung steckt, sondern dass auch die Rede von der *Zone of Peace* einerseits und den *Zones of Turmoil* andererseits korrekturbedürftig ist. Auch in ihren Verkehrungen, Spaltungen und Fragmentierungen finden sich Elemente der Einen Welt; die zunächst von Europa ausgehende Globalisierungstendenz produziert nicht nur Vereinheitlichung, sondern Widerspruch und Widersprüche.

Was man weiß bzw. wissen sollte

Die Politikwissenschaft ist als Fach noch relativ jung, aber systematisches Nachdenken über Politik ist so alt wie die Philosophie. In Deutschland hat sich die Politikwissenschaft, nach einem Aufbruch in der ersten Hälfte des 19. Jhdts. und einem zögerlichen Beginn in der Weimarer Republik, seit dem Zweiten Weltkrieg zu einer großen und gleichberechtigten Disziplin im Rahmen der Staats- oder der Sozialwissenschaften entwickelt. In einer ersten Annäherung über die Begriffsgeschichte kann man Politik als die Bearbeitung der öffentlichen Angelegenheiten eines Gemeinwesens bezeichnen. Die englische Sprache trennt Politik genauer nach *policy, politics* und *polity*, womit die drei zentralen Dimensionen des Politischen benannt sind: seine inhaltliche Programmatik, die politischen Auseinandersetzungen und Kompromissbildungsprozesse um diese Inhalte sowie die politische Ordnung, in deren Rahmen sich die *politics* abspielen und die *policies* realisiert werden. Was jenseits dieser formalen Kategorisierung das Wesen und die Zielsetzung des Politischen ausmacht, darüber gehen die Meinungen in der Politikwissenschaft auseinander: Das reicht von der Regulierung des Zusammenlebens bis zur guten Ordnung, vom unvermeidlichen Macht- und auch Gewaltcharakter der Politik bis zum Ausgleich als ihrem eigentlichen Kennzeichen.

Die Internationalen Beziehungen gehören zu den klassischen Teilgebieten der Politikwissenschaft, von denen sie das jüngste sind. Als Teildisziplin mit Lehrstühlen und mit spezialisierten Studien etablierten sie sich um die vorletzte Jahrhundertwende. Die beiden Weltkriege haben zu verstärkten Bemühungen um eine wissenschaftliche Analyse der internationalen Beziehungen und der Problematik von Krieg und Frieden geführt. Die neuzeitliche politische Theorie und das Völkerrecht haben sich freilich schon länger Gedanken über die internationalen Beziehungen gemacht, der Begriff *international relations* taucht offenbar zum ersten Mal gegen Ende des 18. Jhdts. auf. Als international kann man Beziehungen zwischen Gruppen bezeichnen, die klar abgegrenzte Territorien besiedeln und bis zu einem gewissen Grad unabhängig voneinander sind. Auch wenn der Begriff Beziehungen zwischen Nationen suggeriert, so sind nicht Nationen gemeint, sondern eher Nationalstaaten oder staatlich verfasste Gesellschaften, die miteinander grenzüberschreitend in Beziehung treten. Zu den internationalen Beziehungen gehört mehr als die Interaktion zwischen Regierungen; auch die Aktivitäten gesellschaftlicher Akteure sind relevant, wobei nicht alle gleichermaßen politisch relevant, das heißt der politischen Bearbeitung wert sind oder zugänglich gemacht werden.

Ob den internationalen Beziehungen schon eine Weltgesellschaft, eine Weltkultur oder ein Weltethos, also eine vereinheitlichende Vergesellschaftung und Vergemeinschaftung der Menschheit in globalem Maßstab zugrunde liegt, darüber lässt sich kontrovers diskutieren. Der auffälligste säkulare Trend, der den realen internationalen Beziehungen seit dem Zweiten Weltkrieg zugrunde liegt, ist zweifellos die absolute und relative Zunahme grenzüberschreitender materieller und kommunikativer Interaktionen; eine Tendenz, die im Prinzip schon den großen Denkern des 19. Jhdts. vertraut war. Die Globalisierung ist freilich ein sehr komplexer, widersprüchlicher Prozess, der seine eigenen Brüche und Spaltungen produziert. Dass sich aus der „kosmopolitischen Tendenz der Produktivkräfte" (Friedrich List) heute ein dramatischer internationaler, ja globaler Steuerungsbedarf und damit ein Bedarf an neuen Formen eines Weltregierens auch ohne Weltstaat ergibt, erscheint unabweisbar. Wenn ich hier (normativ) von Weltpolitik spreche, dann also nicht im Sinne von Weltmachtpolitik, sondern von Weltordnungspolitik. Damit meine ich diejenigen Aktivitäten von Regierungen und gesellschaftlichen Gruppen, die sich in menschendienlicher Absicht (tendenziell) auf den ganzen Globus beziehen. Aber diese Thematik steht nur mittelbar im Zentrum dieses Buches.

Ich gruppiere meine Einführung um große wissenschaftliche Weltbilder, um Großtheorien in den Internationalen Beziehungen. Damit sind systematische Gedankengebäude gemeint, die von unterschiedlichen Annahmen darüber ausgehen, wie die realen internationalen Beziehungen beschaffen sind, was sie organisiert und strukturiert: Wer sind die entscheidenden Akteure in der internationalen Politik? Wo liegen und woher kommen ihre Interessen und Präferenzen? Wie gelangen diese Akteure zu Entscheidungen und unter welchen Rahmenbedingungen müssen sie handeln? Diese Großtheorien benutzen unterschiedliche zentrale Kategorien, machen unterschiedliche Aussagen über die Antriebsmomente und die zentralen Probleme der internationalen Beziehungen sowie ihre Perspektiven. Großtheorien sind sowohl den „Bereichstheorien", die sich auf einzelne Segmente der internationalen Politik wie z.B. die Entwicklungsproblematik beziehen, als auch Theorien im engeren Sinne, die Aussagen über Zusammenhänge zwischen einzelnen Messgrößen machen, übergeordnet.

Worüber es zu diskutieren lohnt

(u.U. ein ganzes Studium lang und darüber hinaus)

- über Vorteile und Risiken (für wen?) der Grenzziehung und -verschiebung zwischen öffentlich und privat
- über den Politik-Begriff
- über Wechselwirkungen zwischen der Realgeschichte der iB und der Entstehung/Entwicklung des Faches (der Teildisziplin) IB
- über die Kategorien Weltgesellschaft, Weltkultur, Weltpolitik und Weltordnung
- über Tendenzen, Widersprüche und Asymmetrien globaler Vergesellschaftung und Vergemeinschaftung
- über den Unterschied und den Zusammenhang zwischen Großtheorien, Bereichstheorien und Theorien im engeren Sinne

Literatur-Tipps

Literatur zur IB-Theorie allgemein, einschließlich Geschichte und Vorgeschichte, sowie Hinweise auf Lexika und wissenschaftliche Zeitschriften stehen am Ende des Buches. Einführungen in die Internationale Politische Ökonomie folgen im nächsten Kapitel und in Kap. 9.

Ausgewählte Einführungen in die Politikwissenschaft:

Ulrich von Alemann, *Grundlagen der Politikwissenschaft*, 2. Aufl., Opladen 1995 (mit einem Kapitel über *Ein junges Fach mit alter Tradition*; baut die Diskussion der Teilfächer um die Vorstellung verdienter FachvertreterInnen auf; eine Neuauflage ist für 2009 angekündigt)

Jürgen Bellers/Rüdiger Kipke, *Einführung in die Politikwissenschaft*, 4. Aufl., München-Wien 2006 (mit Kapiteln über die Geschichte der Politikwissenschaft, die Organisation der Universität und des Studiums, Methoden, Teilgebiete und das Verhältnis zu anderen Wissenschaften)

Dirk Berg-Schlosser / Theo Stammen, *Einführung in die Politikwissenschaft*, 7. Aufl., München 2003 (anspruchsvolle Einführung mit Kapiteln über Herkunft und Tradition des Faches, Begriffe des Politischen, Theorie-Ansätze, methodische Probleme, Teilgebiete und Anwendungsbereiche)

Wilhelm Bleek/Hans J. Lietzmann (Hrsg.), *Klassiker der Politikwissenschaft: Von Aristoteles bis David Easton*, München 2005 (22 Aufsätze zu bedeutenden Theoretikern des Faches bzw. seiner Vorläufer, darunter auch eine Reihe mit Relevanz für die Internationalen Beziehungen)

Andrew Heywood, *Politics*, 3. Aufl., Basingstoke-London 2007 (eines der besten Lehrbücher, das ich kenne; hervorragend aufbereitet)

Ellen Krause, *Einführung in die politikwissenschaftliche Geschlechterforschung*, Opladen 2003 (eine Einführung auf breiter Literaturbasis in verschiedene Themenbereiche aus feministischer Perspektive)

Ekkehart Krippendorff, *Die Kunst, nicht regiert zu werden: Ethische Politik von Sokrates bis Mozart*, Frankfurt am Main 1999 (der Autor betont, das Buch trage den heimlichen Untertitel „mit besonderer Berücksichtigung der Frage, inwieweit ästhetische Bildung zur Kritik der Politik und ihrer Rekonstruktion beitragen kann")

Hans Maier/Horst Denzer (Hsrg.), *Klassiker des politischen Denkens*, Bd. 1: Von Plato bis Hobbes; Bd. 2: Von Locke bis Max Weber, 3. Aufl., München 2008 (ein deutscher Klassiker über die Klassiker; wieder nicht speziell, sondern höchstens indirekt zu den iB)

Manfred Mols/Hans-Joachim Lauth/Christian Wagner (Hrsg.), *Politikwissenschaft: Eine Einführung*, 5. Aufl., Paderborn 2006 (eine bewährte Einführung nicht nur in die Teilgebiete, sondern auch die methodischen Grundlagen der Politikwissenschaft)

Herfried Münkler (Hrsg.), *Politikwissenschaft: Ein Grundkurs*, Reinbek 2003 (eine Einführung mit 20 Beiträgen zu Geschichte, Gegenstand und Methoden, zu den Subdisziplinen und zur Praxis der Politikwissenschaft)

Hiltrud Naßmacher, *Politikwissenschaft*, 5. Aufl., München-Wien 2004 (umfassende Einführung mit 20 Kapiteln in fünf Teilen: Politische Soziologie, Politische Systeme, Politische Ideengeschichte, Internationale Beziehungen, Entwicklung der Politikwissenschaft)

Werner J. Patzelt, *Einführung in die Politikwissenschaft: Grundriss des Faches und studiumbegleitende Orientierung*, 6. Aufl., Passau 2007 (eine Einführung, die Fragen politikwissenschaftlicher Methodik integriert)

Walter Reese-Schäfer, *Klassiker der politischen Ideengeschichte*, München-Wien 2007 (vorzügliche Einführung in einen begründeten Kanon der politischen Ideengeschichte von Platon bis Marx; in einigen Fällen wie bei Machiavelli, Kant und Marx auch für die IB-Theorie direkt, in den anderen nur mittelbar relevant)

Sieglinde K. Rosenberger/Birgit Sauer (Hrsg.), *Politikwissenschaft und Geschlecht*, Wien 2004 (um politikwissenschaftliche Kategorien und Problematiken herum gruppierte Beiträge aus feministischer Sicht)

Einführungen in die Internationalen Beziehungen:

Franz Ansprenger, *Wie unsere Zukunft entstand: Von der Erfindung des Staates zur internationalen Politik – ein kritischer Leitfaden*, 3. Aufl., Schwalbach/Ts. 2005 (sehr zu empfehlen, da historisch und systematisch zugleich, dabei sehr anschaulich)

Manfred Knapp/Gert Krell (Hrsg.), *Einführung in die Internationale Politik: Studienbuch*, 4., überarbeitete und erweiterte Aufl., München-Wien 2004 (mit 18 Kapiteln in vier Teilen: 1. Die Internationalen Beziehungen als Lehr- und Forschungsgegenstand, 2. Wichtige Akteure, 3. Zentrale Konfliktfelder, 4. Globale Ordnungsprobleme)

Christiane Lemke, *Internationale Beziehungen: Grundkonzepte, Theorien und Problemfelder*, 2. Aufl., München-Wien 2008 (konzentriert sich auf vier große Themen: Theoretische Ansätze, Problemfelder in verschiedenen Sachbereichen, Grundzüge von Außenpolitik, Internat. Organisationen)

Martin List, *Internationale Politik studieren: Eine Einführung*, Wiesbaden 2006 (eine sehr gute theoretisch angeleitete Übersicht über zentrale Themen der internationalen Politik und Ökonomie, mit zwei originellen Streitgesprächen zwischen unterschiedliche Denkweisen)

Alexander Siedschlag/Anja Opitz/Jodok Troy/Anita Kuprian, *Grundelemente der internationalen Politik*, Wien 2007 (eine Einführung aus der Sicht der Münchner Schule – siehe dazu unter Realismus)

Globalisierung, Weltpolitik, Weltordnung:

Zur Globalisierung erfolgen in den folgenden Kapiteln weitere Literaturhinweise; zur Weltwirtschaft in Kap. 2 und 9, zu Staat und Globalisierung in Kap. 3, zur globalen Verrechtlichung in Kap. 4, zu *Global Governance* in Kap. 8, zu anderen paradigmenspezifischen Beiträgen entsprechend.

Jahrbücher:

Stiftung Entwicklung und Frieden/Institut für Entwicklung und Frieden, *Globale Trends 2007: Frieden, Entwicklung, Umwelt*, Frankfurt am Main 2006 (mit Tabellen und Graphiken hervorragend aufbereitete Übersicht über Weltentwicklungen und Weltprobleme; erscheint wieder 2009)

Bonn International Center for Conversion/Forschungsstätte der Evangelischen Studiengemeinschaft/Institut für Friedensforschung und Sicherheitspolitik an der Universität Hamburg/Institut für Entwicklung und Frieden/Hessische Stiftung Friedens- und Konfliktforschung, *Friedensgutachten 2008*, Münster 2008 (jährlich erscheinende Übersicht über zentrale Weltprobleme, mit einer politischen Stellungnahme der Herausgeber)

Monographien und Sammelbände:

Mathias Albert/Rudolf Stichweh (Hrsg.), *Weltstaat und Weltstaatlichkeit: Betrachtungen globaler politischer Strukturbildung*, Wiesbaden 2007 (ein Sammelband für Fortgeschrittene mit Beiträgen zu verschiedenen Aspekten von „Weltstaatlichkeit"; ein Konzept, das Tendenzen zwischen verdichteten internationalen Beziehungen und einem gedachten Weltstaat erfasst)

Elmar Altvater/Birgit Mahnkopf, *Grenzen der Globalisierung: Ökonomie, Ökologie und Politik in der Weltgesellschaft*, 7. Aufl., Münster 2007 (moderner Klassiker kritischer Reflexion über Globalisierung in fünf Teilen: Grenzen der Weltgesellschaft, der entfesselte Weltmarkt, Unternehmen und Arbeitsbeziehungen in der Weltwirtschaft, Nationalstaat und regionale Integration, Globus und Planet)

John Baylis/Steve Smith/Patricia Owens (Hrsg.), *The Globalization of World Politics: An Introduction to International Relations*, 4. Aufl., Oxford-New York 2008 (einer der besten Sammelbände zum Thema mit 32 Kapiteln in fünf Teilen, die Geschichte, IB-Theorie und *Global Governance* verbinden: 1. *The Historical Context*, 2. *Theories of World Politics*, 3. *Structures and Processes*, 4. *International Issues*, 5. *Globalization in the Future*)

Thorsten Bonacker/Christian Weller (Hrsg.), *Konflikte der Weltgesellschaft: Akteure, Strukturen, Dynamiken*, Frankfurt am Main 2006 (ein theoretisch versierter Sammelband zu neuen Konfliktfeldern aus der Sicht der Friedens- und Konfliktforschung)

Dietmar Brock, *Globalisierung: Wirtschaft – Politik – Kultur – Gesellschaft*, Wiesbaden 2008 (anspruchsvolle Einführung aus einer historisch reflektierten soziologischen Perspektive)

Peter E. Fässler, *Globalisierung: Ein historisches Kompendium*, Köln 2007 (gut strukturierte und sehr anschauliche systematische Geschichte und Analyse des Globalisierungsprozesses)

David Held/Anthony McGrew (Hrsg.), *The Gobal Transformations Reader: An Introduction to the Globalization Debate*, 2. Aufl., Cambridge 2003 (exzellente Text-Sammlung für das Hauptseminar mit 50 Beiträgen in sechs Kapiteln: *Understanding Globalization, Political Power and Civil Society: A Reconfiguration?, The Fate of National Culture in an Age of Global Communication, A Global Economy?, Divided World, Divided Nations, World Orders and Normative Choices*)

Sabine Jaberg/Peter Schlotter (Hrsg.), *Imperiale Weltordnung – Trend des 21. Jahrhunderts?*, Baden-Baden 2005 (ein kritischer Blick aus der Friedens- und Konfliktforschung auf die Weltordnungsproblematik im Zeichen der *Empire*-Debatte in den und über die USA)

Charles W. Kegley, *World Politics: Trend and Transformation*, International Student Edition, 12. Aufl., Belmont, Cal. 2008 (sehr gut aufbereitetes Lehrbuch mit 18 Kap. in 7 Teilen: *Trend and Transformation in World Politics, The Globe's Actors and Their Relations, The Economic and Demographic Dimensions of Globalization, Threats to the World, Realist Roads to National and International Security, Liberal Paths to World Order, Envisioning Your Alternative Global Future and Predicting Global Transformation*)

Hans Küng, *Projekt Weltethos*, 11. Aufl., München 2008 (über den interreligiösen Dialog mit dem Ziel einer kosmopolitischen Kernmoral)

Hans Küng/Dieter Senghaas (Hrsg.), *Friedenspolitik: Ethische Grundlagen internationaler Beziehungen*, München 2003 (ein Sammelband, der politikwissenschaftliche, ethische und philosophische Perspektiven verbindet)

Harald Müller, *Wie kann eine neue Weltordnung aussehen? Wege in eine nachhaltige Politik*, Frankfurt am Main 2008 (gut zu lesender Text zu den Möglichkeiten und Voraussetzungen für ein Weltregieren, das sich erfolgreich und dauerhaft drei zentralen Problemen stellt: dem Umgang mit Verschiedenheit, dem Streit um Gerechtigkeit und der Verbannung des Krieges)

Jürgen Osterhammel/Niels P. Petersson, *Geschichte der Globalisierung: Dimensionen, Prozesse*, Epochen, München 2003 (knappe gute Übersicht in der bekannten Reihe Wissen des C.H. Beck Verlages)

Boike Rehbein/Hermann Schwengel, *Theorien der Globalisierung*, Konstanz 2008 (Zusammenfassung breiter Diskussionen über Globalisierung, die verschiedene Disziplinen und Denkweisen integriert; für's Hauptseminar)

Bernhard Rinke/Wichard Woyke (Hrsg.), *Frieden und Sicherheit im 21. Jahrhundert: Eine Einführung*, Opladen 2004 (ein solider Blick auf Herausforderungen im Bereich der internationalen Sicherheit)

Volker Rittberger (Hrsg.), *Weltpolitik heute: Grundlagen und Perspektiven*, Baden-Baden 2004 (Beiträge zu aktuellen Problemen der Weltpolitik aus einer systematischen, theoretisch reflektierten weltpolitischen Perspektive)

Dieter Senghaas, *Zum irdischen Frieden: Erkenntnisse und Vermutungen*, Frankfurt am Main 2004 (ein vielseitiger Versuch, die heutigen Bedingungen vernünftigen Friedens aus kosmopolitischer Perspektive im Anschluss an Kant zu formulieren, in den der Autor Bilanzierungen zur Entwicklungsproblematik und zur kulturellen Globalisierung integriert)

Ingo Take, *Weltgesellschaft und Globalisierung*, in: Siegfried Schieder/Manuela Spindler (Hrsg.), *Theorien der Internationalen Beziehungen*, 2. Aufl., Opladen 2006, S. 269-294 (eine gute Übersicht zur Diskussion über Weltgesellschaft)

Paul R. Viotti/Mark V. Kauppi, *International Relations and World Politics: Security, Economy, Identity*, 4. Aufl., Upper Saddle River, NJ 2008 (organisiert um zwei Trends: Globalisierung und Krisen staatlicher Organisation von Herrschaft; um drei Themenbereiche: Sicherheit, Wohlfahrt und Identität; um zentrale Akteure wie Staaten, internationale Organisationen, transnationale Organisationen und Bewegungen; sowie drei zentrale Theorie-Traditionen: Realismus, Liberalismus und Strukturalismus)

Reinhardt Wendt, *Vom Kolonialismus zur Globalisierung: Europa und die Welt seit 1500*, Paderborn-München-Wien 2007 (eine äußerst nützliche, sehr materialreiche und hervorragend strukturierte Übersicht über die Geschichte des von Europa ausgehenden Globalisisierungsprozesses, siehe auch S. 315)

2. Industrielle Revolution, Kapitalismus, Weltmarkt

LESEHILFE

Wenn die internationalen Beziehungen ein Phänomen der Moderne sind, dann ist zunächst zu klären, was diese Moderne ausmacht. Dass sie mit Bewegung und Veränderung zu tun hat, scheint noch unkontrovers, geradezu trivial. Aber was ist ihre entscheidende Antriebsdynamik? Darüber gehen die Ansichten auseinander. Einleitend stelle ich drei Interpretationen ganz kurz vor. Ich beschäftige mich dann etwas ausführlicher mit der Herausbildung kapitalistischer Produktionsverhältnisse und der Industriellen Revolution in Europa. Ich tue das in erster Linie in Auseinandersetzung mit zwei Texten: einem Standard-Handbuchartikel von Phyllis Deane über die Industrielle Revolution in England und einem Auszug aus dem *Kapital* von Karl Marx über die „ursprüngliche Akkumulation". Bei Marx klingt das Globalisierungsthema schon an, außerdem gibt sein Text grundlegende Anregungen für sozialwissenschaftliche Analysen über das Verhältnis von Politik und Ökonomie, denn Marx spricht hier nicht einfach von Produktionsfaktoren und von Wachstum, sondern stellt die scheinbar bloß ökonomische Dynamik in einen sozialgeschichtlichen Kontext. Im Schlussteil gehe ich auf problematische Dimensionen im Werk von Marx ein.

2.1 Industrielle Revolution

Für marxistisch argumentierende AutorInnen ist der Kapitalismus das herausragende Merkmal der Moderne[1] und ihre entscheidende Umgestaltungsdynamik; eine Ordnung, die Märkte von nationaler und internationaler Reichweite bedient und nicht nur eine Vielzahl materieller Güter produziert, sondern auch die menschliche Arbeitskraft in Ware verwandelt. Der Zyklus von Investition-Profit-Investition (die „Akkumulation des Kapitals") bildet den Motor dieses Gesellschaftstyps. Bei anderen AutorInnen ist die Industrialisierung das Kennzeichen der Moderne. Für Emile Durkheim, einen der Begründer der Soziologie, waren komplexe Arbeitsteilung und industrielle Ausbeutung der Natur das entscheidende. Demnach lebten wir nicht primär in einer kapitalistischen, sondern in einer industriellen Ordnung. Für Max Weber wiederum war Rationalisierung das Kennzeichen der Moderne; und zwar nicht im engen Sinne von möglichst effizientem Einsatz von Arbeitskräften, sondern in einem weiten Verständnis der Herauslösung der Gesellschaft aus ihrer traditionalen Existenz, aus der Natur, aus dem Kreislauf des „alten, einfachen organischen Bauerndaseins"; Rationalisierung also als vernunft- und planmäßige Neuorganisation naturbelassener Assoziationsverhältnisse durch Technologie, Bürokratie und Wissenschaft. Nun müssen sich diese drei Kennzeichnungen nicht unbedingt ausschließen, die Moderne ist mehrdimensional. Wenn man am Begriff des Kapitalismus festhalten will, dann kann man ihm die Industrielle Revolution zu- und unterordnen, ihre Verbindung als Industriekapitalismus bezeichnen. Die Rationalisierung umfasst beides.

Ich möchte zunächst anhand eines Standard-Textes noch einmal die Thematik der Industriellen Revolution in Erinnerung bringen, die den meisten im Prinzip doch wohl mehr oder weniger vertraut sein dürfte.[2]

---

1 Ich orientiere mich hier an Anthony Giddens, *Konsequenzen der Moderne* [1995], Neuausgabe Frankfurt am Main 2008, S. 20-22; zu Weber vgl. Hauke Brunkhorst, *Entwicklung des Rationalitätsbegriffs*, in: Harald Kerber/Arnold Schmieder (Hrsg.), *Soziologie: Arbeitsfelder, Theorien, Ausbildung – Ein Grundkurs*, Reinbek 1991, S. 252-294, hier S. 277.

2 Ich stütze mich hier auf Phyllis Deane, *Die Industrielle Revolution in Großbritannien 1700-1880*, in: Carlo M. Cipolla/Knut Borchart (Hrsg.), *Die Geschichte der industriellen Gesellschaften*, Europäische Wirtschaftsgeschichte, Bd. 4, Stuttgart-New York 1985, S. 1-42; eine umfassende entwicklungsgeschichtliche Perspektive der industriellen Revolution bietet Felix Butschek, *Europa und die Industrielle Revolution*, Wien 2002.

Dem bekannten englischen Historiker Eric Hobsbawm zufolge markiert die Industrielle Revolution „die fundamentalste Veränderung menschlichen Lebens in der Weltgeschichte, soweit sie uns in geschriebenen Dokumenten überliefert ist."[3] Als Industrielle Revolution bezeichnen wir gemeinhin eine komplexe Mischung nicht nur wirtschaftlicher, sondern auch gesellschaftlicher Veränderungen, durch die eine vorindustrielle, traditionelle Ökonomie mit niedriger Produktivität und Stagnation sich in eine Industriewirtschaft mit relativ hoher Produktion, anhaltendem Wachstum und entsprechend hohem Lebensstandard verwandelt.[4] Dieser Wandel wird erreicht durch grundlegend veränderte Organisationsformen von Produktion und Tausch und ein qualitativ neues Gewicht der Technik, und er führt insgesamt zu einer veränderten Struktur der Wirtschaft. Er bewirkt in Wechseldynamik (d.h. beide Seiten sind zugleich Ursache und Wirkung) mit einem Wachstum der Bevölkerung nicht nur ein entsprechendes absolutes Wachstum der Produktion, sondern ein Wachstum der gesamtwirtschaftlichen Produktion *je Einwohner*. So hat sich in England – dort begann bekanntlich die Industrielle Revolution – zwischen 1740 und 1840 die Bevölkerung fast verdreifacht, die gesamte Wirtschaftsleistung aber mehr als vervierfacht: „Nichts dergleichen war je zuvor in diesem oder einem anderen Land vorgekommen."[5]

Was macht nun im Einzelnen diese historisch bis dahin einzigartige Entwicklung aus? In der gesellschaftlichen Organisation von Produktion und Tausch gab es zwei zentrale Neuerungen. Auf der Produktionsseite den Wechsel von der sich selbst versorgenden Einheit des Familienbetriebes zur unpersönlichen kapitalistischen Unternehmung, die mit Hilfe spezialisierter und immer kostspieligerer Kapitalausstattung und spezialisierter bezahlter Arbeitskräfte für Märkte produziert. Auf der Tauschseite die Entwicklung nationaler und internationaler Märkte für Rohstoffe, Fertigprodukte und Produktionsverfahren. Ganz entscheidend sind Umwälzungen in der Technik und ihre Anwendung auf Produktion und Tausch bzw. Kauf und Verkauf. Das heißt die Anwendung wissenschaftlicher Erkenntnisse auf Fertigungs- und Vertriebsverfahren, zunächst insbesondere der Einsatz von Maschinen, die mit nicht-tierischer Energie betrieben werden, und der Ersatz alter

---

3   Eric Hobsbawm, *Industrie und Empire I: Britische Wirtschaftsgeschichte seit 1750* [1969], Frankfurt am Main 1995, S. 11.
4   Vgl. Deane, *Industrielle Revolution*, S. 1.
5   Ebd., S. 2.

Rohstoffe durch neue, bessere, billigere oder weniger knappe. Kennzeichnend für den Übergang zu einer Industriegesellschaft ist die Veränderung in der Struktur der Ökonomie, eine Verlagerung der Schwerpunkte wirtschaftlicher Tätigkeit vom primären (vor allem Land- und Forstwirtschaft) zum sekundären (Industrieproduktion) und tertiären Sektor (Dienstleistungen); charakteristisch auch die Verlagerung innerhalb des industriellen Sektors auf immer neue Leitindustrien, von denen besondere Wachstumsimpulse für die gesamte Ökonomie ausgehen: in England erst die Textil-, dann die Eisenindustrie (Eisenbahnbau). Heute sprechen wir schon vom postindustriellen Zeitalter, weil bei den fortgeschrittenen Ökonomien auch der sekundäre Sektor zurückgeht zugunsten einer Ausweitung des tertiären.

Aber zurück zu England. Es gibt eine Vorgeschichte der Industriellen Revolution, sie beginnt nicht beim Punkte Null. Dazu gehören frühindustrielle Entwicklungen wie der Aufschwung des Kohlebergbaus und einer Reihe von verarbeitenden Gewerben, auch Vorformen der wissenschaftlich-technischen Revolution. Wachstumsphasen hatte es schon vor der eigentlichen Industriellen Revolution gegeben. Neu war, dass die Expansion in England, die um 1740 begann und ab 1770 ihre entscheidende Dynamik gewann, diesmal von Produktionsgewinnen in der Landwirtschaft, von einer Verbesserung der Infrastruktur (Straßen, Kanäle) und vom Aufschwung des Außenhandels begleitet und gestützt wurde. Alles in allem ein vielfach vernetzter Prozess, in dem sich Wachstums- und Innovationsimpulse verschiedener wirtschaftlicher Aktivitäten (Binnenmarkt, Außenhandel, Infrastruktur, Landwirtschaft, Industrie, Handel, Bankwesen) wechselseitig beeinflussten und stabilisierten. Der entscheidende Bruch gegenüber der Vergangenheit war, dass das Bevölkerungswachstum andauerte und dass es nicht – wie in einer vorindustriellen Gesellschaft üblich – zu einem Absinken des Pro-Kopf-Einkommens führte. Diesmal hielt das Pro-Kopf-Einkommen mit dem Bevölkerungswachstum schritt, was anfangs der landwirtschaftlichen Produktionssteigerung zu verdanken war.[6] Bald hat England dann in großem Stil Nahrungsmittel aus dem Ausland eingeführt und mit industriellen Fertigprodukten bezahlt.

Ab 1760 kam es zu einer Flut neuer Erfindungen, von denen sich einige, etwa im Bereich der Baumwollspinnerei oder bei der Eisenherstellung und generell die Dampfmaschine, als besonders zukunftsträchtig erwiesen. Die Beschleunigung des technischen Fortschritts

---

6   Deane, *Industrielle Revolution*, S. 5.

fand in einem Umfeld statt, in dem es ein Interesse an der Umsetzung solcher Erfindungen zur Steigerung der Produktion sowie am Ersatz von Arbeitskräften durch Technik gab und nationale und internationale Märkte, in denen größere Mengen billiger produzierter Waren Absatz fanden. Und in einem Umfeld, in dem Menschen, die über Kapital verfügten, bereit und daran interessiert waren, dieses Kapital zu investieren. Eine Industriegesellschaft hat in der Regel eine doppelt so hohe Spar- bzw. Investitionsquote wie eine vorindustrielle; es muss also eine partielle Verlagerung vom Konsum zum Sparen stattfinden bzw. von unproduktivem Kapital zu produktivem. Damit sind wir bei Fragen angelangt, die nicht mehr rein ökonomisch beantwortet werden können. Warum fand die Industrielle Revolution überhaupt statt[7] und warum zuerst in Europa, das um die Mitte des Jahrtausends keineswegs die reichste oder wissenschaftlich fortgeschrittenste Region auf dieser Erde war? Und woher kam der Überschuss in den Händen der Reichen (bei den Armen ist er nicht zu holen), den sie in produktive Vermögensbildung (sprich: Investitionen) umleiten konnten?

2.2 Warum in Europa?

Um 1500 war Europa eines der wichtigsten kulturellen Zentren, aber es war überhaupt nicht klar, dass es schon bald wirtschaftlich und militärisch an der Spitze stehen und sich schließlich fast die ganze Welt unterwerfen würde.[8] Europa war weder die fruchtbarste noch die am

---

7 Vgl. dazu etwa den Beitrag von Robert Skidelsky, *The Mystery of Growth*, in: The New York Review of Books vom 13. März 2003, S. 28-31 und die dort genannte Literatur.

8 Ich stütze mich für diesen Abschnitt weitgehend auf Paul Kennedy, *Aufstieg und Fall der Großen Mächte: Ökonomischer Wandel und militärischer Konflikt von 1500 bis 2000* [1987], 5. Aufl., Frankfurt am Main 2005, S. 29-68. In der Tendenz ähnlich, mit dem Akzent auf den Freiheiten des Westens, dem Mangel an billigen Arbeitskräften, der zu Rationalisierungen zwingt, und den auch für Migranten offenen Grenzen: David Landes, *Wohlstand und Armut der Nationen: Warum die einen reich und die anderen arm sind*, 2. Aufl., Berlin 2004. Die problematischen Aspekte im Verhältnis zwischen Nord und Süd kommen bei Landes zu kurz. Vgl. auch die schon genannten Studie von Butschek, *Industrielle Revolution*, oder das Kapitel über den europäischen Sonderweg in James A. Robinson/ Klaus Wiegandt, *Die Ursprünge der modernen Welt: Geschichte im wissenschaftlichen Vergleich*, Frankfurt am Main 2008, S. 433-538.

dichtesten besiedelte Region, und in der Mathematik, der Technik oder der Navigation war es nicht weiter als die großen asiatischen Zivilisationen. Im Vergleich war China technologisch „frühreif", die Chinesen hatten den Buchdruck schon zur Zeit des frühen europäischen Mittelalters erfunden, und in Nordchina gab es schon im 11. Jhdt. eine gewaltige Eisenindustrie mit einem Ausstoß weit höher als der Englands zu Beginn der Industriellen Revolution. Die chinesischen Städte waren viel größer als die des mittelalterlichen Europa. Schon im frühen 15. Jhdt. starteten die Chinesen Übersee-Expeditionen; und zwar mit Schiffen, die weit größer waren als die der Europäer. Aber nach 1433 fanden keine Expeditionen mehr statt, drei Jahre später wurde sogar der Bau hochseetüchtiger Schiffe verboten. Der Hauptgrund für Chinas Rückzug von der Welt war der Konservativismus der chinesischen Bürokratie, die Abneigung der Mandarine gegenüber dem Militär und ihr Misstrauen gegenüber dem Kommerz:

Die Akkumulation von Privatkapital, das Verfahren billig einzukaufen und teurer zu verkaufen, die Protzerei der 'neureichen' Kaufleute, all dies erzürnte die elitären, gelehrten Bürokraten fast in demselben Maße, wie es die Abneigung der arbeitenden Massen erregte.[9]

Es kamen andere Hemmnisse hinzu. Die Druckkunst durfte nicht für die Verbreitung praktischen Wissens und schon gar nicht für kritische Zwecke genutzt werden. Die chinesischen Städte erhielten nie den gleichen Grad an Selbständigkeit wie die west- und zentraleuropäischen; chinesische Bürger mit den entsprechenden Rechten gab es nicht. Für die muslimischen Staaten gilt Ähnliches. Sie waren im 16. Jhdt. noch die expansivsten politischen Kräfte, sie hatten starke Armeen und Seestreitkräfte. Vor 1500 war die Welt des Islam der europäischen lange Zeit kulturell und technologisch überlegen. Aber im 16. Jhdt. gab es im Osmanischen Reich Anzeichen für eine strategische Überdehnung. Hinzu kamen inkompetente Sultane, Zentralisation, Despotismus und die „streng orthodoxe Unterdrückung von Initiative, Handel und abweichendem Glauben".[10] Immer höhere Abgaben zerstörten den Handel. Wieder wurde die Druckerpresse verboten,

9 Kennedy, *Aufstieg und Fall*, S. 35.
10 Ebd., S. 41. Wie die frühe intellektuelle Dynamik der islamischen Kultur im Hochmittelalter durch Theokratie und damit Erstarrung des wissenschaftlichen Diskurses, einschließlich des Verbots des Buchdrucks, gestoppt wurde, beschreibt Butschek, *Industrielle Revolution*, S. 89ff.

um die Verbreitung „gefährlicher" Meinungen zu verhindern. Auch in Südasien gab es gravierende Entwicklungshindernisse. Der Reichtum und der glanzvolle Hof des großen indischen Königreichs der Moguln wurde durch massive Ausbeutung der Untertanen finanziert; den vielen unternehmerischen Ansätzen in den Städten standen, noch vor dem Einbruch des britischen Imperialismus, rigide religiöse Tabus, das Kastensystem und konservative Herrscher gegenüber. Japan schließlich war zu Beginn des 17. Jhdts. eine zentralisierte Militärmacht geworden, den neuen Monarchien Europas durchaus vergleichbar. Aber auch die Shoguns – Reichsverweser, die erst die Militär- und später die ganze Exekutivgewalt monopolisierten – stellten die überseeischen Expeditionen ein, ja sogar allen Kontakt mit der Außenwelt. 1636 wurde der Bau von seetüchtigen Schiffen gestoppt und japanischen Untertanen verboten, die Meere zu befahren.[11]

Europa hatte nicht nur geographische Vorteile wie viele schiffbare Flüsse und viele Meeresküsten, die schon früh den Handel förderten; Europa war vor allem nie eine politische Einheit. Was auf den ersten Blick wie ein Nachteil gegenüber den großen Imperien anderer Zivilisationen aussieht, das war Europas große Chance. Kein Kaiser oder Papst, kein anderer König oder Fürst war Alleinherrscher; immer war die Region politisch gespalten. Auch in Europa gab es Misstrauen gegenüber Handelsmärkten oder der Autonomie der Städte, wurden Kaufleute und Geldverleiher behindert; aber nie durchgängig:

> Immer gab es in Europa einige Fürsten und Lehensherren, die willens waren, Kaufleute und deren Gepflogenheiten zu tolerieren, selbst wenn andere diese ausplünderten und vertrieben; und, wie die Geschichte zeigt, zogen unterdrückte jüdische Händler, ruinierte flämische Textilarbeiter und verfolgte Hugenotten weiter und nahmen ihre Kenntnisse mit. (...) Bankiers, Waffenhändler und Handwerker standen im Zentrum, nicht am Rande der Gesellschaft. Allmählich und ungleichmäßig gingen die meisten europäischen Regime eine symbiotische Beziehung mit der Marktwirtschaft ein, gaben ihr eine nationale Ordnung und ein nicht auf Willkür beruhendes Rechtssystem (selbst für Ausländer) und hatten über die Steuern Anteil am wachsenden Profit des Handels.[12]

Die Rivalität und Vielfalt wirtschaftlicher und militärischer Machtzentren war Voraussetzung und zugleich Ergebnis des Fehlens einer

---

11 Kennedy, *Aufstieg und Fall*, S. 45.
12 Ebd., S. 53.

einheitlichen Autorität. Alle hatten Zugang zur Militärtechnologie und nutzten sie, um einen entscheidenden Vorteil der Konkurrenz zu verhindern. Man mag es für pervers halten, aber diese Rüstungsdynamik sicherte die Pluralität Europas und schließlich seine weltweite Seeherrschaft. 1520 eroberten die Spanier Mexiko, 1530 Peru. Der transatlantische Handel nahm rasant zu, er wuchs zwischen 1510 und 1550 um das Achtfache und zwischen 1550 und 1610 noch einmal um das Dreifache. Damit griff die dynamische Rivalität des europäischen Systems auf Territorien in Übersee und schließlich auf die ganze Welt über. Zu Beginn dieses Prozesses hatte Europa nicht mehr Vorteile als andere Zivilisationen, aber es stellte der gesellschaftlichen und wirtschaftlichen Entwicklung weniger Hindernisse in den Weg. Eine Mischung aus „wirtschaftlichem Laissez-faire, politischem und militärischem Pluralismus und intellektueller Freiheit,"[13] die Emanzipation des Geistes von den Fesseln kirchlicher oder weltlicher Autoritäten, war entscheidend für den Aufstieg des Westens.

Ich halte diese Interpretation auch deshalb für tragfähig, weil sie von anderen Perspektiven gestützt wird. So betont Perry Anderson in einer marxistischen Analyse des europäischen Feudalismus die spezifische Dynamik dieser Gesellschaftsformation, in der Grundlagen für die spätere Entwicklung geschaffen wurden. Er betrachtet den europäischen Feudalismus als eine ökonomische und soziopolitische Einheit, das heißt er argumentiert weder ökonomistisch noch idealistisch. Charakteristisch für das Lehnswesen ist, dass die Herrschaftsverhältnisse nicht nur asymmetrisch konstruiert sind, sondern ein Element der Wechselseitigkeit enthalten; sie konstituieren auch Pflichten der Herrschenden. Das gilt für die Beziehungen zwischen Grundherren und Leibeigenen ebenso wie für die zwischen Lehnsherren und Vasallen. Vertragliche Reziprozität und bedingte Subordination unterscheiden die Feudalaristokratie von jeder kriegerischen Ausbeuterklasse in Gesellschaften mit anderen Produktionsweisen.[14] Von zentraler Bedeutung für die Entwicklung dieser nahezu einzigartigen Gesellschaftsformation – nur in Japan gab es eine ansatzweise vergleichbare Ordnung – war die geteilte Souveränität, die Fragmentierung der öffentlichen Autorität. Diese Fragmentierung hat das Aufkommen autonomer Städte, einer eigenständigen Kirche und die Herausbildung eines Stände-

---

13 Ebd., S. 68.
14 Perry Anderson, *Die Entstehung des absolutistischen Staates* [1979], Frankfurt am Main 1998, S. 530.

systems ermöglicht. Nur so konnte ein dynamischer Gegensatz zwischen Stadt und Land entstehen, in dem sich in einer überwiegend agrarischen Wirtschaft urbane Enklaven zu Produktionszentren entwickelten und *nicht* zu privilegierten oder parasitären Zentren der Konsumtion oder Administration. Die feudale Produktionsweise war für dauerhafte imperialistische Expansion weniger geeignet und hat so die Errichtung großer Territorialreiche verhindert. Vorrangige Bedeutung für die Analyse des europäischen Feudalismus, so Anderson, komme der extremen Unterschiedlichkeit und inneren Differenzierung seines „kulturellen und politischen Universums" zu.[15]

Der europäische Feudalismus hat damit Voraussetzungen für die Entstehung des Kapitalismus und die Industrielle Revolution geschaffen, aber dieser Weg war nicht zwangsläufig. Es bedurfte einer neuen Synthese, und zwar mit der über die Renaissance vermittelten Antike, um städtische Kultur und Bürgerschaft, Rechtsstaatlichkeit, Rationalisierung und Verwissenschaftlichung voranzubringen. Von zentraler Bedeutung für die Freisetzung der zur Kapitalakkumulation notwendigen Produktionsfaktoren waren in diesem Zusammenhang die Konsolidierung des vererbbaren, uneingeschränkten Privateigentums am Boden, die Sicherheit des Eigentums, und Gesetze, die wirtschaftliche Transaktionen regelten und zur Einhaltung von Verträgen verpflichteten. Aber damit greife ich schon vor auf moderne Staatlichkeit. Zu erwähnen ist nur noch die nicht unerhebliche Tatsache, dass die Zentralisierung der Staatsgewalt im Absolutismus und die damit verbundene Konzentration politischer Macht *nicht* verbunden war – oder nicht mehr verbunden werden konnte – mit einer Zentralisierung ökonomischer Macht. Im Gegenteil: der Absolutismus systematisierte und erweiterte alle Rechtsvorschriften, die das Privateigentum garantierten, er schützte und stabilisierte die gesellschaftliche Position des Adels und die des aufkommenden Bürgertums; er verbesserte und erweiterte damit die Voraussetzungen für die Entstehung kapitalistischer Nationalökonomien und eines kapitalistischen Weltmarkts.[16]

---

15 Ebd., S. 534f.
16 Mit alledem soll nicht gesagt werden, der Aufstieg Europas sei zwangsläufig gewesen. Hier spielen auch historische Zufälle eine Rolle. Eine Konsolidierung der Mongolenherrschaft, der Sieg der Türken, die erfolgreiche dauerhafte Etablierung eines Spanisch-Habsburgischen Imperiums, all das lag im Bereich des Möglichen und hätte den Gang der Geschichte wahrscheinlich dramatisch verändert.

Zu ähnlichen Einschätzungen kommt Felix Butschek, der aus einer Position der Neuen Institutionenökonomie argumentiert, d.h. die historisch gewachsenen kulturellen Bedingungen betont. Danach resultierte die Industrielle Revolution aus einem langen Entwicklungsprozess, der bis in die Antike zurück reicht und dem Mittelalter wichtige Impulse verdankt. Sechs Bedingungen stehen im Vordergrund: erstens die hohe Bewertung der physischen Arbeit als Resultat der christlichen Lehre – im Unterschied zu allen anderen Hochkulturen einschließlich der Griechen und Römer; zweitens der individualistische, verantwortungsbereite, selbstbewusste und zugleich reflektierende europäische Menschentyp, der sich schon in den mittelalterlichen Städten herausbildete. Von besonderem Gewicht war die technisch-wissenschaftliche Seite seines Denkens; überhaupt seine wissenschaftliche Neugier, die nicht auf den akademischen Bereich beschränkt blieb, sondern in der Neuzeit breite Kreise der Bevölkerung erfasste.

Hinzu kamen Rechtsstaatlichkeit und Rechtssicherheit, die ökonomische Aktivitäten begünstigten. Wichtig für den Fernhandel, der ja kein Spezifikum Europas war, wurde der große Freiraum für die Handeltreibenden und seine Begünstigung durch die Territorialfürsten; vor allem im Seehandel, der neue räumliche und quantitative Dimensionen gewann und unternehmerische Dispositionen großen Stils erforderte. Als insgesamt zentral muss die Praxis der „Einkommensmaximierung durch unternehmerische Tätigkeit, genauer gesagt durch Produktion oder Leistung" gelten. Die Besonderheit der kapitalistischen Entwicklung im Unterschied zu anderen Formen der Vermögenserweiterung (z.B. durch Gewalt oder durch Renten) zeigt sich eben nicht nur in der Herstellung von Gütern und der Bereitstellung von Leistungen, sondern in dem Bestreben, Einkommen und Gewinn durch Veränderung dieser Prozesse zu steigern; und zwar „durch bewussten Einsatz des technisch-organisatorischen Fortschritts", der gezielt und kontinuierlich genutzt wird.[17]

2.3 Kritische Politische Ökonomie bei Marx

Der von mir skizzierte Prozess der Entwicklung des Kapitalismus unter europäischer Führung hat auch eine ungemütliche Seite, die bislang nur am Rande zur Sprache gekommen ist. Das ist so, als würde

---

17 So die noch einmal zusammengefasste Zusammenfassung bei Butschek, *Industrielle Revolution*, S. 164-168, die Zitate auf S. 167.

ich die Geschichte von Robinson Crusoe erzählen und dabei nur seine organisatorischen Fähigkeiten als *rational economic man* diskutieren, den Rest aber weglassen; und der Rest ist – auch in Daniel Defoes Roman – Sklaverei, Sklavenhandel, Kolonialismus, Raub und Mord.[18] Wer mehr über die kritischen Dimensionen der Entstehung des Kapitalismus erfahren will, für den oder die lohnt sich immer noch die Lektüre von Karl Marx, etwa das 24. Kapitel im ersten Band des *Kapital* über die so genannte ursprüngliche Akkumulation.[19] Wie schon gesagt, besteht eine der Voraussetzungen für den Übergang eines Landes vom vorindustriellen zum industriellen Status in einer deutlich erhöhten Kapitalbildung. Der Schlüssel zum wirtschaftlichen Wachstum lag darin, einen echten wirtschaftlichen Überschuss in den Händen der Reichen von unproduktiver zu produktiver Vermögensbildung umzuleiten, um noch einmal an den Text von Phyllis Deane über die Industrielle Revolution anzuknüpfen.

Nach Deane ergab sich dieser wirtschaftliche Überschuss aus „einem Jahrhundert erfolgreichen Außenhandels", der bei den Kaufleuten „ein stattliches Polster akkumulierter Gewinne" hatte entstehen lassen. Die aus Indien zurückkommenden englischen Statthalter oder die Plantagenbesitzer aus Westindien brachten große Vermögen mit. Die Umleitung solcher Gewinne erfolgte z.T. „ganz natürlich", so heißt es, wenn etwa wohlhabende Grundbesitzer einen Teil ihres Vermögens dazu verwendeten, mit neuen Anbaumethoden zu experimentieren, ihre Güter zu größeren wirtschaftlichen Einheiten zusammenzufassen oder Öd- und Gemeindeland einzubeziehen und für Ackerbau und Viehzucht zu nutzen.[20] Marx würde diese Betrachtungsweise wahrscheinlich ironisierend als „idyllisch" bezeichnen und der „sanften politischen Ökonomie" zugerechnet haben. In der wirklichen Geschich-

---

18 Vgl. dazu das Kapitel über Marxismus bei Ralph Pettman, *Understanding International Political Economy: With Readings for the Fatigued*, Boulder, Col.-London 1996, S. 46-96. Pettman hat hier als Zusatzlektüre einen Text von Stephen Hymer über *Robinson Crusoe and the Secret of Primitive Accumulation* wieder abgedruckt.

19 Die ursprüngliche Akkumulation geht der eigentlichen kapitalistischen Produktionsweise voraus, sie schafft die Voraussetzungen für die spätere industrielle Warenproduktion großen Stils. In der ursprünglichen Akkumulation entstehen die neuen sozialen Klassen der Unternehmer und der Arbeiter, zugleich wird Arbeitskraft für die Produktion von Investitionsgütern freigesetzt; ohne diesen Anfang kommt Entwicklung nicht in Gang.

20 Deane, *Industrielle Revolution*, S. 27.

te, so sagt er jedenfalls in der erwähnten Schrift, spielen „Eroberung, Unterjochung, Raubmord, kurz Gewalt die große Rolle".[21]

Marx leugnet in seiner Diskussion der Herausbildung und Entwicklung des Kapitalismus nicht die Fortschritte in der Produktivität, also etwa die wissenschaftlich-technischen Triebfedern der Agrikulturrevolution; aber er fragt nach ihren „gewaltsamen Hebeln". Unter reichlicher Nutzung sozialgeschichtlicher und ökonomischer Literatur seiner Zeit beschreibt er die allmähliche Kapitalisierung von Grund und Boden, die Verwandlung von Ackerland in Viehweide (Schafzucht) und die Verdrängung des Gemeindeeigentums, das keineswegs nur brachliegendes Land war, sondern oft entweder unter Zahlungen an die Gemeinde oder gemeinschaftlich genutzt wurde. Gegen diese Privatisierungen durch *enclosure* (wörtlich: Einzäunung oder Einschluss offener Felder oder Ländereien) versuchte die königliche Gesetzgebung zunächst anzugehen, allerdings vergeblich. Im 18. Jhdt. wurde der „Raub am Volksland" dann legalisiert. Konsequenz der zunehmenden Kapitalwirtschaft auf dem Lande war die „progressive Vernichtung der Bauerschaft (sic)". Marx nennt diesen Prozess die „Expropriation früher selbstwirtschaftender Bauern und ihre(r) Losscheidung von ihren Produktionsmitteln". Diese „stoßweise und stets erneuerte Expropriation und Verjagung des Landvolks" habe der städtischen Industrie die Arbeitskräfte geliefert.[22]

Auch wenn ein Teil des neu entstehenden Arbeitskräftebedarfs in der Industrie aus dem Bevölkerungswachstum abgedeckt werden konnte, so gilt es festzuhalten, dass die Entstehung eines Arbeitsmarktes als zentraler Allokationsinstanz für Arbeitskräfte, also eines Marktes, auf dem freie, d.h. von feudalen oder Zunftzwängen, aber auch von ihren Produktionsmitteln „befreite" Arbeiterinnen und Arbeiter ihre Arbeitskraft zum Verkauf anbieten, nicht konfliktfrei verlief. Große Teile der Bevölkerung, so heißt es in einer neueren Darstellung, mussten durch administrative Maßnahmen, etwa im Rahmen der Einhegungen, oder durch ökonomische Faktoren wie den Verlust der traditionellen Arbeitsmöglichkeiten mehr oder weniger zur Lohnarbeit gezwungen werden. Freiwillig begab sich unter den damaligen Bedingungen niemand in die „Lohnsklaverei":

---

21 Karl Marx, *Das Kapital*, Bd. 1 [1867], in: MEW Bd. 23, 21. Aufl., Berlin 2005, S. 742.
22 Ebd., S. 776.

Überdies mögen die Aspirationen einer ländlichen Gesellschaft, deren Psychologie auf die Gestaltung eines auskömmlichen Lebens in vertrauten Umständen und nicht auf Erwerbsstreben orientiert war, gegenüber rationalem Arbeitsmarktverhalten im Sinne der neuen Logik der Erwerbsgesellschaft Barrieren gebildet haben. In dieser Situation suchte ein Teil der Fabrikanten Zuflucht in äußerst autoritären Maßnahmen, um der Probleme der Rekrutierung und Disziplinierung von Industriearbeitern Herr zu werden (...).[23]

Zu den staatlichen Disziplinierungsmaßnahmen gehörten – auch das diskutiert Marx, und damit komme ich zurück zum *Kapital* – Höchstlohnverordnungen, nicht etwa Mindestlöhne; erst 1813 wurden in England die Gesetze über die Lohnregulierung abgeschafft. Arbeiterkoalitionen waren bis 1825 verboten. Ich denke, bei aller Kürze ist deutlich geworden, welchen Ansatz einer kritischen Politischen Ökonomie Marx verfolgt. Es geht ihm darum aufzuzeigen, dass Ökonomie bzw. Politische Ökonomie, was in seiner Zeit einfach noch so viel wie Volkswirtschaftslehre hieß, keine rein ökonomische Veranstaltung ist. Für Marx stehen die sozialen Beziehungen, die mit bestimmten Formen der Produktion und des Tauschs verbunden sind, und Verteilungsfragen im Vordergrund des Interesses. Scheinbar rein ökonomische Entwicklungen sind immer in soziale und politische Auseinandersetzungen eingebunden, durchaus auch gewaltsame; die Gewalt, sagt Marx, ist selbst „eine ökonomische Potenz". Das gilt auch für die weltwirtschaftlichen Zusammenhänge der Industriellen Revolution.

2.4 Der Weltmarkt[24]

Nach Marx eröffnen Welthandel und Weltmarkt im 16. Jhdt. die moderne Lebensgeschichte des Kapitalismus. Zu seiner Frühgeschichte gehört neben der „Expropriation der großen Volksmasse von Grund und Boden und Lebensmitteln und Arbeitsinstrumenten" in den europäischen Mutterländern das Kolonialsystem in Übersee:

Die Entdeckung der Gold- und Silberländer in Amerika, die Ausrottung, Versklavung und Vergrabung der eingeborenen Bevölkerung in die Bergwerke, die beginnende Eroberung und Ausplünderung von Ostindien, die Verwandlung von Afrika in ein Geheg zur Handelsjagd auf Schwarzhäute

---

23 Toni Pierenkämper, *Umstrittene Revolutionen: Die Industrialisierung im 19. Jahrhundert,* Frankfurt am Main 1996, S. 33f., das Zitat S. 34.
24 Mehr dazu in Kapitel 9.6.

bezeichnen die Morgenröte der kapitalistischen Produktionsära. Diese idyllischen Prozesse sind Hauptmomente der ursprünglichen Akkumulation.[25]

Inwieweit die Ausplünderung des Südens tatsächlich zur Entwicklung des Nordens beigetragen hat oder sogar notwendig war, wird heute kontrovers diskutiert. Auch manche kritische Autoren gehen davon aus, dass die Gewinne aus dem Handel mit der Peripherie nicht den Ausschlag gegeben haben. In der Geschichte der kapitalistischen Entwicklung konzentrierten sich Produktion, Handel und Investitionen immer stark auf die Beziehungen zwischen den reichen Staaten Westeuropas und ihren Siedlungsgebieten in Übersee. Und Spanien gehörte trotz der immensen Schätze aus seinen Raubzügen bis weit ins 20. Jhdt. selbst zur Peripherie Europas. Ein Vergleich der Entwicklungswege von Dänemark und Uruguay z.B., die zu Beginn des 19. Jhdts. ein ähnliches demographisches und agrarisch dominiertes ökonomisches Profil hatten und sich später mit ähnlichen Herausforderungen seitens des Weltmarkts (in erster Linie Konkurrenz bei ihren landwirtschaftlichen Ausfuhrprodukten) konfrontiert sahen, kann zeigen, welche bedeutende Rolle internen Faktoren zukommt:[26] eine kluge Mischung aus Weltmarktorientierung und (selektiver) Abkopplung, Förderung der eigenen produktiven Kräfte im weitesten Sinne, vor allem auch allgemeiner Bildung und wirtschaftsnaher Forschung und Wis-

---

25 Marx, *Kapital*, S. 779; siehe aber schon die Kritik bei Immanuel Kant, *Zum ewigen Frieden: Ein philosophischer Entwurf* [1795], Stuttgart 2002, S. 22: „Vergleicht man hiemit das inhospitable Betragen der gesitteten, vornehmlich handeltreibenden Staaten unseres Weltteils, so geht die Ungerechtigkeit, die sie in dem Besuche fremder Länder und Völker (welches ihnen mit dem Erobern derselben für einerlei gilt) beweisen, bis zum Erschrecken weit. Amerika, die Negerländer, die Gewürzinseln, das Kap etc. waren, bei ihrer Entdeckung, für sie Länder, die keinem angehörten; denn die Einwohner rechneten sie für nichts. In Ostindien (…) brachten sie, unter dem Vorwande bloß beabsichtigter Handelsniederlagen, fremde Kriegsvölker hinein, mit ihnen aber Unterdrückung der Eingeborenen, Aufwiegelung der verschiedenen Staaten desselben zu weit ausgebreiteten Kriegen, Hungersnot, Aufruhr, Treulosigkeit, und wie die Litanei aller Übel, die das menschliche Geschlecht drücken, weiter lauten mag."

26 Vgl. dazu die vorzügliche Studie von Dieter Senghaas, *Alternative Entwicklungswege von Exportökonomien*, in: ders., *Von Europa lernen: Entwicklungsgeschichtliche Betrachtungen*, Frankfurt am Main 1982, S. 147-243. Wem immer noch nicht ganz klar ist, was *Politische* Ökonomie bedeutet, der/die lese diesen Aufsatz.

senschaft, eine zunächst landwirtschaftsnahe Industrialisierung, die Vernetzung der verschiedenen Wirtschaftszweige mit Rückkopplungseffekten, sozialverträgliche und entwicklungsförderliche Besitz- und Einkommensverteilung (Bodenreform!) und effektive, also nicht bloß symbolische demokratische Mitwirkung.

Aber der Süden hat mit Sicherheit nicht im gleichen Maße von der internationalen Arbeitsteilung profitiert, so wie sie sich mit den Entdeckungen und Eroberungen durch die Europäer allmählich herausgebildet hat. Der Sklavenhandel bedeutete für Afrika einen Aderlass von bis zu 100 Millionen Menschen; die Verdrängung, Unterwerfung, Ausbeutung der Indianer in Amerika (und ihre Ansteckung durch für Europäer weniger gefährliche Viren) führte ebenfalls zu einer demographischen Katastrophe in der Größenordnung von Millionen. Die Entwicklungsperspektiven des Südens wurden auch eingeschränkt durch die asymmetrische Struktur der Wirtschaftsbeziehungen (Rohstoffe, Monokulturen) und durch politischen bis hin zu militärischem Druck: Handelsmonopole wurden mit Gewalt durchgesetzt, Märkte mit Gewalt geöffnet, Konkurrenzproduktion untersagt, Industrialisierungsversuche mit Zwangsmaßnahmen behindert. Kolonialherrschaft, wirtschaftliche Durchdringung und ein globales, auf Europa ausgerichtetes Handelssystem führten in der südlichen Hemisphäre zu strukturellen Defiziten, die nur schwer zu überwinden waren.[27]

Karl Marx hat den Kapitalismus, obwohl er einer seiner schärfsten Kritiker war, emphatisch bejaht als notwendiges Durchgangsstadium von der materiellen und räumlichen Enge der vor sich hin subsistierenden Kleinproduzenten hin zu globaler Vergesellschaftung auf stets wachsender Stufenleiter. Ohne diesen Prozess gäbe es keine Arbeitsteilung, keine gesellschaftliche Beherrschung der Natur, keine freie Entwicklung der Produktivkräfte. Die alte Produktionsweise zu verewigen, hieße nur, die allgemeine Mittelmäßigkeit dekretieren. An anderer Stelle formuliert er noch drastischer: ohne die Entfaltung der Produktivkräfte im Kapitalismus werde sich nur „die alte Scheiße"

---

27 So die Zwischenbilanz bei Reinhardt Wendt, *Vom Kolonialismus zur Globalisierung: Europa und die Welt seit 1500*, Paderborn-München-Wien 2007, S. 173. Zu diesem Thema jetzt aus neomarxistischer Sicht Henk Overbeek, *Rivalität und ungleiche Entwicklung: Einführung in die internationale Politik aus der Sicht der Internationalen Politischen Ökonomie*, Wiesbaden 2008, hier S. 77ff.

wiederherstellen.[28] Mit der alten Scheiße meinte er die Armut, die Ungewissheit der Lebensvorsorge, die Borniertheit und Beschränktheit der vorindustriellen Existenz. Die ungeheure Dynamik der kapitalistischen Produktionsweise, die die ganze Welt eroberte, hat er besonders eindrucksvoll in dem mit Friedrich Engels verfassten *Manifest der Kommunistischen Partei* von 1848 beschrieben:

Die Entdeckung Amerikas, die Umschiffung Afrikas schufen der aufkommenden Bourgeoisie ein neues Terrain. Der ostindische und chinesische Markt, die Kolonisierung von Amerika, der Austausch mit den Kolonien, die Vermehrung der Tauschmittel und der Waren überhaupt gaben dem Handel, der Schiffahrt, der Industrie einen nie gekannten Aufschwung und damit dem revolutionären Element in der zerfallenden feudalen Gesellschaft eine rasche Entwicklung. (...) Die große Industrie hat den Weltmarkt hergestellt, den die Entdeckung Amerikas vorbereitete. Der Weltmarkt hat dem Handel, der Schiffahrt, den Landkommunikationen eine unermessliche Entwicklung gegeben. Diese hat wieder auf die Ausdehnung der Industrie zurückgewirkt, und in demselben Maße, worin Industrie, Handel, Schiffahrt, Eisenbahnen sich ausdehnten, in demselben Maße entwickelte sich die Bourgeoisie, vermehrte sie ihre Kapitalien, drängte sie alle vom Mittelalter her überlieferten Klassen in den Hintergrund. (...) Die Bourgeoisie hat durch ihre Exploitation des Weltmarkts die Produktion und Konsumtion aller Länder kosmopolitisch gestaltet. (…) Die uralten nationalen Industrien sind vernichtet worden und werden noch täglich vernichtet. Sie werden verdrängt durch neue Industrien, deren Einführung eine Lebensfrage für alle zivilisierten Nationen wird, durch Industrien, die nicht mehr einheimische Rohstoffe, sondern den entlegensten Zonen angehörige Rohstoffe verarbeiten und deren Fabrikate nicht nur im Lande selbst, sondern in allen Weltteilen zugleich verbraucht werden. An die Stelle der alten, durch Landeserzeugnisse befriedigten Bedürfnisse treten neue, welche die Produkte der entferntesten Länder und Klimate zu ihrer Befriedigung erheischen. An die Stelle der alten und nationalen Selbstgenügsamkeit und Abgeschlossenheit tritt ein allseitiger Verkehr, eine allseitige Abhängigkeit der Nationen voneinander. (...) Die Bourgeoisie reißt durch die rasche Verbesserung aller Produktionsinstrumente, durch die unendlich erleichterten Kommunikationen alle, auch die barbarischsten Nationen in die Zivilisation (...) Mit einem Wort, sie schafft sich eine Welt nach ihrem eigenen Bilde.[29]

---

28 Karl Marx/Friedrich Engels, *Die Deutsche Ideologie* [1845/46], in: MEW Bd. 3, 9. Aufl., Berlin 2005, S. 9-530, hier S. 34f.
29 Karl Marx/Friedrich Engels, *Manifest der Kommunistischen Partei* [1848], in: MEW Bd. 4, 11 Aufl., Berlin 1990, S. 459-493, hier S. 463f. und 466.

Ein wahrlich prophetischer Text, gut 150 Jahre alt, wenn die Entwicklung, die Marx und Engels hier beschreiben, auch viel widersprüchlicher und komplexer verlaufen ist, als es sich die beiden Autoren vorgestellt haben. Marx hat die Globalisierungsperspektive eindrucksvoll vorweggenommen, aber er hat sie im Kern seines Denkens zugleich dramatisch verfehlt. Denn die „Verschlingung aller Völker in das Netz des Weltmarkts und damit der internationale Charakter des kapitalistischen Regimes"[30] bildete für ihn bekanntlich die Voraussetzung für die „Negation der Negation", die Expropriation der Expropriateure durch das global vergesellschaftete und weltweit vereinte Proletariat, das am Ende den Gemeinbesitz der Erde kooperativ nutzen und verwalten würde.

2.5 Eine kleine Bilanz zu Marx

Wir wissen heute, dass diese dialektische Perspektive nicht nur analytisch fahrlässig, sondern auch politisch äußerst kostspielig gewesen ist. Ich will hier aber nicht diskutieren, inwieweit Marx' Theorie und sein eigener Stil der politischen Auseinandersetzung mit verantwortlich für spätere dramatische Verfehlungen und Verbrechen von einzelnen Menschen und politischen Bewegungen geworden sind, die sich ausdrücklich auf ihn berufen haben. Ich persönlich vertrete die zweifellos kontroverse Auffassung, dass sich solche Zusammenhänge nachweisen lassen,[31] obwohl ich Marx trotz des Scheiterns des staatlich organisierten Marxismus für einen unverzichtbaren und sehr anregenden Autor halte. Als Beispiele für eine kritische Marx-Rezeption, wie sie heute auch im „offenen Marxismus" selbstverständlich ist, möchte ich abschließend vier weitere zentrale Dimensionen in der marxschen Analyse von Wirtschaft und Gesellschaft, Ökonomie und Politik nennen, die nicht mehr zeitgemäß sind oder sogar von Anfang an als problematisch gelten müssen.

---

30 Marx, *Das Kapital*, S. 790.
31 Ich teile die folgende Einschätzung von Walter Reese-Schäfer, *Klassiker der politischen Ideengeschichte: Von Platon bis Marx*, München-Wien 2007, S. 3: „Ich werde jedoch zu zeigen versuchen, wo die Probleme der Marxschen Lehre selbst liegen und weshalb ihr Anspruch, der Smithschen Anarchie des Marktes geordnete Planung und Lenkung entgegenzusetzen, viele der gewalttätigen und terroristischen Konsequenzen impliziert, ob er dies nun gewollt hat oder nicht."

Als erstes möchte ich die ökologische Dimension nennen: Für uns ist heute die „planmäßige Ausbeutung der Erde", die für Marx und viele seiner Zeitgenossen selbstverständliches und zentrales Fortschrittselement war, sichtbar und spürbar zu einem Problem geworden. Als zweites möchte ich auf das „Utopie-Verbot" verweisen, also den fast völligen Mangel an einer praktisch-politischen Ausformulierung des angestrebten Zustandes, in dem „die Herrschaft über Menschen" durch die bloße „Verwaltung von Sachen" abgelöst werden sollte. Dieses gravierende Defizit kennzeichnete noch die Bewegung der Studierenden in den sechziger Jahren, zu der ich mich selbst eine Zeitlang gerechnet habe. Offenbar hat es wenigstens *eine* Diskussion in der Berliner SDS-Führung darüber gegeben, wie denn die Stadt nach der angestrebten Machtübernahme neu zu organisieren sei. Sie wurde aufgenommen und im August 1968 im *Kursbuch* publiziert. Die Auszüge daraus in Peter Schneiders autobiographischer Beschreibung und Analyse seiner 68er-Zeit kann man heute nur mit Kopfschütteln, ja mit Grausen zur Kenntnis nehmen.[32]

Als drittes nenne ich die *Gender*-Perspektive, also das Geschlechterverhältnis. Es ist doch erstaunlich, dass im Werk des Materialisten Marx die Grundvoraussetzung jeglicher Art von Reproduktion (Reproduktion heißt so viel wie die statische oder dynamische Wiederhervorbringung der Ausgangsbedingungen der Produktion),[33] nämlich das Gebären und Aufziehen von Kindern, keine systematische Rolle spielt; auch sein Arbeitsbegriff klammert wie die bürgerliche Ökonomie die Hausarbeit aus.[34] In einer faszinierenden feministischen Analyse hat Christine DiStefano die Hintergründe für dieses Defizit bei Marx auf den Begriff gebracht. Das marxsche Fortschrittsverständnis zielt bekanntlich darauf, alle Verhältnisse zu verändern, in denen der Mensch ein unterdrücktes, geknechtetes Wesen ist. In diesem allgemeinen Sinne, so denke ich, steht alle Sozialwissenschaft, die diesen Namen verdient, auch in der Tradition von Marx. Aber sein Fortschrittsbegriff geht darüber hinaus; er beinhaltet letztlich die Emanzi-

---

32 Peter Schneider, *Rebellion und Wahn: Mein '68*, Köln 2008, S. 213-217.

33 Nach Manfred G. Schmidt, *Wörterbuch zur Politik*, 2. Aufl., Stuttgart 2004, S. 614.

34 In der Schrift von Friedrich Engels über den *Ursprung der Familie, des Privateigentums und des Staats* aus dem Jahre 1884 finden sich freilich eine Reihe von kritischen Überlegungen zur Herrschaft der Männer über die Frauen, an die der marxistische Feminismus anknüpfen kann.

pation des Menschen von der Natur. Und dieses Emanzipationsverständnis ist, so zeigt DiStefano, in doppelter Hinsicht geschlechtsspezifisch gefärbt: durch die Verleugnung der mütterlichen Reproduktionsarbeit (Gebären, Ernährung und Fürsorge, Sozialkontakt) und durch die Kontrolle/Unterwerfung der feminisierten (als weiblich gedachten) Natur.

Es geht im äußersten Sinne bei Marx um die Selbst- und Neu-Erzeugung des Menschen/des Mannes. Der Kommunismus, so heißt es bezeichnenderweise an einer Stelle im *Kapital* sinngemäß, wird die Nabelschnur kappen, die die Individuen mit der Natur verbindet.[35] Nun ist diese Phantasie nicht ungewöhnlich, sie findet sich im Prinzip auch bei vielen anderen Denkern der Moderne.[36] Die Vorstellung der Selbstzeugung, der Neuschöpfung des Mannes/des Männlichen (um den Makel der ursprünglichen Abhängigkeit vom Weiblichen zu kompensieren) reicht bis in die psychische Konstitution der Geschlechter in unserer immer noch patriarchalen Kultur.

Ein weiterer kritischer Punkt bei Marx ist die unterbelichtete Rolle des Staates und insbesondere des Staatensystems, der Staatenwelt. Manche Marxisten neigen wie Marx selbst dazu, das Eigengewicht der Staatenwelt (auch der Nationen und des Nationalen) und ihrer Beziehungen zu unterschätzen. Das aber, Staat und Staatensystem, sind ebenso wichtige historische und systematische Voraussetzungen für die internationale Politik wie die Industrielle Revolution und der Weltmarkt, und damit will ich mich als Nächstes beschäftigen.

---

35 Christine DiStefano, *Configurations of Masculinity: A Feminist Perspective on Modern Political Theory*, Ithaca, N.Y.-London 1991, S. 137. In den Frühschriften scheint diese geschlechtsspezifisch kodierte Überordnung des Menschen über die Natur noch nicht so ausgeprägt, geht Marx noch von einer Integration von Kultur und Natur aus (ebd., S. 134ff.).

36 Evelyn Fox Keller hat z.B. die Bedeutung der Geschlechterkonstruktion im Denken von Francis Bacon, einem der Begründer der modernen Naturwissenschaften, bis hinein in seine sexualisierte Sprache nachgewiesen (*Liebe, Macht und Erkenntnis: Männliche oder weibliche Wissenschaft?* [1985], Frankfurt am Main 1998).

Was man weiß bzw. wissen sollte

Moderne wird in den Sozialwissenschaften unterschiedlich interpretiert. Für die einen steht die Umwälzung der Gesellschaft, vor allem der Produktion, durch die Industrialisierung im Vordergrund des Interesses. Für andere, etwa in der Tradition von Max Weber, ist es die „Entzauberung" der Welt, also ihre Durchdringung durch planmäßige Organisation und Wissenschaft, die Rationalisierung aller Lebensverhältnisse. Für Marxisten ist es beides, aber wieder mit einem anderen Akzent. Hier ist wichtig, wie die Produktion sozial organisiert wird, nämlich z.B. durch die Spaltung zwischen Lohnarbeit und Kapital.

Die Industrielle Revolution, die in England ihren Ausgang nahm, ist ein sehr komplexer Vorgang, in dem eine vorindustrielle, traditionelle Ökonomie mit niedriger Produktivität und Stagnation sich in eine Industriewirtschaft mit hoher Produktion, anhaltendem Wachstum und entsprechend hohem Lebensstandard verwandelte. Zur Industriellen Revolution gehört der Wechsel von sich selbst versorgenden Produktionseinheiten (Familienbetriebe) zu unpersönlichen kapitalistischen Unternehmungen, die Spezialisierung von Produktion und Arbeitskraft, die Entwicklung und Erweiterung nationaler und internationaler Märkte und vor allem die Anwendung der Technik und der Wissenschaft auf Fertigung und Vertrieb. Der entscheidende Bruch zur Vergangenheit besteht darin, dass sich (1) das parallel verlaufende Bevölkerungswachstum verstetigte und (2) das Pro-Kopf-Einkommen mit dieser Entwicklung Schritt halten, ja sie sogar überholen konnte.

In vielen Einzelfragen, schon der Begriff Industrielle Revolution ist strittig, wird dieser welthistorisch einschneidende Vorgang unterschiedlich interpretiert.[37] Unkontrovers ist, dass sozialer und politischer Zwang, auch physische Gewalt in dieser Entwicklung eine wichtige Rolle gespielt haben. Bei Karl Marx, der die Produktivitätsfortschritte durch Wissenschaft und Technik nicht leugnet, stehen die sozialen und politischen Rahmenbedingungen der Entwicklung und Entfaltung des Kapitalismus, die „gewaltsamen Hebel" im Vordergrund seiner Kritik der Politischen Ökonomie. Gleichwohl hielt auch er die Revolutionierung der Produktionsverhältnisse durch den Kapitalismus für eine notwendige Entwicklung, um die Menschheit aus Armut und

---

37 Um nur ein Beispiel zu nennen: kamen die neuen abhängigen Lohnarbeiter in den Manufakturen und Fabriken in erster Linie aus dem Bevölkerungswachstum oder aus der Vertreibung bzw. Entwurzelung der Kleinbauern?

Not zu führen. Damit dieser Fortschritt auf Dauer gestellt und allen Menschen zugute kommen konnte, bedurfte es seiner Theorie nach allerdings einer weiteren Revolution, der „Expropriation der Expropriateure" durch das weltweit vereinigte Proletariat, das dann Produktion und Verteilung gemeinsam herrschaftsfrei organisieren sollte. In diese „dialektische" Vision der Geschichte sind eine Reihe problematischer Annahmen eingegangen, die zu dramatischen Problemen der Gesellschaften beigetragen haben, die sich in ihren wirtschaftlichen und politischen Organisationsformen ausdrücklich auf Marx berufen haben. Viele Aspekte der Emanzipationstheorie, die bei Marx mit der Analyse und Kritik des Kapitalismus verbunden sind, werden heute nicht nur in den traditionellen sozialwissenschaftlichen Disziplinen oder von feministischen Theorie-Ansätzen, sondern auch im Neomarxismus selbst kritisiert (vgl. dazu Kap. 9).

Von dauerhaftem Interesse bleibt an der spezifischen Zugangsweise von Marx der kritische Blick auf den sozialen und politischen Charakter von Produktion und Tausch, auch im Weltmaßstab, eine Dimension, die in der neoklassischen Volkswirtschaftstheorie meist verloren geht, aber in der Institutionenökonomie eine eigenständige Bedeutung gewinnt. Faszinierend ist heute noch Marx' Verständnis der globalen Dynamik des Kapitalismus, auch wenn sich die Globalisierung dieses Produktions- und Gesellschaftsmodells sehr viel widersprüchlicher vollzieht als von Marx und Engels vor über 150 Jahren vorausgedacht.

Dass der Kapitalismus und die Industrielle Revolution in Europa ihren Ausgang nahmen, ist keineswegs selbstverständlich. Weder in der Produktion noch in der Wissenschaft war Europa Ende des Mittelalters weltweit führend. Verschiedene ökonomische und politische Faktoren, deren Wurzeln bis in die Antike und ins Mittelalter zurückreichen, haben Europa den Vorsprung verschafft, den es dann – auch gewaltsam – durchgesetzt hat. Europa kam vor allem seine innere Differenzierung zugute, insbesondere die verschiedenen Spaltungen öffentlicher Autorität; es war nicht als einheitlicher Herrschaftsverband organisiert. Sein politischer Pluralismus hat Organisationsformen begünstigt und Freiheitsräume eröffnet, die entscheidend zur Herausbildung des Kapitalismus, zur Industriellen Revolution und zu einer ungleichmäßigen globalen Expansion beigetragen haben.

Worüber es zu diskutieren lohnt

- Was kennzeichnet den Kapitalismus; markiert dieser Begriff historisch und systematisch die entscheidende Differenz unserer gegenwärtigen Gesellschaftsformation?
- Was sind die charakteristischen Merkmale der Industriellen Revolution und was ihre entscheidenden Voraussetzungen?
- Warum hat die Industrielle Revolution in Europa ihren Ausgang genommen?
- Welche bei Marx genannten Entwicklungstendenzen des Kapitalismus sind noch für unser heutiges Gesellschafts- und Weltverständnis von Bedeutung?
- Welchen Stellenwert hat die Ausbeutung der Kolonien gegenüber der Ausbeutung der einheimischen Arbeitskraft bzw. gegenüber wissenschaftlich-technisch-organisatorisch begründeten Produktivitätsfortschritten für die Entwicklung des Kapitalismus?
- Wo liegen Vorzüge der Moderne, wo ihre problematischen Dimensionen?

Literatur-Tipps

Empfehlung für einführende Texte:

Phyllis Deane, *Die Industrielle Revolution in Großbritannien 1700-1880*, in: Carlo M. Cipolla/Knut Borchart (Hrsg.), *Die Entwicklung der industriellen Gesellschaften*, Europäische Wirtschaftsgeschichte, Bd. 4, Stuttgart-New York 1985, S. 1-42

Karl Marx, *Das Kapital*, Bd. 1 [1867], MEW Bd. 23, 22. Aufl., Berlin 2005, S. 741-791 (24. Kapitel: *Die so genannte ursprüngliche Akkumulation*)

Dieter Senghaas, *Alternative Entwicklungswege von Exportökonomien*, in: ders., *Von Europa lernen*, Frankfurt am Main 1982, S. 147-177

Weitere ausgewählte Literatur:

Moderne, Industrielle Revolution, Kapitalismus

Felix Butschek, *Europa und die Industrielle Revolution*, Wien 2002 (verfolgt die Ursprünge der Industriellen Revolution in die Antike und das Mittelalter zurück und vergleicht sie mit der Entwicklung in anderen Hochkulturen)

Anthony Giddens, *Konsequenzen der Moderne* [1990], Frankfurt am Main 2008 (eher abstrakt-analytisch als historisch-deskriptiv; nicht für Anfänger)

Jürgen Kromphardt, *Konzeptionen und Analysen des Kapitalismus,* 4. Aufl., Göttingen 2004 (ein Standardwerk zum Thema, das die Entwicklung des Kapitalismus und seine entsprechenden Deutungen von Adam Smith über John Stuart Mill, Karl Marx, John Maynard Keynes und andere bis zum Neoliberalismus und zur Globalisierung behandelt)

James A. Robinson/Klaus Wiegandt (Hrsg.), *Die Ursprünge der modernen Welt: Geschichte im wissenschaftlichen Vergleich,* Frankfurt am Main 2008 (enthält anspruchsvolle Beiträge zur Frage: warum in Europa; z.b. einen Aufsatz, der die Rolle der Aufklärung betont)

Karl Marx (mehr dazu in Kap. 9)

Frank Deppe, *Demokratie und Sozialismus: Karl Marx und die politischen Auseinandersetzungen seiner Zeit,* in: Joachim Hirsch/John Kannankulam/ Jens Wissel (Hrsg.), *Der Staat der bürgerlichen Gesellschaft: Zum Staatsverständnis von Karl Marx,* Baden-Baden 2008, S. 41-62 (eine sehr gut zu lesende und faire Übersicht über das Werk und die politische Tätigkeit von Karl Marx im Kontext seiner Zeit)

Iring Fetscher (Hrsg.), *Karl Marx – Friedrich Engels: Studienausgabe in 5 Bänden,* Berlin 2004 (wichtige Texte von Marx und Engels übersichtlich nach Sachgebieten sortiert und im preiswerten Taschenbuchformat)

Ossip K. Flechtheim, *Marx zur Einführung,* 4. Aufl., Hamburg 2003 (ein Klassiker zur Einführung in das Werk von Karl Marx)

Walter Reese-Schäfer, *Marx und Engels: Aufhebung der Politik durch Ökonomie,* in: ders., *Klassiker der politischen Ideengeschichte,* München-Wien 2007, S. 173-192 (eine gute und kritische Einführung in das Werk von Marx und Engels an wichtigen Textauszügen entlang)

Internationale Politische Ökonomie und Weltmarkt
(weitere Literatur dazu in Kap. 9)

Hans-Jürgen Bieling, *Internationale Politische Ökonomie: Eine Einführung,* Wiesbaden 2007 (eine vorzügliche Einführung mit Kapiteln über die wichtigsten Schulen der IPÖ, die historische Entwicklung der ipÖ seit der *Pax Britannica* und die jüngeren Umbrüche im Zuge der Globalisierung)

George T. Crane/Abla Amawi, *The Theoretical Evolution of International Political Economy,* 2. Aufl., New York-Oxford 1997 (da es m.W. keine gescheite deutschsprachige Sammlung von klassischen Theorie-Texten der IPÖ gibt, empfehle ich diesen Sammelband)

Peter Dicken, *Global Shift: Mapping the Changing Contours of the World Economy,* 5. Aufl., London 2007 (das *Mapping* kann man hier auch wörtlich verstehen, denn dieses umfangreiche Standardwerk enthält jede Menge Tabellen und Schaubilder, mit denen die Beschreibung und Analyse der konkreten Veränderungen in verschiedenen Industriezweigen unter dem Vorzeichen der Globalisierung verdeutlicht werden)

Eckart Koch, *Internationale Wirtschaftsbeziehungen*, 3. Aufl., München 2006 (sehr materialreiches Standardlehrbuch, auch für Nicht-Ökonomen)

Ulrich Menzel, *Auswege aus der Abhängigkeit: Die entwicklungspolitische Aktualität Europas*, Frankfurt am Main 1988. Der Autor zeigt in Fallstudien, wie sich kleinere Länder des Nordens, die nicht die Startvorteile Englands hatten, zu kapitalistischen Industriestaaten entwickelt haben.

Henk Overbeek, *Rivalität und ungleiche Entwicklung: Einführung in die internationale Politik aus der Sicht der Internationalen Politischen Ökonomie*, Wiesbaden 2008 (eine Einführung aus der Sicht des transnationalen historischen Materialismus – siehe dazu Kap. 9 –, die den Schwerpunkt der Analyse auf die historische Entwicklung des kapitalistischen Weltsystems und den Herrschaftscharakter der internationalen Politik legt)

Ronen Palan (Hrsg.), *Global Political Economy: Contemporary Theories*, London-New York 2000 (um Kernbegriffe der IPÖ und zeitgenössische Theorie-Ansätze und Kontroversen gruppiert; für's Hauptseminar)

Reinhard Rode, *Internationale Wirtschaftsbeziehungen*, Münster 2002 (eine für Studierende der Politikwissenschaft gut geeignete Einführung)

Stefan A. Schirm, *Internationale Politische Ökonomie: Eine Einführung*, 2. Aufl., Baden-Baden 2006 (mit einem ausführlichen Teil über klassische und moderne Theorien sowie weiteren Kapiteln über Globalisierung, regionale Wirtschaftskooperation und *Global Economic Governance*)

Ders. (Hrsg.), *Globalisierung: Forschungsstand und Perspektiven*, Baden-Baden 2006 (erfasst die politikwissenschaftliche Globalisierungsforschung mit Schwerpunkt auf der Weltwirtschaft; eher für's Hauptseminar)

Dieter Senghaas, *Von Europa lernen: Entwicklungsgeschichtliche Betrachtungen*, Frankfurt 1982 (eine Art Summe der Arbeiten des Autors zur Entwicklungsproblematik; geht wie Ulrich Menzel von der Frage aus, wie in einer durch Asymmetrien gekennzeichneten Weltwirtschaft – Asymmetrien, von denen außer England alle anderen Ländern betroffen waren – nachholende Entwicklung möglich war und ist; immer noch äußerst lesenswert)

Rolf Walter, *Geschichte der Weltwirtschaft: Eine Einführung*, Köln 2006 (materialreiche, anschauliche und theoretisch versierte Übersicht, teilweise für eine Einführung etwas anspruchsvoll)

Reinhard Wendt, *Vom Kolonialismus zur Globalisierung: Europa und die Welt seit 1500*, Paderborn-München-Wien 2007 (eine sehr materialreiche, sehr gut strukturierte Einführung in das Thema, und zwar aus einer welthistorischen Perspektive, die sich auf die wirtschaftlichen und kulturellen Wechselwirkungen zwischen Nord und Süd konzentriert, siehe auch S. 315)

3. Staat – Nation – Staatensystem

LESEHILFE

Das Konzept des Staates ist umstritten; die an das Völkerrecht ange-
lehnte Definition des Staates durch Staatsgewalt, Staatsgebiet und
Staatsvolk erscheint zunächst plausibel, sie bedarf jedoch der Ergänzung. Ich gehe auf einige kontroverse Aspekte in der staatstheoretischen Debatte ein, u.a. auf das Verhältnis zwischen Staat und (kapitalistischer) Gesellschaft. In einem zweiten Schritt erläutere ich, warum sich – zunächst in Europa – der moderne Territorialstaat durchgesetzt und wie er sich im Wechselverhältnis mit dem Staatensystem
entwickelt hat. In einem ersten Exkurs diskutiere ich das Verhältnis
zwischen Staat und Krieg und die Chance der Zivilisierung des Staa-
tenverkehrs. Im Anschluss an die Problematisierung des Begriffs
„international" im ersten Kapitel erörtere ich dann das Verhältnis
zwischen Staat und Nation. Nationen sind ein Phänomen der Moderne, sie entstehen erst im Zuge von Säkularisierung, wirtschaftlicher
Entwicklung, Mobilität, Bildung und Politisierung. Nationen schaffen
sich Staaten, aber Staaten schaffen sich auch Nationen. In einem zweiten Exkurs gehe ich gesondert auf die Rolle Deutschlands bzw. des
„Heiligen Römischen Reiches Deutscher Nation" in der Entwicklung
des neuzeitlichen Staatensystems ein. Im letzten Abschnitt diskutiere
ich den Bedeutungsverlust des Staates im Zeichen der Globalisierung.

3.1 Zur Diskussion über den Staat[1]

Der Begriff „international" macht erst dann wirklich Sinn, wenn wir die Existenz von (National-)Staaten voraussetzen, denn erst klar voneinander abgegrenzte Einheiten geben der Unterscheidung zwischen Binnen- und Außenbeziehungen ihre Bedeutung. Diese Nationalstaaten haben sich nun als weit hartnäckiger erwiesen, als vom Marxismus oder vom Liberalismus des 19. Jhdts. vorausgesehen; beide haben sowohl das Gestaltungs- als auch das Störpotenzial der Nationalstaaten unterschätzt. Aber was ist überhaupt ein Staat?[2] Im Allgemeinen bezeichnen wir als Staat seinen organisatorischen Kern, also die Regierung und die Verwaltung mit allen Instanzen; sie sichern die Handlungsfähigkeit des Staates. Diese Institutionen mit ihrer professionellen Bürokratie stehen zunächst in Loyalität zum Monarchen bzw. Fürsten. Im Zuge der Demokratisierung werden sie, wie die Regierung selbst, nach vielen historischen Kämpfen und Kompromissen schließlich von den demokratisch gewählten Parlamenten kontrolliert.

In einem weiteren Sinne verwenden wir den Begriff Staat aber auch für staatlich verfasste Gesellschaften. Völkerrechtlich gesehen handelt es sich bei Staaten um geschlossene Territorien mit ausschließlicher Verfügungsgewalt. Sie umfassen ein genau festgelegtes Gebiet der Erdoberfläche und umgeben sich mit festen Grenzen. Der Territorialstaat bildet eine einheitliche Rechtsordnung aus; die physischen Grenzen sind also die sichtbar gemachten Grenzen zwischen unterschiedlichen Rechtsräumen. In dem jeweiligen Staatsgebiet lebt das Staatsvolk oder die Nation; wobei Nation zunächst noch ein sehr restriktiver, eher geographischer Begriff ist. Das Staatsvolk sind diejenigen Menschen, die rechtlich als zu diesem Staat gehörig definiert sind

---

1 Die folgenden Erläuterungen beziehen sich auf ein Staatsmodell, das sich am europäischen Vorbild orientiert. Das ist problematisch, denn viele Merkmale nicht nur der Konzeption dieses Staates, sondern auch seiner Wirklichkeit lassen sich nicht verallgemeinern; in weiten Teilen Asiens, Afrikas und Lateinamerikas gelten sie nur mit erheblichen Abstrichen. Das betrifft den Bereich der Machtmittel (etwa bei der Frage des Gewaltmonopols und der Rechtssicherheit) ebenso wie die Ökonomie (etwa bei der Frage einer effizienten Steuerhoheit) oder die Legitimität des Staates. Vgl. dazu Klaus Schlichte, *Der Staat in der Weltgesellschaft: Politische Herrschaft in Asien, Afrika und Lateinamerika*, Frankfurt am Main 2005.

2 Vgl. auch Martin List, *Internationale Politik studieren: Eine Einführung*, Wiesbaden 2006, S. 41-51.

(StaatsbürgerInnen versus AusländerInnen). Im monarchischen Obrigkeitsstaat ist die Frage der Identität zwischen Staat und Staatsvolk noch kein Problem; erst im Zuge der wachsenden Verkehrswirtschaft, der sozialen Mobilität und der politischen Mobilisierung wird das Verhältnis zwischen Staat und Nation zu einem brisanten Thema.

Alles was ich genannt habe, gehört zur Definition von Staat und Staatlichkeit; aber die genannten Merkmale sind noch formal. Außerdem habe ich schon begonnen zu differenzieren, z.B. zwischen Fürstenstaat und demokratischem Staat. Die Staatstheorie ist sich keineswegs einig darüber, ob eine überzeitliche Definition von Staatlichkeit überhaupt möglich und sinnvoll ist. Vergleichsweise breit, zugleich sehr konkret, ist die berühmte Definition des Staates bei Max Weber:

> Staat ist diejenige menschliche Gemeinschaft, welche innerhalb eines bestimmten Gebietes - dies: das „Gebiet", gehört zum Merkmal – das Monopol legitimer physischer Gewaltsamkeit für sich (mit Erfolg) beansprucht. Denn das der Gegenwart Spezifische ist, dass man allen anderen Verbänden oder Einzelpersonen das Recht zur physischen Gewaltsamkeit nur soweit zuschreibt, als der Staat sie von ihrer Seite zulässt: er gilt als alleinige Quelle des „Rechts" auf Gewaltsamkeit. (...) Der Staat ist, ebenso wie die ihm geschichtlich vorausgehenden politischen Verbände, ein auf das Mittel der legitimen (das heißt: als legitim angesehenen) Gewaltsamkeit gestütztes Herrschaftsverhältnis von Menschen über Menschen. Damit er bestehe, müssen sich also die beherrschten Menschen der beanspruchten Autorität der jeweils herrschenden fügen. Wann und warum sie das tun, lässt sich nur verstehen, wenn man die inneren Rechtfertigungsgründe und die äußeren Mittel kennt, auf welche sich eine Herrschaft stützt.[3]

Max Weber begründet also Staatlichkeit mit dem Monopol der physischen Gewaltsamkeit, der Legitimität dieses Monopols und mit Territorialität. Das Monopol der physischen Gewaltsamkeit unterscheidet den Staat von anderen politischen Verbänden. In einer neueren umfassenden, wenn auch etwas eurozentrischen Analyse des Staates, in der er von Max Weber ausgeht, unterscheidet Stefan Breuer nun weiter zwischen charismatischem Staat, traditionalem Staat (in drei Varianten: urbaner Territorialstaat, Imperium, Feudalismus) und rationalem Staat. Die nicht mehr an die Person des Herrschers gebundene Rationalität unterscheidet den modernen Staat von allen anderen

---

3   Max Weber, *Wirtschaft und Gesellschaft: Studienausgabe*, 5. Aufl., Tübingen 1972, S. 822 (zuerst 1921 erschienen).

Staatsformen. Die Souveränität, die seit dem Absolutismus gemeinhin als entscheidendes Merkmal des (Fürsten-)Staates gilt, reicht als Kriterium nicht aus. Zwar besteht der moderne Staat weit nachdrücklicher auf der „Exklusivität seiner Kompetenzordnung" als alle seine Vorgänger; und er besitzt weit mehr Möglichkeiten sie durchzusetzen. Aber bei beidem, so Breuer, handelt es sich nicht um völlig neue Merkmale, sondern um eine Verstärkung von Komponenten, die schon den vormodernen Staat auszeichnen. Nicht in der Souveränität, sondern in der Form der Legitimität unterscheidet sich der moderne Staat von seinen Vorgängern. Die Legitimitätsgrundlage moderner staatlicher Herrschaft ist nicht charismatisch oder traditional, sondern – wie gesagt – rational. Das bedeutet zweierlei: erstens Gehorsam gegenüber einer sachlichen, unpersönlichen Rechtsordnung und zweitens die Vorstellung, dass diese Ordnung prinzipiell veränderbar ist.

Dieser Wechsel in der Legitimität des Staates ist ein Ergebnis politischer Prozesse und Auseinandersetzungen, in der sich die „Untertanen" in immer neuen Interventionen dagegen zur Wehr setzten, dass politische Herrschaft und ihre Rechtfertigung „von oben" ausgingen. Vom englischen Bürgerkrieg des 17. Jhdts. über die amerikanische Unabhängigkeit und die französische Revolution im 18. Jhdt. bis zu den europäischen Revolutionen von 1848/49 und 1917 bis 1919 haben die Beherrschten immer neue Vorstöße unternommen, um die Ausübung staatlicher Herrschaft persönlicher Willkür oder einer sakralen und damit nicht mehr kontrollierbaren Legitimation zu entziehen.[4]

Andere Autoren, die sich im Umfeld der marxistischen Staatstheorie bewegen, die wie schon angedeutet von Marx selbst noch kaum entwickelt worden war, stellen einen engeren Zusammenhang zwischen moderner Staatlichkeit und Kapitalismus her; der Staat wird hier zum „integrale(n) Bestandteil gesamtgesellschaftlicher Reproduktion":

> Aus marxistischer Perspektive ist das, was wir heute als „Staat" bezeichnen, ein Produkt der bürgerlich-kapitalistischen Gesellschaftsformation – und daher von seiner Struktur und Funktionsweise her etwas ganz anderes als politische Herrschaftsformen vorangegangener nichtkapitalistischer oder auch möglicher nachkapitalistischer Gesellschaftsformationen.[5]

---

4   Stefan Breuer, *Der Staat: Entstehung, Typen, Organisationsstadien*, Reinbek 2002, S. 162.
5   Josef Esser, *Staat und Markt*, in: Iring Fetscher/Herfried Münkler (Hrsg.), *Politikwissenschaft: Begriffe–Analysen–Theorien: Ein Grundkurs*, Reinbek 1985, S. 201-244, hier S. 224.

Zwar wird auch im Marxismus das Monopol physischer Gewaltsamkeit als zentrales Kriterium für Staatlichkeit genannt, aber es wird gebunden an Funktionen für eine konkrete historische Wirtschafts- und Gesellschaftsformation. Die bürgerlich-kapitalistische Gesellschaft zeichnet sich dadurch aus, dass die Aneignung des Mehrprodukts nicht mehr durch physische Gewaltanwendung erfolgt, sondern durch den (formal freien und gleichen) Warenaustausch. Die Aufgabe des bürgerlich-kapitalistischen Staates besteht also nicht darin, die Aneignung des Mehrprodukts zu übernehmen, sondern den Bestand des Systems zu sichern. Dazu muss er zwei Arten von Klassengleichgewichten organisieren: den Ausgleich zwischen verschiedenen Kapitalfraktionen und den Kompromiss zwischen den Herrschenden und den Beherrschten bzw. die Loyalität der Massen.[6]

Auch Autoren wie Anthony Giddens, die sich kritisch mit dem historischen Materialismus auseinandersetzen, betonen die enge Verbindung zwischen der Herausbildung des Kapitalismus und moderner Staatlichkeit. Gerade die Trennung zwischen ökonomischer und politischer Sphäre, ein zentrales Merkmal des Kapitalismus, dürfe nicht zu dem Missverständnis führen, ihr Zusammenhang sei völlig aufgelöst; denn die kapitalistische Ökonomie ist Teil der Verfassung des modernen Staates. Das beginnt im Absolutismus mit Rechtsstaatlichkeit, Geldwirtschaft und Steuersystem und setzt sich im Nationalstaat fort, der Voraussetzungen für die massenhafte Bereitstellung von Arbeitskräften und durch die Ausweitung seiner organisatorischen Kompetenzen zugleich die interne Pazifizierung garantiert.[7]

Eine andere Konfliktlinie in der Staatstheorie bezieht sich auf die Intensität des Herrschaftscharakters des Staates und auf seine relative Autonomie. Wessen Interessen vertritt der Staat?[8] Dass Staaten bzw. Regierungen zur Bedrohung für ihre eigenen BürgerInnen werden, ist eine Erfahrung, die Abertausende von Menschen haben machen müssen und noch machen. Gewaltenteilung und Rechtsstaatlichkeit sind

---

6   Nach Josef Esser, *Marxistische Staatstheorie*, in: Dieter Nohlen/Rainer-Olaf Schultze (Hrsg.), *Politikwissenschaft: Theorien, Methoden, Begriffe*, München-Zürich 1989, S. 977-982 (3. Aufl. 2005).

7   Anthony Giddens, *The Nation-State and Violence: Volume Two of A Contemporary Critique of Historical Materialism*, Berkeley-Los Angeles 1987, S. 148ff. (Kap. 6: *Capitalism and the State*).

8   Einen kurzen, anschaulichen Überblick über den Staat als „essentially contested concept" gibt Andrew Heywood, *Politics*, Basingstoke-London 1997, S. 83-99 (3. Aufl. 2007).

unerlässliche Voraussetzungen für eine menschendienliche staatliche Ordnung. Aber auch wenn sie nicht totalitär sind, erfüllen Staaten ihre Aufgaben nicht unbedingt zum gleichen Wohle aller BewohnerInnen ihres Territoriums, sind die jeweiligen Regierungen nicht bloß neutrale Verwalter eines öffentlichen Interesses. Das wären sie nur in einem naiv pluralistischen Verständnis, in dem der Staat eine Schiedsrichterrolle übernimmt und autonom für fairen Ausgleich bzw. Kompromisse zwischen verschiedenen gesellschaftlichen Anforderungen sorgt. Eine solche Sichtweise wird in der Staatstheorie heute kaum noch vertreten. So gestehen auch die Neo-Pluralisten ein, dass die Wirtschaft in den Beziehungen zur Regierung eine privilegierte Position einnimmt.

Für Marxisten ist ganz selbstverständlich, das habe ich ausgeführt, dass man den Staat nicht als losgelöst von der Ökonomie, den Produktions- und Eigentumsverhältnissen begreifen kann. Es gibt Stellen bei Marx, in denen er den Staat als eine Art Agentur der herrschenden Klasse, sprich der Bourgeoisie bezeichnet. Seine stärker historischen Schriften, etwa *Der 18. Brumaire des Louis Bonaparte* über die politischen Umwälzungen in Frankreich im Zusammenhang mit der Revolution von 1848, lassen jedoch erkennen, dass er dem Staat bzw. der Regierung eine gewisse Autonomie zutraut. Der Staat wird dadurch nicht zum pluralistischen Schiedsrichter, aber er erscheint auch nicht mehr als bloß ausführendes Organ einer Klasse, sondern macht sich Gestaltungs- oder Herrschaftsräume zunutze, die ihm die wechselseitigen Blockaden der gesellschaftlichen Interessen- und Machtgruppen einräumen. Die moderne marxistische Staatstheorie knüpft an die differenzierten Klassenanalysen in Marx' historischen Schriften an und betrachtet den Staat eher als eine dynamische Größe, in der sich vielfältige gesellschaftliche Auseinandersetzungen spiegeln.[9]

Es ist interessant zu sehen, dass sich ähnliche Kontroversen unter anderem Vorzeichen in der feministischen Staatsdiskussion finden.[10] Für radikale Feministinnen ist der Staat eine Art Agentur des Patriarchats, ein „totalitäres Männersystem", in dem Frauen alle Wege ver-

---

9 Vgl. dazu jetzt den Sammelband von Joachim Hirsch/John Kannankulam/ Jens Wissel (Hrsg.), *Der Staat der Bürgerlichen Gesellschaft: Zum Staatsverständnis von Karl Marx*, Baden-Baden 2008.

10 Vgl. Teresa Kulawik/Birgit Sauer (Hrsg.), *Der halbierte Staat: Grundlagen feministischer Politikwissenschaft*, Frankfurt am Main 1996; Birgit Sauer, *Die Asche des Souveräns: Staat und Demokratie in der Geschlechterdebatte*, Frankfurt am Main 2001; oder Sieglinde K. Rosenberger/Birgit Sauer (Hrsg.), *Politikwissenschaft und Geschlecht*, Wien 2004.

sperrt sind. Er erscheint als einheitlicher Akteur mit einem klar auszu-
machenden Interesse, das andere Geschlecht zu beherrschen und zu
unterdrücken. Eine grundlegende Verbesserung der Situation von
Frauen ist über die Organisation und Artikulation von Interessen in
diesem System nicht möglich. Andere halten die Vertragskonstruktion
des bürgerlichen Staates – der Staat kann nur dadurch legitimiert werden, dass er als Resultat eines Vertrages zwischen allen gleichen und
freien Staatsbürgern und später auch -bürgerinnen gedacht wird – für
ein kritisches Potenzial, von dem strukturell benachteiligte Gruppen
wie die Frauen profitieren können. Die Handlungsspielräume von
Frauen, ihre konkreten Erfolge, die Chancen des Aushandelns von Po-
litiken dürften nicht vom „Nebel monolithischer Sichtweisen" verdeckt werden, schreiben Teresa Kulawik und Birgit Sauer in der Einleitung zu einer Aufsatzsammlung über den „halbierten Staat".[11] Die
schrittweise Erweiterung des Wahlrechts beispielsweise, erst auf alle
Männer, dann auf die Frauen, sei ein Beispiel für die Flexibilität und
Wandlungsfähigkeit des zunächst männlich dominierten Staates.

Unumstritten ist, dass der moderne Staat seine Staatsfunktionen Zug
um Zug erweitert hat. Das beginnt mit der Sicherung der Territorialität, dem Aufbau eines wirksamen Gewaltmonopols und einer einheitlichen Rechtsordnung. Er verschafft sich einen Verwaltungsapparat,
eine Bürokratie von Experten. Er baut einen stabilen und kontrollierbaren Militärapparat auf, außerdem Zwangseinrichtungen zur Separierung von Menschen, die sich nicht an Recht und Gesetz halten. Der
moderne Staat ist ein Steuerstaat, das heißt er besorgt sich die wirtschaftlichen Ressourcen zur Erfüllung seiner verschiedenen Aufgaben. Er schafft das staatliche Rückgrat für Geld und Kredit und wird
darüber hinaus selbst wirtschaftlich tätig. Im 20. Jhdt. kommen Funktionen der sozialen Vorsorge und der wirtschaftlichen Rahmensteuerung hinzu. Der Aufbau dieser Funktionen ist langwierig und kompliziert, er vollzieht sich in Europa im Verlaufe mehrerer Jahrhunderte.

3.2 Territorialstaat und Staatensystem

Über lange historische Zeiten waren Territorialstaaten nur in einem
geringen Teil der Welt überhaupt das Medium politischer Herrschaft.
Die ganz frühen Staaten – Hinweise auf Staatlichkeit gibt es schon für
die Zeit um 6.000 vor Chr. – waren meistens Stadtstaaten oder Groß-

---

11 Kulawik/Sauer, *Der halbierte Staat*, S. 21.

reiche. Die Organisation einer Vielzahl aneinander angrenzender Gebiete in Form von Territorialstaaten ist weltgeschichtlich sogar die Ausnahme. Erst in den letzten Jahrhunderten haben Staaten sich die Welt in einander ausschließende Territorien, Kolonien eingeschlossen, aufgeteilt. Und erst seit dem Zweiten Weltkrieg hat sich die Organisationsform unabhängiger Territorialstaaten, deren Regierungen sich in der Regel wechselseitig das Existenzrecht zugestehen, global verbreitet. Daneben gibt es Bevölkerungsgruppen, die über keinen eigenen Staat verfügen, ihn aber für sich reklamieren.[12]

Auch in Europa war es nicht selbstverständlich, dass sich die Territorialstaaten schließlich durchgesetzt haben.[13] Städtebünde wie die Hanse oder Stadtstaaten wie Venedig oder Florenz waren von ihrem Finanz- und Militärpotenzial her durchaus ernste Konkurrenten. Schließlich haben auch kleine Territorialstaaten überlebt. Macht allein war also nicht der entscheidende Selektionsmechanismus. Die Herausforderung, der sich alle stellen mussten, war der Übergang von einer kaum monetarisierten lokalen Ökonomie zum monetarisierten Fernhandel. Hier erwiesen sich nun die jungen Territorialstaaten als effizienter. Sie waren eher, wenn auch insgesamt noch in bescheidenem Umfang, in der Lage, Geld, Maße und Gewichte zu standardisieren, das Recht zu vereinheitlichen und Steuern zu erheben.

Der Städtebund der Hanse schaffte genau das nicht, weil er weder über verbindliche Entscheidungsprozesse noch über ein geschlossenes Territorium verfügte. So war die Hanse kein zuverlässiger Partner, weder in der Politik noch im Geschäft. Die oberitalienischen Städte verfügten zwar alle über geschlossene Territorien, aber sie schafften es nicht, legitime Herrschaftsformen auszubilden. Sie waren zwar zuverlässiger in ihren Entscheidungsprozessen, aber hatten Schwierigkeiten, die Loyalität ihrer minder gestellten Regionen und Unterstädte zu sichern. Neben der Effizienz und organisatorischen Kompetenz erwiesen sich auch die wechselseitige Anerkennung und ihr Vorbildcharakter als Vorteile für die Territorialstaaten. Bei den Friedensverhandlungen zur Beendigung des Dreißigjährigen Krieges versuchte die Hanse vergeblich, als Partner aufzutreten. Bald darauf wurde sie

---

12 Vgl. zu diesen weltgeschichtlichen Dimensionen die Einleitung bei Charles Tilly, *Coercion, Capital, and European States, AD 900-1992,* 2. Aufl., Cambridge, Mass. 1995, S. 1-3.
13 Ich orientiere mich hier an Hendrik Spruyt, *The Sovereign State and Its Competitors,* Princeton, N.J. 1994.

aufgelöst; übrig blieben nur wenige Stadtstaaten wie Hamburg, Bremen und Lübeck. Die italienischen Stadtstaaten hielten etwas länger durch, aber Ende des 18. Jhdts. wandten auch sie sich anderen Herrschaftsformen zu und orientierten sich am souveränen Territorialstaat:

> States won because their institutional logic gave them an advantage in mobilizing their societies' resources. (...) First, actors tried to create institutions that corresponded with their belief systems and best met their economic and political interests. This occurred with the formation of new institutions during the Late Middle Ages in response to economic expansion. Over time some of these institutional choices proved to be better than others, and the lesser ones were structurally weeded out by competition and the process of mutual empowerment. There were good reasons to prefer systems of rule that could make credible commitments and systems that would not encroach upon one's own jurisdiction. Simultaneously, social actors instrumentally switched their allegiance to their newly preferred form of organization, and political entrepreneurs copied the more successful institutional logic. The gradual institutionalization of a system of sovereign states thus imposed a certain nonhierarchical order on transnational interactions.[14]

Der letzte Punkt ist von besonderer Bedeutung für die weitere Entwicklung. AutorInnen der verschiedensten Herkunft betonen einhellig dieses Spezifikum moderner europäischer Staatlichkeit: die Einbettung der einzelstaatlichen Entwicklung in ein *System* souveräner Fürsten- und später Nationalstaaten. Der Mangel eines einheitlichen Zentrums war einer der wichtigsten Gründe für die äußere *und* die innere Dynamik Europas; das Staatensystem war Voraussetzung und Quelle für die Entwicklung des absolutistischen und des Nationalstaates, wobei die Souveränität das Scharnier zwischen innen und außen bildete.[15] Dieses Staatensystem war von Rivalitäten gekennzeichnet und vor allem zu Beginn sehr kriegsträchtig. Neben der wirtschaftlichen Konkurrenz war Kriegführung ein wichtiger Grund für die Mobilisierung von Ressourcen und die Ausbildung effizienter Staatlichkeit. Der chronische Geldmangel bildete aber möglicherweise auch die Hauptursache für die allmähliche Demokratisierung. Zugleich hat dieses Staatensystem Mechanismen der Koordination und Regulierung entwickelt. Dazu gehörte die Etablierung der ständigen Diplomatie, deren Ausgangspunkt wieder die Souveränität bildete, die immer wechsel-

---

14 Ebd., S. 185 und 179.
15 Giddens, *Nation-State*, S. 112; durchgängig Tilly, *Coercion*.

seitige Anerkennung bedeutete. Das weltgeschichtlich Neue an diesem System war seine Reflexivität, d.h. das Systembewusstsein und die Institutionalisierung von Regeln für den Umgang miteinander.

Weitere Regulierungsmechanismus waren die *Balance of Power* und der Widerstand gegen Hegemonie; keinem der europäischen Staaten ist es gelungen, das System zu dominieren. Alle Hegemonie-Versuche wurden abgewehrt; zunächst die Spanien-Habsburgs, dann die Frankreichs unter Ludwig XIV. und unter Napoleon, schließlich die der Deutschen im 20. Jdht., als sich das europäische System um die Großmächte USA und Japan erweiterte. Das Ende des Zweiten Weltkrieges bedeutete das Ende der Dominanz Europas, wenn auch noch nicht das Ende seiner blutigen Kolonialgeschichte. Die in Europa entwickelten Prinzipien staatlicher Organisation von Herrschaft und das dort formulierte Verständnis der Regelung zwischenstaatlicher Beziehungen waren jedoch zum weltweiten Maßstab geworden, wenn auch nach 1945 nicht die Ständigen Mitglieder der Vereinten Nationen als neues Mächtekonzert, sondern der bipolare Ost-West-Konflikt und der Entkolonialisierungs-Prozess die politischen Beziehungen im sich nunmehr weltweit etablierenden Staatensystem bestimmten. Aber der politische Weltzusammenhang beginnt mit der Etablierung des europäischen Staatensystems, das sich schließlich fast die ganze Welt unterwarf. Diesen Zusammenhang möchte ich abschließend mit einem Zitat aus dem Kapitel über *The European State System* bei Charles Tilly unterstreichen:

> A century before the Treaty of Westphalia, empires (...) had dominated Europe. The settlement of the Thirty Years' War, however, definitively blocked consolidation of a Habsburg empire, sounded the death knell of the Habsburg-dominated Holy Roman Empire, and made it unlikely that any other empire (...) would expand within the continent. After the peace settlement's precedent, individual German states carried on diplomacy for themselves, instead of accepting the emperor as their spokesman. Thus the end of the Thirty Years' War consolidated the European system of national states. At the same moment as empires were losing out *within* Europe, to be sure, Europe's major states were creating empires *beyond* Europe, in the Americas, Africa, Asia, and the Pacific. (...) By the early eighteenth century, wars among Europe's great powers regularly included overseas combat, and their settlements often included realignments of overseas empires.[16]

---

16 Tilly, *Coercion,* S. 167f.

3.3 Erster Exkurs: Staat und Krieg

Der Berliner Politikwissenschaftler Ekkehart Krippendorff hat in einem Buch, das in einer relativ frühen Phase der deutschen Friedensforschung intensiv und kontrovers diskutiert wurde, einen unauflösbaren Zusammenhang zwischen staatlich organisierter Herrschaft und Krieg hergestellt. Nach Krippendorff ist der Staat das „aus gewalttätig errungener Macht über Menschen konstruierte 'Terrain der Torheit'", auf dem politische Unvernunft nicht nur häufig vorkommt, sondern systematisch produziert wird.[17] *Staat und Krieg* ist ein bitteres, zum Teil polemisches Buch, aber zugleich auf bedrückende Weise erhellend und aktuell in seinen vielfältigen Belegen für „die verkrüppelte Intelligenz der Machtraison, die Staatskriminalität von Strategiespielern, deren Spielfiguren Menschenleben sind".[18] Allerdings traut Krippendorff den Mächtigen auch „Momente der Vernunft politischer Herrschaft" zu.[19] Die gravierenden historischen und politischen Unterschiede im Macht- und Gewaltcharakter staatlicher Herrschaft nach innen und nach außen – als Beispiel nenne ich nur Deutschland im 20. Jdht. – sind dann auch der Anknüpfungspunkt für andere Autoren, die staatlich organisierte Herrschaft nicht nur als negativ begreifen; von der Frage der Alternative einmal ganz abgesehen. Die zivilisierende Bedeutung eines rechtsstaatlich gezähmten und kontrollierten staatlichen Gewaltmonopols kann angesichts von Staatszerfall und ausufernder substaatlicher Gewalt in vielen Bürgerkriegsgesellschaften gar nicht hoch genug veranschlagt werden.[20] Und auch für den zwischenstaatlichen Verkehr gibt es eine Zivilisierungsperspektive, die verregelte und verrechtlichte Beziehungen zum wechselseitigen Nutzen an die Stelle bloßer Macht- und Gewaltpolitik setzt.[21]

---

17 Ekkehart Krippendorff, *Staat und Krieg: Die historische Logik politischer Unvernunft*, Frankfurt am Main 1985, S. 5.

18 Ebd., S. 78.

19 Ebd., S. 329.

20 Vgl. dazu jetzt Stefanie Weiss/Joscha Schmierer (Hrsg.), *Prekäre Staatlichkeit und Internationale Ordnung*, Wiesbaden 2007.

21 Vgl. dazu Harald Müller, *Institutionen und internationale Ordnung,* in: Gert Krell/Harald Müller (Hrsg.), *Frieden und Konflikt in den internationalen Beziehungen: Festschrift für Ernst-Otto Czempiel*, Frankfurt am Main 1994, S. 223-252 und jetzt ders., *Wie kann eine neue Weltordnung aussehen? Wege in eine nachhaltige Politik*, Frankfurt am Main 2008.

Territorialität als Kennzeichnen von Staatlichkeit kann jedenfalls nicht der entscheidende Grund für Krieg und Gewalt sein, dafür hat es auch in vorstaatlicher Zeit zu viele und zu grausame Kriege gegeben.[22] Gerade weil Staatlichkeit über ein Territorium mit ausschließlicher Souveränität definiert wird, wird gleichwohl auch in der Moderne Territorium, wird die Grenzziehung zum Gegenstand diplomatisch oder sogar militärisch ausgetragener Konflikte, insbesondere bei ökonomisch attraktiven oder strategisch wichtigen Gebieten. Das gilt gerade für die Zeiten, in denen die physische Kontrolle von Ressourcen (Bodenschätze, Raum, Menschen) noch als Voraussetzung für ihre Nutzung angesehen wurde. Kalevi Holsti, der sich in einer umfangreichen Studie mit dem neuzeitlichen Staatensystem, seinen Kriegen und seinen Friedensordnungen systematisch beschäftigt hat, liefert uns eine Übersicht über die historische Bedeutung von Territorium als Konfliktgrund bzw. Kriegsursache:

Häufigkeit des Konfliktgrunds und
der Kriegsursache „Territorium", 1648-1989

	1648-1714	1715-1814	1815-1914	1918-1941	1945-1989
Konfliktgrund Territorium, in % aller Konfliktgründe	24	26	14	14	8
Territorium als *eine* Kriegsursache, in % aller Kriege	55	67	42	47	24

Quelle: Kalevi J. Holsti,
Peace and War: Armed Conflicts and International Order 1648-1989,
Cambridge-New York 1991, S. 307-309

---

22 Lawrence H. Keeley, *War Before Civilization,* New York-Oxford 1996.

Häufigkeit des Konfliktgrunds und der Kriegsursache
„strategisch wichtiges Gebiet", 1648-1989

	1648-1714	1715-1814	1815-1914	1918-1941	1945-1989
Konfliktgrund strategisches Gebiet, in % aller Konfliktgründe	10	7	4	9	7
strategisches Gebiet als *eine* Kriegsursache, in % aller Kriege	23	17	13	30	21

Quelle: Holsti, *Peace and War*, S. 307-310

Die beiden Tabellen geben zwei wichtige Informationen.[23] Wir können feststellen, dass die Bedeutung des Faktors Territorium als Konflikt- und Kriegsursache im Staatensystem zurückgegangen ist, während das Gewicht der Konflikt- und Kriegsursache „strategisch wichtiges Gebiet" zwar durchgehend insgesamt geringer zu veranschlagen, aber dabei in etwa gleich geblieben ist.

Diesem Befund entspricht die Entwicklung der Kriege zwischen Großmächten: ihre Zahl hat sich seit dem 16. Jhdt. kontinuierlich verringert, und zwar von 2,6 Kriegen pro Dekade über 1,7 (17. Jhdt.) und 1 (18. Jhdt.) auf 0,5 (19. Jhdt.) und 0,2 (20. Jhdt.). Kriege zwischen Großmächten sind also immer seltener, allerdings auch immer zerstörerischer geworden. Möglicherweise besteht zwischen diesen beiden Tendenzen ein Zusammenhang, sind sie in der nuklearen Abschreckung zwischen Ost und West sogar zusammengefallen. Torbjörn Knutsen, aus dessen Buch *The Rise and Fall of World Orders* ich

---

23 Die Prozentangaben zu Konfliktgrund bzw. Kriegsursache beruhen auf unterschiedlichen Berechnungsgrundlagen. Man kann also nicht sagen, Territorium sei von allen Konfliktursachen besonders kriegsträchtig, weil es beim Anteil an den Kriegsursachen durchgängig höher rangiert als bei den Konfliktgründen. Die beiden Prozentwerte sind nicht vergleichbar, weil Holsti bei den Kriegen immer mehrere Ursachen zählt, also im Unterschied zu den Konflikten Mehrfachnennungen zulässt.

diese Überlegungen übernommen habe, diskutiert noch weitere säkulare Trends, die quer zu den großen Hegemonie- und Gewaltzyklen der Neuzeit stehen: die wachsende Interdependenz der Staaten und die Globalisierung der Zivilgesellschaft. Beide könnten zusammen mit der gestiegenen Zerstörungsgewalt der Waffentechnologie für die Pazifizierung der Beziehungen zwischen den Großmächten verantwortlich sein. Die „kosmopolitische Sphäre", wenn man so will, scheint jedoch auf die Welt der entwickelten Industriestaaten beschränkt. Die meisten Kriege seit 1945 sind Bürgerkriege und finden in der so genannten Dritten Welt statt. „Staat und Krieg" könnte also auch zu einem Problem *unzureichender* Staatlichkeit geworden sein; jedenfalls haben wir es mit einem historischen Trend vom *Great Power War* zum *Weak State War* zu tun.[24]

3.4 Staat – Nation – Nationalismus

Souverän sind zunächst fast nur Fürsten und Könige; sie repräsentieren die oberste Staatsgewalt, die außer der Erbfolge keiner weiteren Legitimation bedarf. Das ändert sich in größerem Maßstab spätestens mit der Verfassung der USA und mit der französischen Revolution, die eine neue Form innerstaatlicher Legitimität begründen. Die Volkssouveränität ist heute in den meisten Staaten zumindest in den Verfassungen akzeptiert. Aber Staaten sind, das habe ich weiter oben erörtert, zunächst einmal politische Zweckverbände, deren Mitgliedschaft rechtlich definiert ist, und die Staatsvölker bilden Rechtsgemeinschaften. Nationen dagegen sind „vorgestellte politische Gemeinschaften" (Benedict Anderson), die sich mehr auf emotionale Zugehörigkeitsgefühle und auf kulturelle Erfahrungen bzw. Überlieferungen stützen. Nationen werden zwar subjektiv oft als universal und zeitlos empfunden, tatsächlich handelt es sich jedoch um relativ junge Erscheinungen. Nationen sind ein Phänomen der Moderne, sie haben sich in mehreren Wellen oder Schüben seit dem 18. Jhdt. herausgebildet. Dieser Prozess der Nationenbildung hat sehr viel mit der Säkularisierung, also dem Nachlassen der religiösen Bindewirkungen, mit der zunehmenden Mobilität der Menschen durch die Industrialisierung und die Entwicklung des Verkehrswesens, mit der Politisierung größerer Teile der Bevölkerung und vor allem mit den Printmedien, also Büchern,

---

24 Torbjörn Knutsen, *The Rise and Fall of World Orders*, Manchester-New York 1999, S. 169 und 259ff.

Zeitungen und Flugschriften zu tun. Erst durch die Printmedien kommt es überhaupt zur Zusammenfassung von Minisprachen zu Großsprachen, zur Stabilisierung von Sprachen und zur Herausbildung dominierender Hochsprachen.[25]

Das Entscheidende ist, dass wir es nicht einfach mit vorgegebenen Nationen, also durch Sprache, ethnische Herkunft und gemeinsame Tradition verbundenen Urgemeinschaften zu tun haben, die sich dann Staaten suchen, wie uns der Nationalismus weismachen will. Oft ist es genau umgekehrt. Wie die Nationalismus-Forschung gezeigt hat, werden Nationen „gemacht", zu einem Teil sogar mit Erfindungen im doppelten Sinne des Wortes, also mit Phantastereien oder mit praktisch Hergestelltem (etwa einer Nationalsprache). Das kann man schon am Bedeutungswandel des Begriffs Nation erkennen. Im Wörterbuch der Königlich-Spanischen Akademie bedeutete das Wort *nación* vor 1884 einfach „die Gesamtheit der Einwohner einer Provinz, eines Landes oder eines Königreiches". Erst 1925 wird Nation definiert als „Gesamtheit der Personen, welche dieselbe ethnische Herkunft aufweisen und im allgemeinen dieselbe Sprache sprechen und eine gemeinsame Tradition besitzen".[26]

In der ersten Parlamentssitzung des gerade vereinten Italien tat Massimo d'Azeglio 1861 den berühmten Ausspruch: „Wir haben Italien geschaffen, jetzt müssen wir Italiener schaffen."[27] Auch die Klassenkonflikte der Zeit waren noch nicht ethnisiert. So verstanden sich die estnischen Bauern bis zur Mitte des 19. Jahrhunderts noch nicht als Esten, sondern als *maarahvas*, d.h. so viel wie Landleute. Das Wort *saks* (Sachse) hieß in seiner Hauptbedeutung „Lehnsherr" oder „Gebieter", lediglich in einer Nebenbedeutung „Deutscher". Die einfachen Landleute im Baltikum mögen allen Grund gehabt haben, ihre Herren zu hassen, aber sie haben sie zunächst nicht als deutsche Herrenschicht gehasst, sondern als Herren.[28]

---

25 Alles wunderschön nachzulesen bei Benedict Anderson, *Die Erfindung der Nation: Zur Karriere eines folgenreichen Konzepts* [1991], Frankfurt am Main 2005. Vgl. auch die kurze Übersicht über alternative Theorien zu Nation und Nationalismus bei Christian Jansen/Henning Borggräfe, *Nation–Nationalität–Nationalismus*, Frankfurt am Main 2007, S. 82-104.

26 Hier zitiert nach Eric J. Hobsbawm, *Nationen und Nationalismus: Mythos und Realität seit 1780* [1990] , 3. Aufl., Frankfurt am Main 2005, S. 26.

27 Ebd., S. 58; zu der Zeit sprachen nur etwa 2% der Bevölkerung im neu geschaffenen Königreich Italien italienisch.

28 Ebd., S. 62.

Das Problematische am Nationalismus ist seine Doppeldeutigkeit. Die Konstituierung einer Gruppe als Nation oder Nationalität mag emanzipierende Funktion haben, also die Befreiung aus Bevormundung und Unterdrückung, Abhängigkeit und Ausbeutung; jedenfalls geht sie mit solchen Ansprüchen einher. Zugleich ist diese Selbstkonstitution und -definition oft mit der Abwertung oder gar Ausgrenzung anderer oder als anders wahrgenommener Gruppen verbunden. Das konnte man schon in den Debatten der deutschen Einheitsbewegung in der Paulskirche nach der Revolution von 1848 beobachten, als die Linke dafür plädierte, im Sinne der „Ehre der Nation" und der „Raumbedürfnisse eines großen Volkes mit Weltberuf" auf keinen Fall z.B. auf Triest zu verzichten, obwohl dort Italiener lebten. Und es war wieder mit Händen zu greifen in den Auflösungsprozessen der Vielvölkerstaaten Sowjetunion und Jugoslawien nach dem Ende des Ost-West-Konflikts, bis hin zur anhaltenden Krise um die serbische Minderheit im Kosovo und zum Konflikt zwischen Georgien und seinen „abtrünnigen" Provinzen bzw. deren russischen Fürsprechern.

Wir haben es hier auch deshalb mit konfliktträchtigen Prozessen zu tun, weil Nationalstaaten nur in Ausnahmefällen ethnisch homogen sind, meist sind sie *multinationale Staaten*. Auch unter Ethnologen, Kulturwissenschaftlern und Historikern ist umstritten, welche der rund 3.500 ethnischen Gemeinschaften in der Welt sich als Volk oder Nation definieren und einen Anspruch auf einen Nationalstaat anmelden könnten. Es kommt hinzu, dass sich in vielen Fällen die ethnische Gemengelage und historisch gewachsene Multiethnizität oder Multinationalität gar nicht territorial auflösen lassen. Und doch ist es insbesondere im 20. Jhdt. zu großen gewaltsamen Bevölkerungsverschiebungen auf ethnischer oder nationaler Grundlage gekommen bzw. zu Massenmorden an ethnischen oder anders definierten Minderheiten, die als außerhalb des „Staatsvolks" stehend betrachtet wurden. Die Schlussfolgerung, durch das Zusammenleben verschiedener Ethnien seien gewaltsame Konflikte gleichsam vorbestimmt, wäre jedoch nicht nur politisch fragwürdig, sondern auch leicht zu widerlegen. SozialwissenschaftlerInnen gehen davon aus, dass es sich bei als ethnisch definierten Positionsdifferenzen um Ergebnisse politischer Prozesse handelt, bei denen soziale Konflikte oder Identitätsprobleme ethnisiert oder durch Ethnisierung abgeleitet werden.[29]

---

29 Dazu Ulrich Schneckener, *Auswege aus dem Bürgerkrieg: Modelle zur Regulierung ethnonationalistischer Konflikte*, Frankfurt am Main 2002.

3.5 Zweiter Exkurs: Deutschland im neuzeitlichen Staatensystem

Da wir hier in Deutschland leben und die „Wiedervereinigung" erst knapp zwanzig Jahre zurückliegt, möchte ich einige Ausführungen machen zur seiner Rolle bzw. der seiner Vorläufer, wenn man das überhaupt so sagen kann, im neuzeitlichen Europa.[30] Die europäischen Gesellschaften haben den langwierigen Übergang vom feudalen Personenverband über den absolutistischen Fürstenstaat zum modernen, „rationalen" Nationalstaat auf ganz unterschiedlichen Wegen vollzogen, das ist allgemein bekannt. Weniger verbreitet ist die Erkenntnis, dass die relativ späte Lösung der Frage eines deutschen Nationalstaates im 19. Jhdt. keineswegs eine Besonderheit darstellt. Man könnte sogar sagen, dass die nord- und westeuropäischen Wege, die selbst nur im Vergleich relativ glatt verliefen, eher die Ausnahmen waren. Die Erbmassen der osmanischen, österreich-ungarischen und russisch-sowjetischen Vielvölkerstaaten sind bis heute nicht dauerhaft und gewaltfrei als Nationalstaaten konsolidiert.

In dieser an Gewalttaten reichen Geschichte waren (fast) alle europäischen Nationen Täter und Opfer, selbst der privilegierte Entwicklungsprozess der britischen Demokratie hat breite Blutspuren hinterlassen. Der deutsche Nationalismus hat sich zunächst aus der Defensive, insbesondere gegenüber der französischen Expansionspolitik, entwickelt. Seine spezielle Bedeutung für die europäische Geschichte liegt weniger in den hegemonialen Ambitionen als solchen, denn diese gehören zum Normalbestand der europäischen Großmächte; sie liegt in seiner rassistischen Ausprägung mit dem Vernichtungskrieg im Osten und dem industriell organisierten Massenmord an den europäischen Juden. Dieses Verbrechen ist in der Tat einzigartig, aber eine zwingende Ableitung aus der deutschen Geschichte bleibt schwierig. Fast zwangsläufig dagegen erscheint der Zusammenprall zwischen den Ambitionen Deutschlands mit den Interessen anderer Großmächte. In der Mitte Europas waren immer europäische Konfliktlinien zusammengetroffen oder hatten sich mit ihnen verbunden; die innere

---

30 Ich greife dazu auf einen Aufsatz von mir selbst zurück, vgl. Gert Krell, *Gleichgewicht aus der Mitte? Deutschland und die europäische Friedensordnung im neuzeitlichen Staatensystem,* in: Bruno Schoch (Hrsg.), *Deutschlands Einheit und Europas Zukunft,* Friedensanalysen 26, Frankfurt am Main 1992, S. 257-279.

und äußere Gestalt des Zentrums war immer Gegenstand gesamteuropäischen Interesses – in der Sicherheitspolitik wie im Völkerrecht. Alle großen Ordnungsversuche Europas sind zugleich Ordnungsversuche der „deutschen" Mitte: der Westfälische Frieden von 1648, die Wiener Kongressakte und der Deutsche Bund von 1815, Völkerbund und Versailler Vertrag von 1919, die Neugründung der Teilstaaten im Ost-West-Konflikt 1949/55 und die Entspannung von 1972/73 mit Ostverträgen, Berlin-Abkommen und dem Beginn der KSZE; schließlich die Wiedervereinigung mit dem 2+4 Vertrag von 1990, dem deutsch-sowjetischen Vertrag, der Charta von Paris, dem KSE-Abkommen und dem Ausbau der EG/EU.

Wenn der Vergleich der verschiedenen staatsrechtlichen und politischen Formationen überhaupt zulässig ist, dann sind von den fünf großen Einbettungsversuchen der „deutschen" Mitte zwei (1871 und 1919) gescheitert. Die beiden älteren (1648 und 1815) und der vorletzte dagegen (1945/1955) waren vergleichsweise erfolgreich. Sie aber lagen, und das ist bezeichnend, entweder vor der Gründung eines einheitlichen deutschen National- und Zentralstaates bzw. nach seiner Auflösung. In allen drei Fällen war die Mitte geteilt, wenn auch auf unterschiedliche Weise: durch die Reichsverfassung des Heiligen Römischen Reiches Deutscher Nation mit der Balance zwischen Kaiser und Reichsständen (1648), im Staatenbund des Deutschen Bundes (1815) oder durch die Aufspaltung in zwei Frontstaaten im Rahmen einer in rivalisierende Bündnisse geteilten Welt (1945/55). Der Preis für das aus der Sicht des europäischen Staatensystems relativ gute Ergebnis dieser Einbettungen darf jedoch nicht unterschlagen werden: zunächst die „Verspätung der Nation", die für das Scheitern der Einbettungsversuche des ersten deutschen Einheitsstaates mit verantwortlich ist, aber eine der Voraussetzungen für die frühen Erfolge war. Der Preis für die Teilung Deutschlands nach 1945 war die zweite Diktatur mit der Unterdrückung der legitimen wirtschaftlichen und politischen Ambitionen der einen (bzw. der anderen) Hälfte des deutschen Volkes und den Spannungen, die sich aus dieser Teilung und dem deutschen Revisionismus für die Ost-West-Beziehungen ergaben.

Als weitere Belastung im Wechselverhältnis zwischen Deutschland und dem europäischen Staatensystem kommt die spezifische Sozialisation durch den preußisch-deutschen Aufstieg hinzu: das nicht unprovozierte Sicherheitsdilemma der mehreren Fronten und die Erfahrung der militärischen Selbstbehauptung, die immer mit der Perspektive des Handelsstaates konkurrierte bzw. sie dominierte.[31] Heute sind Preußen und die mit ihm verbundenen innen- und außenpolitischen Konstellationen Vergangenheit. Deutschland hat für den Handelsstaat optiert; seine Sicherheit kann und will es nur noch gemeinsam mit anderen demokratischen Ländern gewährleisten. Die schon vor 20 Jahren begründete Hoffnung, dass Vernunft und Zurückhaltung deutscher Außenpolitik auch in schwierigeren Zeiten Bestand haben werden, hat offensichtlich nicht getrogen. Jedenfalls gehört die „deutsche Frage" endgültig nicht mehr zu den Problemen des zusammenwachsenden Europa; ein Weltproblem war sie schon seit 1945 nicht mehr.

3.6 Zum Bedeutungsverlust des Staates im Zeichen der Globalisierung

Ich möchte im Zusammenhang mit der Diskussion über Staat und Territorium abschließend die Debatte über die Entgrenzung der Staatenwelt in Erinnerung rufen. Die Debatte ist keineswegs so neu, wie sie sich gibt. Ich erinnere an den Aufsatz über die Weltgesellschaft von Niklas Luhmann, den ich in Kap. 1 vorgestellt habe und der 1975 erschienen ist. Der 2005 verstorbene deutsch-amerikanische Politologe John H. Herz hatte schon 1957 einen Beitrag mit dem Titel *Aufstieg und Niedergang des Territorialstaates* geschrieben. Dieser Aufsatz entstand unter dem Eindruck der nuklearen Abschreckung, die im Zusammenhang mit anderen Aspekten der Kriegstechnik die „harte Schale" des modernen Staates in Frage stellte. Damit zeichnete sich, so Herz, das „Ende der Grenze" ab, d.h. das Verschwinden der Undurchdringlichkeit selbst der militärisch mächtigsten Staaten.[32]

John Herz überlegte damals, ob die Menschen im Einklang mit der veränderten Struktur der Staatlichkeit und der Weltpolitik auch radikal neue Verhaltensweisen entwickeln würden, die schließlich die Oberhand über die überlieferten Vorstellungen von nationalen Sicherheitsinteressen, Macht und Machtkonkurrenz gewinnen könnten.[33] In seiner Einleitung zu der Edition, aus der ich eben zitiert habe, geht Herz

---

31 Vgl. dazu Gregor Schöllgen, *Die Macht in der Mitte Europas: Stationen deutscher Außenpolitik von Friedrich dem Großen bis zur Gegenwart,* München 1992, S. 11ff.

32 John Herz, *Aufstieg und Niedergang des Territorialstaates,* in: ders., *Staatenwelt und Weltpolitik,* Hamburg 1974, S. 67-81, hier S. 76.

33 Ebd., S. 80.

noch viel weiter; er bezieht jetzt auch andere Aspekte globaler Verge-
sellschaftung mit ein. Die ökologischen Trends, so schreibt Herz im
Sommer 1974, schafften eine Art „Alldurchlässigkeit" der Staaten:
„Sie macht die klassische Unterscheidung von 'innen' und 'außen',
Innen- und Außenpolitik weitgehend irrelevant."[34]

Was in den letzten 30 Jahren zu diesem Befund hinzugekommen
ist und unter dem Stichwort Globalisierung diskutiert wird, ist eine
weitere Transnationalisierung der Produktion, also der Produktion
über territorialstaatliche Grenzen hinweg, und vor allem ein dramatisches Wachstum globaler Finanzmärkte, ihre Ablösung von der Realökonomie und von der Kontrolle durch territorial gebundene volks-
wirtschaftliche Entscheidungsprozesse. Die damit verbundenen Probleme sind mit der internationalen Finanzkrise seit 2007/2008 unübersehbar, von einigen Fachleuten aber durchaus vorausgesagt worden.
So hat die 1998 verstorbene Susan Strange, die sich selbst als Fach-
vertreterin der Internationalen Politischen Ökonomie verstand, die
Teildisziplin der IB immer wieder gemahnt, sich endlich von ihren
veralteten Vorstellungen einer primär nationalstaatlich geordneten und
von den Nationalstaaten geprägten internationalen Politik zu befreien.

Ihr zentrales Argument war, dass die Kräfte des Weltmarktes, der
sich im Laufe der Nachkriegszeit mehr durch die Entscheidungen
nichtstaatlicher Akteure im Finanzsektor, in der Industrie und im Handel als durch die gemeinsamen Entscheidungen von Regierungen integriert habe, mächtiger geworden seien als die Staaten, denen man gemeinhin noch die höchste politische Autorität über die Gesellschaft
und die Wirtschaft zuschreibe. Die Staaten verlören an Einfluss, sie
würden zu einer Entscheidungsmacht unter mehreren. Und das sei ein
Strukturwandel von enormer historischer Bedeutung, vergleichbar etwa mit dem Übergang vom Feudalismus zum Kapitalismus. Nur habe
der sich in Europa auf einen Zeitraum von mindestens zwei oder drei
Jahrhunderten verteilt, und er sei in Teilen von Ost- und Südeuropa
immer noch nicht abgeschlossen. Der neue Strukturwandel dagegen
vollziehe sich innerhalb von zwanzig oder dreißig Jahren.[35]

---

34 Herz, *Staatenwelt und Weltpolitik*, S. 33.

35 Susan Strange, *The Retreat of the State: The Diffusion of Power in the
    World Economy*, Cambridge 1996, S. 87. Die Problematik der Weltfinan-
    zen hat Susan Strange vorausgesehen, siehe zuletzt: *Mad Money: When
    Markets Outgrow Governments*, Ann Arbor 1998; sie knüpft in diesem
    Buch an ihre Kritik des Casino-Kapitalismus an.

Wie weit genau der Bedeutungsverlust der Staaten im Zuge der wirtschaftlichen Globalisierung reicht, das freilich ist – wie die Frage einer Weltgesellschaft – Gegenstand kontroverser politischer und wissenschaftlicher Debatten. Nachdem sich die Forschung in den 1990er Jahren auf die These von der Schwächung des Staates konzentriert hatte, zeigen empirische Studien inzwischen offenbar vermehrt, dass der Nationalstaat und seine Institutionen weiterhin über erhebliche Gestaltungsmöglichkeiten verfügen. Freilich ergeben sich dabei Unterschiede zwischen den zentralen Dimensionen staatlichen Handelns, also etwa bei den Ressourcen (der Kontrolle über die Gewaltmittel und die Steuern), beim Recht (dem Zuständigkeitsgefüge, der Normsetzung und dem Gerichtssystem), bei der Legitimität (also der demokratischen Zustimmung zu politischer Herrschaft) oder bei der Wohlfahrt (der Intervention zur Regelung von Märkten sowie der Umverteilung zur Förderung der sozialen Sicherheit).[36]

Der Tenor verschiedener Forschungsprojekte zum Thema läuft darauf hinaus, dass sich Politik und Rahmenbedingungen zwar verändert, die grundlegenden Eigenschaften des (westlichen) Staates aber auch nach dem Ende seines „Goldenen Zeitalters" Bestand haben. Er könne noch immer als Territorialstaat und Interventionsstaat gelten, bleibe den normativen Gütern der physischen Sicherheit, der demokratischen Selbstbestimmung und der sozialen Wohlfahrt verpflichtet und sei immer noch aktiv daran beteiligt, ein jedes dieser Güter zu gewährleisten. Neu sei jedoch, dass der Staat kein Monopol mehr auf diese Gewährleistung habe, und auf lange Sicht gefährde die Entwicklung nicht allein den Staat selbst, sondern auch die internationalen Institutionen und ihre Ordnung, wenn es denen nicht gelingen sollte, ihrer Verantwortung für die Gewährleistung normativer Güter wirksamer nachzukommen.[37] Die aktuelle Finanzkrise dürfte zum dramatischen Testfall für diese Frage werden.

---

36 Vgl. etwa die Einführung und Zusammenfassung von Stephan Leibfried/ Michael Zürn, *Von der nationalen zur postnationalen Konstellation*, in: dies. (Hrsg.), *Transformation des Staates?*, Frankfurt am Main 2006, S. 19-65.

37 Achim Hurrelmann/Stephan Leibfried/Kerstin Martens/Peter Mayer (Hg.), *Zerfasert der Nationalstaat? Die Internationalisierung politischer Verantwortung*, Frankfurt am Main 2008, S. 316ff.

Was man weiß bzw. wissen sollte

Staaten sind Herrschaftsverbände, die eine als rechtliche Gemeinschaft definierte Gruppe von Menschen in einem klar abgegrenzten Territorium unter einem Gewaltmonopol organisieren. Auf eine solche oder ähnliche Definition könnte sich die Staatstheorie wahrscheinlich verständigen, aber das würde für einen Konsens über die Funktion des Staates nicht ausreichen. Umstritten ist insbesondere die Frage, ob ein allgemeines, große Epochen übergreifendes Verständnis des Staates möglich und sinnvoll oder ob der Staat nicht (z.B. als bürgerlich-kapitalistischer Staat) stärker mit unterschiedlichen historischen und gesellschaftlichen Bedingungen verknüpft ist. Auch Autoren wie Anthony Giddens, die sich kritisch mit dem historischen Materialismus auseinandersetzen, halten den Zusammenhang zwischen dem modernen Staat, der Entstehung des Kapitalismus und der Herausbildung des europäischen Staatensystems für unauflösbar.

Kontrovers ist in den Diskussionen über den Staat außerdem, wie weit seine Autonomie gegenüber bestimmten Interessengruppen reicht und wie offen er für die Ansprüche benachteiligter Gruppierungen ist. Nicht bestritten werden kann, dass die modernen Staaten ihre Funktionen kontinuierlich vereinheitlicht und ausgeweitet haben, und zwar von der Einrichtung einer zentralen Staatsgewalt nach innen und nach außen über die Staatsverwaltung, die Rechtsstaatlichkeit, den Steuer- und Finanzstaat bis zu den neueren Funktionen des Wohlfahrts- und Interventionsstaats. Allerdings ist hier erheblich nach Regionen und Entwicklungsstadien zu differenzieren; die Empirie reicht bis zu massiv defizitärer Staatlichkeit oder sogar Staatszerfall.

Es war nicht selbstverständlich, dass sich in der frühen Neuzeit in Europa die Territorialstaaten, die sich später zu Nationalstaaten weiterentwickelten, durchgesetzt haben; Städtebünde und Stadtstaaten waren zeitweise ernsthafte Konkurrenten. Die Territorialstaaten erwiesen sich jedoch als effizienter und attraktiver, weil sie den Anforderungen, die die wirtschaftliche Expansion an alle stellte, besser bewältigten. Wichtig für die weitere Entwicklung ist, dass die neuzeitlichen europäischen Fürstenstaaten ein Staaten*system* bildeten. Von den Rivalitäten in diesem Staatensystem ging ein starker Modernisierungsdruck aus; gleichzeitig enthielt dieses System Regeln für den Staatenverkehr (Souveränität als wechselseitige Anerkennung der jeweiligen Hoheitsbereiche, ständige Diplomatie, *Balance of Power* und Widerstand gegen Hegemonie). Während sich in Europa kein neues Imperium dauerhaft etablieren konnte, haben sich die europäischen Staaten ihrerseits fast die ganze übrige Welt unterworfen. Das Organisationsprinzip souveräner Staatlichkeit hat sich jedoch, beginnend im 19. Jhdt. in Lateinamerika, im 20. Jhdt. allmählich weltweit durchgesetzt, das Staatensystem mithin globalisiert.

Staaten und Nationen sind nicht identisch. Staaten sind politische Herrschafts- und Zweckverbände, Nationen sind „vorgestellte politische Gemeinschaften". Nationen sind ein Phänomen der Moderne, Nationen haben sich Staaten geschaffen ebenso wie Staaten Nationen. Die meisten Staaten sind multinational. Das Verhältnis zwischen Nationalität und Territorialität ist konfliktträchtig, wobei nationale Identitätsbildung emanzipatorische wie auch repressive Wirkung entfalten kann oder für solche instrumentalisiert wird.

Die Kriegsanfälligkeit der staatlichen Organisation von Herrschaft wird kontrovers diskutiert. Die Konzentration und technische Entwicklung physischer Gewaltmittel in den Händen der Staaten bzw. ihrer Regierungen ist eines der Risiken moderner Staatlichkeit. Dem steht gegenüber der Fortschritt in der Entprivatisierung gesellschaftlicher Gewalt, wenn und soweit das staatliche Gewaltmonopol funktioniert und vor allem wenn es demokratisch und rechtsstaatlich legitimiert und kontrolliert wird. Untersuchungen über Kriege in vorstaatlicher Zeit bieten keine Hinweise darauf, dass die Kriegsproblematik in erster Linie ein Ergebnis der staatlichen Organisation von Gesellschaften wäre. Territorium als Konfliktgrund und Kriegsursache hat im europäischen neuzeitlichen Staatensystem kontinuierlich an Bedeutung verloren. Dieser Befund wird von der Kriegsstatistik gestützt, die einen stetigen Rückgang der Kriege zwischen Großmächten seit dem 16. Jhdt. belegt. Seit 1945 sind fast alle Kriege Bürgerkriege in der Dritten Welt, was auf einen Zusammenhang zwischen schwacher Staatlichkeit oder Legitimationsdefiziten und Krieg hindeutet.

Deutschland (bzw. seine Vorläufer) hat nicht zuletzt wegen seiner Größe und seiner Lage in der Mitte Europas immer eine wichtige Rolle in dessen Krisen und Neuordnungen gespielt. Von den bislang fünf Einbettungsversuchen sind zwei gescheitert, beide waren mit dem preußisch-deutschen Einheitsstaat verbunden. Äußere und innere Veränderungen sprechen dafür, dass die „deutsche Frage" trotz der Wiedervereinigung nicht wieder zu einem Problem für Europa wird; ein Weltproblem wäre sie heute jedenfalls nicht mehr.

Die meisten Staaten waren wahrscheinlich zu keiner Zeit so autonom, wie das ein enges Verständnis von Souveränität suggeriert, die kleineren sowieso nicht. Vom Niedergang des Territorialstaates ist schon seit langem im Zusammenhang mit militärtechnischen Entwicklungen die Rede, an deren (vorläufigem) Ende Interkontinentalraketen und Nuklearwaffen stehen. Auch im Umweltbereich haben sich Entwicklungen vollzogen, die den Territorialstaat „alldurchlässig" machen, wie es John Herz schon 1974 formuliert hat. In den letzten 30 Jahren sind Veränderungen im Bereich der weltwirtschaftlichen Verflechtung hinzugekommen, die die Autonomie der Staaten und ihre Entscheidungsmacht weiter einschränken. Der Grad dieser Einschränkung wird kontrovers diskutiert. Es scheint aber weitgehend Einigkeit zu bestehen, dass den Staaten erhebliche Handlungsspielräume verblieben sind, die sie zunehmend in Kooperation mit anderen Staaten und mit nicht-staatlichen Akteuren wahrnehmen müssen.

Worüber es zu diskutieren lohnt

- über das Verhältnis zwischen Staat und Gesellschaft (in der Politischen Theorie wie in der Realgeschichte) und über den Staatsbegriff und seine Kopplung mit sozio-ökonomischen Voraussetzungen
- über die „relative Autonomie" des Staates
- über die Entstehung moderner Territorialstaaten in Europa und ihre Weiterentwicklung zu Nationalstaaten sowie über das Wechselverhältnis zwischen der Entwicklung der Einzelstaatlichkeit einerseits und des europäischen Staatensystems andererseits
- über den Zusammenhang zwischen der Entwicklung des europäischen Staatensystems und der Kolonialisierung der Welt
- über die Ambivalenz des Nationalismus und die Frage, ob nationale Identitätsbildung zwangsläufig mit Ausgrenzung und Abwertung verbunden ist
- über die produktive Organisation des Verhältnisses zwischen Nation(en)/Ethnien und Staatlichkeit
- über den Zusammenhang zwischen Staatlichkeit und Krieg, über die Zivilisierung des Staatensystems und über Alternativen zu staatlicher Vergesellschaftung
- über die Bedeutung des deutschen Nationalstaats in der europäischen Geschichte, über Traditionen deutscher Außenpolitik und Veränderungen in ihren äußeren und inneren Bedingungen
- über das neue Verhältnis zwischen Staaten und Weltmarkt, Weltgesellschaft und Weltordnung

Literatur-Tipps

Empfehlung für einführende Texte:

zu Staat (und internationale Politik) allgemein

Martin List/Maria Behrens/Wolfgang Reichardt/Georg Simonis, *Internationale Politik: Probleme und Grundbegriffe*, Opladen 1995, S. 60-86 (Kapitel 2: *Staatliche Herrschaft als Problem internationaler Politik*)

Charles Tilly, *Coercion, Capital, and European States, AD 900-1992*, 2. Aufl., Cambridge, Mass. 1992, S. 161-191. Tilly diskutiert die Wechselwirkungen zwischen der Interaktion der Staaten im Staatensystem und ihrer inneren Entwicklung, die Kriege und die Entwicklungsphasen, einschließlich der „Nationalisierung", und betont die frühe Herstellung eines Weltzusammenhangs durch den Kolonialismus.

Thomas Bernauer, *Staaten im Weltmarkt*, Opladen 2000, S. 36-54. Das Kapitel *Der Staat* bietet eine gute historisch-politische Zusammenfassung und ist eine Alternative zu Tilly. Da ich zum Teil dieselbe Literatur benutzt habe wie Bernauer, gibt es einige Überschneidungen mit meinem eigenen Text.

zur Transformation des Staates im Zeichen der Globalisierung

Stephan Leibfried/Michael Zürn, *Von der nationalen zur post-nationalen Konstellation*, in: dies. (Hrsg.), *Transformation des Staates?*, Frankfurt am Main 2006, S. 19-65, hier 19-36 und 42-57 (eine gute Zusammenfassung der Entwicklung und der Konfiguration von Staatlichkeit, kombiniert mit ihrer Herausforderung durch die Globalisierung)

Sonstige ausgewählte Literatur:

zur Staatstheorie

Stefan Breuer, *Der Staat: Entstehung, Typen, Organisationsstadien*, Reinbek 2002. Breuer behandelt den charismatischen Staat, den traditionalen Staat (in drei Varianten: urbaner Territorialstaat, Imperium, Feudalismus) und den rationalen Staat (in vier Kapiteln: Grundlinien, Akteure, Selbstaufhebung der Demokratie, Entwicklungstendenzen).

Anthony Giddens, *The Nation-State and Violence: Volume Two of A Contemporary Critique of Historical Materialism*, Berkeley-Los Angeles 1987 (eine hervorragende begriffliche und historische Analyse des neuzeitlichen Staates im Zusammenhang mit der Herausbildung und Entwicklung des Kapitalismus, der Industriellen Revolution und des Staatensystems)

Andrew Heywood, *Politics,* 3. Aufl., Basingstoke-London 2007 (mit einer Übersicht über den Staat als „contested concept")

Joachim Hirsch/John Kannankulam/Jens Wissel (Hrsg.), *Der Staat der Bürgerlichen Gesellschaft: Zum Staatsverständnis von Karl Marx*, Baden-Baden 2008. Der Band geht von den staatstheoretischen Ansätzen bei Marx aus und verfolgt dann die weitere Entwicklung der Staatstheorie des westlichen Marxismus. Er enthält auch einen Beitrag zur materialistischen Staatstheorie aus feministischer Perspektive.

John M. Hobson, *The State and International Relations*, Cambridge-New York 2000 (eine Untersuchung über den Staat in verschiedenen IB-Traditionen)

Sieglinde K. Rosenberger/Birgit Sauer (Hrsg.), *Politikwissenschaft und Geschlecht*, Wien 2004 (mit mehreren Beiträgen zum Staat aus feministischer Sicht; auch für Anfänger geeignet)

Birgit Sauer, *Die Asche des Souveräns: Staat und Demokratie in der Geschlechterdebatte*, Frankfurt am Main-New York 2001 (wohl eine der besten grundlegenden Auseinandersetzungen mit der Theorie und Praxis von Staat und Demokratie; anspruchsvolle, aber lohnende Lektüre)

Klaus Schlichte, *Der Staat in der Weltgesellschaft: Politische Herrschaft in Asien, Afrika und Lateinamerika*, Frankfurt 2005 (eindrucksvoller Beleg für defizitäre Formen von Staatlichkeit)

zu Nation und Nationalismus

Benedict Anderson, *Die Erfindung der Nation: Zur Bedeutung eines folgenreichen Konzepts* [1991], Frankfurt am Main-New York 2005. Der Begriff *imagined political communities* ist inzwischen allgemein bekannt; seine Kenntnis ersetzt jedoch nicht die Lektüre, die sich wahrlich lohnt.

Eric J. Hobsbawm, *Nationen und Nationalismus: Mythos und Realität seit 1780* [1990], 3. Aufl., Frankfurt am Main-New York 2005 (wieder ein Standardwerk über die problematische Kategorie der Nation und über Entstehung und Entwicklung des Nationalismus; sehr gut zu lesen)

Christian Jansen/Henning Borggräfe, *Nation – Nationalität – Nationalismus*, Frankfurt am Main-New York 2007 (eine Einführung im besten Sinne des Wortes; mit Schwerpunkten auf den Leitbegriffen, auf dem deutschen Nationalismus und auf Nationalismustheorien, neben Benedict Anderson Karl W. Deutsch, Ernest Gellner und Anthony D. Smith)

Ralf-Peter Märtin, *Die Varusschlacht: Rom und die Germanen*, 2. Aufl, Frankfurt am Main 2008 (spannende Urlaubslektüre; der zweite Teil behandelt die Mythologisierungen des Themas im deutschen Nationalismus)

Herfried Münkler, *Die Deutschen und ihre Mythen*, Berlin 2009 (voll mit Fällen der Inszenierung des Nationalen)

Hagen Schulze, *Staat und Nation in der europäischen Geschichte* [1994], 2. Aufl., München 2004 (ein vorzügliches Buch mit dem Akzent auf Frankreich, England, Deutschland, Italien und Spanien; reichhaltige und spannende Anschauung über Staat und Nation)

zu Staat und Krieg

Kalevi J. Holsti, *Peace and War: Armed Conflict and International Order 1648-1989*, Cambridge-New York 1991 (eine der inzwischen zahlreichen Untersuchungen über Krieg und Frieden im Staatensystem; keine rein historische, sondern eine systematisch-politikwissenschaftliche Arbeit)

Michael Howard, *Der Krieg in der europäischen Geschichte: Vom Ritterheer zur Atomstreitmacht* [1976], München 1991 (eine Art Klassiker; diskutiert die technologischen, organisatorischen und politischen Entwicklungen der Kriegführung in Europa, eine in vielerlei Hinsicht ernüchternde Lektüre)

Ekkehard Krippendorff, *Staat und Krieg: Die historische Logik politischer Unvernunft*, Frankfurt am Main 1985 (eine bittere Anklage der Staatsmächtigen und der „Pathologie der Staatsraison"; immer noch lesenswert)

Herfried Münkler, *Die neuen Kriege*, 3. Aufl., Reinbek 2004 (analysiert das Wechselverhältnis zwischen Staat und Militär in der Neuzeit: der historische Trend der „Verstaatlichung" des Militärs kehrt sich partiell um)

Christoph Weller/Michael Zürn, *Das Ende des Militärs? Eine Auseinandersetzung mit „Staat und Krieg"*, in: Wilfried Karl/Thomas Nielebock (Hrsg.), *Die Zukunft des Militärs in Industriegesellschaften*, Baden-Baden 1991, S. 93-107. Die beiden Autoren wenden sich gegen die Gleichsetzung von Staat, Militär und Krieg bei Krippendorff; sie sehen zivilisierende Entwicklungsmöglichkeiten sowohl für den Staat als auch für das Militär.

zum europäischen Staatensystem

Ludwig Dehio, *Gleichgewicht oder Hegemonie: Betrachtungen über ein Grundproblem der neueren Staatengeschichte*, Krefeld 1948 (ein älterer Klassiker über das europäische Staatensystem, immer noch lesenswert)

Hagen Schulze, *Staat und Nation in der europäischen Geschichte* [1994], 2. Aufl., München 2004 (siehe oben unter *Nation und Nationalismus*)

Charles Tilly, *Coercion, Capital and European States, AD 990-1992*, 2. Aufl., Cambridge, Mass.-Oxford 1992. Tillys Buch gilt inzwischen als jüngerer Klassiker über die Entstehung der Staaten in Europa und ihre innere und äußere Entwicklung. Es geht dem Autor zentral um das Verhältnis zwischen Macht und (Territorial-)Herrschaft auf der einen und dem in den Städten sich sammelnden Kapital auf der anderen Seite; er betont die Wechselwirkung zwischen Rivalität/Kriegführung und effizienter Staatlichkeit, aber er diskutiert neben der Militarisierung der Staaten auch ihre Zivilisierung.

zu Deutschland im neuzeitlichen Staatensystem

Gert Krell, *Gleichgewicht aus der Mitte? Deutschland und die europäische Friedensordnung im neuzeitlichen Staatensystem*, in: Bruno Schoch (Hrsg.), *Deutschlands Einheit und Europas Zukunft*, Friedensanalysen 26, Frankfurt am Main 1992, S. 257-279 (wie ich hoffe, immer noch lesenswert)

Gregor Schöllgen, *Die Macht in der Mitte Europas: Stationen deutscher Außenpolitik von Friedrich dem Großen bis zur Gegenwart*, München 1998 (eine sehr differenzierte, empathische und zugleich kritische Analyse preußischer und deutscher Macht- und Sicherheitspolitik in Europa in der Tradition eines klugen, maßvollen Realismus)

Ders., *Jenseits von Hitler: Die Deutschen in der Weltpolitik von Bismarck bis heute*, München 2005 (eine gute und erschwingliche Übersicht)

Fritz Stern, *Fünf Deutschland und ein Leben: Erinnerungen*, 8. Aufl., München 2007 (die faszinierende und sehr schön geschriebene Autobiographie des bedeutenden jüdisch-amerikanischen Historikers deutscher Herkunft und zugleich eine deutsche, ja Weltgeschichte des 20. Jhdts.)

zum Bedeutungsverlust bzw. Funktionswandel des Staates
(siehe auch die in Kap. 1 unter Globalisierung genannte Literatur)

Andreas Busch/Thomas Plümper (Hrsg.), *Nationaler Staat und internationale Wirtschaft: Anmerkungen zum Thema Globalisierung*, Baden-Baden 1999 (anspruchsvolle und eindrucksvolle Differenzierungen zum Verhältnis von Globalisierung und Nationalstaaten)

John Herz, *Einleitung,* in: Staatenwelt und Weltpolitik, S. 9-37 (ein geradezu bewegender Text mit Hinweisen auf Herz' politischen/politikwissenschaftlichen Werdegang ab Ende der zwanziger Jahre und seine Emigration; Herz endet hier mit einer sehr pessimistischen Note über die Perspektiven der Menschheit angesichts der drohenden ökologischen Selbstzerstörung)

Achim Hurrelmann/Stephan Leibfried/Kerstin Martens/Peter Mayer (Hrsg.), *Zerfasert der Nationalstaat? Die Internationalisierung politischer Verantwortung*, Frankfurt am Main-New York 2008 (mit Fallstudien über die Transnationalisierung/Internationalisierung/Globalisierung klassischer staatlicher Aufgaben; für's Hauptseminar)

Stephan Leibfried/Michael Zürn (Hrsg.), *Transformation des Staates?*, Frankfurt am Main 2006 (Beiträge über den Wandel von Staatlichkeit in vier zentralen Funktionsbereichen; die Einleitung/Zusammenfassung oder der eine oder andere Aufsatz sind auch für Anfänger geeignet)

Susan Strange, *The Retreat of the State: The Diffusion of Power in the World Economy*, Cambridge 1996 (mit sechs Fallstudien über potente nichtstaatliche Akteure, die weltweit ökonomisch aktiv sind; einer von ihnen ist das organisierte Verbrechen)

Linda Weiss (Hrsg.), *States in the Global Economy: Bringing Domestic Institutions Back In*, Cambridge-New York 2003 (die Beiträge zeigen, dass den Staaten unter Globalisierungsdruck nicht nur Handlungsspielräume genommen werden, sondern auch neue zuwachsen können)

4. Völkerrecht

LESEHILFE

Das Völkerrecht ist ursprünglich kein Recht der Völker, sondern ein Staatenverkehrsrecht. Als solches hat es Staaten zur Voraussetzung, die miteinander in Verkehr treten und sich wechselseitig als Rechtssubjekte anerkennen. Ein solches Recht gab es ansatzweise schon in frühen Kulturen. Gleichwohl bedeutet der Westfälische Frieden von 1648 einen wichtigen Einschnitt; mit diesem Datum beginnt die Epoche des „klassischen" Völkerrechts. Ich gehe darauf ein, was heute alles vom Völkerrecht geregelt wird und woher es seine Geltungsgründe nimmt. Im Anschluss daran komme ich auf zentrale Prinzipien des Völkerrechts zu sprechen. Das beginnt bei der Souveränität, aus der weitere Prinzipien folgen: die Staatengleichheit, das Prinzip der Gegenseitigkeit und das Interventionsverbot. Das Interventionsverbot, das eine wichtige Schutzfunktion erfüllt, erweist sich jedoch auch als problematisch; es gerät in Widerspruch zu anderen Völkerrechtsnormen, etwa im Bereich der Menschenrechte. Im letzten Abschnitt gehe ich auf eine wichtige Differenz zwischen dem klassischen und dem modernen Völkerrecht ein. Für das klassische Völkerrecht waren Krieg und Frieden zwei gleichermaßen legitime Rechtszustände. Das moderne Völkerrecht verbietet den Krieg bzw. die Gewaltanwendung überhaupt; es sieht allerdings kollektive Sanktionen gegen Rechtsbrecher vor und erlaubt nach wie vor die Verteidigung.

4.1 Begriff und Herkunft

Völkerrecht ist eine Rechtsordnung, die Beziehungen zwischen Völkerrechtssubjekten regelt. Die Beteiligten müssen Rechtssubjekte sein, die keiner übergeordneten Herrschaftsgewalt unterworfen sind; sie müssen kontinuierliche Beziehungen pflegen, denn erst daraus ergibt sich ein Regulierungsbedarf, und sie müssen anerkennen, dass ihre Absprachen und Verabredungen nicht einseitig verändert werden dürfen.[1] Völkerrechtssubjekte sind aber nicht die Völker, sondern zunächst und vor allem die Staaten (zu Beginn die Fürsten und Könige):

> Im Schwerpunkt ist dieses Rechtsgebiet *Staaten*recht. Als der räumlich radizierte, organisatorisch verfestigte, öffentliche Gewalt ausübende, die Interessen der Bevölkerung auch *inter*-national wahrnehmende geschichtlich-konkrete Herrschaftsverband ist nach wie vor der Staat der zentrale Anknüpfungspunkt dieser Rechtsordnung– unentbehrlich für ihre Hervorbringung wie für ihre Fortbildung und Durchsetzung.[2]

Das Völkerrecht ist also im Wesentlichen ein Staatenverkehrsrecht, der Begriff „Völkerrecht" eigentlich falsch; den Sachverhalt besser treffen Bezeichnungen wie internationales Recht oder internationales öffentliches Recht. Obwohl, wie oben schon angesprochen, auch die Bezeichnung inter*national* problematisch ist. Noch einmal in den Worten der Völkerrechtler Stephan Hobe und Otto Kimminich:

> Dabei zeigt die Bezeichnung „Völkerrecht" zunächst weniger deutlich als die Bezeichnung *„public international law"*, dass die für die Entstehung und Praktizierung des Völkerrechts maßgeblichen Akteure weniger die Völker als die sie organisatorisch umfassenden Staaten waren und sind.[3]

Allerdings ergeben sich im 20. Jhdt. interessante Entwicklungen, treten neben das Staatenverkehrsrecht Elemente eines genuinen Rechts der Völker und der Menschen.

---

1 Knut Ipsen, *Völkerrecht: Ein Studienbuch,* 4. Aufl., München 1999, S. 17f. (die 5. Aufl. von 2004 ist vergriffen).

2 Wolfgang Graf Vitzthum, *Begriff, Geschichte und Quellen des Völkerrechts,* in: ders. (Hrsg.), *Völkerrecht,* 4. Aufl., Berlin-New York, 2007, S. 1-79, hier S. 7.

3 Stephan Hobe/Otto Kimminich, *Einführung in das Völkerrecht,* 8. Aufl., Stuttgart 2004, S. 8.

Ich habe schon darauf hingewiesen, dass das Völkerrecht oder genauer das Staatenverkehrsrecht einer zentralen Voraussetzung bedarf: Staaten, die sich gegenseitig als Völkerrechtssubjekte anerkennen. Sie müssen gleichermaßen funktionsfähige Rechtssubjekte sein. Ansätze für ein Völkerrecht bzw. Staatenverkehrsrecht in diesem Sinne kann man in frühen Hochkulturen und in der Antike finden, z.b. bei den griechischen Stadtstaaten, die schon Rechtsregeln für den Seehandel und den Seekrieg entwickelt haben. Das völkerrechtliche Asyl geht ebenfalls auf die Zeit der Griechen zurück. Auch wenn es sehr problematisch wäre, die Quellen des Völkerrechts historisch und systematisch mit dem von Europa in der Neuzeit ausgehenden Globalisierungsprozess gleichzusetzen oder gar die damit auch rechtlich verbundenen Diskriminierungen gegenüber den kolonialisierten Völkern zu unterschlagen, so lässt sich die grundlegende Bedeutung der Entwicklungen in und aus Europa heraus nicht leugnen. Als Gründungsdatum für die Zeit des „klassischen" Völkerrechts gilt der Westfälische Frieden von Münster und Osnabrück aus dem Jahre 1648. Das Ende des Dreißigjährigen Krieges markiert das Ende der Religionskriege in Europa und den Niedergang des christlich-universalistischen Kaisertums wie des Papsttums. Der Westfälische Frieden begründet das System souveräner Königs- und Fürstenstaaten und stellt das Völkerrecht auf eine neue Grundlage. Es wird von nun an nicht mehr als göttliche Inspiration *über* den Staaten, sondern als ein kodifizierter Satz von Konventionen und Vereinbarungen *zwischen* den Staaten begriffen.[4]

4.2 Völkerrechtssubjekte, Regelungsgegenstände, Geltungsgründe

Ich komme auf meine Ausgangsdefinition zurück: Völkerrecht ist die Rechtsordnung, welche die Beziehungen zwischen Völkerrechtssubjekten regelt. Die Völkerrechtssubjekte sind zunächst die Staaten, genauer die souveränen Fürsten, noch genauer die souveränen Fürsten Europas. Noch bis in die Mitte des 19. Jhdts. wurde das Völkerrecht schlechthin als „europäisches öffentliches Recht" (*ius publicum europaeum*) bezeichnet, obwohl damals bereits außereuropäische Mächte

---

4 Ipsen, *Völkerrecht*, S.16-23. Genau genommen sind die Völkerrechtssubjekte zunächst noch die souveränen Fürsten; die Staaten werden erst durch die Verfassungsentwicklung insbesondere im Laufe des 19. Jhdts. zu „Verbandseinheiten mit Rechtspersönlichkeit" (ebd., S. 21f.).

wie die USA oder Länder Südamerikas gleichberechtigte Mitglieder der Völkerrechtsordnung waren. Sie galten als „europäische Staaten", weil sie – so die Interpretation – dem europäischen Kulturkreis entstammten. Mit der Aufnahme der Türkei und Japans in den Kreis der Völkerrechtsgemeinschaft begann freilich die Ausdehnung des Völkerrechts über das „christliche Abendland" hinaus. Jetzt musste eine neue Formel für die Gruppe der Völkerrechtssubjekte gefunden werden. Es waren zunächst die „zivilisierten Staaten", bis schließlich die UNO in der Mitte des 20. Jhdts. die Mitgliedschaft allen „friedliebenden Staaten" eröffnete. Die volle Globalisierung des Völkerrechts trat erst mit der Entkolonialisierung ein.[5]

Die Zahl der Staaten als Völkerrechtssubjekte hat sich also parallel zum Fortgang der europäischen und der Weltgeschichte deutlich erhöht, wobei sich auch der Charakter der Völkerrechtssubjekte verändert hat. Hinzu kommt, insbesondere in den letzten beiden Jahrhunderten, eine wachsende Zahl internationaler Organisationen als Völkerrechtssubjekte. Sie sind ein Anzeichen dafür, dass die internationalen Beziehungen nicht mehr allein von den Staaten bestimmt werden. Es entstehen wechselseitige Abhängigkeiten, die ständig weitere Bereiche erfassen, die rechtlicher Verregelung bedürfen. Die Inhalte kooperativer Verregelung und Verrechtlichung reichen von der technischen Zusammenarbeit bis zur hochpolitischen Friedenssicherung.

Eine weitere, noch junge Entwicklung betrifft die Verbesserung der Rechtsstellung des Einzelmenschen bzw. einzelner Menschengruppen, also das Selbstbestimmungsrecht, den Schutz der Menschenrechte, das Verbot der Rassendiskriminierung, das Gebot der Gleichbehandlung der Geschlechter. Zwar gelten immer noch in erster Linie die Staaten als diejenigen Akteure, welche die Rechte ihrer StaatsbürgerInnen gewährleisten sollen. Gleichwohl findet sich hier eine Tendenz zur Abschwächung des Interventionsverbots zugunsten einer Völkerrechtssubjektivität der Völker selbst, d.h. der Menschen. Als ein Beispiel für diese Entwicklung möchte ich die Europäische Menschenrechtskonvention nennen, welche die Individual- oder die Gruppenbeschwerde bei der Europäischen Kommission für Menschenrechte zulässt, allerdings erst nach Ausschöpfung des innerstaatlichen Rechtsweges.

Neben der Zahl der Völkerrechtssubjekte hat sich auch der Umfang der Regelungsgegenstände kontinuierlich vergrößert. Das beginnt im 19. Jhdt., in dem die Staaten im Gefolge der Industriellen Revolution

---

5   Vgl. Hobe/Kimminich, *Völkerrecht*, S. 36 und 51.

immer mehr Absprachen im technischen und wirtschaftlichen Bereich treffen. In der zweiten Hälfte des 20. Jhdts. sind neue Teilgebiete entstanden wie das Entwicklungsvölkerrecht, das Recht der friedlichen Nutzung der Kernenergie, das Weltraumrecht, das Umweltschutzrecht. Völkerrechtliche Teilgebiete, die bis zur Mitte des 20. Jdhts. nur rudimentär ausgebildet waren wie das internationale Wirtschafts- und Sozialrecht, weiten ihren Regulierungsbereich ständig aus.[6] Auf das Kriegsrecht, das eine besonders deutliche Wandlung von der Souveränität der Einzelstaaten zu übergeordneten internationalen Normen erfahren hat, gehe ich gesondert ein.

Auch die Regelungstiefe des Völkerrechts hat sich im Laufe von 350 Jahren intensiviert. Das „Sprachspiel" des Völkerrechts beginnt in der ersten Stufe der Verrechtlichung der internationalen Politik, wie gezeigt, mit der Selbstbeschreibung einiger „Kernstaaten" als Teile eines Systems wechselseitiger Anerkennung, was impliziert, dass nur die Staaten, die anderen diesen Rechtszustand der souveränen Gleichheit zuerkennen und ihn selbst zuerkannt bekommen, Teil dieser völkerrechtlichen Praxis werden. In der zweiten Stufe wird das Völkerrecht universalisiert bis hin zu heute 192 souveränen Staaten unter der Charta der Vereinten Nationen. In der dritten Stufe vollzieht sich die inhaltliche Ausdehnung vom Koexistenz- zum Kooperationsrecht, also von der Zügelung des machtpolitischen Gegen- und Nebeneinander insbesondere in der Sicherheitspolitik zur Regulierung der Konkurrenz und produktiven Zusammenarbeit auf wirtschaftlichen, kulturellen und sozialen Gebieten.

Die vierte Stufe der Verrechtlichung der internationalen Politik, die sich vor allem seit den achtziger Jahren des 20. Jhdts. beobachten lässt, ist durch eine qualitative Veränderung der Verfahrensregeln und Verfahrenspraxis gekennzeichnet. Die völkerrechtliche Infrastruktur entwickelt sich in dieser letzten Stufe weiter durch festgelegte Verfahren der legitimen Rechtsetzung, der thematisierenden Rechtsumsetzung (dabei wird – im Unterschied zu gerichtlichen Verfahren – versucht, mögliche Gründe für Regelverstöße im Dialog auszumachen, um den Rechtsbrecher im Konsens auf den Weg der Rechtstreue zurückzuführen), der gerichtlichen Rechtsanwendung und der durch Sanktionen gestützten Rechtsdurchsetzung.[7]

---

6   Vgl. dazu die entsprechenden Kapitel bei Ipsen, *Völkerrecht.*
7   Ich fasse in diesem Abschnitt die vorzügliche Übersicht von Martin List und Bernhard Zangl zusammen: *Verrechtlichung internationaler Politik,*

Zu klären bleibt noch, woher das Völkerrecht seine Geltungsgründe nimmt. Auf diese Frage geben die Völkerrechtstheorie (und die Politikwissenschaft) unterschiedliche Antworten. Knut Ipsen unterscheidet drei verschiedene Orientierungen in dieser Debatte: den Positivismus, nach dem das Recht gelte, weil es durch den autonomen Willen der Rechtsetzenden „gesetzt" worden sei; die Naturrechtslehre, nach der das Recht in der Natur menschlicher Existenz liege (als durch die Schöpfungsordnung vorgegebenes göttliches Gesetz oder als Ausdruck der in allen Menschen wirksamen Weltvernunft); schließlich die Souveränität des Staates, der sich nur so weit rechtlichen Verpflichtungen unterwerfe, wie es seinen Interessen diene.[8] Ähnliche Kontroversen darüber, warum und wie weit sich Staaten auf Regeln und auf Verrechtlichung ihrer Beziehungen einlassen, werden in der IB-Theorie geführt, etwa zwischen Idealismus und Realismus, zwischen Realismus und Institutionalismus oder zwischen utilitaristischem und normativ-reflexivem Institutionalismus. Letztlich lässt sich die Geltung des Völkerrechts in der heutigen multikulturellen Welt nur erklären, weil und soweit es auf dem Konsensprinzip beruht.[9]

Es ist keine Frage, dass das Völkerrecht trotz der zunehmenden Verdichtung internationaler Rechtsstaatlichkeit immer noch über deutlich weniger Durchsetzungs- und Sanktionsmechanismen verfügt als das innerstaatliche Recht. Es ist ein horizontales Rechtssystem ohne übergeordnete Autorität, ohne Zentralisierung der Gewaltmittel und ohne die Ausdifferenzierung der drei grundlegenden Funktionen der Gesetzgebung, der Rechtsprechung und der Rechtsdurchsetzung. Die Generalversammlung der Vereinten Nationen ist keine Weltlegislative, der Internationale Gerichtshof in Den Haag ist auf die Zustimmung der Staaten zu seiner Rechtsprechung angewiesen, und die Fähigkeiten des UN-Sicherheitsrats zur Rechtsdurchsetzung sind sowohl rechtlich als auch politisch begrenzt. Die eigentliche Herausforderung besteht jedoch darin, dass das Völkerrecht trotz dieser Einschränkungen erkennbar Wirkungen entfaltet. Rechtsbefolgung lässt sich offenbar nicht allein mit Sanktionsmechanismen erklären. Dazu möchte ich noch einen angelsächsischen Klassiker zitieren:

in: Gunther Hellmann/Klaus Dieter Wolf/Michael Zürn (Hrsg.), *Die neuen Internationalen Beziehungen: Forschungsstand und Perspektiven in Deutschland*, Baden-Baden 2003, S. 361-399.

8   Ipsen, *Völkerrecht*, S. 7.

9   Ebd., S. 16.

It is probably the case that almost all nations observe almost all principles of international law and almost all of their obligations almost all of the time. Every day nations respect the borders of other nations, treat foreign diplomats and citizens and property as required by law, observe thousands of treaties with a hundred countries. (...) In fact, we know – although effective „sanctions", as that term is commonly used, are indeed lacking – that nations do generally observe laws and obligations.[10]

4.3 Zentrale Prinzipien des Völkerrechts

Die tragende Säule des klassischen Völkerrechts von 1648 bis 1919 ist die Souveränität. Da der Westfälische Frieden von 1648 das erste völkerrechtliche Dokument ist, in dem diese Souveränität ausdrücklich bestätigt wird, lässt die Geschichtsschreibung des Völkerrechts die klassische Epoche mit dem Jahre 1648 beginnen. Warum sie 1919 endet, wird gleich noch deutlich werden. Der Begriff der Souveränität ist aber älter, er findet sich schon bei spätmittelalterlichen Autoren. Hobe/Kimminich nennen die Souveränität eine „Triebkraft der Bemühungen um die Unabhängigkeit von Kaiser und Papst".[11] Parallel zur Entstehung des modernen Staatsbegriffs, der sich aus der Umwandlung des Personenverbandes in eine territoriale Herrschaft herausbildete, entstand der Begriff der Souveränität als Bezeichnung für die Unabhängigkeit nach innen und nach außen.[12]

Der politische Kampfbegriff der Fürsten, die keinen höheren Souverän über sich anerkennen, wurde jetzt zur juristischen Definition ihrer Stellung. Souveränität bedeutete, keiner anderen Staatsgewalt unterworfen zu sein, sie bedeutete nicht die Entbindung von Rechtspflichten! Souveränität war von Anfang an „relational", d.h. mit der *wechselseitigen Anerkennung* der Souveräne verbunden. Die Souveränität war zunächst, ich betone es noch einmal, eine Eigenschaft der unabhängigen Fürsten, der „Souveräne". Bestandteil dieser Souveränität war das Recht auf Kriegführung, keineswegs nur auf Verteidigung. Interessant ist nun, dass die französische Revolution an diesem Souveränitätsverständnis, soweit es um die Souveränität nach außen geht,

---

10 Louis Henkin, *How Nations Behave: Law and Foreign Policy*, London 1968, S. 42f. und 45.

11 Hobe/Kimminich, *Völkerrecht*, S. 36

12 Der Bruch, den die Jahreszahl 1648 suggeriert, ist eine Stilisierung. In Wirklichkeit handelt es sich um einen gleitenden Prozess, der sich über Jahrhunderte hingezogen hat.

nichts verändert hat. Im Innern tritt an die Stelle der Fürstensouveräni-
tät jedoch die Volkssouveränität. Nach außen, also völkerrechtlich,
übernimmt der republikanische Staat das gesamte Erbe der Monarchien. Die Souveränität und damit das Recht zum Kriege blieben als
„tragende(r) Pfeiler des klassischen Völkerrechts" unberührt.[13]

Aus dem Souveränitätsprinzip folgen alle anderen: das Prinzip der
Staatengleichheit, das Prinzip der Gegenseitigkeit und das Interventionsverbot. Von Beginn an ist das Völkerrecht ein Recht unter Gleichen, d.h. die Völkerrechtssubjektivität der Staaten kennt keine Rangordnung. Das Prinzip der Gegenseitigkeit, typisch für die ganze Völkerrechtsordnung, ist eine weitere wichtige Norm; sie ist eine der Voraussetzungen dafür, dass das Völkerrecht auch ohne Sanktions- und
Vollzugsapparat überhaupt befolgt wird. Das Interventionsverbot umfasst übrigens auch die nicht-militärische Gewalt, d.h. auch Eingriffe
mit diplomatischen, wirtschaftlichen, propagandistischen oder innenpolitischen Mitteln. Die UNO-Satzung verbietet ausdrücklich das
„Eingreifen in Angelegenheiten, die ihrem Wesen nach zur inneren
Zuständigkeit eines Staates gehören" (Art. 2, Abs. 7).

Dieses Nichteinmischungsgebot ist jedoch, wie schon angedeutet,
auch in der völkerrechtlichen Debatte zunehmend unter Kritik geraten,
da es anderen Völkerrechtsnormen, insbesondere im Bereich der Menschenrechte, entgegenstehen kann. Mit ihren Resolutionen zur Apart-
heid in Südafrika, zum Schutz der Kurden im Irak oder zur Intervention in Somalia, um nur drei Beispiele zu nennen, hat die Staatengemeinschaft anerkannt, dass es u.U. höhere völkerrechtliche Güter
gibt als die klassische Nichteinmischung. Der Sicherheitsrat hat damit
die Kontrolle über die Einhaltung des Gewaltverbots zunehmend auf
innerstaatliche Vorgänge ausgedehnt, soweit sie mit massenhaften und
schwerwiegenden Menschenrechtsverletzungen verbunden sind und/
oder eine Gefahr für den Weltfrieden oder die internationale Sicherheit darstellen. Massive Menschenrechtsverletzungen innerhalb der
Staaten werden vom Völkerrecht nicht mehr unter den Schutz staatlicher Souveränität oder den Schutz des Gewaltverbots gestellt.

Ob die Selbstmandatierungen der NATO im Krieg gegen Jugoslawien aufgrund der systematischen Vertreibung der Kosovo-Albaner
oder der von den USA geführten Koalition im Krieg gegen Saddam

---

13 Hobe/Kimminich, *Völkerrecht*, S. 38. Das von Wolfgang Graf Vitzthum
    herausgegebene Lehrbuch betont die Indifferenz des klassischen Völker-
    rechts gegenüber dem Krieg, leitet daraus aber kein Recht zum Krieg ab.

Hussein – der ja auch mit den Menschenrechtsverletzungen des Tyrannen gerechtfertigt wurde, nachdem sich die These von der militärischen Bedrohung als nicht mehr haltbar erwiesen hatte – völkerrechtlich zulässig waren, weil der Sicherheitsrat angeblich nicht handelte, als nicht handlungsfähig erschien oder seine Legitimierungsfunktion nicht wahrnehmen wollte, ist jedoch eine ganz andere Frage. Hier wird vielfach die Auffassung vertreten, dass die Inanspruchnahme von moralischen Argumenten – mögen sie noch so gut begründet sein – für die Umgehung des Rechtsweges den Anfang vom Ende des Rechts bedeutet. Es ist aber auch prinzipiell möglich, je nach Sachlage den Skandal in der mangelnden Handlungsbereitschaft des Sicherheitsrates bzw. einiger seiner Mitglieder gegenüber eklatanten massenhaften Menschenrechtsverletzungen zu sehen.[14]

Festzuhalten ist jedenfalls, dass sich die internationale Rechtsordnung ansatzweise auf eine Art „Weltinnenrecht" zu bewegt, mit allen Schwierigkeiten und Problemen, die damit verbunden sind. Die Staatengemeinschaft hat ihre Verantwortung für die Sicherung des Weltfriedens, den Schutz der Menschenrechte, übrigens auch den Schutz der Umwelt, ausgedehnt und damit staatliche Souveränität weiter eingeschränkt. Sie setzt damit eine Entwicklung fort, die damit begonnen hatte, den Staaten die souveräne Entscheidungsgewalt über Krieg und Frieden aus der Hand zu nehmen.

4.4 Krieg und Frieden im klassischen und im modernen Völkerrecht[15]

Ich möchte vorab dem Missverständnis vorbeugen, das Völkerrecht sei in der realen Politik wie in der Wissenschaft überwiegend mit Krieg und Gewalt beschäftigt; das Gegenteil ist der Fall. In Theorie und Praxis nehmen die zivilen Regelungsbereiche den überwältigenden Teil des Völkerrechts in Anspruch. Es liegt an meiner Herkunft als Friedensforscher, dass mich das Thema des Krieges und der Friedenssicherung auch im Völkerrecht besonders interessiert. Das klassische Kriegsvölkerrecht verzichtete auf eine Bewertung des Krieges;

---

14 Vgl. etwa die völkerrechtlichen und rechtsphilosophischen Kontroversen über den Kosovo-Krieg in Reinhard Merkel (Hrsg.), *Der Kosovo-Krieg und das Völkerrecht*, Frankfurt am Main 2000.

15 Vgl. dazu im einzelnen Michael Bothe, *Friedenssicherung und Kriegsrecht*, in: Vitzthum, *Völkerrecht*, S. 637-725.

ganz anders als die mittelalterliche Moraltheologie, die sich noch Gedanken über mögliche gerechte Kriegsgründe gemacht hatte. Für das klassische Völkerrecht waren Krieg und Frieden zwei gleichermaßen legitime Rechtszustände. Fast dreihundert Jahre lang hat das Völkerrecht nicht versucht, den Krieg zu ächten. Es gab den souveränen Staaten das Recht, zum Kriege zu schreiten, wann immer ihre Herrscher bzw. die sonst zur politischen Entscheidung Berufenen dies für richtig hielten.[16] Unbestritten ist jedenfalls, dass im klassischen Völkerrecht der Krieg generell nicht verboten war. (Die *Verteidigung* ist auch im modernen Völkerrecht erlaubt.) Und die Herrscher haben dieses Recht durchaus großzügig interpretiert, wie man aus den folgenden Ausführungen des Preußenkönigs Friedrich II. ersehen kann:

Über Königen gibt es keinen Gerichtshof mehr, keine Obrigkeit hat über ihre Händel ein Urteil zu fällen, so muss denn das Schwert über ihre Rechte und die Stichhaltigkeit ihrer Beweismittel entscheiden. (...) So dienen denn solche Kriege der Erhaltung des Rechtszustandes in der Welt und der Verhütung der Völkerknechtung: Das heiligt ihre Anwendung, ja macht sie unerlässlich. (...) Von allen Kriegen die gerechtesten und unvermeidlichsten sind die Verteidigungskriege, sobald Feindseligkeit ihrer Gegner die Fürsten zu wirksamen Gegenmaßregeln wider ihre Angriffe zwingen und sie Gewalt mit Gewalt abwehren müssen. (...) Nicht weniger wohlbegründet als die genannten Kriege sind solche, mit denen ein Herrscher bestimmte Rechte oder bestimmte Ansprüche, die man ihm bestreiten will, behauptet. (...) Auch Angriffskriege gibt es, die ihre Rechtfertigung in sich tragen, ebenso wie die eben besprochenen: Es sind das die vorbeugenden Kriege, wie sie Fürsten wohlweislich dann unternehmen, wenn die Riesenmacht der größten europäischen Staaten alle Schranken zu durchbrechen und die Welt zu verschlingen droht.[17]

Die Erweiterung ihrer Reiche gehörte damals zu den selbstverständlichen Grundsätzen der Fürsten, das gilt auch für Friedrich den Großen. Dabei spielte das Sicherheitsargument immer eine Rolle, aber es ging eher um Ruhm und Reputation. Der Präventivkriegsgedanke war ebenfalls nicht ungewöhnlich für die Zeit. Der Einmarsch Friedrichs in Schlesien, der schließlich zum Siebenjährigen Krieg und zur Existenzkrise Preußens führte, galt freilich auch den Zeitgenossen als be-

---

16 Otto Kimminich, *Der gerechte Krieg im Spiegel des Völkerrechts,* in: Reiner Steinweg (Hrsg.), *Der gerechte Krieg: Christentum, Islam, Marxismus,* Friedensanalysen 12, Frankfurt am Main 1980, S. 206-223, S. 212.

17 Zitiert nach Ipsen, *Völkerrecht,* S. 22 und 31f.

sonders brutal, und ein Beamter im britischen Außenministerium zog noch 1907 in einem Memorandum über den Stand der Beziehungen zwischen Großbritannien und Deutschland eine direkte Linie von der „Wegnahme Schlesiens im tiefen Frieden" über die Reichseinigungspolitik Bismarcks bis zur Wilhelminischen Weltpolitik.[18]

Beide Rechtszustände, Frieden oder Krieg, standen im klassischen Völkerrecht, also seit 1648, ohne Wertung nebeneinander, aber *beide* waren Rechtszustände, auch der Krieg. Welche Vorschriften einzuhalten waren beim Übergang vom Rechtszustand des Friedens in den des Krieges, das regelte das *ius ad bellum*; welche Regeln *im Kriege* zu beachten waren, das *ius in bello*. Das klassische Völkerrecht war also weniger ein Antikriegsrecht als ein Kriegsbändigungsrecht. Es ging um die Einhegung des Krieges, nicht seine Überwindung. Dieser Logik entsprechend war auch der Frieden (noch) kein anzustrebender Dauerzustand, sondern nur die Beendigung eines bestimmten Krieges.

Diese Situation hat sich im modernen Völkerrecht des 20. Jhdts. grundlegend verändert, und zwar in drei Etappen: partielles Kriegsverbot, generelles Kriegsverbot, generelles Gewaltverbot. Im Ersten Weltkrieg galten noch die Regeln des klassischen Völkerrechts, obwohl sie vielfach gebrochen wurden. Aber die neutralen Niederlande verweigerten 1918 den Siegermächten, die den nach Holland geflohenen deutschen Kaiser wegen Friedensbruchs vor Gericht stellen wollten, die Auslieferung; und zwar mit der nach klassischem Völkerrecht zutreffenden Begründung, das Oberhaupt eines fremden Staates dürfe nach geltendem Recht nicht wegen seiner Entscheidung, Krieg zu führen, zur Rechenschaft gezogen werden.[19] Aber mit dem Ersten Weltkrieg und unter dem Einfluss der internationalen Friedensbewegungen setzte sich die Auffassung durch, dass das klassische *ius ad bellum* nicht mehr zu halten war, zumal der Krieg unter den Bedingungen des Industriezeitalters zu immer größeren Zerstörungen führte, er mithin nicht mehr einhegbar schien. Die Entscheidung zum Krieg, die früher Sache der souveränen Staaten war, wurde in der Völkerbundssatzung 1919 in Art. 1, Absatz 1, zum ersten Mal zur Angelegenheit der organisierten Völkerrechtsgemeinschaft erklärt:

---

18 Gregor Schöllgen, *Die Macht in der Mitte Europas: Stationen deutscher Außenpolitik von Friedrich dem Großen bis zur Gegenwart*, München 1992, S. 30.
19 Kimminich, *Gerechter Krieg,* S. 214.

Ausdrücklich wird hiermit festgestellt, dass jeder Krieg und jede Bedrohung mit Krieg, mag davon unmittelbar ein Bundesmitglied betroffen werden oder nicht, eine Angelegenheit des ganzen Bundes ist, und dass dieser die zum wirksamen Schutz des Völkerfriedens geeigneten Maßnahmen zu ergreifen hat.[20]

Andere Bestimmungen verpflichten die Mitglieder des Völkerbundes, vor der Entscheidung für den Krieg ein Streitschlichtungsverfahren einzuleiten. Die Völkerbundssatzung verbietet Krieg noch nicht generell als Mittel der Politik, sie verbietet nur bestimmte Kriege, und sie macht den Versuch der friedlichen Streitschlichtung verbindlich. Aber der nächste Schritt war absehbar. Mit dem Briand-Kellogg-Pakt, der am 27. August 1928 von 15 Staaten in Paris unterzeichnet wurde, wird das partielle zu einem generellen Kriegsverbot ausgeweitet. Dieses generelle Kriegsverbot wird nach einhelliger Einschätzung der Völkerrechtswissenschaft noch vor Ausbruch des Zweiten Weltkrieges Bestandteil des allgemeinen Völkerrechts. Das Recht auf individuelle und kollektive Selbstverteidigung bleibt davon unberührt, und es ist kein Widerspruch zum allgemeinen Kriegsverbot. Die völkerrechtliche Selbstverteidigung entspricht der strafrechtlichen Notwehr, die Beteiligung an Sanktionskriegen der Weltorganisation der strafrechtlichen Nothilfe. Genauso wenig wie Notwehr und Nothilfe den Rechtsbruch, gegen den sie sich richten, legitimieren, führen Selbstverteidigung oder kollektive militärische Zwangsmaßnahmen der UNO dazu, den Krieg durch die Hintertür wieder einzuführen. Es gibt keinen „gerechten Krieg" mehr, auch wenn das Völkerrecht Regeln für den Fall bereit hält, dass ein Krieg ausbricht, ja sie sogar erheblich ausgeweitet und fortentwickelt hat.[21]

Völkerrechtlich ist Krieg verboten, und auch die UNO führt keine „gerechten Kriege", wenn sie militärische Zwangsmaßnahmen anwendet. Die UNO-Satzung geht aber noch über das Kriegsverbot hinaus; sie begründet ein allgemeines Gewaltverbot, um die rechtlichen und politischen Definitionsprobleme, die mit dem Terminus „Krieg" verbunden waren, auszuräumen.[22] Nicht nur die Anwendung, sondern auch die Androhung militärischer Gewalt ist völkerrechtlich verboten, ja es besteht sogar eine ausdrückliche Pflicht für alle Staaten, den

---

20 Hier zitiert nach Erhard Klöss (Hrsg.), *Von Versailles zum Zweiten Weltkrieg: Verträge zur Zeitgeschichte 1918-1939*, München 1965, S. 45.
21 Vgl. dazu Bothe, *Friedenssicherung*, S. 683ff.
22 Zu den Definitionsproblemen ebd., S. 645-652.

Frieden dauerhaft zu wahren und zu fördern. Zulässig ist die Gewaltanwendung nur noch als kollektive Gewalt der Staatenorganisation selbst zur Durchsetzung ihrer Ziele und des dazu geschaffenen Rechts und zur individuellen und kollektiven Selbstverteidigung im Wege der Selbsthilfe; aber auch nur für den Fall, dass die Staatenorganisation selbst nicht handlungsfähig ist. Die übergeordnete Norm des Völkerrechts ist das generelle Gewaltverbot; die zulässige Ausnahme sind kollektive Zwangsmaßnahmen der Staatengemeinschaft zur Wiederherstellung des Rechts im Falle militanten Rechtsbruchs. Erst dann, wenn der kollektive Abwehrmechanismus der Staatengemeinschaft nicht greift, gilt die Erlaubnis zur Selbstverteidigung.[23]

Zusammenfassend möchte ich unterstreichen, dass das Gewaltverbot und die Pflicht zur Wahrung des Friedens, die Ablösung des *ius ad bellum* durch ein *ius contra bellum* die entscheidende Entwicklungsdifferenz zwischen dem klassischen und dem modernen Völkerrecht und damit zugleich einen wichtigen Fortschritt im Rechtsbewusstsein der Moderne markieren, auch wenn die Umsetzung in die politische Praxis und die Durchsetzung dieser Rechtsnormen, da verrate ich kein Geheimnis, erheblich zu wünschen übrig lassen.

---

23 Zu den Rechfertigungsgründen für Gewalt ebd., S. 652-661.

Was man weiß bzw. wissen sollte

Der Begriff Völkerrecht ist missverständlich, denn es ist eigentlich gar kein Recht der Völker, sondern ein Staatenverkehrsrecht. Der englische Begriff *International Law* trifft die Sache genauer. Erst nach dem Zweiten Weltkrieg entwickeln sich Ansätze zu einer Art Weltinnenrecht, also einem Menschen- und Völkerrecht, das über dem Recht der Staaten steht. Das Völkerrecht (*International Law* oder internationales öffentliches Recht) begründet eine Rechtsordnung zwischen den die Völker als Organisationsform umfassenden Staaten. Völkerrecht setzt also ein System von Staaten voraus, die sich wechselseitig als Völkerrechtssubjekte anerkennen. Dort wo es nach dem Selbstverständnis der Herrschenden eines dominierenden (Welt-)Imperiums nur eine Rechtsinstanz gab, gab es auch kein Völkerrecht in diesem Sinne.

Das Völkerrecht hat Vorläufer, z.B. im System der griechischen Stadtstaaten, und es ist keine Erfindung der Europäer allein. Aber was heute als klassisches Völkerrecht bezeichnet wird, hat sich im neuzeitlichen europäischen Staatensystem herausgebildet und entfaltet; Völkerrecht war in diesem Verständnis zunächst identisch mit dem *ius publicum europaeum*, dem öffentlichen europäischen Recht. Als entscheidendes Datum gilt hier der Westfälische Frieden von Münster und Osnabrück 1648, der die europäischen Fürstenstaaten endgültig aus dem universalen mittelalterlichen Herrschaftsverband herausgelöst und ihre Souveränität rechtlich begründet hat. (Das Datum ist eine gewisse Stilisierung, in Wirklichkeit handelt es sich um einen langwierigen Prozess der Entwicklung moderner souveräner Staatlichkeit.)

Erst im 19. Jhdt. wurde das Staatenverkehrsrecht auf außereuropäische Länder ausgedehnt und im 20. Jhdt. mit dem Völkerbund und vor allem den Vereinten Nationen dann globalisiert. Die Entkolonialisierung, die den Entwicklungsländern zumindest formal die Souveränität gebracht hat, bildet eine entscheidende Dynamik in diesem Prozess. Die Menge der Völkerrechtssubjekte hat aber nicht nur wegen der steigenden Anzahl unabhängiger Staaten zugenommen, denn auch internationale Organisationen gelten als Völkerrechtssubjekte. Die Regelungsbereiche des Völkerrechts haben sich ebenfalls erheblich ausgeweitet, und zwar parallel zur Internationalisierung der technischen, wirtschaftlichen, politischen, kulturellen und sozialen Beziehungen zwischen Staaten und Gesellschaften. Intensiviert hat sich daneben, insbesondere in den letzten 30 Jahren, die Regelungstiefe (Rechtsetzung, Rechtsumsetzung, Rechtsdurchsetzung) des Völkerrechts.

Zu den Geltungsgründen des Völkerrechts gibt es verschiedene Theorien. Sie bewegen sich im Spannungsfeld zwischen als allgemeingültig angesehenen Grundwerten einerseits und Ansprüchen auf kulturelle Eigenständigkeit andererseits. Die eigentliche theoretische Herausforderung des Völkerrechts sind weniger seine Schwächen im Vergleich zum stärker sanktionsbewehrten innerstaatlichen Recht als vielmehr seine unbestreitbaren koordinationsrechtlichen Wirkungen.

Die wichtigsten Prinzipien des Völkerrechts sind neben der Souveränität die Staatengleichheit, die Gegenseitigkeit und das Interventionsverbot. Das Interventionsverbot soll vor allem dem Schutz der schwächeren Staaten dienen. Seit längerem werden jedoch auch Völkerrechtsnormen genannt, die in Konkurrenz zum Interventionsverbot treten können, wie Vereinbarungen zum Schutz der Menschenrechte oder die Konvention über die Verhütung des Völkermords.

Im klassischen Völkerrecht sind Krieg und Frieden gleichermaßen legitime Rechtszustände. Die souveränen Fürsten- und dann Nationalstaaten durften, wenn sie sich an bestimmte Regeln hielten, Krieg führen. Das moderne Völkerrecht hat 1919 zunächst die Legitimität des Krieges erheblich eingeschränkt (Völkerbundsakte), dann den Krieg ganz verboten (Briand-Kellogg-Pakt, 1928). Die UNO-Satzung erhebt die Erhaltung des Weltfriedens zur Hauptpflicht des Völkerrechts und verbietet die Androhung oder Anwendung von (militärischer) Gewalt überhaupt. Rechtlich zulässige Ausnahmen sind Zwangs- und Gewaltmaßnahmen der Staatengemeinschaft (vertreten durch den Sicherheitsrat) gegen Rechtsbruch und die Selbstverteidigung der einzelnen Staaten (auch in Bündnissen), unter der Voraussetzung, dass die Staatengemeinschaft nicht handelt oder nicht handlungsfähig ist.

Worüber es zu diskutieren lohnt

- Was unterscheidet das Völkerrecht vom innerstaatlichen Recht und wie radikal ist die Differenz?
- Wie kann Recht, können Regeln wirksam werden auch ohne zentrale Sanktionsinstanz? (vgl. auch Kap. 8)
- Welche praktische Bedeutung hat das Kriegs- und Gewaltverbot?
- Was bedeutet das Prinzip der Staatengleichheit in der Praxis?
- Welche Güterabwägungen stellen sich beim Interventionsverbot?
- Wo gibt es Anzeichen dafür, dass sich das Völkerrecht zu einem überstaatlichen, zu einer Art Weltinnenrecht entwickelt?

Literatur-Tipps

Empfohlene einführende Texte:

Martin List/Bernhard Zangl, *Verrechtlichung internationaler Politik*, in: Gunther Hellmann/Klaus Dieter Wolf/Michael Zürn (Hrsg.), *Die neuen Internationalen Beziehungen: Forschungsstand und Perspektiven in Deutschland*, Baden-Baden 2003, S. 361-399 (nicht ganz einfach für Anfänger)

Peter Malanczuk, *Akehurst's Modern Introduction to International Law*, 7. Auflage (eine überarbeitete 8. Aufl. ist für 2009 angekündigt), London-New York 1997, S. 1-33 (*Introduction* und *History and Theory* – sehr gute kurze Einführung in das Völkerrecht für PolitikwissenschaftlerInnen)

Michael Bothe, *Friedenssicherung und Kriegsrecht*, in: Wolfgang Graf Vitzthum (Hrsg.), *Völkerrecht*, 4. Aufl., Berlin-New York 2007, S. 642-664 (Auszug: *Das rechtliche Verbot von Gewalt*, aus Teil I: *ius contra bellum*)

Weitere ausgewählte Literatur:

Jürgen Habermas, *Hat die Konstitutionalisierung des Völkerrechts noch eine Chance?*, in: ders., *Der gespaltene Westen: Kleine Politische Schriften X*, Frankfurt am Main 2004, S. 113-193 (eine dichte Übersicht über die Entwicklung des Völkerrechts unter politisch-theoretischen Gesichtspunkten, die von Kant ausgeht und mit der Frage „Kant oder Carl Schmitt?" endet)

Knut Ipsen, *Völkerrecht: Ein Studienbuch*, 5. Aufl. (die 6. Aufl. ist für 2010 angekündigt), München 2004 (ein detailliertes, umfangreiches Lehrbuch; das erste Kapitel bietet eine gute, allgemeine Übersicht)

Stephan Hobe/Otto Kimminich, *Einführung in das Völkerrecht*, 8. Aufl., Stuttgart 2004 (ein Standardwerk, von dem ich sehr profitiert habe)

Torbjörn L. Knutsen, *A History of International Relations Theory*, 2. Aufl., Manchester-New York 1997 (ein wunderschönes Buch, ich habe es schon erwähnt, das allgemeine Geschichte und Theoriegeschichte der IB verbindet; das Völkerrecht kommt auch vor)

Norman Paech/Gerhard Stuby, *Völkerrecht und Machtpolitik in den internationalen Beziehungen*, Hamburg 2001 (betont die machtpolitische Dimension im Völkerrecht; eine Neuauflage ist seit längerem angekündigt)

Wolfgang Graf Vitzthum (Hrsg.), *Völkerrecht*, 4. Aufl., Berlin-New York, 2007 (ein Gemeinschaftswerk von sieben Völkerrechtlern)

Bernhard Zangl, *Das Entstehen internationaler Rechtsstaatlichkeit?*, in: Stephan Leibfried/Michael Zürn (Hrsg.), *Transformationen des Staates?*, Frankfurt am Main 2006, S. 123-150 (zeigt die Fortschritte, aber auch die Grenzen bei der Verrechtlichung in der internationalen Streitbeilegung)

Bernhard Zangl/Michael Zürn (Hrsg.), *Verrechtlichung – Baustein für Global Governance?*, Bonn 2004 (Sammelband, der Chancen und Defizite sowie Trends internationaler und transnationaler Verrechtlichung diskutiert)

Teil 2: Weltbilder

5. Thukydides und die Theorie der internationalen Beziehungen

LESEHILFE

In der Politikwissenschaft – wie in den Sozialwissenschaften überhaupt – gibt es nur wenig eindeutiges Wissen. Das zeigt sich sogar an klassischen Texten, die immer wieder neu und mit anderem Blick gelesen werden können. Ich stelle in diesem Kapitel einen altgriechischen Historiker vor, auf den sich später einige Autoren in den IB berufen haben. Es scheint so, als habe er als einer der Ersten Grundsätze der „realistischen Schule" vorformuliert. Danach ginge es in der internationalen Politik vor allem um Macht und um Machtrivalität zwischen Staaten, die man allenfalls durch eine *Balance of Power*, ein Machtgleichgewicht, in Schranken halten könne. Ich gehe zunächst kurz auf Thukydides selbst und seine Hauptschrift ein. Im Anschluss daran befasse ich mich mit dem so genannten Melier-Dialog, einer viel zitierten Passage aus der *Geschichte des Peloponnesischen Krieges*. In der Auseinandersetzung mit dieser Stelle und mit Thukydides' Aussagen über die Ursachen dieses Krieges will ich zeigen, wie fruchtbar es sein kann, gängige Kategorien wie Macht oder vermeintlich plausible Muster wie scheinbar zwangsläufige Hegemonialkonflikte zwischen rivalisierenden Großmächten in Frage zu stellen.

5.1 Person und Werk

Thukydides hat von ca. 460 bis ca. 406 v. Chr. gelebt.[24] Er war ein athenischer Marineoffizier, der im siebten Jahr des Peloponnesischen Krieges entlassen und aus Athen verbannt wurde, weil er mit seiner Flotte zu spät gekommen war, um den Fall der Stadt Amphipolis zu verhindern, die von Sparta erobert wurde. Thukydides hat die Zeit der Verbannung genutzt, um zu recherchieren und eine Geschichte des (Zweiten) Peloponnesischen Krieges zu schreiben. Herausgekommen ist dabei eines der bedeutendsten Dokumente des klassischen Altertums. Man kann Thukydides den Begründer der Geschichtsschreibung nennen, denn er macht sich Gedanken über Methoden und Quellenkritik. Er distanziert sich ausdrücklich nicht nur von den Dichtern, sondern auch von den „Geschichtenschreibern", die nur ihre Leser ergötzen wollten; und er lässt als erster Historiker die Götter als handelnde Akteure aus dem Spiel.[25] Sie kommen nur insoweit vor, als die Religion für die Menschen und ihr Handeln relevant ist. Thukydides hat auch zwischen den unmittelbaren Anlässen und den tiefer liegenden Ursachen des Peloponnesischen Krieges unterschieden und damit einen wichtigen Grundsatz der Kriegsursachenforschung formuliert.

Nun kurz zur Einführung in den Gegenstand des Werkes. Die griechischen Stadtstaaten hatten, wie den Leserinnen und Lesern vielleicht aus dem Geschichtsunterricht noch in Erinnerung, in der ersten Hälfte des 5. Jahrhunderts gemeinsam zwei Invasionen des persischen Großreichs abgewehrt, zunächst 490 bei Marathon.[26] Es folgte 480 die Seeschlacht bei Salamis, in der die athenische Flotte die persische besiegte, und 479 die Landschlacht bei Plutäa, in der die spartanische die persische Armee schlug. Zur weiteren Abwehr der Perser gründete

---

24 Zum Hintergrund vgl. Mark V. Kauppi/Paul R. Viotti, *The Global Philosophers: World Politics in Western Thought*, New York-Toronto-Oxford 1992, S. 35-68.

25 Vgl. dazu auch Thukydides eigene Aussagen, *Geschichte des Peloponnesischen Krieges*, Düsseldorf 2002, I. 20-23 (dieser übliche Texthinweis ist zu lesen als: Buch I, Abschnitte 20-23).

26 Der Soldat, der damals die ca. 40 km von Marathon nach Athen lief, um die Nachricht vom Sieg nach Athen zu bringen, soll das Vorbild für den Marathonlauf gewesen sein. Bei dieser Geschichte handelt es sich jedoch aller Wahrscheinlichkeit nach um eine Erfindung des griechischen Nationalismus; sie ist aufgekommen im Zusammenhang mit der Neubegründung der Olympischen Spiele 1896 in Athen.

Athen den Delischen Bund und wuchs so zu einer militärischen und politischen Großmacht heran. Die Beziehungen zwischen Athen und Sparta verschlechterten sich, und 457 bis 451 kam es zum Ersten Peloponnesischen Krieg zwischen den beiden Bündnisvormächten in Griechenland mit ihren Allianzen. Mitte der vierziger Jahre schlossen Athen und Sparta einen dreißigjährigen Frieden, der die wechselseitigen Einflusssphären genau absteckte und sich auf ein Gleichgewicht der Kräfte stützte. Athen verzichtete auf seine kontinentalen Eroberungen und erklärte sich bereit, sich aus der strategisch wichtigen Megaris zurückzuziehen, die den Landweg zwischen Attica und der Peloponnes kontrollierte. Im Gegenzug erkannte Sparta das attische Imperium offiziell an und ließ Athen freie Hand, es nach eigenem Gutdünken zu regieren. Verbündete der beiden Führungsmächte durften die Seiten nicht wechseln, Neutrale durften sich einer der beiden Allianzen anschließen. Streitigkeiten sollten durch Schlichtung gelöst werden.[27] Ab 431 führten jedoch Sparta und Athen wieder Krieg gegeneinander. Dieser Zweite Peloponnesische Krieg dauerte bis 404 und endete mit der Niederlage Athens, die seinen Niedergang begründete.

Thukydides, der die Vorgeschichte und einen großen Teil der Geschichte dieses Krieges beschreibt, ist für die Theorie der internationalen Beziehungen deshalb von besonderem Interesse, weil er erstens selbst gelegentlich analytische Bemerkungen in den Text einstreut und weil er zweitens seine Akteure Aussagen machen lässt, die man dafür heranziehen kann; auch wenn er sich selbst wohl kaum als ein solcher Theoretiker verstanden hat. Schon der Begriff international, den Thukydides nicht kannte, wäre für die Beziehungen zwischen den griechischen Stadtstaaten nur mit erheblichen Einschränkungen anwendbar. Viele spätere Autoren haben sich für Thukydides interessiert. Thomas Hobbes hat ihn ins Englische übersetzt, und auch in unserer Zeit berufen sich AutorInnen auf ihn; insbesondere solche, die der Denkweise des Realismus zuzurechnen sind. Was damit gemeint ist und ob diese Berufung zu Recht erfolgt, das werde ich jetzt genauer erörtern.

Ich möchte zunächst eine zentrale Szene aus der *Geschichte des Peloponnesischen Krieges* vorstellen, die immer wieder zitiert wird und sich in vielen IB-Textsammlungen findet: den so genannten Melier-Dialog.[28] Das Ganze spielt im Jahr 416. Die Kykladen-Insel Melos

---

27 Richard Ned Lebow, *The Tragic Vision of Politics: Ethics, Interests and Orders*, Cambridge-New York 2003, S. 80f.
28 Thukydides, *Der Peloponnesische Krieg*, V. 84-116.

war wie einige wenige andere bis dahin (weitgehend) neutral geblieben. Athen möchte Melos jedoch auf seine Seite ziehen und schlägt ihm vor, sich freiwillig zu unterwerfen; andernfalls werde es Melos mit Gewalt erobern und es vernichten. Um diesen Vorschlag entwickelt sich eine Diskussion zwischen beiden Seiten. Thukydides hat diesen Dialog natürlich nachgestellt bis frei formuliert.

5.2 Der Melier-Dialog

Thukydides baut den Melier-Dialog um vier Themen herum auf: (1) die Billigkeit der athenischen Forderung nach Unterwerfung, modern würden wir sagen: das Thema normative Ordnung versus Machtordnung, (2) den Nutzen/Schaden, d.h. das Nutzenkalkül, also die rational kalkulierte Wahl der Option, die den größten Nutzen bringt, (3) die Wahrscheinlichkeit eines Ereignisses oder Ergebnisses, also das Risikokalkül, und schließlich (4) um die Frage der Ehre/Schande bzw. des Prestiges. In allen vier Punkten argumentieren Athen und Melos gegensätzlich. Ich diskutiere die Kernaussagen, die für eine Theorie der internationalen Beziehungen von besonderem Interesse sind.

Billigkeit der athenischen Forderung (Macht versus Recht)

Athen argumentiert mit dem Recht des Stärkeren; ein Recht im Sinne von Ordnung gibt es nur bei einem Gleichgewicht der Kräfte. Außerdem tut Athen nichts anderes, als was jede(r) in seiner Situation tun würde: Es folgt dem Gesetz der Macht, dem alle Menschen unterworfen sind. Der Zwang ihrer Natur macht sie zu Herrschern, soweit sie die Macht dazu haben. Außerdem gilt: nur wer Macht hat, der kann sich behaupten, der wird nicht selbst angegriffen. Nur Macht schafft Sicherheit, Freundschaft ist eher ein Zeichen von Schwäche. Athen muss Stärke demonstrieren, sonst werden andere Untergebene oder Unterworfene aufsässig. Insgesamt vertreten die Athener ein offensives Verständnis von Sicherheit, in dem Stärke, Macht und Machterweiterung eine große Bedeutung zukommt. Und dieses Verständnis wird von den Athenern naturalisiert, d.h. zu einem überzeitlichen, überörtlichen Gesetz stilisiert, gegen das man gar nichts machen kann. Alle anderen, auch Melos, würden in der Situation, in der sich Athen befindet, so handeln wie die Athener. In der Vergangenheit haben alle nach diesem Gesetz gehandelt und auch in Zukunft werden es alle tun.

Melos lässt sich zum Teil auf die Machtargumentation Athens ein, und zwar insofern, als es auf die Spartaner hinweist, die für ein Gleichgewicht der Kräfte sorgen könnten: Wenn Macht durch Gegenmacht in Schach gehalten wird, dann kann eben nicht eine Seite das, was sie für ihr Recht hält, mit Macht durchsetzen, sondern muss sich ihrerseits arrangieren. Aber Melos setzt dem Ordnungsprinzip der *Balance of Power* noch ein anderes entgegen: das Konzept einer Rechtsordnung, die auch die Schwächeren schützt.

Das Interessante und ganz Moderne an der Argumentation von Melos liegt darin, dass es diese Rechtsordnung nicht bloß moralisch begründet, sondern den Nutzen für alle Beteiligten, auch die stärkeren Mächte, betont. Denn auch der Stärkere kann stürzen, und was dann? Mit anderen Worten: eine Ordnung, die Kooperation zwischen rechtlich gleichwertigen Partnern und das Einhalten von Regeln ermöglicht, ist *längerfristig* für alle Beteiligten profitabler als das nur kurzfristig wirksame Recht des Stärkeren. An diese Argumentation knüpft in den aktuellen Kontroversen die Denkschule des Institutionalismus bzw. die Regimetheorie an, die sagt: Staaten konkurrieren nicht nur miteinander, sondern sie kooperieren auch, und zwar insbesondere dann, wenn diese Kooperation für sie von Nutzen ist und sie Möglichkeiten finden bzw. Arrangements treffen können, die sie gemeinsam in der Kooperation halten und das Ausbrechen des einen oder anderen zum Zwecke der einseitigen Vorteilssuche verhindern oder unwahrscheinlich machen.

Der Nutzen bzw. Schaden (das Kosten-Nutzen-Kalkül)

Da weder mit Moral noch mit Recht bei Athen etwas zu holen ist, probieren die Melier es mit einem anderen Nutzenkalkül als dem der Machtkontrolle durch Gegenmachtbildung. Melos stellt grundsätzlich die Zweckrationalität einer repressiven Machtpolitik, so wie Athen sie repräsentiert, in Frage. Das wird ganz besonders deutlich, wenn die Melier den Athenern sagen, sie sollten doch einmal den Schaden bedenken, der entstünde, wenn sie so brutal vorgingen und Melos einfach zerstörten. Damit machten sie sich doch nur noch mehr Feinde! Man könnte auch sagen, Melos legt den Athenern eine *aufgeklärte* (Groß-)Machtpolitik nahe. Athen warnt seinerseits die Melier, die Größe des potenziellen Schadens zu bedenken; es gehe schließlich um die Alternative Unterwerfung oder Verderben und Untergang.

Die Melier halten dagegen, diese Alternative sei nicht so zwingend, wie Athen sie darstelle. Nicht immer übersetze sich ein militärisches Kräfteverhältnis in das entsprechende Ergebnis; auch die schwächere Seite habe eine Chance zu gewinnen. Außerdem rechneten sie fest mit Spartas Unterstützung. Athen warnt Melos, auf Sparta zu vertrauen, denn auch die Spartaner kümmerten sich nicht um die Gerechtigkeit. Nicht Zuneigung, sondern strenges Machtkalkül werde die spartanische Entscheidung bestimmen.

Die Ehre (das Prestige)

Athen zu Melos: es sei doch keine Schande, sich einer so mächtigen Stadt wie Athen zu ergeben. Melos zu Athen: wenn schon jetzige Untertanen Athens um ihrer Freiheit willen den Aufstand riskieren, warum sollen wir uns dann freiwillig unterwerfen?

Ich glaube, jetzt ist klar, warum der Melier-Dialog vordergründig so attraktiv ist für die „realistische" Tradition in den Internationalen Beziehungen. Denn für den Realismus ist Macht die entscheidende Münze der internationalen Politik; dagegen hat es das Recht sehr schwer, sich zu behaupten. Das Recht des Stärkeren setzt sich in der Regel gegen die Stärke des Rechts durch. Das Streben nach Macht ist ein zentraler Antrieb für politisches Handeln; eine der wenigen Möglichkeiten, Ordnung zu ermöglichen, ist Gegenmachtbildung, ein Gleichgewicht der Kräfte. Ich möchte aber noch einmal darauf hinweisen, dass auch Melos für sich in Anspruch nimmt, realistisch bzw. utilitaristisch (das heißt mit Nutzenkalkülen, die auf Interessen basieren) zu argumentieren, keineswegs bloß idealistisch. Es geht Melos gerade nicht um eine schöne heile Welt oder um ein anderes Naturgesetz. Das Menschenbild, also etwa die Soziabilität des Menschen als Gegenthese zu seinem Herrschaftstrieb, steht ausdrücklich nicht zur Diskussion.

Nun kann man natürlich sagen, die unangenehmere Variante, also der athenische Machtanspruch habe sich durchgesetzt und das spreche eben doch – man mag das bedauern oder nicht – für den Realismus: Melos wird zerstört; die erwachsenen Männer werden hingerichtet, Frauen und Kinder in die Sklaverei verkauft. Später gründen die Athener den Ort neu und siedeln 500 attische Bürger an. Mit einem zynischen Blick auf die Weltgeschichte – ganz so weit weg von unserer

Zeit sind diese Ereignisse ja leider nicht – könnte man sogar sagen, die Athener hätten den Meliern wenigstens die Wahl gelassen. Aber es gibt noch ein gewichtiges Nachwort zum Melier-Dialog.

5.3 Die Hauptursache des Krieges zwischen Athen und Sparta

Bevor ich dazu komme, muss ich einen anderen Grundgedanken von Thukydides zum Peloponnesischen Krieg hinzufügen, um die Liste der Anknüpfungspunkte für den Realismus zu vervollständigen. Thukydides sagt an mehreren Stellen, die eigentliche Ursache für den Krieg zwischen Athen und Sparta sei das Wachstum Athens gewesen und die Angst Spartas zurückzufallen. Ich zitiere drei Varianten aus seinem Buch zu dieser zentralen These:

> Den wahrsten Grund freilich, zugleich den meistbeschwiegenen, sehe ich im Wachstum Athens, das die erschreckten Spartaner zum Krieg zwang. (...)
> Zu diesem Beschluss der Spartaner, dass der Vertrag (über den dreißigjährigen Frieden, G.K.) gebrochen sei, hatten freilich die Verbündeten mit ihren Reden weniger beigetragen als die Furcht vor Athen, dass es immer noch mächtiger werden könne, da sie ihm doch den größten Teil von Hellas bereits untertan sahen. (...)
> Nun aber, da die Macht Athens so augenscheinlich stieg und ihren (den Spartanischen, G.K.) Bund antastete, da riss ihre Geduld, und sie entschlossen sich, anzugreifen und alles einzusetzen, um seine Größe zu stürzen, wenn sie könnten, und eben den Krieg zu erklären.[29]

Hier scheint sich wieder eine Gesetzmäßigkeit der internationalen Beziehungen aufzutun: Hegemonialmächte rivalisieren miteinander, und sobald sich Verschiebungen im Kräfteverhältnis ergeben, kommt es zum Krieg. Athen wird stärker, Sparta fürchtet um seine Position bzw. seine zukünftige Sicherheit und entschließt sich zu militärischen Gegenmaßnahmen. Er erscheint unvermeidlich, wie ein Naturgesetz im Aufstieg und Fall großer Mächte. Aber ich bitte Folgendes zu beachten: Hier geht es um ein Naturgesetz, das mit dem Machttrieb der Menschen nichts zu tun hat, sondern eine Art Naturgesetz, das sich aus der Interaktion von Staaten im internationalen System ergibt. Beide „Naturgesetze" tauchen im nächsten Kapitel wieder auf.

---

29 Thukydides, *Der Peloponnesische Krieg*, I. 24 (Vorbemerkung), I. 88 und I. 118.

5.4 Differenzierung und Bilanz

Nun ist das Spannende an Thukydides – das zeigt Richard Ned Lebow sehr schön in seiner eigenen mehrjährigen Auseinandersetzung mit dem Text –, dass man ihn so oder so lesen kann und dass er verschiedene Ebenen und Tiefenschichten der Interpretation zulässt, ja verlangt. Thukydides' *Geschichte des Peloponnesischen Krieges* enthält viele Beispiele, Aussagen und Einschätzungen, die nicht oder nicht so glatt in das realistische Weltbild oder jedenfalls nicht in ein einheitliches realistisches Weltbild passen.[30] So beginnt der Krieg nicht auf dem Höhepunkt athenischer Macht, der war schon vorbei. Warum kommt es dann zum Krieg, wenn Athens Machtzenit schon überschritten ist? Warum hat Sparta nicht früher den Krieg erklärt? Außerdem war der Krieg keineswegs zwangsläufig; der Friedensvertrag zwischen Athen und Sparta war bis zum Krieg eingehalten worden (mit einer Ausnahme), und es war nicht so, dass alle mit Krieg rechneten. Im Gegenteil: Sparta schien lange Zeit überhaupt nicht beunruhigt.

Es wollten auch keineswegs alle Krieg, auf beiden Seiten gab es eine Friedens- und eine Kriegspartei. Sparta machte vor Beginn der Kampfhandlungen noch zwei ernsthafte Versuche, die Konflikte mit seinem Rivalen beizulegen;[31] Athen hätte sich darauf einlassen können. Perikles stimmte jedoch in der entscheidenden Streitfrage die athenische Versammlung um, nachdem sie zunächst im Sinne Spartas entschieden hatte; das wiederum stärkte die Kriegspartei in Sparta.

---

30 Lebow, *The Tragic Vision of Politics*, bietet eine detaillierte und extrem reichhaltige Analyse des Textes, die die griechische Politik, Philosophie und vor allem Literatur (Epen und Dramen) der Zeit zur Deutung heranzieht; vgl. aber auch den älteren Beitrag von Steven Forde, *International Realism and the Science of Politics: Thucydides, Machiavelli, and Neorealism*, in: International Studies Quarterly, 39:2 (Juni 1995), S. 141-160; außerdem unbedingt Alan Gilbert, *Must Global Politics Constrain Democracy? Great-Power Realism, Democratic Peace, and Democratic Internationalism*, Princeton, N.J. 1999, S. 167ff: *The Official Realist Misinterpretation of Melos.* Beide, Gilbert wie Lebow, ziehen Parallelen zwischen Athen und den USA. Von zentraler Bedeutung ist auch Lowell S. Gustafson (Hrsg.), *Thucydides' Theory of International Relations: A Lasting Possession*, Baton Rouge, LA 2000.

31 Es ging hauptsächlich um Streitereien zwischen mit Athen bzw. Sparta verbündeten kleineren Städten, die Druck auf die Großmächte ausübten; u.a. mit der Drohung, die Fronten zu wechseln.

Der Krieg ist nicht zuletzt das Ergebnis gravierender Fehleinschätzungen. So war für Sparta möglicherweise nicht so sehr die Furcht vor der wachsenden athenischen Übermacht der Grund, zum Krieg zu schreiten, sondern eher umgekehrt eine fahrlässige Unterschätzung der athenischen Kräfte. Die spartanische Kriegspartei rechnete mit einem kurzen Krieg und einem schnellen Sieg. Auch Perikles glaubte, er könne einen großen Krieg vermeiden und nach einigen Positionsverbesserungen wieder Frieden mit Sparta schließen.[32]

Jetzt greife ich noch einmal auf den Melier-Dialog zurück: Erstens ist keineswegs gesagt, dass Thukydides die athenische Position für die richtige (oder immer für richtig) hält; vom Gesetz der Macht redet Athen, nicht Thukydides. Zweitens: das was die Athener sagen, kann Ausdruck ihrer politischen Weltsicht sein, aber auch bloße Rechtfertigung. Das hieße, Athen würde nur bestimmte Argumentationsfiguren verwenden, um sich zu entlasten; um Entscheidungen, die es bewusst getroffen hat, aber auch hätte lassen können, einen Anstrich von Unvermeidlichkeit zu geben. Und wer behält wirklich am Ende Recht, Athen oder Melos? Vordergründig natürlich Athen, denn es setzt sich zunächst brutal durch. Aber langfristig gesehen scheitert Athen. Seine Repression brachte ihm, wie Melos voraussagte, tatsächlich immer mehr Feinde ein; seine Legitimität als Bündnisführer wurde immer schwächer, die heimische Ordnung immer korrupter. Auf lange Sicht behielt also Melos Recht, obwohl es untergegangen ist.

Dafür, dass Thukydides sich nicht einfach mit Athens Position im Melier-Dialog identifiziert, spricht der Fall der Stadt Platäa, der ähnlich liegt. Auch Platäa geht am Ende unter, weil es sich nicht unterwerfen will,[33] aber die Sympathien des Autors sind klar auf Seiten Platäas. Außerdem haben die Athener im Fall von Mytilene, das sie früher schon einmal ähnlich wie Melos behandeln wollten, ihre Entscheidung bedauert, bereut und korrigiert, weil sie ihnen als grausam und unklug erschien. Und schließlich und vor allem: der Zerstörung und Vernichtung von Melos folgt die sizilianische Expedition, die Athen die entscheidende Niederlage bringt und seinen eigenen Niedergang einleitet. Man könnte also auch sagen, der Melier-Dialog ist gerade nicht das Hohelied auf die Machtpolitik, sondern er steht – in den Kontext der ganzen Geschichte des Krieges gestellt – für das Scheitern von unkluger Machtpolitik; oder für die *Torheit der Regierenden*,

---

32 Hier drängen sich Parallelen zum Ersten Weltkrieg auf.
33 Diesmal war nicht Athen, sondern eine andere Stadt der Angreifer.

wie der Titel eines Buches von Barbara Tuchman heißt. In diesem
Buch zeigte die amerikanische Historikerin, wie Eliten wider ihre eigenen Interessen handeln und nicht nur die „kleinen Leute", sondern
auch sich selbst – eben durch dumme Machtpolitik – schwer schädigen: angefangen beim Untergang Trojas, über die Renaissancepäpste,
die den Abfall der Protestanten geradezu provozieren, den Verlust der
amerikanischen Kolonien durch das englische Mutterland bis schließlich zum Vietnam-Krieg.[34] Der Übersetzer Georg Peter Landmann
schreibt im Nachwort zur *Geschichte des Peloponnesischen Krieges*:

> Aber was bei Nietzsche ein herrliches Beispiel des unverhüllten Machiavel-
> lismus war, ist im Aufbau des Thukydideischen Werks der Auftakt zum Si-
> zilienzug. Nach der Skizze der Zwischenkriegszeit beginnt hier wieder die
> ausgearbeitete Darstellung. Beide Angriffe kommen aus der gleichen Ge-
> sinnung. Aber was bei Melos im Kleinen glückt, misslingt im Großen in Si-
> zilien, und damit beginnt Athens Untergang. Nicht als ob nun Thukydides
> an eine Gerechtigkeit des Weltlaufs glaubte. Den toten Meliern wird keine
> Genugtuung, und nicht für das Melos angetane Unrecht geht später Athen
> unter. Aber in ihrem Machtstolz verlieren die Athener den Sinn für das
> Mögliche und Nötige, wie ihn Perikles noch hatte. Die Hybris verleitet sie
> zu politischen Fehlern, und diese rächen sich. So ist in dem sophistischen
> Kunststück des Dialogs in Wirklichkeit das sophistische Denken überwun-
> den. Wie Solon, wie Sophokles bewahrt und lehrt auch Thukydides den
> Sinn für das lebenserhöhende, ja lebensrettende Maß.[35]

Diese Einschätzung deckt sich mit den Analysen von Steven Forde,
Alan Gilbert und Lowell Gustafson.[36] Thukydides lässt keinen Zweifel
daran, dass Athen sich letzten Endes selbst besiegt hat. Die ungezügel-
te Verfolgung der eigenen Machtinteressen auf Kosten anderer Stadtstaaten bildete die Grundlage der athenischen Politik für eine Generation und länger. Damit war aber zugleich der Grundstein gelegt für
den moralischen und schließlich auch politischen Verfall im Innern.
Welchen Realismus Thukydides vertritt, ist also gar nicht so einfach
zu entscheiden. Das liegt u.a. daran, dass schon der Begriff der Macht
nicht eindeutig ist; Thukydides schwebt offenbar eine maßvolle Vari-

---

34 Barbara Tuchman, *Die Torheit der Regierenden: Von Troja bis Vietnam*
[1986], 4. Aufl., Frankfurt 2006.
35 Thukydides, *Der Peloponnesische Krieg*, S. 593.
36 Forde, *International Realism*, S. 154; Gilbert, *Must Global Politics Constrain Democracy*, S. 161; Lowell S. Gustafson, *Thucydides and Pluralism*, in: ders., *Thucydides' Theory*, S. 174-194.

ante, eben kluge Machtpolitik vor. Ein kluger Realismus stellt sich darauf ein, dass es in der internationalen Politik um Macht geht, aber er treibt die eigene Machtpolitik nicht auf die Spitze. Dafür sprechen nach Thukydides sowohl realpolitische als auch moralische Gründe. Aber Thukydides ist skeptisch, ob die Politik angesichts der menschlichen Schwächen dauerhaft zu dieser Mäßigung in der Lage ist. Damit bekommt sein Weltbild eine tragische Färbung.[37]

Lebow geht noch weiter und bezeichnet Thukydides' Text selbst als eine Tragödie wie die der zeitgenössischen Dramatiker, nur in anderer Form. Im Kern der Geschichte geht es um den tragischen Helden Athen, der in den vertrauten Zyklus von Erfolg, Selbstüberschätzung, Übermut, Fehlkalkulation und Katastrophe gerät. Im Zuge seines Aufstiegs hat der führende griechische Stadtstaat die alten Konventionen verlassen und sich dem schlechten Vorbild der Perser angenähert. Damit verspielt er das Ansehen, das er sich einst durch den Sieg über die Invasoren erworben hatte. Der Melier-Dialog zeigt den Verfall der attischen Hegemonie, die die Grundregeln aufgeklärter Herrschaft wie Selbstbindung des Hegemons, Rücksichtnahme auf die Interessen der schwächeren Verbündeten sowie die Beachtung ethischer Grundregeln der Zeit aufgegeben hat und sich nur noch auf nackte Machtpolitik stützt. Dieser Art von Machtpolitik setzt Thukydides Besonnenheit, Klugheit, Urteilskraft, Selbstkontrolle, Zurückhaltung und die Beachtung normativer Konventionen entgegen. Das ist nicht nur erfolgreicher, sondern bildet auch die Grundlage für gute und stabile Ordnung, ja für Zivilisation überhaupt.[38]

So findet sich schon in diesem Text aus der Antike fast das gesamte Spektrum an möglichen Theorietraditionen, das ich in den kommenden Kapiteln vorstellen will. Realismus und Institutionalismus habe ich schon ausdrücklich genannt. Dann gibt es diejenigen, die sagen, man muss in die beteiligten Akteure und in ihre internen Entscheidungsprozesse (z.B. die Kriegs- bzw. Friedensparteien in Athen und Sparta) hineinschauen, wenn man wissen will, wie internationale Poli-

---

37 Forde, *International Realism*, S. 154f.; ders., *Power and Morality in Thucydides*, in: Gustafson, *Thucydides' Theory*, S. 151-173; vgl. dazu auch die Interpretationen von Laurie M. Johnson Bagby, *The Use and Abuse of Thucydides*, in: International Organization, 48:1 (Winter 1994), S. 131-153, sowie Paul A. Rahe, *Thucydides' Critique of Realpolitik*, in: Security Studies, 5:2 (Winter 1995/96), S. 105-141.
38 Lebow, *The Tragic Vision of Politics*, insbesondere Kap. 4.

tik funktioniert – so argumentiert der Liberalismus. Außerdem bietet der Fall Athen(s) Möglichkeiten, über Zusammenhänge zwischen demokratischer Ordnung und Imperialismus nachzudenken.[39] Wir brauchen auch die Politische Psychologie, denn offenbar haben gravierende Fehleinschätzungen eine große Rolle gespielt. Am Feminismus bzw. an geschlechtsspezifischen Fragen interessierte Forscherinnen und Forscher dürften bei Sparta fündig werden, für das männliche Kriegerehre geradezu gesellschaftlich konstitutiv war; aber auch bei unterschiedlichen Männlichkeitskonstruktionen in Athen. Immerhin halten es die Athener für notwendig, die Melier darauf hinzuweisen, bei ihrer Auseinandersetzung gehe es *nicht* um Mannesehre. Marxisten können auf die Klassenkämpfe in den griechischen Stadtstaaten und deren Verbindungen untereinander schauen oder auf den kommerziellen Aufstieg Athens und seine Handelsinteressen.

Schließlich kann man Thukydides auch für den Konstruktivismus in Anspruch nehmen: Internationale Beziehungen sind das, was die führenden Akteure daraus machen. Das politische Geschehen ist nicht determiniert; es gibt keine einseitige Festlegung menschlicher Natur und menschlichen Verhaltens, sondern ein breites Spektrum von Antrieben, Leidenschaften und Tugenden. Zwar steht die Machtpolitik im Zentrum, aber der Text enthält auch viele andere Dimensionen: Kultur, Moral, Klassengegensätze, eingehaltene Verpflichtungen. Thukydides ist ein sehr moderater klassischer Realist, der Spielraum für die soziale Konstruktion von Interessen und Identitäten und für ethisch begründetes Handeln lässt.[40] Die Gefahr der Zerstörung des Gemein-

---

39 Garst betont die gesellschaftlichen Antriebe der Außenpolitik, des Krieges und vor allem der Allianzbildungen bei Thukydides, die fast immer mit den Klassenkonstellationen in den jeweiligen Stadtstaaten oder Kolonien verbunden waren: Sparta auf der Seite der Oligarchen, Athen auf der Seite der Demokraten. Und er arbeitet die Unterstützung gerade der kleinen Leute für Athens imperialistische Außenpolitik heraus, weil sie materiell und mental davon profitierten. Von den Eliten waren eher die Neureichen und die Demagogen für die imperialistische Expansion; die alte Elite war in dieser Hinsicht zurückhaltend. (W. Daniel Garst, *Thucydides and Domestic Sources of International Politics*, in: Gustafson, *Thucydides' Theory*, S. 67-97)

40 Für eine solche Lesart vgl. den originellen Beitrag von Welch, der auch grundsätzliche Überlegungen zum Verhältnis zwischen AutorIn, Text und LeserIn enthält: David A. Welch, *Why International Relations Theorists Should Stop Reading Thucydides*, in: Review of International Studies, 29

wesens durch Selbstsucht oder materielle Gier kann überwunden werden, und zwar durch politisch verantwortungsvolles Agieren der einzelnen Individuen. Wer hier Parallelen von Thukydides zur Großmachtpolitik der Gegenwart oder zur aktuellen Finanzkrise ziehen will, so wie das Stefan Rebenich, Professor für Alte Geschichte in Bern, kürzlich in der „Süddeutschen Zeitung" getan hat,[41] der oder die sei ausdrücklich dazu aufgerufen.

(2003), S. 301-319. Ausführlich dazu wieder Lebow, *The Tragic Vision of Politics*, Kap. 2, 3 und 4 und zusammenfassend S. 159-167, z.B. S. 166: „Thukydides is *both* a realist and a constructivist."

41   Stefan Rebenich, *Lieber gewitzt als anständig sein: Schlag nach bei Thukydides – Was der griechische Historiker zur Natur des Menschen und damit zur Finanzkrise zu sagen hat*, Süddeutsche Zeitung vom 15./16. November 2008, S. 2.

Was man weiß bzw. wissen sollte

Der athenische Offizier Thukydides, der als einer der Begründer der Geschichtsschreibung gilt, ist auch für die IB-Theorie von Interesse. Thematisch geht es in seiner *Geschichte des Peloponnesischen Krieges* vordergründig vor allem um Machtpolitik und Machtrivalität; Aspekte, auf die neuzeitliche Autoren, auch moderne Vertreter der realistischen Schule, immer wieder zurückgreifen. Ein im doppelten Sinne klassischer Text ist der so genannte Melier-Dialog, in dem Athen seine Forderung an Melos, sich zu unterwerfen, begründet und Melos diesem Ansinnen argumentativ entgegentritt.

An den Argumentationsfiguren und am Text insgesamt lassen sich grundlegende Interpretationsmuster in den IB aufzeigen, so z.B. unterschiedliche Begründungen für Machtpolitik. Athen verfolgt extensive Sicherheitsinteressen und begründet die Notwendigkeit der Unterwerfung von Melos mit der Stabilisierung seines Machtbereichs. Macht sei nur durch Gegenmacht zu begegnen; und über diese verfüge Melos nicht, da ihm Sparta nicht zu Hilfe kommen werde. Melos stellt diesem Weltbild ein aufgeklärtes Machtverständnis gegenüber: Macht, die auf Unterwerfung gründe, sei nicht stabil; außerdem betont es gegenüber der *Balance of Power* die Vorteile einer Rechtsordnung, die auch die Schwächeren schützt. Den Konflikt hat Athen durch gewaltsame Unterwerfung und Vernichtung von Melos zunächst für sich entschieden. Aber letztendlich ist Athen an seiner Machtpolitik, an Imperialismus und defizitärer Demokratie gescheitert; es hat das Maß überzogen, wie Thukydides selbst durchblicken lässt.

Als Hauptgrund für den Zweiten Peloponnesischen Krieg nennt Thukydides die Furcht Spartas vor der wachsenden Macht Athens. Auch hier bieten sich Anknüpfungspunkte für den Realismus. Genauere Analysen können jedoch zeigen, dass diese Deutung nicht ausreicht, denn die realen Verschiebungen in den Machtpotenzialen korrelieren nicht mit der politischen Eskalation. Die Eskalation war nicht zwingend, sondern ging auf kontroverse Entscheidungen und auf Fehleinschätzungen auf beiden Seiten zurück. In den Tiefendimensionen des Textes geht es um den tragischen Helden Athen, der an seiner eigenen Hybris, dem Übergang von einer achtsamen und geachteten Hegemonialpolitik zu nackter Machtpolitik und übermütiger Machtexpansion sowie dem damit einhergehenden Verfall zivilisierender Konventionen scheitert.

Worüber es zu diskutieren lohnt

- Worin besteht die besondere Leistung des Thukydides, und warum ist er noch heute von Interesse für die Internationalen Beziehungen?
- Warum berufen sich Vertreter des Realismus auf Thukydides, erfolgt diese Berufung zu Recht?
- Wie kommt es, dass Thukydides so unterschiedlich interpretiert wird?
- Wie verhalten sich Macht und Recht in den internationalen Beziehungen?
- Was heißt denn überhaupt Machtpolitik?
- Kann das Gleichgewicht der Macht als Strategie der Friedenssicherung gelten?
- Wie kriegsträchtig ist Großmachtrivalität?
- Welche Parallelen zur „attischen Tragödie" lassen sich zu anderen Großmächten in Geschichte und Gegenwart ziehen?

Literatur-Tipps

Empfohlener einführender Text:

Thukydides, *Geschichte des Peloponnesischen Krieges* [um 404 v. Chr.], übersetzt von Georg P. Landmann, Düsseldorf 2002 (Buch V. Abschnitte 84-116: *Der Untergang von Melos*)

Weitere ausgewählte Literatur:

Laurie M. Johnson Bagby, *The Use and Abuse of Thucydides*, in: International Organization, 48:1 (Winter 1994), S. 131-153. Die Autorin betont, die athenische Rhetorik sei Ausdruck einer politischen Strategie, nicht Beleg für allgemeingültige politische Gesetze; Thukydides gehe es gerade darum, die korrumpierende Wirkung der Macht, der politischen Gier und des überzogenen Ehrgeizes aufzuzeigen.

Bruno Bleckmann, *Der Peloponnesische Krieg*, München 2007 (eine gute Grundlagen-Information aus der preiswerten Reihe Wissen bei C. H. Beck)

Steven Forde, *International Realism and the Science of Politics: Thucydides, Machiavelli, and Neorealism*, in: International Studies Quarterly, 39:2 (Juni 1995), S. 141-160 (ein vorzüglicher Beitrag nicht nur über Thukydides, sondern auch über Machiavelli und den Realismus; eine zugleich ideologiekritische und empathische Analyse)

Lowell S. Gustafson (Hrsg.), *Thucydides' Theory of International Relations: A Lasting Possession*, Baton Rouge, LA 2000 (ein Sammelband, der verschiedene für die IB-Theorie relevante Lesarten herausarbeitet, die sich alle gegen eine naiv-realistische Deutung wenden)

Mark V. Kauppi/Paul R. Viotti, *The Global Philosophers: World Politics in Western Thought*, New York-Toronto-Oxford 1992, S. 35-68 (ein schönes Buch über die historischen Grundlagen der IB-Theorie von Homer bis Lenin; mit einem längeren Abschnitt über Thukydides)

Richard Ned Lebow, *The Tragic Vision of Politics: Ethics, Interests and Orders*, Cambridge-New York 2003. Lebow bietet die intensivste und ausführlichste Deutung des *Peloponnesischen Krieges*, die ich kenne; leider ist sie nicht durchgängig für Anfänger geeignet. Lebow diskutiert neben Thukydides Carl von Clausewitz und Hans J. Morgenthau; am ausführlichsten jedoch Thukydides, und zwar sowohl im Kontext der griechischen historischen und literarischen Klassik als auch der IB-Theorie bzw. sozialwissenschaftlicher Theorie überhaupt. Er gewinnt aus diesen Auseinandersetzungen das Bild eines ethisch fundierten klassischen Realismus, der sich deutlich von der Befürwortung bloßer Machtpolitik unterscheidet. Ich komme darauf im nächsten Kapitel zurück.

Paul A. Rahe, *Thucydides' Critique of Realpolitik*, in: Security Studies, 5:2 (Winter 1995/96), S. 105-141. Rahe betont den differenzierten Realismus bei Thukydides, der moralische Bindungen und Maß in der Politik fordert, aber die Tendenz der Menschen sieht, immer wieder darüber hinauszugehen. Thukydides interessiere am meisten, unter welchen Voraussetzungen die fragile Zivilisation unter den Menschen aufrechterhalten werden könne.

Barbara Tuchman, *Die Torheit der Regierenden: Von Troja bis Vietnam*, 4. Aufl., Frankfurt am Main 2006 (ein Buch über dumme Macht- und Gewaltpolitik, die nicht nur andere, sondern auch die Mächtigen selbst schädigt; zuerst 1984 erschienen)

David A. Welch, *Why International Relations Theorists Should Stop Reading Thucydides*, in: Review of International Studies, 29 (2003), S. 301-319 (eine sehr originelle Auseinandersetzung mit dem Text und der Interpretationsgeschichte aus einer konstruktivistischen Position, die die realistischen Anteile nicht verleugnet)

6. Realismus

LESEHILFE

Ich gehe aus vom Gewicht des Realismus, aber auch seiner Heterogenität in der praktischen Politik. Ich diskutiere dann zwei „Realisten" der IB, nämlich Edward Hallett Carr und Hans J. Morgenthau. Morgenthau gilt als der wichtigste Vertreter des klassischen oder politischen Realismus. Ich erläutere ein Kapitel aus seinem Buch *Macht und Frieden*. Der dritte Autor, den ich vorstelle, ist John H. Herz, der seine Position selbst als „Realliberalismus" charakterisiert. Er definiert das Kernproblem der internationalen Beziehungen anders als Morgenthau; seine zentrale Kategorie ist nicht das Machtinteresse, sondern das Sicherheitsdilemma. Die Situation des Sicherheitsdilemmas war im Prinzip schon lange vor Herz bekannt, ich gebe dazu ein Beispiel aus der Alten Geschichte. Herz gehört mit diesem Ansatz schon in die Nähe des Neorealismus (auch struktureller Realismus genannt), den Kenneth Waltz ausgearbeitet hat. Ich gehe ausführlich auf Waltz' *Theory of International Politics* ein. In einer Bilanz weise ich auf Schwächen im strukturellen Realismus hin. Ich betone zugleich den Nutzen der Kategorie des Sicherheitsdilemmas und insgesamt die Qualitäten des politischen oder klassischen Realismus. Abschließend gebe ich eine schematische Übersicht über den Realismus.

6.1 Tradition und Herkunft

Das Wort Realpolitik ist allgemein bekannt. Dem *Wörterbuch zur Politik* entnehme ich, dass es sich dabei um einen Begriff handelt, den der Journalist Ludwig von Rochau erfunden hat, um damit eine „nahe an der politischen Wirklichkeit orientierte Haltung" zu charakterisieren. Der Begriff richtete sich seinerzeit gegen als realitätsfern gedeutete Komponenten in der Programmatik des deutschen Liberalismus, insbesondere in den Revolutionsjahren 1848/49. Er wurde später verwendet, um den innen- und außenpolitischen Kurs des preußischen Ministerpräsidenten und dann deutschen Reichskanzlers Otto von Bismarck zu kennzeichnen. Damit war seine „Politik des Möglichen" gemeint, die einen Mittelweg zwischen reiner (aktiver) Machtpolitik und reiner (passiver) Anpassung an vorgefundene Bedingungen zu gehen beanspruchte.[1] Wie bei der Diskussion des Melier-Dialogs schon zu sehen war, gibt es in der praktischen Politik ebenso wie in der Reflexion über die Praxis unterschiedliche Vorstellungen davon, was mit der real gegebenen politischen Wirklichkeit gemeint sein könnte und wie man sich realistisch zu Machtfragen verhalten soll.

In der politischen Praxis würde ich mindestens vier verschiedene Formen von Realismus unterscheiden. Am einen Ende des Spektrums wäre der Nationalsozialismus als ein hochgradig ideologisierter, von wahnhaften Ideen (etwa einer Verschwörung des „internationalen Judentums") besessener und Macht glorifizierender Superrealismus anzusiedeln. Davon schon deutlich zu unterscheiden wäre die nüchtern bis zynisch, aber weitgehend ideologiefrei kalkulierende Politik der Machterweiterung, etwa bei absolutistischen Herrschern oder ihren Beratern.[2] Eine dritte Richtung könnte man als sittlich gebundene Macht- und Sicherheitspolitik charakterisieren und eine vierte als Realliberalismus, die Utopie und Realität zu versöhnen sucht. Viele Missverständnisse über den Realismus rühren daher, dass zwischen diesen Orientierungen nicht unterschieden wird. So ist es völlig falsch anzunehmen, im Realismus spiele Moral keine Rolle.

Die Heterogenität der Praxis spiegelt sich in der Wissenschaft nur zum Teil, die Ausdifferenzierung erfolgt hier nach anderen Kriterien. So hat es eine ernst zu nehmende Theorie nationalsozialistischer Au-

---

1 Manfred Schmidt, *Wörterbuch der Politik*, 2. Aufl., Stuttgart 2004, S. 590.
2 Kardinal Richelieu, der Erste Minister Ludwigs XIII. und ein bedeutender Stratege des Absolutismus, wird meist so eingeschätzt.

ßenpolitik nie gegeben. Und die Zeiten einer Theorie reiner Machtpolitik (zum Ruhme des Fürsten) sind vorbei. Trotzdem, oder vielleicht gerade deshalb, war der Realismus lange Zeit eines der zentralen wissenschaftlichen Weltbilder in den Internationalen Beziehungen,
wahrscheinlich sogar das dominierende. Damit meine ich nicht nur ein
Übergewicht im Schrifttum und in den Professuren. Ich meine damit
vor allem, dass sich alle anderen Weltbilder oder Großtheorien auch
und gerade in ihrer Abgrenzung und Kritik auf den Realismus bezogen, d.h. sich in erster Linie mit ihm auseinandersetzten. Die wichtigste Unterteilung des Realismus in der heutigen IB-Theorie ist die zwischen dem „klassischen Realismus" auf der einen und dem „strukturellen Realismus" oder Neorealismus auf der anderen Seite, oder einfach zwischen Realismus und Neorealismus. Edward Hallett Carr und
Hans J. Morgenthau rechnen zum klassischen Realismus, Kenneth
Waltz hat den strukturellen Realismus oder Neorealismus begründet;
John Herz liegt dazwischen oder etwas quer dazu.

Der Realismus hat viele Vorläufer, manchmal wird – wie in Kap. 5
diskutiert – schon Thukydides zum Traditionsbestand gerechnet. Als
systematisches Gedankengebäude tritt der Realismus zunächst in
Schriften aus den dreißiger und vierziger Jahren des 20. Jhdts. auf. Er
ist vor dem Hintergrund der krisenhaften Entwicklungen in den internationalen Beziehungen dieser Zeit (Aufstieg des Totalitarismus und
Zweiter Weltkrieg) und in Abgrenzung von den bis dahin eher „idealistisch" argumentierenden Vertretern der IB entstanden. Ich hatte
schon erwähnt, dass die ersten Lehrstühle für Internationale Politik um
die vorletzte Jahrhundertwende und dann vor allem nach dem Ersten
Weltkrieg eingerichtet und besetzt wurden, und zwar vor allem in den
angelsächsischen Ländern. Die wenigen Vertreter der IB waren damals überwiegend „Idealisten", so jedenfalls die Lesart der „Realisten"; in Wirklichkeit war auch das komplizierter.[3]

---

3 Die Idealisten waren weder so naiv idealistisch, wie sie oft dargestellt
   werden, noch beherrschten sie die Disziplin. Zur Konstruktion des Idealismus durch die Realisten vgl. Cameron G. Thies, *Progress, History and
   Identity in International Relations Theory: The Case of the Idealist-Realist
   Debate*, in: European Journal of International Relations, 8:2 (Juni 2002),
   S. 147-185; oder Brian C. Schmidt, *The Political Discourse of Anarchy: A
   Disciplinary History of International Relations*, Albany, N.Y. 1998, der
   die Geschichte von „den Idealisten", die dann von „den Realisten" abge-
   löst werden, als Ursprungsmythos der IB bezeichnet.

Die Idealisten folgten Grundgedanken der Aufklärung, der zufolge der Mensch im Prinzip ein gutartiges oder zumindest bildbares Wesen sei, das sich von vernünftigen Vorstellungen leiten lassen und harmonisch mit seinen Mitmenschen koexistieren könne. Sie verbanden diese Tradition mit der klassischen liberalen Volkswirtschaftslehre, die davon ausging, dass eine arbeitsteilig und freihändlerisch organisierte Weltwirtschaft die Grundlage für eine dauerhafte internationale Friedensordnung schaffen könne. Vor allem verfolgten sie die Idee einer auf dem Völkerrecht beruhenden Weltorganisation, die internationale Konfliktquellen beseitigen und kollektiv gegen Rechtsbrecher vorgehen werde. Der Weg zum Weltfrieden war im Prinzip erkannt, die Regierenden mussten ihn nur noch umsetzen.

Die Idealisten waren aktiv in Vereinigungen tätig, die den Völkerbundsgedanken in ihren jeweiligen Ländern unterstützten. Der amerikanische Politologe James T. Shotwell, der an der *Columbia University* in New York lehrte, hat dem französischen Außenminister Aristide Briand die Idee übermittelt, ein allgemeines Kriegsverbot zu erwirken. Wie in Kap. 4 zu lesen war, hat das sogar geklappt. Die Idealisten waren vom Briand-Kellogg-Pakt begeistert.[4] Alfred Zimmern, ein britischer Politikwissenschaftler, nannte diese Vereinbarung die weitreichendste Verpflichtung, auf die sich die souveränen Staaten der Welt bislang eingelassen hätten. Die Unterzeichner hätten den Krieg geächtet, und diese Ächtung könnten sie nun nicht mehr rückgängig machen. Ein anderer Idealist deutete den Briand-Kellogg-Pakt als entscheidenden Schritt zur Vereinigung der Menschheit in einer einzigen, die Welt umspannenden Gesellschaft. Und wieder ein anderer sah darin einen Beweis für den wachsenden Pazifismus in der Welt.[5]

Es kam alles ganz anders. Der Pariser Vertrag (so heißt der Briand-Kellogg-Pakt offiziell), der so viel zu versprechen schien, wurde bald von gegenläufigen Entwicklungen überschattet. Der Völkerbund, auf den die Idealisten so viele Hoffnungen richteten, war spätestens 1935/36 gescheitert, als er sich als machtlos gegenüber Mussolinis Annexion Abessiniens, eines Mitglieds des Völkerbundes wohlgemerkt, erwies. Aber nicht nur als machtlos, sondern auch als willenlos, denn

---

4 Die „realistische" Lesart besagt, dass Briand eigentlich eine Sicherheitsgarantie der USA (gegenüber Deutschland) haben wollte, aber nicht bekommen konnte und deshalb auf die allgemeine Kriegsächtung auswich.

5 Nach Michael J. Smith, *Realist Thought from Weber to Kissinger*, Baton Rouge-London 1986, S. 63.

Großbritannien und Frankreich wollten Mussolini nicht verärgern; sie hofften, ihn auf ihre Seite gegen Deutschland ziehen zu können. Die Weltwirtschaftskrise, das Scheitern des Völkerbundes, die Barbarei Nazi-Deutschlands, Stalinismus, Zweiter Weltkrieg und schließlich der Kalte Krieg, das waren die historischen und persönlichen Erfahrungen, die die intellektuellen Biographien der frühen modernen Realisten geprägt haben.

6.2 Edward Hallett Carr und die *Twenty Years' Crisis*

Sehr plastisch werden diese Zusammenhänge in dem ersten modernen Klassiker des politischen Realismus, einem Buch des britischen Diplomaten, Historikers und Politologen Edward Hallett Carr, das zuerst 1939 erschienen ist. Die Fahnenkorrekturen machte der Autor, als der Zweite Weltkrieg ausbrach. Der Titel des Buches, das als eine Einführung in das Studium der internationalen Beziehungen gedacht war, lautet: *The Twenty Years' Crisis 1919-1939*. Es behandelt die 20 Jahre Zwischenkriegszeit als eine Zeit der Krise.[6] Sein Leitmotiv, so schrieb der Autor im Vorwort zur zweiten Auflage, die 1946 herauskam, war es, einem zentralen Mangel des politischen Denkens dieser zwanzig Jahre insbesondere in den angelsächsischen Ländern, und zwar sowohl in der Öffentlichkeit wie in der Wissenschaft, entgegenzutreten: „(...) the almost total neglect of the factor of power."[7]

Zu Beginn der Abhandlung ruft Carr die Entstehung der IB als einer neuen jungen Wissenschaft im Zusammenhang mit der Friedenssehnsucht der Völker nach dem Ersten Weltkrieg in Erinnerung. Wie andere Wissenschaften auch wurden die Internationalen Beziehungen aus einem gesellschaftlichen Interesse heraus geschaffen. In der naiven Frühphase habe der idealistische Wunsch nach Frieden das Denken in der Disziplin bestimmt; die Voraussetzungen für den Idealismus des Anfangs seien jedoch nicht mehr gegeben. Der Verlauf der Ereignisse ab 1931 habe deutlich gemacht, dass man Internationale Beziehungen als Wissenschaft nicht allein auf noble Zielsetzungen gründen könne.[8] Jede Wissenschaft müsse lernen, den Wunsch nach dem, was sein soll,

---

6 Als Carr das Buch schrieb, waren es noch 20 Jahre *Nach*kriegszeit.

7 Edward Hallett Carr, *The Twenty Years' Crisis 1919-1939* [1939 bzw. 1946], Houndmills, Basingstoke-New York 2001, S. CV.

8 Mit dem Verweis auf 1931 meint Carr die Besetzung der Mandschurei durch die japanische Armee.

von der Analyse dessen, was ist, zu unterscheiden. Und Carr fügt in diesem Abschnitt, dem er die Zwischenüberschrift *The Impact of Realism* gegeben hat, hinzu:

> (...) no political utopia will achieve even the most limited success unless it grows out of political reality. (...) The impact of thinking upon wishing which, in the development of a science, follows the breakdown of its first visionary projects, and marks the end of its specifically utopian period, is commonly called realism. Representing a reaction against the wish-dreams of the initial stage, realism is liable to assume a critical and somewhat cynical aspect. In the field of thought, it places its emphasis on the acceptance of facts and on the analysis of their causes and consequences. (...) In the field of action, realism tends to emphasise the irresistible strength of existing forces and the inevitable character of existing tendencies, and to insist that the highest wisdom lies in accepting, and adapting oneself to, these forces and these tendencies. (...) there is a stage where realism is the necessary corrective to the exuberance of utopianism, just as in other periods utopianism must be invoked to counteract the barrenness of realism. Immature thought is predominantly purposive and utopian. Thought which rejects purpose altogether is the thought of old age. Mature thought combines purpose with observation and analysis. Utopia and reality are thus the two facets of political science. Sound political thought and sound political life will be found only where both have their place.[9]

Wie auch zu sehen, will Carr die Verbindung zum Idealismus keineswegs aufgeben. Es geht ihm um ein Gleichgewicht in dem alten Gegensatz zwischen Utopie und Realität; in dem ewigen Disput zwischen denen, die die Welt an ihren Idealen ausrichten, und denen, die ihre Politik an den Realitäten der Welt orientieren wollen. Um dieses Gleichgewicht wiederherzustellen, analysiert und kritisiert er verschiedene idealistische Grundannahmen der Völkerbundsordnung, die sich als falsch, illusorisch oder einseitig herausgestellt haben. Aber er tut das nicht nur als Historiker, sondern ausdrücklich auch als Politologe aus einer ideologiekritischen Haltung. Wenn man sich nämlich die Theorien über internationale Moral oder über Harmonie und Interessenausgleich genauer anschaue, dann könne man sehr schnell feststellen, dass sich immer sehr konkrete Herrschaftsinteressen dahinter verbergen: Von *international order* redeten vor allem die Mächtigen. Die schönen universalen Prinzipien seien aber doch im Grunde nur Verschleierungen der Macht, egal ob es sich um die Weltstaatsidee

---

9   Ebd., S. 9f.

des Römischen Reiches und später der katholischen Kirche, die Welt-friedenspläne der Franzosen Sully oder Abbé Saint-Pierre zu Zeiten der französischen Hegemonie in Europa oder eben die neue internationale Ordnung von 1919 handle.

Ein dritter Grundgedanke bezieht sich auf das Verhältnis zwischen Macht und Moral; auch hier sucht Carr eine Balance. Politik und Macht lassen sich nicht trennen, sagt er. Aber der *homo politicus*, der nichts als die Macht im Sinn habe, sei genauso ein irrealer Mythos wie der *homo economicus*, dem es nur um Gewinn gehe. Politisches Handeln müsse sich auf ein Zusammenwirken von Moral und Macht stützen. Ganz auflösen lasse sich der Gegensatz nicht, es seien nur vorläufige oder prekäre Kompromisse zu erwarten; aber beide Faktoren müssten berücksichtigt werden.[10]

6.3 Internationale Politik bei Hans J. Morgenthau

Der bekannteste und bedeutendste unter den klassischen Realisten ist Hans J. Morgenthau; sein Buch *Politics Among Nations: The Struggle for Power and Peace*, 1948 zuerst veröffentlicht und immer wieder neu aufgelegt, zählt zu den wichtigsten Werken der IB-Literatur. 1963 ist es auf Deutsch unter dem Titel *Macht und Frieden: Grundlegung einer Theorie der internationalen Politik* erschienen. Hans J. Morgenthau – nicht zu verwechseln mit Franklin D. Roosevelts Finanzminister Henry Morgenthau, von dem der Morgenthau-Plan stammt – ist 1904 im fränkischen Coburg geboren, 1980 in New York City gestorben. Er hat in Berlin, Frankfurt am Main und München studiert, in Frankfurt 1929 in Völkerrecht promoviert. Er war als Richter tätig, unter anderem kurzzeitig in Frankfurt als amtierender Präsident des Arbeitsgerichts. 1932 ging er nach Genf, um dort Öffentliches Recht zu lehren. Wegen der Machtergreifung der Nationalsozialisten kehrte er nicht nach Deutschland zurück. Er fand zunächst in Madrid eine Stelle an einem neu gegründeten Institut für Politikwissenschaft und ist dann in die USA emigriert, wo er an verschiedenen Universitäten gearbeitet hat.

Hans-Joachim Morgenthau hat die Welt nicht gerade als freundlichen Ort kennengelernt. Er muss einen sehr autoritären Vater gehabt haben, „stahlhart" wird der in einer wissenschaftlichen Biographie genannt. Morgenthau ist als Deutscher und Jude in Coburg aufgewach-

---

10 Ebd., S. 92 bzw. 95.

sen, einer stark antisemitischen Kleinstadt, in der die Nazis schon in den zwanziger Jahren auftrumpften und 1929 die Macht im Stadtrat übernahmen. Das Ende der Schulzeit muss für ihn wie ein Spießrutenlaufen gewesen sein; ich referiere nur ein Erlebnis: In Morgenthaus Gymnasium wurde jedes Jahr der Gründungstag gefeiert; der beste Schüler der Unterprima (12. Klasse) durfte bei dieser Gelegenheit eine Rede halten und der Statue des Gründers, eines süddeutschen Fürsten, den Lorbeerkranz aufsetzen. Nun fiel diese Rolle 1922 Hans Morgenthau zu (das ist kein Druckfehler; ich meine wirklich 1922, nicht 1932). Es gab antisemitische Flugblätter mit der Aufforderung, dem „Herrn Abendnebel" eine Lektion zu erteilen. Morgenthau wurde beschimpft und angespuckt; und der ehemalige Herzog Carl Eduard, der zum Festakt dabei war, hielt sich während der Festrede die Nase zu – als Ausdruck der Verachtung für den „stinkenden Juden". In einem Interview sagte Hans Morgenthau später zu *dieser* Zeit: „It was absolutely terrible, absolutely terrible."[11]

Hans-Joachim Morgenthau war nicht nur ständiger Diskriminierung ausgesetzt – auch als er in Frankfurt eine Assistentenstelle suchte, um sich zu habilitieren. Er hat die schlimmen Jahre nach dem Ersten Weltkrieg miterlebt, in diese Zeit fiel der Beginn seiner politischen Interessen. Er ist später in den dreißiger Jahren in Europa herumgereist, ja fast herumgeirrt, um erst den Nationalsozialisten, dann dem Franco-Regime zu entkommen; bis er schließlich, eher zufällig, in den USA gelandet ist. In seinen frühen Werken, die noch dem Völkerrecht galten, vertrat Morgenthau gleichwohl durchaus fortschrittliche Positionen; ganz im Gegensatz zur Mehrheit der damaligen deutschen Völkerrechtswissenschaft, die national bis nationalistisch, jedenfalls gegen den Völkerbund ausgerichtet war. Die Einschränkungen des Rechts der Staaten zum Kriege zuerst durch die Völkerbundssatzung und dann den Briand-Kellogg-Pakt betrachtete er ausdrücklich als Fortschritt; und er glaubte daran, dass die internationale Gemeinschaft ein Entwicklungsstadium erreicht hatte, das es erlaubte, nicht nur ein gemeinsames Verständnis von Völkerrecht, sondern sogar von Gerechtigkeit zu formulieren.

Diese noch optimistische Weltsicht veränderte sich jedoch im Zuge seiner Erfahrungen mit dem deutschen Rechtswesen gegen Ende der Weimarer Republik (er war sehr betroffen über die Republikfeindlich-

---

11 Christoph Frei, *Hans J. Morgenthau: Eine intellektuelle Biographie*, 2. Aufl., Bern-Stuttgart 1994, S. 24f.; das Interview ist zitiert auf S. 19.

keit und Machtbesessenheit vieler Richter-Kollegen und ihren offenen Antisemitismus) und der weiteren Entwicklungen in Europa im Laufe der dreißiger Jahre. 1940 schrieb Morgenthau in einem Aufsatz, die Versuche, die Beziehungen zwischen den Staaten auf der Grundlage des Rechts neu zu organisieren, hätten den historischen Test nicht bestanden; und in seinem ersten Nachkriegsbuch *Scientific Man vs. Power Politics* von 1946, in dem er viele Grundgedanken von *Politics Among Nations* vorwegnimmt, wird der „unending struggle for survival and power" zum Charakteristikum der internationalen Politik.[12]

Für zentrale Aussagen aus *Politics Among Nations* bzw. *Macht und Frieden* konzentriere ich mich hier auf das Kapitel *Sechs Grundsätze des politischen Realismus*.[13] Morgenthau beginnt mit einer theoriegeschichtlichen Einordnung seines Ansatzes, den er vom Idealismus abgrenzt; das war ja schon bei Carr so. Aber bei Morgenthau kommt eine anthropologische Nuance hinzu. Im Gegensatz zum Idealismus will sein „politischer Realismus"[14] eine Theorie entwickeln, die auf Einsichten in das Wesen des Menschen, wie es wirklich ist, und in die Geschichte, so wie sie tatsächlich abläuft, basiert. Und die Welt, so wie sie wirklich ist, wird von gegensätzlichen Interessen und von Konflikten beherrscht; Interessenausgleich ist immer nur vorübergehend möglich. Das absolut Gute lässt sich nicht realisieren, der Realismus gibt sich mit dem geringeren Übel zufrieden.

Morgenthau geht davon aus, dass die Politik von objektiven Gesetzen bestimmt wird, deren Ursprung in der menschlichen Natur liegt. Das Wesen des Menschen aber ist überzeitlich und überregional gleich, es hat sich seit Thukydides nicht verändert. Es ist nicht nur vom Selbsterhaltungs-, sondern von einem Machttrieb bestimmt, vom *animus dominandi;* von der Lust, andere zu beherrschen, wie Morgenthau es auch formuliert hat. Es hat also gar keinen Zweck, über die Machtpolitik zu jammern; wir haben es hier mit „elementären (sic)

---

12 Vgl. Jan Willem Honig, *Totalitarianism and Realism: Hans Morgenthau's German Years*, in: Security Studies, 5:2 (Winter 1995/96), S. 283-313, hier S. 285-290 und 305.

13 Hans J. Morgenthau, *Macht und Frieden: Grundlegung einer Theorie der internationalen Politik* [1963], Gütersloh 1989, S. 49-60.

14 Verständlicherweise bezeichnet Morgenthau seinen Ansatz nicht selbst als „klassischen" Realismus. Wenn er von politischem Realismus spricht, dann meint er nicht die praktische Politik, sondern einen politikwissenschaftlichen Realismus im Unterschied zum Realismus in der Erkenntnistheorie oder in der Kunst.

biopsychologischen Triebkräften" zu tun.[15] „The lust for power is ubiquitous", sagt Hans Morgenthau an anderer Stelle, man muss sich damit auseinandersetzen und sich darauf einstellen.[16]

Im zweiten Abschnitt erweitert er diese Perspektive: Auch die internationale Politik ist, wie alle Politik, ein Kampf um die Macht; Macht ist die entscheidende Kategorie der Politik, die sie von anderen Bereichen wie Ökonomie, Recht und Ethik unterscheidet. Erst die Macht macht die Politik zur Politik. Staatsmänner handeln im Sinne eines als Macht verstandenen Interesses. Das einzige, was uns Menschen bleibt, ist die Machtgesetzlichkeit der Politik anzuerkennen *und* – jetzt wird es spannend – sie mit dem Ziel der Mäßigung, der Machtbändigung zu verbinden. Nur eine *vernünftige* Außenpolitik kann das moralische Gebot der Vorsicht mit dem politischen Erfordernis des Erfolges verbinden. Eine solche vernünftige Außenpolitik lässt sich aber nur dann durchführen, wenn sie der demokratischen Kontrolle weitgehend entzogen bleibt; denn die Öffentlichkeit ist nur sehr begrenzt zu rationalen Entscheidungen in der Lage. Im dritten Abschnitt definiert Morgenthau Macht als Herrschaft von Menschen über Menschen, aber er sagt interessanterweise auch, dass es verschiedene Formen von Macht gibt. So stellt er die „sittlich gebundene Macht" der westlichen Demokratien einer „schrankenlosen und barbarischen Gewalt" gegenüber, die ihr Gesetz nur in ihrer eigenen Stärke und ihre einzige Rechtfertigung in ihrer Vergrößerung finde.[17] Das war noch nicht auf den Ost-West-Konflikt gemünzt, hier hat Morgenthau den Nationalsozialismus im Sinn. Er sagt übrigens auch, dass Fortschritt im Sinne von Stabilität und Frieden durchaus möglich ist, aber eben nur allmählich und bei Beachtung der Gesetze der Politik.

Im vierten Teil greift er – ohne darauf Bezug zu nehmen – Max Webers Unterscheidung zwischen Gesinnungs- und Verantwortungs-

---

15 Morgenthau, *Macht und Frieden*, S. 76. Hier bin ich im Kapitel *Politische Macht* (*Macht und Frieden*, S. 69-80). Vgl. auch S. 75: „[Es] genügt die Feststellung, dass der Kampf um Macht universellen Charakter in Zeit und Raum hat und eine unwiderlegliche Erfahrungstatsache darstellt." Oder wieder S. 76: „Der Trieb zu leben, sich fortzupflanzen und zu herrschen, ist allen Menschen gemeinsam. (...) Das Streben nach Herrschaft ist ein Merkmal, das allen menschlichen Gemeinschaften eigen ist."

16 Weil im klassischen oder politischen Realismus Morgenthaus Annahmen über das Wesen des Menschen eine wichtige Rolle spielen, nennt man ihn auch „anthropologischen Realismus".

17 Morgenthau, *Macht und Frieden*, S. 55.

ethik auf.[18] Staatliches Handeln kann nicht mit denselben moralischen Maßstäben gemessen werden wie privates. Eine Einzelperson kann sich an abstrakten ethischen Prinzipien orientieren, der Politiker muss immer die Folgen seines Tuns für andere bedenken. Deshalb ist politische Klugheit, das Abwägen der Folgen alternativer politischer Handlungen, die höchste Tugend der Politik. Im fünften Abschnitt warnt Morgenthau noch einmal nachdrücklich vor falschen Moralisten. Die Gleichsetzung eines bestimmten Nationalismus etwa mit der Vorsehung sei moralisch unhaltbar; sie führe zu blindem Kreuzzugseifer, der Nationen und Zivilisationen zerstöre. Interessen sind kompromissfähig, moralische Universalansprüche nicht. Schließlich betont der Autor unter dem sechsten Punkt den Gegensatz seiner Position zu einer moralisierenden oder legalistischen Einstellung. Politische seien immer auch Machtfragen, und wer nur legalistisch oder moralisch argumentiere und nach solchen Prinzipien handle, der werde scheitern.

Auch wenn Morgenthau vor falschen Moralisten warnt und den Machtcharakter aller Politik betont, so ist sein Verständnis von Politik und von politischem Handeln keineswegs amoralisch oder gar unmoralisch; ganz im Gegenteil: Morgenthau unterscheidet ausdrücklich zwischen schrankenloser, zynischer Macht und Gewalt auf der einen und einer sittlich gebundenen Machtpolitik auf der anderen Seite. Sittlich gebundene Machtpolitik heißt für den Realisten Hans Morgenthau das sorgfältige und vernünftige Abwägen verschiedener Optionen durch den für die Außenpolitik zuständigen Staatsmann im Sinne des Nationalinteresses. Überlegt und vorsichtig zu handeln, das ist die *moralische* Pflicht des Staatsmanns, der nicht das schlechthin Gute anstreben soll (das wäre unrealistisch), sondern sich auf das geringstmögliche Übel einzustellen hat. Die *politische* Pflicht des Staatsmanns besteht darin, erfolgreich zu handeln; und erfolgreich handeln kann er nur, wenn er die Gesetzmäßigkeiten der Macht kennt. Stabilität und Frieden sind für Morgenthau nicht unmöglich, aber sie lassen sich nicht durch abstrakte Ideale verwirklichen, die man der politischen Realität entgegenhält, sondern nur durch „sachgerechte Handhabung jener gleich bleibenden Kräfte (...), die der Vergangenheit ihr Gepräge gegeben haben und auch die Zukunft formen werden."[19]

---

18 Die Parallelen zu Webers Vortrag *Der Beruf zur Politik* (1919) sind frappierend; vgl. Max Weber, *Soziologie, Weltgeschichtliche Analysen, Politik*, hrsg. von J. Winckelmann, 4. Aufl., Stuttgart 1968, S. 167-185.
19 Morgenthau, *Macht und Frieden*, S. 55.

Angesichts des Zweiten Weltkrieges und der millionenfachen Massenmorde durch die großen Diktaturen war die Thematik der Machtvergessenheit der historische Ausgangspunkt für die Entwicklung von Morgenthaus politischer Theorie der internationalen Beziehungen: die Machtvergessenheit der westlichen Demokratien mit ihrem naiven Vertrauen auf die Rationalität und den Fortschrittsglauben der Aufklärung angesichts eines mörderisch-rassistischen und wahnhaft machtbesessenen Gegners. Aber aus der Machtvergessenheit sollte keineswegs eine ihrerseits ungebundene Machtpolitik werden. 1966 betonte Hans Morgenthau in einem Aufsatz über den Zweck der Politikwissenschaft die politische Korrekturfunktion der IB-Theorie:

> When the reality of power is being lost sight of over its moral and legal limitations, it (die IB-Theorie, GK) must point to that reality. When law and morality are judged as nothing, it must assign them their rightful place.[20]

In diesem Sinne zählte Morgenthau auch zu den frühen und entschiedenen Gegnern des Vietnam-Krieges, den er nicht nur für politisch unklug, weil unnötig und selbstschädigend, sondern auch für moralisch verwerflich hielt. Trotz dieser erneuten Erfahrung unkluger und unmoralischer Machtpolitik war Hans Morgenthau in seinen späteren Jahren jedoch insgesamt optimistischer, was die Möglichkeiten der Transformation von Machtpolitik durch Lernprozesse anging. Dazu haben vor allem die Entspannungspolitik zwischen Ost und West und der westeuropäische Einigungsprozess beigetragen.[21]

6.4 Das Sicherheitsdilemma (John H. Herz)

Bei John Herz, den ich schon erwähnt habe, gibt es Parallelen sowohl zu Carr wie zu Morgenthau, aber sein Ansatz unterscheidet sich von beiden. Mit Carr teilt Herz die Skepsis gegenüber den großen Idealismen der Moderne: gegenüber dem Missbrauch des Universalismus durch die französische Revolution, den Sozialismus, den völkerrechtlichen und pazifistischen Internationalismus bzw. den Wirtschaftsliberalismus, deren allgemeine Menschenfreundlichkeit sich immer wieder als Verschleierung von Interessen blamiere. Und ähnlich wie Carr

---

20 Zitiert nach Richard Ned Lebow, *The Tragic Vision of Politics: Ethics, Interests and Order*, Cambridge-New York 2003, S. 239.
21 Ebd., S. 216-256, hier S. 239-242 und 244-246.

sucht Herz nicht einfach den Gegenpol zum Idealismus, sondern die Vermittlung zwischen Utopie und Realität. Er bezeichnet seine eigene Position als die eines „realistischen Liberalismus", wobei sein Verständnis von Liberalismus über das 19. Jhdt. (Freihandel und Konstitutionalismus) hinausgeht und „allen Sozialismus, der kein Totalitarismus ist, allen Konservatismus, der nicht Autoritarismus oder einfache Verteidigung des Status quo bedeutet" einschließt:

> Das bisher Gesagte mag den Eindruck erweckt haben, als ob die beiden Extreme – auf der einen Seite der utopische Idealismus mit seiner chiliastischen Komponente und seiner Praxisfremdheit, auf der anderen der zynische Realismus mit seiner kühl berechnenden Hinnahme oder gar Idealisierung der Macht – die einzigen und einzig möglichen Ansatzpunkte zur Lösung des Problems Politik wären. In diesem Falle bedarf es einer kurzen Korrektur. Es stimmt, dass diese Haltungen und die entsprechenden politischen Bewegungen in der Geschichte der letzten Jahrhunderte oder gar Jahrtausende immer wieder aufgetaucht sind, wobei eine die andere in einer Art endloser Kette immer wieder hervorrief. Es hat aber auch Synthesen gegeben, Möglichkeiten und Verwirklichungen einer Kombination von politischem Realismus und politischem Idealismus, nämlich immer dann, wenn man nicht vor den vom Realismus hervorgehobenen Tatsachen und Phänomenen die Augen verschloss, wenn man sie vielmehr entgegennahm, um jedoch gleichzeitig den Versuch zu unternehmen, im Rahmen des Möglichen aufgrund der Ideale des politischen Idealismus diesen Kräften entgegenzuwirken. Für eine solche Haltung und die auf ihr beruhende Politik schlagen wir den Namen 'realistischer Liberalismus' (oder kurz 'Realliberalismus') vor.[22]

John H. Herz, 1908 in Düsseldorf geboren und 2005 in den USA gestorben, teilt mit Hans J. Morgenthau das Emigrantenschicksal. Er hat seinen intellektuellen Weg als „Idealist" begonnen; freilich wurde auch er über die Enttäuschungen der dreißiger Jahre, den Aufstieg des Nationalsozialismus, das Scheitern der westlichen *Appeasement*-Politik und den Zweiten Weltkrieg zum Realisten. Aber die theoretische Begründung für den Realismus ist bei John Herz eine andere. Er hält sich nämlich nicht lange bei der menschlichen Natur auf. Ob die gut oder böse ist, interessiert ihn gar nicht. Seine zentrale Kategorie ist auch nicht das Interesse an Macht, sondern das Sicherheitsdilemma. Ich zitiere ausführlich die entscheidende Stelle:

---

22 John Herz, *Idealistischer Internationalismus und das Sicherheitsdilemma*, in: ders., *Staatenwelt und Weltpolitik,* Hamburg 1974, S. 39-56, S. 54f.

Die tragische Lage, in der sich eine zwiegespaltene und mit Atombomben gesegnete Welt derzeit befindet (der Text stammt aus dem Jahre 1950, G.K.), spiegelt lediglich in äußerster Zuspitzung ein Dilemma wider, mit dem sich menschliche Gesellschaften von Anbeginn ihrer Geschichte auseinanderzusetzen hatten. Das Dilemma entspringt einer grundlegenden Sozialkonstellation, derzufolge eine Vielzahl miteinander verflochtener Gruppen politisch letzte Einheiten darstellen, d.h. nebeneinander bestehen, ohne in ein noch höheres Ganzes integriert zu sein. Wo und wann auch immer eine solche „anarchische" Gesellschaft existiert hat – und in den meisten Epochen der uns bekannten Geschichte hat sie das auf irgendeiner Ebene –, ergab sich für Menschen, Gruppen, Führer eine Lage, die sich als „Sicherheitsdilemma" bezeichnen lässt. Gruppen oder Individuen, die in einer derartigen, eines Schutzes „von oben" entbehrenden Konstellation leben, müssen um ihre Sicherheit vor Angriffen, Unterwerfung, Beherrschung oder Vernichtung durch andere Gruppen oder Individuen fürchten, eine Besorgnis, die sich aus der Sachlage selber ergibt. Und in dem Streben nach Sicherheit vor solchen Angriffen sehen sie sich gezwungen, immer mehr Macht zu akkumulieren, nur um der Macht der anderen begegnen zu können. Dies wiederum macht die anderen unsicherer und zwingt sie, sich auf „das Schlimmste" vorzubereiten. Da sich in einer Welt derart konkurrierender Einheiten niemand je ganz sicher fühlen kann, ergibt sich ein Wettlauf um die Macht, und der Teufelskreis von Sicherheitsbedürfnis und Machtanhäufung schließt sich.[23]

Für John Herz ist die Machtkonkurrenz zwischen autonomen Einheiten wie z.B. Staaten also kein biologisches oder anthropologisches, sondern ein soziales Problem. Kooperation und Solidarität sind durchaus mögliche, vielleicht sogar bevorzugte Handlungsweisen für Menschen. Was ihnen entgegensteht oder was sie erschwert, ist das Sicherheitsdilemma: das Problem, dass die Versuche einer Gruppe, ihre Sicherheit zu gewährleisten, von einer anderen Gruppe als Gefährdung *ihrer* Sicherheit wahrgenommen werden oder werden können. Das heißt, das Sicherheitsdilemma besteht auch oder genauer gesagt gerade und nur dort, wo keine Seite aggressive Absichten verfolgt. Die Angst voreinander, nicht die Herrschsucht der Menschen treibt sie in die Machtpolitik. Das aber böte sehr viel mehr Spielraum für Kooperation. Denn wenn die Staaten wirklich nur Sicherheit voreinander suchten, dann müssten sie über Metakommunikation, d.h. durch Kommunikation über die Art und Weise, wie sie miteinander kommunizieren, das Sicherheitsdilemma beeinflussen und die Machtpolitik in ge-

---

23 Ebd., S. 39.

meinsame Verabredungen, in Versicherungen über die wechselseitig defensiven Absichten überführen können. Dass das nicht ganz so einfach ist, wie es sich anhört, will ich wieder anhand einer alten Geschichte demonstrieren. Sie soll gleichzeitig zeigen, dass John Herz das Sicherheitsdilemma zu Recht als eine grundlegende Problematik in der Menschheitsgeschichte bezeichnet und dass es als solches schon lange bekannt ist; John Herz hat ihm „nur" einen Namen gegeben.

Ich greife wieder auf einen Autor der Antike zurück, diesmal auf Xenophon.[24] Xenophon war, ähnlich wie Thukydides, Militärführer und Historiker. Er berichtet in einer Schrift mit dem Titel *Anabasis Kyrou* (zu übersetzen als *Der Feldzug des Kyros*) von den Erlebnissen eines griechischen Söldnerheeres in den Diensten des persischen Satrapen[25] Kyros beim Feldzug gegen dessen Bruder, den Großkönig Artaxerxes; und vor allem vom mühsamen Weg der Griechen zurück in ihre Heimat. Nach der entscheidenden Schlacht, in der Kyros fällt, bietet ein anderer Satrap des Großkönigs, nämlich Tissaphernes, den Griechen an, sie wohlbehalten in die Heimat zu geleiten. Doch trotz Waffenstillstand und eidlicher Zusicherungen vertrauen Griechen und Perser einander nicht. Es heißt:

> Beide Seiten waren voreinander auf der Hut wie vor Feinden; das erregte natürlich sofort Misstrauen. Manchmal gerieten sie auch untereinander in eine Schlägerei, wenn sie am selben Orte Holz holten oder Futter und dergleichen sammelten. Auch das bot Anlass zur Feindschaft. (...) [es] ergab sich mancher Anlass zu Verdacht, aber es erfolgte kein offener Anschlag.[26]

In dieser Situation erschien es Klearchos, dem Anführer der griechischen Söldner, angebracht, mit Tissaphernes zusammenzutreffen und wenn möglich den Zustand gegenseitigen Argwohns zu beenden, bevor daraus eine kriegerische Auseinandersetzung entstehen konnte. Als sie zusammengekommen waren, sagte Klearchos:

---

24 Ich übernehme hierzu einen Absatz aus meinem Aufsatz (zusammen mit Olivier Minkwitz und Niklas Schörnig), *Internationale Rüstungskontrolle und Abrüstung*, in: Manfred Knapp/Gert Krell (Hrsg.), *Einführung in die Internationale Politik: Studienbuch*, 4. Aufl., München-Wien 2004, S. 550-586, hier S. 557f.
25 Satrap heißt soviel wie Statthalter.
26 Zitiert nach Xenophon, *Anabasis*, Stuttgart 1958, S. 71 und 74.

Ich weiß, Tissaphernes, dass wir durch gegenseitigen Eid und Handschlag versichert haben, einander kein Unrecht zuzufügen. Ich sehe aber, dass du dich vor uns wie vor Feinden in Acht nimmst und, da wir das sehen, sind wir unsererseits ebenfalls auf der Hut. Da ich trotz aller Beobachtungen nicht bemerken kann, dass du uns zu schädigen versuchst, aber genau weiß, dass wir etwas Derartiges nicht einmal erwägen, schien es mir angebracht, zu einer Unterredung mit dir zu kommen, und wenn möglich das gegenseitige Misstrauen von uns zu nehmen. Denn ich kenne Menschen, welche manchmal in Folge von Verleumdungen, manchmal aus Argwohn, in Furcht gerieten und einander zuvorkommen wollten, bevor sie selbst Schaden erlitten hätten. So fügten sich Leute, die dazu weder Absicht noch Neigung gehabt haben, heillosen Schaden zu. In der Meinung, solche Unklarheiten ließen sich am besten in einer Aussprache bereinigen, komme ich zu dir und will dir beweisen, dass du uns zu Unrecht misstraust.[27]

Bei den darauf folgenden Verhandlungen im Lager des Tissaphernes, in das sich Klearchos mit einer Gruppe von Heerführern und Soldaten begab, wurde die ganze griechische Delegation umgebracht. Damit war dieser frühe Versuch, ein Sicherheitsdilemma zu überwinden, gescheitert. Aber er führt im Ansatz wie im Scheitern beispielhaft zwei zentrale Überlegungen vor, die auch die moderne Diskussion prägen, z.B. in der Rüstungskontrolltheorie. Die eine Überlegung bezieht sich darauf, dass sich in der Interaktion zwischen sozialen Gruppen, die keine übergeordnete Schutz- oder Sanktionsmacht kennen, allein aus der Fähigkeit, der anderen existenziellen Schaden zufügen zu können, eine gewaltsame Auseinandersetzung ergeben kann. Die andere Überlegung zielt darauf, dass es in solchen Beziehungen offenbar nicht hinreicht, Misstrauen einfach durch Vertrauen zu ersetzen. Man kann sogar sagen, und damit gehe ich über John Herz hinaus, das eigentliche Sicherheitsdilemma besteht darin sicherzustellen, dass die Machtkonkurrenz tatsächlich ein Ergebnis unbegründeter Furcht voreinander ist, wie Klearchos seinerzeit – offenbar fälschlicherweise – annahm. Es kann nämlich sein, dass auf der anderen Seite tatsächlich der Wille zur Dominanz oder sogar zum Krieg vorliegt, den sie nur als Sicherheitspolitik und Sicherung legitimer Interessen tarnt.

Ich gebe noch ein viel jüngeres, aber ebenfalls eindrucksvolles Beispiel für das Sicherheitsdilemma in der internationalen Politik.[28] Auf dem Höhepunkt der kubanischen Raketenkrise 1962 meldete der so-

---

27 Ebd., S. 74f.
28 Nach Richard Ned Lebow/Janice Gross Stein, *We All Lost the Cold War*, Princeton, NJ 1993, S. 142.

wjetische Geheimdienst KGB nach Moskau, Präsident Kennedy sei in die Kirche gegangen.[29] Einige Mitglieder des Präsidiums der KPdSU argwöhnten nun, das sei das Vorspiel zum Nuklearangriff der USA auf die Sowjetunion. Anastas Mikojan, Nikita Chruschtschows Stellvertreter, meinte jedoch, wahrscheinlich sei die amerikanische Führung genauso ratlos wie die sowjetische und bitte einfach nur um göttlichen Beistand. Wieder andere glaubten an Desinformation, also einen Trick der CIA, um die Sowjetunion gezielt in die Irre zu führen. Mikojan hielt dagegen, das sei sehr unwahrscheinlich, da die USA ja gar nicht wissen könnten, wie die UdSSR auf diese Desinformation reagieren würde. Schließlich argumentierte ein Mitglied der Gruppe, er habe schon so viele falsche oder fehlerhafte Berichte vom KGB bekommen, dass er auch dieser Meldung nicht traue.[30]

Zurück zu John Herz und zur Theorie. Bei John Herz liegt das entscheidende Problem der internationalen Beziehungen auf einer anderen Ebene als bei Hans J. Morgenthau. Morgenthau geht von einer anthropologischen Konstante aus, dem Machttrieb des Menschen, der sich in alle Politik, also auch in die internationalen Beziehungen übersetzt. Ihm kann nur durch kluge, besonnene und sittlich fundierte Außenpolitik, die ihn in Rechnung stellt, aber nicht selbst zu ungebundenem Machtstreben tendiert, begegnet werden. John Herz dagegen siedelt das Problem auf der Ebene der Struktur des internationalen Systems an, das keine übergeordnete Schutz- und Sanktionsmacht kennt. Wegen der dadurch entstehenden fundamentalen Unsicherheit greifen die Staaten zur Selbsthilfe, treffen sie Vorsorge für ihre Sicherheit. Da

---

29 Die Sowjetunion hatte entgegen offiziellen Zusagen an Präsident Kennedy begonnen, Atomraketen auf Kuba zu stationieren; die USA forderten ultimativ den Abbau dieser Raketen und verhängten eine Seeblockade.

30 Zur Theorie und Empirie des Sicherheitsdilemmas vgl. auch Robert Jervis, *Perception and Misperception in International Politics,* Princeton, NJ 1976, S. 62-76; z.B. folgende Äußerung von Theodore Roosevelt, dem damaligen Präsidenten der USA, aus dem Jahre 1904: "[the German Kaiser, G.K.] sincerely believes that the English are planning to attack him and smash his fleet, and perhaps join with France in a war to death against him. As a matter of fact, the English harbour no such intentions, but are themselves in a condition of panic terror lest the Kaiser secretly intend to form an alliance against them with France or Russia, or both, to destroy their fleet and blot out the British Empire from the map! It is as funny a case as I have ever seen of mutual distrust and fear bringing two peoples to the verge of war (S. 74)."

das alle tun, verschärft sich aber das Sicherheitsdilemma, das heißt es entsteht ein Wettlauf um Sicherheit und damit – da die Sicherheit nur mit Machtmitteln geschützt werden kann – auch um die Macht. John Herz hat hier ein Problem formuliert, das Kenneth Waltz aufgegriffen und auf seine Weise zum Neorealismus ausgebaut hat.

6.5 Neorealismus: Kenneth Waltz

Der amerikanische Politologe Kenneth Waltz hat 1959 ein Buch veröffentlicht und 2001 mit einem neuen Vorwort wieder auflegen lassen, in dem er die Geschichte der politischen Theorie von Thukydides über Machiavelli, Hobbes, Kant und andere bis Lenin nach den Ursachen des Krieges und den Möglichkeiten des Friedens befragt. Gegliedert hat er dieses Buch nach drei *images*, wie er das nennt; man kann auch sagen nach drei Analyse-Ebenen, so wie sie schon im Titel angedeutet sind. Es geht zunächst um Zusammenhänge zwischen menschlichem Verhalten und internationalen Konflikten (*first image*), dann um den Einfluss der gesellschaftlichen Ordnung auf zwischenstaatliche Konflikte (*second image*) und schließlich um den Zusammenhang zwischen der internationalen Anarchie und internationalen Konflikten (*third image*). Kein Politiker, so resümiert Waltz am Schluss, egal wie nobel seine Absichten sein mögen, kann die dritte Ebene übersehen: das Risiko der Gewalt und des Krieges, das mit der Existenz souveräner Staaten dauerhaft verbunden bleiben wird, da es unter den Bedingungen der Anarchie keinen zwingenden und zuverlässigen Prozess der Regulierung und Versöhnung von Interessenkonflikten gibt, wie sie zwischen ähnlichen Einheiten nun einmal unvermeidlich sind.[31]

Diesen Grundgedanken hat Waltz 1979 zu einer Theorie der Internationalen Politik ausgearbeitet, die von systemtheoretischen Überlegungen angeleitet ist und sich am Vorbild der Naturwissenschaften orientiert.[32] Ein System (also auch ein internationales System) besteht aus einer Struktur und aus Einheiten, die aktiv miteinander in Beziehung treten; aber das System ist nicht einfach die Summe der Interaktionen, das System ist eine Abstraktion. Soziale Systeme kann man nicht sehen, sie handeln auch nicht selbst, aber sie bilden eine Struk-

---

31 Kenneth Waltz, *Man, the State and War: A Theoretical Analysis* [1959], Neuausgabe New York-London 2001, S. 238.
32 Kenneth Waltz, *Theory of International Politics*, Reading, Mass.-London 1979.

tur, die das Handeln der Akteure beeinflusst. Die Struktur setzt die Akteure voraus, aber sie unterliegt nicht ihrer Kontrolle. Politische Strukturen sind nach Waltz gekennzeichnet durch (1) Ordnungsprinzipien, (2) Eigenschaften der Akteure und (3) deren Stärkeverhältnisse zueinander (*distribution of capabilities*). Es gibt zwei Ordnungsprinzipien für politische Systeme: Hierarchie und Anarchie. Die *einzelnen* staatlich organisierten politischen Systeme sind zentralistisch und hierarchisch geordnet, insbesondere beim Gewaltmonopol; das *internationale System* dagegen dezentral und anarchisch:

> National politics is the realm of authority, of administration, and of law. International politics is the realm of power, of struggle, and of accommodation. (...) Formally, each is the equal of all the others. None is entitled to command; none is required to obey.[33]

Anarchie bedeutet also in den IB das Fehlen einer übergeordneten Regelungs- und Sanktionsinstanz. Da unter dieser Voraussetzung niemand die Sicherheit der einzelnen Staaten garantieren kann, wird das Überleben zur Grundlage und Voraussetzung für die Realisierung aller weiteren Ziele. Die (zentralen) Eigenschaften der Staaten sind funktional nicht differenziert; sie müssen sich vorrangig um ihre Sicherheit kümmern: „States are alike in the tasks they face, though not in their abilities to perform them."[34] Das Hauptproblem, das sich aus der Anarchie im internationalen System ergibt, ist das Risiko der Gewalt. Da immer einige Staaten zur Gewaltanwendung bereit sind, müssen sich alle anderen darauf einstellen, selbst gewaltbereit zu sein oder sich dem Willen ihrer mächtigeren Nachbarn zu unterwerfen:

> Among states, the state of nature is a state of war. This is meant not in the sense that war constantly occurs but in the sense that, with each state deciding for itself whether or not to use force, war may at any time break out. Whether in the family, the community, or the world at large, contact without at least occasional conflict is inconceivable; and the hope that in the absence of an agent to manage or to manipulate conflicting parties the use of force will always be avoided, cannot be realistically entertained. *Among men as among states, anarchy, or the absence of government, is associated with the occurrence of violence.*[35]

---

33 Ebd., S. 113 und 88.

34 Ebd., S. 96.

35 Ebd., S. 102 (Betonung von mir).

Das Risiko der Gewalt allein bildet nicht den entscheidenden Unterschied zwischen staatlich verfassten Gesellschaften und dem internationalen System. Der Unterschied besteht in der Form, mit diesem Risiko umzugehen. Das internationale System ist ein Selbsthilfesystem, die einzelnen Gesellschaften (*national systems*) sind es nicht; jedenfalls solange sie als Staaten mit funktionierendem Gewaltmonopol organisiert sind. Im internationalen System müssen sich die Staaten selbst helfen, wenn sie überleben wollen, durch Vorsorge für die Verteidigung, durch Abschreckung oder durch Bündnisse. „Take care of yourself" ist das Motto der internationalen Politik. Staaten, die diesen Grundsatz nicht befolgen, die ihre Sicherheit vernachlässigen, müssen damit rechnen, erobert oder zumindest in ihrer Autonomie gefährdet und in ihren Interessen geschädigt zu werden.

Mir stellt sich die Frage, ob sich mit Waltz' vermeintlich streng systemischer Rationalität nicht doch ein bestimmtes Menschenbild verbindet. Ganz so zwangsläufig, wie Waltz das beschreibt, sind die Konsequenzen aus der Anarchie nämlich nicht. Das wird spätestens dann deutlich werden, wenn ich in Kap. 11 die konstruktivistische Kritik am strukturellen Realismus vorstelle. Waltz selbst verweist immer wieder auf Analogien zur ökonomischen Theorie, um das Verhältnis zwischen System und Akteur zu erläutern. Verkehrssysteme funktionieren, so sagt er, weil alle Beteiligten wissen, dass die Regeln im Zweifel von den Ordnungsbehörden durchgesetzt werden. Ökonomische oder internationale politische Systeme, die dem Wettbewerbsprinzip unterliegen, folgen anderen Gesetzmäßigkeiten. Aus den Interaktionen ihrer Teile (oder Einheiten) ergeben sich Strukturen, die das Verhalten dieser Teile belohnen oder bestrafen, je nachdem ob sie sich daran orientieren, was für den Erfolg im System erforderlich ist.

Internationale politische Systeme entstehen wie Märkte aus den parallelen Handlungen von Einheiten (Staaten bzw. Firmen), die ihren jeweiligen Interessen nachgehen. Jede Einheit verfolgt dabei zunächst nur ihr eigenes Wohl, also vor allem ihre Selbsterhaltung; aber da mehrere Einheiten das gleichzeitig tun, verändern sich auch die Ziele und Motive der einzelnen Akteure. Für sich allein würde jeder gern weniger arbeiten und mehr Geld für seine Produkte verlangen. Aber das System, der Markt in diesem Fall, zwingt sie, mehr zu arbeiten und ihre Waren möglichst günstig anzubieten. Die analogen Schlussfolgerungen für das internationale System brauche ich nicht zu wiederholen. Ich zitiere lieber noch einmal Waltz, damit die darwinistischen Untertöne deutlich werden:

To say that „the structure selects" means simply that those who conform to accepted and successful practices more often rise to the top and are likelier to stay there. The game one has to win is defined by the structure that determines the kind of player who is likely to prosper.[36]

So viel zum entscheidenden Grundgedanken des strukturellen Realismus, der ihm seinen Namen gegeben hat. Es fehlt noch die Ausführung des zweiten Grundgedankens, der sich auf die Positionierung der Einheiten im System bezieht. Zwar sind alle Einheiten in ihren Aufgaben gleich; aber sie sind unterschiedlich stark, und daraus ergeben sich unterschiedliche Konfigurationen des Staatensystems. Nur so entstehen nach Waltz Unterschiede im Verhalten der Staaten und in ihren Interaktionsergebnissen. Das internationale System variiert mit dem Arrangement seiner Einheiten, mit seiner Struktur:

International structures vary with significant changes in the number of great powers. Great powers are marked off from others by the combined capabilities (or power) they command. When their number changes consequentially, the calculations and behaviors of states, and the outcomes their interactions produce, vary.[37]

Vielleicht hört sich das kompliziert an, aber es ist im Grunde ganz einfach. Staaten wollen, ähnlich wie Firmen, überleben; das ist ihr Basisziel, die Voraussetzung für alle weiteren Bestrebungen. Da sie im Schatten der Anarchie leben, was in den IB heißt: ohne eine zentrale Regelungs- und Schiedsinstanz,[38] konkurrieren sie um Sicherheit und Macht; aber primär um Sicherheit, was eine wichtige Differenz zum klassischen Realismus markiert, wie Waltz ausdrücklich betont:

---

36 Ebd., S. 92.
37 Kenneth Waltz, *Realist Thought and Neorealist Theory*, in: Charles W. Kegley, *Controversies in International Relations Theory*, New York 1995, S. 67-82, hier S. 74.
38 Spätestens an dieser Stelle endet die Analogie zwischen Staatensystem und Märkten, wie Waltz betont. Märkte sind durch zusätzliche Regeln geschützt, wie z.B. Wettbewerbsgesetze, Reinheitsgebote oder das Verbot, unliebsame Konkurrenten einfach zu erschießen. In der internationalen Politik dagegen ist alles möglich (*International Politics*, S. 91). Eine empirisch angereicherte Diskussion würde schon an dieser Stelle zeigen, dass die waltzsche Dichotomie zwischen regulierten staatlich verfassten Gesellschaften auf der einen und völlig unreguliertem, anarchischem internationalen System auf der anderen Seite zu rigide ist.

Neorealists, rather than viewing power as an end in itself, see power as a possibly useful means, with states running risks if they have either too little or too much of it. Weakness may invite an attack that greater strength would dissuade an adversary from launching. Excessive strength may prompt other states to increase their arms and pool their efforts. Power is a possibly useful means, and sensible statesmen try to have an appropriate amount of it. In crucial situations, *the ultimate concern of states is not for power but for security. This is an important revision of realist theory.*[39]

Aber Übergriffe anderer Staaten sind prinzipiell immer möglich, d.h. die Staaten müssen sich um ihre Sicherheit kümmern, wenn sie überleben wollen; niemand nimmt ihnen diese Aufgabe ab. Der einzig wirklich relevante Unterschied zwischen Staaten sind die Machtpotenziale, die ihnen für die Selbsthilfe zur Verfügung stehen. Daraus wiederum folgt zwangsläufig der Mechanismus der Macht- und Gegenmachtbildung: „Balance-of-power politics prevail wherever two, and only two, requirements are met: that the order be anarchic and that it be populated by units wishing to survive".[40]

Aus der Systematik von Waltz ergeben sich noch zwei abgeleitete Annahmen über das Verhalten von Staaten: Sie versuchen, ihre Autonomie zu wahren, d.h. nicht von anderen Staaten abhängig zu werden; und sie achten, wenn sie schon kooperieren, darauf, dass die anderen nicht mehr dabei gewinnen als sie selbst. Selbst die Aussicht auf absolute Gewinne für beide Parteien wird sie nicht zur Kooperation veranlassen, solange beide sich Sorgen darüber machen, wie die andere Seite ihre Potenzialverbesserung ausnutzen könnte. Wieder liegt das Hindernis für die Zusammenarbeit nicht im Charakter oder in den unmittelbaren Absichten der Beteiligten. Es ist die Unsicherheit, zumindest die Unsicherheit einer Seite über die *zukünftigen* Absichten und Handlungen der anderen, die ihrer Kooperation im Wege steht.[41]

In der Kontroverse über die Verteilung der Gewinne (*relative gains*), die sich aus der Kooperation zwischen Staaten ergeben, hat sich auch Joseph Grieco auf der Seite des Realismus engagiert. Wie Waltz geht Grieco davon aus, dass die Staaten ihre relative Machtposition gar nicht unbedingt verbessern wollen; sie wollen sie nur nicht verschlechtern. Deshalb bezeichnet er sie als „defensive Positionalisten". Weil diese Art von defensiver Selbstbehauptung für sie so wich-

---

39 Waltz, *Realist Thought*, S. 79f. (Betonung von mir).
40 Waltz, *International Politics*, S. 121.
41 Ebd., S. 105.

tig ist, sind sie sogar bereit, auf absolute Gewinne zu verzichten. Denn wenn andere Staaten deutlich mehr Gewinne aus der Kooperation ziehen, könnten sie diese Überlegenheit gegen sie verwenden.[42]

6.6 Zur Kontroverse über den Realismus

Der Realismus steht in der deutschen Debatte nicht mehr hoch im Kurs; jedenfalls bei den Teilen in der Gemeinde der Forschenden, Lehrenden und Lernenden, die an Theorie interessiert sind und sich in anderen Theorien auskennen. Die einen rechnen ihn zum „alten Eisen"; zu einem historischen Theoriebestand, der nicht mehr den politischen Anforderungen unserer Zeit entspreche und deutlich unter dem in den IB erreichten Theorie-Niveau bleibe. Andere werfen ihm die Verbindung zu machtpolitisch überzogener und moralisch fragwürdiger Politik oder sogar die Verantwortung dafür vor. Beide Einschätzungen oder Vorwürfe halte ich für problematisch.

Was das Verhältnis zur Machtpolitik angeht, so möchte ich daran erinnern, dass es gerade nicht „die Realisten" waren, die die USA in den Irak-Krieg geführt haben, sondern eine Koalition aus „Kalten Kriegern" und Neokonservativen. Viele Realisten innerhalb und außerhalb der Bush-Administration haben vor diesem Krieg gewarnt.[43]

Was die Ergiebigkeit oder Aktualität des realistischen Paradigmas betrifft, so sind auch in diesem Punkt Differenzierungen angezeigt. So halte ich z.B. das Sicherheitsdilemma nach wie vor für ein geradezu geniales Konzept, ich habe selbst erfolgreich damit gearbeitet.[44] Damit ist überhaupt nicht gesagt, dass internationale Konflikte allein mit dem Sicherheitsdilemma erklärt werden könnten. Das lässt sich, wie schon gezeigt, am Beispiel des Peloponnesischen Krieges sehr gut diskutie-

---

42 Eine gute Zusammenfassung bei Joseph Grieco, *Anarchy and the Limits of Cooperation*, in: David A. Baldwin (Hrsg.), *Neorealism and Neoliberalism: The Contemporary Debate*, New York 1993, S. 116-140, hier S. 127.

43 Hans J. Morgenthau hat die „Kalten Krieger" noch selbst kritisiert, mit den Neokonservativen hätte er nichts zu tun haben wollen; vgl. Michael C. Williams, *Morgenthau now: Neoconservatism, national greatness, and realism*, in: ders. (Hrsg.), *Realism Reconsidered: The Legacy of Hans J. Morgenthau*, Oxford-New York 2007, S. 216-239.

44 Gert Krell/Hans-Joachim Schmidt, *Der Rüstungswettlauf in Europa: Mittelstreckensysteme, konventionelle Waffen, Rüstungskontrolle*, Frankfurt am Main-New York 1982. Die Studie ist nicht mehr aktuell, aber sie zeigt exemplarisch die Bedeutung wechselseitiger Bedrohtheitsvorstellungen.

ren; aber auch am Ersten Weltkrieg, der vielfach – siehe das Zitat in Fußnote 30 – als ein typisches Produkt dieses Dilemmas verstanden und sicher auch fehlgedeutet wurde. Diese verbreitete Fehldeutung erfüllte eine wichtige Entlastungsfunktion, denn für das Sicherheitsdilemma war ja keine Seite verantwortlich; die Politik war eben in den Krieg „hineingeschlittert". Diese Entlastungsfunktion hatte zwar eine entspannende Wirkung gegenüber den Vergiftungen der Kriegsschulddebatte; aber sie vernebelte gleichzeitig die gesellschaftlichen Triebkräfte und politischen Fehlentscheidungen, die das Sicherheitsdilemma erst zum Problem gemacht und in den Krieg geführt hatten.

Aber wie jüngere Diskussionen zeigen, trifft das Sicherheitsdilemma auch in diesem Fall einen wichtigen Aspekt; vor allem wenn man es, so wie Lebow das schon für den Peloponnesischen Krieg getan hat, nicht als Ursache, sondern als eine Voraussetzung für den Krieg begreift.[45] Sicher darf der Begriff nicht nur eng systemisch verstanden, muss er weiter politologisch aufgelöst werden. Das Sicherheitsdilemma existiert nicht unabhängig von Wahrnehmungen, Interpretationen und Interessen. Vorgebliche Sicherheitsinteressen sind selbst zu hinterfragen; die Varianten reichen bis zu pathologischen Extremen.

Die Verschlankungen in der Theoriebildung, die Kenneth Waltz vorgenommen hat, halte ich dagegen für problematisch, auch wenn sich aus seiner *Theory of International Politics* ein umfangreiches, allerdings stark quantitativ orientiertes Forschungsprogramm ergeben hat. Eine zentrale Schwäche des strukturellen Realismus von Waltz liegt darin, dass er ganz radikal nur auf das Staatensystem schaut und nicht in die Staaten. Die *like units* sind aber nicht so *like*, wie Waltz sie macht. Ich zitiere noch einmal seine *Theory*:

---

45 Vgl. jetzt Stephan Burgdorff/Klaus Wiegrefe, *Der Erste Weltkrieg: Die Ur-Katastrophe des 20. Jahrhunderts* [2004], München 2008. In diesem Sammelband kommen viele verhängnisvolle Aspekte zur Sprache, die eindeutig über das Sicherheitsdilemma hinausweisen; aber es verschwindet nicht völlig, wie man im Schlussbeitrag des britischen Historikers Hew Strachan sehen kann. Zum Peloponnesischen Krieg vgl. Lebow, *The Tragic Vision of Politics*, der im Rahmen einer eigenen Begriffsanalyse des Originaltextes vorschlägt, den Machtzuwachs Athens nicht als „the truest cause of war", sondern als „the most important precondition" zu interpretieren (S. 108).

Beyond the survival motive, the aims of states may be endlessly varied; they may range from the ambition to conquer the world to the desire merely to be left alone. (…) They are unitary actors who, at a minimum, seek their own preservation and, at a maximum, drive for universal domination.[46]

Ich kann nicht verstehen, warum Waltz selbst in solchen Aussagen keine Herausforderung für seine Theorie gesehen hat, denn so wird seine zentrale These: „the logic of anarchy does not vary with its content" (S. 81) doch zu einer nichtssagenden Tautologie. Wenn es egal ist, ob ein Staat einfach nur in Ruhe gelassen werden will oder aber die Welt erobern möchte, wie will Waltz dann ein so dramatisches Ereignis wie den Zweiten Weltkrieg auf der Grundlage von Anarchie und *like units* erklären? Es wäre doch vielmehr entscheidend herauszufinden, Anarchie hin oder her, warum die einen Staaten nur *preservation*, die anderen aber *domination* wollen. Immerhin scheint Waltz in diesem Punkt konzessionsbereit; jedenfalls schrieb er in einem Beitrag von 1990, die Systemstruktur oder die Staaten könnten von mehr oder weniger Gewicht sein, die Frage nach der Bedeutung der jeweiligen Analyse-Ebene lasse sich nicht abstrakt und definitiv entscheiden. Der Neorealismus müsse sich mit der Frage nach dem Status und der Rolle der Einheiten mehr beschäftigen, auch mehr mit den Hintergrundbedingungen, unter denen Staaten tätig werden, wie z.B. industrielle und militärische Technologie.[47]

---

46 Waltz, *Theory*, S. 91 und 118.
47 Waltz, *Realist Thought*, S. 80-81. Der „neoklassische" Realismus macht sich solche Lücken bei Waltz zu Eigen und ergänzt die systemischen (Struktur des internationalen Systems) durch interne Faktoren, die das Handeln der Staaten beeinflussen, wie Wahrnehmung der internationalen Umwelt durch die Entscheidungseliten oder deren Zielvorstellungen. Vgl. dazu Sebastian Harnisch, *Theorieorientierte Außenpolitikforschung in einer Ära des Wandels*, in: Gunther Hellmann/Klaus Dieter Wolf/Michael Zürn (Hrsg.), *Die neuen Internationalen Beziehungen: Forschungsstand und Perspektiven in Deutschland*, Baden-Baden 2003, S. 313-360, hier S. 321-325; oder Randall L. Schweller, *The Progressiveness of Neoclassical Realism*, in: Colin Elman/Miram Fendius Elman (Hrsg.), *Progress in International Relations Theory: Appraising the Field*, Cambridge, Mass. 2003, S. 311-347. Vgl. aber auch schon die Berücksichtigung des Faktors *Perzeption* in der neorealistischen Variante der sich selbst so bezeichnenden Münchner Schule: Alexander Siedschlag, *Internationale Politik als skeptische Gegenwartswissenschaft*, in: ders. (Hrsg.), *Realistische Perspektiven internationaler Politik*, Opladen 2001, S. 13-66, hier S. 35f.

Es gäbe zu Waltz noch viel zu sagen; in der US-amerikanischen IB-Literatur findet man ausführliche Debatten über verschiedene Aspekte der neorealistischen Theorie. So wird diskutiert, ob sich Staaten wirklich an relativen Gewinnen orientieren. Die Angst der Staaten vor Abhängigkeit ist eine weitere fragwürdige These von Waltz. Zwar sind Sicherheits- und Verteidigungsfragen nach wie vor besonders sensibel, wenn es um staatliche Souveränität geht; aber auf vielen Gebieten sind die Staaten längst zur Kooperation gezwungen, gerade weil sie voneinander abhängig geworden sind, weil sie gar keine Wahl mehr haben. Ich komme darauf im achten Kapitel ausführlicher zu sprechen. Ein anderer Kritikpunkt betrifft die Differenzierung zwischen Innen und Außen, also staatlich verfasste Gesellschaften einerseits, internationales System andererseits. Sie ist bei Waltz zu schematisch, denn auch im internationalen System wirken Regeln und Normen. Aus der Anarchie folgen keineswegs zwingend chronisches Misstrauen und konkurrierende Selbsthilfe; die Staaten haben hier sehr viel mehr Gestaltungsmöglichkeiten und auch Verantwortung, als Waltz unterstellt. Es gibt auch in der internationalen Politik nicht nur Anarchie, sondern auch *community*.

Außerdem und vor allem: Waltz' zentrale Kontroverse mit Morgenthau ist nicht entschieden. Denn für die Staaten, die auf Weltherrschaft aus sind, bliebe zu klären, ob sie das wegen des Sicherheitsdilemmas tun oder aus Machtgier. Der Realist John Mearsheimer geht davon aus, dass zumindest die großen Mächte aufgrund ihres Bedarfs an Sicherheit in einer prinzipiell unsicheren Umwelt geradezu dazu verdammt sind, ihr Machtpotenzial zu maximieren, auch wenn sie sich dabei – und das ist der tragische Aspekt der Geschichte – übernehmen.[48] Für die nationalsozialistische Programmatik schiene mir das eine völlig unzureichende Erklärung. Damit komme ich noch einmal zu Hans Morgenthau und zum klassischen Realismus zurück.

Natürlich gibt es auch gegenüber Hans Morgenthau Kritik. Manche Autoren beklagen z.b. mangelnde Präzision in zentralen Kategorien wie Macht oder *Balance of Power*. Mich stört eher sein latenter „Objektivismus", der eigentlich gar nicht zur seiner Methodik passt; denn er hat sich immer gegen szientistische Ansätze, also die naturwissenschaftliche Tendenz in der Politikwissenschaft, gewehrt. Man erkennt Morgenthaus Objektivismus an seinem Anspruch, die in der Politik

---

48 John J. Mearsheimer, *The Tragedy of Great Power Politics*, New York 2003.

geltenden „objektiven Gesetze" zu finden bzw. zu formulieren. Aber auch der Realismus *deutet* die Welt – wer weiß schon, wie sie wirklich ist. In der Tat hat Morgenthau in dem von mir besprochenen Text eine sehr spezifische, dabei nicht einmal eindeutige Auffassung vom Wesen des Menschen zu einer überzeitlichen Naturkategorie stilisiert.

Aber nicht alle Menschen sind zu allen Zeiten in gleicher Weise daran interessiert, andere Menschen zu beherrschen, auch wenn Morgenthaus persönliche Erfahrungen ihm reichlich Grund zu einer solchen Annahme gegeben haben. „Der Mensch", wenn wir schon diesen Begriff verwenden wollen, ist genauso ein soziales wie ein Machtwesen, die konservative Naturalisierung mithin ebenso problematisch wie der vermeintlich naive Fortschrittsglaube der kritisierten idealistischen Gegner. Da Morgenthau selbst zwischen verschiedenen Formen von Macht unterscheidet, kann der *animus dominandi* keine Konstante sein. So sagt er auch an einer Stelle, die „relative Triebstärke" (!) hänge von den gesellschaftlichen Umständen ab, die „einen Trieb begünstigen, einen anderen aber unterdrücken können, manchen Triebäußerungen die gesellschaftliche Zustimmung verweigern und andere gutheißen".[49] Er schlägt hier also von sich aus eine gesellschaftliche Kontextualisierung der menschlichen Natur vor.

Der Objektivismus von Hans Morgenthau zeigt sich auch in seinem Begriff des nationalen Interesses. Er hat einmal gesagt, das nationale Interesse erschließe sich nicht aus der Laune eines Einzelnen oder aus der Parteilichkeit einer politischen Gruppierung. Es dränge sich vielmehr als ein „objektives Datum" all denen auf, die ihre Fähigkeit zu vernünftigen Überlegungen auf die Außenpolitik anwendeten.[50] Das ist eine fragwürdige Vorstellung. Die Realisten selbst haben untereinander das Nationalinteresse oft unterschiedlich definiert. Morgenthau z.B. war, wie schon gesagt, ein entschiedener Gegner des Vietnam-Krieges; andere Realisten wie Henry Kissinger haben ihn gerechtfertigt, als notwendig „im nationalen Interesse" der USA.

Diskussionsbedürftig scheint mir auch Morgenthaus Forderung nach Abkopplung der Außenpolitik von der Gesellschaft. Seine Skep-

---

49 Morgenthau, *Macht und Frieden*, S. 76. Zur Kritik an Morgenthaus Kategorien vgl. auch Christoph Rohde, *Hans J. Morgenthau und der weltpolitische Realismus*, Wiesbaden 2004.

50 Zitiert nach Scott Burchill, *Realism and Neo-Realism*, in: ders./Andrew Linklater/Richard Devetak (Hrsg.), *Theories of International Relations*, New York 1996, S. 67-92, hier S. 77 (3. Aufl., London-New York 2005).

sis gegenüber demokratischer Mitbestimmung in diesem Bereich mag vor dem Hintergrund seiner historischen Erfahrungen verständlich sein. Außenpolitik in Form einer stilisierten Diplomatie, d.h. auf der Grundlage von über das Nationalinteresse vernünftig räsonierenden Staatmännern zu betreiben, ist aber heute schon aus praktischen Gründen nicht mehr möglich; es ist auch theoretisch nicht hinreichend begründet. Wir wissen, dass Staatsmänner (auch -frauen) oft Entscheidungen treffen, die vielen BürgerInnen ihrer Länder schwer schaden, also ihren existenziellen Interessen diametral zuwider laufen. Ob die Staatsmänner wirklich klüger sind als die so genannten einfachen Bürgerinnen und Bürger, das ist keineswegs sicher. Vielleicht spricht sogar einiges dafür, dass demokratische Außenpolitik auch friedlichere Außenpolitik bedeutet. Jedenfalls kann Außenpolitik in der Demokratie nicht darauf verzichten, die Gesellschaft in die Debatte über das „Nationalinteresse", wenn es denn so etwas gibt, einzubeziehen.

Die genannten Einwände treffen freilich nicht den Kern des klassischen Realismus, zumal Hans J. Morgenthau insgesamt nuancierter und differenzierter argumentiert, als es manche pointierte Aussagen nahelegen. Folgt man Richard Ned Lebows herausragender Würdigung und Interpretation, dann ist das kennzeichnende am klassischen Realismus seine „tragische Sicht der Politik". Diese Sicht ist bei allen drei Autoren, die Lebow diskutiert (neben Thukydides und Hans Morgenthau als Dritter Carl von Clausewitz, der preußische Reformer und Theoretiker des Krieges), in Zeiten schwerer politischer Umbrüche und Krisen entstanden, die mit exzessiver Gewalt verbunden waren. (Für Clausewitz waren es die schwere Niederlage Preußens und die napoleonischen Kriege, die für die Zukunft der Nationalstaaten ein gegenüber dem Absolutismus dramatisch gesteigertes Gewalt- und Eskalationspotenzial bis hin zum „totalen Krieg" befürchten ließen.)[51] Das skeptische Welt- und Menschenbild, das die genannten Autoren aus diesen bitteren politischen und zum Teil auch persönlichen Erfahrungen gewonnen haben, hat sie gerade nicht zu Zynikern der Macht oder gar des Krieges (das wäre auch im Fall von Clausewitz ein grobes

---

51 Im Gegensatz zu Immanuel Kant war Carl von Clausewitz nicht der Auffassung, dass die politische Mitbestimmung der Bürger das Kriegsrisiko reduzieren werde. Er sah in der französischen Revolution einen Beleg dafür, dass demokratischere Staaten äußerst aggressiv und sehr erfolgreich bei der Mobilisierung der materiellen und menschlichen Ressourcen für die Kriegführung sein können (vgl. dazu auch das nächste Kapitel).

Missverständnis[52]) werden lassen. Ganz im Gegenteil: eine einigermaßen menschliche und friedliche Ordnung hat für sie einen umso höheren Stellenwert gewonnen. Dieses Ziel ist aber nur mit maßvoller und verantwortungsbewusster Politik zu realisieren, die sich ausdrücklich an den ethischen Maßstäben ihrer Zeit orientiert:

He [Hans Morgenthau, GK] shared Thucydides' tragic understanding of politics, reflected in their belief that order was fragile, that human efforts to control, or even, reshape, their physical and social environments were far more uncertain in their consequences than most leaders and intellectuals recognized, and that hubris – in the form of an exaggerated sense of authority and competence – only made matters worse. (…) Like Thucydides, Morgenthau put great emphasis on the determining choices of leaders, and those decisions in turn reflected their vision, character and ethical commitments. (…) He never flagged in efforts to use his conceptual skills to help improve the human condition despite his deep pessimism at times about the willingness of leaders and people alike to learn from experience, control their passions and rise above momentary calculations of narrow self-interest.[53]

---

52 Vgl. Lebow, *The Tragic Vision of Politics*, S. 215: "A key goal of *On War* [Clausewitz' Hauptwerk, GK] was to alert readers to the increasing difficulty of keeping modern war limited in its means and ends. I believe he would have made this warning more explicit had he lived long enough to finish the planned revisions of his manuscript. Given the way *On War* was read, it is doubtful that even explicit warnings would have had their intended effect. (…) It is one of the ironies of history that Clausewitz, a proponent of reform and a defensive foreign policy, became a source of inspiration and legitimacy for the most reactionary forces in Germany."

53 Ebda., S. X.

Schematische Übersicht über den Realismus

	Morgenthau (klassischer Realismus)	Herz (Realliberalismus)	Waltz (struktureller/ Neorealismus)
historische Rahmenbedingungen	Totalitarismus und Zweiter Weltkrieg		Ost-West-Konflikt
Fokus der Analyse	Wesen des Menschen *Politics Among Nations*	Staatenystem	Internationales System
zentrale Akteure	Staaten Staatsmänner	Staaten	Staaten (*like units*)
zentrale Kategorien	Macht Machtinteresse *animus dominandi*	Sicherheits-dilemma	System und Struktur Anarchie Selbsthilfe
zentrales Problem der iB	Machtrivalität schrankenlose Macht	Sicherheits-konkurrenz	Anarchie
Lösung	Interessen-sicherung durch vernünftige Diplomatie *Balance of Power*	*Balance of Power* kollektive Sicherheit Entspannung	*Balance of Power*

Was man weiß bzw. wissen sollte

Der Realismus hat viele Gegner, aber er wird auch oft missverstanden. Er ist eine sehr heterogene Theorietradition, sowohl in der politischen Praxis als auch in der Politikwissenschaft. In der politischen Praxis reicht er vom Macht glorifizierenden und irrational-verbrecherischen Superrealismus des Nationalsozialismus über zynisch, aber rational kalkulierende Macht- und Interessenpolitik bis zu einer „realliberalen" Politik, die Machtinteressen sittlich bändigen und Machtrealität mit Utopie versöhnen will. In den wissenschaftlichen Debatten ist eine andere Einteilung von Bedeutung, und zwar die zwischen klassischem (bzw. politischem oder anthropologischem) Realismus auf der einen und strukturellem oder Neorealismus auf der anderen Seite.

Der klassische Realismus geht davon aus, dass Machtinteressen das zentrale Antriebsmoment menschlichen und damit auch staatlichen Handelns bilden; dass es also in der Politik und damit auch in der internationalen Politik primär um Macht geht. Auch diejenigen Staatsmänner, die moralisch handeln wollen, müssen diese Realität anerkennen; und sie müssen selbst Machtpolitik betreiben, wenn sie erfolgreich sein wollen. Wichtig ist, dass z.B. Hans J. Morgenthau, der bekannteste Vertreter des klassischen Realismus, ausdrücklich zwischen Macht- und Gewaltpolitik um ihrer selbst willen einerseits und einer sittlich gebändigten Machtpolitik andererseits unterscheidet.

Der Neorealismus oder strukturelle Realismus verlagert das Problem auf eine andere Ebene; er argumentiert nicht anthropologisch, sondern systemtheoretisch. Da es im internationalen System kein Gewaltmonopol gibt, konkurrieren Staaten zwangsläufig um Sicherheit und Macht. Die Kategorie des Sicherheitsdilemmas bringt diese systemische Konstellation auf den Begriff. (Systemisch heißt das, was nicht in der Verfügung der einzelnen Akteure liegt, sondern sich aus der Struktur des Systems ergibt; also den Rahmenbedingungen, denen alle gleichermaßen unterworfen sind.) Staaten, die ihre Vorsorge vernachlässigen, schädigen ihre Überlebensinteressen. *Balance of Power* ist u.U. eine Möglichkeit, ein solches System von zwangsläufig um Sicherheit und Macht konkurrierenden Staaten im Gleichgewicht zu halten. Es kommt fast automatisch zu solchen Formen der Gegenmachtbildung, wenn Staaten ihren Überlebensinteressen nachgehen. Verschiebungen in der *Balance of Power* sind besonders krisen- oder sogar kriegsanfällig.

Sowohl der klassische als auch der Neorealismus schränken die Wahlmöglichkeiten für politisches Handeln in den internationalen Beziehungen und damit auch die Fortschrittsperspektive erheblich ein, aber beide determinieren die Politik nicht völlig; es bleibt ein Spektrum von Verhaltensoptionen. Im klassischen Realismus ist eine Zügelung des Machttriebs möglich, besteht die politische Herausforderung also nicht nur darin, Machtübergriffen durch Gegenmachtbildung zu begegnen, sondern auch darin, Macht sittlich verantwortlich und vernünftig einzusetzen. Im strukturellen Realismus bleibt offen, ob die Staaten sich darauf konzentrieren, eine einmal erreichte machtpolitische Position zu halten, oder ob sie diese Machtposition im Streben nach Sicherheit immer weiter ausbauen (müssen).

Die Stärke des *klassischen Realismus* besteht darin, dass er auf die historische und aktuelle Realität von Machtinteressen verweist und idealistische Entwürfe ideologiekritisch auf verleugnete oder getarnte Machtinteressen hin analysiert. Er ist historisch in einer Zeit entstanden, in der Hoffnungen auf eine vernünftige und menschliche Gestaltung der internationalen Beziehungen aufs schwerste enttäuscht wurden; in der Zeit totalitärer Herrschaft, des Zweiten Weltkrieges und des Kalten Krieges. Für den politischen Realismus haben Machtinteressen, wenn sie mit Maß, mit Vernunft und mit ethischen Maßstäben verfolgt werden, auch den Vorteil, dass sie kompromissfähig sind. Die Stärke des *strukturellen Realismus* liegt in der theoretischen Annahme der Eigenständigkeit einer Ebene der internationalen Politik, die nicht mehr in das Verhalten der einzelnen Akteure aufgelöst werden kann.

Schwächen des Realismus sind gleichermaßen offenkundig. Die Kategorie der Macht ist nicht eindeutig, das sagen die Realisten zum Teil selbst; außerdem ist ihre anthropologische Fundierung kontrovers. Zweifellos haben Menschen Machtinteressen, aber sie sind zugleich soziale Wesen und zur Empathie fähig. Wie sich beides verteilt, ist eine Frage der jeweiligen individuellen, sozialen und historischen Bedingungen, wie Hans J. Morgenthau selbst andeutet. Das gleiche gilt für den Begriff des „nationalen Interesses", der selbst ideologiekritisch hinterfragt werden muss. Für die systemische Ebene gilt, dass das Sicherheitsdilemma keine überzeitliche Strukturkategorie bildet, sondern seinerseits der Interpretation unterliegt. Die Struktur des internationalen Systems lässt den Akteuren immer noch ein breites Spektrum an Handlungsmöglichkeiten, wie Kenneth Waltz, der führende Vertreter des strukturellen Realismus, selbst einräumen muss.

Worüber es zu diskutieren lohnt

- Wie realistisch ist der Realismus?
- Gibt es überhaupt eine sittliche Machtpolitik bzw. wie ist das Verhältnis zwischen Macht und Moral zu beschreiben?
- Was besagt die Kategorie des nationalen Interesses; ist sie rein ideologisch oder hat sie einen rationalen Kern?
- Was bedeutet die Kategorie des Sicherheitsdilemmas; inwiefern ist es eine Folge der Struktur, inwiefern Ergebnis des Handelns der Akteure? (Diese Frage ist im Folgenden auch aus dem Blickwinkel anderer Großtheorien, insbesondere des Institutionalismus, des Feminismus und des Konstruktivismus zu diskutieren.)
- Der Neorealismus von Waltz macht Anleihen bei der ökonomischen Theorie. Wo liegen die Parallelen und wo die Problematik der Anleihe?
- Wie lassen sich Variationen im Verhalten der Akteure in ein „realistisches" Weltbild integrieren? Anders herum: unter welchen Voraussetzungen könnte man von solchen Variationen absehen?

Literatur-Tipps

Empfohlene Lektüre zur Einführung:

Hans J. Morgenthau, *Macht und Frieden: Grundlegung einer Theorie der internationalen Politik* [1948], Gütersloh 1963 (Auszug S. 48-60 aus dem Kapitel *Eine realistische Theorie der internationalen Politik*, und zwar der Abschnitt *Sechs Grundsätze des politischen Realismus*)

John Herz, *Idealistischer Internationalismus und das Sicherheitsdilemma* [1950], in: ders., *Staatenwelt und Weltpolitik*, Hamburg 1974, S. 39-56 (der Aufsatz behandelt das Sicherheitsdilemma nur am Anfang) oder Robert Jervis, *Perception and Misperception in International Politics,* Princeton, NJ 1976, S. 62-76 (Auszug aus dem Kapitel *Deterrence, the Spiral Model, and Intentions of the Adversary*; Jervis diskutiert ausführlich das Sicherheitsdilemma einschließlich seiner psychologischen Dynamik)

Kenneth N. Waltz, *Theory of International Politics,* Reading, Mass.-London 1979, S. 102-128 (Kap. 6: *Anarchic Orders and Balances of Power*)

Werner Link, *Die Neuordnung der Weltpolitik: Grundprobleme globaler Politik an der Schwelle zum 21. Jhdt.*, 3. Aufl., München 2001, S. 127-150 (*Hegemonie und Gleichgewicht in der gegenwärtigen Staatenwel*) gibt einen guten Einblick in eine zeitgenössische neorealistische Position.

Klassiker der Politischen Theorie und Ideengeschichte:

Niccolò Machiavelli (1469-1527), *Der Fürst* [1532], Frankfurt am Main 2008. Machiavelli gilt als einer der Begründer der modernen neuzeitlichen Staatsbzw. Herrschaftsraison. Seine Abgrenzung vom Idealismus, seine Grundskepsis gegenüber den Menschen, seine Wertschätzung der Herrschaftstechniken und der Tüchtigkeit (*virtù*) des Herrschers weisen ihn als einen Vorläufer oder Mitbegründer eines „harten" klassischen Realismus aus. Ich empfehle, mindestens die Kapitel 7, 12, 15-19 sowie 24-26 zu lesen.

Thomas Hobbes (1588-1679), *Leviathan* [1651], Frankfurt am Main 2008. Die Abschnitte *Einleitung* und Teil I, Kap. XIII: *Die natürlichen Bedingungen des Menschseins, menschliches Glück und Unglück* sowie Teil II, Kap. XVII: *Ursache, Entstehung und Definition des Staates* enthalten die Kernbeschreibung des Naturzustandes und des Gesellschaftsvertrages, die Anarchie und deren Überwindung. Hobbes' Konzeption nimmt, noch auf der Ebene einzelner Gesellschaften, eher den strukturellen Realismus vorweg.

Sonstige Literaturhinweise:

W. David Clinton, *The Realist Tradition and Contemporary International Relations*, Baton Rouge, LA 2007 (ein schönes Buch mit Beiträgen zu Thukydides, Machiavelli, Hobbes, Hume, Burke, Carr, Morgenthau und Niebuhr)

Jack Donnelly, *Realism and International Relations*, Cambridge-New York 2000 (ein äußerst ergiebiges Lehrbuch über die wichtigsten Themen und Autoren des Realismus; aber eher für Spezialisten)

Joseph M. Grieco, *Realist International Theory and the Study of World Politics,* in: Michael W. Doyle/G. John Ikenberry (Hrsg.), *New Thinking in International Relations Theory,* Boulder, Col. 1997, S. 163-201 (eine immer noch lesenswerte Übersicht von einem der führenden Realisten über die Grundannahmen der realistischen Theorie und ihre Bewährung in der Forschung; Grieco diskutiert sehr fair die Einwände gegen den Realismus, seine Stärken und seine Schwachpunkte)

Christian Hacke/Jana Puglierin, *John H. Herz: Balancing Utopia and Reality*, in: International Relations, 21:3 (September 2007), S. 367-382 (eine kurze Würdigung des Werks von John Herz)

Christian Hacke/Gottfried-Karl Kindermann/Kai Schellhorn (Hrsg.), *The Heritage, Challenge, and Future of Realism: In Memoriam Hans J. Morgenthau*, Göttingen 2005 (Gedächtnisschrift zum 100. Geburtstag)

International Relations, 22:4 (2008) hat John Herz aus Anlass seines 100. Geburtstages ein ganzes Heft mit 9 Beiträgen gewidmet, die sich mit seinem Leben und seinem Werk beschäftigen.

Jonathan Haslam, *No Virtue Like Necessity: Realist Thought in International Relations Since Machiavelli*, Princeton, N.J. 2002 (ausgezeichnete Übersicht über die frühe Ideengeschichte realistischen Denkens)

Robert Jervis, *Perception and Misperception in International Politics,* Princeton, N.J. 1976 (ein klassisches Standardwerk über die Wahrnehmung und Fehlwahrnehmung von Bedrohungen, über Abschreckung und Eskalationsprozesse, das so genannte *spiral model*)

Stuart J. Kaufmann/Richard Little/William C. Wohlforth (Hrsg.), *The Balance of Power in World History,* Houndmills, Basingstoke-New York 2007 (ein Sammelband, der die Diskussion auf vormoderne und außereuropäische Systeme erweitert und viele konventionelle Einschätzungen über *Balance of Power* in Frage stellt)

Richard Ned Lebow, *The Tragic Vision of Politics: Ethics, Interests and Order,* Cambridge-New York 2003 (eine originelle systematische und empathische Deutung des klassischen Realismus am Beispiel von Thukydides, Carl von Clausewitz und Hans J. Morgenthau; Lebow betont die Aktualität und Modernität dieser Tradition für die praktische Politik ebenso wie für die Internationalen Beziehungen)

Werner Link, *Konfliktformationen des Internationalen Systems im Wandel,* in: Manfred Knapp/Gert Krell, *Einführung in die Internationale Politik: Studienbuch,* 4. Aufl., München-Wien 2004, S. 368-397. Link entwickelt hier einen konflikttheoretischen Ansatz, mit dem er zunächst den Ost-West-Konflikt analysiert, um dann auf neue Wettbewerbs- und Konfliktformationen (neue Machtverteilung, Großmächtekonkurrenz und der neue transnational-internationale Konflikt mit dem al-Qaida-Terrorismus) einzugehen.

Richard Little, *The Balance of Power,* Cambridge-New York 2007 (behandelt Hans J. Morgenthau, Hedley Bull, Kenneth Waltz und John Mearsheimer)

Herfried Münkler, *Machiavelli: Die Begründung des politischen Denkens der Neuzeit aus der Krise der Republik Florenz,* Frankfurt am Main 2004 (zuerst 1982) (eine ausführliche ideengeschichtliche Standortbestimmung Machiavellis vor seinem sozialhistorischen Hintergrund)

Christoph Rohde, *Hans J. Morgenthau und der weltpolitische Realismus,* Wiesbaden 2004 (eine gründliche Darstellung und Auseinandersetzung mit Morgenthaus Gesamtwerk)

Randall L. Schweller, *The Progressiveness of Neoclassical Realism,* in: Colin Elman/Miriam Fendius Elman (Hrsg.), *Progress in International Relations Theory: Appraising the Field,* Cambridge, Mass. 2003, S. 311-347 (ein sehr guter Beitrag über den Realismus insgesamt, aber schon wegen der wissenschaftstheoretischen Ausflüge eher für Fortgeschrittene)

Alexander Siedschlag (Hrsg.), *Realistische Perspektiven internationaler Politik,* Opladen 2001. Der Sammelband, eine Festschrift für Gottfried-Karl Kindermann, dokumentiert den „synoptischen Realismus" der Münchner Schule, die sich zwar auch als ein Neorealismus versteht, aber stärker auf Morgenthau Bezug nimmt und sich in mancherlei Hinsicht von Waltz' strukturellem Realismus unterscheidet.

J. Ann Tickner, *Hans Morgenthau's Principles of Political Realism: A Feminist Reformulation,* in: Millennium, 17:3 (Winter 1988), S. 429-440; auch in: Rebecca Grant/Kathleen Newland (Hrsg.): *Gender and International Re-*

lations, Buckingham 1991, S. 27-40, oder in: James Der Derian (Hrsg.): *International Theory: Critical Investigations*, Basingstoke-London 1995, S. 53-71 (galt eine Zeitlang als klassische feministische Kritik an Morgenthau, ich komme darauf in Kap. 10 zurück)

Kenneth N. Waltz, *Realism and International Politics: The Essays of Ken Waltz*, New York-London 2008 (eine Sammlung wichtiger wissenschaftlicher Artikel von Kenneth Waltz)

Michael C. Williams (Hrsg.), *Realism Reconsidered: The Legacy of Hans J. Morgenthau*, Oxford-New York 2007 (thematisiert verschiedene intellektuelle und historische Einflüsse und geht dabei auf die Rolle des Rechts und der *Balance of Power* in Morgenthaus Werk ein; ein Beitrag des Herausgebers selbst grenzt Morgenthaus Realismus vom Neokonservativismus ab)

Michael Zürn, *Neorealistische und realistische Schule*, in: Andreas Boeckh (Hrsg.), *Internationale Beziehungen, Lexikon der Politik*, Bd. 6, München 1994, S. 309-322. Der Autor bietet eine immer noch nützliche Übersicht über verschiedene Varianten des Realismus. In der Anarchie ist neben *Balance of Power* auch Hegemonie eine Möglichkeit, Stabilität herzustellen. Die Probleme, die damit verbunden sind, habe ich im Kapitel über Thukydides angedeutet; ich werde darauf im Exkurs in Kap. 9 zurückkommen.

7. Liberalismus

LESEHILFE

Ich stelle zunächst den Liberalismus allgemein vor und zeige, wie sich verschiedene Richtungen in den IB niedergeschlagen haben. Zwei davon, nämlich die neue liberale IB-Theorie im engeren Sinne (Kap. 7) und den Institutionalismus (Kap. 8), behandle ich ausführlich. Auf den Handelsliberalismus und den liberalen Imperialismus gehe ich in Verbindung mit der Theorie des republikanischen bzw. demokratischen Friedens ein, die einen zentralen Schwerpunkt in der liberalen IB-Theorie bildet. Ich stelle diese Bereichstheorie ausführlich vor und diskutiere dann Ergebnisse der empirischen Forschung. Die Befunde zum demokratischen Frieden sind widersprüchlich; IB-Theorie und Friedensforschung haben auch den *demokratischen Krieg* als Herausforderung entdeckt. Besondere Aufmerksamkeit gilt dabei einmal Ambivalenzen in der liberalen politischen Theorie selbst, zum zweiten der Varianz im Konfliktverhalten von Demokratien. Im letzten Abschnitt erörtere ich eine Variante der Theoriebildung über außenpolitische Entscheidungsprozesse, die den Schwerpunkt auf das Regierungshandeln selbst legt, auf die Routineverfahren von Großorganisationen und das Verhältnis zwischen den Entscheidungsträgern und der Bürokratie.

7.1 Die Theorietradition des Liberalismus

Es gibt in den IB eine breite Spur von durchaus heterogenen Denk-strömungen, die ihre Wurzeln in der politischen Theorie des Liberalis-mus haben.[1] Bevor ich genauer auf diese Tradition eingehe, soweit sie für die internationalen Beziehungen von Bedeutung ist, möchte ich zu-nächst wichtige generelle Unterschiede zwischen Realismus (bzw. Konvervativismus – das wäre im Bereich der politischen Theorie die Tradition, zu der der Realismus in den IB gehört) und Liberalismus zusammenstellen bzw. in Erinnerung rufen.

Realismus und Liberalismus

Realismus und Liberalismus unterscheiden sich in vielen systema-tischen Gesichtspunkten. Das gilt für den Fokus der Analyse, die zen-tralen Kategorien oder das Konfliktverständnis ebenso wie für die Entwicklungsperspektiven. Der Realismus betont die Konfliktträchtig-keit menschlicher Vergesellschaftung im Allgemeinen und zwischen den Staaten im Besonderen. Sie wird z.t. anthropologisch (Macht- und Aggressionstrieb, Egoismus, Ruhmsucht), z.T. systemisch (Anar-chie und fehlende Sanktionsgewalt) begründet. Der Realismus fordert kluges, vernünftiges Handeln der Staatsmänner, das sich am jeweili-gen „nationalen Interesse" orientiert; die Herrschaftsform spielt dabei keine entscheidende Rolle. Demokratien können genauso unvernünf-tig und gewalttätig sein wie Nicht-Demokratien. Der Realismus unter-stellt gerade nicht, dass sich die Akteure immer zweckrational verhal-ten; er rät nur dringend dazu. Die Entwicklungsperspektiven im Rea-lismus sind eher bescheiden. Zwar ist auch im Realismus Fortschritt möglich, aber die grundsätzliche Problematik menschlicher Existenz bzw. der Struktur des internationalen Systems lässt sich nicht beseiti-gen. Völkerrecht, internationale Organisationen, auch die Ökonomie (Handel) stehen immer unter dem Druck der Interessen-, Macht- und Sicherheitskonkurrenz zwischen den einzelnen Staaten.

---

1   Vgl. dazu etwa James L. Richardson, *Contending Liberalisms in World Politics: Ideology and Power*, Boulder, Col. 2001, der eine Übersicht über den Liberalismus als politische Theorietradition gibt und dabei das liberale Denken über die internationalen Beziehungen integriert; siehe auch ders., *Contending Liberalisms: Past and Present*, in: European Journal of Inter-national Relations, 3:5 (1997), S. 5-33.

Der Liberalismus ist weniger staatszentriert als der Realismus; für ihn steht das Individuum, stehen Freiheit und Partizipation sowie Wohlstand, Glück und Frieden für möglichst viele Menschen im Zentrum der Zielsetzungen.[2] Von daher rührt sein Interesse an Demokratisierung, von der er außerdem eine pazifizierende Wirkung erwartet. Der Liberalismus leugnet die Konfliktträchtigkeit menschlicher Vergesellschaftung keineswegs. Aber er glaubt, dass die Egoismen in einen Einklang gebracht werden können, der für alle von Vorteil ist. So geht der Liberalismus davon aus, dass die Bürger (gerade die, die Eigentum besitzen) kein Interesse am Krieg haben, weil der nur ihre Wohlfahrt beeinträchtigt. Wirtschaftliche Tätigkeit und der Marktmechanismus (Freihandel) führen zu Interdependenzen, von denen alle profitieren. Großen Wert legt der Liberalismus auf die Wirkung des Rechts, und zwar sowohl in den Einzelstaaten wie in den internationalen Beziehungen. Außerdem setzt er auf die moralischen und politischen Fortschrittswirkungen der öffentlichen Meinung, auf Kommunikation und Massenmedien unter den Bedingungen von Meinungs- und Pressefreiheit; und zwar sowohl auf der gesellschaftlichen Ebene als auch in den internationalen Beziehungen (Weltöffentlichkeit).

Bei einigen liberalen Theoretikern, z.B. bei Immanuel Kant, spielt neben dem Egoismus der Menschen und der Kraft der Vernunft ihre Fähigkeit zu moralischem Handeln eine wichtige Rolle; ja für ihn kann die „wahre Politik (...) keinen Schritt tun, ohne vorher der Moral gehuldigt zu haben".[3] Aber auch Kant unterstützt die Moral und damit die Perspektive einer verbesserten, humaneren Welt durch das Recht und durch das Interesse der Bürger am Frieden und am Handel sowie durch die Globalisierung und die damit verbundenen Verflechtungen. Der Liberalismus ist fortschrittsorientiert; er verfolgt eine optimistische Entwicklungsperspektive, die in vielen Fällen von einem (moderat) optimistischen Menschenbild getragen wird. Jedenfalls gilt der Mensch im Liberalismus als aufklärungs- und lernfähig. Bildung und Erziehung spielen deshalb eine wichtige Rolle.

---

2 Zum Liberalismus in dem hier aufgeführten Sinne gehören auf der politischen Ebene nicht nur liberale (oder auch liberalkonservative) Parteien und Gruppierungen, sondern auch sozialdemokratische und sozialistische Strömungen, soweit sie im weitesten Sinne demokratisch und marktwirtschaftlich orientiert sind.

3 Immanuel Kant, *Zum ewigen Frieden: Ein philosophischer Entwurf* [1795], Stuttgart 2002, das Zitat S. 49.

Aus Sicht der IB kann man grob zwischen vier historischen Varianten liberaler Theoriebildung unterscheiden:

(1) Republikanischer Liberalismus

Das ist die Variante, die auf die Demokratisierung der Herrschaftsverhältnisse Wert legt und sich davon positive Auswirkungen auf die internationalen Beziehungen verspricht.

(2) Ökonomischer Liberalismus/Freihandelsliberalismus

Der Liberalismus erhofft sich entscheidende Wohlfahrtseffekte von der Freiheit des Marktes und der Marktteilnehmer, sowohl in den einzelnen Nationen als auch international. Auch da gibt es Varianten: Das „freie Spiel der Marktkräfte" kommt nie ohne Regeln (z.b. rechtliche Grundlagen für Eigentum und Wirtschaften) aus; wie weit es verregelt und wie weit es eingeschränkt bzw. korrigiert werden soll, vor allem durch staatliche Initiativen etwa im Bereich der Umverteilung, ist auch im Liberalismus umstritten. Die Vertreter des Freihandelsliberalismus setzen aber nicht nur auf Wohlfahrts-, sondern auch auf andere politisch nützliche Effekte: Der Freihandel (in den Texten des 19. Jhdts. heißt es immer: „die Handelsfreiheit") fördert den Frieden. Durch den wechselseitigen Eigennutz, so schon Kant, vereinigt die Natur auch Völker, die das Recht allein nicht vor Gewalttätigkeit und Krieg sichern würde: „Es ist der Handelsgeist, der mit dem Kriege nicht zusammen bestehen kann, und der früher oder später sich jeden Volks bemächtigt." Weil die „Geldmacht" den Staaten doch als die zuverlässigste erscheine, sähen sie sich „gedrungen, den edlen Frieden zu befördern und wo auch immer in der Welt Krieg auszubrechen droht, ihn durch Vermittelungen abzuwehren."[4]

In moderner Sprache können wir formulieren: durch zunehmenden wirtschaftlichen Austausch werden Kriege immer weniger wahrscheinlich, weil dabei nicht nur sicherheitspolitisch, sondern vor allem wirtschaftlich zu viel auf dem Spiel steht. Außerdem verändert sich der Charakter der Staaten in diesem Prozess; sie werden von „Kriegerstaaten" (starke Bedeutung der Sicherheitspolitik, hohes Prestige des

---

4   Ebd., S. 33.

Militärs, Militarisierung der Gesellschaft) zu „Handelsstaaten" (große Bedeutung der Wirtschaft und des Handels, nachlassendes Prestige des Militärs und der damit verbundenen Ehrbegriffe, Zivilisierung der politischen Kultur).

Kritisch ließe sich dazu anführen, dass wirtschaftlicher Austausch für sich genommen keine Garantie für Frieden bietet: 1914 hat ein hohes Maß an wirtschaftlicher Verflechtung – und zwar in einer relativen Größenordnung, die erst ein halbes Jahrhundert später durch die so genannte Globalisierung wieder erreicht wurde – Europa und die Welt nicht vor dem Ersten Weltkrieg bewahrt. Realisten verdächtigen außerdem den Handelsliberalismus, eine Legitimationsstrategie wirtschaftlich starker Staaten zu sein, die ihren einseitigen ökonomischen Interessen lediglich einen gemeinnützigen Anstrich geben wollen. Sie könnten sich dabei auf den schon erwähnten Nationalliberalen Friedrich List berufen, der sich in einer Schrift von 1841 kritisch mit dem Freihandelsliberalismus auseinandergesetzt hat. Dabei vertritt er selbst durchaus die klassische liberale und fortschrittsoptimistische Position, der zufolge der Entfaltung der Produktivkräfte eine „kosmopolitische" Tendenz innewohne und der freie wirtschaftliche Austausch letztendlich eine friedensfördernde Wirkung entfalten werde.

List kritisiert aber an der „Englischen Schule", also dem englischen Freihandelsliberalismus (nicht zu verwechseln mit der Englischen Schule in den IB, dazu Kap. 8), dass sie diese Effekte auch bei asymmetrischem Entwicklungsstand unterstellt. Für ihn kommen die positiven Wirkungen der kosmopolitischen Ökonomie erst bei annähernd gleichem Entwicklungsniveau der industrialisierten Staaten zum Tragen. (Der „Süden" interessierte List nicht; für ihn war das entstehende Deutschland der Nachzügler, der ihm am Herzen lag.) Bei den zu seiner Zeit gegebenen Asymmetrien würde unter Bedingungen des Freihandels die überlegene britische Ökonomie die deutlich zurückliegenden und noch weitgehend agrarisch geprägten Staaten des Deutschen Zollvereins niederkonkurrieren und damit nicht zur wirtschaftlichen Entfaltung durch Industrialisierung kommen lassen. England sei ja selbst keineswegs durch Freihandel, sondern durch überlegte Schutzzollpolitik und die Förderung seiner eigenen „produktiven Kräfte" groß geworden. Ich zitiere einige Passagen, weil das Thema nicht nur in der Entwicklungstheorie eine wichtige Rolle spielt – das hatte ich in Kap. 2 angedeutet –, sondern auch in der jüngsten Debatte über Defizite im demokratischen Frieden unter den Bedingungen ungleicher Entwicklung wieder auftaucht:

Unstreitig ist die Idee einer Universalkonföderation und des ewigen Friedens durch die Vernunft wie durch die Religion geboten. (...) Jetzt schon ist mit Bestimmtheit vorauszusehen, dass nach Verlauf einiger Jahrzehnte durch die Vervollkommnung der Transportmittel die zivilisiertesten Nationen der Erde, in Beziehung auf den materiellen wie auf den geistigen Verkehr, so eng oder noch enger unter sich verbunden sein werden wie vor einem Jahrhundert die verschiedenen Grafschaften von England. (...) Je höher aber die Industrie steigt, je gleichmäßiger sie sich über die Länder der Erde verbreitet, umso weniger wird der Krieg möglich sein. (...) Dem System der Schule [gemeint ist die englische Freihandelsschule, also z.B. Adam Smith, G.K.] liegt also eine wahre Idee zugrunde. (...) Nur hat die Schule unterlassen, die Natur der Nationalitäten und ihre besonderen Interessen und Zustände zu berücksichtigen und sie mit der Idee der Universalunion und des ewigen Friedens in Übereinstimmung zu bringen. *Die Schule hat einen Zustand, der erst werden soll, als wirklich bestehend angenommen.* Sie setzt die Existenz einer Universalunion und des ewigen Friedens voraus und folgert daraus die großen Vorteile der Handelsfreiheit. (...) Dass aber unter den bestehenden Weltverhältnissen aus allgemeiner Handelsfreiheit nicht die Universalrepublik, sondern die Universaluntertänigkeit der minder vorgerückten Nationen unter die Suprematie der herrschenden Manufaktur-, Handels- und Seemacht erwachsen müsste, dafür sind die Gründe sehr stark und nach unserer Ansicht unumstößlich.[5]

(3) Regulatorischer Liberalismus

Die Vertreter dieser Variante setzen auf Frieden durch institutionalisierte Kooperation und internationale Organisationen. Die ganze Völkerbundsbewegung mit Vorläufern (siehe etwa den „Föderalismus" bei Kant) gehört hierzu. Der regulatorische Liberalismus interessiert sich für Möglichkeiten und Instrumente, das Sicherheitsdilemma und andere Kooperationshindernisse zwischen Staaten – z.B. im Bereich der Wirtschaft – durch Verregelung und Verrechtlichung zu minimieren.

(4) Liberaler Imperialismus

Der liberale Imperialismus setzt auf Fortschritt durch die „zivilisatorische Mission" der „entwickelten" Staaten/Demokratien in den „unterentwickelten" Ländern. Als einer der prominentesten klassischen

---

5 Friedrich List, *Das Nationale System der Politischen Ökonomie* [1841], Tübingen 1959, S. 136-138; Betonung im Original. (Eine leider sehr teure Neuausgabe ist Baden-Baden 2008 erschienen.)

Anhänger dieser Position kann der englische Philosoph, Politökonom und Sozialkritiker John Stuart Mill gelten. Mill, der in der Innenpolitik sehr fortschrittliche Positionen einnahm (unter anderem in Fragen der Frauenemanzipation[6]), hat in der Außenpolitik einen rigiden Dualismus zwischen den „zivilisierten" und den „barbarischen" Völkern vertreten, für die unterschiedliche rechtliche und politische Kriterien gelten: für die zivilisierten Völker das Prinzip der Gleichheit und der Nicht-Intervention – mit Grenzfällen, in denen die Freiheit der Bürger eines anderen Landes bedroht ist; gegenüber den „barbarischen" Völkern das Prinzip der Hierarchie, denn sie zu erobern und zu unterwerfen sei in ihrem eigenen Fortschrittsinteresse:

> To suppose that the same international customs, and the same rules of international morality, can obtain between one civilized nation and another, and between civilized nations and barbarians, is a grave error. (…) In the first place, the rules of ordinary international morality imply reciprocity. But barbarians will not reciprocate. They cannot be depended on for observing any rules. (…) In the next place, nations which are still barbarous have not got beyond the period during which it is likely to be for their benefit that they should be conquered and held in subjection by foreigners. Independence and nationality, so essential to the due growth and development of a people further advanced in improvement, are generally impediments to theirs. The sacred duties which civilized nations owe to the independence and nationality of each other, are not binding towards those to whom nationality and independence are either a certain evil, or at best a questionable good. The Romans were not the most clean-handed of conquerors, yet would it have been better for Gaul and Spain, Numidia and Dacia, never to have formed part of the Roman Empire? (…) barbarians have no rights as a *nation*, except a right to such treatment as may, at the earliest possible period, fit them for becoming one.[7]

Diese Denkfigur diente keineswegs nur der Legitimation des britischen Empire und des Siedlungskolonialismus; sie hat das Selbst- und Weltverständnis der „entwickelten" Industriestaaten, die großen Demokratien eingeschlossen, bis weit ins 20. Jhdt. geprägt. In der

---

6 Vgl. dazu Ringo Narewski, *John Stuart Mill und Harriet Taylor Mill: Leben und Werk*, Wiesbaden 2008.

7 John Stuart Mill, *A Few Words on Non-Intervention* [1859], in: Chris Brown/Terry Nardin/ Nicholas Rengger (Hrsg.), *International Relations in Political Thought: Texts from the Ancient Greeks to the First World War*, Cambridge-New York 2002, S. 486-493, hier S. 487.

Mandats-Konstruktion des Völkerbundes ist sie z.B. noch deutlich greifbar. In modifizierten Verkleidungen (offener Imperialismus ist nicht mehr möglich) taucht sie bis heute immer wieder auf. So wurden in einer Reihe von Beiträgen die außenpolitische Konzeption maßgeblicher Teile der Bush-Administration und die Intervention im Irak auch von liberalen Intellektuellen ausdrücklich als fortschrittlich im Sinne der Menschenrechte und eines aufgeklärten Menschheitsinteresses gerechtfertigt.[8]

Ob man die ganze liberale Tradition für eine solche Konstruktion und damit für die Erklärung der Kriege von Demokratien gegen Nicht-Demokratien in Anspruch nehmen kann, so wie das Beate Jahn in einer spannenden Analyse getan hat, erscheint mir gleichwohl fraglich. Denn natürlich hat es auch im klassischen Liberalismus – nicht nur bei Immanuel Kant, den man ja nicht aus dem Liberalismus herauskomplimentieren kann – Widerspruch und Widerstand gegen Imperialismus gegeben; und zwar gegen den materiellen wie den kulturellen. Mill selbst hat den Vorbildcharakter des entwickelten Großbritannien in Frage gestellt, damit aber natürlich auch seine eigene Begründung für den liberalen Imperialismus, wie Jahn betont. Der Vollständigkeit halber sollte auch erwähnt werden, dass John Stuart Mill wie sein Vater James Mill konkrete Beziehungen zwischen Kolonialismus, Militarismus und Krieg hergestellt und Kritik an Gruppen geäußert hat, die sich durch Kolonialismus bereichern oder ihre gesellschaftliche Position gegen demokratische Kontrolle abschotten.[9]

---

8   Vgl. etwa die Beiträge von Niall Ferguson, Max Boot und Michael Ignatieff (eher affirmativ) oder Joseph S. Nye (eher skeptisch) in: Ulrich Speck/Nathan Sznaider (Hrsg.), *Empire Amerika: Perspektiven einer neuen Weltordnung*, München 2003. Eine Verbindung zwischen dem liberalen Imperialismus bei John Stuart Mill und der Irak-Politik der USA stellt her Stanley Kurz, *Democratic Imperialism: A Blueprint – Lessons from the British in India*, www.policyreview.org/apr03/kurtz.html (12.12.2008).

9   Beate Jahn, *Kant, Mill, and Illiberal Legacies in International* Affairs, in: International Organization, 59:1 (Winter 2005), S. 177-207; demgegenüber John MacMillan, *Liberalism and the Democratic Peace*, in: Review of International Studies, 30:2 (2004), S. 179-200, der Differenzen *innerhalb* des Liberalismus zu Fragen von Krieg, Frieden und Imperialismus herausarbeitet. (Beate Jahn knüpft in ihrem Aufsatz an eine größere Studie an, in der sie begründet, wie die neuzeitliche politische Theorie in der Abgrenzung gegenüber den neu entdeckten „Barbaren" oder „Wilden" entstanden ist: *The Cultural Construction of International Relations: The Invention of the State of Nature*, Houndmills, Basingstoke-New York 2000.)

Die vier genannten für die IB besonders relevanten Traditionen der liberalen politischen Theorie tauchen alle in der Theorie des demokratischen Friedens bzw. in der Kritik daran wieder auf; in diesem Zusammenhang werde ich darauf zurückkommen. Der moderne regulatorische Liberalismus verdient darüber hinaus eine eigene Würdigung im Rahmen des Institutionalismus, den ich in Kap. 8 behandle. Bevor ich auf die neuere Theorie des demokratischen Friedens eingehe, muss ich jedoch erst die Renaissance des allgemeinen Liberalismus in der IB-Theorie erörtern.

7.2 Die (neue) liberale Theorie der internationalen Beziehungen

In Deutschland hat sich die (neue oder aktualisierte) liberale Theorie der internationalen Beziehungen noch während des Ost-West-Konflikts etablieren können, vor allem im Zusammenhang mit der Entspannungspolitik und dem Aufkommen der Friedensforschung in den siebziger Jahren. Besondere Verdienste hat sich hier Ernst-Otto Czempiel erworben, dessen Beiträge in der deutlich jüngeren amerikanischen Debatte, die sich als neu und souverän gab, freilich weitgehend ignoriert worden sind.[10] Die neuere liberale Theorie der internationalen Beziehungen, so wie sie sich in der internationalen Diskussion in den letzten 25 Jahren herausgebildet hat, steht in einer ähnlich langen historischen Tradition wie der Realismus; das habe ich ja schon angesprochen. Aber sie verengt diese Tradition und erweitert sie zugleich. Sie verengt sie, indem sie den Strang des regulatorischen Liberalismus an den Institutionalismus abtritt; sie erweitert sie, indem sie die Fortschrittsperspektive offener formuliert.

Der Kern liberaler Theoriebildung in den IB und zugleich die entscheidende Differenz zum Realismus wie zum Institutionalismus besteht in der Verlagerung des Fokus der Analyse. Nicht der Staatenwelt, ihrer Machtverteilung, ihren strukturellen Kooperationshindernissen oder ihren Institutionen, nicht der Weltgesellschaft oder der Weltwirtschaft, sondern der Welt der staatlich organisierten Gesellschaften gilt das vorrangige Interesse des (neuen) Liberalismus. Oder

---

10 Ernst-Otto Czempiel hat in Deutschland eine eigene Tradition der Analyse gesellschaftlicher Bedingungsfaktoren von Außenpolitik und internationalen Beziehungen begründet, von der ich sehr profitiert, an der ich mich auch beteiligt habe.

in den Worten des US-amerikanischen Politologen Andrew Moravcsik, der die erneuerte liberale Theorie in einem wichtigen Aufsatz auf den Punkt gebracht hat:

> For liberals, the configuration of state preferences matters most in world politics – not, as realists argue, the configuration of capabilities and not, as institutionalists (...) maintain, the configuration of information and institutions.[11]

Die Präferenzen der Staaten, also ihre Ziele, ihre Interessen, die Wahl der Mittel zur Verfolgung dieser Ziele und Interessen, ergeben sich aus ihrem gesellschaftlichen Umfeld. So wird die Reihenfolge von Ursache und Wirkung in der internationalen Politik umgekehrt: Nicht das internationale System bestimmt das Handeln der Staaten und ihre Präferenzen; die entscheidenden Akteure sind vielmehr Individuen und Gruppen, die ihren materiellen und ideellen Interessen nachgehen. Dass die einen oder anderen Akteure in den Präferenzbildungsprozessen zwischen Gesellschaft und Staat besser repräsentiert werden, tut dabei nichts zur Sache. Für die neue liberale Theorie der internationalen Beziehungen ist vorrangig, dass die Präferenzen der Staaten durch die Aufnahme und Umwandlung von Anforderungen aus ihrem gesellschaftlichen Umfeld entstehen, und zwar zunächst unabhängig von den Strategien anderer Staaten. Staaten haben nicht einfach so, nur weil sie Staaten sind, feststehende, einheitliche Vorstellungen von ihren Zielen, wie Realisten und Institutionalisten annehmen. Sie folgen vielmehr bestimmten Interpretationen von Sicherheit, Wohlfahrt und Souveränität, so wie sie von mächtigen Interessengruppen und der allgemeinen politischen Öffentlichkeit definiert werden. Die Art und die Intensität der internen Unterstützung für die Ziele und Zwecke, die Staaten verfolgen, variieren ganz erheblich je nach Rahmenbedingungen und Koalitionsbildungen.[12]

Um einem weit verbreiteten Missverständnis entgegenzuwirken, möchte ich betonen, dass es dem Liberalismus in den IB *nicht* um In-

---

11 Andrew Moravcsik, *Taking Preferences Seriously: A Liberal Theory of International Politics,* in: International Organization, 51:4 (Herbst 1997), S. 513-553, das Zitat S. 513; ders., *Liberal International Relations Theory: A Scientific Assessment,* in: Colin Elman/Miriam Fendius Elman (Hrsg.), *Progress in International Relations Theory,* Cambridge, Mass. 2003, S. 159-204.

12 Moravcsik, *Taking Preferences Seriously,* S. 518f.

nenpolitik geht. Der Begriff Innenpolitik oder *domestic politics* sollte für diejenigen Präferenzbildungsprozesse reserviert bleiben, die sich auf die inneren Angelegenheiten eines Gemeinwesens beziehen: also etwa die Rentenreform, die Krankenversicherung oder die Bildungspolitik. Präferenzbildungsprozesse über Auswärtige Angelegenheiten sind nicht Innenpolitik, sondern das, was der Name sagt: Präferenzbildungsprozesse über *Außen*politik; man kann sie aber als die *Innenseite* der Außenpolitik bezeichnen. Die Forderung nach Einigkeit gegen „Außen" wird auch in der Demokratie immer wieder artikuliert, aber sie ist verdächtig; jedenfalls gefährdet sie liberale Grundprinzipien.

Der Liberalismus bestreitet damit keineswegs, dass es vielfältige Zusammenhänge zwischen Innen- und Außenpolitik gibt. Internationale Konstellationen oder Handlungen anderer Staaten können Veränderungen in gesellschaftlichen Kräfteverhältnissen bewirken oder gezielt dafür in Anspruch genommen werden. Genuin innenpolitische Entscheidungen (z.B. in der Energiepolitik) haben Einfluss auf die Handlungsspielräume und Präferenzen in der Außenpolitik. Oft werden Anforderungen, die sich aus versäumten innenpolitischen Anpassungsleistungen ergeben, an die internationale Umwelt delegiert oder werden sogar für gesellschaftliche Defizite Kompensationen von außen verlangt. Das alles ändert nichts an der Notwendigkeit der hier geforderten begrifflichen Klarheit.

In der üblichen, wenn auch methodisch unzulänglichen Sprache der liberalen IB-Theorie (denn Präferenzen spielen auch in der Interaktion zwischen den gesellschaftlichen Umfeldern eine Rolle) findet das für die internationalen Beziehungen relevante Geschehen in den kollektiven Präferenzbildungsprozessen der staatlich verfassten Gesellschaften statt. Internationale Politik entsteht überwiegend dort, wo die von den Staaten gebündelten Präferenzen ihrer gesellschaftlichen Mitglieder aufeinander stoßen. Die verschiedenen Staaten können nicht davon ausgehen, dass sie diese Präferenzen im Verkehr mit anderen staatlich organisierten Gesellschaften unverändert durchsetzen. Decken sie sich, dann entstehen Koexistenz und Kooperation; decken sie sich nicht, dann müssen sie – nunmehr auf der zwischenstaatlichen Ebene, aber in Rückkopplung mit den jeweiligen Gesellschaften – durch Politikkoordination kompromissfähig gemacht werden.[13] Lassen

---

13 Der Fachausdruck für solche Aushandlungsprozesse auf beiden Ebenen heißt *two-level games*. Dieser methodische Ansatz versucht die internationale und die gesellschaftliche Ebene zu vermitteln. Vgl. dazu die sys-

sich unterschiedliche Präferenzen nicht ausgleichen, kann es bis zur gewaltsamen Auseinandersetzung kommen. Konflikte in der internationalen Politik sind demnach die Folge der Inkompatibilität staatlich organisierter und repräsentierter gesellschaftlicher Präferenzen.

Wie man sieht, ist der (neue) Liberalismus keineswegs eine harmonistische Theorie. Auch im Liberalismus können Staaten um ihre Sicherheit besorgt sein. Aber sie sind es nicht – wie im Realismus oder im Institutionalismus – aufgrund einer bestimmten Mächtekonstellation (z.B. Mittelmacht versus Großmacht) oder aus Unsicherheit (Sicherheitsdilemma, Kooperationshindernisse), sondern erst bei divergierenden staatlich vermittelten gesellschaftlichen Präferenzen. Als Beispiel für diesen Zusammenhang kann man die Veränderung der Sicherheitskonstellation zwischen den USA und der Sowjetunion nach dem Ende des Ost-West-Konflikts wählen. Die aus Sicht der liberalen Theorie entscheidende Differenz, diejenige, die das Ende dieses Konflikts überhaupt erst ermöglicht hat, ist der Wandel des sowjetischen Herrschaftssystems und die damit einhergehende Veränderung staatlich vermittelter Präferenzen; in diesem Fall mehr die einer Parteielite als die einer frei assoziierten politischen Öffentlichkeit.[14]

Unvereinbarkeiten zwischen gesellschaftlichen Präferenzen kann es auf verschiedenen Gebieten geben. Moravcsik unterscheidet im Wesentlichen drei, aus denen er Varianten der liberalen Theorie bildet: *ideational liberalism*, *commercial liberalism* und *republican liberalism*. Der *ideational liberalism* sieht die Grundlage für die Präferenzen

---

tematischen Überlegungen bei Robert D. Putnam, *Diplomacy and Domestic Politics: The Logic of Two-Level Games*, in: International Organization, 42:3 (Sommer 1988), S. 427-460, 460: „Unlike state-centric theories, the two-level approach recognizes the inevitability of domestic conflict about what the 'national interest' requires. (...) the two-level approach recognizes that central decision-makers strive to reconcile domestic and international imperatives simultaneously."

14 Wie (fast) immer in der Politikwissenschaft, ist auch das nur eine von mehreren möglichen Deutungen. Nach William C. Wohlforth (*Realism and the End of the Cold War*, in: International Security, 19:3 [Winter 1994/95], S. 91-129) hat sich Gorbatschow völlig „realistisch" verhalten. Die Sowjetunion war ein „declining challenger", und so erklärt die Machtverschiebung auch das Ende des Konflikts. Die liberale Gegenposition (und andere) findet sich im Symposium *The End of the Cold War and Theories of International Relations*, in: International Organization, 48:2 (Frühjahr 1994), dort die Beiträge von Janice Gross-Stein, Thomas Risse-Kappen, Rey Koslowski/Friedrich Kratochwil und Richard Ned Lebow.

eines Staates in der sozialen Identität, im Selbstbild und der Werteordnung seiner Mitglieder. Wenn etwa territoriale Grenzen nicht mit der Selbstzuordnung großer sozialer Gruppen übereinstimmen, kann es zu zwischenstaatlichen Konflikten kommen. Das brauche ich nicht näher zu erläutern. Aber auch Differenzen über die Legitimität der politischen und sozioökonomischen Ordnung können Anlass für zwischenstaatliche Konflikte werden.

Der *commercial liberalism* konzentriert sich auf die wirtschaftlichen Präferenzen der Gesellschaften und ihre staatliche Vermittlung. Er lässt dabei offen, welche außenwirtschaftlichen Strategien die gesellschaftlich relevanten Gruppen bevorzugen! Je nach Marktchancen und Marktposition drängen gesellschaftliche Akteure auf Erleichterung des Warenaustauschs mit anderen Gesellschaften oder auf seine Einschränkung. Die liberale Theorie der internationalen Politik ist also nicht identisch mit dem alten Freihandelsliberalismus. Sie sagt nur, die Präferenz eines Staates für offenen oder weniger offenen Warenaustausch entscheidet sich in den Konflikten und Konsensbildungsprozessen gesellschaftlicher Akteure, in ihren Anforderungen an das politische System und in der Umwandlung dieser Anforderungen in politische Entscheidungen.

Ähnlich offen definiert Moravcsik den republikanischen Liberalismus. Der liberalen Theorie geht es unter dieser Perspektive nicht um das Selbstbild oder die wirtschaftlichen Interessen der gesellschaftlichen Akteure, sondern um die Form ihrer Repräsentation: Welche sozialen Präferenzen werden in der Aggregation bevorzugt, welche kommen überhaupt zum Zuge? Der alte republikanische Liberalismus hatte argumentiert, die Verbreiterung politischer Partizipation und Repräsentation werde die Außenpolitik der Staaten zügeln, weil mehr Menschen die Gelegenheit bekommen, über Aktivitäten mitzubestimmen, deren Lasten und Risiken sie im Zweifel selbst zu tragen haben und nicht mehr auf andere abwälzen können. Nur wenn sich spezifische Interessengruppen, die am Krieg oder am Imperialismus verdienen, des Staates bemächtigen, wird die moderierende und pazifizierende Wirkung gesellschaftlicher Partizipation in der Außenpolitik wieder aufgehoben. Moravcsik formuliert wieder zurückhaltender. Für ihn bleibt auch in der Demokratie die Aggression – als Ergebnis politischer Präferenzbildungsprozesse – möglich. Gleichwohl stimmt auch er in der Tendenz dem angenommenen Zusammenhang zwischen Demokratie und Frieden zu:

(...) the more unbiased the range of domestic groups represented, the less likely they will support policies that impose high net costs or risks on a broad range of social actors. Thus aggressive behavior – the voluntary recourse to costly or risky foreign policy – is most likely in undemocratic or inegalitarian polities where privileged individuals can easily pass costs on to others. (...) Liberal democratic institutions tend not to provoke such wars because influence is placed in the hands of those who must expend blood and treasure and the leaders they choose. (...) Substantial evidence shows that the aggressors who have provoked modern great power wars tend either to be risk-acceptant individuals in the extreme or individuals well able to insulate themselves from the costs of war or both.[15]

Damit ist eine alte Thematik neu angesprochen, die in der Forschung in den letzten 25 Jahren erheblich an Gewicht gewonnen hat. Dass der „demokratische Frieden" so in den Vordergrund rücken, dass sich überhaupt der Liberalismus (wieder) als eine Großtheorie neben dem dominierenden Realismus und seinem erstem Herausforderer, dem Institutionalismus, etablieren konnte, das lässt sich wahrscheinlich nur mit den veränderten historischen Rahmenbedingungen, vor allem dem Ende des Ost-West-Konflikts, erklären. Aber gerade der republikanische Liberalismus verfügt über eine lange Ahnenreihe, und zumindest in der Friedensforschung ist der Zusammenhang zwischen Herrschaft und Außenpolitik nie ganz aus dem Blick geraten. Beides möchte ich jetzt näher erläutern.

7.3 Herrschaft und Frieden in der liberalen Theorie

Ernst-Otto Czempiel war der erste moderne Friedensforscher, der die liberale Tradition unter der Perspektive einer Friedenstheorie zusammengefasst und ausgewertet hat.[16] Er hat die liberale Friedenstheorie neu begründet, und zwar noch deutlich vor dem US-amerikanischen Liberalismus.[17] Czempiel stellt seine Auswertung allerdings in einen größeren Zusammenhang, in dem verschiedene Dimensionen zur

---

15 Moravcsik, *Liberal Theory*, S. 531f.
16 Ernst-Otto Czempiel, *Friedensstrategien* [1986], 2. Aufl., Opladen-Wiesbaden 1998; vgl. aber schon ders., *Schwerpunkte und Ziele der Friedensforschung*, Mainz-München 1972.
17 Einer der ersten großen Beiträge des neuen amerikanischen Liberalismus zur Friedenstheorie stammt von Michael Doyle, *Kant, Liberal Legacies, and Foreign Affairs*, in: Philosophy and Public Affairs, 12:3/4 (1983), S. 205-235 bzw. 323-353.

Sprache kommen. Gefährdungen des Friedens können sich durchaus aus dem Zustand des internationalen Systems, aus der Struktur der Konflikte oder aus der Interaktion zwischen Staaten ergeben. Czempiel misst dem Sicherheitsdilemma einen hohen Stellenwert bei. Aber er übernimmt mindestens zwei grundlegende Positionen der liberalen Theorie: (1) Jeder Staat ist prinzipiell frei, sein Außenverhalten zu gestalten; auch wenn diese Freiheit an Kontexte gebunden ist, bleibt sie innerhalb bestimmter Rahmenbedingungen immer vorhanden. (2) Wie sich die Staaten konkret verhalten, darüber entscheidet in erster Linie ihr Herrschaftssystem:

> Von den Individuen unterscheiden sich die Staaten dadurch, dass sie Kollektive darstellen, über deren Verhalten in organisierten Entscheidungsprozessen bestimmt wird. Sie wiederum werden durch das Herrschaftssystem festgelegt. Es befindet darüber, wer an diesen Entscheidungsprozessen und an welcher Stelle teilhat; es befindet auch darüber, wer in welchem Maße und auf welche Weise von den Entscheidungen betroffen wird. (...) Es stellt die wichtigste Eigenschaft dar, von der das innen- und außenpolitische Verhalten einer politischen Einheit abhängt.[18]

Nach Czempiel legt das Herrschaftssystem nicht nur den Partizipationsgrad der Mitglieder eines Staatsverbandes fest, es bestimmt auch über die Werteverteilung; das Herrschaftssystem ist dem Wirtschaftssystem übergeordnet. Ausschlaggebend für den Zusammenhang zwischen Herrschaft und Außenpolitik, hier speziell die Friedensfrage, ist nun weniger die Staatsform per se, sondern vielmehr der Gewaltcharakter des Herrschaftssystems. Je höher der Partizipationsgrad in einem Herrschaftssystem, desto größer die Verteilungsgerechtigkeit, desto höher der gesellschaftliche Konsens und desto niedriger der Gewaltgrad der Herrschaft und umgekehrt:

> Je größer die Verteilungsungerechtigkeit in einer Gesellschaft, und je intensiver die Absicht ihrer Beibehaltung, desto stärker ausgeprägt muss der Grad der Herrschaft sein. Daraus folgt, dass eine hohe Korrelation angenommen werden kann zwischen der Ungerechtigkeit der Wertzuteilung und dem Maß an Gewalt als Verteilungsmodus. Gerechte, akzeptierte Verteilungen lassen sich auf dem Wege des Kompromisses und der Kooperation durchsetzen. Abweichungen davon bedürfen der Gewalt. (...) Je geringer [die] Herrschaft [der politischen Systeme] über das gesellschaftliche Umfeld ausgeprägt ist, desto geringer sind nicht nur die Möglichkeiten, sondern

---

18 Czempiel, *Friedensstrategien*, S. 148f.

auch die Anlässe zu Machtanwendungen gegenüber anderen politischen Systemen und deren gesellschaftlichen Umfeldern. (...) Als hypothetisch richtig kann daher gelten, dass derjenige Faktor, der die Konfliktlösungsmodi in den zahlreichen Handlungszusammenhängen zwischen einer politischen Einheit und ihrer Umwelt bestimmt, der Grad der Herrschaft ist, der in den Beziehungen zwischen dem politischen System und dem gesellschaftlichen Umfeld dieser Einheit existiert. [19]

Oder etwas einfacher ausgedrückt: „Ein Herrschaftssystem, das auf hohem Konsens beruht und deswegen kein Gewaltinstrument braucht, wird auch in den Beziehungen zur internationalen Umwelt die Gewalt vermeiden."[20] In der Tendenz erfüllen Demokratien diese Voraussetzungen eher als Nicht-Demokratien.

Dass derartige Überlegungen keineswegs neu sind, macht Czempiel in der Auseinandersetzung mit der Theoriegeschichte deutlich. Sie beginnt überraschenderweise nicht mit Immanuel Kant, sondern mit Niccolò Machiavelli, den man in dieser Ahnenreihe normalerweise nicht vermutet. Auch ich kenne ihn eher als Begründer des „Machiavellismus", einer Macht- und Interessenpolitik und eines „präventiven Imperialismus".[21] Mit besonderem Nachdruck hat der schon mehrfach erwähnte Immanuel Kant die These vom „republikanischen Frieden" vertreten, den wir heute „demokratischen Frieden" nennen. Kant hat die Demokratie als Despotismus bezeichnet, weil sie keine Gewaltenteilung kenne; er hatte also die direkte Demokratie vor Augen, in der Legislative und Exekutive identisch sind. Die Republik ist für Kant durch Gewaltenteilung, Repräsentation und Rechtsstaatlichkeit cha-

---

19 Ernst-Otto Czempiel, *Internationale Politik: Ein Konfliktmodell*, Paderborn 1981, S. 218-220.
20 Czempiel, *Friedensstrategien*, S. 153.
21 Bei Walter Reese-Schäfer firmiert Machiavelli eindeutig und anhand ausgiebiger Zitate unabweisbar unter „machtpolitischem Realismus" (*Klassiker der politischen Ideengeschichte*, München-Wien 2007, S. 35-53). Vgl. auch Steven Forde, *International Realism and the Science of Politics: Thucydides, Machiavelli, and Neorealism*, in: International Studies Quarterly, 39:2 (Juni 1995), S. 141-160, hier S. 152. Machiavelli rechtfertigt den Imperialismus mit dem Zwang, Gefährdungen der Sicherheit des Staates schon im Keim zu ersticken bzw. gar nicht erst aufkommen zu lassen. Auch Doyle sieht bei Machiavelli die Grundlegung für einen „liberalen Imperialismus" gegeben, vgl. Michael Doyle, *Liberalism and World Politics*, in: American Political Science Review, 80:4 (Dezember 1986), S. 1151-1163, hier S. 1154f.

rakterisiert; diese begründen den Frieden, nicht die Staatsform. In Kants Worten: nicht wer die Herrschergewalt in der bürgerlichen Gesellschaft besitzt, sondern die auf „die Konstitution (den Akt des allgemeinen Willens, wodurch die Menge ein Volk wird) gegründete Art, *wie der Staat von seiner Machtvollkommenheit Gebrauch macht*", ist von entscheidendem Interesse für das Volk.[22] Im kantschen Sinne kann also auch eine konstitutionelle Monarchie eine Republik sein. Da in unserem Verständnis Demokratien durch Gewaltenteilung und Repräsentation charakterisiert sind, können wir für Republik den Begriff Demokratie setzen. Wir sollten allerdings bedenken, dass Kant den Kreis der Staatsbürger noch vergleichsweise eng zog; Frauen waren z.B. ausgeschlossen. Ich zitiere ausführlich die berühmte Stelle aus der Schrift *Zum ewigen Frieden* von 1795:

> Wenn (wie es in dieser [der republikanischen, G.K.] Verfassung nicht anders sein kann) die Beistimmung der Staatsbürger dazu erfordert wird, um zu beschließen, ob Krieg sein solle, oder nicht, so ist nichts natürlicher, als dass, da sie alle Drangsale des Krieges über sich selbst beschließen müssten (als da sind: selbst zu fechten; die Kosten des Krieges aus ihrer eigenen Habe herzugeben; die Verwüstung, die er hinter sich lässt, kümmerlich zu verbessern; zum Übermaße des Übels endlich noch eine den Frieden selbst verbitternde, nie (wegen naher immer neuer Kriege) zu tilgende Schuldenlast selbst zu übernehmen), sie sich sehr bedenken werden, ein so schlimmes Spiel anzufangen: dahingegen in einer Verfassung, wo der Untertan nicht Staatsbürger, die also nicht republikanisch ist, es die unbedenklichste Sache von der Welt ist, weil das Oberhaupt nicht Staatsgenosse, sondern Staatseigentümer ist, an seinen Tafeln, Jagden, Lustschlössern, Hoffesten u. dgl. durch den Krieg nicht das mindeste einbüßt, diesen also wie eine Art von Lustpartie aus unbedeutenden Ursachen beschließen, und der Anständigkeit wegen dem dazu allezeit fertigen diplomatischen Korps die Rechtfertigung desselben gleichgültig überlassen kann. (...) der Glanz seines [des Fürstenstaates, G.K.] Oberhaupts besteht darin, dass ihm ohne dass er sich eben selbst in Gefahr setzen darf, viele Tausende zu Gebot stehen, sich für eine Sache, die sie nichts angeht, aufopfern zu lassen.[23]

In die Sprache moderner liberaler Theoriebildung übersetzt, lässt sich die Kernaussage so formulieren: Wenn die Interessen der Bürger bei den politischen Entscheidungen zum Tragen kommen, dann gibt es keinen Krieg, denn ihre Interessen stehen dem entgegen. Um genau zu

---

22 Kant, *Zum ewigen Frieden*, S. 13; Betonung von mir.
23 Ebd., S. 12-13 und 16-17.

sein: gehen von dieser Gesellschaft keine Angriffskriege aus; die militärische Verteidigung ist auch im Liberalismus legitim. Um diesen Kern herum lässt sich die Theorie des demokratischen Friedens, zu der Czempiel auch viele andere Autoren in der Tradition des Liberalismus rechnet, noch anders systematisieren:

Die *institutionelle* Argumentation betont zum einen, dass ein Herrschaftssystem mit geringem Gewaltgrad kein Repressionsinstrument benötigt. Es gibt also keine Notwendigkeit für einen Militärapparat, der sich verselbständigen oder für Expansionsabenteuer zur Verfügung stehen könnte. Für die Verteidigung schließen sich Demokratien zusammen und erhöhen so ihr Abwehrpotenzial. Ein zweites Argument zielt darauf ab, dass Entscheidungsprozesse in Demokratien in der Regel kompliziert und langwierig verlaufen. Auch das dämpft die Neigung und die Fähigkeit zu kriegerischen Abenteuern. Die *rationalistisch-utilitaristische* Argumentation habe ich schon genannt: Die Bürger wollen keinen Krieg, weil er ihren ökonomischen Interessen schadet und ihre physische Existenz gefährdet. Die *normativ-kulturelle* Variante betont, dass Individuen und Gruppen in der Demokratie lernen bzw. dazu angehalten werden, ihre Konflikte gewaltfrei auszutragen. Sie internalisieren den Zwang zum Kompromiss, er wird zu einer Art Habitus. Die internalisierte Norm des gewaltfreien Konfliktaustrags und die praktische Gewöhnung daran übernehmen die Staatsbürger in ihre internationalen Beziehungen.

Die *herrschaftssoziologische* Variante schließlich unterstreicht die Legitimität der Demokratie: Die Freiheit der Bürger, ihre Mitbestimmungsmöglichkeiten und die (relative) Verteilungsgerechtigkeit geben der Republik/der Demokratie eine hohe innere Stabilität. Es entsteht weder der Bedarf noch die Versuchung, diesen Konsens durch Verweis auf Bedrohungen von außen, auf einen Feind, gegen den es zu Felde zu ziehen gelte, künstlich herzustellen oder die Frustrationen über ungerechte oder repressive Herrschaft nach außen abzuleiten. Die Legitimität einer freien Ordnung, die auf der Zustimmung der Regierten beruht, hat umgekehrt nach außen abschreckende Wirkung, da die Bereitschaft ihrer Mitglieder zur Verteidigung gegen einen Angreifer als hoch eingeschätzt werden muss.

Nun sind diese Annahmen nicht alle widerspruchsfrei. Komplizierte und langwierige Entscheidungsprozesse können ein Hindernis bei der Verteidigung sein; die Aversion der Bürger gegen den Krieg kann einem entschlossenen Gegner gegenüber die Abschreckung beeinträchtigen. Aggressive Diktatoren neigen gelegentlich dazu, die Verteidigungsbereitschaft von Demokratien gering zu schätzen, siehe Adolf Hitler oder Saddam Hussein; sie verschätzen sich dabei allerdings auch. Die Grundargumentation der Theorie des demokratischen Friedens bleibt von diesen Widersprüchen unberührt. Ich möchte wiederholen, dass diese Grundargumentation historisch über den Liberalismus im engeren Sinne hinausgeht, sie umfasst auch den demokratischen Sozialismus. Während die marxistische Orthodoxie an der These vom zwangsläufig kriegerischen und imperialistischen Charakter des Kapitalismus festhielt, haben sozialdemokratische „Revisionisten" wie Eduard Bernstein oder auch Karl Kautsky zwar die Forderung nach Partizipation und Verteilungsgerechtigkeit ausgeweitet und radikalisiert, aber die Kernaussage bestätigt: demokratische und sozial gerechte Herrschaftssysteme entwickeln keine Aggressionsneigungen.[24]

Freilich konnten auch der Liberalismus und der demokratische Sozialismus nicht übersehen, dass die realen bürgerlichen Gesellschaften dem formulierten Ideal nicht entsprachen. Deren Chauvinismus, Kolonialismus und Imperialismus erklärt die liberale Friedenstheorie mit einem Defizit an Demokratisierung oder mit der Usurpation des Staates durch Sonderinteressen, die sich der demokratischen Kontrolle entziehen. Diese Argumentation findet man noch in der Kritik am Vietnam-Krieg und am militärisch-industriellen Komplex in den späten sechziger und frühen siebziger Jahren des 20. Jhdts.[25]

Aber was sagt die neuere Forschung zur Theorie vom „demokratischen Frieden", bewährt sie sich in der Empirie? Darüber gehen die Meinungen bis heute auseinander.[26] Wenn ich den Diskussionsstand

---

24 Vgl. Czempiel, *Friedensstrategien*, S. 168f.
25 Vgl. dazu den theoretisch ergiebigen Beitrag von Monika Medick, *Das Konzept des 'Military-Industrial Complex' und das Problem einer Theorie demokratischer Kontrolle*, in: Volker Berghahn (Hrsg.), *Militarismus*, Köln 1975, S. 347-377.
26 Übersichten über den Forschungsstand geben Anna Geis, *Diagnose Doppelbefund – Ursache: ungeklärt? Die Kontroveren um den „demokratischen Frieden"*, in: Politische Vierteljahresschrift, 42:2 (2001), S. 282-298 und Anna Geis/Wolfgang Wagner, *Vom „demokratischen Frieden" zur demokratiezentrierten Friedens- und Gewaltforschung*, in: Politische Vierteljahresschrift, 47:2 (2006), S. 276-309. (Die Titel markieren die Schwerpunktverlagerung in der Forschung.) Vgl. aber auch die zusammenfassende Kritik bei Sebastian Rosato, *The Flawed Logic of Democratic Peace Theory*, in: American Political Science Review, 97:4 (November 2003), S. 585-602.

richtig interpretiere, dann gibt es jedoch in einigen wichtigen Punkten weitgehend Konsens. Als mit reichlichen Daten gesichert gilt z.B. die Aussage, dass Demokratien *intern* weniger gewalttätig sind als Nicht-Demokratien. Es geht hier noch nicht um Krieg; die Forschungsgruppe um Rudolph J. Rummel, die mehrere Bücher zu diesem Thema vorgelegt hat, versuchte deutlich zwischen Kriegshandlungen und „Demozid" zu unterscheiden.[27] Die Gefahr des Demozids ist in Demokratien deutlich niedriger als in autoritären oder gar totalitären Regimen, denn: „democracies don't murder their citizens". Demokratische Freiheiten sind also eine gute Lebens-Versicherung (so geschrieben), und umgekehrt gilt: „Power kills, absolute power kills absolutely."[28] Aber wie steht es um die Kriegsabneigung der Demokratien? Quincy Wright, einer der ersten großen quantitativen Kriegsursachenforscher, war schon 1942 zu folgendem Ergebnis gekommen:

(...) absolutistische Staaten mit geographisch und funktional zentralisierten Regierungen unter einer autokratischen Führung [sind] wahrscheinlich am kriegerischsten (...) konstitutionelle Staaten mit geographisch und funktional föderalisierten Regierungen unter einer demokratischen Führung wahrscheinlich am friedlichsten. (...) Die Regierungstypen, die zur Kriegsneigung tendieren, sind also diejenigen, die zu einer effizienten Handhabung des Systems des Machtgleichgewichts neigen, während die auf den Frieden ausgerichteten Regierungstypen langfristig zu einem auf Recht und Organisation basierenden internationalen System tendieren.[29]

Also eine symbolische Ohrfeige für den Realismus und eine Bestätigung für die Berechtigung der liberalen Theorie in den IB: Unterschiedliche Herrschafts- und Organisationsformen der staatlich verfassten Gesellschaften führen zu unterschiedlichen Konfigurationen im internationalen System. Nur muss ich auch den zweiten Teil des

---

27 Als Demozid bezeichnet Rummel rassistisch oder politisch motivierten Massenmord; den einen nennt er Genozid, den anderen Politozid.

28 Rudolph J. Rummel, *Genocide and Mass Murder*, in: Journal of Peace Research, 31:1 (Februar 1994), S. 1-19, das Zitat S. 1 und 8 sowie ders., *Power Kills: Democracy as a Method of Nonviolence*, New Brunswick-London 1997, S. 9 (das Zitat) und die Kapitel 5 und 6. Auch in funktionierenden Demokratien kommen durch staatliches Versagen immer wieder einzelne Menschen zu Schaden, gelegentlich sogar zu Tode. Das ändert aber nichts an der übergeordneten Aussage.

29 Quincy Wright, *A Study of War*, Chicago-London 1969, S. 163; hier zitiert nach Dokument 17 bei Czempiel, *Friedensstrategien*, S. 270f.

Absatzes von Quincy Wright referieren, der eher dem Realismus entgegenkommt. Wright zufolge entwickeln sich Regierungen des friedlichen Typs besonders gut unter Bedingungen eines stabilen Machtgleichgewichts; aber sie schaffen es nicht, den Frieden in der Welt auf Dauer zu stellen oder wenigstens das Mächtegleichgewicht aufrecht zu erhalten. Friedliche Regierungen tragen auf diese Weise sogar zum Entstehen von kriegerischen bei. Offensichtlich hat Wright hier vor allem die Zwischenkriegszeit im Sinn. Zwanzig Jahre später stellte Dean Babst auf der Grundlage des Datensatzes von Wright (116 größere Kriege von 1789 bis 1941) fest, dass unabhängige Länder mit gewählten Regierungen keine Kriege gegeneinander führten. Außerdem bemerkte er, dass in beiden Weltkriegen die Staaten mit gewählten Regierungen jeweils auf derselben Seite kämpften: 10 von 33 Ländern im Ersten und 14 von 52 im Zweiten Weltkrieg. Das konnte kein Zufall sein.[30] Der Artikel von Babst wurde in der Forschung zuerst von David Singer und Melvin Small, ebenfalls Pioniere der Kriegsstatistik, aufgegriffen, ohne dass sie jedoch näher auf seine Entdeckung eingegangen wären. Erst in den 1980er Jahren wurden die Sozialwissenschaften international wieder auf den demokratischen Frieden aufmerksam; dann aber in großem Stil, und zwar weiter unter maßgeblicher Beteiligung der quantitativen Kriegsursachenforschung.

Der zweite Konsens, der sich in diesen frühen Studien schon andeutete, bezieht sich auf den „demokratischen Frieden" auch in der Außenpolitik; allerdings mit einer erheblichen Einschränkung: Demokratien führen *untereinander* keine Kriege, wohl aber gegen Nicht-Demokratien, und zwar nicht nur zur Verteidigung. Deshalb spricht die Forschung heute vom *separate peace* der Demokratien, vom „demokratischen Separatfrieden". Dieser „Doppelbefund" wird inzwischen weitgehend anerkannt, auch wenn es immer noch einzelne Abweichungen gibt, und zwar in beiden Richtungen: Manche AutorInnen vertreten nach wie vor die Auffassung, Demokratien seien *generell* friedfertiger als andere Regime; wieder andere meinen, sie seien *im Prinzip* genauso kriegerisch, und zwar unabhängig vom Regimetyp des Gegners. Die Differenzen ergeben sich zu einem großen Teil aus unterschiedlichen Definitionen und Zuordnungen in der quantitativen

---

30 Ich referiere hier nach Nils Petter Gleditsch, *Democracy and Peace: Good News for Human Rights Advocates*, in: Donna Gomien (Hrsg.), *Broadening the Frontiers of Human Rights: Essays in Honour of Asbjörn Eide*, Stockholm 1993, S. 287-306, S. 290.

Forschung. Zurück zum Doppelbefund, zu dem ich Bruce M. Russett zitieren möchte, der sich um die Erforschung dieser Thematik sehr verdient gemacht und als einer der ersten die Spaltung im demokratischen Frieden formuliert hat:

> Compared with their actions toward other kinds of states, democracies in the modern world are unlikely to engage in militarized disputes with each other. (...) When they do get into disputes with each other, they are less likely to let the disputes escalate. They are not in any of these respects markedly more peaceful toward authoritarian states than authoritarian states are toward each other. (...) democracies are about as war-prone and disputatious in general (not toward other democracies) as are other kinds of states (...)[31]

In einer weiteren bedeutenden Untersuchung, die den republikanischen Frieden auf den kantianischen Friedens insgesamt ausweitete und die kumulativen Friedenswirkungen von Demokratie, wirtschaftlicher Interdependenz und der Mitarbeit in internationalen Organisationen analysierte, bestätigten Bruce Russett und John R. Oneal den Doppelbefund: Demokratien entwickeln intensive Handelsbeziehungen untereinander und beteiligen sich intensiv an internationalen Organisationen. Die Effekte des republikanischen, des freihändlerischen und des regulatorischen Friedens verstärken sich offenbar wechselseitig. (Man kann hier auch von „Engelskreisen" im Unterschied zu Teufelskreisen sprechen.) Aber das Verhältnis zwischen Demokratien und Autokratien (autoritären oder totalitären Regimen) bleibt brisant: Die Wahrscheinlichkeit, dass voll entwickelte Demokratien miteinander in militarisierte Auseinandersetzungen geraten, liegt 41% unter dem Dyaden-Durchschnitt; gemischte Dyaden (Demokratie vs. Autokratie) liegen 73%, autokratische Dyaden 67% darüber.[32]

---

31 Bruce M. Russett, *Grasping the Democratic Peace: Principles for a Post-Cold War World*, Princeton, N.J. 1993, S. 119 und 30. Russett weitet den Befund hier auf *militarized interstate disputes* aus, die militarisierte zwischenstaatliche Auseinandersetzungen unterhalb des Krieges mit einschließen. MIDs werden wie folgt definiert: "A set of interactions between or among states involving threats to use military force, displays of military force, or actual uses of force. To be included, these acts must be explicit, overt, nonaccidental, and government sanctioned." (Zeev Maoz/Bruce Russett, *Causes of the Democratic Peace*, in: American Political Science Review, 87:3 (September 1993), S. 624-638, S. 628).

32 Bruce M. Russett/John R. Oneal, *Triangulating Peace: Democracy, Interdependence, and International Organization*, N.Y.-London 2001, S. 115.

Um noch eine deutsche Untersuchung anzuführen, verweise ich auf Forschungsergebnisse der „Berliner Forschungsgruppe Krieg", die sich auf die Zeit ab 1946 konzentriert. Sie unterscheidet nicht nur zwischen Demokratien und Nicht-Demokratien, sondern zwischen Demokratien, Anokratien (sie liegen zwischen Demokratie und Autokratie) und Autokratien. Außerdem berücksichtigt sie neben zwischen-, innerstaatlichen und extrastaatlichen Kriegen (Kriege zwischen souveränen Staaten und international nicht anerkannten Gebieten, also z.b. Entkolonialisierungskriege) auch sub- und nichtstaatliche Kriege sowie militärische Interventionen in bereits laufende Kriege einschließlich humanitärer Interventionen. In der Tabellenzeile Demokratien gegen Demokratien findet man das vertraute Ergebnis: sowohl bei zwischenstaatlichen als auch extrastaatlichen Kriegen und militärischen Interventionen steht eine Null. Insgesamt jedoch sind Demokratien mit 40 Kriegsbeteiligungen in über die Hälfte der identifizierten Kriege verwickelt. Sie initiieren und beteiligen sich direkt nicht nur an zwischen- oder extrastaatlichen Kriegen, sondern mischen sich auch in laufende militärische Auseinandersetzungen ein. Zwischenstaatliche oder internationalisierte Kriege mit demokratischer Beteiligung haben die größte regionale oder internationale Wirkung entfaltet: Korea- und Vietnamkrieg, Nahostkriege, Zweiter Golfkrieg, Kosovo, Afghanistan sowie Irak, wie man hinzufügen kann. Immerhin sind Demokratien meist in kürzere Kriege verwickelt, und von den 13 identifizierten zwischenstaatlichen Kriegen haben sie nur vier initiiert.[33]

7.4 Grenzen der liberalen Friedenstheorie

Es gibt über den demokratischen Separatfrieden hinaus noch andere problematische Befunde, die der demokratischen Friedenstheorie zu schaffen machen. Ich stelle die wichtigsten jetzt systematisch zusammen. Dabei fange ich mit den Ergebnissen an, die noch am einfachsten zu integrieren sind, und gehe dann auf die heikleren Fälle ein.

---

33 Sven Chojnacki, *Demokratien und Krieg: Das Konfliktverhalten demokratischer Staaten im internationalen System, 1946-2001,* in: Christine Schweitzer/Björn Aust/Peter Schlotter (Hrsg.), *Demokratien im Krieg,* Baden-Baden 2004, S. 72-106, hier S. 79-80, 85; ders., *Democratic Wars and Military Interventions, 1946-2002: The Monadic Level Reconsidered,* in: Anna Geis/Lothar Brock/Harald Müller (Hrsg.), *Democratic Wars: Looking at the Dark Side of Democratic Peace,* Basingstoke 2006, S. 13-37.

In systematischen quantitativ-statistischen Analysen kommen Jack Snyder und Edward D. Mansfield zu dem Ergebnis, dass junge, noch ungesicherte Demokratien oder Übergangsgesellschaften auf dem Weg von autokratischen zu demokratischen Regimen sehr kriegsanfällig sind; ein Ergebnis, das von der genannten Berliner Forschungsgruppe bestätigt wird.[34] Sie führen nicht nur mehr Kriege als stabile Demokratien, sondern auch mehr Kriege als autoritäre Regime; sie führen auch Kriege gegen andere Demokratien. Je größer der Sprung von den alten autoritären Strukturen zur massenhaften und mehr als symbolischen – die gibt es auch in Diktaturen – Partizipation am politischen Entscheidungsprozess ausfällt und je schwächer die neuen demokratischen Institutionen etabliert und abgesichert sind, desto größer ist die Wahrscheinlichkeit, dass ein solches Land in einen Krieg/in Kriege verwickelt ist.

Der wichtigste Mechanismus, mit dem Krieg hier auch für große Zahlen von WählerInnen legitimiert werden kann, mit dem Massen zumindest zeitweise sogar für Krieg zu begeistern sind, ist der Nationalismus. Demokratisierungsprozesse sind meist mit Nationalismus verbunden, dessen emanzipatorische Funktion häufig in Aggression umschlägt: Die in Frühphasen der Demokratisierung oft besonders gravierenden gesellschaftlichen Auseinandersetzungen werden nach außen geleitet. Hinzu kommt, dass der Nationalismus von konkurrierenden Eliten gezielt für den Machterhalt oder den Machterwerb instrumentalisiert wird.[35] Für Appelle an den Heroismus und glorreiche

---

34 Edward D. Mansfield/Jack Snyder, *Democratization and the Danger of War*, in: International Security, 20:1 (Sommer 1995), S. 5-38; dies., *Democratic Transitions, Institutional Strength, and War*, in: International Organization, 56:2 (Frühjahr 2002), S. 297-337 und jetzt die zusammenfassende Studie der beiden Autoren: *Electing to Fight: Why Emerging Democracies Go to War*, Cambridge 2005.

35 Snyder hatte auf diesen Zusammenhang schon in einer früheren Studie über die Außenpolitik der Großmächte im 19. und 20. Jhdt. hingewiesen. So mag eine einheitliche Elite in einem autoritären Regime durchaus eine zurückhaltendere Außenpolitik verfolgen als eine in rivalisierende Fraktionen gespaltene Elite in einem demokratischen Staat, dessen demokratische Praktiken noch schwach institutionalisiert sind. (Jack Snyder, *Myths of Empire: Domestic Politics and International Ambition*, Ithaca-London 1991, S. 320)

Zeiten sind nicht nur der alte Kriegeradel, sondern auch das Bürgertum, sogar die Arbeiterschaft anfällig. Anschauungsmaterial dafür bietet die Geschichte der frühen westlichen Demokratien, die deutsche Geschichte, in jüngster Zeit der Demokratisierungsprozess in Ost- und Südosteuropa bzw. in Russland oder etwa auch Georgien.

„Near Misses": Beinahe-Kriege zwischen Demokratien

In der Geschichte der Demokratien hat es auch Fälle gegeben, in denen eine zurückhaltende und zögernde Regierung von der Öffentlichkeit zum Krieg getrieben wurde. Oder aber Eliten und Massen (oder jedenfalls große Teile von beiden) waren gleichermaßen emotionalisiert und steuerten ohne Not auf Krieg zu bzw. nahmen ihn prinzipiell in Kauf. So jedenfalls argumentiert Christopher Layne, der in den Beziehungen zwischen den großen Demokratien Großbritannien, USA, Frankreich und Deutschland vier schwere Krisen im 19. und 20. Jhdt. untersucht hat, die beinahe zum Krieg geführt hätten.[36] Am Ende hat dann doch die Klugheit gesiegt, nicht die Aversion gegen den Krieg überhaupt. In drei Fällen jedenfalls (Nordstaaten der USA gegenüber Großbritannien 1861 in der Trent-Affäre, USA versus Großbritannien 1895-96 im Grenzkonflikt zwischen Venezuela und British-Guyana, Frankreich gegen Großbritannien 1898 in der Fashoda-Krise) hat die Aussicht, dass sie den Krieg wahrscheinlich verlieren würde, die schwächere Partei nachgeben lassen. Nicht dass ich diese Art von

---

36 Christopher Layne, *Kant or Cant: The Myth of the Democratic Peace*, in: International Security, 19:2 (Herbst 1994), S. 5-49. Thomas Risse-Kappen, *Wie weiter mit dem „demokratischen Frieden"?*, in: Zeitschrift für Internationale Beziehungen, 1:2 (Dezember 1994), S. 367-379, S. 369, wendet gegen Layne ein, die von ihm untersuchten Fälle seien noch weit vom Krieg entfernt gewesen. Russett, *Democratic Peace*, S. 5ff. bringt Belege für demokratische Verwandtschaft als Deeskalationsfaktor in den genannten Fällen. Vgl. aber wiederum Belege für die Kriegsbereitschaft der öffentlichen Meinung (im Gegensatz zu ihren moderaten politischen Entscheidungsträgern) in den USA im 19. Jhdt. bei Walter Russell Mead, *Special Providence: American Foreign Policy and How it Changed the World*, New York-London 2002, S. 24: „Administrations were constantly aware that the American people would not permit their government to look weak or to appease foreign governments. Often, indeed usually, the American government was more pacifistic and isolationist than public opinion. At several points in the nineteenth century, the popular pressure for war against Britain and France was almost overwhelming."

Klugheit gering schätzte, aber die liberale Begründung für die Abneigung der Demokratien gegen den Krieg war nicht so taktisch, sondern eher grundsätzlich gemeint.

Der vierte Fall, den Layne anführt, bezieht sich auf die Besetzung des Ruhrgebiets 1923 durch Frankreich. Großbritannien hat damals („liberalistisch") argumentiert, diese Besetzung gefährde den Demokratisierungsprozess in Deutschland und damit den Frieden. Frankreich hielt („realistisch") dagegen, nur wenn Deutschland schwach gehalten werden könne, werde es friedlich bleiben. Hier besteht eine Verbindung zum vorigen Punkt, der ein Dilemma weniger der Theorie des demokratischen Friedens als vor allem der demokratischen Friedenspolitik beinhaltet. Je mehr stabile Demokratien es gibt, desto weniger Kriege wird es geben, sagt die liberale Friedenstheorie; der Übergang von der Autokratie zur stabilen Demokratie ist aber besonders kriegsanfällig. Offenbar können wir nicht das eine haben, ohne das andere in Kauf zu nehmen. Was aber bedeutet das für den Umgang mit den staatlich verfassten Gesellschaften, die diesen Übergang noch vor sich haben (z.B. Volksrepublik China) oder bereits in ihm drin sind (Russland)? Der Disput zwischen England und Frankreich über den Umgang mit Deutschland nach dem Ersten Weltkrieg, in dem offenbar beide Recht hatten und beide gescheitert sind, zeigt ein Dilemma, mit dem auch die heutigen Demokratien konfrontiert sind.

Demokratische Aggression gegen Nicht-Demokratien

Gravierender als die Beinahe-Kriege zwischen Demokratien – schließlich waren es nur beinahe Kriege – und eine grundlegende Herausforderung für die demokratische Friedenstheorie ist die Kriegführung von Demokratien gegenüber Nicht-Demokratien jenseits der Verteidigung. Es geht hier vor allem um Eroberungs- und Kolonisations- oder Dekolonisationskriege der Demokratien gegen „den Süden" im weitesten Sinne. Also z.B. um den Krieg der USA gegen Mexiko 1846-48 oder gegen die philippinische Unabhängigkeitsbewegung 1892-1902; oder die europäischen Kolonialkriege im 19. und 20. Jhdt. bis hin zum Algerienkrieg oder den Indochina-Kriegen. Der demokratische Krieg ging bis zur „ethnischen Säuberung" oder bis zum Vernichtungskrieg, wie Michael Mann in Erinnerung gerufen hat:

(…) some of the states I earlier called liberal were in reality dual, with an extremely dark side many miles away in their colonies. Class compromise, representative rule, and tolerance among Europeans developed above terrible atrocities against very large out-groups. The worst case, in the United States and Australia, amounted to the most successful cleansing the world may have ever seen. They were committed by settler democracies, at first de facto, then de jure.[37]

Hier stellt sich nicht nur die Frage, ob und warum sich eine Demokratie von einer Nicht-Demokratie bedroht fühlt, sondern auch die Frage nach der Legitimität des Sicherheitsarguments. Wenn man anderen, z.B. den Indianern, ihr Land wegnimmt und die sich dann dagegen wehren, werden sie dann zu einer „Bedrohung"? In keinem Fall haben die kolonialisierten Völker im Kampf gegen die Unterwerfung oder für die Erlangung ihrer Unabhängigkeit, der sich nicht nur gegen die Diktatur Portugal, sondern auch gegen große und kleinere Demokratien wie die USA, Großbritannien, Frankreich, Belgien oder Holland richtete, die Sicherheit dieser Demokratien gefährdet.[38] Und die militante Abwehr der Forderung nach Selbstbestimmung wurde keineswegs nur von speziellen Interessengruppen betrieben. Die breite Öffentlichkeit hat in der Regel erst dann Bedenken bekommen, wenn sich die Kolonial- oder Dekolonisations-Kriege hinzogen und die Kosten auch für die „Mutterländer" spürbar wurden.

Ich greife den Vietnam-Krieg heraus.[39] Zum Vietnam-Krieg gehört ohne Zweifel der Ost-West-Konflikt einschließlich des Sicherheitsdilemmas. Dazu gehört aber auch der französische Kolonialismus; ohne ihn und die damit verbundenen anderen Vietnam-Kriege hätte es auch „den" Vietnam-Krieg nicht gegeben. Der führende Kopf der viet-

---

37 Michael Mann, *The Dark Side of Democracy: Explaining Ethnic Cleansing*, Cambridge 2005, S. 70. Ich empfehle dazu auch die Lektüre des modernen Klassikers von Dee Brown, *Begrabt mein Herz an der Biegung des Flusses: Eine indianische Geschichte des amerikanischen Westens* [1970], München 2005.

38 Vgl. auch die Kritik bei Rosato, *The Flawed Logic*, S. 588: "The imperialism of Europe's great powers between 1815 and 1975 provides good evidence that liberal democracies often waged war for reasons other than self-defense and the inculcation of liberal values." Rosato's Liste von *Imperial Wars Involving Liberal Democracies* (S. 589) enthält allein für die Zeit von 1838 bis 1920 und nur für Großbritannien, Frankreich und Holland 33 Einträge.

39 Damit ist der je nach Zählung zweite oder dritte Indochina-Krieg zwischen den USA und Südvietnam auf der einen und dem von der Sowjetunion und der Volksrepublik China unterstützten Nordvietnam und dem Vietcong auf der anderen Seite in der Zeit von 1965 bis 1975 gemeint.

namesischen Unabhängigkeitsbewegung, Ho Chi Minh, hatte 1919 als junger Mann die Verheißungen des Westens für die Selbstbestimmung der Völker und eine demokratische Neuordnung der Welt nach dem Ersten Weltkrieg ernst genommen und eine Eingabe an die in Paris versammelten Alliierten geschickt, in der er um die Anerkennung eines unabhängigen Vietnam bat. Niemand interessierte sich jedoch dafür; auch nicht die sozialistische Partei Frankreichs, der er sich angeschlossen hatte. So wurde er zum Mitbegründer der französischen KP, und in der Lektüre Lenins fand er eine aus seiner Sicht zutreffende Beschreibung der Kolonialproblematik. Nach dem Ende des Zweiten Weltkrieges und der Niederlage Japans schien das Ziel endlich erreicht: Kaiser Bao Dai dankte zugunsten der Vietminh, der vietnamesischen Unabhängigkeitsbewegung, ab und im September 1945 erklärte Ho Chi Minh im Namen der Demokratischen Republik Vietnam die Unabhängigkeit.

Frankreich war jedoch trotz verschiedener Zusagen letztendlich nicht bereit, seine Kolonie ziehen zu lassen. Dazu bedurfte es eines weiteren Krieges Demokratie gegen Nicht-Demokratie – wobei ich hier die vielen Fremdenlegionäre und Soldaten aus anderen Kolonien, die für den französischen Kolonialismus kämpften, zur Demokratie rechne. Dieser Krieg hatte ebensowenig wie die früheren gewaltsamen Auseinandersetzungen zwischen Frankreich und der vietnamesischen Unabhängigkeitsbewegung in den zwanziger und dreißiger Jahren etwas mit der Sicherheit Frankreichs zu tun. Heraus kam am Ende zwar die Unabhängigkeit Vietnams, aber sie musste mit der Teilung erkauft werden. Die in der Genfer Indochina-Konferenz 1954 zugesagten Wahlen in Nord- und Südvietnam, die nach allgemeiner Einschätzung die Vietminh unter Hos Führung gewonnen hätten, haben bekanntlich nie stattgefunden.[40]

Im Verhältnis zwischen den USA und Vietnam dagegen kann man sehr wohl mit dem Sicherheitsdilemma argumentieren, allerdings nur in einem kritischen Sinne. Denn dass die vietnamesische Unabhängigkeitsbewegung zum militärisch zu bekämpfenden Feind der USA bzw. der „freien Welt" werden würde, war trotz der führenden Rolle der kommunistischen Partei Vietnams nicht zwingend. Im Zweiten Welt-

---

40 Für die Fakten stütze ich mich weitgehend auf Gary R. Hess, *Vietnam and the United States: Origins and Legacy of War*, 2. Aufl., New York-London 1998, Kap. 1. Vgl. jetzt auch ders., *Vietnam: Explaining America's Lost War*, New York 2008.

krieg arbeitete die vietnamesische Unabhängigkeitsbewegung mit den USA gegen Japan zusammen, und auch nach dem Ende des Krieges äußerte Ho Chi Minh mehrfach Interesse an einer Kooperation mit den USA, ja sogar an amerikanischen Investitionen in einem unabhängigen Vietnam. Doch die politische Führung der USA, die sich während des Krieges noch auf die Seite des Antikolonialismus gestellt hatte, sicherte Frankreich 1945 zu, dass sie sich nicht in seine Kontrolle über Indochina einmischen würde. Die USA haben es parallel zur Herausbildung des Ost-West-Konflikts dann aber doch getan, allerdings zugunsten des Kolonialismus, und Frankreich massiv wirtschaftlich und militärisch gegen die Vietminh unterstützt, bis sie es nach der schweren Niederlage der Franzosen ab 1954 selbst übernahmen, das „freie" Südvietnam vor „dem Kommunismus" zu schützen.

In einem Standardwerk zum Thema wird die Umdeutung von Ho Chi Minh sozialkonstruktivistisch auf den Punkt gebracht. Der Gegner ist nicht per se Gegner, er wird als solcher sozial konstruiert, obwohl er prinzipiell auch anders konstruiert werden könnte:

> At first, officials in Washington did not view the events in Indochina as a threat to U.S. national security. While not especially sympathetic to the Communist movement and its enigmatic leader, Ho Chi Minh, the Truman administration viewed the conflict essentially as a product of the colonial era and urged the French to reach a settlement with the leaders of the DRV (Democratic Republic of Vietnam, G.K.). By 1949, however, the perspective from the White House had radically changed. As the wartime alliance between the United States and the Soviet Union was gradually replaced by the Cold War, Ho Chi Minh was transformed in the American mind from an enigmatic but essentially nonthreatening figure into a dangerous agent of international communism. His movement ceased to be interpreted as a legitimate product of French colonial oppression and was increasingly viewed as a tool of the Kremlin, to be opposed and defeated at all costs.[41]

Ho Chi Minh war kein Demokrat, die kommunistische Partei Indochinas bzw. Vietnams keine demokratische Partei. Ob sie sich heute in freien Wahlen behaupten könnte, ist fraglich. Und ob es richtig war, für die Unabhängigkeit und Einheit so viele Opfer zu fordern und selbst so viele Verbrechen zu begehen, das wird heute auch in Viet-

---

41 William J. Duiker, *Nationalism and Revolution in a Divided Vietnam*, Boston, Mass. 1995, S. 4. Die Umdeutung ist nicht beliebig, ich komme darauf in Kap. 11 zurück.

nam mehr oder weniger halböffentlich in Frage gestellt. Weiterhin ist unbedingt zu berücksichtigen, dass sich West und Ost in einer prägenden macht-, sicherheits- und gesellschaftspolitischen Rivalität befanden, die sich auch auf die Dritte Welt erstreckte. Auch wenn diese Feindschaft sozial konstruiert gewesen sein mag, sie hatte sehr konkrete real-feindselige Auswirkungen. Aber darum geht es hier nicht. Es geht hier um die Prämissen, die der genannten Umdeutung der vietnamesischen Revolution und Nationalbewegung zugrunde lagen, und um die Gründe für die endgültige Eskalationsentscheidung unter Präsident Lyndon B. Johnson 1965. Dass sie fragwürdig waren, wissen wir nicht erst aus der Rückschau; dass sie sogar selbstschädigend sein würden, haben Zeitgenossen, politische Entscheidungsträger wichtiger Verbündeter der USA, aber auch Mitglieder der Regierung selbst, führende Vertreter der Demokratischen Partei und angesehene Journalisten oder Experten immer wieder betont.[42]

Die vietnamesische Revolution war keine Bedrohung für die Sicherheit der USA (oder „des Westens"); es gab keinen monolithischen kommunistischen Block, und die Domino-Theorie[43] wurde der Komplexität der politischen Verhältnisse, Entwicklungen und Konflikte in Südostasien nicht gerecht, auch wenn sich die aktive Unterstützung kommunistischer Bewegungen in der Region durch die Sowjetunion und die Volksrepublik China (zum Teil auch mit Waffenhilfe) nicht bestreiten ließ. Vietnam jedenfalls war der falsche Ort, das „Fallen der Dominos" aufzuhalten; der Krieg dort war für die USA politisch und damit auch militärisch nicht zu gewinnen. Warum hat die Führung der USA trotz der Kritik fast wider besseres Wissen an ihren falschen Prämissen festgehalten?

Wenn wir historischen Forschungen folgen, dann hätte es vor der Entscheidung zur Eskalation mehrere ernsthafte Varianten für einen Rückzug der USA aus Vietnam gegeben, so wie sie etwa Hans J. Morgenthau im Januar 1965 in einem Artikel für *Newsweek* beschrieben

---

42 Der amerikanische Verteidigungsminister Charles Wilson warnte schon 1954, die USA sollten sich so schnell und so vollständig wie möglich aus Südvietnam zurückziehen; er sehe nur schweres Leid auf die USA zukommen, wenn sie in diesem Gebiet bleiben würden. George C. Herring, *America's Longest War: The United States and Vietnam, 1950-1975,* 3. Aufl., New York 1996, S. 51 (4. Aufl. 2001).

43 Die Domino-Theorie ging davon aus, wenn Vietnam kommunistisch würde, würden weitere Länder „wie Dominos" fallen – bis hin zu Japan.

hat.[44] Die Gründe für die Eskalation liegen nicht nur in strukturellen Ursachen wie dem Kalten Krieg und der München-Analogie oder Tendenzen amerikanischer Politik wie Sendungsbewusstsein, Rassismus, Revolutionsfurcht – dazu war das Meinungsspektrum in der Elite zu disparat. Sie liegen vor allem in der Persönlichkeit zentraler Entscheidungsträger, u.a. Präsident Johnsons Geschlechtscharakter, seinem aggressiven und sexistischen Verständnis von Männlichkeit, mit dem die Vorstellung einer Niederlage unvereinbar war. Den Schwanz einzuziehen und wegzulaufen, wie es „Milchbubis" oder „Heulsusen" wie Vizepräsident Hubert Humphrey oder Mike Mansfield, der Mehrheitsführer im Senat, vorschlugen, das war nicht Johnsons Sache.[45]

Ungünstig für die liberale Theorie ist, dass sie sich hier nicht auf einen Mangel an Öffentlichkeit berufen kann, auch wenn die Regierungen mit Manipulationen gearbeitet haben. Die Öffentlichkeit hatte genügend Informationen, aber sie war nicht sonderlich interessiert; sie wollte dem Thema aus dem Weg gehen und ließ sich von der Regierung führen. Zunächst skeptisch gegenüber einer erneuten Entsendung amerikanischer Bodentruppen nach Asien, gab sie sich patriotisch, nachdem die Entscheidung, den Krieg endgültig zu amerikanisieren, einmal gefallen war. Die Öffentlichkeit hat den Krieg dann lange Zeit mehrheitlich unterstützt. Als er sich hinzog und keine schnelle Kriegsentscheidung absehbar wurde, nahm die Opposition gegen die Politik der Regierung zu, wobei ein signifikanter Teil der öffentlichen Meinung die Kriegführung weder für unmoralisch noch für zu massiv, sondern für zu zurückhaltend hielt.

Erst als der Widerspruch gegen den Krieg die politische Mitte erreichte und Vertreter der Banken sowie Finanzexperten dringend vor Gefahren für die wirtschaftliche Stabilität warnten, kam es mit Johnsons Entscheidung, auf die Präsidentschaftskandidatur zu verzichten, allmählich zur Wende. Die Kritik der Finanzwelt – das sage ich ohne jeden Zynismus – passt zur liberalen Theorie; Diktaturen gehen auch über solche Korrekturimpulse leichter hinweg. Aber wir stoßen hier wieder an die Grenzen der liberalen Friedenstheorie, soweit sie sich nur auf die utilitaristische Praxis verlässt. Kriege können dann näm-

---

44 Vgl. Fredrik Logevall, *Choosing War: The Lost Chance for Peace and the Escalation of War in Vietnam*, Berkeley-Los Angeles-London 1999, S. 404-413, der Hinweis auf Morgenthaus Artikel S. 406.

45 Alles Originalton Johnson, natürlich auf Englisch. Vgl. dazu Logevall, *Choosing War*, S. 393f.; vgl. dazu auch mein Kap. 10, S. 337f.

lich von Demokratien geführt werden, auch wenn sie ihren eigenen Normen widersprechen; sie dürfen nur nicht zu teuer werden.

Die Grenzen der liberalen Friedenstheorie zeigen sich auch bei der amerikanischen Kriegführung. Wie Bernd Greiner auf der Grundlage umfangreicher Akten von ca. 10.000 Blättern der *Vietnam War Crimes Working Group* im Pentagon (einer Behörde, die nicht etwa zur Verfolgung oder Verhütung von Kriegsverbrechen gegründet worden war, sondern zur Vorbereitung auf die Abwehr von Kritik) herausgearbeitet hat, haben weder die Politik noch die Militärführung oder die Öffentlichkeit der Entgrenzung der Gewalt Einhalt geboten, im Gegenteil. Schwerste Kriegsverbrechen im Zusammenhang mit einer Politik der verbrannten Erde, die das bäuerliche Leben in mehreren Provinzen zerstörte, und zahllose Massaker an unbewaffneten Zivilisten, von denen My Lai nur die Spitze des Eisbergs war, stießen auf einen juristischen Minimalismus, in dem keiner der eigentlich verantwortlichen Offiziere je zur Rechenschaft gezogen wurde, selbst wenn er offensichtlich zu unterschiedslosem Töten aufgerufen hatte. In einer systematischen Selbstentbindung von Recht und Gesetz verwies die amerikanische Militärjustiz immer wieder auf Befehlsnotstände – eine seit den Nürnberger Kriegsverbrecherprozessen nicht mehr vertretbare Legitimationsfigur –, um Kompromittierte zu entlasten. Die militärische Rechtskultur erodierte, und die Öffentlichkeit deckte mehrheitlich, ja wollte die Leugnung jeder individuellen Verantwortung für einen teilweise totalen Krieg nicht nur gegen die gegnerischen Soldaten, sondern auch gegen die Zivilbevölkerung.[46]

Formen der Intervention unterhalb des Krieges

Eine letzte Einschränkung des demokratischen Friedens schließlich betrifft indirekte Formen der Kriegsbeteiligung von Demokratien wie Waffenlieferungen, Militärhilfe oder andere Arten der Einmischung, die Gewalt begünstigen oder wirtschaftliche und politische Selbstbestimmung be- oder verhindern können. Ich greife ein Beispiel heraus, das nur selten in den Statistiken über demokratischen Frieden oder über Kriege von Demokratien auftaucht: die Beziehungen zwischen den USA und Guatemala nach dem Zweiten Weltkrieg. Ich zitiere aus einem Artikel einer Expertin für dieses Thema:

---

46 Bernd Greiner, *Krieg ohne Fronten: Die USA in Vietnam*, Hamburg 2007.

The war [der Bürgerkrieg in Guatemala, G.K.] began in 1960, six years after the 1954 U.S. intervention ousted the popularly elected government of Jacobo Arbenz. (The last U.S. president to tell the truth about U.S.-Guatemalan relations was Dwight Eisenhower, who proudly acknowledged the CIA's role in overthrowing Arbenz.) (...) [The guerilla movement's] political influence grew during the early and mid-1960s as Guatemalan politics offered virtually no legal channel for the expression of social demands. In March 1963, a U.S.-approved military coup led to the cancellation of the 1963 presidential election, which the progressive ex-president Juan José Arévalo had been expected to win. (...) in 1966, the United States became directly involved in counterinsurgency operations in order to 'professionalize' the Guatemalan military. (...) U.S. military advisers were involved in the formation of the death squads, and the head of the U.S. military mission publicly justified their operations. (...) The active support of up to half a million Indians in the uprising of the late 1970s and early 1980s was without precedent in Guatemala, indeed in the hemisphere, and threatened the army's century-old domination of rural Guatemala. The army responded with a scorched-earth war (1981-83) of unprecedented proportions: During those two years, 440 villages were wiped out, between 100,000 and 150,000 civilians were killed or 'disappeared', and more than 1 million persons were displaced.[47]

Erst jetzt regte sich Opposition in den USA, und die Regierung in Washington konnte sich nicht mehr offen zur Zusammenarbeit mit den Militärs in Guatemala bekennen. Der Kongress verweigerte unter dem Druck der Öffentlichkeit die direkte Militärhilfe. Die Regierung trieb seitdem ein Doppelspiel, das die Beziehungen zwischen den USA und Guatemala die ganzen 1980er bis in die 1990er Jahre hinein prägte. Nach außen tat sie so, als nehme sie die Kritik an den Menschenrechtsverletzungen ernst und sei sie um Öffnung der Politik in Guatemala bemüht. Hinter den Kulissen signalisierte die Reagan-Administration der guatemaltekischen Armee Zustimmung zu ihrer Kriegführung, so schmutzig sie auch sein mochte: durch Besuche von US-amerikanischen Regierungsvertretern, durch Zusammenarbeit bei der Aufstandsbekämpfung und durch verdeckte Unterstützung.[48]

---

47   Susanne Jonas, *Dangerous Liaisons: The U.S. in Guatemala*, in: Foreign Policy, No. 103 (Sommer 1996), S. 144-160, hier S. 146f.; ausführlich zur Rolle der USA in der gewaltsamen (Unter)Entwicklung Guatemalas dies., *The Battle for Guatemala: Rebels, Death Squads, and U.S. Power*, Boulder, Col.-San Francisco 1991.

48   Jonas, *Dangerous Liaisons*, S. 148.

Guatemala ist nicht das einzige Land von Interesse in diesem Zusammenhang. David Forsythe kommt auf mindestens sechs Fälle, in denen die USA zwischen 1947 bis 1991 geheime gewaltsame Aktionen gegen frei gewählte Regierungen in Ländern der Dritten Welt unterstützten oder selbst durchführten; Sebastian Rosato kommt auf sieben.[49] Zur Erklärung bietet Forsythe an (1) den Ost-West-Konflikt verbunden mit einer weiten Sicherheitsdefinition der USA, (2) die Arroganz der Macht, kombiniert mit Rassismus und einer antirevolutionären Attitüde, (3) die mangelnde demokratische Qualität der bedrohten Regime und (4) die fehlende Kontrolle durch die Öffentlichkeit bzw. die geringfügigen Auswirkungen auf die Gesellschaft. Bruce Russett, der diese Fälle aufgreift, räumt ein, dass auch wirtschaftliche Interessen der USA im Spiel waren, aber er legt das Schwergewicht seiner Argumentation auf die Instabilität dieser demokratisch gewählten Regierungen, auf ihre mangelnde demokratische Glaubwürdigkeit und auf das Risiko einer politischen Verbindung mit der Sowjetunion. Diese Argumentation halte ich in Übereinstimmung mit Sebastian Rosato für wenig überzeugend. Rosato schreibt:

Every government with the exception of the Sandinistas was replaced by a succession of American-backed dictatorial regimes. (...) None of the target governments were communist, and although some of them pursued leftist policies there was no indication that they intended to impose a communist model or that they were actively courting the Soviet Union. (...) there is good evidence that support for democracy was often sacrificed in the name of American economic interests. (...) Although the target states may not have been fully democratic, they were more democratic than the regimes that preceded and succeeded them and were democratizing further. Indeed, in every case American action brought more autocratic regimes to power.[50]

Russett führt weiter aus, falls es zu einem Krieg zwischen den USA und Chile gekommen wäre, dann hätte die Aussage, Demokratien führten keine Kriege gegeneinander, überprüft werden müssen. Die normativen Garantien der Demokratie hätten ausgereicht, um die Operationen der USA „in den Untergrund" zu treiben; eine offene Kriegführung hätte die amerikanische Öffentlichkeit nicht toleriert.[51]

---

49 David Forsythe, *Democracy, War, and Covert Action*, in: Journal of Peace Research, 29:4 (Nov. 1992), S. 385-395; Rosato, *Flawed Logic*, S. 590.
50 Rosato, *Flawed Logic*, S. 591.
51 Russett, *Democratic Peace*, S. 120ff., zu Chile S. 124.

Für mich grenzt diese Argumentation an Zynismus. Denn die Behauptung, die Theorie des demokratischen Friedens müsse hier nicht überprüft werden, übergeht einen anderen Skandal: Die USA brauchten keinen Krieg zu führen, weil das Problem, das die Regierung Nixon-Kissinger mit dem Allende-Regime hatte, auch anders, nämlich über die Unterstützung eines Militärputschs, zu „lösen" war. Ähnlich argumentiert Russett im Falle Nicaraguas und der mehr oder weniger offenen militärischen Unterstützung der USA für die Contras in einem neunjährigen Bürgerkrieg. Andrew Lawrence nennt Russetts Vorgehensweise einen „Akt kategorialer und methodischer Rationalisierung" und sieht darin ein Muster der demokratischen Friedenstheorie, mit dem bestimmte Kriege, die das Bild der westlichen Demokratien, insbesondere der USA, belasten, mehr oder weniger bewusst herausdefiniert werden.[52]

Selbst wenn man auch in diesen Fällen den Ost-West-Konflikt und die Konkurrenz zwischen den USA und der Sowjetunion in der Dritten Welt bemüht, was die US-amerikanische Führung häufig genug getan hat, bleiben die eben schon genannten Kritikpunkte. Sie stehen im Zusammenhang mit einer langen Vorgeschichte amerikanischer Einmischung und Ausbeutung in Lateinamerika, die den Rückgriff auf das Sicherheitsargument noch fragwürdiger erscheinen lässt. Da sich die Einmischungen meistens gegen radikalreformerische Bewegungen richteten, wird man wohl nicht umhin kommen, auch über Klasseninteressen einer in der internationalen Politik doppelt privilegierten Gruppe zu diskutieren, nämlich der Oberschicht einer reichen Weltmacht. Nicht immer ist die Durchsetzung von Kapitalinteressen (Interessen einzelner Unternehmen) oder Kapitalismus-Interessen (die Interessen der kapitalistischen Wirtschafts- und Sozialordnung, so wie sie von der Entscheidungselite definiert werden) günstig für die Förderung der Demokratie.[53]

---

52 Andrew Lawrence, *Imperial Peace or Imperial Method? Skeptical Inquiries into Ambiguous Evidence for the "Democratic Peace"*, in: Richard Ned Lebow/Mark Irving Lichbach (Hrsg.), *Theory and Evidence in Comparative Politics and International Relations*, New York-Houndmills, Basingstoke 2007, S. 199-226, hier S. 207 (meine Übersetzung).

53 Vgl. dazu auch Walter LaFeber, *The Tension Between Democracy and Capitalism during the American Century*, in: Diplomatic History, 23:2 (Frühjahr 1999), S. 263-284, 283f.: „Throughout the past century, great tension has thus existed between the American hope of making the world safe for democracy and Americans' determination to make the world open for their

Für die liberale Theorie spricht in den genannten Fällen allenfalls der Umstand, dass die zitierten schleichenden Formen der Kriegsbeteiligung einer Demokratie gegen Menschen, denen sie die Demokratie verweigerte, von den Regierungen teilweise geheim gehalten wurden. Engagierten DemokratInnen ist es zu verdanken, wenn derartige Machenschaften aufgedeckt und dadurch erschwert werden. Daraus folgt leider nicht, dass die Bevölkerung in der Demokratie immer für Frieden und Gewaltfreiheit votiert oder sich mit dem Protest unterdrückter bzw. schwer benachteiligter Gruppen solidarisiert.

Zusammenfassende und ergänzende Überlegungen

Wie lässt sich der halbierte demokratische Frieden begreifen? Wie kommt es, dass dieselben Institutionen und Normen in einem Fall den Frieden sichern, im anderen die Demokratie in den Krieg, wohlgemerkt nicht die Verteidigung, treiben? Die demokratische Friedenstheorie hat eine Zeitlang versucht, diese Differenz mit einer „liberalkonstruktivistischen" Variante des Sicherheitsdilemmas zu erklären. Demokratische Staaten, so Russett, projizieren ihr Selbstbild auf andere Demokratien. Von Staaten, die die Selbstbestimmungsrechte ihrer Bürger und Bürgerinnen achten und ihre internen Konflikte nicht mit Gewalt, sondern durch Kompromisse lösen, fühlen sie sich nicht bedroht. Ganz anders bei Nicht-Demokratien. Herrschern, die ihre eigene Bevölkerung unterdrücken, die nach innen sogar Gewalt anwenden, trauen Demokratien auch in den internationalen Beziehungen nicht. Kommt es zu einem Konflikt mit einer Nicht-Demokratie, dann rechnen Demokratien nicht mit Zurückhaltung, und sie verhalten sich selbst entsprechend rigide. Thomas Risse-Kappen sprach in diesem Zusammenhang von der Wirkung einer „Unschuldsvermutung" in der Interaktion zwischen Demokratien. In ihrem politischen Verkehr entstehen „positive Rückkopplungen" des Vertrauens, wird das Sicherheitsdilemma entschärfen. Zwischen Demokratien und Nicht-Demokratien kommt es nicht zu dieser Vertrauensspirale, im Gegenteil:

---

particular types of economic enterprise. (...) Policies shaped by the desire to create democratic systems in foreign lands formed the exception rather than the rule in post-1900 U.S. diplomacy. (...) The American Century was and is many things, but it has especially been a century shaped by U.S. policies demanding that the world be made safe and accessible for the American economic system."

(...) relations among democracies and authoritarian regimes suffer from the presumption of potentially aggressive intentions. Democratic state actors assume that autocratic leaders are predisposed toward belligerence, since their domestic rule is based on oppression and violence. This perception then creates a security dilemma leading to behavioural patterns that confirm the presumption of enmity.[54]

Dieser Erklärungsversuch, so sympathisch er auf den ersten Blick erscheint, reicht nicht aus, wie die Diskussion gezeigt hat; zumal sie nicht das Problem der unterschwelligen Gewalt von Demokratien gegen andere Demokratien (in der Dritten Welt) trifft. Nicht nur deshalb ist die liberale Friedenstheorie inzwischen selbst über ihn hinweg gegangen. Wohl auch infolge des Irak-Krieges hat sie alle theoretischen Begründungen für den Zusammenhang zwischen Demokratie und Frieden auf den Prüfstand gelegt: Das Ergebnis ist ernüchternd.[55]

Es beginnt mit der Frage nach der Bedeutung statistischer Aussagen. Reicht nicht ein gravierender Einzelfall, die Theorie in Frage zu stellen, selbst wenn er statistisch gesehen nur ein „Ausreißer" wäre? Es geht weiter mit Definitionsproblemen: Was ist eine Demokratie, wo liegt die Grenze zur Nicht-Demokratie? Was ist ein Krieg, wer ist der Angreifer und wer verteidigt sich? Wenn Krieg, wie vielfach üblich, definiert wird als eine bewaffnete Auseinandersetzung mit mindestens 1.000 im Kampf gefallenen Soldaten, dann taucht z.B. der Gaza-Krieg vom Januar 2009 nicht in der Kriegsstatistik auf, weil die allermeisten Getöteten Zivilisten waren – das eigentliche Problem dieses Krieges. Und wer hat ihn angefangen? Vordergründig die Hamas. Aber die Kriegsschuldfrage wäre damit nur unzureichend beantwortet, weil – wie die Vorgeschichte auch dieses Krieges zeigt – der Nahost-

---

54 Thomas Risse-Kappen, *Democratic Peace, Warlike Democracies? A Social Constructivist Interpretation of the Liberal Argument*, in: European Journal of International Relations, 1:4 (Dezember 1995), S. 491-517, das Zitat S. 509; so schon ansatzweise Michael W. Doyle, *Liberalism and World Politics*, S. 1161.

55 Vgl. neben den schon in Anm. 26 genannten Literaturberichten und der Zusammenfassung der Kritik bei Rosato vor allem Harald Müller, *Antinomien des demokratischen* Friedens, in: Politische Vierteljahresschrift, 34:1 (2002), S. 46-81 sowie die Beiträge in Schweitzer/Aust/Schlotter, *Demokratien im Krieg*; Geis/Brock/Müller, *Democratic* Wars, und Anna Geis/ Harald Müller/Wolfgang Wagner (Hrsg.), *Schattenseiten des Demokratischen Friedens: Zur Kritik einer Theorie liberaler Außen- und Sicherheitspolitik*, Frankfurt am Main-New York 2007.

Konflikt insgesamt durch *wechselseitige* Konfliktverstrickung und eine „Kultur" *wechselseitiger* Vergeltung gekennzeichnet ist.

Was die Kosten-Nutzen Kalküle der Bürger betrifft, so zeigt die Empirie, dass Demokratien Wege finden, die sozialen Kosten ihrer Kriege zu senken: z.b. dadurch, dass sie Menschen, d.h. Soldaten, durch fortgeschrittene Technologie ersetzen. Dabei kommt es auch zu Veränderungen in der Militärstrategie, die aber zu Lasten der gegnerischen Zivilbevölkerung, teilweise sogar zu Lasten der eigenen Verbündeten gehen – wie in Afghanistan zu beobachten. Soziale Kosten-Nutzen Kalküle der Bürger können auch durch Verschiebungen auf andere Instrumente der Einflussnahme unterhalb der direkten Intervention wie Militärhilfe oder Geheimdienstaktivitäten unterlaufen werden. Was die Normen des friedlichen Konfliktaustrags betrifft, so gelingt es auch Demokratien, ihre Bürger für den Krieg gegen einen „ungerechten Feind" zu mobilisieren.

Mit dem Begriff des „ungerechten Feindes", der schon von Kant stammt, hatte der Königsberger Philosoph auf einen Gegner hinweisen wollen, der nicht deshalb gefährlich ist, weil er eine Republik direkt angreift, sondern weil sich sein politischer Wille gegen das „Projekt der Vernunft" stellt. Der „ungerechte Feind" widersetzt sich gezielt der Ausweitung des Rechts und gemeinsamer politischer Institutionen und damit der Entwicklung des inneren wie des internationalen Friedens.[56] Kann ein Regime als „Schurkenstaat" dargestellt werden, der Recht und Gesetz verachtet und gewalttätig ist, dann fühlen sich auch Demokratien berechtigt, gegen ihn mit Gewalt vorzugehen. Hier spielt auch in die Demokratie die Versuchung hinein, im Konfliktfall in einem Gegner nicht nur den Gegner, sondern den Feind oder gar „das Böse" schlechthin zu sehen; eine Versuchung, der nicht nur fundamentalistisch orientierte Politiker oder Gruppierungen erliegen.[57]

Es kommt auch vor, dass ein Land, das als demokratisch eingestuft wurde, plötzlich zur Autokratie wird, wenn es zum Kriegsgegner geworden ist – oder umgekehrt. Ich beziehe mich hier auf Einschätzungen des Deutschen Kaiserreichs in den USA vor und nach Beginn des

---

56 Dazu Harald Müller, *Kants Schurkenstaat: Der „ungerechte Feind" und die Selbstermächtigung zum Kriege*, in: Anna Geis (Hrsg.), *Den Krieg überdenken: Kriegsbegriffe und Kriegstheorien in der Kontroverse*, Baden-Baden 2006, S. 229-250.

57 Vgl. Anna Geis, *Spotting the ‚Enemy': Democracies and the Challenge of the ‚Other'*, in: Geis/Brock/Müller, *Democratic Wars*, S.142-169.

Ersten Weltkrieges bzw. auf Beurteilungen der Sowjetunion vor und nach dem Kriegsbündnis gegen das nationalsozialistische Deutschland. Im amerikanischen Bürgerkrieg sahen sowohl Nord- als auch Südstaaten, obwohl sie sich im Prinzip durchaus als demokratisch wahrnahmen, ihre Freiheit und die Zukunft der Demokratie durch die Handlungen der jeweils anderen Seite bedroht.[58]

Der Liberalismus ist also in vieler Hinsicht ambivalenter, als die demokratische Friedenstheorie unterstellt hat. Zentrale Eigenschaften der Demokratien schränken einige Kriegsoptionen ein, aber sie ermöglichen andere; die Demokratie erfordert bestimmte Formen der Legitimation des Krieges, nicht mehr und nicht weniger. Gegen eine etablierte andere Demokratie zum Krieg zu schreiten, die das Selbstbestimmungsrecht und die Menschenrechte achtet, fällt Demokratien schwer; aber da finden sich, wie gezeigt, Möglichkeiten illegitimer Einflussnahme unterhalb der Kriegsschwelle, vor allem wenn es sich um schwache Demokratien im „Süden" handelt. Und die konkreten *liberal states* ebenso wie der konkrete, gelebte Liberalismus sind variantenreich; d.h. die Grenzlinie des demokratischen Friedens läuft nicht zwischen Demokratie und Nicht-Demokratie, sie verläuft mitten durch die Demokratie bzw. durch den Liberalismus, der ja selbst eine sehr heterogene Theorietradition darstellt. Wenn Harald Müller und Jonas Wolff vorschlagen, von einem Spektrum von Demokratien auf einer Skala zwischen militant und pazifistisch auszugehen, dann nehmen sie selbst schon wieder eine Aggregation vor; d.h. sie arbeiten mit Durchschnittswerten, bei denen Verschiebungen über Zeit möglich sind.[59]

Selbst die pazifistische Demokratie wäre nicht ohne Probleme, wenn ihr Pazifismus nur ein Quietismus ist, der einfach seine Ruhe haben will – so wie das z.T. in Deutschland vor dem Irak-Krieg der Fall war. Die Problematik der US-amerikanischen Begründungen und Entscheidungen war eine Sache; die Position der Sozialdemokraten unter Gerhard Schröder, die zusammen mit den Grünen wider Erwar-

---

58 Vgl. dazu Carsten Rauch, *Die Theorie des demokratischen Friedens: Grenzen und Perspektiven*, Frankfurt am Main-New York 2005.

59 Harald Müller/Jonas Wolff, *Democratic Paece: Many Data, Little Explanation*, in: Geis/Brock/Müller, *Democratic Wars*, S. 41-73. Spezielle Probleme für den demokratischen Frieden weisen demokratische Staaten auf, die aus Siedlungsbewegungen hervorgegangen oder über den Kolonialismus mit solchen verbunden sind. Siehe dazu Ian S. Lustick, *Unsettled States, Disputed Lands: Britain and Ireland, France and Algeria, Israel and the West Bank-Gaza*, Ithaca, NY 1993.

ten noch einmal die Wahlen gewannen, eine andere. Denn bei diesem Wahlsieg spielten antiamerikanische Töne und das bedingungslose „Nein" zu einer Beteiligung selbst an international sanktionierten und völkerrechtlich einwandfreien Maßnahmen, so wie sie in dieser Zeit auch diskutiert wurden, eine große Rolle.

Dass auch eine demokratisch-pazifistische Haltung schief gehen kann, das haben die dreißiger Jahre des 20. Jhdts. demonstriert. Der berühmte Physiker und Pazifist Albert Einstein hatte als einer der wenigen Intellektuellen seiner Zeit begriffen, dass die Machtergreifung der Nationalsozialisten eine Kriegserklärung an Europa (und an die Juden) war. Mit seinen Aufrufen, dieser Bedrohung rechtzeitig entgegenzutreten, hatte er in der damaligen Öffentlichkeit der Demokratien, vor allem bei seinen eigenen Gesinnungsgenossen, wenig Erfolg. Zur Problematik des Sicherheitsdilemmas gehört es, dass es manchmal nicht einfach ist zu entscheiden, ob eine Konfliktpartei ein Gegner oder möglicherweise doch ein nicht nur ungerechter, sondern sogar wirklich böser Feind ist. Sich hier zu irren, kann gefährlich werden.[60]

In einem weiteren Schritt kann man die Diskussion über Demokratie und Frieden auf die Ambivalenzen der Moderne ausweiten, zu deren Möglichkeiten auch der Holocaust gehört, wie Anna Geis im Anschluss an Zygmunt Bauman betont: „Real citizens are not necessarily the rational and moral beings which the theory of democratic peace assumes."[61] Und das nicht einmal in der Demokratie, obwohl sie sowohl für Rationalität als auch für Moral vergleichsweise günstige Voraussetzungen bietet. Gleichwohl waren und sind auch hier dumme Machtpolitik, Verblendung, Arroganz der Macht, Privilegierung eigener Interessen zu Lasten anderer, die Beugung des Rechts, schwere institutionalisierte Diskriminierung gegenüber Urbevölkerungen oder sonst auf der Grundlage von Rasse, Klasse und Geschlecht, Vorurteile, Intoleranz und Fanatismus und die mit alledem verbundene Schädigung bis Tötung von Menschen möglich bis an der Tagesordnung.

Die demokratische Friedenstheorie kann sich hier weitere Aufklärung verschaffen, wenn sie sich noch mehr anderen Großtheorien gegenüber öffnet. Sie könnte sich auch die Bescheidenheit in der Neufassung ihrer eigenen liberalen Großtheorie zunutze machen, die das

---

60 Vgl. dazu systematisch Gert Krell, *Wie der Gewalt widerstehen? Die Frage legitimer Gegengewalt als ethisches und politisches Problem*, in: Aus Politik und Zeitgeschichte, B 2/94 (14. Januar 1994), S. 29-36.

61 Geis, *Spotting the* Enemy, S. 165.

Ergebnis der gesellschaftlichen Präferenzbildungsprozesse inhaltlich offener formuliert, als die Klassiker es zum Teil getan haben. Außerdem lohnt es sich, die Kriterien und Einwände im klassischen Liberalismus selbst auszuschöpfen. Ich erinnere an Friedrich List und seine Bedenken, ob unter Bedingungen wirtschaftlicher Ungleichheit und Abhängigkeit Frieden möglich sei; eine Thematik, die z.b. Dieter Senghaas und Lothar Brock verschiedentlich aufgegriffen haben.[62]

Ich möchte auch noch einmal auf Immanuel Kant verweisen. Den Widerspruch zwischen seiner liberalen Fortschrittstheorie und den von ihm selbst eingestandenen gegenläufigen Tendenzen wie expansionistisches Besitzstreben, ungleiche Eigentumsverhältnisse, Kriege und Kolonialismus, die er als mögliche Konsequenzen des bürgerlichen Privateigentums konstatierte, hat er nur appellativ, nicht theoretisch auflösen können. Das Verhältnis zwischen der Entfaltung der Vernunft und der realen Entwicklungsdynamik der Globalisierung, so das Fazit in Emanuel Richters brillanter Analyse, bleibe letztlich ungeklärt.[63] Jedenfalls sollte man mit Jürgen Habermas, der die Berechtigung des kantschen Ansatzes natürlich nicht prinzipiell bestreitet, auch die Widerständigkeiten benennen: die Ambivalenz der kapitalistischen Entwicklung, deren Geldmacht und Handelsgeist keineswegs nur Frieden und Gerechtigkeit befördern, und den Strukturwandel der bürgerlichen Öffentlichkeit von einer überschaubaren, literarisch gebildeten Schicht zu einer von Medien beherrschten Massenöffentlichkeit – wobei ich hinzufügen möchte, dass auch die literarische oder philosophisch Bildung, das zeigt gerade die deutsche Geschichte zur Genüge, keine Garantie gegen nationalistische Verdummung oder Rassismus bietet.[64] Aber die appellative Auflösung ist schon eine Menge wert, und deshalb möchte ich zum Schluss wieder aus dem *Ewigen Frieden* zitieren:

---

62 Vgl. Lothar Brock, *Universalismus, politische Heterogenität und ungleiche Entwicklung: Internationale Kontexte der Gewaltanwendung von Demokratien gegenüber Nichtdemokratien*, in: Geis/Müller/Wagner, *Schattenseiten*, S. 45-68; zu Senghaas vgl. oben S. 42f.

63 Emanuel Richter, *Der Zerfall der Welteinheit: Vernunft und Globalisierung in der Moderne*, Frankfurt-New York 1992, S. 37-55 (*Kant: die Entfaltung universaler Gemeinschaftlichkeit zum globalen Republikanismus*).

64 Jürgen Habermas, *Kants Idee des ewigen Friedens – aus dem historischen Abstand von 200 Jahren*, in: ders., *Die Einbeziehung des Anderen: Studien zur politischen Theorie*, Frankfurt 1999, S. 192-236.

Da es nun mit der unter den Völkern der Erde einmal durchgängig überhand genommenen (engeren oder weiteren) Gemeinschaft so weit gekommen ist, dass die Rechtsverletzung an einem Platz der Erde an allen gefühlt wird, so ist die Idee eines Weltbürgerrechts keine phantastische und überspannte Vorstellungsart des Rechts, sondern eine notwendige Ergänzung des ungeschriebenen Kodex, sowohl des Staats- als Völkerrechts zum öffentlichen Menschenrechte überhaupt, und so zum ewigen Frieden, zu dem man sich in der kontinuierlichen Annäherung zu befinden *nur unter dieser Bedingung* schmeicheln darf.[65]

Einer Anekdote zufolge soll Mahatma Gandhi, der Führer der indischen Unabhängigkeitsbewegung, einmal auf die Frage, was er denn von der westlichen Zivilisation halte, gesagt haben: „It would be a good idea". In Analogie dazu mag man die demokratische Friedenstheorie für eine gute Idee halten, für die vieles spricht – in der Theorie wie in der Praxis; und selbstverständlich ist die Diktatur unter keiner Perspektive eine Alternative, obwohl es auch einen „nicht-demokratischen Frieden" gibt. Aber Demokratie und Frieden gehören nicht so zwingend zusammen, wie wir es gerne hätten; auch in der Demokratie muss der Frieden nach innen wie nach außen „gestiftet" werden, wie Kant sagen würde. Er ist und bleibt eine aktiv zu gestaltende Aufgabe.

7.5 *Organizational Process*, *Governmental* oder *Bureaucratic Politics*

Ich möchte noch eine andere Variante liberaler Theoriebildung vorstellen, die insbesondere in den USA sehr viel Aufmerksamkeit gefunden hat, jedoch nur selten ausdrücklich dem Liberalismus zugerechnet wird. Aber sie gehört dorthin, auch wenn sie sich weniger mit der Umwandlung gesellschaftlicher Anforderungen in staatliche Präferenzen, sondern mehr mit der Eigendynamik des staatlichen Entscheidungsprozesses beschäftigt. Der Ansatz der *organizational*, *governmental* oder *bureaucratic politics* ist deshalb interessant, weil er zwei Korrekturen bzw. Modifikationen an der liberalen Theorie der Außen- und internationalen Politik anmahnt. Er betont, dass dem Staat, d.h. den Entscheidungsträgern, ein Handlungsspielraum bleibt (und bleiben muss), wenn er in der internationalen Politik gesellschaftlich legitimierte Präferenzen zur Geltung bringen will. Und er argumentiert,

---

65 Kant, *Zum Ewigen* Frieden, S. 24; Betonung von mir.

dass die Rationalität der Entscheidungsprozesse Einschränkungen unterliegt. Bevor ich das zur Diskussion stelle, muss ich begründen, warum ich die drei englischen Begriffe wörtlich übernehme. Ich tue das nicht aus Bequemlichkeit; das wäre kein ausreichender Grund, in die Fremdsprache auszuweichen. Ich tue es, weil eine angemessene Übersetzung schwierig ist. Man findet in der deutschsprachigen Debatte gelegentlich Ausdrücke wie „verwaltete" oder „bürokratische Außenpolitik". Sie treffen jedoch die angesprochenen Sachverhalte nicht ganz, sie wecken etwas andere Assoziationen.

Es geht um eines der meist zitierten und meist verkauften,[66] wohl auch gelesenen politikwissenschaftlichen Bücher im Grenzbereich zwischen *Government*,[67] wie dieser Teilbereich der Politikwissenschaft in den USA heißt, und den Internationalen Beziehungen: *The Essence of Decision* von Graham T. Allison, 1971 zum ersten Mal erschienen. Allison hat zusammen mit einem Ko-Autor, Philip Zelikow, 1999 eine zweite, erheblich erweiterte Auflage herausgebracht, in der die beiden Wissenschaftler neue Quellen berücksichtigen und auf Kritik eingehen; nicht ausreichend und nicht ganz befriedigend.[68] Das Buch stellt drei Modelle des außenpolitischen Entscheidungsprozesses vor und überprüft sie am Beispiel der kubanischen Raketenkrise oder, wie die Russen sagen, der karibischen Krise von 1962. Diese Krise war die gravierendste seit dem Zweiten Weltkrieg, jedenfalls was das Risiko eines Atomkrieges angeht. Modell I ist das des *rational actor*, Modell II heißt *organizational process* oder *organizational behavior*, das dritte schließlich in der ersten Auflage noch *bureaucratic politics*, in der Neuauflage *governmental politics*.

Der Kern der Argumentation lässt sich wie folgt zusammenfassen: Normalerweise gehen wir davon aus, dass Regierungshandeln aus zielgerichteten Aktionen von Individuen (PolitikerInnen) besteht, und in vielen Fällen ist das auch so. Wenn es in den Nachrichten heißt, Präsident Obama habe erklärt oder die USA hätten beschlossen, Berlin habe entschieden oder die Bundesregierung wolle dieses oder jenes, dann sind das nützliche Abkürzungen für das Verständnis der großen Politik; aber diese Vereinfachung hat ihren Preis, und jetzt zitiere ich:

---

66 In den ersten zwanzig Jahren in über 1.000 wissenschaftlichen Beiträgen zitiert, jedes Jahr mehrere tausend Exemplare verkauft.
67 Etwa mit „Politisches System" oder „Regierungslehre" zu übersetzen.
68 2007 ist *The Essence of Decision* als „Seminarpaket" zusammen mit einem Klassiker aus dem Bereich *Government* neu erschienen.

In particular, it obscures the persistently neglected fact of government: the „decisionmaker" of national policy is obviously not one calculating individual but is rather a conglomerate of large organizations and political actors. (...) Model I's implication that important events have important causes, i.e. that monoliths perform large actions for large reasons, must be balanced by the appreciation that (1) monoliths are black boxes covering various gears and levers in a highly differentiated decisionmaking structure and (2) large acts result from innumerable and often conflicting smaller actions by individuals at various levels of organizations in the service of a variety of only partially compatible conceptions of national goals, organizational goals, and political objectives. Model I's grasp of national purposes and of the pressures created by problems in *inter*national relations must confront the *intra*national mechanisms from which governmental actions emerge.[69]

Ich nehme an, es ist deutlich geworden, warum ich diesen Ansatz zur liberalen Theorie der IB rechne. Was ich noch genauer erläutern muss, sind die Modelle II und III. Sie sind selbst bei Allison und Zelikow nicht ganz stimmig. Der Wechsel in der Bezeichnung des dritten Modells ist eine Reaktion auf die Kritik, räumt die Einwände aber nicht aus; die Interessen von großen Organisationen wie dem Militärapparat oder den verschiedenen Ministerien tauchen nach wie vor sowohl in Modell II wie in Modell III auf. In Modell III argumentieren die Autoren, die verschiedenen Mitspieler und Mitstreiter im außenpolitischen Entscheidungsprozess repräsentierten häufig nicht gesellschaftliche oder „nationale" Interessen, sondern vorrangig die Interessen ihrer jeweiligen Organisationen. Sie definierten das Problem, das es zu lösen gelte, aus einer „bürokratischen" Perspektive: „Where you stand is where you sit." Andererseits räumen die Autoren ein, dass eher die niedrigeren Ränge in Kategorien der Bürokratie denken; die Vertreter an der Spitze hätten einen deutlich breiteren Horizont.

Ich stelle die drei Modelle noch einmal vor, und zwar in einer präzisierten Variante, die nicht von den Autoren selbst stammt, sondern von einem kompetenten Kritiker.[70] In Modell I (*rational actor*), das

---

69 Ich referiere bzw. zitiere Graham T. Allison/Philip Zelikow, *Essence of Decision: Explaining the Cuban Missile Crisis*, 2. Aufl., New York 1999, S. 3 und 5.

70 David A. Welsh, *The Organizational Process and Bureaucratic Politics Paradigms: Retrospect and Prospect,* in: G. John Ikenberry (Hrsg.), *American Foreign Policy: Theoretical Essays*, 2. Aufl., New York 1996, S. 472-502. Leider ist dieser Aufsatz in den Kapiteln über *Bureaucratic Politics and Organizational Culture* der folgenden Auflagen dieses grundle-

dem Ideal des Realismus entspricht, ist die Entscheidung X die Handlung eines Staates Y; der Staat handelt als einheitlicher Akteur, er reagiert auf Probleme und Chancen, er verfolgt Ziele in einer schlüssigen Priorität, seine Handlungen dienen den formulierten Zielen. Modell II, das dem Liberalismus zuzurechnen ist, schaut darauf, wie Routineverhalten (*standard operation procedures*) von Großorganisationen die Auswahl von Handlungsoptionen einschränkt und die Ausführungen von Entscheidungen beeinträchtigt. Hinzu kommt als Problem, dass Organisationen innovationsfeindlich sind. Sie müssen, wenn sie handlungsfähig sein und ihre vielen Aufgaben effizient erledigen wollen, routinemäßige Verfahrensabläufe entwickeln; der Preis dafür aber ist mangelnde Flexibilität. Modell III (*bureaucratic politics* oder *governmental politics*, ebenfalls Liberalismus) sagt, die Präferenzen der verschiedenen Mitspieler im Entscheidungsprozess (MinisterInnen, Kabinett, Berater) entsprechen weitgehend ihrer Position in der Bürokratie. Die Wahrnehmung und Definition eines Problems und der Einfluss, den eine Person auf den Entscheidungsprozess nimmt, korrelieren mit ihrer bürokratischen Position. Regierungsentscheidungen sind das Ergebnis interner Kompromissbildungsprozesse, nicht nur in der Gesellschaft, sondern auch in der Regierung selbst; darin liegt die Variation gegenüber der allgemeinen liberalen Theorie.

So sind die Modelle widerspruchsfrei und überprüfbar formuliert. Was aber erbringt der empirische Test, wie bewähren sich die Modelle II und III als Alternativen zu Modell I? Es gibt beeindruckende und auch beängstigende treffende Belege für beide. So werden immer wieder die Eigendynamik der Mobilisierungswettläufe und die mangelnden Kenntnisse der politischen Führungen über die Planungen ihrer Militärs als ein Grund dafür genannt, warum die Julikrise 1914 zum Ersten Weltkrieg geführt hat. Was die kubanische Raketenkrise angeht, so gab es in den USA eine militärische Routineanweisung, die Mittelstreckenraketen in der Türkei (sie waren unverbunkert stationiert und wurden nach der Krise abgezogen) im Falle eines Angriffs unverzüglich abzufeuern. Präsident Kennedy hatte alle Hände voll zu tun, um sicherzustellen, dass es nicht automatisch zum Feuerbefehl kam.[71] Sehr riskant waren auch die routinemäßigen Aktivitäten der US-Marine gegen die sowjetischen U-Boote in der Karibik. Als sich

---

genden Sammelbandes nicht mehr enthalten; er war zuerst erschienen in: International Security, 17:2 (Herbst 1992), S 112-146.
71 Allison/Zelikow, *Essence of Decision*, S. 182f. und 198f.

Verteidigungsminister Robert S. McNamara besorgt gegenüber dem *Chief of Naval Operations*, Admiral George Anderson, über das Eskalationsrisiko dieser Maßnahmen äußerte, antwortete ihm der Admiral, er brauche sich keine Sorgen zu machen, die Blockade verlaufe nach Plan. McNamara fragte dann, nach welchem Plan, und der Admiral verwies auf ein dickes, sorgfältig ausgearbeitetes Notizbuch. McNamara schob das Buch mit einer Geste der Verachtung beiseite.[72]

Zu Modell III führe ich gerne die Einschätzungen der sowjetischen „Bedrohung" durch die verschiedenen Geheimdienste der USA an aus einer Zeit, in der es noch keine Spionagesatelliten gab. Die meisten Raketen hatten die Sowjets immer in den Stellungnahmen des Nachrichtendienstes der *Air Force;* das konnte kein Zufall sein, denn die *Air Force* war für die amerikanischen Interkontinentalraketen verantwortlich. Je mehr Raketen die Sowjetunion hatte (bzw. zu haben schien), desto mehr konnte die *Air Force* natürlich für sich fordern. Ein anderes gutes Beispiel bietet Winston Churchill, der vor dem Ersten Weltkrieg als *First Lord of the Admiralty*, also als Marineminister, mit Entschiedenheit die Interessen der britischen Marine vertrat und sich für ihre kostspieligen Beschaffungsprogramme einsetzte. Als er dann Schatzkanzler wurde, hat er sich als Sparminister profiliert und die Anforderungen der Marine gestutzt, wo er nur konnte.[73] In der kubanischen Raketenkrise waren die Militärs für die harte Variante, nämlich den Militärschlag gegen die sowjetischen Raketen auf Kuba. Auch das scheint zur Theorie zu passen.

Leider oder zum Glück ist das nur ein Teil der Empirie. Routineverhalten von Großorganisationen kann für die Rationalität von Entscheidungsprozessen auch von Vorteil sein. Man stelle sich eine Feuerwehr vor, die sich nicht auf eingeübte Routinen verlassen kann; Routineverhalten ist häufig der Improvisation überlegen. Und der Konservativismus der Militärs wirkt sich keineswegs immer in Richtung in Krieg aus. Gerade weil sie den vollen Einsatz ihrer Mittel gegen die sowjetischen Raketen auf Kuba forderten, nahm Präsident Kennedy Abstand davon; das war ihm zu heikel. Es sind übrigens keineswegs immer die Militärs, die zum Krieg drängen, oft sind es die Zivilisten. Die Militärs wollen nur, wenn sie Krieg führen sollen, möglichst viele Ressourcen, um den Sieg sicherzustellen. Andererseits

---

72 Ebd., S. 236, der ganze Komplex der Blockade unter *organizational process* Perspektive S. 230ff.

73 Dieses treffende Beispiel bei Welsh, *Organizational Process*, S. 482.

sind Organisationen, selbst Militärapparate, u.U. auch flexibler, als Allison und Zelikow behaupten. Dass die USA die sowjetischen Raketen auf Kuba 1962 überhaupt entdeckt haben, bevor sie vollständig installiert waren, haben sie u.a. ihrem CIA-Chef zu verdanken, der sich energisch für die Verbesserung der Aufklärung eingesetzt hatte.

Was das Modell der *bureaucratic politics* angeht, so findet man auch hier für jedes passende Beispiel ein Gegenbeispiel. Immer wieder vertreten die oberen Repräsentanten eines Regierungsapparats gerade nicht die Position, die man von ihnen nach bürokratischer Logik erwarten würde oder lassen sich ihre Entscheidungen einem solchen Zusammenhang gar nicht zuordnen.[74] Modell III überschätzt auch das Aushandeln bei Regierungsentscheidungen. Gerade in der Außenpolitik geht es bei Kontroversen meist nicht um ein „gibst du mir, dann geb' ich dir". Modell III *unter*schätzt dagegen das Gewicht des Letztentscheiders. Das zeigt gerade die kubanische Raketenkrise, für deren Auflösung Kennedy und Chruschtschow einen Kompromiss gefunden und intern entschieden vertreten haben.[75]

Auch wenn die Alternativmodelle von Allison und Zelikow die in sie gesetzten Erwartungen nicht ganz oder nur zum Teil erfüllen, so sollte man sie doch nicht verwerfen. Dass die Rationalität von Regierungshandeln Einschränkungen unterliegt, ist unbestreitbar. Das Modell II (*organizational process*) ist gerade im Prozess der Umsetzung von Entscheidungen von Bedeutung, weniger im Prozess der Entscheidungsfindung. Die Einschränkungen in der Rationalität von Regierungshandeln sind freilich nicht immer oder nicht nur auf die Organisation des Entscheidungs- und Umsetzungsprozesses zurückzuführen.[76] Oft gehen Defizite auf Inkompetenz, auf technische Probleme,

---

74 In der sprachwitzigen englischen Formulierung von Krasner: „Decision-makers (...) often do not stand where they sit. Sometimes they are not sitting anywhere." Stephen Krasner, *Are Bureaucracies Important? (Or Allison Wonderland)*, in: Ikenberry, *American Foreign Policy*, 2. Aufl., New York 1996, S. 459-472, hier S. 463 (6. Aufl. 2007).

75 Krasner betont die entscheidende Rolle des Präsidenten. Wenn der Präsident die bürokratischen Interessen dominieren lasse, dann mache er einfach seinen Job nicht richtig. Kennedys Entscheidungen in der kubanischen Raketenkrise seien gerade nicht das Ergebnis einer *Balance of Power* in der Regierung gewesen, sondern spiegelten seine eigene Einschätzung der innenpolitischen, internationalen und bürokratischen Implikationen (*Bureaucracies*, S. 467).

76 Vgl. hierzu noch einmal Welsh, *Organizational Process*, S. 491-493.

einfach auf Fehler oder auf eine Verkettung von Zufällen zurück. Es gibt nicht nur im zwischenstaatlichen Verkehr, sondern auch im innerstaatlichen Kommunikationsprozess Verständigungsprobleme; manchmal sprechen Großorganisationen verschiedene Sprachen. Die Komplexität von Problemfeldern und der differenzierte Entscheidungsprozess können dazu führen, dass die Führung, die letztlich die Entscheidungen treffen muss, gar nicht weiß, was sie alles fragen oder wissen müsste, um eine kluge Entscheidung zu fällen. Eine direkte Kontrolle über auch nur einen kleinen Teil des Apparats ist nicht möglich. Und so kam es auch in der kubanischen Raketenkrise zu vielen und zu gefährlichen Pannen und damit zu von der politischen Führung nicht intendiertem riskanten Verhalten. Die Krise von 1962 ist ein deutlicher Hinweis darauf, dass politische Entscheidungsprozesse fehlerbewusst angelegt werden müssen und dass Überlegungen über feinsinnig ausdifferenzierte Macht- und Drohpolitik, auch noch mit Nuklearwaffen, äußerst fragwürdig sind. Kluge Politik muss das Risiko organisatorischer Eigendynamik einkalkulieren.

Wem die theoretischen Überlegungen und empirischen Beobachtungen von Allison/Zelikow nicht einleuchten, dem empfehle ich, sich mit den Entscheidungsprozessen in der Bush-Administration zum Irak-Krieg zu beschäftigen. Die Bücher von Bob Woodward dazu lesen sich wie Kriminalgeschichten, und zwar durchaus im doppelten Sinne des Wortes.[77] Hier begnüge ich mich mit dem Hinweis auf eine neue interne, noch nicht veröffentlichte amerikanische Studie unter dem Titel: *Hard Lessons–The Iraq Reconstruction Experience*:

An unpublished, 513 page federal history of the U.S.-led reconstruction of Iraq depicts an effort crippled before the invasion by Pentagon planners who were hostile to the idea of rebuilding a foreign country, and then moulded into a $100 billion failure by bureaucratic turf wars, spiralling violence and ignorance of the basic elements of Iraqi society and infrastructure. (...) It also concludes that when the reconstruction began to lag – particularly in the critical area of rebuilding the Iraqi police and army – the Pentagon simply put out inflated measures of progress to cover up the failures. (...) The history contains a catalogue of revelations that show the chaotic and often poisonous atmosphere prevailing in the reconstruction effort.[78]

---

77 Etwa Bob Woodward, *Plan of Attack*, New York-London 2004 oder ders., *State of Denial: Bush at War, Part III*, New York-London 2006.
78 *U.S. details failures in rebuilding Iraq*, International Herald Tribune vom 15. Dezember 2008, S. 1.

Schematische Übersicht über den Liberalismus

	(neuer) Liberalismus	liberale Friedenstheorie	*Bureaucratic Politics*
historische Rahmenbedingungen	Ende des Ost-West Konflikts	klass. Liberalismus: Aufstieg des Bürgertums neuer Liberalismus: Demokratisierung nach dem Ost-West-Konflikt	Sicherheitspolitik im Ost-West-Konflikt
Fokus der Analyse	gesellschaftliche Präferenzbildungsprozesse	das Verhältnis der Demokratien zu Krieg und Frieden	Regierungshandeln
zentrale Akteure	einzelne Staatsbürger bzw. gesellschaftliche Gruppen		Entscheidungsträger und Bürokratie
zentrale Kategorien	Interessen Präferenzen	Herrschaft Partizipation Verteilungsgerechtigkeit	Routineverfahren Interessen von Organisationen
zentrales Problem der iB	gravierende Inkompatibilität von Interessen	undemokratische Herrschaft strukturelle Ungleichheit	mangelnde Rationalität von Entscheidungen
Lösung	Kompromissorientierung Konfliktregulierung	stabile Demokratien aktive Friedensstiftung durch Gewaltfreiheit und soziale Gerechtigkeit im Weltmaßstab	fehlerbewusste Entscheidungsprozesse Kontrolle der Bürokratie

Was man weiß bzw. wissen sollte

Die liberale Theorie hat seit den 1980er Jahren parallel zu den Demokratisierungsprozessen im Zusammenhang mit der Auflösung des Ost-West-Konflikts wieder erheblich an Bedeutung gewonnen, sie kann dabei auf einen langen historischen Traditionsbestand zurückgreifen. Ein Teil dieses Traditionsbestandes ist in den Institutionalismus eingegangen, so dass sich der neue Liberalismus ganz auf die Gesellschaften konzentrieren kann. Im Fokus der Analyse besteht der entscheidende Unterschied sowohl zum Realismus als auch zum Institutionalismus: Der Liberalismus lokalisiert die Bestimmungsfaktoren der internationalen Politik in den Präferenzen der einzelnen staatlich verfassten Gesellschaften und in ihren internen Konsensbildungsprozessen. Aus den Gesellschaften kommen die entscheidenden Impulse für die Konfiguration des internationalen Systems und für die Konflikte zwischen den Staaten.

Besondere Aufmerksamkeit findet in der Forschung der Zusammenhang zwischen der Organisation von Herrschaft in den Gesellschaften und der Gewalt in den internationalen Beziehungen. Die politische Philosophie und Theorie, so z.B. Immanuel Kant, haben hier schon entscheidende theoretische Vorarbeiten geleistet. Die zentrale Grundannahme der liberalen Friedenstheorie lautet: je höher der Partizipationsgrad in einer Gesellschaft, desto geringer die Gewalt sowohl in der Organisation des Herrschaftssystems als auch in den Außenbeziehungen. Die empirische Forschung bestätigt die Theorie des demokratischen Friedens nur zum Teil. Unbestreitbar ist die deutlich geringere interne Gewalt in demokratischen Gesellschaften im Vergleich mit autoritären oder gar totalitären Regimen. Unbestreitbar ist auch, dass Demokratien – jedenfalls seit 1945 – im Umgang miteinander deutlich friedlicher sind als im durchschnittlichen Staatenverkehr zu erwarten wäre. Aber Demokratien führen etwa so viele Kriege wie Nicht-Demokratien; sie führen sie gegen nicht-demokratische Gesellschaften, und zwar nicht nur zur Verteidigung.

Andere Einwände gegen die liberale Friedenstheorie betonen die Kriegsanfälligkeit junger, noch nicht gefestigter Demokratien oder die Beinahe-Kriege zwischen Demokratien. Was die Kriege zwischen (demokratischem) „Norden" und (nicht-demokratischem oder noch nicht ganz so demokratischem) „Süden" angeht, so lassen sie sich nicht oder jedenfalls nicht ausreichend mit einem spezifischen Sicherheitsdilemma zwischen Demokratie und Nicht-Demokratie erklären, wie zeitweise angenommen; hier spielen andere Faktoren eine wichtige Rolle, insbesondere ökonomische bzw. Macht- und Herrschaftsinteressen. Einmischungen unterhalb der direkten Kriegsbeteiligung, auch gegen demokratisch gewählte Regierungen, sind dabei ebenfalls zu berücksichtigen. Aus diesen Befunden ergeben sich erhebliche Zweifel an vielen liberalen Annahmen über den Zusammenhang zwischen Demokratie und Frieden. Die jüngere Forschung betont deshalb ernüchtert und ernüchternd die „Schattenseiten" des „demokratischen Friedens" und erweitert ihre Programmatik auf eine Untersuchung demokratiespezifischer Gewaltformen. Sie diskutiert Ambivalenzen im Liberalismus gegenüber Krieg und Frieden, Varianzen im Verhalten unterschiedlicher Demokratietypen sowie Differenzen innerhalb der liberalen Tradition und Politik.

Eine andere Variante der liberalen Theorie in den Internationalen Beziehungen beschäftigt sich mit dem Regierungshandeln im engeren Sinne, mit den Routineverfahren von Großorganisationen und mit dem Verhältnis zwischen den Entscheidungsträgern und der Bürokratie. Mit dem Idealmodell des *rational actor* aus dem Realismus konkurrieren Modelle wie *organizational process* oder *governmental* bzw. *bureaucratic politics*. Die Reichweite der konkurrierenden Modelle ist umstritten, aber die Belege reichen für die These, dass der Rationalität von Regierungshandeln auch auf dieser Ebene Grenzen gesetzt sind. Kluge Politik muss gerade in Krisensituationen risikoreiche Pannen einkalkulieren. Und auch hier wieder die (liberale) Erkenntnis: Staaten können nicht als einheitliche Akteure gelten; außenpolitische Entscheidungen und Präferenzen bilden sich in gesellschaftlichen und politischen, auch bürokratischen Auseinandersetzungen.

Worüber es zu diskutieren lohnt

- Wie lassen sich die Konjunkturen des Liberalismus in den Internationalen Beziehungen erklären?
- Inwiefern ist der (neue) Liberalismus nur eine Theorie (oder ein Programm für die Analyse) der Außenpolitik oder auch eine Theorie der internationalen Politik?
- Ab wann sind Demokratien stabil und stabil kriegsabgeneigt?
- Wie lässt sich der Doppelbefund des demokratischen Friedens zureichend erklären? Wie müsste eine Theorie des demokratischen Friedens erweitert werden, wenn sie die empirischen Abweichungen integrieren wollte?

- Gibt es so etwas wie „demokratischen Imperialismus" und wie lässt er sich erklären?
- Wie weit reicht die Kriegsabneigung demokratischer BürgerInnen und wie kann sie von Regierungen umgangen werden?
- Wie sind Formen nicht-kriegerischer Interventionen oder Formen struktureller Benachteiligung (Entwicklungshindernisse) im Verhältnis zur Kriegsabneigung von Demokratien zu bewerten?
- Welche Strategien sollten Demokratien gegenüber Übergangsgesellschaften wählen (vorausgesetzt die Theorie des demokratischen Friedens stimmt)?
- Wie weit trägt der Ansatz der *organizational* bzw. der *bureaucratic politics*? Welche politischen Konsequenzen ergeben sich daraus?

Literatur-Tipps

Empfehlung für einführende Texte:

Andrew Moravcsik, *Taking Preferences Seriously: A Liberal Theory of International Politics*, International Organization, 51:4 (Herbst 1997), S. 513-553 (sicher nicht für Anfänger geschrieben, aber eine gute Zusammenfassung der neueren liberalen IB-Theorie; es reichen die Seiten 516 unten bis 521 unten und 524 bis 533 oben)

Ernst-Otto Czempiel, *Kluge Macht: Außenpolitik für das 21. Jahrhundert*, München 1999, S. 45-70. Der Text bietet eine engagierte Analyse und Programmatik gegen „überholte Realpolitik". Der Abschnitt *Veränderungen im internationalen System* aus dem Kapitel *Von der Staaten- zur Gesellschaftswelt* ist lebendiger Anschauungsunterricht in liberaler IB-Theorie. Ich schlage vor, diesen Auszug mit dem in Kap. 6 empfohlenen Text von Werner Link zu kombinieren, um die paradigmatischen Differenzen zwischen den beiden Traditionen herauszuarbeiten.

Ernst-Otto Czempiel, *Friedensstrategien*, 2. Aufl., Opladen 1998, S. 149-179 (ein Auszug aus dem Kapitel Friede und Herrschaft; die beste Einführung in die Tradition der liberalen Friedenstheorie, die ich kenne)

Graham T. Allison, *Conceptual Models and the Cuban Missile Crisis*, in: G. John Ikenberry (Hrsg.), *American Foreign Policy: Theoretical Essays*, 6. Aufl., London-New York 2007 (aus American Political Science Review, 63:3 [September 1969], S. 689-718); gekürzt auf das *Governmental Politics* Modell auch in Ursula Lehmkuhl (Hrsg.), *Theorien internationaler Politik*, 3. Aufl., München-Wien 2001, S. 141-157 (alle Aufsätze sind eine Zusammenfassung des Buches von 1971)

Klassiker der Politischen Theorie und Ideengeschichte:

Immanuel Kant, *Zum ewigen Frieden: Ein philosophischer Entwurf* [1795], Stuttgart 2002 (*der* Klassiker zur demokratischen Friedenstheorie und einer *der* Klassiker der liberalen Theorie und der Ideengeschichte überhaupt; Pflichtlektüre für jede(n) Studierende(n) der Politikwissenschaft und auch heute noch ein Lesegenuss ersten Ranges, und zwar alles für € 2,40)

Sonstige ausgewählte Literatur:

zur liberalen Theorie der Internationalen Beziehungen

Es gibt eine unübersehbare Fülle von Literatur über den Zusammenhang zwischen Gesellschaft und Außenpolitik, nur ein Teil davon stellt sich ausdrücklich in die liberale Theorietradition bzw. überprüft die Annahmen der liberalen Großtheorie im Vergleich mit anderen Theorien. Ich führe deshalb nur exemplarisch einige Titel auf, bei denen Theoriebezüge eine Rolle spielen.

Ernst-Otto Czempiel, *Internationale Politik: Ein Konfliktmodell*, Paderborn-München-Wien 1981. Czempiel beschränkt seinen Ansatz nicht auf die Untersuchung gesellschaftlicher Präferenzen, sondern verbindet die gesellschaftliche und die internationale Ebene. Gleichwohl betont er in diesem umfassenden Entwurf zur theoretischen Analyse der internationalen Politik die zentrale Bedeutung des Verhältnisses zwischen den politischen Systemen und ihrem gesellschaftlichem Umfeld sowohl für Gewalt und Frieden als auch für Entwicklung und Unterentwicklung. Leider nicht für Anfänger.

Gunther Hellmann unter Mitarbeit von Rainer Baumann und Wolfgang Wagner, *Deutsche Außenpolitik: Eine Einführung*, Wiesbaden 2006 (eine theoretisch orientierte Einführung in die deutsche Außenpolitik, die liberale Ansätze integriert)

G. John Ikenberry (Hrsg.), *American Foreign Policy: Theoretical Essays*, 6. Aufl., London 2007 (ein Klassiker unter den Sammelbänden zur amerikanischen Außenpolitik aus theoretischer Perspektive; mehrere Kapitel thematisieren Zusammenhänge zwischen Gesellschaft und Außenpolitik)

Beate Jahn (Hrsg.), *Classical Theory in International Relations*, Cambridge 2006 (ein spannender Sammelband über verschiedene Klassiker der Politischen Theorie mit Bezug zu den iB; die liberale Tradition ist mit Immanuel Kant, Adam Smith, John Locke und John Stuart Mill stark vertreten)

Mathias Jopp/Peter Schlotter (Hrsg.), *Kollektive Außenpolitik – Die Europäische Union als internationaler Akteur*, 2. Aufl., Baden-Baden 2008 (ein theoretisch reflektierter Sammelband über die Außenpolitik der EU mit acht Fallstudien)

Gert Krell, *Rüstungsdynamik und Rüstungskontrolle: Die gesellschaftlichen Auseinandersetzungen um SALT in den USA, 1969-75*, Frankfurt am Main 1977. Mit einer Mischung aus quantitativen (einem aus Abstimmungsdaten

227

für alle Senatoren und Abgeordneten errechneten „Liberalitätsindex") und qualitativen Methoden (Inhaltsanalysen und Fallstudien) habe ich in meiner Dissertation ein breites Spektrum von Einstellungen und Interessen in Regierung und Kongress zur internationalen Politik, speziell der Rüstungsproblematik im Ost-West-Konflikt herausgearbeitet. (SALT steht für *Strategic Arms Limitation Talks.*)

Gert Krell, *Die USA, Israel und der Nahost-Konflikt: Studie über demokratische Außenpolitik im 20. Jahrhundert*, HSFK-Report 14/2004, Frankfurt am Main 2004 (ein knapper Überblick über 100 Jahre, in dem ich demokratische Defizite in der amerikanischen Politik herausarbeite, ohne die USA mit den entscheidenden historischen Ursachen für den Nahost-Konflikt zu belasten – die liegen in Europa)

Ian Lustick, *Unsettled States, Disputed Lands: Britain and Ireland, France and Algeria, Israel and the West Bank-Gaza*, Ithaca, NY 1993. Lustick entwickelt in Anlehnung an Kategorien von Antonio Gramsci (siehe dazu Kap. 9.5) eine eigenständige Theorie der Expansion und Kontraktion von Siedlungskolonialismus und analysiert dann vergleichend die gesellschaftlichen Auseinandersetzungen um die jeweilige Kolonialpolitik (bis hin zur Regimegefährdung durch Siedlergruppen und ihre Verbündeten im Mutterland und bis an den Rand des Bürgerkrieges) und um die Diskurs-Hegemonie.

Andrew Moravcsik, *Liberal International Relations Theory: A Scientific Assessment*, in: Colin Elman/Miriam Fendius Elman (Hrsg.), *Progress in International Relations Theory: Appraising the Field*, Cambridge, Mass. 2003, S. 159-204 (definitiv nicht für Anfänger, da z.T. stark wissenschaftstheoretisch; die S. 161-176 enthalten eine gute Zusammenfassung der zentralen Annahmen und Aussagen der neuen liberalen IB-Theorie)

Harald Müller, *Vom Ölembargo zum National Energy Act: Amerikanische Energiepolitik zwischen gesellschaftlichen Forderungen und außenpolitischem Führungsanspruch, 1973-80*, Frankfurt am Main 1989. Müller diskutiert eindrucksvoll die unterschiedlichen gesellschaftlichen Interessen in den USA im Bereich der Energiepolitik.

James L. Richardson, *Contending Liberalisms in World Politics: Ideology and Power*, Boulder, Col. 2001 (eine Übersicht über die heterogene Tradition des Liberalismus als politische Idee, die IB eingeschlossen)

Thomas Risse-Kappen, *Die Krise der Sicherheitspolitik: Neuorientierungen und Entscheidungsprozesses im politischen System der Bundesrepublik Deutschland 1977-1984*, Mainz-München 1988 (eine grundlegende Arbeit, die konsequent und systematisch gesellschaftliche Anforderungen und deren Umwandlung in politische Entscheidungen analysiert)

Volker Rittberger (Hrsg.), *German Foreign Policy Since Unification*, Manchester-New York 2001. Der Sammelband überprüft systematisch Großtheorien an Fallstudien der deutschen Außenpolitik nach der Wiedervereinigung; liberalistische Annahmen schneiden insgesamt besser ab als realistische, aber schlechter als sozialkonstruktivistische.

Steve Smith/Amelia Hadfield/Tim Dunne (Hrsg.), *Foreign Policy: Theories, Actors, Cases*, Oxford 2008 (beginnt mit Theorien der Außenpolitik, behandelt dann Entscheidungsmodelle und gesellschaftliche Bedingungsfaktoren; der dritte Teil besteht aus 20 interessanten Fallstudien, eine davon ist die kubanische Raketenkrise)

Andreas Wilhelm, *Außenpolitik: Grundlagen, Strukturen und Prozesse*, München-Wien 2006 (eine Einführung mit breiter Diskussion gesellschaftlicher Bedingungsfaktoren)

Jürgen Wilzewski hat in unterschiedlichen Kombinationen zusammen mit Matthias Dembinski, Jochen Hils, Werner Kremp und Peter Rudolf in unregelmäßigen Abständen Sammelbände herausgegeben, die der liberalen Tradition verpflichtet sind und ausgiebig die Innenseite der amerikanischen Außenpolitik erörtern: *Amerikanische Weltpolitik nach dem Ost-West-Konflikt*, Baden-Baden 1994; *Weltmacht ohne Gegner*, Baden-Baden 2000; *Weltmacht vor neuer Bedrohung*, Trier 2003; *Defekte Demokratie – Crusader State? Die Weltpolitik der USA in der Ära Bush*, Trier 2006

Bernhard Zangl, *Politik auf zwei Ebenen: Hypothesen zur Bildung internationaler Regime*, in: Zeitschrift für Internationale Beziehungen, 1:2 (1994), S. 279-312 (eine theoretische Grundlegung für die Integration der zwischenstaatlichen [systemischen] und der gesellschaftlichen [subsystemischen] Ebene in der Analyse internationaler Kooperation)

zur liberalen Friedenstheorie

Tarak Barkawi/Mark Laffey (Hrsg.), *Democracy, Liberalism and War: Rethinking the Democratic Peace Debate*, Boulder, Col. 2001 (enthält starke Einwände gegen die demokratische Friedenstheorie; betont die strukturellen Ungleichheiten in der internationalen Politik, von denen die etablierten Demokratien profitieren und für die sie mit verantwortlich sind)

Guy Ben-Porat, *Global Liberalism, Local Populism: Peace and Conflict in Israel/Palestine and Northern Ireland*, Syracuse 2006 (eine von der HSFK ausgezeichnete vergleichende Analyse des Friedensprozesses in Nordirland und im Nahost-Konflikt: die Globalisierungsverlierer werden tendenziell zu Gegnern der Friedensprozesse)

Dee Brown, *Bury My Heart At Wounded Knee: An Indian History of the American West* [1970], New York 2007; deutsch unter dem Titel *Begrabt mein Herz an der Biegung des Flusses*, München 2005. Ich empfehle nachdrücklich die Lektüre dieses 1970 zuerst erschienenen Klassikers über den demokratischen Völkermord an den Indianern; ein fast nüchtern-sachliches, zugleich aber sehr beeindruckendes, bedrückendes und bewegendes Buch.

Michael Doyle, *Kant, Liberal Legacies, and Foreign Affairs*, in: Philosophy and Public Affairs, 12:3/4 (1983), S. 205-235 bzw. 323-353. Doyle hat als einer der Ersten die liberale Friedenstheorie wieder in die US-amerikanische Debatte gebracht.

Anna Geis/Lothar Brock/Harald Müller (Hrsg.), *Looking at the Dark Side of Democratic Peace*, Basingstoke 2006 (ein Sammelband, der zusammen mit dem nächsten Titel den neuesten Stand der zunehmend selbstkritischen Reflexion über den demokratischen Frieden repräsentiert)

Anna Geis/Harald Müller/Wolfgang Wagner (Hrsg.), *Schattenseiten des Demokratischen Friedens: Zur Kritik einer Theorie liberaler Außen- und Sicherheitspolitik*, Frankfurt am Main-New York 2007 (trotz einiger Überschneidungen nicht identisch mit dem zuvor genannten Titel; die vernachlässigten dunklen Seiten im Verhältnis zwischen Demokratie und Krieg sowie die Vielfalt unter den Demokratien werden hier systematisch erörtert)

Anna Geis/Wolfgang Wagner, *Vom „demokratischen Frieden" zur demokratiezentrierten Friedens- und Gewaltforschung*, in: Politische Vierteljahresschrift, 47:2 (2006), S. 276-309 (ein neuer Literaturbericht, der ebenso wie die beiden zuvor genannten Sammelbände den Perspektivenwechsel in der Forschung über den demokratischen Frieden dokumentiert)

Alan Gilbert, *Must Global Politics Constrain Democracy? Great-Power Realism, Democratic Peace, and Democratic Internationalism*, Princeton, NJ 1999. Gilbert beklagte schon damals den Mangel an kritischer Reflexion in der westlichen Politikwissenschaft und brachte über die Analyse interner wie externer Demokratie-Defizite am Beispiel Athens und auch der USA den „demokratischen Imperialismus" als Herausforderung des demokratischen Friedens ins Spiel.

Morton H. Halperin/Joseph T. Siegle/Michael M. Weinstein, *The Democratic Advantage: How Democracies Promote Prosperity and Peace*, New York 2005 (ein engagiertes Plädoyer für die Vorteile der Demokratie – unter bestimmten Voraussetzungen – nicht nur für den Frieden, sondern auch für wirtschaftliche Entwicklung)

Jochen Hils, *Manipuliertes Volk? Mediendemokratie und die militärische Interventionspolitik der USA am Beispiel der Kosovokriege*, Baden-Baden 2007. Hils entwickelt in der Auseinandersetzung mit Moravcsik und Czempiel die liberale Friedenstheorie weiter und weist in dieser außerordentlich materialreichen und systematischen Studie nach, dass die USA auch ohne mediale Manipulation des Volkswillens „kriegsfähig" sind. Das größere Defizit liegt in der mangelnden parlamentarischen Kontrolle des Regierungshandelns.

Andrew Lawrence, *Imperial Peace or Imperial Method? Skeptical Inquiries into Ambiguous Evidence for the "Democratic Peace"*, in: Richard Ned Lebow/Mark Irving Lichbach (Hrsg.), *Theory and Evidence in Comparative Politics and International Relations*, New York-Houndmills, Basingstoke 2007, S. 199-226 (eine vorzügliche zusammenfassende methodische Kritik der demokratischen Friedenstheorie)

Michael Mann, *The Dark Side of Democracy: Explaining Ethnic Cleansing*, Cambridge 2005 (ein betrübliches Buch über ethnische Säuberungen und Massenmord, die für Mann Gefährdungen in der Moderne, ja sogar in der Demokratie sind; der Schwerpunkt liegt aber auf den Massenmorden der großen Diktaturen)

Edward D. Mansfield/Jack Snyder, *Electing to Fight: Why Emerging Democracies Go to War*, Cambridge 2005 (eine Zusammenfassung verschiedener Forschungsarbeiten der beiden Autoren über die hohe Kriegsanfälligkeit junger, noch nicht gefestigter Demokratien)

Harald Müller, *Antinomien des demokratischen Friedens*, in: Politische Vierteljahresschrift, 34:1 (2002), S. 46-81. Müller macht in diesem Beitrag vier zentrale den demokratischen Frieden konterkarierende Mechanismen aus: (1) Feindkonstruktionen, insbesondere gegenüber Nicht-Demokratien, die viel mit Selbstidealisierung und unberechtigten Abwertungen zu tun haben, (2) konfliktverschärfende Folgen wettbewerblicher Strukturen, (3) das Unterlaufen oder die Verlagerung utilitaristischer Kosten-Nutzen Kalküle, (4) Entdemokratisierungstendenzen durch Entscheidungsverlagerung auf suprastaatliche Gremien, die weniger demokratischer Kontrolle unterliegen)

Thomas Risse-Kappen, *Cooperation Among Democracies: The European Influence on U.S. Foreign Policy*, Princeton, NJ 1995 (eine systematische Überprüfung realistischer und liberalistischer Annahmen über die Beziehungen zwischen einer demokratischen Großmacht und ihren kleineren Verbündeten; der klassische Realismus und der Liberalismus schneiden besser ab als der strukturelle Realismus: Demokratien kooperieren und bilden Sicherheitsgemeinschaften auch unter stark asymmetrischen Bedingungen)

Sebastian Rosato, *The Flawed Logic of Democratic Peace Theory*, in: American Political Science Review, 97:4 (November 2003), S. 585-602 (eine systematische und treffende Kritik an den wichtigsten gängigen Annahmen der liberalen Friedenstheorie über Kausalverbindungen zwischen Eigenschaften von Demokratien und ihrem vermeintlich friedlichen Außenverhalten)

Rudolph J. Rummel, *Power Kills: Democracy as a Method of Nonviolence*, New Brunswick-London 1997 (das entschiedenste Plädoyer zugunsten des demokratischen Friedens auf quantitativ-statistischer Grundlage)

Bruce M. Russett, *Grasping the Democratic Peace: Principles for a Post-Cold War World*, Princeton, N.J. 1993 (eine grundlegende Schrift zur Etablierung der Theorie und Empirie des Friedens zwischen Demokratien aus der quantitativen Forschung)

Ders./John Oneal, *Triangulating Peace: Democrcacy, Interdependence, and International Organizations*, New York-London 2001. Diese systematische epidemiologische Studie variiert die durchschnittliche Kriegswahrscheinlichkeit zwischen Dyaden mit Regimetyp, wirtschaftlicher Verflechtung und Mitwirkung in internationalen Organisationen. Alle drei Faktoren des „kantianischen Dreiecks" reduzieren die Wahrscheinlichkeit der Militarisierung von Konflikten, kumuliert insgesamt um 71% (S. 282).

Christine Schweitzer/Björn Aust/Peter Schlotter (Hrsg.), *Demokratien im Krieg*, AFK-Friedensschriften Bd. 31, Baden-Baden 2004 (ergiebiger Sammelband der Arbeitsgemeinschaft für Friedens- und Konfliktforschung mit vielen kritischen Anfragen an die demokratische Friedenstheorie)

zu organizational process, governmental oder bureaucratic politics

Die oben unter Liberalismus allgemein genannten Titel von Ikenberry, Hellmann und Smith/Hadfield/Dunne enthalten auch Kapitel oder Abschnitte über den *bureaucratic politics* Ansatz.

Graham T. Allison/Philip Zelikow, *Essence of Decision: Explaining the Cuban Missile Crisis*, 2. Aufl., New York-Reading, Mass.-Menlo Park, Cal. 1999 (die erheblich erweiterte und überarbeitete Neuauflage von Allisons Klassiker aus dem Jahre 1971)

Helga Haftendorn (Hrsg.), *Verwaltete Außenpolitik*, Köln 1978 (*der* deutsche Klassiker zum *bureaucratic politics* Ansatz)

Morton H. Halperin, *Bureaucratic Politics and Foreign Policy*, Washington 1974 (ein älteres Buch über den außenpolitischen Entscheidungsprozess in den USA mit Schwerpunkt im Bereich der Sicherheitspolitik; auch eine Gründungsschrift des *bureaucratic politics* Ansatzes)

Gerald Schneider, *Die bürokratische Politik in der Außenpolitikanalyse: Das Erbe Allisons im Licht der gegenwärtigen Forschungspraxis*, in: Zeitschrift für Internationale Beziehungen, 4:1 (Juni 1997), S. 107-123 (ein Versuch, Allisons Ansatz in eine breitere Perspektive der Außenpolitikforschung und ihrer Entwicklung zu stellen)

David A. Welsh, *The Organizational Process and Bureaucratic Politics Paradigms: Retrospect and Prospect*, in: G. John Ikenberry, *American Foreign Policy: Theoretical Essays*, 2. Aufl., New York 1996, S. 472-502 (eine analytisch präzise Kritik an Allison, übernommen aus International Security, 17:2 [Fall 1992]; in den folgenden Auflagen des Sammelbandes leider nicht mehr enthalten)

8. Institutionalismus

LESEHILFE

Ich ordne zunächst die beiden institutionalistischen Theorietraditionen ein und stelle dann die Regimetheorie vor, die sich aus der Beobachtung zunehmender Interdependenz in den internationalen Beziehungen entwickelt hat. Die Regimetheorie geht davon aus, dass Staaten in der Lage sind, Kooperationshindernisse durch Regime, d.h. „Mikroinstitutionen" für verschiedene Politikfelder, zu überwinden. (Die Kooperationsproblematik erkläre ich mit Hilfe spieltheoretischer Modelle, und zwar der „Hirschjagd" und dem „Gefangenendilemma".) Der normativ-reflexive Institutionalismus der so genannten Englischen Schule argumentiert etwa grundsätzlicher; er nimmt an, dass Staaten fast unvermeidlich Ansätze einer Gemeinschaft ausbilden. „Makroinstitutionen" wie z.B. das Völkerrecht bewirken zumindest eine rudimentäre Sozialisation der Staaten, die keineswegs nur im Schatten der Gewalt stehen, sondern auf vielfältige regelgeleitete und friedliche Weise interagieren. Ich präsentiere schließlich eine neuere Synthese über die Sozialstruktur der Globalisierung aus der Sicht dieser Schule. In der Bilanz unterstreiche ich noch einmal Gemeinsamkeiten und Unterschiede im Verhältnis zum Realismus.

8.1 Tradition und Herkunft

In den IB war es lange Zeit gang und gäbe, den Realismus, den Liberalismus und den Marxismus als die großen drei Denkschulen zu betrachten. In der Internationalen Politischen Ökonomie ist das heute noch verbreitet, wobei man dort für Realismus die Bezeichnungen „ökonomischer Nationalismus" oder „Merkantilismus/Neo-Merkantilismus" benutzt; aber auch da hat sich inzwischen, wie in Kap. 2 zu sehen war, eine institutionalistische Sichtweise etabliert. Ich fasse in diesem achten Kapitel zwei Denkweisen in den IB zusammen, die manchmal dem Realismus, manchmal dem Liberalismus zugewiesen werden.[1] In der Tat haben beide Varianten des Institutionalismus, die ich hier behandle, einige Grundlagen mit dem Realismus gemeinsam, insbesondere den Fokus auf der Systemebene mit der Anarchie und den Staaten als zentralen Akteuren. Beim utilitaristischen Institutionalismus kommt hinzu, dass er wie der Realismus die Staaten als egoistische Nutzenmaximierer betrachtet. Der Hauptunterschied besteht in der positiveren Einschätzung der Kooperationsmöglichkeiten im Staatenverkehr, aus der sich auch eine optimistischere Entwicklungsperspektive für die internationalen Beziehungen ergibt.

Ideengeschichtlich stellt sich der utilitaristische Institutionalismus, für den sich auch der einfachere Begriff „Regimetheorie" eingebürgert hat, selbst in die Tradition des Liberalismus, und hier insbesondere des institutionalistischen oder regulatorischen Liberalismus.[2] Der regulatorische Liberalismus setzte immer schon auf das Völkerrecht und auf internationale Organisationen. Beide würden dazu beitragen, dass Spielregeln in den zwischenstaatlichen Beziehungen eingehalten wer-

---

1 So verweigerte z.B. Thomas Risse-Kappen noch 1995 der Regimetheorie die damals üblich werdende Bezeichnung *neoliberal institutionalism* und charakterisierte sie im Anschluss an Moravcsik als einen „modifizierten strukturellen Realismus", um sie von seinem Verständnis von Liberalismus abzugrenzen: Thomas Risse-Kappen, *Cooperation Among Democracies: The European Influence on U.S. Foreign Policy*, Princeton, NJ 1995, S. 26 und 29. Ursula Lehmkuhl ordnet in ihrem Lehrbuch zu Theorien Internationaler Politik die „Englische Schule" dem Realismus zu, wobei sie sich auf die Selbsteinschätzung der Autoren McKinley und Little beruft. Ich halte diese Einschätzung nicht für angemessen.

2 Vgl. z.B. Robert O. Keohane, *International Liberalism Reconsidered*, in: John Dunn (Hrsg.), *The Economic Limits to Modern Politics*, Cambridge-New York-Melbourne 1990, S. 165-194.

den, und sie würden die Kooperation zwischen den Staaten und damit auch die friedliche Beilegung von Streitigkeiten fördern. In der ersten (aus der Rückschau so stilisierten) großen historischen Debatte in den Internationalen Beziehungen hat sich der regulatorische Liberalismus als zu optimistisch, zu idealistisch erwiesen; das habe ich schon in Kap. 6 diskutiert. Die neuen institutionalistischen Ansätze sind etwas bescheidener, sie sind – so könnte man sagen – durch die realistische Kritik am Idealismus gegangen. Zugleich stellen sie den Institutionalismus auf eine breitere Grundlage, weil sie nicht nur auf die großen internationalen Organisationen wie den Völkerbund oder die Vereinten Nationen schauen, sondern den Begriff der Institution breiter fassen. Eine Institution braucht nicht unbedingt eine Organisation mit Gebäuden, Satzung, Haushalt zu sein. Als soziale Institution im weiteren Sinne gilt auch ein „Satz von Gewohnheiten und Praktiken, die auf die Verwirklichung gemeinsamer Ziele ausgerichtet sind".[3]

Die Institutionalisten greifen auch auf den Funktionalismus zurück, den David Mitrany noch vor und während des Zweiten Weltkrieges begründet hat. Der Funktionalismus geht davon aus, dass sich durch wachsende wirtschaftliche Verflechtung praktisch-technische Zwänge zur Kooperation ergeben. Je nach Gegenstandsbereich (*function*) kooperieren *die* Staaten (und gesellschaftlichen Gruppen), die die meisten Interessen und Kompetenzen in den betreffenden Sachbereich einbringen. Die Tugend des Sachzwangs („the virtue of technical self-determination") schafft sich ihre eigenen Organe bzw. Institutionen. Die heiklen Status-, Macht- und Sicherheitsfragen der „großen Politik" lassen sich so erst einmal ausklammern; sie werden im Zuge verstärkter technisch-praktischer Kooperationen zunehmend relativiert und allmählich in die Kooperation einbezogen.[4]

Als Reverenz an den Liberalismus haben sich die Begründer der Regimetheorie in den USA zunächst selbst als *neoliberal institutionalists* bezeichnet, und viele Beiträge und Sammelbände bis in die neunziger Jahre dokumentieren die Auseinandersetzungen zwischen Realismus und (Neo-)Liberalismus in diesem Sinne. Seit sich aber der (gesellschaftlich orientierte) Liberalismus, so wie ich ihn im vorigen Kapitel beschrieben habe, (wieder) als eine eigenständige Herausfor-

---

3   Hedley Bull, *The Anarchical Society: A Study of Order in World Politics* [1977], 3. Aufl., Houndmills, Basingstoke 2002, S. 71 (meine Übersetzung).
4   David Mitrany, *The Functional Theory of Politics*, London 1975, S. 118.

derung des Realismus etabliert hat, ist es üblich geworden, die Regimetheorie dem Institutionalismus zuzurechnen. Robert Keohane bevorzugt inzwischen ausdrücklich die Bezeichnung *institutionalism* oder *rational institutionalism* für seinen Ansatz.[5] Hedley Bull, einer der Begründer der „Englischen Schule", die in diesem Kapitel für den normativ-reflexiven Institutionalismus steht, unterschied selbst schon zwischen einer hobbesianischen, einer grotianischen und einer kantianischen Tradition iB-relevanter politischer Theorie. Auch das spricht für die Aufteilung in Realismus, für den Thomas Hobbes steht, Institutionalismus (Hugo Grotius) und Liberalismus (Immanuel Kant).[6]

Die Texte zum Institutionalismus, auf die ich mich zunächst stütze, stammen aus den siebziger Jahren; das gilt sowohl für Bulls *Anarchical Society* als auch für Keohanes und Nyes *Power and Interdependence*. Diese beiden Titel gehören heute zu den modernen Klassikern der IB-Literatur; nicht zufällig sind beide Titel 2001 bzw. 2002 jeweils in einer dritten Auflage neu erschienen. Den politischen Hintergrund der siebziger Jahre bildeten die Abschwächung der amerikanischen Hegemonie, die Entspannung zwischen USA und Sowjetunion, die wachsende weltweite wirtschaftliche Verflechtung und das Aufkommen der neuen Globalprobleme wie Energieknappheit und Umweltkrise. Bei Keohane und Nye wird dieser Hintergrund ausdrücklich thematisiert. Hedley Bull gibt sich grundsätzlicher. Er greift auf die politische Theorie und Philosophie sowie die klassische Völkerrechtslehre zurück und argumentiert vor dem Hintergrund der Geschichte des europäischen Staatensystems, ja der Weltgeschichte. Durch den Globalisierungsprozess hat der Institutionalismus in beiden Varianten einen enormen Aufschwung genommen: Konzepte wie *global govern-*

---

5   Robert O. Keohane, *Institutionalist Theory and the Realist Challenge After the Cold War*, in: David A. Baldwin (Hrsg.), *Neorealism and Neoliberalism: The Contemporary Debate*, New York 1993, S. 271-300, hier S. 298, Fußnote 3.

6   Zur Begründung der „grotianischen Tradition", die er auch „internationalistische Tradition" nennt, vgl. Bull, *Anarchical Society*, S. 23-26. Dem Marxismus weist Bull keinen vergleichbaren Stellenwert zu, aber er setzt sich durchaus mit ihm auseinander. Er akzeptiert die Forderung nach mehr Verteilungsgerechtigkeit in der Welt, insbesondere zwischen Nord und Süd, um den Konsens in der *society of states* zu stärken. Aber er hält dem Marxismus vor, sein „revolutionäres Modell" gebe keine Antwort auf das Problem der Ordnung in den Staatenbeziehungen.

ance oder *international* bzw. *world society* und die damit verbundenen theoretischen wie praktisch-politischen Probleme spielen heute in den Internationalen Beziehungen eine zentrale Rolle.

8.2 Regimetheorie (utilitaristischer Institutionalismus)

Die Regimetheorie ist aus der Interdependenzanalyse der siebziger Jahre hervorgegangen. Globale Risiken schufen ein Bewusstsein für wechselseitige Abhängigkeiten. Aber Interdependenz war nicht prinzipiell neu; für den Bereich der Weltwirtschaft war sie schon nach der Großen Krise der dreißiger Jahre so evident, dass die Staatengemeinschaft 1944-1948 unter Führung der USA mehrere Regime auf dem Gebiet der Weltwirtschaft etablierte.[7] Die spannende Frage, die sich in den siebziger Jahren stellte, war, ob diese Staatengemeinschaft auch *After Hegemony*,[8] also ohne eindeutige Führungsmacht – die USA befanden sich in einer Hegemoniekrise – in der Lage sein würde, weiter die erforderlichen Kooperationsleistungen zur Bewältigung der Interdependenzrisiken aufzubringen, oder ob sich ihre Konkurrenz untereinander wieder bis zur Beschädigung der Kollektivgüter verschärfen würde, wie es der Realismus prognostizierte.

Die Verflechtungen zwischen Staaten und zwischen ihren Gesellschaften nehmen immer mehr zu, das bedarf wohl keiner weiteren Erklärung. Wann aber wird die Verbundenheit zwischen Staaten und Gesellschaften, ihre Verflechtung, zur Interdependenz? Im Anschluss an Keohane und Nye verwende ich den Begriff Interdependenz für ein Beziehungsmuster zwischen staatlich verfassten Gesellschaften, das sich durch eine hohe Interaktionsdichte auszeichnet, deren Verlust oder drastische Beschneidung mit erheblichen Kosten für beide Seiten verbunden wäre.[9] Ich möchte gleich hinzufügen, dass Interaktions-

---

7 Wie Präsident Franklin D. Roosevelt auf der Eröffnungssitzung der Bretton Woods Konferenz am 1. Juli 1944 sagte: „The economic health of every country is a proper matter of concern to all its neighbors, near and far." Zitiert nach Joseph M. Grieco/G. John Ikenberry, *State Power and World Markets: The International Political Economy*, New York-London 2003, S. 139.

8 So der Titel dieses weiteren modernen Klassikers der Regimetheorie von Robert O. Keohane, *After Hegemony: Cooperation and Discord in the World Political Economy* [1984], 2. Aufl., Princeton, NJ 2005.

9 Robert O. Keohane/Joseph S. Nye, *Power and Interdependence: World Politics in Transition*, 3. Aufl., New York-London 2001, S. 8-11.

dichte nicht gleichzusetzen ist mit Konfliktfreiheit, im Gegenteil: Interaktionen sind immer auch Anlass für Konflikte. Und die Nutzenverteilung aus der Interaktion muss keineswegs symmetrisch sein; auch die Kosten aus dem Abbruch der Beziehungen können sich ungleichmäßig verteilen. Zu klären wäre demnach auch, wo die Grenze zwischen Interdependenz und Dependenz (Abhängigkeit) liegt.

Wie immer die Definitionsfragen entschieden werden, Einigkeit besteht in der Interdependenz-Analyse darüber, dass sich die staatlich verfassten Gesellschaften nicht nur im OECD-Bereich, sondern auch im Weltmaßstab heute in einer qualitativ veränderten wechselseitigen Abhängigkeit befinden; nicht nur, aber auch durch die Ökologie-Problematik, die mit der Weltwirtschaft und dem Nord-Süd-Gefälle eng verknüpft ist. Einigkeit besteht auch darüber, dass durch Interdependenz die Interventionsmöglichkeiten der Großmächte eingeschränkt werden und der Anreiz zur multilateralen Verständigung über die Regulierung internationaler Beziehungen steigt. Interdependenz bedeutet freilich nicht das Ende von Machtpolitik. Interdependenz verläuft häufig asymmetrisch: Staaten, die der internationalen Interdependenz weniger ausgesetzt sind, können aus ihrer besseren Position heraus versuchen, das internationale System zu ihren Gunsten zu manipulieren.

Keohane und Nye unterscheiden in diesem Zusammenhang zwischen Interdependenz-Empfindlichkeit (*sensitivity*) und Interdependenz-Verwundbarkeit (*vulnerability*).[10] Die Empfindlichkeit zeigt an, wie weit eine Seite von Veränderungen auf der anderen berührt wird; welche Auswirkungen z.B. die Erhöhung der Erdöl- oder Erdgaspreise auf ein Öl- oder Gasimportland hat. Sie hängen vom Umfang der Importe ab und von der Bedeutung des Erdöls/Erdgases im Vergleich zu anderen Energieträgern. Die Verwundbarkeit zeigt an, welche Alternativen ein Land hat, sich an die neue Lage anzupassen bzw. welche Kosten durch eine solche Anpassung entstehen; also die Möglichkeit oder Unmöglichkeit, auf andere Energieträger (oder andere Anbieter) umzuschalten, und die Kosten einer solchen Umstellung.

Keohane und Nye machen Konzessionen an den Realismus, aber sie formulieren auch Unterschiede.[11] Die Welt des Realismus ist die Welt konkurrierender Einzelstaaten, die als abgeschlossene, einheitliche Akteure auftreten. Bei Keohane und Nye treten neben die Staaten eine Fülle anderer Gruppierungen, deren Handeln für die internationalen

---

10 Ebd., S. 9-17.
11 Ebd., S. 23-37 (das Kapitel: *Realism and Complex Interdependence*).

Beziehungen von Bedeutung ist. Das können internationale Organisationen sein; es sind aber vor allem gesellschaftliche, insbesondere wirtschaftliche Akteure, die grenzüberschreitend tätig werden. Aus den Aktivitäten dieser vielen verschiedenen Akteure ergibt sich ein dichtes Geflecht inter- bzw. transnationaler Interaktionsbeziehungen. Militärische Gewalt erweist sich immer mehr als nicht notwendig oder als unzweckmäßig. Gerade für die demokratischen Industriestaaten hat sich das Sicherheitsdilemma erheblich entschärft. Die Angst, angegriffen zu werden, ist allgemein zurückgegangen; die Angst, von einem anderen pluralistischen Industriestaat angegriffen zu werden, existiert praktisch gar nicht mehr.

So hat Kanada seine letzten Planungen für einen Krieg mit den USA schon in den 1920er Jahren eingestellt. Heute betrachten sich auch Großbritannien, Deutschland und Frankreich gegenseitig nicht mehr als militärische Bedrohung. Die Beziehungen zwischen diesen Ländern sind intensiv und nicht ohne Konflikte, aber der Einsatz von Gewalt spielt hier keine Rolle mehr. In der Welt des Realismus dreht sich die Politik vorrangig um Sicherheit und territoriale Integrität, um das Gleichgewicht der Kräfte, um Rüstung und Rüstungskontrolle. Sie sind die „große Politik", alles andere ist von nachgeordneter Bedeutung. Bei Keohane und Nye gibt es eine sehr viel umfangreichere Agenda außenpolitischer und internationaler Probleme, und vor allem gibt es keine eindeutige Rangordnung mehr zwischen ihnen.

In einer Welt, in der die Bedeutung internationaler Austauschprozesse dramatisch zunimmt, wächst das Bedürfnis nach internationaler Steuerung. Wenn die Folgewirkungen externer Einflüsse nicht mehr durch eigenständiges Handeln aufgefangen werden können, dann werden Staaten versuchen, unerwünschte Entwicklungen durch internationale Zusammenarbeiten einzudämmen bzw. Marktversagen durch abgestimmtes Verhalten auszugleichen.[12] Nun besteht das Problem ja bekanntlich gar nicht darin, dass die Vorteile der Kooperation nicht unmittelbar einsichtig wären. Das Problem besteht darin, dass parallele Interessen zwar eine notwendige, aber noch keine hinreichende Grundlage für das Zustandekommen kollektiv abgestimmten Handelns sind. Es bedarf vielmehr zusätzlicher Anreize und Bedingungen, um die Einbindung von autonomen Akteuren in einen institutionalisierten

---

12 Beate Kohler-Koch, *Zur Empire und Theorie internationaler Regime*, in: Ursula Lehmkuhl, *Theorien internationaler Politik*, 3. Aufl., München-Wien 2001, S. 260-299, S. 289.

Kooperationszusammenhang zu erreichen. Selbst bei identischen Interessen kann es passieren, dass Akteure nicht zur Kooperation finden. Das liegt am „Kooperationsdilemma"; daran, dass individuelle Rationalität nicht automatisch mit kollektiver Rationalität identisch ist.

Um das zu verdeutlichen, erzähle ich wieder eine Geschichte; diesmal ist es eher ein Gleichnis. Es steht schon bei Jean-Jacques Rousseau in seiner Schrift über den Ursprung der Ungleichheit unter den Menschen von 1754.[13] Rousseau geht in diesem Gleichnis von fünf Männern aus, die zusammenkommen in einer Situation, in der sie alle großen Hunger haben. Um diesen Hunger zu stillen, würde jedem ein Fünftel eines Hirschs ausreichen; also verabreden sie, gemeinsam ein solches Tier zu jagen. Das Projekt hat nur Aussicht auf Erfolg, wenn alle ihre Aufgabe konzentriert erfüllen und sich an die Absprachen halten. Um den Hunger eines Einzelnen zu stillen, würde aber auch ein Hase ausreichen. (Dass ein Hase deutlich weniger als ein Fünftel eines Hirschs wäre, spielt für das Modell keine Rolle.)

Was passiert also in dem Moment, in dem ein Hase bei einem der Männer auftaucht? Er schießt den Hasen, und der Hirsch entkommt. Der Abtrünnige – in der Sprache der Spieltheorie heißt er *defector* – hat also seine eigenen kurzfristigen Interessen über die gemeinsame Verabredung, über das gemeinsame Interesse gestellt. Die Ursache für sein Verhalten war Hunger; also handelte er aus einem Gefühl heraus, aus Leidenschaft. Denn die Vernunft hätte ihm gesagt, es wäre für ihn langfristig günstiger, wenn er sich bei dieser ersten gemeinsamen Aktion so verhielte, dass sich bei allen die Überzeugung festsetzt: Kooperation lohnt sich. Denn wer weiß, ob der Hase beim nächsten Mal wieder *bei ihm* vorbeikommt. Die Vernunft sagt ihm aber auch: wenn ich den Hasen laufen lasse, dann verlässt vielleicht der nächste Jäger seinen Posten, um ihn zu fangen. Und die Moral von der Geschichte: wenn es in der Anarchie harmonisch zugehen soll, dann muss ich mich nicht nur selbst rational (im Sinne der langfristigen, gemeinsamen Interessen) verhalten; ich muss auch davon ausgehen können, dass sich alle anderen an die *kollektive* Rationalität halten.

Die Probleme, die der Kooperation entgegenstehen, sind also (1) die Erwartungsunsicherheit über die Verpflichtungskonsequenz der anderen Akteure (um bei der Hirschjagd zu bleiben: woher weiß ich, dass auch die anderen den Hasen ziehen lassen und sich auf den Hirsch

---

13 Ich folge hier der Darstellung bei Kenneth Waltz, *Man, the State and War*, New York-London 1959, S. 167-169 (2. Aufl. 2001).

konzentrieren?); (2) die Frage der Kosten- und Nutzenverteilung, die aus der Kooperation erwächst (ist sichergestellt, dass alle den gleichen Anteil vom Hirschen bekommen bzw. dass es keinen Streit darüber gibt?) und (3) die Attraktivität der Rolle des nutznießenden Abtrünnigen (wenn ich den Hasen schieße, habe ich wenigstens den; wenn ich aber den Hasen nicht schieße, habe ich möglicherweise gar nichts; denn wenn ein anderer den Hasen schießt, ist der Hirsch auch weg).

Man kann nun dieses Gleichnis auf alle Situationen in der internationalen Politik übertragen, in denen Staaten wählen müssen zwischen (langfristig) gewinnbringender, aber unsicherer Kooperation auf der einen und unilateraler Vorteilssuche, die weniger, aber dafür (kurzfristig) sicheren Gewinn verspricht, auf der anderen Seite. Eine Möglichkeit, Kooperation unter den genannten Bedingungen sicherzustellen, bieten so genannte „internationale Regime".[14] Internationale Regime sind norm- und regelgeleitete Formen der Kooperation zur politischen Bearbeitung von Konflikten in verschiedenen Bereichen der internationalen Beziehungen. Oder einfacher: als internationale Regime bezeichnet man die institutionalisierte Kooperation zwischen Staaten (auch unter Einbeziehung transnationaler Akteure) in einem spezifischen Problembereich. Der spezifische Problembereich, wie z.B. die Weiterverbreitung von Nuklearwaffen, das Ozonloch oder die Verunreinigung der Ostsee durch Abwässer, unterscheidet die Regime von den weiter unten noch zu diskutierenden Makroinstitutionen.

Regime können vertragliche Abmachungen enthalten, sie sind aber nicht identisch mit Verträgen, denn es gehören auch nicht-vertragliche Absprachen oder überlieferte Praktiken dazu. Regime sind nicht zu verwechseln mit internationalen Organisationen: die UNO oder die NATO sind *kein* Regime. Organisationen sind materiell-konkrete Institutionen mit Gebäuden, Personal, einem Haushalt, einer eigenen Struktur. Regime dagegen kann man nicht sehen; sie sind ein Konstrukt aus Verabredungen und Erwartungen, die das Verhalten der beteiligten Akteure in einem Problemfeld regulieren. Regime können allerdings internationale Organisationen schaffen oder sich bereits bestehende zunutze machen, z.B. für die Überwachung oder Überprüfung der Regeleinhaltung oder für die Streitschlichtung.

Regime institutionalisieren Kooperation durch vier hierarchisch miteinander verbundene Mechanismen:

---

14 Nicht zu verwechseln mit dem Begriff Regime für (repressives) politisches System.

Prinzipien formulieren eine gemeinsame Problemsicht und eine gemeinsame Zielvorstellung; denn ohne eine Verständigung oder ein stillschweigendes Einvernehmen darüber, wo das Problem liegt und warum man kooperieren will, gibt es keine Zusammenarbeit. So wird sich die Erderwärmung fast überall nachteilig auswirken, und sie kann nur durch gemeinschaftliches Handeln verhindert oder begrenzt werden, da die von Menschen gemachte Verursachung erkannt ist. Durch das internationale Klimaregime soll u.a. sichergestellt werden, dass keiner der Beteiligten längerfristig Konkurrenzvorteile anderer aufgrund größerer Verschmutzungsrechte fürchten muss.

Normen sind allgemeine Verhaltensstandards, die den Weg zur Problemlösung im Sinne von Geboten und Verboten (Du sollst bzw. Du sollst nicht) angeben. So dürfen im Nonproliferationsregime diejenigen, die schon Atomwaffen haben, keine weitergeben; diejenigen, die noch keine haben, dürfen keine erwerben. Die Besitzer bieten zum Ausgleich der Asymmetrie Kompensationen an, über deren Einlösung bekanntlich gestritten wird.

Regeln bezeichnen in der Regimeanalyse spezifische Verhaltensvorschriften, welche die Normen konkretisieren und operationalisieren, d.h. mess- und überprüfbar machen. Als Beispiel könnte man die Angaben über die Anzahl, den Typus und die Erkennungsmerkmale von zu reduzierenden Waffensystemen und andere Bestimmungen in verschiedenen Rüstungskontrollverträgen nehmen.

Verfahren sind eine Art Regeln für den Umgang mit den Regeln bzw. mit dem Regime als ganzem. Hierzu gehören Bestimmungen für die Überprüfung von Vereinbarungen, für die Streitschlichtung bei Konflikten über die Interpretation von Normen und Regeln, für die Veränderung oder Erweiterung des Regimes oder für die Neuaufnahme von Mitgliedern.

Auch Regime haben ihre Probleme; Regime-Effizienz (ist die Regelungstiefe ausreichend, d.h. sind alle relevanten Aspekte oder Stoffe erfasst, machen alle relevanten Parteien mit, was ist mit Umgehungsmöglichkeiten?) und Regime-Gerechtigkeit (z.B.: wie viel CO_2-Ausstoß soll den nachholenden Ökonomien im Verhältnis zu den bereits entwickelten als „Ausgleich" für deren Sünden noch gewährt werden?) sind nur zwei von mehreren, vielleicht die beiden wichtigsten. Wie entstehen Regime, wie werden sie stabil und dauerhaft, wie können sie sich neuen Entwicklungen anpassen? Wie hängen Kooperationschancen mit der Struktur der Problematik bzw. den Inhalten von Konflikten zusammen? Das sind Fragen, die eine inzwischen äußerst reichhaltige Literatur unter maßgeblicher Beteiligung der deutschsprachigen Politikwissenschaft intensiv thematisiert. Dabei hat sich die „Tübinger Schule" um Volker Rittberger, die Elemente des Interdependenz-Ansatzes und der Regimetheorie mit Fragestellungen der Friedens- und Konfliktforschung verbindet, besondere Verdienste erworben.[15] Insgesamt handelt es sich bei der Regimeanalyse, an der sich auch das Völkerrecht intensiv beteiligt, heute um ein hochgradig spezialisiertes Gebiet, das sich alle Politikbereiche erschlossen hat: von der Rüstungskontrolle über den Handel bis zur Entwicklung, der Umwelt, der Gesundheit und den Menschenrechten; oder von der Antarktis bis zum Weltraum.[16]

8.3 Das „Gefangenendilemma"[17]

Zum Abschluss dieses Teils des Institutionalismus möchte ich noch ein bekanntes Spiel vorstellen, das auf andere Weise als die „Hirschjagd" die Problematik der Kooperation unter den Bedingungen des offenen Staatensystems verdeutlichen kann. Also zuerst die Geschichte bzw. das Gleichnis. Zwei Menschen sind von der Polizei gefasst worden; sie stehen unter dem Verdacht, gemeinsam einen Bankraub begangen zu haben. Sie werden in getrennten Zellen untergebracht und vor die Alternative gestellt, entweder die Tat zu gestehen oder zu leugnen, wobei Ihnen die Konsequenzen ihrer Handlungen offen mitgeteilt werden. Wenn der (oder die) eine gesteht und sein(e) Partner(in) nicht, so wird der, der gestanden hat, als ZeugIn der Anklage freigelassen, und der/die andere wandert für zehn Jahre ins Gefängnis

---

15 Einen reichhaltigen Zwischenbericht über den Forschungsstand, der auch die Kontroverse mit dem Realismus und Verbindungen zum Konstruktivismus einbezieht, bieten Andreas Hasenclever/Peter Mayer/Volker Rittberger, *Theories of International Regimes*, Cambridge-New York 1997. Eine aktuelle Bilanz der „Tübinger Schule" zieht die Festschrift für Volker Rittberger *Macht und Ohnmacht internationaler Institutionen*, hrsg. von Andreas Hasenclever, Klaus-Dieter Wolf und Michael Zürn, Frankfurt am Main-New York 2007.
16 Eine neuere umfassende Übersicht aus einer interdisziplinären Perspektive bieten Beth A. Simmons/Richard H. Steinberg (Hrsg.), *International Law and International Relations*, Cambridge-New York 2006.
17 Kurz und einleuchtend erklärt bei Michael Zürn, *Interessen und Institutionen in der internationalen Politik*, Opladen 1992, Anhang II: Einführung in die Spieltheorie, hier S. 327-329.

(wegen Bankraubs und wegen Leugnens). Wenn beide gestehen, müssen beide für fünf Jahre ins Gefängnis. Wenn beide schweigen, kann ihnen der Bankraub nicht nachgewiesen werden; beide TäterInnen werden dann wegen unerlaubten Waffenbesitzes angeklagt und zu einem Jahr Gefängnis ohne Bewährung verurteilt. Wer das Spiel ausprobieren will, beachte bitte, dass sich die beiden PartnerInnen vor der Bekanntgabe ihrer Entscheidungen definitiv nicht verständigen dürfen; sie dürfen wirklich nicht kommunizieren. Das beste Ergebnis für jede(n) ist das, das er oder sie nicht bereut, nachdem sie oder er die Antwort der Gegenseite kennengelernt hat. Zur Veranschaulichung biete ich die folgende Vierfeldertafel an:[18]

| | | B | |
		reden (D)	schweigen (C)
A	reden (D)	5:5	0:10
	schweigen (C)	10:0	1:1

Das Dilemma besteht offenkundig darin, dass das Geständnis für beide die bessere Option zu sein scheint; zu schweigen ist in jedem Fall riskanter. Denn gesteht die PartnerIn auch, dann gibt es nur fünf Jahre statt der zehn für den Fall, dass sie gesteht, während man selbst geschwiegen hat. Sollte aber die PartnerIn schweigen, dann käme man bei eigenem Geständnis sogar frei, während das eigene Schweigen in diesem Falle ein Jahr Gefängnis bringen würde: bei BC ist AD > AC, da 0 < 1; bei BD ist auch AD > AC, da 5 < 10.[19] Da diese Rechnung für beide stimmt, werden also beide gestehen und beide für fünf Jahre

---

18 Die Buchstaben A und B stehen für die Akteure, C steht für Kooperation (von *Cooperation*) und D für Nicht-Kooperation (von *Defection*); die Zahlen verdeutlichen die Gefängnisjahre für A und B bei der jeweiligen Kombination. Normalerweise werden statt der absoluten Zahlen Ziffern für die Präferenzhierarchien eingetragen, also 3,3 (oben links); 1,4 (oben rechts); 4,1 (unten links) und 2,2 (unten rechts).

19 Auf Deutsch: für die Partei A ist es besser zu reden als zu schweigen, denn 0 Jahre Gefängnis sind weniger als 1 Jahr – das Ergebnis für den Fall, dass B schweigt; für den Fall, dass B auch redet, ist es wieder für A besser zu reden als zu schweigen, weil 5 Jahre Gefängnis weniger sind als 10.

ins Gefängnis wandern, während sie doch bei gemeinsamem Schweigen beide nur für ein Jahr eingesperrt würden. Wenn sich also beide individuell-rational verhalten, d.h. gestehen, erzielen sie ein suboptimales Ergebnis. Bei Kooperation (kollektiver Rationalität) könnten sie gemeinsam für jeden ein deutlich besseres Ergebnis, nämlich CC statt DD, erreichen; ohne Kooperation müssen sie DD wählen, um CD zu verhindern: DC > CC > DD > CD. Um zu einem kollektiv-rationalen Ergebnis zu kommen, muss also kommuniziert werden. Wenn direkte Kommunikation nicht möglich ist, dann bleibt nur die Kooperation über indirekte Signale. Wenn man das Gefangenendilemma mehrfach hintereinander spielt, dann führt folgende Strategie langfristig zu dauerhafter Kooperation: Kooperation (d.h. schweigen) wird mit Kooperation im nächsten Spiel beantwortet; jedes Ausbrechen aus der Solidarität unmittelbar darauf wieder bestraft.

Häufig wird die Problematik von Rüstungswettläufen mit dem „Gefangenendilemma" verglichen. Wirksame Rüstungskontrolle wäre für beide Seiten ein gutes Ergebnis, da sie dann viel Geld sparen könnten.[20] Aus Angst vor Unterlegenheit rüsten jedoch beide weiter. Das Ergebnis ist dann zwar nicht die schlechteste Variante, die Unterlegenheit, und auch nicht die beste, nämlich Überlegenheit; aber es ist auch nicht die zweitbeste – kein Rüstungswettlauf und Geld gespart –, sondern nur die drittbeste bzw. zweitschlechteste: Gleichgewicht, aber Rüstungswettlauf und viel Geld zum Fenster rausgeworfen. Also was tun? Kommunizieren und ein Rüstungskontrollregime einrichten, das beide Seiten auf ein annähernd gleiches Niveau festlegt. Wenn das nicht über direkte Kommunikation geht, dann wie im Spiel auch Signale der Kooperation (Zurückhaltung beim Rüsten) mit Kooperation belohnen, *defection* (wörtlich: Abfall, Überlaufen) durch „Nachrüstung" bestrafen.

Zur Sicherheit führe ich hier noch einmal die Präferenzhierarchie der Akteure auf: 1. Überlegenheit, 2. sicheres Gleichgewicht, 3. Rüstungswettlauf, 4. Unterlegenheit. Am besten wäre Überlegenheit; am schlimmsten aber Unterlegenheit, die wollen beide unter allen Umständen vermeiden. Da nach der Logik der Dinge nicht beide überlegen sein können, beide aber auch nicht unterlegen sein wollen, ergibt sich ein Rüstungswettlauf. Damit erreicht man zwar nicht die Überlegenheit, kann aber die Unterlegenheit verhindern. Nicht so gut

---

20 Ich unterstelle dabei, dass es eine reine Sicherheitsdilemma-Situation ist, dass es also keine anderen Motive für Rüstung gibt.

wie Überlegenheit, aber besser als Rüstungswettlauf wäre ein verein-
bartes Gleichgewicht. Es verhindert die Unterlegenheit – was auch der
Rüstungswettlauf tut –, ist aber billiger und weniger gefährlich.

8.4 *The Anarchical Society* (normativ-reflexiver Institutionalismus)

Der Titel des Buches von Hedley Bull hat programmatische Bedeutung, denn eigentlich passen *anarchy* und *society* nicht zusammen.
(Wie erinnerlich, spricht Waltz nicht von *international society*, sondern von *international system*.) Aber gerade den Zusammenhang zwischen Anarchie und Gesellschaft will Bull herstellen. Der Kernpunkt
seiner Argumentation lautet: auch ohne zentrale Autorität – so ist Anarchie bekanntlich definiert – sind verregelte Beziehungen zwischen
sozialen Gruppen, eine Grundvoraussetzung für *society*, möglich. Gesellschaftlich organisierte Lebensformen verfolgen nach Bull drei
Grundziele: Sie wollen Sicherheit vor Gewalt, sie wollen sich auf Vereinbarungen und Verabredungen verlassen können und sie wollen Stabilität in ihren Besitzständen. Ohne diese Grundlagen könne man gar
nicht von Gesellschaft reden: „A constellation of persons or groups
among whom there existed no expectation of security against violence, of the honouring of agreements or of stability of possession we
should hardly call a society at all."[21] Bull wendet nun, und das macht
ihn für die Diskussion so interessant, diese Argumentation auch auf
die internationalen Beziehungen an. Die hellenistischen Königreiche,
China in der Zeit der „streitenden Reiche", das Staatensystem im alten
Indien oder das moderne europäische Staatensystem, sie alle waren
oder sind nicht nur *international systems*, sondern enthielten bzw. enthalten auch Elemente von *international societies*:

> A society of states (or international society) exists when a group of states,
> conscious of certain common interests and common values, form a society
> in the sense that they conceive themselves to be bound by a common set of
> rules in their relations with one another, and share in the working of com-
> mon institutions.[22]

---

21 Bull, *Anarchical Society*, S. 5.
22 Ebd., S. 13.

Oder um eine andere klassische Definition der *international society* (in diesem Fall von Hedley Bull und Adam Watson) zu zitieren:

> A group of states (or, more generally, a group of independent political communities) which not merely form a system, in the sense that the behaviour of each is a necessary factor in the calculations of the others, but also have established by dialogue and consent common rules and institutions for the conduct of their relations, and recognise their common interest in maintaining these arrangements.[23]

In der *international society* versuchen Staaten, ihr Zusammenleben so zu organisieren, dass die schon genannten Grundziele gewährleistet werden. Bull konzediert sofort, dass die Vergesellschaftung in den Staatenbeziehungen Grenzen hat, ja dass sie immer wieder gefährdet ist; aber sie ist gleichwohl real. Gerade auch im modernen (europäischen) Staatensystem war die Vorstellung gewisser gemeinsamer Grundinteressen, gemeinsam akzeptierter Regeln und gemeinsamer Institutionen zu keiner Zeit völlig ohne Einfluss:

> The element of international society has always been present in the modern international system because at no stage can it be said that the conception of the common interests of states, of common rules accepted and common institutions worked by them has ceased to exert an influence. *Most states at most times pay some respect to the basic rules of coexistence in international society, such as mutual respect for sovereignty, the rule that agreements should be kept, and rules limiting resort to violence.* In the same way most states at most times take part in the working of common institutions: the forms and procedures of international law, the system of diplomatic representation, acceptance of the special position of great powers, and universal international organisations such as the functional organisations that grew up in the nineteenth century, the League of Nations and the United Nations. *The idea of 'international society' has a basis in reality that is sometimes precarious but has at no stage disappeared.*[24]

Aus derselben Unsicherheit und Furcht, die im Realismus zu Abgrenzung und Selbsthilfe führen, kann sich nach institutionalistischer Auffassung die Vorstellung gemeinsamer Interessen entwickeln. Die-

---

23 Zitiert nach Barry Buzan, *From International to World Society? English School Theory and the Social Structure of Globalisation*, Cambridge-New York 2004, S. 9.

24 Bull, *Anarchical Society*, S. 42 (Betonungen von mir).

se Vorstellung kann Ergebnis eines rationalen Interessenkalküls sein: Nur wenn alle Beteiligten wechselseitig bestimmte Verhaltensgrenzen akzeptieren, können sie die elementaren Ziele ihres sozialen Überlebens sicherstellen. Sie kann sich aber auch aus der Fähigkeit von Individuen oder Gruppen entwickeln, sich miteinander zu identifizieren oder sich die Interessen der anderen Seite zu Eigen zu machen. Diese Individuen, Gruppen oder auch Staaten gingen damit über ein enges Interessenkalkül hinaus in Richtung einer Wertegemeinschaft.

Hedley Bull greift für sein Konzept der *anarchical society* auf Grotius zurück. Mit Hugo Grotius argumentiert der Institutionalist Hedley Bull gegen Thomas Hobbes: Die Grotianer sagen gegen die Hobbesianer, dass sich die Staaten nicht in einem ständigen Kampf aller gegen alle befinden, sondern dass sie durch gemeinsame Regeln und Institutionen gebunden sind. Wirtschaftlicher und sozialer Austausch charakterisieren die Staatenbeziehungen mehr als der Krieg. Und Bull fügt hinzu, dass für Grotianer die Staaten sich nicht nur aus rein egoistischen Zweckmäßigkeitserwägungen an Regeln halten (*rules of prudence or expediency*); Moral, Recht und Gesetz gewinnen ihr eigenes Gewicht. In der *international society* werden Staaten in ein Verhalten sozialisiert, das über rationalistische Interessenkalküle hinausgeht. Im Gedankenexperiment diskutiert Bull die Alternative eines Staatensystems, das nur ein *system* und keine *society* darstellt, und daran kann man seinen Ansatz besonders deutlich erkennen:

We may imagine (...) that there might exist a plurality of sovereign states, forming a system, which did not, however, constitute an international society. Such a state of affairs would represent the demise of *the* states system, which, it has been argued here, is an international society as well as an international system. There would be states, and interaction among them on a global basis, but the element of acceptance of common interests or values, and, on the basis of them, of common rules and institutions, would have disappeared. There would be communications and negotiations among these states, but no commitment to a network of diplomatic institutions; agreements, but no acceptance of a structure of international legal obligation; violent encounters among them that were limited by the capacity of the belligerents to make war, but not by their will to observe restraints as to when, how and by whom it was conducted; balances of power that arose fortuitously, but no balances that were the product of conscious attempts to preserve them; powers that were greater than others, but no agreed conception of a great power in the sense of a power with special rights and duties.[25]

---

25 Bull, *Anarchical Society*, S. 240f.

Die *balance of power* kennt bekanntlich auch der Realismus. Der Unterschied besteht darin, dass sich bei Waltz die *balance of power* gleichsam automatisch einstellt. Niemand braucht darüber zu reden, sie ergibt sich von selbst, wie bei Adam Smith von einer „unsichtbaren Hand" gesteuert, wenn und weil alle Staaten ihrem Überlebensinteresse nachgehen. Kein Staat braucht zu glauben, dass das Gleichgewicht der Kräfte einem längerfristigen gemeinsamen Interesse dient, es gibt keine Regeln, keine gemeinsamen Bemühungen, eine *balance of power* zu institutionalisieren. Genau das aber findet bei Bull in der *international society* statt: Staaten entwickeln ein Verständnis gemeinsamer Interessen in den Grundzielen des Überlebens, sie entwickeln Verhaltensregeln, die diese Ziele sichern sollen, und sie schaffen sich Institutionen, um die Regeln wirksam werden zu lassen. Das heißt, *balance of power* spielt eine Rolle in den Köpfen der PolitikerInnen und der Intellektuellen, über sie wird kommuniziert, sie wird zum Gegenstand von Verhandlungen und Verabredungen.[26]

Die wichtigsten Institutionen in der *society of states* oder *interstate society* sind die Staaten selbst in ihrer Souveränität. Aber man beachte, dass diese Souveränität nicht bloß die Eigenschaft der einzelnen Staaten ist; im normativ-reflexiven Institutionalismus ist staatliche Souveränität ein Ergebnis wechselseitiger Anerkennung, sie ist selbst schon Bestandteil der Regelhaftigkeit in der *anarchical society*. Oder wie es der Rechtsphilosoph Thomas M. Franck formuliert hat: "(...) nations obey rules of the community of states because they thereby manifest their membership in that community, which, in turn, validates their statehood."[27] Zu den anderen wichtigen Institutionen neben der *balance of power* rechnet Bull das Völkerrecht, die Diplomatie oder das gemeinsame Management der Großen Mächte, zu dem auch der Krieg gehören kann! Diese „großen" Institutionen werden in der Diskussion auch als *primary institutions* oder als „Makroinstitutionen" bezeichnet. Als *secondary institutions* oder „Mikroinstitutionen" gelten die diesen Makroinstitutionen zugeordneten internationalen Organisationen oder auf einzelne Politikfelder bezogenen Regime. Zur Verdeutlichung füge ich eine Auflistung über zeitgenössische internationale Institutionen an, die ich aus einer neueren Synthese zur Theorie der Englischen Schule entnehme:

---

26 Ebd., S. 63.
27 Thomas M. Franck, *The Power of Legitimacy Among Nations*, New York-Oxford 1990, S. 8.

Institutionen in der *society of states/interstate society*

Primär- (oder Makro-) Institutionen		Sekundär- (oder Mikro-) Institutionen
Haupt-institution	***davon abgeleitet***	***Beispiele***
Souveränität	Interventionsverbot Völkerrecht	UN-Generalversammlung die meisten Regime
Territorialität	Grenzen	einige *Peacekeeping* Operationen
Diplomatie	Bilateralismus Multilateralismus	Botschaften UNO-Konferenzen die meisten IGOs, Regime
Management der Großen Mächte	Allianzen Krieg *Balance of Power*	NATO
Gleichheit der Menschen	Menschenrechte Humanitäre Intervention	UNHCR
Markt	Handelsliberalisierung Finanzmarktliberalisierung Hegemoniale Stabilität	GATT, WTO IWF
Nationalismus	Selbstbestimmung Volkssouveränität	einige *Peacekeeping* Operationen
Bewahrung der Schöpfung	Erhaltung der Artenvielfalt Klimastabilität	Kyoto-Protokoll

Quelle: Buzan, *From International to World Society*, S. 187
(leicht verändert)

Im Unterschied zur Regime-Theorie gilt die Aufmerksamkeit der Englischen Schule vorrangig den Primär- oder Makroinstitutionen, auch ihren Veränderungen über Zeit. Diese grundlegenden Institutionen unterliegen nicht nur Wandlungen ihres Verständnisses und ihrer Legitimität, sie können auch ganz absterben oder neu entstehen. Die Institution der Schöpfungsbewahrung z.B. ist noch neu, sie hat sich erst im Laufe der letzten 30 Jahre herausgebildet. Etwas älter ist die Institution „Gleichheit der Menschen", aber auch sie steht noch keineswegs am Anfang des neuzeitlichen Staatensystems; konstitutiv für die frühe Phase war eher die gegenteilige Makroinstitution der Ungleichheit der Menschen, aus der sich der Kolonialismus und das dynastische Prinzip als abgeleitete Primär-Institutionen ergaben. Bevor ich das gesamte Gedankengebäude der Englischen Schule noch einmal anhand einer Weiterentwicklung vorstelle, möchte ich die Unterschiede zwischen dem utilitaristischen und dem normativ-reflexiven Institutionalismus wie folgt zusammenfassen:

Utilitaristische Theorien gehen davon aus, dass menschliches Verhalten und gesellschaftliche Phänomene in der rationalen Verfolgung von Eigeninteressen begründet liegen. Normativistische Theorien halten soziale Ordnung zwischen rationalen Egoisten für nahezu ausgeschlossen, da der Mensch als soziales Wesen immer normativ geleitet handelt. Dementsprechend hat es die Regimetheorie mit Akteuren zu tun, die über den Mechanismus der Kooperation rational kalkulierte Eigeninteressen verfolgen. Die Englische Schule dagegen legt den Schwerpunkt auf gemeinsame Interessen und Werthaltungen und auf Mechanismen internationaler Ordnung. Die Regimetheorie konzentriert sich auf Arrangements zur Bearbeitung spezifischer Problemfelder; die Englische Schule interessiert sich mehr für historisch gewachsene normative Strukturen und die kulturellen Praktiken, unter deren Einfluss spezifische Institutionen entstehen, sich entwickeln und wieder verschwinden. Die Englische Schule will wissen, welche Institutionen definieren, wer wie im *game of states* zu einer Spielfigur und wie welches Spiel gespielt wird. Die Regimetheorie dagegen setzt Spieler und ihre Präferenzen als gegeben voraus und sieht nur ein Spiel: Kooperation unter Bedingungen der Anarchie.[28]

---

28 Vgl. Buzan, *From International to World Society*, S. 161f.

8.5 Von der internationalen zur Weltgesellschaft? Zur Sozialstruktur der Globalisierung

In einer faszinierenden Studie von 2004 hat Barry Buzan, der erst 2000 zusammen mit Richard Little eine bedeutende welthistorische Analyse internationaler Systeme vorgelegt hatte,[29] die Theorie der Englischen Schule zusammengefasst und fortentwickelt.[30] Sein Ausgangspunkt sind die drei zentralen Kategorien *international system*, *international society* und *world society*. Zu den ersten beiden und ihrem Verhältnis zueinander habe ich genug ausgeführt. Aber auch *world society* spielt eine wichtige Rolle in den Gründungsschriften der Englischen Schule. Ich zitiere dazu noch einmal Hedley Bull:

> By a world society we understand not merely a degree of interaction linking all parts of the human community to one another, but a sense of common interest and common values, on the basis of which common rules and institutions may be built. (...) [Such a] world society *or community* (...) may not exist except in embryo, but it is widely held that it should exist. (...) Moreover, it is surely the duty of all intelligent and sensitive persons, however conscious they may be of the obstacles standing in the way of the emergence of such a world society or community, to recognise its desirability and dedicate themselves to work for it.[31]

Buzan teilt mit einem großen Teil der Englischen Schule die Einschätzung, dass auch unter Bedingungen der Globalisierung die Staaten nach wie vor die Hauptakteure darstellen, erkennt aber an, dass in einer zeitgemäßen sozialstrukturellen Analyse der internationalen Beziehungen auch der Bedeutung der transnationalen Akteure und den Ansätzen zwischenmenschlicher Vergemeinschaftung Rechnung getragen werden muss. Buzan hält jedoch die Trias von *international system*, *international society* und *world society* nicht für geeignet für

---

29 Barry Buzan/Richard Little, *International Sytems ind World History: Remaking the Study of International Relations*, Oxford-New York 2000.

30 Buzan, *From International to World Society?*

31 Bull, *The Anarchical Society*, S. 269 und 279. Mit meiner Betonung will ich darauf aufmerksam machen, dass Bull an dieser Stelle den Begriff *society* im Sinne von *community* verwendet. Wenn man die oben S. 38 von mir angeführte Diskussion über Vergesellschaftung versus Vergemeinschaftung berücksichtigt, dann gebraucht Bull hier den Begriff *system* mehr im Sinne von Vergesellschaftung, den Begriff *society or community* mehr im Sinne von Vergemeinschaftung.

eine solche Analyse, weil die begriffliche Logik nicht präzise und das Verhältnis der drei Ebenen zueinander (handelt es sich z.B. um eine Abfolge?) nicht ausreichend geklärt sei. So verzichtet er auf die Kategorie der *world society* vor allem deshalb, weil sie nicht ausreichend empirisch gedeckt sei. Unter dem Einfluss konstruktivistischer Analysen verzichtet Buzan aber auch auf die Kategorie *international system*, und zwar mit der Begründung, dass es so gut wie keine zwischenstaatlichen Beziehungen gibt, die ganz ohne Formen der Verregelung auskommen. (Ausnahmen wären am einen Extrem der Vernichtungskrieg, am anderen ein nur über Dritte vermittelter Fernhandel.)

Buzan nimmt also auch die systematischen Staatenbeziehungen, die von Machtpolitik bestimmt werden, in sein Spektrum von *interstate societies* auf. Dieses Spektrum umfasst auf einer Skala zwischen Pluralismus und Solidarität des Weiteren die Koexistenz, die Kooperation, die Konvergenz bzw. schließlich die Konföderation. Als entscheidende Schwelle zwischen den pluralistischen und den solidarischen *interstate societies* gelten Buzan die Kriterien Konvergenz und gemeinsames Projekt. Wichtig ist, dass die Typologie nicht nur auf die globale Staatengesellschaft angewendet, sondern auch regional differenziert werden kann. Die EU als regionale Staatengesellschaft käme der Konföderation sehr nahe, die ostasiatische Region wäre mehr von Koexistenz und Kooperation geprägt; Südasien dagegen eine Region, die noch stärker von machtpolitischer Rivalität gekennzeichnet ist.

Der Sozialisationsfortschritt auf der Pluralismus-Solidaritätsskala wird in der Regel von Veränderungen im Sozialisationsmodus begleitet. In *interstate societies*, die von Machtpolitik geprägt sind, ist Zwang der vorherrschende Sozialisationsmodus; am anderen Ende des Spektrums sind geteilte Werte und Überzeugungen vorrangig. In den dazwischen liegenden Formen kommen vor allem Interessenskalküle ins Spiel. Aber dieser Zusammenhang ist nicht deterministisch. Der Fokus der Englischen Schule auf den Primärinstitutionen als zentralen Trägern der jeweiligen *interstate societies* bleibt bei Buzan erhalten; deren konkrete Ausgestaltung und ihr Verhältnis zueinander verändern sich freilich mit der jeweiligen Form der *interstate society*.[32]

Neben den *interstate societies* gibt es zwei weitere, aber diesen nachgeordneten Gruppen von *societies*; das Unterscheidungskriterium sind die Akteure: einmal die *transnational societies*, deren Akteure

---

32 Vgl. dazu Buzan, *From International to World Society?*, Kapitel 6: *The Primary Institutions of International Society.*

multinationale Konzerne und alle anderen transnationalen Nichtregierungsorganisationen sind, die Koalitionen bilden oder miteinander konkurrieren können; zum zweiten die *interhuman societies*. Hier sind die einzelnen Menschen in ihren verschiedenen Vergemeinschaftungen die Akteure, die fragmentiert sein, aber auch größere imaginierte Gemeinschaften bis hin zu universellen Identitäten ausbilden können. Alle drei Bereiche (*interstate societies, transnational societies, interhuman* societies) zusammen, die getrennten Logiken folgen, aber natürlich auch aufeinander einwirken, nennt Barry Buzan *international society*. Von einer *world society* würde er erst dann sprechen, wenn die *transnational societies* (zu denen im Übrigen auch sehr unangenehme wie die Mafia und der internationale Terrorismus gehören) und die *interhuman societies* in ihrem Gewicht für die internationale Politik mit den *interstate societies* gleichgezogen haben.

8.6 Realismus und Institutionalismus

Vom Realismus lassen sich Brücken zum Institutionalismus schlagen. Im Neorealismus wie im utilitaristischen Institutionalismus erscheinen die Staaten als einheitliche, rationale Egoisten, die auf die Wahrung ihrer Sicherheit und die Mehrung ihres Nutzens aus sind. Hier wie dort steht das Staatensystem im Vordergrund der Analyse. Im Realismus überwiegen jedoch die Kooperationshindernisse, steht Kooperation im Schatten der Macht- und Sicherheitskonkurrenz; von ihr geht keine eigenständige Bindungswirkung aus. Staaten kooperieren im Realismus eher aus taktischen Gründen, im Kampf um die Macht, um Sicherheit gegenüber einem überlegenen Gegner zu gewinnen oder wenn sie von einem Hegemon dazu gezwungen oder ermutigt werden. Institutionen verändern die Kooperationsneigung der Staaten nicht, denn die Staaten werden sie in ihrem Sinne beeinflussen, wenn es ihre Interessen erfordern oder ihre Macht erlaubt.

Auch Realisten, die nicht von der Dominanz unvereinbarer Interessengegensätze in der internationalen Politik ausgehen, sondern Kooperationshindernisse wie das Sicherheitsdilemma in den Vordergrund stellen, sind skeptischer als die Institutionalisten. Zum einen bilden die Konflikte, die sich aus Kooperationshindernissen ergeben, nur eine Untergruppe aller Konflikte; zum zweiten wissen Staaten oft nicht genau, in welcher Situation sie sich befinden: in einem Sicherheits- oder Kooperationsdilemma oder in einem echten materiellen Interessenkonflikt. Und schließlich können Misstrauen und die Furcht vor unlauteren Absichten der Gegenseite einfach zu groß sein, um stabile Kooperation zu etablieren.[33]

Der utilitaristisch-rationalistische Institutionalismus geht davon aus, dass auch Staaten, die nur ihre eigenen Interessen verfolgen, Möglichkeiten suchen und finden, in einer nicht-hierarchischen oder nicht-hegemonialen Ordnung Kooperationshindernisse wie das Sicherheitsdilemma oder die Sorge vor dem Ausscheren des Kooperationspartners zu überwinden und Kooperation zu institutionalisieren. Insbesondere dann, wenn Staaten ohnehin defensiv orientiert sind, wenn Überlebensinteressen wie z.B. die Verhinderung eines Nuklearkrieges berührt sind oder wenn zunehmende transnationale Verflechtungen in Wirtschaft, Politik und Kultur die Kooperation der Staaten erfordern. Institutionen verhindern suboptimale Ergebnisse in der Interaktion zwischen Staaten dadurch, dass sie Informationen und Überprüfungsmöglichkeiten zur Verfügung stellen, Vertrauen bilden und die Kooperationskosten senken.

Neben der rationalistischen Variante des Institutionalismus steht die normativ-reflexive. Sie geht davon aus, dass sich Staatensysteme in Form einer *international society*, das heißt durch Regeln und ein Minimum an Sozialverhalten konstituieren. Durch „Makroinstitutionen" werden die Staaten vergesellschaftet, wenn auch häufig nur rudimentär: „There is nevertheless a great difference between such a rudimentary social life and none at all."[34] Hier ergeben sich Verbindungen zum politischen Realismus, vor allem aber zum Konstruktivismus, auf die ich in Kap. 11 zurückkommen werde.

---

33 Siehe die Zwischenbilanz zu den Differenzen zwischen Realismus und Institutionalismus im Bereich Kooperation bei Robert Jervis: *Realism, Neoliberalism, and Cooperation; Understanding the Debate*, in: International Security, 24:1 (Sommer 1999), S. 42-63, hier vor allem S. 49.
34 Bull, *Anarchical Society*, S. 46f.

Schematische Übersicht über den Institutionalismus

	Regimetheorie	Englische Schule
historische Rahmenbedingungen	Nachlassen der US-Hegemonie in den 60er und 70er Jahren	Tradition des Völkerrechts historische Soziologie
Fokus der Analyse	Interaktion zwischen Staaten	Vergesellschaftung von Staaten
zentrale Akteure	Staaten (transnationale Akteure)	Staaten (transnationale Akteure) Individuen
zentrale Kategorien	Interdependenz Regime	*international society/ interstate societies (world society)*
zentrales Problem der iB	Kooperations- hindernisse	Ordnung in der Anarchie
Lösung	Mikroinstitutionen, d.h. internationale Regime, die Koope- ration institutionali- sieren	Makroinstitutionen, die Staaten (rudimentär) sozialisieren

Was man weiß bzw. wissen sollte

Im Institutionalismus lassen sich Denkweisen in den IB zusammenfassen, die der Verregelung und Verrechtlichung der Staatenbeziehungen einen deutlich höheren Stellenwert einräumen als der Realismus. Auch der Institutionalismus tritt in verschiedenen Varianten auf. So kann man zwischen utilitaristischem bzw. rationalistischem auf der einen und stärker normativ-reflexiv argumentierendem Institutionalismus auf der anderen Seite unterscheiden.

Der utilitaristische Institutionalismus kommt ohne eine Diskussion der Sozialisation der Akteure aus, er setzt ihre Präferenzen voraus: die Akteure kooperieren allein auf der Grundlage von Nutzenkalkülen. Auch das führt öfter zu freiwilliger (und mehr als bloß taktischer) Kooperation, als der Realismus unterstellt. Es kommt insbesondere dann zur Kooperation, wenn Staaten ohnehin defensiv orientiert sind, wenn unkooperatives Handeln zu suboptimalen Ergebnissen für alle Beteiligten führt und bei zunehmender Interdependenz zwischen Staaten bzw. ihren Gesellschaften. Ein Instrument, Kooperationsprobleme zwischen Staaten unter Bedingungen der Anarchie zu überwinden, sind internationale Regime. Regime sind Mikroinstitutionen, sie sind definiert als norm- und regelgeleitete Formen der Kooperation zwischen Staaten zur politischen Bearbeitung von Konflikten oder Problemfeldern in den internationalen Beziehungen. Internationale Regime sind Konstrukte, sie bestehen aus Prinzipien, Normen, Regeln und Verfahren. Regime stabilisieren die Erwartungssicherheit über das Verhalten anderer Akteure, sie verbessern die Information, und sie verringern die Transaktionskosten, also den Aufwand und die Kosten für Kommunikation und Kooperation.

Mit einer Art von Gleichnissen – in der Spieltheorie spricht man von *games* oder eben Spielen – wie der „Hirschjagd" oder dem „Gefangenendilemma" lässt sich die Kooperationsproblematik in offenen Systemen modellhaft veranschaulichen.

Die „Englische Schule" geht davon aus, dass sich Staatensysteme in der Regel als eine Art Staatengesellschaft (*society of states* oder *interstate society*) konstituieren, d.h. durch Primär- oder Makroinstitutionen sozialisieren und regulieren. Zu diesen Makroinstitutionen gehören z.B. das Völkerrecht, die Diplomatie, die *Balance of Power*, der Markt oder die Menschenrechte. Der Sozialisationseffekt durch die Makroinstitutionen, die historischen Veränderungen unterliegen, mag schwach sein, er ist gleichwohl vorhanden. Staaten leben nicht nur im

Schatten des Krieges, sie praktizieren vielfältige Verkehrsmöglichkeiten, die meisten davon mehr oder weniger friedlich und mehr oder weniger regelgeleitet. In einer Erweiterung der Theorie (durch Barry Buzan) reicht je nach Breite und Intensität der Sozialisation, d.h. der Verinnerlichung der Zahl und Reichweite gemeinsamer Verhaltensmuster und Wertorientierungen, das historisch und regional zu differenzierende Spektrum zwischenstaatlicher Vergesellschaftung von Machtpolitik über Koexistenz, Kooperation, Konvergenz bis zur Konföderation. Die Internalisierung kann bei allen Varianten grundsätzlich sowohl durch Zwang als auch durch Interessenkalküle oder durch Werte und Überzeugungen erfolgen; wobei der Modus der Überzeugung in der Regel der nachhaltigere ist.

Worüber es zu diskutieren lohnt

- über das Verhältnis zwischen macht- und regel- bzw. normgeleitetem Verhalten von Staaten
- über Kriterien für Regime-Effizienz und Regime-Gerechtigkeit
- über das Verhältnis zwischen Interessen und Normen
- über das Verhältnis zwischen globaler Vergesellschaftung und Vergemeinschaftung
- über Berührungspunkte und Differenzen zwischen Realismus und Institutionalismus
- über horizontale versus vertikale Verregelung
- über Konflikt- und Machtstrukturen und ihr Verhältnis zur Regimebildung
- über Barry Buzans Modell der *international society* als Sozialstruktur der Globalisierung

Literatur-Tipps

Empfehlung für einführende Texte:

Hedley Bull, *The Anarchical Society: A Study of Order in World Politics* [1977], 3. Aufl., London 2002, Kap. 2: *Does Order Exist in World Politics?* Bull stellt hier die Idee (auch Ideengeschichte), die Realität und die Grenzen der *international society* vor.

Robert O. Keohane/Joseph S. Nye, *Macht und Interdependenz*, in: Karl Kaiser/Hans-Peter Schwarz (Hrsg.), *Weltpolitik*, Bonn 1985, S. 74-88. Es handelt sich hier um das leicht gekürzte erste Kapitel aus der Originalstudie

Power and Interdependence: World Politics in Transition [1977], 3. Aufl., New York-London 2001, S. 1-19. An diesem Text kann man sehr schön den Entstehungskontext der Regimeanalyse aus der Interdependenz-Forschung studieren. (Leider ist der übersetzte Beitrag in der Neuauflage von 1995 unter dem Titel *Die neue Weltpolitik* nicht mehr enthalten.)

Harald Müller, *Institutionalismus und Regime*, in: Mir A. Ferdowsi (Hrsg.), *Internationale Politik im 21. Jahrhundert*, München 2002, S. 87-103. Müller bezieht hier auch andere Theorietraditionen in die Regimeanalyse mit ein. So zeigt er die Schwierigkeiten des Realismus mit Regimen und den positiven Beitrag des Konstruktivismus, wobei er Hedley Bull zum Konstruktivismus rechnet, was ich nicht tun würde, auch wenn es nicht abwegig ist.

Klassiker der Politischen Theorie und Ideengeschichte (hier: des Völkerrechts):

Emmerich de Vattel (1714-1767), *Das Völkerrecht oder Grundsätze des Naturrechts: Le droit des gens ou Principes de la loi naturelle* [1758], Tübingen 1959. Auszüge wie etwa die Einleitung und Buch I, Kap. I, §§ 1, 4-6, 11, Kap. II, §§ 13-23, Kap. III, §§ 26, 31, 36-37; Buch II, Kap. III, §§ 35-38, 47-48, Kap. IV, §§ 49-57, 61-62; und Buch III, Kap. III, §§ 24-50 geben einen faszinierenden Einblick in ein klassisches Dokument des Institutionalismus aus der Aufklärung.

Weitere ausgewählte Literatur:

zu internationalen Regimen und global governance

Maren Becker/Stefanie John/Stefan A. Schirm, *Globalisierung und Global Governance*, Paderborn 2007 (Analyse der Globalisierung, die wirtschaftswissenschaftliche Perspektiven integriert und sich bei *governance* auf die Finanzmärkte, das Handelsregime und die Klimapolitik konzentriert)

Manfred Efinger/Volker Rittberger/Klaus Dieter Wolf/Michael Zürn, *Internationale Regime und internationale Politik*, in: Volker Rittberger (Hrsg.), *Theorien Internationaler Beziehungen: Bestandsaufnahme und Forschungsperspektiven*, Sonderheft der Politischen Vierteljahresschrift 21/1990, Opladen 1990, S. 263-285 (eine immer noch nützliche Einführung; die Autoren diskutieren u.a. verschiedene Forschungsansätze für die Erklärung der Entstehung, der Struktur und des Wandels internationaler Regime)

Judith Goldstein/Miles Kahler/Robert O. Keohane/Anne-Marie Slaughter (Hrsg.), *Legalization and World Politics*, in: International Organization, 54:3 (Sommer 2000), Sondernummer (grundlegende Beiträge zur Verrechtlichung der internationalen Beziehungen aus einer utilitaristisch-institutionalistischen Perspektive; nicht für Anfänger)

Jürgen Habermas, *Hat die Konstitutionalisierung des Völkerrechts noch eine Chance?*, in: ders., *Der gespaltene Westen: Kleine Politische Schriften X*,

Frankfurt am Main 2004, S. 113-193. Habermas diskutiert ausgehend von Kant den Institutionalisierungsprozess des Rechts in den internationalen Beziehungen unter der Perspektive der politisch-rechtlichen Verfassung einer Welt(bürger)gesellschaft.

Andreas Hasenclever/Peter Mayer/Volker Rittberger, *Theories of International Regimes*, Cambridge 1997 (vorzügliche Zwischenbilanz zum Forschungsstand der Regimetheorie, integriert realistische, institutionalistische und konstruktivistische Perspektiven; leider nicht für Anfänger)

Andreas Hasenclever/Klaus-Dieter Wolf/Michael Zürn (Hrsg.), *Macht und Ohnmacht internationalen Institutionen: Festschrift für Volker Rittberger*, Frankfurt-New York 2007 (eine aktuelle Bilanz der „Tübinger Schule")

Robert Jervis, *Realism, Neoliberalism, and Cooperation: Understanding the Debate*, in: International Security, 24:1 (Sommer 1999),S. 42-63 (gut verständliches und sehr faires Resümee dieser „großen" Debatte, die unter dem damals noch üblichen Label lief; wie ausgeführt, sagt man heute statt Neoliberalismus: rationalistischer Institutionalismus)

Robert O. Keohane, *After Hegemony: Cooperation and Discord in the World Political Economy* [1984], Neuausgabe Princeton, N.J. 2005 (Klassiker der Regimeanalyse mit einem programmatischen Titel, mit spannenden Überlegungen sowohl zur theoretischen Grundorientierung – Realismus vs. Institutionalismus – als auch zur Kooperationstheorie und zum Verhältnis zwischen Hegemonie/Nicht-Hegemonie und Regimen)

Ders./Lisa L. Martin, *Institutional Theory as a Research Program*, in: Colin Elman/Miriam Fendius Elman (Hrsg.), *Progress in International Relations Theory: Appraising the Field*, Cambridge, Mass. 2003, S. 71-107 (eine Darstellung der Entwicklung der institutionalistischen [Regime-]Theorie und der Auseinandersetzung um dieses Forschungsprogramm; nicht für Anfänger geeignet)

Harald Müller, *Die Chance der Kooperation: Regime in den internationalen Beziehungen*, Darmstadt 1993 (ein immer noch nützliches Buch, das durchaus als Einführung gelesen werden kann)

Volker Rittberger/Andreas Kruck/Anne Romund (Hrsg.), *Weltpolitik im Wandel: Theorie und Empirie des Weltregierens*, Wiesbaden 2009 (angekündigt für Mai)

Volker Rittberger/Bernhard Zangl, *Internationale Organisationen – Politik und Geschichte: Europäische und weltweite internationale Zusammenschlüsse*, 3. Aufl., Opladen 2003 (ein neueres Standardwerk zu internationalen Organisationen aus der Sicht des rationalistischen Institutionalismus)

Reinhard Rode, *Weltregieren durch internationale Wirtschaftsorganisationen*, Halle 2001 (eine nicht mehr ganz aktuelle Übersicht über Institutionen und Organisationen in der Weltwirtschaft; auch als Einführung geeignet)

Beth A. Simmons/Richard H. Steinberg (Hrsg.), *International Law and International Relations*, Cambridge-New York 2006 (umfangreiche Sammlung von bereits publizierten Artikeln aus IB und Völkerrecht; mit vielen Beiträgen zur Regimetheorie und zu einzelnen Regimen)

Oren R. Young/Leslie A. King/Heike Schroeder (Hrsg.), *Institutions and Environmental Change: Principal Findings, Applications and Research Frontiers*, Cambridge, Mass. 2008 (hochkarätige Forschungsbilanz zur Frage der Bedeutung und Wirkung von Institutionen im Umweltbereich)

Michael Zürn, *Regieren jenseits des Nationalstaates: Globalisierung und Denationalisierung als Chance*, Frankfurt am Main 1998 (eine umfassende und systematische Analyse der Verflechtungen der Nationalstaaten und der Chancen und Probleme eines positiven und effektiven Weltregierens durch Regime, also ohne Weltstaat, unter dem Druck von Denationalisierung und verdichteten gesellschaftlichen Handlungszusammenhängen)

zur Englischen Schule

Barry Buzan, *From International to World Society? English School Theory and the Social Structure of Globalisation*, Cambridge-New York 2004 (eine faszinierende Studie, die die zentralen Kategorien der Englischen Schule überprüft, neu formuliert und zu einer Theorie der Sozialstruktur der Globalisierung fortentwickelt)

Timothy Dunne, *Inventing International Society: A History of the English School*, Oxford-New York 1998 (stellt die wichtigsten Vertreter der Englischen Schule vor)

Andrew Linklater/Hidemi Suganami, *The English School of International Relations: A Contemporary Reassessment*, Cambridge 2006 (aktuelle Darstellung und Analyse der zentralen Anliegen, Annahmen und Aussagen der Englischen Schule; eine sehr gute Übersicht für Fortgeschrittene)

Richard Little/John Williams (Hrsg.), *The Anarchical Society in a Globalized World*, Basingstoke 2006 (Beiträge zur Aktualität der *Anarchical Society* von Hedley Bull)

9. Marxismus

LESEHILFE

Zu Beginn nenne ich Charakteristika, die für die marxistische Denkweise typisch sind. Ich gehe dann auf den Stellenwert der internationalen Beziehungen bei Marx selbst und in der sowjetmarxistischen Lehre ein und erläutere, was „offenen Marxismus" kennzeichnet. Im Hauptteil erörtere ich die drei für die IB-Theorie heute relevanten Varianten marxistischer Theoriebildung, die unterschiedliche Akzente setzen. Die Regulationstheorie diskutiert schwerpunktmäßig die Stabilisierung der kapitalistischen Nationalökonomien in der Phase des „Fordismus" und kommt erst über Analogiebildungen zu den internationalen Beziehungen. Der transnationale historische Materialismus befasst sich mit „historischen Blöcken" und „Hegemonien", die sich aus der grenzüberschreitenden Verflechtung von Produktion, Klassen und Ideologien entwickeln. Die Weltsystemtheorie schließlich stellt den integrierten kapitalistischen Weltmarkt ins Zentrum ihrer Analyse. In einem Exkurs gehe ich auf neuere Diskussionen über *Balance of Power*, Hegemonie, *Empire* und Imperialismus ein.

9.1 Einführung

Als marxistisch kann man zunächst alle jene Theorietraditionen bezeichnen, die sich ausdrücklich und positiv auf Karl Marx berufen. Im Laufe von 150 und mehr Jahren ist das allerdings ein sehr breites, heterogenes Feld geworden mit vielen Verästelungen, Kontroversen, Abweichungen und Übergängen zu anderen Theorietraditionen. Was die internationalen Beziehungen angeht, so lässt sich allgemein Folgendes formulieren: Für Marxisten stehen nicht die Staaten per se oder die Anarchie der Staatenwelt im Zentrum der Analyse, sondern der Kapitalismus, der sich in Staaten organisiert und zugleich einen Weltmarktzusammenhang konstituiert. Herausragende Kennzeichen des Kapitalismus sind für Marxisten:

- die Produktion für Märkte unter Konkurrenzbedingungen (was Oligopol- und Monopolbildungen nicht ausschließt)
- die private Verfügung über Produktionsmittel (als überwiegende Eigentumsform, einzelne unter staatlicher Verwaltung stehende Sektoren können dazu kommen)
- der Gegensatz zwischen Kapital und Lohnarbeit (es gibt andere soziale Differenzierungen, aber die genannte ist immer noch eine oder die zentrale Konfliktlinie in den sozialen Auseinandersetzungen)
- die Krisenanfälligkeit dieser Produktionsweise (zwar hat der Kapitalismus Steuerungskompetenzen entwickelt, aber er bleibt strukturell krisenanfällig)

Der Marxismus sieht ähnlich wie der Liberalismus die Staaten also nicht als *black boxes* oder als Billardkugeln, die unterschiedslos oder nur durch Machtpotenziale differenziert auf der internationalen Ebene miteinander in Beziehung treten. Auch er schaut in die Staaten hinein und stellt einen Zusammenhang zwischen Gesellschaft und internationalen Beziehungen her. Aber der Marxismus setzt den Akzent anders als der Liberalismus. Für den Marxismus ist die Gesellschaftswelt eine kapitalistische, und das hat Konsequenzen. So stellt er z.B. die Kalküle von sozialen Klassen, weniger die von Individuen in den Vordergrund. Außerdem sieht er die Verteilung der Vorteile aus internationaler Kooperation sehr viel kritischer als der Liberalismus. Viele, nicht alle, (Neo-)Marxisten unterstellen eine Verbindung zwischen reichen und armen Ländern, zwischen Entwicklung und Unterentwicklung, so wie das Marx schon für den Kolonialismus und die ursprüngliche Akkumulation getan hat. Ich zitiere Joachim Hirsch:

Dass der Kolonialismus an der Wiege des modernen Staatsystems steht, kennzeichnet (…) nicht nur eine zurückliegende geschichtliche Periode, sondern bleibt als struktureller Zusammenhang in vielfach gewandelten Formen weiterhin bestimmend. (...) Beide Formen des Klassenverhältnisses und der Ausbeutung [die in den fortgeschrittenen wie die in den Entwicklungsländern, G.K.] bedingen sich (...) gegenseitig, und der globale Akkumulationsprozess beruht geradezu auf deren Verbindung, z.b. darauf, dass die billige Arbeitskraft der Peripherie durch die Metropolen ausgebeutet werden kann. (...) Bürgerliche Demokratie ist untrennbar mit internationalen Ausbeutungs- und Herrschaftsverhältnissen verbunden.[1]

9.2 Die internationalen Beziehungen bei Karl Marx und in der parteikommunistischen Theorie

Karl Marx hat sich vielfach zu den internationalen Beziehungen seiner Zeit geäußert; er war ja nicht nur Theoretiker, sondern auch politischer Journalist. So hat er hellsichtig die Deutschen davor gewarnt, nach dem gewonnenen Krieg gegen Frankreich 1870/71 das Elsass und Lothringen zu annektieren; damit werde nur der nächste Krieg programmiert. Aber Marx hat im Grunde keine Theorie der zwischenstaatlichen Beziehungen entwickelt. Schon für ihre eigene Zeit haben Marx und Engels der kapitalistischen Globalisierung den Vorrang vor den Staatenbeziehungen eingeräumt. Die Globalisierung macht einen zentralen Aspekt in der marxschen Emanzipationstheorie aus, die den Kern seines Denkens bildet.

Nach Marx schafft der Kapitalismus – darauf habe ich in Kap. 2 schon hingewiesen – die materiellen Voraussetzungen für die Befreiung der Menschen aus Armut und Not und aus ihrer Abhängigkeit von der Natur; er schafft zugleich die Voraussetzungen dafür, dass dieser Reichtum allen zugute kommen wird, wenn das Proletariat im Endergebnis der globalen Vergesellschaftung durch die kapitalistische Entwicklung als weltweit vereinigte Klasse die Bourgeoisie entmachtet und selbst die Produktion planmäßig organisiert. Die Befreiung der Arbeiterklasse wird die Befreiung aller Klassen sein, und diese Befreiung wird zugleich universal sein. Im Manifest der Kommunistischen Partei von 1848 heißt es zu diesem Zusammenhang:

---

1   Joachim Hirsch, *Materialistische Staatstheorie: Transformationsprozesse des kapitalistischen Staatssystems*, Hamburg 2005, S. 63-64.

Die Arbeiter haben kein Vaterland. Man kann ihnen nicht nehmen, was sie nicht haben. Indem das Proletariat zunächst sich die politische Herrschaft erobern, sich zur nationalen Klasse erheben, sich selbst als Nation konstituieren muß, ist es selbst noch national, wenn auch keineswegs im Sinne der Bourgeoisie. Die nationalen Absonderungen und Gegensätze der Völker verschwinden mehr und mehr schon mit der Entwicklung der Bourgeoisie, mit der Handelsfreiheit, dem Weltmarkt, der Gleichförmigkeit der industriellen Produktion und der ihr entsprechenden Lebensverhältnisse. Die Herrschaft des Proletariats wird sie noch mehr verschwinden machen. Vereinigte Aktion, wenigstens der zivilisierten Länder, ist eine der ersten Bedingungen seiner Befreiung. In dem Maße, wie die Exploitation des einen Individuums durch das andere aufgehoben wird, wird die Exploitation einer Nation durch die andere aufgehoben. Mit dem Gegensatz der Klassen im Innern der Nation fällt die feindliche Stellung der Nationen gegeneinander.[2]

Ganz in diesem Sinne hat die frühe marxistisch inspirierte Arbeiterbewegung zwar rege internationale Beziehungen gepflegt, aber keinen Bedarf für eine spezifisch sozialistische staatliche Außenpolitik gesehen. Sie begriff sich selbst als „sechste Großmacht" nicht neben, sondern *in* den fünf nationalstaatlich organisierten Großmächten; sozialdemokratische bzw. kommunistische Weltpolitik war koordinierte Weltinnenpolitik als Weltgesellschaftspolitik.[3] Der Erste Weltkrieg war ein dramatischer Einwand gegen diese Perspektive, denn die Arbeiterparteien stellten sich fast ohne Ausnahme an die Seite ihres jeweiligen nationalen Bürgertums oder spalteten sich über diese Frage. Lenin hielt die Spaltung der Arbeiterschaft jedoch nur für vorübergehend, ein Ergebnis der Bestechung der Arbeiteraristokratie durch die nationalen Bourgeoisien und des Verrats ihrer sozialdemokratischen Führer.

Jedenfalls verstand sich die von den Bolschewiki in Russland 1917 organisierte Oktoberrevolution – insofern konsequent marxistisch – nicht als nationale Revolution, sondern als Beginn der Weltrevolution, der sich die fortgeschrittenen Industrieländer bald anschließen würden. Der erste Volkskommissar Sowjetrusslands für Auswärtige Angelegenheiten, Leo Trotzki, erklärte, die Revolution bedürfe keiner Diplomatie, und er fügte hinzu: „Ich werde einige Proklamationen an

---

2 Karl Marx/Friedrich Engels, *Manifest der Kommunistischen Partei* [1848], in: MEW Bd. 4, 11. Aufl., Berlin 1990, S. 459-493, hier S. 479.

3 Vgl. dazu Egbert Jahn, *Die Außenpolitik Russlands*, in: Manfred Knapp/ Gert Krell (Hrsg.), *Einführung in die Internationale Politik: Studienbuch*, 4. Aufl., München-Wien 2004, S. 250-284 hier S. 256f.

die Völker erlassen und dann die Bude (d.h. das Außenministerium, G.K.) schließen."[4] Die sozialistische Weltrevolution wurde also von den Kommunisten nicht nur als eine Addition von Umwälzungen der Verhältnisse in den einzelnen Ländern, sondern zugleich als eine Umwälzung des internationalen Systems verstanden:

> Der Zusammenhang (...) wurde darin gesehen, dass mit der Beseitigung unterdrückender und ausbeutender Klassenherrschaft in den einzelnen Gesellschaften auch die Ursachen für die zwischenstaatliche Herrschaftsordnung und die Ausbeutung und Unterdrückung ganzer Völker beseitigt werden. Die alten hierarchischen und kriegsträchtigen internationalen Beziehungen würden in der sozialistischen Phase der kommunistischen Gesellschaft durch internationale Beziehungen eines neuen Typs mit begrenzter nationalstaatlicher Souveränität in der sozialistischen Staatengemeinschaft abgelöst. In ihr wären Frieden, Sicherheit und nationale Selbstbestimmung gewährleistet, noch ehe dann in der kommunistischen Gesellschaft der Staat und damit auch die Staaten abstürben.[5]

Da die Weltrevolution jedoch ausblieb, musste die KPdSU die Rolle der sowjetischen Revolution neu definieren. Sie wurde umgedeutet zu einem im historischen Ansatz stecken gebliebenen Versuch einer universellen Organisation vereinter sozialistischer Nationen. An ihrer universalen Zielsetzung hat die KPdSU jedoch bis kurz vor dem Untergang des Sowjetkommunismus festgehalten; erst Michail Gorbatschow hat allgemeine Menschheitsinteressen über den verstaatlichten Klassengegensatz zwischen Kapitalismus und Sozialismus/Kommunismus gestellt und damit die Auflösung der parteikommunistischen Theorie der internationalen Beziehungen eingeleitet.

9.3 Offener Marxismus

Als *intellektuelle* Tradition ist der Marxismus viel breiter als der Partei-Marxismus, er hat sich vielfach sogar in Opposition zur staatlich verwalteten und sanktionierten Version entwickelt. Der Widerspruch zwischen dem real existierenden Sozialismus einerseits und den ursprünglichen Hoffnungen und Ansprüchen andererseits wurde ebenso zu einer Herausforderung für die marxistische Theorie wie die Fort-

---

4 Zitiert nach Jahn (*Sowjetische und russländische Weltpolitik*) in der dritten Auflage des genannten Studienbuches, München-Wien 1996, S. 119.
5 Jahn, *Außenpolitik Russlands*, S. 256.

dauer und Fortentwicklung des Kapitalismus, der sich nicht nur als produktiver, sondern auch als politisch attraktiver erwies. Die Ergebnisse dieser Kontroversen haben auch in den Internationalen Beziehungen zur Entwicklung eines „offenen Marxismus" geführt, der sich nicht nur kritisch mit der historischen Realität des Kommunismus und des Ost-West-Konflikts, sondern auch mit Marx selbst auseinandersetzt und über Marx hinausgeht. Freilich gibt es dabei große Unterschiede; das Spektrum reicht von unvermeidlichen Modernisierungen bis zur Forderung nach einer radikalen Reform der marxistischen Theorie, deren Defizite – so heißt es jedenfalls bei Alain Lipietz, einem der Begründer der Regulationstheorie – mit verantwortlich für die „kriminelle Dynamik" des 20. Jhdts. gemacht werden.[6] Ich möchte zunächst einige Punkte vorstellen, an denen sich die Offenheit der neuen marxistischen Ansätze zeigen lässt.

Am ehesten dürfte sich der intellektuelle Marxismus heute darin einig sein, den Anspruch auf die Zwangsläufigkeit des historischen Prozesses aufzugeben: Der Lauf der Geschichte ist offen. Ob es überhaupt einmal zu einer grundlegenden gesellschaftlichen Transformation und damit zu einer Transformation des kapitalistischen Weltsystems kommen wird, ist unter Neomarxisten umstritten. Jedenfalls ist es sehr schwierig geworden, den sozialen Träger für eine solche Veränderung auszumachen, es sei denn, man flüchtet sich in Formeln wie „the worldwide collectivity of antisystemic movements", so wie das z.B. Immanuel Wallerstein tut.[7] Alain Lipietz distanziert sich dagegen vom utopischen Fortschrittsglauben des 19. Jhdts. Für ihn steht die Frage, wie man den Kapitalismus loswerde, nicht mehr auf der Tagesordnung; er ist für ihn zum unüberwindlichen Horizont unserer Zeit geworden. Der „rationalistischen Endzeiterwartung", mit der immer wieder erneut bekräftigt werde, das erreichte Stadium sei das letzte, dem die endgültige Krise folgen werde, nämlich das „Vorzimmer des Sozialismus", erteilt Lipietz eine klare Absage. Andere konkrete Din-

---

6   Vgl. Alain Lipietz, *Nach dem Ende des „Goldenen Zeitalters": Regulation und Transformation kapitalistischer Gesellschaften*, Berlin-Hamburg 1998, S. 64.

7   1984 schrieb Wallerstein noch: „The details are impossible to predict, but the broad pattern is clear. We are living in the historic world transition from capitalism to socialism." (*The Politics of the World-Economy*, Cambridge-Paris 1984, S. 111) Joachim Hirsch deutet auch 2005 noch die prinzipielle Möglichkeit einer "revolutionären Überwindung" des Kapitalismus an. (*Materialistische Staatstheorie*, S. 112)

ge stünden an: eine Lösung für die Krise des Sozialstaates, neue Formen der internationalen Regulation (des Kapitalismus wohlgemerkt), die endgültige Integration der Arbeiterschaft durch ihre Beteiligung am Kampf um Produktivität und Qualität.[8]

Andere Bereiche, in denen sich die marxistische Diskussion von der Tradition entfernt hat, betreffen Pluralismus und Demokratie einerseits, die Eigentumsfrage andererseits. Da der real existierende Sozialismus als Herrschaftssystem nicht über die bürgerliche Demokratie hinauskam, ja sogar hinter deren Niveau an Freiheit, Partizipation und Pluralismus zurückblieb, sind Vorstellungen von der Avantgarde des Proletariats oder einer (proletarischen) Partei – sie finden sich nicht erst bei Lenin, sondern ansatzweise auch bei Marx und Engels – weitgehend passé. Auch die Frage nach dem Eigentum an Produktionsmitteln stellt sich für die meisten Marxisten heute anders als für Marx und Engels. Die zentrale Verwaltung der Ökonomie durch den Staat als Antwort auf die Krisenanfälligkeit des Kapitalismus steht jedenfalls nicht mehr zur Debatte, auch wenn die aktuellen Reaktionen der kapitalistischen Staaten auf die Finanzkrise hier ironische Wendungen in jahrzehntelang stark ideologisierten Frontstellungen erkennen lassen und ein großer Teil auch der westlichen Nationalökonomien immer über einen starken staatlichen Sektor verfügte.

Die Veränderungen spiegeln sich in methodischen Entwicklungen. So sind in neomarxistischen Diskursen die Beziehungen zwischen Ökonomie und Politik, zwischen materieller „Basis" und ideellem „Überbau" sehr viel flexibler als bei den Klassikern, die allerdings selbst in ihrem Gesamtwerk weniger einseitig waren als in der für politische Zwecke vereinfachten Dogmatisierung. Die Austromarxisten (d.h. österreichische Marxisten wie Otto Bauer oder Karl Renner) hatten schon vor und während des Ersten Weltkrieges vor der Vernachlässigung der Problematik und des Stellenwerts nationaler und kultureller Identität in der marxistischen Theorie und Praxis gewarnt. Insgesamt geht es um eine Auflösung des Ökonomismus, der Überbetonung der Ökonomie, der Produktivkräfte und des technischen Fortschritts. Alain Lipietz unterstreicht in der Auseinandersetzung mit dem alten Marxismus ausdrücklich den sozialen Charakter der Produktivkräfte. Deren Entfaltung, ja sogar die Form ihres Wachstums sei Ausdruck einer bestimmten Anordnung sozialer Verhältnisse am Ar-

---

8   Lipietz, *Regulation und Transformation*, S. 35 und 51ff.

beitsplatz, in der Familie, auf den Feldern. Die Produktionsverhältnisse bestimmten die Produktivkräfte, nicht umgekehrt.[9]

In diesem Zusammenhang muss auch die Aufwertung des Staates wie überhaupt der politischen Sphäre genannt werden, die zu differenzierten Formen marxistischer Staatstheorie – der Staat nicht mehr bloß als Agent oder Repräsentant der herrschenden Klasse – geführt hat und damit auch der internationalen Politik einen Handlungsspielraum gegenüber und im Rahmen der ökonomischen Entwicklung einräumt. Das Ausmaß der so genannten „relativen Autonomie" des Staates oder internationaler Machtkonstellationen ist dabei auch unter Marxisten umstritten. Nicht alle sind bereit, „gesellschaftliche Lagen und Konfliktfelder [anzuerkennen], die sich nicht aus dem Antagonismus von Lohnarbeit und Kapital ergeben", so wie das etwa für Josef Esser selbstverständlich wäre; oder neben der internationalen Logik des Kapitals auch unter den Vorzeichen der Globalisierung nach wie vor eine eigenständige territoriale Logik der Staaten zu akzeptieren, so wie das Henk Overbeek tut.[10]

Dem gewachsenen Respekt für die Vielfältigkeit und Komplexität gesellschaftlicher und internationaler Entwicklungsprozesse entspricht bei vielen Marxisten eine größere Zurückhaltung im Anspruch auf gesamtgesellschaftliche Analyse und Erklärung. So werden die Bemühungen, alle Phänomene und Probleme aus dem Kapitalverhältnis (also dem Privateigentum an den Produktionsmitteln und dem Gegensatz zwischen Kapital und Arbeit) oder aus dem Weltmarkt abzuleiten, seltener und zurückhaltender, auch wenn es nach wie vor einen Typus marxistischer Essayistik gibt, der dieser „holistischen Versuchung"

---

9 Ebd., S. 17. Man könnte Lipietz als einen „konstruktivistischen" Marxisten bezeichnen, weil er den Akteuren und ihrer Interaktion einen höheren Stellenwert einräumt als einer abstrakten Struktur. Jedenfalls gibt es auffällige methodische Parallelen zwischen seiner Kritik am strukturellen Marxismus und der konstruktivistischen Kritik am strukturellen Realismus, vgl. dazu auch Kap. 11. Allerdings kann sich auch sein Konstruktivismus auf Aspekte im marxschen Werk berufen.

10 Josef Esser, *Reflexionen über ein gestörtes Verhältnis: Materialistische Staatstheorie und deutsche Politikwissenschaft*, in: Joachim Hirsch/John Kannankulam/Jens Wissel (Hrsg.), *Der Staat der Bürgerlichen Gesellschaft: Zum Staatsverständnis von Karl Marx*, Baden-Baden 2008, S. 203-219, hier S. 213. Henk Overbeek, *Rivalität und ungleiche Entwicklung: Einführung in die internationale Politik aus der Sicht der Internationalen Politischen Ökonomie*, Wiesbaden 2008, S. 217.

nachgibt.[11] Alain Lipietz jedoch legt großen Wert auf die Feststellung, dass es nicht möglich sei, die Situation eines Landes aus einem „Gespenst namens Weltkapitalismus" abzuleiten.[12]

Als letzte große Neuerung ist die Entdeckung der Ökologie zu nennen. Die „planmäßige Ausbeutung der Natur", für Marx noch positiv besetzt, wird heute zu einem eigenen Gegenstand marxistischer Kapitalismuskritik. Alain Lipietz steht auch hier für die radikale Reformvariante. Er geht so weit, den Marxismus als die Antwort auf die Probleme des 19., die politische Ökologie als Antwort auf die des 20. Jhdts. zu bezeichnen. In einer Anspielung auf das Verhältnis zwischen marxschem Materialismus und hegelschem Idealismus schreibt er, man müsse die Dialektik nicht nur auf die Füße, sondern auch wieder „auf die Erde" stellen. Lipietz benennt schonungslos die Hybris der marxschen Emanzipationstheorie, insofern sie auf die vollständige Kontrolle der Natur und damit die völlige Befreiung des Menschen von ihren Zwängen und Begrenzungen zielt. Ohne sich auf feministische Analysen zu berufen, fürchtet er, dass selbst bei Marx die Mutter Natur nur berücksichtigt wird, um sie „dem transformatorischen Gesetz des Vaters Arbeit" zu unterwerfen.[13]

Bei so viel Offenheit und Öffnungen kann man natürlich fragen, was macht denn dann noch den Unterschied aus zwischen Marxismus und anderen Theorietraditionen? Für mich besteht die Attraktivität des Marxismus nach wie vor zu einem erheblichen Teil in seinem „Materialismus". Läuft der Marxismus Gefahr, ökonomistisch zu argumentieren, so laufen andere Ansätze in den Internationalen Beziehungen Gefahr, die Ökonomie ganz außer Acht zu lassen oder die politische und die ökonomische Sphäre als klar getrennt und nur ihrer jeweiligen

---

11 Holistisch heißt so viel wie „das Ganze umfassend". Zu dieser Versuchung gehören z.B. Bemühungen, auch alle Formen des Nationalismus, Sexismus und Rassismus kapitalismusspezifisch zu diskutieren; so zumindest im Ansatz bei Hirsch, *Materialistische Staatstheorie*, S. 66ff. Als ähnlich unbefriedigend empfinde ich die Feststellung bei Wallerstein, das moderne kapitalistische Weltsystem habe sowohl universalistische als auch antiuniversalistische, also z.B. rassistische oder sexistische, Einstellungen zu einer „central, basic feature of ist structure" gemacht (*World-Systems Analysis: An Introduction*, Durham-London 2004, S. 41).

12 Lipietz, *Regulation und Transformation*, S. 22. Das ist eine Spitze gegen Wallersteins Weltsystemtheorie, siehe dazu weiter unten.

13 Ebd., S. 66; vgl. meine eigene Kritik unter Berufung auf feministische Ansätze in Kap. 2, S. 72f.

Eigenlogik folgend zu betrachten. Die Analyse der materiellen Lebens- und Arbeitsbedingungen der Menschen ist für das Verständnis der internationaler Beziehungen und Konflikte unverzichtbar. Das gleiche gilt für die Berücksichtigung von „Klassenkämpfen". Marxistische AutorInnen haben nicht nur eine besondere Sensibilität für die Bedeutung des Ökonomischen, sondern auch für Asymmetrien in den Beziehungen zwischen sozialen Gruppen und zwischen Staaten. Ein dritter Vorzug des Marxismus ist seine globale Perspektive, insbesondere die Berücksichtigung des Weltmarkts als einer wichtigen Rahmenbedingung für politisches und damit auch staatliches Handeln.

Als letztes möchte ich den Blick auf die Krisenanfälligkeit des Kapitalismus lenken und auf die Defizite des Marktes. Der Sieg der Marktwirtschaft über den Sozialismus bedeutet nicht das Ende der Geschichte. Die Fähigkeit des Kapitalismus, Reichtum zu produzieren, hat der Marxismus nie bestritten. Es bleibt die Frage nach dem Preis, der dafür von einigen Gruppen oder vielleicht sogar von allen bezahlt werden muss. Stabile ökonomische Entwicklung, sozial gerechte Verteilung, gerade auch im Weltmaßstab, und ökologische Dauerhaftigkeit, das sind Herausforderungen, die heute von MarxistInnen thematisiert werden. Bei weitem nicht alle TheoretikerInnen, die sich die genannten Themen zu Eigen machen, verstehen sich jedoch als Marxisten. Kauppi und Viotti nennen in ihrer Übersicht über die IB-Theorie diese Gruppe deshalb „Globalisten".[14] In der IPÖ findet man auch die Bezeichnung „Globale Politische Ökonomie" für die Fortentwicklung einer herrschaftskritischen Wirtschaftswissenschaft.

Marx selbst hat einmal eine sehr enge Definition von Marxismus gegeben, die als Programmatik nicht mehr überzeugen kann, ja immer höchst fragwürdig war:

> Was ich neu tat, war 1. nachzuweisen, dass die *Existenz der Klassen* bloß an *bestimmte Entwicklungsphasen der Produktion* gebunden ist; 2. dass der Klassenkampf notwendig zur *Diktatur des Proletariats* führt; 3. dass diese Diktatur selbst nur den Übergang zur *Aufhebung aller Klassen* und zu einer *klassenlosen Gesellschaft* bildet.[15]

---

14 Paul R. Viotti/Mark V. Kauppi, *International Relations Theory: Realism, Pluralism, Globalism and Beyond*, 3. Aufl., London 2006.
15 In dem berühmten Brief an Joseph Weydemeyer, MEW Bd. 28, 5. Aufl. 1987, S. 508 (Betonungen im Original).

Bis heute gibt es Marxisten, die zumindest im Prinzip an einer solchen Perspektive festhalten; und bis heute greifen manche Marxisten auf „Bewegungsgesetze" der Geschichte zurück, die sich außerdem noch nur dem Marxismus – im Gegensatz zur so genannten „bürgerlichen Wissenschaft" – eröffneten. Diese Argumentationsfigur habe ich schon bei der Diskussion des Realismus als Objektivismus bezeichnet. Sie ist mit meinem Wissenschaftsverständnis, so wie es hoffentlich in diesem Buch zum Ausdruck kommt, nicht zu vereinbaren. Offener Marxismus lässt sich in meiner Wahrnehmung gerade daran erkennen, dass er genau dieses dogmatische Verständnis der marxschen Lehre hinter sich lässt; und zwar nicht nur aus dem taktischen Grund, weil die Geschichte nun einmal anders gelaufen ist.[16]

Die drei wichtigsten marxistischen Denkweisen mit Relevanz für die Theorie der internationalen Beziehungen sind die „Regulationstheorie", der „transnationale historische Materialismus" und die „Weltsystemtheorie". Ich stelle sie nacheinander vor, wobei ich hinzufügen möchte, dass es in allen drei Ansätzen Varianten gibt und dass eine Reihe von Querverbindungen zwischen ihnen bestehen.[17]

9.4 Regulationstheorie

Die Regulationstheorie geht auf Anregungen französischer Marxisten, unter ihnen Alain Lipietz, zurück. Lipietz, von Hause aus Ökonom, war selbst an der Formulierung der französischen Wirtschaftspolitik nach dem Zweiten Weltkrieg beteiligt, die starke Elemente von *planification* enthielt. Als der Nachkriegskapitalismus in den 1970er Jahren in eine Krise geriet, stellten sich Lipietz und andere marxistische Intellektuelle die Frage, wie er sich überhaupt so lange hatte stabilisieren können. Bei der Regulationstheorie handelt es sich also um einen neuen Versuch, die Kontinuität des Kapitalismus und zugleich seine verschiedenen historischen Erscheinungsformen und seine Krisen zu

---

16 Hans-Jürgen Bieling, *Internationale Politische Ökonomie: Eine Einführung*, Wiesbaden 2007, S. 44-53 spricht von einer (liberalen) Orthodoxie und einer (neomarxistischen, feministischen oder sonst kritischen) Heterodoxie in den Theorien der Internationalen Politischen Ökonomie. Er verbindet diese Einteilung aber nicht mit Wahrheitsansprüchen und betont, dass es auf beiden Seiten dogmatische Positionierungen geben kann.

17 Overbeek, *Rivalität und ungleiche Entwicklung*, nimmt explizit auf alle drei Traditionen Bezug.

begreifen, für die es keine durchgängige Logik der Geschichte gibt. Sie zieht damit auch Konsequenzen aus den Verunsicherungen der marxistischen Theorie, die sich aus dem hartnäckigen Überleben des Kapitalismus und dem Scheitern des Sozialismus ergeben.

Die beiden zentralen Kategorien der Regulationstheorie sind „Akkumulationsregime" und „Regulationsweise".[18] Das hört sich komplizierter an als es ist. Jede kapitalistische Gesellschaft wird grundlegend vom Akkumulationsprozess des Kapitals geprägt. Mit Akkumulation (wörtlich: Anhäufung) ist gemeint, dass alle, die unter Konkurrenzbedingungen für Märkte produzieren, bei Strafe des Untergangs gezwungen sind, Gewinne zu machen, indem sie Waren in Geld verwandeln und dieses Geld nach Abzug der Kosten wieder produktiv investieren, damit sie konkurrenzfähig bleiben und weiter Kapital in Waren und Waren in Kapital umwandeln können. Die kapitalistische Produktionsweise zwingt den Kapitalbesitzer, wie Marx sagt, „sein Kapital fortwährend auszudehnen, um es zu erhalten; und ausdehnen kann er es nur vermittelst progressiver Akkumulation".[19]

Unter Akkumulationsregime versteht die Regulationstheorie einen historischen Modus der Produktion. Für seine relative Stabilität (dauernde Stabilität kann es im Kapitalismus für die marxistische Theorie nicht geben) ist ein solcher Produktionsmodus auf ein Netz gesellschaftlicher Institutionen und Normen angewiesen, die dafür sorgen, dass er sozial reguliert wird. Wenn wir zum Beispiel ein Akkumulationsregime haben, das auf allgemeiner Warenproduktion, der Ausbreitung regulärer Lohnarbeit, auf Massenproduktion und Massenkonsum beruht, dann muss gleichzeitig die allgemeine Arbeitsdisziplin, müssen stabile und steigende Lohneinkommen und soziale Sicherungssysteme gegeben sein. Und dafür sorgt die „Regulationsweise" der jeweiligen konkret-historischen kapitalistischen Gesellschaftsformation. Regulation bedeutet auch, die gegensätzlichen Interessen sozialer Klassen und Gruppen so zu kanalisieren, dass der Zusammenhalt der Gesellschaft gewährleistet bleibt. Ohne einen entsprechenden Regulationszusammenhang, der auch die Beherrschten in einen gesellschaftlichen Konsens einbindet, kann es kein stabiles Akkumulationsregime geben. Für die Regulation spielt der Staat eine wichtige Rolle als Garant der Spielregeln; er sichert u.a. das Privateigentum an Produktionsmitteln und die gewerkschaftliche Koalitionsfreiheit.

---

18 Zum folgenden vgl. Hirsch, *Materialistische Staatstheorie*, S. 82ff.
19 Karl Marx, *Das Kapital* I, MEW Bd. 23, 21. Aufl., Berlin 2005, S. 618.

Aus der Sicht der IB ist nun interessant, dass sich das Problem des Zusammenhangs zwischen Akkumulation und Regulation nicht nur auf nationalstaatlicher, sondern auch auf internationaler Ebene stellt. Zwar bilden sich Akkumulationsregime und Regulationsweise vor allem im nationalstaatlichen Rahmen heraus, aber sie stehen unweigerlich im Zusammenhang mit dem Weltmarkt; ohne eine Eingliederung in die internationale Arbeitsteilung sind Kapitalakkumulation und Wirtschaftswachstum nicht gewährleistet. Da die nationalstaatlichen Akkumulationsregime international vernetzt sind, bedürfen sie auch der internationalen Regulation. Der Akkumulationsprozess im Weltmaßstab braucht zwischen- und überstaatliche regulative Mechanismen zur Gewährleistung eines einigermaßen stabilen internationalen Waren-, Arbeits-, Geldwährungs- und Kapitalverkehrs.

Ich möchte das Gesagte, wie schon angekündigt, am Beispiel des „Fordismus" verdeutlichen. Als Fordismus bezeichnet die Regulationstheorie die historische Form des Kapitalismus, die seit dem Ende des Zweiten Weltkrieges bis in die siebziger Jahre des 20. Jhdts. die globalen gesellschaftlichen, wirtschaftlichen und politischen Verhältnisse geprägt hat. Die Bezeichnung dieser historischen Epoche des Kapitalismus als „fordistisch" – erfunden hat den Begriff offenbar der italienische Marxist Antonio Gramsci – greift auf den Namen des Großunternehmers Henry Ford zurück, der als erster in den 1920er Jahren in den USA die (halb)automatisierte Fließbandproduktion von Automobilen eingeführt hat und mit dieser Management-Revolution die Produktivität dramatisch steigern konnte. Die durchschnittliche Arbeitszeit, die für den Zusammenbau eines Autos benötigt wurde, sank bei Ford von 13 auf 1,5 (1914) Stunden. Schon in den zwanziger Jahren produzierte Ford 20,5 Autos pro Arbeiter im Jahr, während die Europäer, die damals noch keine Fließband-Technik verwendeten, auf zwei Autos pro Arbeiter kamen.[20]

Das Akkumulationsregime des Fordismus, das sich auf andere Branchen ausweitete und unter Führung der USA dann nach dem Zweiten Weltkrieg in allen industrialisierten Ländern verbreitet hat, zeichnet sich durch folgende Merkmale aus:

- die Ausnutzung von Produktionsreserven (vornehmlich durch intensivierte und verbesserte Arbeitsteilung, Stichwort: Fließband)
- die Massenproduktion standardisierter Konsumgüter

---

20 Herman M. Schwartz, *States versus Markets: The Emergence of a Global Economy*, 2. Aufl., Houndmills, Basingstoke-New York 200, S. 178.

- die Erschließung der Binnenmärkte durch neue Transportmöglichkeiten (Automobil) und durch kontinuierliche Steigerung der Lohneinkommen
- die allmähliche Durchkapitalisierung der Gesellschaft, d.h. die immer weitere Einbeziehung von Produktion und Dienstleistungen in die Warenökonomie
- kontinuierliches Wirtschaftswachstum

Das fordistische Akkumulationsregime war jedoch nur deshalb so erfolgreich, weil es durch eine ihm entsprechende Regulationsweise abgesichert wurde. Denn die neue Fließband-Technologie war wegen der hohen Investitionen und der drastisch gestiegenen Produktivität sehr empfindlich gegenüber Störungen in der Produktion und Schwankungen in der Nachfrage. Vor allem aber musste sichergestellt werden, dass es genügend Menschen gab, die die großen Mengen langlebiger Konsumgüter auch kaufen konnten. Ford hatte selbst schon die Löhne erhöht und Arbeitersiedlungen in der Nähe seiner Fabriken gebaut, um die Fluktuation unter der Arbeiterschaft gering zu halten. Die entscheidenden Lohnsteigerungen, die die nötige Massenkaufkraft sicherstellten, ergaben sich erst im Laufe der dreißiger Jahre, und zwar aus Sitz-Streiks einer sich stärker gewerkschaftlich organisierenden Arbeiterschaft in den Fließbandfabriken und aus einer gewerkschafts- und arbeiterfreundlichen Gesetzgebung im Rahmen des *New Deal*:

> Workers and employers may or may not have understood the macroeconomic consequences of unionization. In hindsight, however, unionization resolved most of the problems of macroeconomic stabilization associated with the assembly line. High and rising wages meant that aggregate demand rose. Long-term contracts with generous health and unemployment benefits stabilized aggregate demand by removing the long-term risk of going into debt to buy cars and houses. Wage increases linked directly to productivity gains assured some balance between supply and demand. The United States promoted its style of unionization in Europe after the war, diffusing this particular solution to demand-side stability.[21]

Die sozialen Risiken, welche die Durchkapitalisierung der Arbeitswelt mit sich brachte, mussten durch kollektive soziale Schutzmaßnahmen abgesichert werden, auch um den Massenkonsum zu stabilisieren. Der Staat dehnte seine soziale und ökonomische Interventionstätigkeit aus, er entwickelte sich zum keynesianischen Wohlfahrts-

---

21 Ebd., S. 190.

staat, der sein gesamtwirtschaftliches Steuerungsinstrumentarium ausbaute.[22] Der Traum immerwährender Prosperität und des allmählichen Ausgleichs der Klassenunterschiede schien Wirklichkeit zu werden.

Die globale Durchsetzung des Fordismus erforderte neue Formen der internationalen Regulation, um den in der Krise der 1930er Jahre zusammengebrochenen Welthandel neu zu beleben und die Kapitalakkumulation im Weltmaßstab wieder auf eine sichere Grundlage zu stellen. Diese internationale Regulation besorgte einmal der Internationale Währungsfonds (IWF), der ein System fester Wechselkurse einrichtete und bei Zahlungsbilanzdefiziten Kredite gewährte. Über das *General Agreement on Tariffs and Trade* (GATT) wurden in mehreren Schüben die Zoll- und Handelsschranken gesenkt. Die Hegemonialmacht USA stützte dieses System mit ihrem wirtschaftlichen und politischen Potenzial: als großer Markt für die Exporte der übrigen Welt, als Kreditgeber und Investor, und mit dem Dollar als internationalem Zahlungsmittel und Reservewährung, die durch Goldbestände gesichert wurde. Die nur partielle Liberalisierung des Handels (der Agrar- und der vielfach staatliche Dienstleistungssektor blieben von der Liberalisierung zunächst ausgeschlossen) und Beschränkungen des Kapitalverkehrs auf der einen, ein uneingeschränkter Zugang zu (billigen) Rohstoffen der Dritten Welt auf der anderen Seite waren zentrale Voraussetzungen für eine starke unabhängige Rolle der staatlichen Wirtschafts- und Sozialpolitik zugunsten von Vollbeschäftigung und Wohlstandsmehrung und damit für die „fordistische Expansion".

Seit den 1970er Jahren ist nun dieses erfolgreiche Modell in die Krise geraten und noch kein neues stabiles Modell in Sicht. Alle drei tragenden Säulen des Fordismus kamen unter Druck: die fordistische Akkumulation, der keynesianische Wohlfahrtsstaat und die Hegemonie der USA. Ausgelöst wurde die Krise u.a. durch einen Rückgang der Kapitalrentabilität in den Metropolen und eine Erschöpfung der Produktivitätsreserven. Die Liberalisierung der Märkte und die Internationalisierung des Kapitals setzten der Binnenmarktorientierung allmählich ein Ende, damit verschärfte sich auch die Konkurrenz auf dem Weltmarkt. Das Kapital versucht seitdem, seine Profitabilität durch Senkung der Lohnkosten, durch Einführung neuer Verfahrens-

---

22 „Keynesianisch" ist abgeleitet von John Maynard Keynes, einem berühmten britischen Ökonomen, der die Notwendigkeit staatlicher Rahmensteuerung in der Wirtschaft (z.B. des *deficit spending* im Abschwung) theoretisch begründet hat.

techniken und durch eine Erhöhung von Laufzeiten und Nutzungsintensität der kapitalintensiven Produktionsanlagen wiederherzustellen. Die Logik der neuen Akkumulationsstrategie lautet: Rationalisierung und Flexibilisierung durch Globalisierung. Dazu gehört auch eine Verlagerung der Produktion in Niedriglohnländer. Das alles aber bedeutet einen zentralen Angriff auf die fordistische Regulation. Unter erheblichen sozialen Auseinandersetzungen werden viele einmal erreichte Standards bei Arbeitsplatzgarantien, Regelung von Arbeitszeiten, sozialer Absicherung und Entlohnung abgebaut. Damit aber wird die Parallelität von Produktivitätsentwicklung und Lohnsteigerungen aufgegeben und der Kern des fordistischen Modells untergraben.[23]

Dessen Stabilität wurde auch deshalb gefährdet, weil parallel zur Krise der fordistischen Akkumulation die internationale Regulation ins Schwanken geriet. Wegen ihrer chronisch gewordenen Leistungsbilanz- und Haushaltsdefizite und wegen der wachsenden Dollarschwemme, die u.a. mit dem Vietnamkrieg, aber auch mit den Euro-Dollars der erdölexportierenden Länder zu tun hatten, die auf dem Weltmarkt massive Preiserhöhungen durchsetzten, gaben die USA die Golddeckung auf und den Dollarkurs frei. Die Hoffnung, durch die Flexibilisierung der Wechselkurse würden sich zukünftig Währungskrisen besser vermeiden lassen, trog jedoch. Außerdem sahen sich die USA im produzierenden Gewerbe verschärfter Konkurrenz ihrer kapitalistischen Partnerländer ausgesetzt, die nicht nur ihren Produktivitätsrückstand auf-, sondern ihr Vorbild zumindest phasenweise (so z.B. Japan bei der Automobilproduktion) sogar überholten.

Deshalb drängten die Vereinigten Staaten zunehmend auf die Liberalisierung der Agrar-, der Dienstleistungs- und der Finanzmärkte; Bereiche also, in denen sie noch über Produktivitätsvorteile verfügten. Im Verlaufe der achtziger und neunziger Jahre gelang es den USA, ihre hegemoniale Position (vorübergehend) wiederherzustellen. Dafür war nicht nur der Zusammenbruch des sozialistischen Weltsystems und der Zerfall der Supermacht Sowjetunion verantwortlich, sondern auch eine Revitalisierung der wirtschaftlichen Macht der Vereinigten Staaten im Zuge eines lang anhaltenden Aufschwungs. Die strukturellen Schwächen und Risiken der „postfordistischen" Akkumulation und Regulation wurden damit freilich nur verdeckt.[24]

23 Vgl. dazu Hirsch, *Materialistische Staatstheorie*, S. 124-140.
24 Zur Krise der US-Hegemonie siehe ausführlich Schwarz, *States versus Markets*, S. 281 ff. (Kapitel 13 und 14).

Die dramatischste Entwicklung vollzog sich auf den Finanzmärkten, die sich von der Realökonomie ablösten und die Produktion, die Sozialsysteme und die staatliche Fiskalpolitik zu dominieren begannen. Kreditmärkte, Wertpapiermärkte und Devisenmärkte expandierten, ja explodierten geradezu und verursachten immer neue regionale Krisen. Trotz verschiedener internationaler Kriseninterventionen gelang es nicht, diese Märkte auf Dauer zu stabilisieren; u.a. auch deshalb, weil eine solche Stabilisierung von den Vertretern des Neoliberalismus nicht für erforderlich gehalten wurde. Die Finanzmärkte aber entzogen mit ihrer Volatilität und ihrer „Argumentationsmacht" nicht nur den Staaten einen signifikanten Teil ihrer Steuerungskapazität, sondern stürzten am Ende die gesamte Weltwirtschaft in die größte Krise seit den 1930er Jahren; eine Krise, deren Ende noch nicht absehbar ist.[25]

Wie ein stabileres Modell des Kapitalismus aussehen könnte, ist derzeit offen. Inzwischen fordern nicht mehr nur Marxisten, sondern auch geläuterte Anhänger des Neoliberalismus wesentlich strengere Regulationsformen für die Kapitalmärkte und eine Stärkung der sozialen Komponente der Marktwirtschaft. Erforderlich wäre auch eine Umkehr der jüngeren Trends in der Einkommens- und Vermögensverteilung; nicht nur aus sozialen, sondern auch aus ökonomischen Gründen. Damit wäre auch die Frage einer neuen Wirtschaftsethik angesprochen, die unter immer kurzfristigeren, z.T. auch illegalen Gewinnmaximierungsstrategien und durch immer unverhohlenere Bereicherungstendenzen bei einem Teil des Managements sehr gelitten hat.

Auf einer noch grundsätzlicheren Ebene ist die kapitalistische Produktionsweise von den Rückwirkungen aus der immer noch zu wenig auf Nachhaltigkeit ausgerichteten Nutzung der Natur gefährdet. Das heißt, ein stabiles neues Modell müsste auch den „fossilistischen" Teil des Fordismus aufgeben, das zentrale materielle „Schmiermittel" (im wahrsten Sinne des Wortes) seines ökonomischen Erfolges, und seine energetische Basis und wesentliche Formen der Mobilität entschlossen umstellen. Damit sind Dimensionen berührt, die über den Kapitalismus, so wie ihn auch die Linke weit über hundert Jahre lang verstanden hat, und über die klassische marxistische Kritik hinausgehen. Jedenfalls boten die Zentralverwaltungswirtschaften auch in dieser Hinsicht keine Alternative, stehen auch die gemischten Ökonomien (z.B. China) hier vor welthistorischen Herausforderungen.

---

25 Zur Rolle der Finanzmärkte und zu den Stabilisierungsversuchen vgl. Bieling, *Internationale Politische Ökonomie*, S. 140 ff. (Kap. 4.1.3).

9.5 Transnationaler historischer Materialismus

Der transnationale historische Materialismus greift auf Überlegungen des marxistischen Theoretikers und Mitbegründers der KPI, Antonio Gramsci, zurück, insbesondere auf seine in der Haft zwischen 1929 und 1935 entstandenen *Notizbücher*. Schon bei Gramsci finden sich insofern Elemente eines offenen Marxismus, als er die Vorstellung von einem zwangsläufigen Geschichtsverlauf ablehnt und das Wechselverhältnis zwischen subjektiven und objektiven Dimensionen in der historischen Entwicklung betont: Denken und soziale Realität sind aufeinander bezogen und beeinflussen sich wechselseitig. Gramsci unterscheidet seinen historischen Materialismus ausdrücklich von einem „historischen Ökonomismus".[26] (Gleichwohl gibt es auch bei Gramsci Elemente marxistischer Teleologie.)

Gramscis theoretische Überlegungen bezogen sich weniger auf die internationalen Beziehungen als vielmehr auf die Analyse der gesellschaftlichen Entwicklung im Kapitalismus und die Perspektiven der Revolution. Sie wurden erst in den 1980er und 1990er Jahren von „Gramscianern" auf die internationalen Beziehungen erweitert. Auch Gramsci ging davon aus, dass wichtige Veränderungen in der Weltordnung und in den internationalen Machtverhältnissen ein Ergebnis von Veränderungen in den sozialen Beziehungen, also auch Klassenbeziehungen sind. Für ihn waren die Nationalstaaten die grundlegenden Einheiten der internationalen Politik. Hier spielten sich die entscheidenden sozialen Auseinandersetzungen ab und hier konnten sich auf je eigene Weise Hegemonien sozialer Klassen herausbilden.

Für Gramsci war das Verhältnis zwischen Staat und Zivilgesellschaft analytisch von großer Bedeutung. Er hat ein Verständnis von Staatlichkeit entwickelt, das über den Staatsapparat, seine Bürokratie oder seine militärischen Fähigkeiten hinausgeht; der Staat reicht in die Gesellschaft hinein, er braucht eine soziale Basis.[27] So konnte Gram-

---

26 Vgl. dazu Stephen Gill, *Historical Materialism, Gramsci, and International Political Economy*, in: Craig N. Murphy/Roger Tooze (Hrsg.), *The New International Political Economy*, Boulder, Col. 1991, S. 51-75, hier S. 52-59; oder mehrere Beiträge in: Andreas Bieler/Adam David Morton (Hrsg.), *Images of Gramsci: Connections and Contentions in Political Theory and International Relations*, London-New York 2006.

27 Robert W. Cox, *Gramsci, Hegemony and International Relations: An Essay in Method*, in: Stephen Gill (Hrsg.), *Gramsci, Historical Materialism and International Relations*, Cambridge 1993, S. 49-66, hier S. 58.

sci erklären, warum in Russland die Revolution erfolgreich gewesen war, in Westeuropa nicht: In Westeuropa stand eine starke Zivilgesellschaft hinter dem Staat, musste also der revolutionäre Kampf in der Zivilgesellschaft gewonnen werden, bevor ein erfolgreicher Angriff auf den Staat möglich war. Dort wo sich die bürgerliche Gesellschaft erst teilweise etabliert hatte, wo sie im Verhältnis zu den alten herrschenden Klassen in einer Patt-Situation verharrte und wo sich noch keine dauerhafte massenhafte politische Beteiligung der Bevölkerung durchgesetzt hatte – und das war das dritte Modell für das Verhältnis zwischen Staat und Zivilgesellschaft –, dort konnte sich ein Cäsarismus, also eine autoritär-populistische eigenständige Staatsfraktion wie der italienische Faschismus durchsetzen.

In jedem Fall bilden sich aus der Interaktion zwischen Staat und Zivilgesellschaft „historische Blöcke" heraus, wie Gramsci das nennt, Formationen miteinander verbundener Fraktionen und Interessen einschließlich der entsprechenden politischen Ideologien und Legitimationsmuster. Es gibt dominante „historische Blöcke" und ihre Gegenspieler. Wichtig ist auch, dass bei Gramsci den Intellektuellen eine bedeutende Rolle im Ringen zwischen den verschiedenen historischen Blöcken zukommt. Gramsci entwickelte in diesem Zusammenhang einen Hegemonie-Begriff, der mehr als bloßen Zwang beinhaltet. Bei ihm überwiegt auch in der Hegemonie das Element des Konsenses, denn intelligente herrschende Klassen machen Konzessionen an die Beherrschten, um ihre Zustimmung zur jeweiligen Herrschaftsordnung zu erreichen. Hegemonie entsteht überhaupt erst dann, wenn der „historische Block" seine engen, spezifischen Klasseninteressen überschreitet und Institutionen und Ideologien schafft, die glaubhaft „das Ganze" repräsentieren. Sie dürfen nicht als bloßer Reflex der vorherrschenden Klasseninteressen erscheinen; sie müssen die Interessen untergeordneter Gruppen berücksichtigen, ohne die vitalen Interessen herrschender Klassen zu gefährden.[28]

Dieses Verständnis von „historischem Block" und von „Hegemonie" übertragen die Neomarxisten, die sich auf Gramsci berufen, auf die internationalen Beziehungen; das heißt die entsprechenden Koalitionsbildungen werden „transnationalisiert". So haben wir es im internationalen System dann mit Hegemonie zu tun, wenn es einem Staat (bzw. dessen dominierender staatlich-gesellschaftlicher Koalition) ge-

---

28 Cox, *Gramsci*, S. 55-58; vgl. auch Overbeek, *Rivalität und ungleiche Entwicklung*, S. 51-57.

lingt, eine Weltordnung mit einem glaubwürdigen universellen Anspruch zu schaffen und aufrecht zu erhalten; also wohlgemerkt nicht eine Ordnung, in der ein Staat andere Staaten direkt und unverhüllt ausbeutet. Es muss eine Ordnung sein, die für die anderen so attraktiv ist, dass sie sich eher freiwillig integrieren. Zu einer solchen Ordnung – deshalb der Begriff *transnationaler* historischer Materialismus – gehören Verbindungen auf der materiellen, der sozialen wie der ideologischen Ebene; also grenzüberschreitende Kooperation und Vernetzung im Bereich der Produktion, zwischen sozialen Klassen und zwischen politischen Legitimationsmustern:

> A world hegemony is (...) in its beginning is an outward expansion of the internal (national) hegemony established by a dominant social class. (...) Hegemony at the international level is thus not merely an order among states. It is an order within a world economy with a dominant mode of production which penetrates into all countries and links into other subordinate modes of production. It is also a complex of international social relationships which connect the social classes of the different countries. World hegemony is describable as a social structure, an economic structure, and a political structure; and it cannot be simply one of these things but must be all three. World hegemony, furthermore, is expressed in universal norms, institutions and mechanisms which lay down general rules of behaviour for states and for those forces of civil society that act across national boundaries – rules which support the dominant mode of production.[29]

Eine Reihe von Studien aus dem Umkreis des transnationalen historischen Materialismus ist bemüht, die von der Theorie postulierten Verbindungen in der Produktion, der Klassenbildung und bei den Legitimationsmustern empirisch nachzuweisen. Einen solchen Versuch, auf den immer wieder Bezug genommen wird, hat Kees van der Pijl in einem Buch mit dem bezeichnenden Titel *Transnational Classes and International Relations* unternommen.[30] Ausgangspunkt ist auch bei van der Pijl der (neo)marxistische Grundgedanke, dass nicht einfach Staaten, sondern staatlich bzw. transnational organisierte Gesellschaftsformationen (*state-society complexes*) die Basiseinheiten der internationalen Beziehungen bilden:

---

29 Cox, *Gramsci.*, S. 61f.
30 Kees van der Pijl, *Transnational Classes and International Relations*, London-New York 1998; vgl. auch Overbeek, *Rivalität und ungleiche Entwicklung*, S. 56f. und öfter.

The analysis of world politics presented in this book clearly moves beyond state-centrism by identifying state formation and interstate politics as moments of the transnational dynamics of global capital accumulation and class formation. [31]

Weltmarkt und Staatensystem stehen in einem Spannungsverhältnis zueinander. Einerseits bildet die Tendenz zu globaler Vergesellschaftung, vertreten durch das Kapital, den Rahmen für soziales Handeln. Auf der anderen Seite wird jede konkrete staatlich verfasste Gesellschaftsformation letztlich von einer bestimmten Macht- und Autoritätsstruktur zusammengehalten, die ihre Beziehungen mit anderen solchen staatlich verfassten Gesellschaftsformationen vermittelt. [32] Den *state/society complex*, der sich in der *Glorious Revolution* im 17. Jhdt. durchgesetzt hat, nennt van der Pijl *Lockean*[33]. Damit ist das Modell der bürgerlichen Gesellschaft gemeint, in dem der Staat den institutionellen Rahmen bereitstellt, sich aber aus der Sphäre der Wohlstandsschöpfung heraushält. Es ist ein Modell, das sich im 19. Jhdt. über ökonomische Vernetzung, Migration, Kapitalverkehr und die Einbindung von Produzenten für Rohmaterialien und über eine entsprechende politische Struktur zunächst zur *Pax Britannica* und dann, ab 1919, zur angelsächsischen Welthegemonie entwickelt. Den Widerpart zum *Lockean Heartland* verkörpern die „hobbesianischen" Herausforderer-Staaten, die wegen ihrer Nachzügler-Position eine stärkere Staatsbürokratie ausbilden, die auch wirtschaftlich tätig wird.

Van der Pijl interpretiert nicht nur die Struktur der internationalen politischen Ökonomie, sondern auch die großen Linien der politischen Geschichte der letzten drei Jahrhunderte als eine Auseinandersetzung zwischen diesen beiden „historischen Blöcken"; oder in seiner Terminologie *concepts of control*.[34] Das *Lockean Heartland* hat alle Angriffe überstanden, nicht zuletzt deshalb, weil es überlegene Formen der Kapitalakkumulation gestattet. Seit den 90er Jahren stünden die hobbesianischen Herausforderer vor ihrer größten Krise; der weniger sozial abgefederte *Lockean* Kapitalismus setze sich endgültig durch; zum Nachteil von Millionen von Menschen, die nie in den Genuss des Schutzschilds des hobbesianischen interventionistischen Wohlfahrtsstaates gekommen seien bzw. denen er entzogen werde.

---

31 Ebd., S. X (aus dem Vorwort der Herausgeber).
32 Ebd., S. 64.
33 Nach dem englischen politischen Theoretiker John Locke.
34 Vgl. dazu van der Pijl, *Transnational Classes*, S. 85 (Tabelle).

Die Ergänzung des Staatenmodells durch ein transnationales Modell, das grenzüberschreitende Verbindungen in der Produktion, in der Kooperation zwischen sozialen Klassen und in den politischen Legitimationsmustern herausarbeitet, ist zweifellos ein Gewinn für die IB, den sie nicht zuletzt dem transnationalen historischen Materialismus zu verdanken hat. Gleichwohl hat mich der Versuch van der Pijls, die internationalen Beziehungen mit der Herausbildung und dem Wachstum eines *Lockean Heartland* einerseits und den Herausforderungen durch *Hobbesian Contender States* zu erklären, nicht überzeugt; einmal ganz abgesehen davon, dass sich seine Einschätzung, das *Lockean Heartland* (also erst die britische, dann die amerikanische Hegemonie und damit die neoliberale Variante des liberalen Kapitalismus) habe sich als überlegen erwiesen, als voreilig herausgestellt hat. Bei den politischen Koalitionsbildungen, die quer zu diesen Formationen stehen, muss auch van der Pijl zu Hilfserklärungen greifen, die nicht besser sind als diejenigen, die wir aus dem Realismus schon kennen.[35] Für äußerst fragwürdig halte ich van der Pijls Zuordnung der UdSSR, die einfach den „hobbesianischen" Staaten zugeschlagen wird.

So lassen sich m.E. die politischen Trennlinien zwischen den entscheidenden gesellschaftlichen Formationen des 20. Jhdts. nicht ziehen. Zwar würde ich im Anschluss an Herman Schwartz auch von einer generellen Nachzüglerproblematik in der Weltwirtschaft ausgehen, die dazu führt, dass die Rolle des Staates in der wirtschaftlichen Entwicklung desto stärker wird, je später die nachholende Entwicklung stattfindet. Dabei wäre aber zwischen liberaldemokratischen, autokratischen, faschistischen und sozialistischen Entwicklungswegen mit unterschiedlichen politischen Implikationen für die internationalen Beziehungen zu differenzieren.

Es gibt noch andere Einschätzungen bei van der Pijl, die ich nicht mehr dem offenen Marxismus zurechnen würde. So werden auch bei ihm die Frauen-, die Schwulenbewegung und die Kampagnen von *amnesty international* gegen die Folter zu Reaktionen gegen die „discipline of capital" stilisiert; als ob das Kapital oder der Kapitalismus schlechthin für die Frauendiskriminierung, die Diskriminierung der

---

35 Beispiel: Das *Lockean Heartland* (USA und Großbritannien) verbündet sich mit einem schwächeren *Hobbesian State* (Sowjetunion) gegen den größten „hobbesianischen" Herausforderer (Nazi-Deutschland). Warum dann nicht gleich „realistische" Interpretationen! Die können eher erklären, warum z.B. die „hobbesianischen" Staaten nicht zusammenhalten.

Homosexualität oder für Folter verantwortlich sei.[36] Am meisten aber hat mich erstaunt, dass van der Pijl am Ende trotz der diagnostizierten Dominanz des Neoliberalismus eine Perspektive für eine grundlegende Transformation eröffnet. Die Revolution soll ausgerechnet von der Bürokratie und der Technokratie, von den neuen Managern kommen:

The rise of a cadre stratum (...) highlights a fault-line in the structure of advanced capitalist society which is of crucial significance for its transformation. (...) the cadres are the class which historically performs the role of shaping the structure for a classless society in the context of class society.[37]

9.6 Weltsystemtheorie

Im Verlaufe des 17. Jhdts. versuchte die Holländische Ostindien-Kompanie, eine der frühen europäischen transnationalen Handelsorganisationen mit halbstaatlichen Funktionen, die befestigten Handelsplätze der Portugiesen zu erobern und zu zerstören, die diese an den Engpässen des Indischen Ozeans aufgebaut hatten, um Abgaben zu kassieren. Im Unterschied zu den Portugiesen, die nur als Parasiten der einheimischen Produktion aufgetreten waren, wollten die Holländer nicht nur den Gewürz*handel* ausbeuten, sondern auch die Produktion in ihre Gewalt bringen. Sie eroberten also auch die Inseln des (heute indonesischen) Insel-Archipels, auf denen die vier wichtigsten Gewürze hergestellt wurden: Zimt, Nelken, Muskatnüsse und Muskatblüten. Das begann 1605 mit der Insel Amboina und endete Mitte der 1660er Jahre mit dem Fall der Nelken produzierenden Inseln und der Pfeffer produzierenden Küstenstreifen Indiens. Konkurrierende Produzenten wurden dabei systematisch ausgeschaltet. Als das nicht ausreichte, um den Handel zu kontrollieren, gingen die Holländer zu gewaltsamen Maßnahmen über. Beginnend im Jahre 1621 mit der Insel Banda, auf der Muskatnüsse angebaut wurden, wurden die einheimischen Bevölkerungen umgebracht oder umgesiedelt und als Sklaven auf Gewürzinseln eingesetzt, die holländisch besetzt waren.[38]

---

36 Van der Pijl, *Transnational Classes*, S. 47.
37 Ebd., S. 165. Mit *cadres* sind nicht Parteikader gemeint, sondern eine Art klassenlose Quasi-Klasse der gebildeten Technokraten, Bürokraten und Manager.
38 Schwartz, *States versus Markets*, S. 37.

Heutzutage werden die Bewohner armer und abhängiger Länder zwar nicht mehr einfach umgebracht oder offen versklavt, aber nach wie vor vielfach in ihren Lebens-, ja sogar Überlebensperspektiven erheblich eingeschränkt (was man als „strukturelle Gewalt" bezeichnen kann). So versucht z.b. der südkoreanische Konzern *Daewoo Logistics*, sich die Rechte an 1,3 Millionen Hektar Land, etwa der Hälfte der fruchtbaren Fläche, in Madagaskar zu sichern. Die Firma *Daewoo*, die die Länderein für 99 Jahre pachten will, hat vor, Mais und Palmöl anzubauen, die Ernte nach Südkorea zu verschiffen und so die Hälfte des südkoreanischen Maisbedarfs zu decken. Für die internationale Umwelt- und Agrarorganisation *Grain* ist der Daewoo-Deal ein besonders krasser, aber kein Einzelfall von „Landnahme" von außen, die die Ernährungssicherung der einheimischen Bevölkerung gefährdet. Auch Schwellenländer und Ölstaaten sichern sich Ackerflächen in armen Staaten. So fährt etwa die saudische Firma *Adco* im Sudan auf 10.000 Hektar die Weizenernte ein und schifft sie übers Rote Meer nach Hause, während im Anbaugebiet die Menschen hungern. *Grain* und die Menschenrechtsorganisation *Fian* warnen vor einem groß angelegten „neokolonialistischen" Ausverkauf von Grund und Boden. Statt Kleinbauern zu fördern, die sich und die Bevölkerung der Region versorgen könnten, würden riesige Agrarflächen industriell bewirtschaftet, um Getreide für weit entfernte Absatzmärkte anzubauen.[39]

Leider ist uns kein Dialog zwischen Holländern und Bandiern oder Bandanesen überliefert. Aber wie die Eroberung der Insel Melos im klassischen Altertum, so könnte auch die Ermordung und Versklavung der Bewohner von Banda als eine Urszene der internationalen Beziehungen gelten; nur dass sie in den IB weit weniger bekannt ist oder diskutiert wird. In der marxistischen Theorietradition und darüber hinaus in der kritischen IPÖ, ja eigentlich in jeder seriösen Analyse der Entstehung und Entwicklung des modernen Weltmarkts (wenn man so will: der Globalisierung) aber ist die Frage, wie der Reichtum der heute „entwickelten" Länder mit der Armut der lange Zeit oder heute noch „unterentwickelten" Länder zusammenhängt, jedoch ein zentrales Thema; und zwar insbesondere in der Weltsystemtheorie.

---

39 Frankfurter Rundschau vom 4. Februar 2009, S. 13: *Daewoo kauf Madagaskar auf.* Vgl. auch Süddeutsche Zeitung vom 11. Februar 2009, S. 7: *Spekulieren mit dem Brot für die Welt: Weltweit sichern sich Investoren wertvolles Ackerland – während etwa die Sudanesen hungern, wittert ihre Regierung ein gutes Geschäft.*

In den Internationalen Beziehungen gibt es verschiedene Ansätze, die sich mit dem internationalen System als Weltsystem beschäftigen. Im Rahmen der realistischen Theorietradition haben Autoren wie Modelski und Thompson lange Zyklen der politischen Hegemonie und Rivalität im (zunächst europäischen) Staatensystem seit etwa 1500 analysiert. Es werden auch mögliche Zusammenhänge zwischen politischen und wirtschaftlichen Zyklen diskutiert. Eine neuere historisch-soziologische Analyse aller geschichtlichen Weltsysteme, die Anleihen bei Kategorien der Englischen Schule macht, haben Barry Buzan und Richard Little vorgelegt.[40] Die meiste Aufmerksamkeit unter dem Stichwort „Weltsystemtheorie" hat jedoch die so genannte Wallerstein-Schule gefunden, die sich mit der Entwicklung der kapitalistischen Weltwirtschaft über lange Zeiträume hinweg befasst.[41]

Für den Marxisten Immanuel Wallerstein bildet die kapitalistische Weltwirtschaft ein Weltsystem, das von etwa 1500 bis heute reicht und irgendwann zusammenbrechen oder von einem anderen System abgelöst werden wird.[42] Räumlich umfasste dieses System zunächst große Teile Europas und Ibero-Amerikas; es hat sich jedoch im Laufe der Zeit, vor allem seit dem 19. Jhdt., auf den ganzen Globus ausgedehnt. Dieses System hat eine Struktur und eine innere Dynamik. Zur Struktur gehören die kapitalistische Produktionsweise („the endless accumulation of capital"), eine asymmetrische soziale Arbeitsteilung zwischen Zentren und Peripherien und als eine Art Superstruktur die souveränen Staaten. Die Zonen oder Regionen im modernen Weltsystem differenzieren sich aus nach Zentrum, Peripherie und Semiperipherie. Der Austausch von Waren und Dienstleistungen zwischen Zentrum und Peripherie ist ungleich, die Peripherie in diesem Austauschprozess systematisch benachteiligt. Trotzdem können durchaus einzelne Länder auf- oder absteigen.

40 Barry Buzan/Richard Little, *International Systems in World History: Remaking the Study of International Relations*, Oxford-New York 2000.

41 Vgl. insbesondere Immanuel Wallerstein, *The Modern World System I*, San Diego, Cal. 1974; *The Modern World System II*, New York 1980; *The Modern World System III*, San Diego, Cal. 1989.

42 Ich fasse hier zusammen Immanuel Wallerstein, *The Three Instances of Hegemony in the History of the Capitalist Economy*, in: ders., *Politics of the World-Economy*, S. 37-46; vgl. aber auch ders., *The Rise of the States-System: Sovereign Nation-States, Colonies, and the Interstate System*, in: ders., *World Systems Analysis*, S. 42-59.

Das kapitalistische Weltsystem ist trotz seiner wirtschaftlichen Integration jedoch im Gegensatz zu anderen historischen Weltsystemen kein Weltreich, das sich parallel zur asymmetrischen Arbeitsteilung entwickelt hätte. (Wäre es ein Weltreich, dann wäre der Kapitalismus vielleicht gar nicht entstanden.) Zwar hat es solche Versuche der Weltreichsbildung auch im kapitalistischen Weltsystem gegeben, sie sind aber alle gescheitert. Erfolgreich dagegen waren Versuche der Hegemoniebildung, und zwar insgesamt drei. Diese Hegemoniebildung ist zyklisch verlaufen, und das macht eine wesentliche Dynamik des kapitalistischen Weltsystems aus. Allerdings ist Hegemonie nur *eine* Form der Staatenkonfiguration in diesem System, und sie ist keineswegs die Regel. Die Regel sind mehrere locker gruppierte Mächte mit wechselnden Allianzen. Eine dritte Form ist das Machtgleichgewicht zwischen mehreren Großmächten.

Hegemonie bedeutet ein Ungleichgewicht im Verhältnis zwischen den Großmächten. Der Hegemon ist nicht allmächtig, aber er ist allen anderen überlegen, und zwar nicht nur militärisch, sondern vor allem ökonomisch; er bestimmt die Spielregeln in Wirtschaft, Militär, Politik, ja sogar der Kultur. Die materielle Basis seiner Überlegenheit bildet eine größere Effizienz sowohl in der agrarischen und der industriellen Produktion als auch im Handel und im Finanzwesen; er kann alle anderen Mächte auf dem Weltmarkt über- bzw. unterbieten, ja er macht ihnen sogar häufig auf ihren heimischen Märkten Konkurrenz. Die drei Hegemone im modernen Weltsystem waren bislang die Vereinigten Provinzen der Niederlande (von 1620 bis 1672), das Vereinigte Königreich Großbritannien (1815-1873) und die Vereinigten Staaten von Amerika (1945-1967). Ihre Hegemonie zeichnet sich durch Analogien in vier Bereichen aus.

Zum einen in der Abfolge des ökonomischen Aufstiegs und Niedergangs. Alle drei erreichten zuerst die Dominanz in der agroindustriellen Produktion, dann im Handel und zuletzt im Finanzwesen, und sie verloren sie in derselben Reihenfolge. Nur in der kurzen Phase, in der sie auf allen drei Sektoren zugleich die Führung besaßen, waren sie der Hegemon. Alle drei setzten sich in der Phase der Hegemonie (in der Tendenz, nicht in allen Einzelheiten) für internationalen Freihandel sowie für demokratische Institutionen und bürgerliche Freiheiten ein und sorgten für einen relativ hohen Lebensstandard ihrer Arbeiterschaft. Sie waren drittens militärische Weltmächte, und zwar eher See- als Landmächte, und in allen drei Fällen fand vor der Hegemonialphase ein dreißigjähriger Krieg statt, aus dem der Sieger über seinen Hauptrivalen als führende Welt- und Weltwirtschaftsmacht her-vorging: Holland gegen Spanien-Habsburg, Großbritannien gegen Frankreich, die USA gegenüber Deutschland. Am Ende dieser Welt-kriege stand jedes Mal eine Neuorganisation des Staatensystems, die den Stabilitätsinteressen des neuen Hegemons entsprach. Mit dem Niedergang des Hegemons erodierte auch die Ordnung des Staaten-systems, bildeten sich zwei Hauptkonkurrenten um die hegemoniale Nachfolge heraus; wobei der Sieger dieses Wettbewerbs den früheren Hegemon zum Juniorpartner machte. Als vierten Punkt etabliert Wal-lerstein einen etwas dubiosen Zusammenhang mit langfristigen Preis-zyklen, stellt er eine Verbindung zwischen einer langen ökonomischen Expansionsphase und den Weltkriegen bzw. der Hegemonie her.

Die Ursache für den Aufstieg der Hegemonialmächte sieht Waller-stein in einer geschickten Zusammenarbeit zwischen Staat und Wirt-schaft zur Förderung des Akkumulationsprozesses und der Wettbe-werbsfähigkeit. Mit Krieg hält sich der Aufsteiger zunächst zurück; er greift erst ein, wenn es ums Ganze geht. Die liberale Ideologie, die den Interessen des Hegemons entspricht, weil er damit auch Gegen-strategien gegen seine wirtschaftliche Überlegenheit unterlaufen kann, wird ihm jedoch letztlich zum Verhängnis. Durch den Freihandel ver-breiten sich neue Technologien; Nachzügler können deshalb gleich „moderner" in den Produktionsprozess einsteigen. Der Preis für die Liberalität im Innern sind steigende Einkommen der Arbeiterschaft, was die Konkurrenzfähigkeit auf den Weltmärkten gefährdet. Im lan-gen wirtschaftlichen Abschwung verschärft sich außerdem die Kon-kurrenz um die Ausbeutungsobjekte, sprich die Peripherie.

Was die Konsequenzen dieser zyklischen Bewegung für die Zu-kunft angeht, so bleibt Wallerstein vage. Er konstatiert lediglich den allmählichen Niedergang der USA. Wichtig erscheint mir seine zen-trale These, der zufolge das Staatensystem Ausdruck (*expression*) des kapitalistischen Akkumulationsprozesses sei. An diesem Punkt setzt die Kritik an, die Wallerstein – bei Anerkennung seiner Verdienste – immer wieder Ökonomismus vorgeworfen hat. Das möchte ich kurz erläutern anhand einer Auseinandersetzung mit Wallersteins erstem Buch aus seinem mehrbändigen Werk über die Geschichte des moder-nen Weltsystems. Diese Kritik gilt zum Teil expressis verbis, zum Teil analog für die hier vorgestellte Zyklustheorie.[43]

---

43 Ich stütze mich für die Kritik auf Aristide Zolberg, *Origins of the Modern World System: A Missing Link*, in: World Politics, 33:2 (Januar 1981), S.

Der Hauptvorwurf gegenüber Wallerstein lautet, er vernachlässige systematisch *politische* Strukturen und Prozesse. Das heißt in unserem Zusammenhang vor allem, dass er das Staatensystem nicht als eine identifizierbare, eigenständige Größe thematisiert. Schon die von ihm als grundlegend konstatierte Struktur des modernen Weltsystems, eine kapitalistische Weltökonomie in einer Pluralität von Staaten, kann nicht mehr allein ökonomisch erklärt werden. Warum gab es denn kein *world empire* parallel zur *world economy*? Eben weil Europa aus verschiedenen, miteinander rivalisierenden Staaten bestand, die die Bildung eines solchen Weltreichs verhindert haben. Das christliche Frankreich hat sich mit dem unchristlichen Sultan verbündet, um den Versuch einer Weltreichsbildung und die militärische Umklammerung durch Spanien-Habsburg abzuwehren. Dadurch geriet Spanien-Habsburg selbst in die Umklammerung (die Türken vor Wien), die es militärisch nicht mehr bewältigen konnte. Ein weiterer Grund dafür, warum Frankreich sich dem Habsburgischen Reich erfolgreich widersetzen konnte, war sein relativ fortgeschrittener Staatsbildungsprozess. Das Scheitern einer politischen Weltreichsbildung ist also das Ergebnis einer genuin politischen Struktur, die mit der Weltökonomie und dem kapitalistischen Akkumulationsprozess wenig zu tun hat.

Auch im Falle des Aufstiegs Hollands spielt die politische Konfiguration des Staatensystems eine wichtige Rolle. Holland konnte nicht zuletzt deshalb ökonomisch auf dem Weltmarkt so stark werden, weil sich die potenziell potenteren Großmächte Frankreich, England und Spanien ausbalancierten. Hinzu kam die Meisterschaft der Niederländer in der Seefahrt und im Schiffbau; sie hatten die stärkste Marine ihrer Zeit und konnten so ihre weltweiten wirtschaftlichen Interessen und Positionen militärisch absichern.[44] Englands Aufstieg war erst

---

253-281; vgl. auch Heinz-Günter Vester, *Geschichte und Gesellschaft: Ansätze historisch-komparativer Soziologie*, Berlin-München 1995, S. 106ff. oder Anthony Giddens, *The Nation-State and Violence: Volume Two of A Contemporary Critique of Historical Materialism*, Berkely-Los Angeles 1987, S. 167ff.; vgl. auch die stärker ökonomische Kritik und die Periodisierungsfragen, die Buzan/Little, *International Systems*, S. 62-66 zusammengestellt haben.

44 Ich möchte noch darauf hinweisen, dass die Weltwirtschaft damals aus einer Vernetzung von Küstenstreifen bestand, die eine riesige Zahl von Mikroökonomien umgaben, die *nicht* in den Weltmarkt integriert waren. Es gab also einen Weltmarkt *vor* integrierten nationalen Ökonomien. An-

möglich infolge des Niedergangs Spaniens; und wiederum reicht die jeweilige Weltmarktposition nicht aus, um zu erklären, warum England und nicht Frankreich schließlich Hegemon wurde.

Was für die Staaten im Zentrum gilt, zeigt sich auch in der Peripherie. Warum wurde das ökonomisch rückständige Polen peripherisiert, warum das ebenso rückständige Schweden nicht, warum nicht Brandenburg? Schweden konnte sich eine starke Armee aufbauen und zu einer europäischen Großmacht werden nicht zuletzt deshalb, weil es von Paris und Moskau subventioniert wurde. Frankreich und Russland hatten dabei ihre strategischen Interessen, die Bedrohung durch Habsburg, im Sinn. Russland schließlich wurde deshalb nicht peripherisiert, weil es keine Einheitsfront gegen Russland gab. Und warum wurde Polen peripherisiert, aber auch Dänemark nicht? Wie Polen lieferte Dänemark Vieh und Getreide an Holland, aber im Gegensatz zu Polen regredierte Dänemark wirtschaftlich nicht. Das lässt sich nur aus einer Analyse der internen gesellschaftlichen (Klassen-)Konstellation zwischen König, Adel und Bauern erklären, die im Falle Dänemarks zu Produktivitätssteigerungen in der Landwirtschaft führte, in Polen aber nicht; dort wurde nur die Ausbeutung der Bauern verschärft.[45] In einer Zusammenfassung der Kritik an Wallerstein schreibt Dieter Senghaas, der sich intensiv mit der Problematik nachholender Entwicklung beschäftigt hat:

Die wichtigsten neueren Auseinandersetzungen mit der „Wallerstein-Schule" haben auf deren problematische Interpretation der Herausbildung von Peripherien innerhalb der Weltökonomie seit dem frühen 15. Jahrhundert aufmerksam gemacht, insbesondere auf die zu geringe und dadurch falsche Gewichtung der jeweiligen lokalen politischen, soziostrukturellen und soziökonomischen Determinanten. (...) folgte man der (...) zentralen These des Weltsystem-Ansatzes über die Wirkungsweise der kapitalistischen Weltökonomie, konnten Dänemark, die Niederlande und Neuseeland nur kapitalistische Kernländer (...) werden, weil andere Gesellschaften wie Uruguay, Irland, Rumänen usf. zu Peripherien der Weltökonomie umfunktioniert wurden. Doch nichts spricht für die Richtigkeit einer solchen These. (...) in den untersuchten Fällen, bei denen es sich nicht um typische fremdbestimmte Kolonialländer handelte, (wurden) unter *vergleichbaren Bedingungen des Weltmarktes* die Weichen für autozentrierte Entwicklung bzw. Peripherisierung in den *jeweiligen Gesellschaften selbst* gestellt – und dieser

---

ders wäre die Weltmarkthegemonie eines so kleinen Landes wie der Niederlande nicht zu erklären. Dazu Schwartz, *States versus Markets*.

45 Ebd., S. 56-58.

Vorgang reflektierte unterschiedliche *innergesellschaftliche* Voraussetzungen für die Verarbeitung von Chancen und Restriktionen, die vom Weltmarkt auf Entwicklungsprozesse einzelner Gesellschaften einwirkten.[46]

Es geht hier nicht darum, ein Primat des Weltmarkts gegenüber einem Primat der einzelnen staatlich verfassten Gesellschaften auszuspielen. Es geht darum deutlich zu machen, dass Weltmarkt und Staaten(system) in einem Wechselverhältnis zueinander stehen, das nicht determiniert ist. Es gibt Bereiche, in denen das Staatensystem ebenso wie die einzelnen Staaten einer eigenständigen politischen Logik folgen, die ihrerseits Auswirkungen auf die Entwicklung des Weltmarkts hat. Unbestreitbar scheint mir jedenfalls, dass die Verbesserung der Weltmarktposition einzelner Länder Ergebnis einer machtpolitischen Positionsverbesserung sein kann, also auch genau umgekehrt zur von Wallerstein angenommenen Kausalität. Im Übrigen wird die Rolle des Staatensystems als eines eigenständigen Strukturelements des modernen Weltsystems von anderen marxistischen Weltsystemtheoretikern durchaus anerkannt. So schreibt Giovanni Arrighi:

> In my view, the close historical connection between capitalism and the modern inter-state system does not warrant this blurring of their *separate analytical identities*. For the relationship between the two is as much one of contradiction as it is of unity.[47]

Abschließend möchte ich nicht nur die Berechtigung, sondern auch die Vorteile des Weltsystemansatzes noch einmal unterstreichen. Der Weltsystemansatz, der u.a. auf Marx zurückgeht, lehrt uns, die moderne Welt nicht nur als Staatensystem zu begreifen, wie das der Realismus tut. Diese moderne Welt hat zugleich einen Weltmarktzusammenhang herausgebildet, den die Staaten – darin auch konkurrierend – in ihrem Interesse zu beeinflussen suchen, der ihnen aber auch Einschränkungen in den Handlungsmöglichkeiten auferlegt. Und dieser

---

46 Dieter Senghaas, *Alternative Entwicklungswege von Exportökonomien* (dort der Abschnitt *Zur Kritik einiger Aspekte des Weltsystem-Ansatzes*), in: ders., *Von Europa lernen: Entwicklungsgeschichtliche Betrachtungen*, Frankfurt am Main 1982, S. 147-243, das Zitat S. 218f.

47 Giovanni Arrighi, *The Three Hegemonies of Historical Capitalism,* in: Gill, *Gramsci, Historical Materialism*, S. 148-185, hier S. 153 (Betonung von mir). Vgl. auch Overbeek, *Rivalität und ungleiche Entwicklung*, der immer wieder differenziert, auch kritisch, auf Wallerstein Bezug nimmt.

Weltmarktzusammenhang ist asymmetrisch, auch wenn sich diese Asymmetrien in der gegenwärtigen Phase der Globalisierung abschwächen, zumindest aber ausdifferenzieren. Historisch hat die vom Norden dominierte und in mehreren Schüben erfolgte ökonomische Ein- und Anbindung des Südens zu Abhängigkeiten und strukturellen Deformationen geführt, die bis heute nachwirken. Besonders gravierende Konsequenzen ergaben sich dort, wo „interne Faktoren die entwicklungshemmende Wirkung äußerer Einflüsse verstärkten".[48]

Von den entwickelten Ökonomien geht Peripherisierungsdruck aus, dem sich die weniger entwickelten Ökonomien nur unter günstigen Umständen entziehen können. (Dabei handelt es sich um Prozesse, die sich langfristig durchaus umkehren können: Von einstigen Nachzüglern kann auch Peripherisierungsdruck auf die ehemaligen Vorreiter ausgehen.) Welche Chancen ihnen dazu ihre jeweilige Weltmarktposition einerseits, die innergesellschaftlichen Kräftekonstellationen und Reformkompetenzen andererseits bieten und wie das Entwicklungspotenzial durch Einwirkungen von außen gefördert oder blockiert wird, das sind zentrale Fragen der Internationalen Beziehungen, die im Marxismus selbst und darüber hinaus kontrovers diskutiert werden.

Während die Neoklassik keinen Zusammenhang zwischen ökonomischem Fortschritt auf der einen und wirtschaftlicher Stagnation oder Regression auf der anderen Seite sehen will und sich von der internationalen Arbeitsteilung Vorteile für alle verspricht, besteht für Wallerstein und andere, aber keineswegs alle Marxisten eine klare Verbindung zwischen der Entwicklung (des Zentrums) und der Unterentwicklung (der Peripherie), fast im Sinne eines Nullsummenspiels (der Vorteil des einen ist der Nachteil des anderen). Dazwischen stehen Autoren wie Dieter Senghaas, Herman Schwartz oder Reinhard Wendt und viele andere, darunter auch Marxisten, die nicht nur in der jeweiligen Weltmarktposition, sondern auch in den Reaktionsweisen der Staaten und der sie tragenden entscheidenden sozialen Gruppen wichtige Ursachen für Entwicklung und Unterentwicklung sehen.[49]

Zwar zeichnet sich in der aktuellen entwicklungstheoretischen und -politischen Diskussion eine Abkehr vom neoliberalen *Washington Consensus* ab. Freihandel und freier Kapitalverkehr sind nur unter

---

48 Reinhard Wendt, *VomKolonialismus zur Globalisierung: Europa und die Welt seit 1500*, Paderborn-München-Wien 2007, S. 326.
49 Vgl. Schwartz, *States versus Markets*, Kapitel 2 (*States, Markets, and the Origins of International Inequality*).

sehr spezifischen und eingeschränkten Bedingungen günstig für nachholende Entwicklung. Arme Länder brauchen für ihre Industrialisierung intelligenten Protektionismus; nur so sind die entwickelten Industriestaaten und die Schwellenländer selbst groß geworden. Protektionismus, Restriktionen beim Kapitalverkehr und staatliche Intervention allein, und das ist die andere Seite der Medaille, sind freilich keine Garantie für Entwicklung. Es kommt darauf an, die richtige Mischung aus Protektion und Wettbewerb zu finden.

Dazu bedarf es eines klugen und unabhängigen Staates, der fördert *und* fordert. Oft genug kommt es stattdessen zu einer unheiligen Allianz von ökonomischen Interessengruppen, Politikern und Bürokratie, die nur in ihre eigenen Taschen wirtschaften und deren überteuerte und unzulängliche Produkte oder Dienstleistungen die eigene Volkswirtschaft schwer belasten und Entwicklung behindern. In diesem Zusammenhang ist daran zu erinnern, dass in Lateinamerika einer der Gründe für die Liberalisierungsstrategie und die damit verbundene Öffnung der Märkte und die Privatisierung von Unternehmen in Staatsbesitz in den 1990er Jahren im Scheitern der staatlich gelenkten und schuldenfinanzierten Wachstumsstrategie der 1980er Jahre lag.[50]

9.7 Exkurs: *Balance of Power*, Hegemonie, *Empire*, und Imperialismus

Im Laufe der neunziger Jahre bildete sich eine Globalkonstellation heraus, die den USA erneut eine historisch außergewöhnliche internationale Machtposition zu verleihen schien. Verbunden mit dem Unilateralismus auf fast allen Gebieten der Außenpolitik, der erst mit der republikanischen Dominanz ab Mitte der 90er Jahre im Kongress und dann mit der Präsidentschaft von George Bush jr. immer markantere Züge annahm,[51] hat diese Konstellation die politische und politikwissenschaftliche Debatte über *Balance of Power* und Hegemonie belebt und eine neue Diskussion über *Empire* und Imperialismus hervorgerufen, und zwar quer zu allen Theorietraditionen in den IB. Dabei

---

50 Vgl. dazu die vorzügliche Übersicht über die aktuelle entwicklungsökonomische Debatte bei Matthew M. Taylor, *Development Economics in the Wake of the Washington Consensus: From Smith to Smithereens?*, in: International Political Science Review, 29:5 (2008), S. 543-556 (den Hinweis verdanke ich Ulrich Menzel).

51 Vgl. dazu auch oben, Kap. 1.6., S. 44f.

kam es zu einer fast chaotischen Verwirrung der Begriffe. Was für die einen den Übergang zum „Hegemonialismus" in der Außenpolitik der USA bedeutete, war für andere gerade die Abkehr von Hegemonialpolitik und die Hinwendung zum Imperialismus. Zwischen den Kategorien kam es zu Überschneidungen, außerdem fanden sich in allen Interpretationen freundlichere (*benign*) und weniger freundliche (*coercive*) Varianten; nicht einmal im Marxismus gibt es ein eindeutiges Verständnis von Imperialismus. Die Begriffe Hegemonie, *Empire* und Imperialismus wurden außerdem sowohl politisch (und zwar affirmativ wie kritisch) als auch analytisch benutzt.

Schon im Realismus standen sich verschiedene Interpretationen der Unipolarität gegenüber, des Übergewichts (*preponderance*) bzw. der *hyperpuissance* der USA. Während die strengen strukturellen Realisten wie Kenneth Waltz oder John Mearsheimer auf längere Sicht eine unvermeidbare Gegenmachtbildung und/oder eine neue Hegemonialkonkurrenz (mit der Volksrepublik China) erwarteten, sahen moderate Realisten wie Michael Mastanduno oder Werner Link die Herausforderung für die USA darin, mit gemäßigter Hegemonialpolitik ein konfrontatives *balancing* der anderen Großmächte zu verhindern und auf diese Weise ihre Herrschaft weiter zu stabilisieren.[52] So bestand die zentrale Aufgabe für die amerikanische Diplomatie laut Mastanduno darin, (1) sich mit den Staaten zu arrangieren (bzw. sie zu kooptieren), die am Status quo interessiert waren, (2) den revisionistischen Staaten entgegen zu treten und (3) – das wäre die wichtigste Leistung gewesen – zwischen beiden Gruppen sorgfältig zu unterscheiden. Außerdem kam es ihm darauf an, dass die USA nicht der Versuchung der Arroganz der Macht erlagen:

> The dominant state in any international order faces strong temptations to go it alone, to dictate rather than consult, to preach its virtues and to impose its values (...) Efforts to impose values or to "preach" to other states create resentment and over time can prompt the balancing behavior that the US engagement strategy is seeking to forestall.[53]

---

52 Michael Mastanduno, *A Realist View: Three Images of the Coming International Order*, in: John A. Hall/T. V. Paul (Hrsg.), *International Order and the Future of World Politics*, Cambridge-New York 1999, S. 19-40; Werner Link, *Konfliktformationen des Internationalen Systems im Wandel*, in: Manfred Knapp/Gert Krell (Hrsg.), *Einführung in die internationale Politik: Studienbuch*, München-Wien 2004, S. 368-397.

53 Mastanduno, *A Realist View*, S. 35.

Wie man heute wird sagen müssen, ist die Supermacht USA unter George Bush jr. deutlich unterhalb einer optimalen Einlösung dieser Anforderungen geblieben.

Andere Realisten bezogen sich, zum Teil unter Rückgriff auf das Römische Imperium, dezidiert auf die Kategorie „imperiale Macht". So argumentierte Herfried Münkler, Imperien unterschieden sich von anderen Staaten dadurch, dass sie sich nicht in einem reziproken Verhältnis sähen, sondern einen Ausschließlichkeitsanspruch verfolgten, der sie grundsätzlich zum Unilateralismus tendieren lasse. Demzufolge waren die Selbstbeschränkungen der USA und der erhebliche Einfluss der kleinen und mittleren Staaten auf die Bündnisentscheidungen in der NATO eine Folge der Konkurrenz mit einer anderen imperialen Macht, nämlich der Sowjetunion; mit dem Zusammenbruch der UdSSR sei jedoch das Interesse der US-Administration an Selbstbindung geschwunden, da sie nicht mehr auf den politischen Nutzen aus diesen Selbstbeschränkungen gegenüber ihren Verbündeten angewiesen war. Das Imperium zeichne sich gleichwohl durch Integrationsleistungen des imperial beherrschten Raumes aus – wobei imperiale Beherrschung im Unterschied etwa zum Römischen Reich nicht mit territorialer Kontrolle gleichzusetzen sei, sondern dominierenden Einfluss bedeute: Es biete Sicherheitsgarantien gegenüber Bedrohungen von außen, wodurch sich die imperiale Ordnung der angrenzenden Unordnung gegenüber als überlegen erweise, begünstige auf dieser Grundlage Wohlstand fördernde Austauschbeziehungen und ermögliche zivilisatorischen Fortschritt und kulturelle Blüte.

Um seinen Bestand zu sichern, müsse das Imperium zum einen dafür Sorge tragen, dass seine Kosten nicht seine Wohlfahrtsgewinne überschreiten, und zum zweiten die imperialen Grenzen sichern. Der Konflikt zwischen Europa und den USA über den Irak-Krieg resultiere also nicht aus unterschiedlichen strategischen Kulturen, sondern aus einem ordnungspolitischen Missverständnis: Während ein Teil der europäischen Staaten diesen Krieg an Kriterien einer Völkerrechtsordnung zwischen prinzipiell gleichen und gleichberechtigten Staaten messe, gehe es aus Sicht der USA um die „Pazifizierung einer Peripheriezone des Imperiums".[54]

---

54 Herfried Münkler, *Das Prinzip Empire*, in: Ulrich Speck/Natan Sznaider (Hrsg.), *Empire Amerika: Perspektiven einer neuen Weltordnung*, München 2003, S. 104-125, das Zitat S. 124.

Standen in dieser Deutung die sicherheits- und ordnungspolitischen Funktionen des *Empire* im Vordergrund der Analyse, so bekamen bei anderen Autoren, insbesondere Neokonservativen und liberalen Imperialisten, die idealistischen Elemente imperialer Weltordnungspolitik größeres Gewicht. Nicht nur die gescheiterten und kriminellen Staaten, sondern auch die Gefährdung der Menschenrechte, der Mangel an funktionierender Staatlichkeit und wirtschaftlicher Entwicklung in der Dritten Welt verlangten geradezu nach einer dominierenden Ordnungsmacht, so wie sie Großbritannien in seiner imperialen Zeit gewesen sei. Die Sorgen von Autoren wie Max Boot oder Niall Ferguson richteten sich darauf, dass die USA *zu geringe* Abschreckungsmittel bereitstellen, zu wenig Bereitschaft zu langfristigem *Nation-Building* zeigen oder aufgrund ihrer chronischen Fiskalkrise nicht die Ressourcen für das eigentlich erforderliche und erwünschte liberalimperiale Projekt aufbringen würden.[55]

Ein ganz anderes Verständnis vertreten demgegenüber die liberalen Institutionalisten. So lehnt z.B. Joseph Nye den Begriff imperial oder imperialistisch zur Beschreibung US-amerikanischer Weltordnungspolitik ausdrücklich ab; er hielt ihn auch in der Phase der US *hyperpuissance* analytisch nicht für tragfähig und politisch für gefährlich. Ganz abgesehen davon, dass die Kategorie des Imperialismus auf Verhältnisse formaler Kontrolle beschränkt bleiben sollte, wurde nach seiner Einschätzung den Vereinigten Staaten von den intellektuellen und politischen *Empire*-Befürwortern, auch in der Administration Bush jr. selbst, viel zu viel Macht zugeschrieben. Zwar sei die relative Macht der Vereinigten Staaten (um die Jahrhundertwende) größer als die relative Macht des britischen Weltreichs auf seinem Höhepunkt, trotzdem hätten die USA viel weniger Kontrolle über die inneren Angelegenheiten anderer Länder. In zahllosen Beiträgen betont der Harvard-Politologe die Bedeutung der *soft power*, also vor allem der Legitimität und der Glaubwürdigkeit der amerikanischen Werte in Rhetorik *und* Verhalten. Ohne Glaubwürdigkeit könne auch eine Supermacht in

---

55 Max Boot, *Plädoyer für ein Empire*, in: Speck/Sznaider, *Empire Amerika*, S. 60-70; Niall Ferguson, *Das verleugnete Imperium: Chancen und Risiken amerikanischer Macht*, Berlin 2004. Fergusons Plädoyer für ein amerikanisches *Empire* steht in einem merkwürdigen Widerspruch zu seinen durchaus kritischen, teilweise sogar zynischen Analysen der Realgeschichte des historischen amerikanischen Imperialismus und deren systematischer Verleugnung.

Zeiten der „Gesellschaftswelt" keine dauerhafte Führungsrolle mehr spielen.[56] Der neue US-Präsident Barack Obama und seine Außenministerin Hillary Clinton haben diesen Gedanken in ihrer Programmatik bewusst aufgegriffen.

Ein anderer liberaler Institutionalist, G. John Ikenberry, wies nach, dass die moderate, auf Konsens zielende Hegemonialpolitik der USA nach dem Zweiten Weltkrieg gerade nicht eine Konzession an die Verbündeten aufgrund der Rivalität mit dem Systemgegner Sowjetunion war, sondern ein genuiner politischer Entwurf für die Nachkriegsordnung, der vom Ost-West-Konflikt nur überlagert wurde. Im Anschluss an die ursprüngliche Bedeutung von *hegemonía* im klassischen Griechenland – im Sinne von Führung durch legitimierte Autorität im Unterschied zu *arché* im Sinne von Kontrolle oder willkürlicher Herrschaft[57] – bestehe die Grundlage US-amerikanischer Hegemonialpolitik im 20. Jhdt. (jedenfalls im OECD-Bereich, für das Verhältnis zur Dritten Welt wollte auch Ikenberry partiell imperialistisches Verhalten konzedieren) aus der Umwandlung von *raw power* in *legitimate authority*. Durch *bonding* (gemeinsame Werte), *binding* (Regelsysteme, die auch den Hegemon binden) und *voice opportunities* (Mitsprachemöglichkeiten für die Verbündeten) verzichte der Hegemon zwar auf einen Teil kurzfristiger Gewinne, stelle aber dafür seine Herrschaft auf Dauer. Hegemonie ist also eine soziale Konstruktion und nicht nur ein materielles Verhältnis; eine Beziehung, die auf bestimmten Verhaltenserwartungen beruht: Die kleineren Staaten wer-

---

56 Joseph S. Nye, *Amerikas Macht*, in: Speck/Sznaider, *Empire Amerika*, S. 156-172 und vor allem ders., *The Paradox of American Power: Why the World's Only Superpower Can't Go It Alone*, London-New York 2002.

57 Vgl. Richard Ned Lebow, *The Tragic Vision of Politics: Ethics, Interests and Orders*, Cambridge-New York 2003, S. 122 und 126: "For fifth- and fourth-century Greeks, *hegemonía* was a form of legitimate authority and was associated with *tíme* [gespr. tímä] – the gift of honor. *Time* meant "esteem" in the abstract, but also referred to the "office" to which one was therefore entitled. Sparta and Athens earned *tíme* by virtue of their contributions to Greece during the Persian Wars. *Tíme* was also conferred on Athens in recognition of its literary, artistic and intellectual, political and commercial accomplishments (...) To maintain its *hegemonía* Athens had to act in accord with the principles and values that it espoused, and offer positive political and economic benefits to its allies. Post-Periclean leaders consistently chose power over principle, and, by doing so, alienated allies and third parties, lost *hegemonía* and weakened Athen's power base."

den dem Hegemon nur dann folgen, wenn er auch ihre Hoffnungen erfüllt. In diesem Verständnis ist der Hegemonie-Begriff an konsensuale Herrschaft gebunden, wäre also eine *coercive hegemony*, eine Hegemonie auf der Grundlage permanenten Zwangs, ein Widerspruch in sich. Deshalb half sich Ikenberry damit, dass er die neue *Grand Strategy* der USA, so wie sie von einigen Neokonservativen und militanten Realisten vertreten wurde und die stärker auf *raw power* als auf *legitimate authority* setzte, als tendenziell „imperialistisch" bezeichnete.[58] Diese Phase hat aber nach seiner Einschätzung die erste Amtszeit von George Bush jr. nicht überdauert.

Die neuere marxistische Imperialismus-Diskussion knüpfte an die Imperialismus-Theorie der Zeit vor und nach dem Ersten Weltkrieg an, aber sie aktualisierte, modernisierte und revidierte sie natürlich. Dabei ergaben sich im Wesentlichen zwei Haupt-Positionen. Die eine, hier vertreten durch Leo Panitch und Sam Gindin, bestand darauf, die Theorie eines kapitalistischen Imperialismus aus der Staats- und nicht aus der Krisentheorie abzuleiten. Dementsprechend stand für sie die Rolle der USA in der Interaktion mit anderen unabhängigen Staaten als Garant einer globalen kapitalistischen Ordnung im Zentrum der Analyse, war der *American Imperial State* auch im globalisierten Kapitalismus der Hauptakteur. Bei Michael Hardt und Antonio Negri dagegen löste sich die Bindung des globalisierten Kapitals an die Nationalstaaten auf, das *Empire* kennt – im Gegensatz zum Imperialismus – kein territoriales Machtzentrum mehr; eine These, die nach Panitch/ Gindin schon zum Zeitpunkt ihrer Erst-Veröffentlichung im Jahre 2000 „bizarrely out of sync with the times" gewesen und vom Irak-Krieg endgültig widerlegt worden sei.[59]

Panitch/Gindin gehen mit Marx vom Expansionszwang des Kapitals aus, aber sie sehen darin eine Tendenz, die sehr unterschiedliche historische Formen annehmen kann; der kapitalistische Globalisierungsprozess ist mithin keineswegs deterministisch vorgegeben, auch Phasen der Entglobalisierung, wie etwa durch und nach dem Ersten Welt-

---

58 G. John Ikenberry, *After Victory: Institutions, Strategic Restraint, and the Rebuilding of Order After Major Wars*, Princeton, N.J.-Oxford 2001; ders., *Liberal Hegemony and the Future of American Postwar Order*, in: Hall/Paul, *International Order*, S. 123-145; ders., *America's Imperial Ambition*, in: Foreign Affairs, 81:5 (September/Oktober 2002), S. 44-60.
59 Leo Panitch/Sam Gindin, *Global Capitalism and American Empire*, in: dies. (Hrsg.), *The New Imperial Challenge*, New York 2003, S. 1-42, hier S. 3-4.

krieg, sind möglich. (Das hieße auch, dass die jetzige Weltwirtschaftskrise wieder zu einem Rückgang im Globalisierungsprozess führen könnte.) Die erste der drei großen kapitalistischen Strukturkrisen (siebziger/achtziger Jahre des 19. Jhdts.) führte zu imperialistischer Rivalität, zum Ersten Weltkrieg und zur russischen Revolution; die zweite (dreißiger Jahre des 20. Jhdts.) zur De-Internationalisierung des Kapitals (und – so möchte ich hinzufügen – zur faschistischen Herausforderung sowie der Koalition zwischen dem kapitalistischen Zentrum und dem staatlich etablierten Sozialismus). Die dritte (siebziger Jahre des 20. Jhdts.) schließlich bewirkte eine Vertiefung des Globalisierungsprozesses im Rahmen einer neoliberalen Rekonstituierung des weltweit integrierten Kapitalismus und damit des *American Empire.*

Panitch/Gindin fordern also dazu auf, die Vorstellung bestimmter Stufen kapitalistischer Entwicklung in der alten marxistischen Imperialismustheorie aufzugeben; der klassische Imperialismus sei gerade nicht das Endstadium des Kapitalismus gewesen, sondern eine bestimmte Ausdrucksform in einer relativ frühen Phase. Er lasse sich auch nicht allein ökonomisch erklären, obwohl die Ökonomie immer eine wichtige Rolle spiele; zentral sei die Rolle des Staates, dem eine eigenständige Funktion bei der Stabilisierung der sozialen Ordnung und der Sicherung der Akkumulationsbedingungen zukomme.

Panitch und Gindin warnen auch davor, zu rigide zwischen Freihandelsimperialismus und formalem Imperialismus zu unterscheiden; beides seien Formen kapitalistischer Expansion: "Informal empire requires the economic and cultural penetration of other states to be sustained by political and military coordination *with other independent governments.*"[60] Dass sich die führenden kapitalistischen Staaten gegen Ende des 19. Jhdts. in eine imperialistische Rivalität begaben, habe daran gelegen, dass es Großbritannien nicht gelang, die aufkommenden Konkurrenten in einen globalen Freihandelsimperialismus zu integrieren. Die USA aber hätten genau das nach dem Zweiten Weltkrieg – die internen institutionellen Voraussetzungen für die wirksame Koordination der Nachkriegsordnung waren in den dreißiger Jahren und im Krieg entstanden – zusammen mit den anderen führenden kapitalistischen Staaten in einer erfolgreichen Antwort auf die Jahrhundertkrise geschafft. Dabei sei den Vereinigten Staaten die Attraktivität ihrer Produktionsweise, ihrer liberaldemokratischen Ideologie und ihrer kulturellen Ausdrucksformen zugute gekommen. Die Relation zwi-

---

60 Ebd., S. 8 (Betonung von mir).

schen Kapitalismus und Imperialismus sei neu organisiert worden, und zwar sowohl im Verhältnis zwischen den Staaten im Zentrum der alten innerimperialistischen Rivalität als auch im Verhältnis zu den sich emanzipierenden Staaten in den alten Kolonialreichen:

> Among the various dimensions of this new relationship between capitalism and imperialism, the most important was that *the densest networks and institutional linkages, which had earlier run north-south between imperial states and their formal or informal colonies, now came to run between the US and the other major capitalist states.*[61]

Das amerikanische Imperium habe sich zwar gegen den formalen Imperialismus der alten Welt gestellt, aber auch die informelle imperiale Herrschaft habe zu unterschiedlichen Konsequenzen für Europa und den Bereich der OECD-Staaten einerseits und die Dritte Welt andererseits geführt. Gegenüber ökonomischem Nationalismus in der Dritten Welt verhielt sich das *Empire* reserviert bis oppositionell, bis hin zu Interventionen (Iran, Guatemala, Chile); den europäischen Wiederaufbau förderte es dagegen großzügig. Die zunehmende wirtschaftliche Verflechtung mit den anderen Industriestaaten und ihre politische Vernetzung bewirkten, so Panitch und Gindin, eine dauerhafte Pazifizierung der innerimperialistischen Beziehungen, die trotz der neuen globalen Akkumulationskrise nicht in Frage stehe. Es gehe nicht mehr um eine Herausforderung der amerikanischen Hegemonie, allenfalls um ihre Reorganisation; die Auseinandersetzungen um die neoliberale Rekonstituierung des Kapitalismus fänden *innerhalb* der fortgeschrittenen kapitalistischen Länder statt.

Die Probleme des *Empire* kämen von außen, von der ausgreifenden Globalisierung. Es falle dem Imperium zunehmend schwer, seinen imperialen Charakter zu verschleiern, denn es könne immer weniger darauf setzen, dass die Zustimmung zu seiner informellen imperialen Herrschaft durch die eigenständige Legitimität weiterer mit ihm kooperierender Staaten gesichert werde, das zeige insbesondere die US-Aggression im Irak. Die spezifisch amerikanische Herrschaftsform, die Verbindung von *Empire* und Selbstbestimmung, gerate so ins Wanken, auch die verbündeten Staaten gerieten damit unter Legitimationsdruck. Damit ergäben sich auch neue Perspektiven für weltweite antiimperialistische Bewegungen.

---

61 Ebd., S. 13 (Betonung im Original).

Während also bei Panitch/Gindin Imperialismus und *Empire* mehr oder weniger kontingente Varianten formaler oder informeller imperialer Expansion darstellen, sehen Hardt und Negri darin historisch klar geschiedene Herrschaftsformen. Der Imperialismus war das Instrument, mit dem der Kapitalismus im 19. und im frühen 20. Jhdt. expandierte. Die Welt wurde unter den dominanten Nationalstaaten aufgeteilt, Kolonialverwaltungen wurden eingerichtet, Zölle und Handelsvorteile durchgesetzt, Rohstoffgewinnung und Industrieproduktion geographisch differenziert. Der Imperialismus setzte eine Hierarchie territorialer Grenzziehungen durch, „um über die Reinheit der eigenen Identität zu wachen und dabei alles andere auszuschließen".[62] Im Gegensatz zu den linear geschlossenen Räumen des Imperialismus beruhe das *Empire* auf dem Modell, „unablässig auf unbegrenztem Raum vielfältige und singuläre Netzwerkbeziehungen neu zu schaffen". In diesem Prozess, der eine neue Stufe der Globalisierung markiere, werde die globale *frontier* zu einem „offenen Raum imperialer Souveränität."[63] Die volle Entfaltung des Weltmarkts lasse die nationalstaatliche (und damit auch die imperialistische) Ordnung nicht mehr zu; das *Empire* verfüge nicht mehr über ein territoriales Zentrum, es sei „dezentriert und deterrioralisierend"; Erste und Dritte Welt, Zentrum und Peripherie, Norden und Süden gingen ineinander über.

Hardt und Negri grenzen sich damit bewusst von Positionen ab, die die USA als Kern dieser neuen Herrschaftsform betrachten: weder führten sie heute die Methoden des alten europäischen Imperialismus (der letzte imperialistische Krieg der USA sei der Vietnam-Krieg gewesen) fort, noch seien sie ein neuer, effizienter und wohlwollender Hegemon. Es gehe um eine ganz neue, imperiale Form der Souveränität: „Die Vereinigten Staaten bilden nicht das Zentrum eines imperialistischen Projekts, und tatsächlich ist dazu heute kein Nationalstaat in der Lage."[64] Wer aber ist der neue Souverän? Da ist die Rede von „modulierende(n) Netzwerke(n) des Kommandos", von der „imperialen Regierung", der „imperialen Machtpyramide" oder vom „imperialen Apparat".[65] Wer oder was das genau ist, außer irgendwie das flexible, mobile und deterritorialisierte Kapital, das bleibt bei Hardt und

---

62 Michael Hardt/Antonio Negri, *Empire: Die neue Weltordnung*, Frankfurt-New York 2003, S. 10.
63 Ebd., S. 194.
64 Ebd., S. 12.
65 Ebd., S. 11 und 347ff.

Negri unklar. Man erfährt nur, dass das „imperiale Kommando" über drei unumschränkte globale Instrumente verfügt: (1) die Atombombe, also die unumschränkte Fähigkeit zur Zerstörung, (2) das Geld, ein „transnationales monetäres Gebäude", und (3) den Äther, die transnationalen Kommunikationssysteme. Trotz dieser ungeheuren Unterdrückungs- und Zerstörungspotentiale in den Händen des *Empire* ergäben sich aus der imperialen Globalisierung neue Möglichkeiten der Befreiung. In den schöpferischen Qualitäten der *Multitude*, der großen Menge, die das *Empire* trage, liege die Chance für ein Gegen-*Empire*, das den weltweiten Strömen und Austauschverhältnissen eine andere politische Gestalt gebe, d.h. „im Namen der gemeinsamen Freiheit" ein Netzwerk produktiver Kooperationen konstituiere.[66]

Im Gegenüber der beiden Positionen spiegelt sich innermarxistisch die allgemeine Kontroverse über das Verhältnis zwischen Nationalstaaten und Transnationalisierungsprozessen im Zeitalter der Globalisierung oder genauer gesprochen: der *gegenwärtigen Phase* der Globalisierung.[67] Dass die genannten Beiträge diese Phase in einen größeren welthistorischen Zusammenhang stellen, der das Wechselverhältnis zwischen Staaten und Weltmarkt unter den Bedingungen des Kapitalismus thematisiert, das macht ihren besonderen Reiz aus. Freilich verbleiben Hardt und Negri einer dogmatischen marxistischen Dialektik von globaler Herrschaft und Befreiung verhaftet, die sie zugleich in hohem Maße postmodern vernebeln (siehe das „imperiale Kommando" und die Atombombe).

Aber auch für Panitch und Gindin, die mehr im Rahmen der Regulationstheorie (fordistische Akkumulation und Regulation) und des transnationalen historischen Materialismus (Hegemonie nach Gramsci) und damit teilweise in der Nähe der liberal-institutionalistischen Hegemonie-Perspektive argumentieren, bleibt unklar, wie aus den sehr heterogenen Widerstandsformen gegen die Globalisierung ein konsistentes „antiimperiales Projekt" werden soll, das sich nicht nur im Namen der Freiheit, sondern auch real freiheitlich organisiert. Schließlich besteht eine der wirksamsten „Widerstandsformen" aus einem menschenverachtenden, totalitären Fundamentalismus und Terrorismus, der seine Energien aus einer geradezu pathologischen und dazu noch antisemitisch kodierten Weltsicht bezieht.

---

66 Ebd., S. 13 und 356.
67 Vgl. die verschiedenen Positionen in Mark Rupert/Hazel Smith (Hrsg.), *Historical Materialism and Globalization*, London-New York 2002.

Immerhin liegen Panitch und Gindin mit ihrer Einschätzung, dass das spezifisch amerikanische *Empire*-Projekt durch die Globalisierung und durch den Irak-Krieg selbst ins Wanken gerate, im Trend. Es scheint, als neige sich die zweite Phase amerikanischer Welthegemonie ihrem Ende zu. Vom *Unipolar Moment*, vom *New American Century* oder vom *American Empire* ist gegen Ende des ersten Jahrzehnts im 21. Jhdt. kaum noch die Rede, im Gegenteil; wir sind mitten in einer neuen Debatte über den „Abstieg" (*decline*) der USA. Nicht mehr die Herrschaftsleistungen des Römischen Imperiums, sondern sein Niedergang wird wieder zur Bezugsfolie. Die bei weitem größte Militärmacht könne ihre Kriege nicht gewinnen, so hieß es in der Endphase der Bush-Administration, und sie verspiele im Kampf gegen den Terrorismus ihr größtes Kapital, nämlich ihre Legitimität und ihr politisches Ansehen. Im Nahen und Mittleren Osten verlören die Vereinigten Staaten an nahezu jeder Front, alle Rivalen in der Region ignorierten ihren Rat. Die Welt werde „zunehmend nicht-amerikanisch", und nicht nur das: angesichts neuer Staatsschuldenberge und der „Trillionen-Dollar-Kernschmelze" im Kreditmarkt drohe sogar das Ende einer Ära ungebrochener amerikanischer Wirtschaftsmacht. Im Lande selbst waren in den letzten 15 Jahren die durchschnittlichen Realeinkommen leicht, das Vertrauen in die Perspektiven dramatisch gesunken; ja Amerikas gesamte Lebensweise erschien nicht mehr als zukunftsfähig.[68] Arroganz der Macht zahlt sich offenbar nicht aus, oder ist es nur die übliche Tragödie der Großmachtpolitik (John Mearsheimer), vor der wir hier stehen?

Schließen möchte ich mit dem Hinweis darauf, dass sich auch die Arroganz der Analyse nicht auszahlt; zu kurzfristig sind manche Konjunkturen in der politikwissenschaftlichen Deutung der Weltordnung. Gegen Ende der achtziger Jahre war schon einmal die Rede vom Niedergang der USA. Was folgte, war der Niedergang der Sowjetunion und eine neue ungeahnte Weltführungsposition für die Vereinigten Staaten, begleitet von einer Theorie-Euphorie über ein neues demokratisches Welt-Imperium. Dieser Euphorie ist jetzt der Boden entzogen, sei es aufgrund objektiver Machtverschiebungen, dem *rise of the rest* und dem *great power shift* Richtung Asien, sei es aufgrund verblendeter Machtpolitik oder der Weltwirtschaftskrise. Aber das letzte

---

68 Vgl. Jörg Häntzschel, *Der zerrupfte Riese: Nach Jahren der Stagnation beginnen die Vereinigten Staaten umzudenken und üben sich in bitterer Selbstkritik*, Süddeutsche Zeitung vom 29. Mai 2008, S. 13.

Wort ist hier noch nicht gesprochen. Die USA werden möglicherweise auch noch in zwanzig Jahren für ein Viertel des Bruttosozialprodukts der Welt stehen, rüstungstechnologisch liegen sie ohnehin uneinholbar vorn. Ihr größtes kulturelles Kapital bleiben ihre Universitäten, die zu den besten der Welt gehören, und ihre anhaltende Attraktivität als Einwanderungsland. Die Vereinigten Staaten von Amerika werden auch noch weit im 21. Jhdt. ein junges Land sein, während China, Japan und Europa vergreisen.[69] Und wer weiß, ob nicht der neue Präsident Barack Obama den weltweiten Ansehensverlust, den die USA unter George Bush jr. erlitten haben, wieder ausgleichen kann.

Jenseits solcher vergleichsweise konventionellen Kalküle kann alles auch ganz anders kommen. So ist durchaus möglich, dass die Krise der Weltwirtschaft, die Ressourcenfrage oder der zunehmend dramatischer werdende Klimawandel innerhalb von fünf bis zehn Jahren alles, was wir bislang über internationale Ordnungsmuster gewusst zu haben glaubten, völlig durcheinander wirbeln. Prognosen sind gefährlich, wie der Kabarettist Volker Pispers in einem Programm aus dem Jahre 2008 auf sehr amüsante Weise demonstriert hat. Hätte er 1990 vorausgesagt, dass Arnold Schwarzenegger, sprich „Conan der Barbar", in 15 Jahren Gouverneur von Kalifornien sein werde, hätte man ihn, Pispers, für verrückt erklärt. Und der sprichwörtliche Russe, der noch 1990 vor jeder Tür gestanden habe, dann aber jahrelang mit der Milchschnitte in der Fernsehwerbung posierte, schneide uns heute oder morgen vielleicht von den Gaslieferungen ab (was er ja dann im Januar 2009 kurzfristig tatsächlich getan hat).[70]

Was die Begriffe angeht, so rate ich zur Zurückhaltung. Zwar lassen sich oberflächlich Parallelen zwischen dem Imperialismus des 19. und frühen 20. Jhdts. einerseits und der jüngeren Weltpolitik der USA finden, aber die Unterschiede sind nicht zu übersehen.[71] Der Begriff *Empire* sollte m.E. für Herrschaftsformen der territorialen, rechtlichen und politischen Inkorporation reserviert bleiben; dann kann man im

---

69 Josef Joffe, *American Might: Children of the 'huddled masses'* (Rezension zu Fareed Zakaria, *The Post-American World*), International Herald Tribune vom 10./11. Mai 2008, S. 8.

70 Wladimir Klischko, der „Russe", der in der Werbung für die Milchschnitte posiert, ist eigentlich Ukrainer; aber im „Kalten Krieg" waren bekanntlich auch die Ukrainer „Russen".

71 Vgl. die Beiträge in Craig Calhoun/Frederick Cooper/Kevin W. Moore (Hrsg.), *Lessons of Empire: Imperial Histories and American Power*, New York 2006.

Falle der USA über die Landnahme (einschließlich der „Inselnahme")
im 18. und 19. Jhdt. reden. Warum wir für die „liberale Hegemonie",
also den vorrangigen Weltordnungsentwurf der USA für die Zeit seit
dem Zweiten Weltkrieg, Kategorien wie *Empire* oder Imperialismus
brauchen, das leuchtet mir nicht ein; jedenfalls nicht für den Bereich
der entwickelten Industriestaaten. Daran ändert auch das stärker unila-
teralistische Verhalten der USA in den letzten Jahren nichts. Zum
einen war das Verhältnis zwischen Regelbindung und Autonomie im
Falle der Vereinigten Staaten immer schon gespannt; zum zweiten haben sie die Grundstruktur der Hegemonie nicht durchgängig verlassen;
zentrale Regelungsformen, insbesondere im Bereich der Ökonomie,
sind bis heute erhalten geblieben. Das ist im Verhältnis zu den Entwicklungsländern sicher zu differenzieren.

9.8 Zusammenfassende und ergänzende Überlegungen

Im Marxismus liegt der Fokus der Analyse nicht auf den Staaten, sondern auf sozialen Klassen und Klassenkämpfen und auf wirtschaftlichen, gesellschaftlichen und transnationalen Bedingungsfaktoren der
internationalen Politik. Was Macht und Konflikt angeht, ist er ähnlich
pessimistisch (oder realistisch) wie der Realismus; was die Möglichkeiten sozialen Wandels betrifft, ähnlich optimistisch wie der Liberalismus. In meiner Studienzeit in der zweiten Hälfte der sechziger Jahre
war der Marxismus phasenweise das dominierende Paradigma, nicht
zuletzt wegen seines kritischen Potenzials, das deshalb besonders gefragt war, weil die überlieferten konventionellen Schwarz-Weiß-Deu-
tungen sowohl des Ost-West-Konflikts als auch des Nord-Süd-Ver-
hältnisses u.a. durch den Vietnam-Krieg radikal in Frage gestellt wurden. Erst später wurde nach und nach erkannt, dass mit dieser Kritik
ihrerseits höchst problematische Identifikationen verbunden waren.
    Heute hat sich das Verhältnis fast umgekehrt: Der Marxismus ist an
den deutschen Universitäten fast schon randständig geworden; in den
IB jedenfalls wird er vom *Mainstream* weitgehend ignoriert. Dem entsprechen Abschottungstendenzen bei einigen Marxisten, für die die
„bürgerliche Wissenschaft" nach wie vor keine Herausforderung darstellt, da der Marxismus ohnehin schon alles besser wisse. Aber vielleicht gibt es doch allmählich (wieder) mehr Forschende und Lehren-
de, die sowohl marxistischen als auch nicht-marxistischen Ansätzen
gegenüber offen oder sogar in beiden zuhause sind. Als vorbildlich in
dieser Hinsicht empfinde ich die Studie von Herman Schwartz (*States*

versus Markets), die sich keiner Theorietradition fest verschrieben hat, sondern sich auf Ansätze der klassischen wie der kritischen, einschließlich der marxistischen Politischen Ökonomie einlässt und jeweils prüft, ob und wie weit sie für die Erklärung der Empirie taugen.

Auch bei Herman Schwartz gibt es soziale Gruppen, Klassen und Kapitalfraktionen. Auch bei ihm konstituieren sich der moderne Staat und der Kapitalismus/der kapitalistische Weltmarkt gegenseitig; auch bei ihm spielt die Ungleichheit im Prozess der allmählichen Globalisierung eine zentrale Rolle. Aber dieser Prozess wird bei ihm nicht auf die „endlose Akkumulation des Kapitals" oder auf Ausbeutung reduziert; so spielen z.B. immer wieder *collective action problems* eine zentrale Rolle. (Zur Erinnerung: bei *collective action problems* geht es um individuelle versus kollektive Rationalität. Wenn in einem Theater ein Feuer ausbricht, dann empfiehlt die individuelle Rationalität, so schnell wie möglich den Ausgang zu suchen. Was passiert, wenn jeder so handelt, ist bekannt. Finanz-*Crashs* entstehen auf ähnliche Weise, wobei das Feuer in diesem Fall die Umkehr von positiven Gewinn- oder Renditeerwartungen ist.)

In der politischen Ökonomie ist die wirtschaftliche Konkurrenz zwischen Staaten ein klassisches *collective action problem*. Wenn jeder zu sehr seinen eigenen Vorteil sucht, was sich jetzt in der Krise in zunehmenden protektionistischen Forderungen äußert, werden alle darunter zu leiden haben. Ungleichzeitigkeit ist ein weiteres großes Thema: Die Vorreiter-Ökonomien haben nun einmal bestimmte Vorteile, das muss nichts mit der Ausbeutung der anderen zu tun haben. Ein anderer Punkt sind objektive Dilemma-Situationen, in denen Staaten bzw. die sie tragenden gesellschaftlichen Gruppen grundsätzlich nur zwischen suboptimalen Lösungen wählen können, weil verschiedene sinnvolle Zielsetzungen miteinander konkurrieren. Auch nicht intendierte Handlungsfolgen sind ein bedeutender Faktor im Globalisierungsprozess. Die europäischen Staaten haben Abertausende von Indianern und Afrikanern auf dem Gewissen, die gnadenlos ökonomischen Zielsetzungen geopfert wurden. Aber Abertausende von Indianern sind auch an Viren gestorben, gegen die sie nicht immun waren, die Europäer aber schon; u.a. deshalb, weil sie Wildtiere domestiziert hatten. Die Europäer waren ihrerseits im Mittelalter durch die Pest dezimiert worden, die bekanntlich aus Asien eingeschleppt wurde.

Es gab auch vor dem Kapitalismus Sklaverei und Massenmord; andererseits lässt sich im Verlaufe der kapitalistischen Entwicklung ein Zivilisierungsprozess beobachten, im innerstaatlichen wie im Völkerrecht, aber auch in Einstellungen und Habitus von Eliten und Massen. Also können wir vielleicht gar nicht vom Kapitalismus per se, sondern nur von historisch wie aktuell sehr unterschiedlichen Ausformungen sprechen. Es reicht nicht, die Komplexität der Moderne auf die westlich-kapitalistische Expansion zu reduzieren, auch wenn sie zweifellos ein zentrales Moment darstellt. Mobilisierung, Politisierung, Säkularisierung, die Institutionalisierung von Pluralität, die kulturelle Sphäre, die Veränderung der Geschlechterverhältnisse, die internationale und regionale Sicherheitsproblematik, all das sind Dimensionen, die ihre eigene Dynamik jenseits und parallel zur Dynamik des Kapitalismus entfalten. Eine andere Welt ist nötig und möglich, daran besteht kein Zweifel. Aber nicht zuletzt wegen des Scheiterns und der unzähligen Opfer des realen Sozialismus,[72] der sich entschieden auf Marx berufen hat, kann und muss man heute vom politischen und erst recht vom intellektuellen Marxismus verlangen, dass er nicht mehr pauschal von einer abstrakten Utopie, also z.B. der Revolutionierung der Verhältnisse oder einer klassenlosen Gesellschaft redet, sondern möglichst genau angibt, welche konkreten Verbesserungen mit welchen konkreten Maßnahmen in den Lebens- und Arbeitsverhältnissen der Menschen in einer globalisierten Welt anzustreben und zu erreichen sind.

---

72 Vgl. dazu jetzt etwa Orlando Figes, *The Whisperers: Private Life in Stalin's Russia*, London-New York-Toronto 2008 oder Ralph A. Thaxton, *Catastrophe and Contention in Rural China: Mao's Great Leap Forward Famine and the Origins of Righteous Resistance in Da Fo Village*, Cambridge-New York 2008.

Schematische Übersicht über den Marxismus

	Regulations-theorie	transnationaler historischer Materialismus	Weltsystem-theorie
historische Rahmenbedingungen	Krise des Kapitalismus in den 70er Jahren	Transnationalisierungsprozesse seit den 1980er Jahren	Krise des Kapitalismus in den 70ern; Kontroversen über die Weltwirtschaftsordnung zwischen Nord und Süd
Fokus der Analyse	Verhältnis Ökonomie/Politik (Akkumulation/ Regulation)	transnationale Hegemonie	kapitalistische Weltökonomie
zentrale Kategorien	Akkumulationsregime Regulationsweise Fordismus	historischer Block Hegemonie (nach Gramsci)	Weltsystem Zentrum und Peripherie Hegemoniezyklen
zentrales Problem der iB	Korrespondenz zwischen Akkumulation und Regulation	Rivalität zwischen *Lockean Heartlands* und hobbesianischen Herausforderern	strukturelle Asymmetrien in der Weltwirtschaft
Lösung	Re-Regulierung der globalisierten Ökonomie	alternative transnationale Blockbildung	Transformation der kapitalistischen Weltökonomie

Was man weiß bzw. wissen sollte

Karl Marx hat keine Theorie der internationalen Beziehungen entwickelt, sondern eine Emanzipationstheorie, in der nicht dem Staatensystem, sondern der kapitalistischen Globalisierung und ihrer Umwälzung ein zentraler Stellenwert zukommt. Dieses Verständnis findet sich noch in der parteikommunistischen Interpretation der Bolschewiki, die daran festhielt, dass mit der Oktoberrevolution von 1917 der Grundstein für eine Revolutionierung nicht nur der Klassenverhältnisse, sondern auch des internationalen Systems gelegt war. Der intellektuelle Marxismus knüpft zunächst an die marxistische Imperialismusanalyse an, hat sich aber im Zuge der Auseinandersetzung mit der Stabilität und Veränderung des Kapitalismus und der wenig attraktiven Wirklichkeit des real existierenden Sozialismus erweitert und reformiert und ist zu einer sehr vielgestaltigen und heterogenen Theorietradition geworden, auch in den Internationalen Beziehungen.

Um diesen Prozess und die Differenz zur staatlich sanktionierten Ideologie des Marxismus-Leninismus zu dokumentieren, spricht man heute vielfach von „offenem Marxismus". Der Grad der Offenheit im Verhältnis zu den Klassikern, die selbst mehr oder weniger offen interpretiert werden können, ist dabei durchaus unterschiedlich. Offener Marxismus lässt sich festmachen an einem positiveren Verhältnis zu den Errungenschaften bürgerlicher Demokratie und Marktwirtschaft, an einer stärkeren Berücksichtigung politischer und kultureller Dimensionen im Vergleich zur Ökonomie, am nüchternen und kritischen Umgang mit Marx selbst, z.B. der „säkularisierten Heilserwartung". Mit der Entdeckung der Ökologie als einer existenziellen Herausforderung hat der Marxismus einen neuen „grundlegenden Widerspruch" im Kapitalismus aufgespürt, aber mit dieser Entdeckung verlässt er auch seinen Ursprung.

Attraktiv bleiben am Marxismus, insbesondere in seinen undogmatischen Varianten, eine Reihe von Dimensionen, die eine wichtige Korrekturfunktion gegenüber anderen Theorietraditionen wahrnehmen. Der Marxismus ist besonders sensibel für die Bedeutung der materiellen Grundlagen in den Lebensverhältnissen der Menschen und für die Wechselbeziehungen zwischen Ökonomie und Politik auch in den internationalen Beziehungen, für soziale Auseinandersetzungen und Antagonismen, insbesondere für institutionalisierte Ausbeutungsverhältnisse, für Asymmetrien in Konflikten und für den Weltmarktzusammenhang, in dem sich das Staatensystem bewegt. Ähnlich wie der Realismus kritisiert der Marxismus die mangelnde Berücksichtigung von Machtasymmetrien und Exklusionsmechanismen in der institutionalistischen Kooperationstheorie; allerdings sind die entscheidenden Akteure hier nicht die Staaten, sondern gesellschaftlich oder transnational agierende Klassen/Gruppen bzw. Kapitalfraktionen.

Es gibt jedoch auch viele Nicht-Marxisten, die derartige Dimensionen in ihre wissenschaftliche Arbeit integrieren, so dass die Grenzen zwischen Marxismus und Nicht-Marxismus teilweise fließend (geworden) sind. Die enge Definition von Marxismus, für die Marx selbst Belege geliefert hat und die eine (zwangsläufige) Entwicklungsperspektive zu einer klassenlosen und damit herrschaftsfreien Weltgesellschaft enthält, ist heute auch für viele Marxisten nicht mehr tragfähig.

Für die internationalen Beziehungen sind drei neomarxistische Ansätze von Bedeutung: die Regulationstheorie, der transnationale historische Materialismus und die marxistische Weltsystemtheorie. Die Regulationstheorie bemüht sich um eine Neubestimmung des Verhältnisses von Staat und Markt und der Klassenkonstellation im „Fordismus", der historischen Form des Kapitalismus in der Zeit zwischen 1945 und ca. 1970. Im Fordismus war es dem Kapitalismus gelungen, ein stabiles Akkumulationsregime auf der Grundlage der Massenproduktion standardisierter Gebrauchsgüter zu etablieren, das mit einer kongruenten Regulationsweise politisch und ökonomisch korrespondierte. Die effektive Nachfrage für die Massenproduktion wurde in gesellschaftlich ausgehandelten Kompromissen sichergestellt, der soziale Konsens durch staatliche Intervention (Sozialausgaben, wohlfahrtsstaatliche Leistungen, partielle ökonomische Regulierung) stabilisiert. Die Regulationstheorie ist ursprünglich für einzelne nationalstaatlich organisierte Ökonomien entwickelt worden, sie kann aber auch in den internationalen Beziehungen für das Verhältnis zwischen Akkumulation (Weltmarkt) und Regulation (Welthandels- und Weltwährungsordnung) fruchtbar gemacht werden. Die historische Konstellation des Fordismus ist seit den 1970er Jahren in der Krise, eine stabile Alternative vorläufig nicht in Sicht.

Der transnationale historische Materialismus geht im Anschluss an Analysen und Kategorienbildungen bei Antonio Gramsci von einem politisierten Begriff der (Klassen-)Hegemonie aus, die sich nicht einfach durch Repression auszeichnet, sondern durch intelligente Formen der Integration. Zur Hegemonie einer nationalen oder einer grenzüberschreitenden transnationalen Klassenformation gehören Vergünstigungen für die Beherrschten und Legitimationsmuster, die ein enges Klasseninteresse glaubwürdig transzendieren. Der transnationale historische Materialismus untersucht auch empirisch die Herausbildung von „historischen Blöcken", also von transnationalen Konfigurationen aus ökonomischer Vernetzung, Klassenformation und Ideologie. Die spezifische Anwendung dieses Modells bei van der Pijl, der ein historisches Verlaufsmuster der Auseinandersetzung zwischen *Lockean Heartlands*, also marktliberalen Hegemonien, und „hobbesianischen" Herausforderern, deren Staats-Gesellschafts-Komplex stärker bürokratisiert bzw. staatswirtschaftlich organisiert ist, hat mich jedoch nicht überzeugt; sie ist mir zu schematisch.

Immanuel Wallerstein ordnet in seiner Weltsystemtheorie wie Marx selbst das Staatensystem dem Weltmarkt unter, er begreift es als Ausdruck des internationalen Akkumulationsprozesses. Außerdem hält er an der Perspektive einer Revolutionierung des Weltsystems fest, die sich aus einer Konfrontation zwischen „systemischen" und „antisystemischen" Kräften entwickeln wird. Wallerstein befasst sich mit der Entwicklung des modernen Weltsystems seit etwa 1500. Ein Strukturmerkmal dieses Weltsystems sieht er in der asymmetrischen Arbeitsteilung und im ungleichen Tausch zwischen Zentren und Peripherien; ein anderes in der zyklischen Wiederkehr eines Hegemons, die bisher dreimal nach demselben Muster erfolgt ist. Kritisch sind gegenüber Wallerstein die mangelnde Konzeptualisierung des Staatensystems angeführt worden, das seiner eigenen Logik folgt und sogar den Zwängen des Weltmarkts vorgeordnet sein kann, und die Vernachlässigung der jeweiligen gesellschaftlichen Verarbeitungsformen von Herausforderungen, die sich aus der Weltmarktlage und ihren Veränderungen ergeben. Das Wechselverhältnis zwischen Weltmarkt, Staatensystem und staatlich verfassten Gesellschaften wird auch bei anderen marxistischen Autoren flexibler interpretiert als bei Wallerstein.

Die neuere marxistische Imperialismus-Diskussion wird im Wesentlichen von zwei Positionen geprägt. Für die eine, für die hier Leo Panitch und Sam Gindin stehen, bildet die Rolle der USA in der Interaktion mit anderen unabhängigen Staaten als Garant einer globalen kapitalistischen Ordnung das Zentrum der Analyse, der allerdings zunehmend unter Druck gerät, seinen wahren imperialistischen Charakter zu offenbaren. Bei Michael Hardt und Antonio Negri dagegen löst sich die Bindung des globalisierten Kapitals an die Nationalstaaten auf, hier verflüchtigt sich das Empire in eine diffuse „imperiale Machtpyramide" von Netzwerken, die über drei unumschränkte Instrumente verfügen: die Atombombe, das Geld und den Äther. Trotz einiger historischer Parallelen bezweifle ich, dass die Begriffe *Empire* und Imperialismus (der Begriff des *Empire* wurde in der Phase der Bush-Administration von Neokonservativen und liberalen Imperialisten durchaus affirmativ verwendet) durchgängig das Verhalten der USA bzw. die Struktur des aktuellen Verhältnisses zwischen Weltmarkt und Weltpolitik treffen. Was die Situation zwischen den Industriestaaten angeht, so erscheint mir das Hegemonie-Konzept (und zwar in der liberal-institutionalistischen wie in der gramscianischen Variante) besser geeignet. Im Verhältnis zur Dritten Welt wird man weiterhin zumindest sektoral von informellem Imperialismus (im Sinne machtdominierter und dependent-asymmetrischer, nicht demokratisch legitimierter Beziehungen) sprechen können, aber ich würde nicht einmal den Irak-Krieg gegen Saddam Hussein als imperialistisch bezeichnen.

Worüber es zu diskutieren lohnt

- Was kennzeichnet offenen Marxismus und wo liegt die spezifische Differenz marxistischer Ansätze?
- Inwieweit überschneiden sich Regimetheorie und Regulationstheorie und wo liegen die Grenzen der Kooperation zwischen ihnen?
- Kann man schon von transnationalen Klassen sprechen und wie verhalten sich Fraktionierungen innerhalb solcher Klassenbildungen zu einem vermuteten allgemeinen Klasseninteresse?
- Wie beeinflussen sich Staatensystem und Weltmarkt wechselseitig?
- Welchen Anteil haben Weltmarktposition einerseits und interne Klassenkonstellation andererseits and den Entwicklungsperspektiven der „Nachzügler"?
- Wie ist zwischen Hegemonie und Imperialismus zu differenzieren und welches Modell von Herrschaft (oder welche Kombination von Modellen) trifft am besten die aktuelle Struktur der internationalen Beziehungen?

Literatur-Tipps

Empfehlung für einführende Texte:

Joachim Hirsch, *Materialistische Staatstheorie: Transformationsprozesse des kapitalistischen Staatensystems*, Hamburg 2005, Auszüge S. 83-108 (Regulationstheorie) und S. 114-140 (Fordismus und Krise des Fordismus)

Henk Overbeek, *Transnational Historical Materialism: Theories of Transnational Class Formation and World Order*, in: Ronen Palan (Hrsg.), *Global Political Economy: Contemporary Theories*, London-New York 2000, S. 168-183

Immanuel Wallerstein, *The Three Instances of Hegemony in the History of the Capitalist World-Economy*, in: ders., *The Politics of the World-Economy: The States, the Movements, and the Civilizations. Essays by Immanuel Wallerstein*, Cambridge-New York-Paris 1984, S. 37-46

Leo Panitch/Sam Gindin, *Global Capitalism and American Empire*, in: dies. (Hrsg.), *The New Imperial Challenge*, London-New York 2003, S. 1-41 (eine gute Einführung in eine moderne Variante marxistischer Imperialismus-Theorie)

Klassischer Text der Politischen Theorie und Ideengeschichte:

Karl Marx/Friedrich Engels, *Manifest der Kommunistischen Partei* [1848], in: MEW, Bd. 4, 11. Aufl., Berlin 1990, S. 462-482 (ein hohes Lied auf die Globalisierung und die Dialektik der Geschichte; zugleich eine Einführung in die Stärken und Schwächen marxistischer Argumentationsweisen)

Weitere ausgewählte Literatur:

Hans-Jürgen Bieling, *Internationale Politische Ökonomie: Eine Einführung*, Wiesbaden 2007

Joachim Hirsch, *Materialistische Staatstheorie: Transformationsprozesse des kapitalistischen Staatensystems*, Hamburg 2005

Henk Overbeek, *Rivalität und ungleiche Entwicklung: Einführung in die internationale Politik aus der Sicht der Internationalen Politischen Ökonomie*, Wiesbaden 2008

Herman M. Schwartz, *States versus Markets: The Emergence of a Global Economy*, 2. Aufl., Houndmills, Basingstoke-New York 2000

Reinhardt Wendt, *Vom Kolonialismus zur Globalisierung: Europa und die Welt seit 1500*, Paderborn-München-Wien 2007

Den umfassendsten theoretisch angeleiteten empirischen Einblick in den Globalisierungsprozess, der mit der Genese der modernen Staaten und des Weltmarkts beginnt und die Probleme der Ungleichheit wie der Ungleichzeitigkeit, der Hegemonie wie der nachholenden Entwicklung thematisiert, bietet Herman Schwartz. Er argumentiert aus einer unabhängigen kritischen Position, die einige Theoreme der klassischen politischen Ökonomie benutzt, aber durchaus für marxistische Ansätze offen ist. *States versus Markets* ist eines der besten Bücher, das ich überhaupt kenne. Wer weniger sicher im Englischen ist, sollte zu dem Titel von Hans-Jürgen Bieling greifen, der sich auf das 19. und 20. Jhdt. konzentriert. Bieling rechnet sich zur kritischen politischen Ökonomie, die offenen Marxismus integriert. Stärker neomarxistisch argumentiert

Henk Overbeek, der (undogmatisch) aus der Perspektive des transnationalen historischen Materialismus und der marxistischen Weltsystemtheorie schreibt. Sein Buch ist ebenfalls sehr um Verbindungen zwischen Theorie und Empirie bemüht. Die meisten Fragezeichen habe ich bei der *Materialistischen Staatstheorie* von Joachim Hirsch gemacht, der für meine Begriffe ein zu emphatisches Konzept von Kapitalismus vertritt, den er für nahezu alle Übel dieser Welt verantwortlich macht. Hirsch argumentiert stärker auf der Grundlage der Regulationstheorie. Seine Schwerpunkte sind die Krise des Fordismus und die aktuelle Transformation des Staatensystems.

Als historisch-empirische Grundlegung empfehle ich nachdrücklich das Buch von Reinhard Wendt. Wendt nimmt nur selten auf Theoriediskussionen Bezug, aber der Weltsystemansatz und die Imperialismus-Diskussion sind ihm durchaus vertraut. Sein Text bietet eine äußerst materialreiche (und in einem gewissem Sinne sehr konkret-materialistische), vorzüglich strukturierte kritische Übersicht über den von Europa ausgehenden Globalisierungsprozess, insbesondere die asymmetrische und vielfach gewaltsame Einbindung des Südens in den bis heute vom Norden dominierten Weltmarkt. Auch die Verwandlungen Europas in diesem Prozess kommen zur Sprache.

Elmar Altvater/Birgit Mahnkopf, *Grenzen der Globalisierung: Ökonomie, Ökologie und Politik in der Weltgesellschaft,* 7. Aufl., Münster 2007 (eine umfassende Analyse der Globalisierungsprozesse und ihrer Widersprüche; *der Widerspenstigen Zähmung* – so heißt es dort tatsächlich, mit der „Widerspenstigen" ist die „durchkapitalisierte Welt" gemeint – könne, wenn überhaupt, nur durch eine globale Zivilgesellschaft erfolgen)

Giovanni Arrighi, *The Three Hegemonies of Historical Capitalism,* in: Stephen Gill (Hrsg.), *Gramsci, Historical Materialism and International Relations,* Cambridge-New York-Melbourne 1993, S. 148-185 (eine gegenüber Wallerstein differenzierte Version der Zyklentheorie im Rahmen marxistischer Weltsystemanalyse)

Andreas Bieler/Adam David Morton (Hrsg.), *Images of Gramsci: Connections and Contentions in Political Theory and International Relations,* London-New York 2006 (ein Beleg dafür, wie sehr sich die Gramsci-Forschung schon spezialisiert hat; nicht für Anfänger)

Frank Deppe u.a., *Der neue Imperialismus,* Heilbronn 2004 (eine gute Übersicht über die Entwicklung des globalisierten Kapitalismus im 19. und 20. Jhdt. aus der Perspektive der [neo-]marxistischen Imperialismus-Theorie; Panich/Gindin und Hardt/Negri kommen hier auch vor)

Stephen Gill (Hrsg.), *Gramsci, Historical Materialism and International Relations,* Cambridge-New York-Melbourne 1993 (einer der wichtigsten „klassischen" Sammelbände zur neomarxistischen IB-Analyse)

Michael Hardt/Antonio Negri, *Empire: Die neue Weltordnung,* Frankfurt am Main-New York 2003 (ein neomarxistischer Renner; aus meiner Sicht ein grandioser Essay, aber auch ein Entwurf, der sich zu viel vornimmt und zu dogmatisch und fundamentalistisch-postmodern argumentiert)

Wolfgang Hein, *Unterentwicklung – Krise der Peripherie*, Opladen 1998 (eine gründliche und eingängige Bilanz der Entwicklungsproblematik und der Kontroversen über Entwicklung)

Paul Krugman, *Nach Bush: Das Ende der Neokonservativen und die Stunde der Demokraten*, Frankfurt am Main-New York 2007. Krugman liefert in diesem politisch-ökonomischen Überblick über die USA im 20. Jhdt. eine sehr politische Interpretation des „Fordismus": Grundlage dieser progressiven Phase des amerikanischen Kapitalismus war der *New Deal* mit einer den Reichen gegenüber radikalen Steuerpolitik, einer starken Stellung der Gewerkschaften und einer beides tragenden Wählerkoalition, zu der zunächst noch der Süden gehörte. Diese politische Konstellation zerbrach über kulturellen Differenzen, darunter der Rassenfrage.

Alain Lipietz, *Nach dem Ende des „Goldenen Zeitalters": Regulation und Transformation kapitalistischer Gesellschaften*, Berlin-Hamburg 1998 (eine verdienstvolle Auswahl und Übersetzung der Schriften eines Mitbegründers der Regulationsschule; ein eindrucksvolles Beispiel für offenen Marxismus)

Mark Rupert/Hazel Smith (Hrsg.), *Historical Materialism and Globalization*, London-New York 2002 (ein Sammelband, der die Relevanz historisch-materialistischer Ansätze für die Analyse der internationalen Beziehungen dokumentiert; zeigt auch die Heterogenität des Neomarxismus etwa in der Analyse des Verhältnisses zwischen Staat und Weltmarkt)

Christoph Scherrer, *Internationale Politische Ökonomie als Systemkritik*, in: Gunther Hellmann/Klaus Dieter Wolf/Michael Zürn (Hrsg.), *Die neuen Internationalen Beziehungen: Forschungsstand und Perspektiven in Deutschland*, Baden-Baden 2003, S. 465-494 (eine anspruchsvolle Zusammenfassung und Auseinandersetzung mit neo- bzw. postmarxistischen Ansätzen, die Stärken und Schwächen der Weltsystemstheorie, der Regulationstheorie und der neogramscianischen Internationalen Politischen Ökonomie thematisiert und dabei bewusst die Grenzüberschreitung zu anderen Ansätzen sucht; leider nicht für Anfänger)

Dieter Senghaas, *Von Europa lernen: Entwicklungsgeschichtliche Betrachtungen*, Frankfurt am Main 1982 (systematische Analysen der gesellschaftlichen Voraussetzungen für Entwicklung unter Peripherisierungsdruck)

Kees van der Pijl, *Transnational Classes and International Relations*, London-New York 1998 (eine Summe oder Zwischenbilanz der Arbeiten eines führenden Vertreters des THM; keine leichte Lektüre)

Immanuel Wallerstein, *The Politics of the World-Economy: The States, the Movements, and the Civilizations – Essays by Immanuel Wallerstein*, Cambridge-New York-Paris 1984 (eine Aufsatzsammlung, die einen guten Einblick in die Denkweise des führenden Vertreters der marxistischen Weltsystemanalyse vermittelt)

Ders., *World Systems Analysis: An Introduction*, Durham-London 2004 (ich hatte mir von diesem Buch mehr versprochen; der ältere Titel ist besser)

10. Feminismus

LESEHILFE

Ich skizziere zunächst die Rahmenbedingungen, unter denen sich die feministische Theorie entfaltet hat. Dann stelle ich zentrale Kategorien wie *Gender* und Patriarchat vor und gehe auf wichtige Strömungen im Feminismus ein. Im Hauptteil diskutiere ich an drei thematischen Beispielen die Leistungsfähigkeit, aber auch Probleme geschlechtsspezifischer Analysen. Dabei wird deutlich, dass die überlieferte IB-Theorie keineswegs so geschlechtsneutral ist, wie sie sich gibt. Sie hat nicht nur die Benachteiligung von Frauen, weibliche Lebensrealität und Sichtweisen vernachlässigt, sondern auch die Bedeutung des männlichen Geschlechtscharakters und die Beziehungen zwischen Männern und Frauen, vor allem männliche Gewalt, als Faktoren internationaler Politik. Auch der Staat und die für Außenpolitik relevanten Institutionen repräsentieren Asymmetrien im Geschlechterverhältnis. Mit der öffentlichen Dominanz der Männer verbindet sich ein Übergewicht des jeweils vorherrschenden Verständnisses von Männlichkeit. Gleichwohl sind „männlich" und „weiblich" nicht so eindeutig polarisiert, wie es ein Teil der feministischen Diskussion unterstellt. Das zeige ich an der feministischen Kritik des Realismus und an der Thematik „Männer und Frauen – Krieg und Frieden".

10.1 Tradition und Herkunft

Olympe de Gouges, die sich in der französischen Revolution – erfolglos – für die Gleichberechtigung der Frauen einsetzte, schrieb im Vorspann zu ihrer *Erklärung der Rechte der Frau und Bürgerin* 1791:

> Mann, bist du fähig, gerecht zu sein? Eine Frau stellt dir diese Frage. Dieses Recht wirst du ihr zumindest nicht nehmen können. Sag' mir, wer hat dir die selbstherrliche Macht verliehen, mein Geschlecht zu unterdrücken?[1]

Gerda Lerner hat in ihrem Buch über die Entstehung des feministischen Bewusstseins gezeigt, dass einzelne Frauen sich noch früher gegen die wirtschaftliche und politische Dominanz der Männer und die Diskriminierung der Frauen zu Wehr gesetzt haben. Kontinuität und Akkumulation dieses Bewusstseins konnten sich jedoch wegen der strukturellen Benachteiligung, z.b. des vorenthaltenen Zugangs zu den Bildungsinstitutionen, erst im Verlauf des 20. Jhdts. entwickeln.[2] Im Zusammenhang mit der neuen Frauenbewegung deckt nun die feministische Forschung seit über 30 Jahren durch alle Disziplinen hindurch auf, wie in Geschichte und Gegenwart Frauen unsichtbar gemacht oder marginalisiert wurden und noch werden, und durchbricht das männliche Monopol auf Welterklärung. Das gilt für die Philosophie, die Soziologie, die Ethnologie, die Psychologie, die Biologie, die Literaturwissenschaften, die Theologie, ja sogar die Archäologie.[3]

---

1   Vorspann und Erklärung sind u.a. abgedruckt im Anhang bei Hannelore Schröder/Theresia Sauter, *Zur politischen Theorie des Feminismus: Die Deklaration der Rechte der Frau und Bürgerin von 1791*, in: Aus Politik und Zeitgeschichte B 48/77 (3. Dezember 1977), S. 29-53, das Zitat S. 48; Auszug auch in: Ingrid Kurz-Scherf / Imke Dzewas / Anja Lieb / Marie Reusch (Hrsg.), *Reader Feministische Politik und Wissenschaft: Positionen, Perspektiven, Anregungen aus Geschichte und Gegenwart*, Königstein 2006, S. 27-31.

2   Vgl. dazu Gerda Lerner, *Die Entstehung des feministischen Bewusstseins*, München 1998.

3   Zur Archäologie vgl. etwa Marija Gimbutas, *The Civilization of the Goddess: The World of Old Europe*, New York 1991. Aus der Überblicks-Literatur zu anderen Wissenschaften nenne ich als eine Zwischenbilanz Bettina Dausien/Martina Herrmann/Mechtild Oechsle/Christiane Schmerl/ Marlene Stein-Hilbers (Hrsg.), *Erkenntnisprojekt Geschlecht: Feministische Perspektiven verwandeln Wissenschaft*, Opladen 1999.

In diesem Prozess hat die feministische Theorie die Internationalen Beziehungen relativ spät erreicht, was sicher etwas mit der ausgeprägten männlichen Dominanz in diesem Bereich, und zwar in der Teildisziplin ebenso wie in ihrem Gegenstand, zu tun hat. Themen wie die Menschenrechte von Frauen, Frauen in Entwicklungsländern, die internationale Frauenbewegung und die Problematik von Militär, Krieg und Frieden werden schon in den 1980er Jahren angesprochen; englischsprachige feministische Monographien zu den internationalen Beziehungen insgesamt und zur IB-Theorie gibt es seit den 1990er Jahren. Der erste deutsche Sammelband über *Feministische Standpunkte in der Politikwissenschaft* ist 1995, der erste zu den internationalen Beziehungen allgemein aus feministischer Sicht 1998 erschienen.[4] Eine Bibliographie zum Thema *Gender and International Relations* vom März 1994, die nur die englischsprachige Literatur enthielt, umfasste damals schon 145 Seiten.[5]

10.2 Zentrale Kategorien

Die zentrale Kategorie der feministischen Theorie ist *Gender*. Ich verwende bewusst diesen Begriff, weil wir im Deutschen nur das eine Wort „Geschlecht" sowohl für die biologische als auch für die soziale Komponente haben, während man im Englischen eben zwischen *sex* (dem biologischen Geschlecht) und *gender* (dem sozialen Geschlecht) unterscheiden kann. Mit *Gender* beziehen sich der Feminismus oder die kritische Männerforschung, die auch mit dieser Kategorie arbeitet, auf die soziale Konstruktion des Geschlechts und auf die Beziehungen zwischen den Geschlechtern. Das umfasst die materiellen Bedingungen wie geschlechtsspezifische Arbeitsteilung und Eigentumsstrukturen, die ideologischen und psychologischen Ausformungen und Prä-

---

4 Eva Kreisky/Birgit Sauer (Hrsg.), *Feministische Standpunkte in der Politikwissenschaft: Eine Einführung*, Frankfurt am Main 1995; Uta Ruppert (Hrsg.), *Lokal bewegen – global verhandeln: Internationale Politik und Geschlecht*, Frankfurt am Main 1998.

5 J. D. Kenneth Boutin, *Gender and International Relations: A Selected Historical Bibliography*, York (Centre for International and Security Studies, Occasional Paper Number 23) 1994. Die Gliederung umfasste neben *General* folgende Themenbereiche: *Gender and Theoretical Approaches to International Relations, Gender and the Environment, Gender, Foreign Policy and International Organizations, Gender and International Political Economy, Gender and War and Peace.*

gungen von Männlichkeit und Weiblichkeit einschließlich ihrer symbolischen Repräsentationen sowie die Machtverteilung und die Gewalt zwischen den Geschlechtern. Ein passender deutscher Begriff für *Gender* wäre also „Geschlechterverhältnisse"; er wird häufig analog zu *Gender* in dem hier skizzierten umfassenden Sinne verwendet. Es gibt spannende feministische Kontroversen über die Bedeutung des leiblich-körperlichen Anteils bei der Konstituierung von Geschlecht;[6] nicht mehr umstritten ist, dass auch die Biologie nicht für sich selbst spricht, sondern von der Kultur geprägt wird, dass Geschlecht insgesamt keine natürliche, überzeitliche Kategorie ist, sondern sozial konstruiert wird – was nicht heißt, dass man oder frau beliebig oder ohne Schwierigkeiten aus diesen Konstruktionen einfach aussteigen könnte:

(…) the view of gender as social not natural points to the importance of discursive constructions or inter-subjective understandings of gender; that is, the social meaning and significance attributed to perceived sex differences. Gender is material in the sense that even while one's gender is not necessarily rooted in the materiality of one's sexed body, it is nevertheless embedded in social institutions and practices that reproduce gender identities, gender roles and gender relations. In any given society, one's gender will influence one's entitlement to concrete resources and will be a crucial factor in deciding not only 'who gets what', but also 'who can do what' or what one is permitted to 'be' (…).[7]

Die historische Geschlechterforschung zeigt sehr eindrucksvoll, wie sich diese Konstruktionen über Zeit verändern, wie in Europa seit dem frühen 19. Jhdt. eine polare, von krassen Gegensätzen beherrschte Sicht der Geschlechterdifferenz salonfähig wird; eine Polarisierung, die sich erst im 20. Jhdt., insbesondere seit den sechziger Jahren, allmählich (wieder) auflöst.[8]

---

6   Vgl. dazu z.B. Feministische Studien, 11:2 (November 1993) mit dem Schwerpunktthema „Kritik der Kategorie 'Geschlecht'".

7   Jill Steans, *Gender and International Relations*, 2. Aufl., Cambridge-Malden, Mass. 2006, S. 8.

8   Vgl. dazu Ute Frevert, *Geschlecht–männlich/weiblich: Zur Geschichte der Begriffe (1730-1990)*, in: dies., *„Mann und Weib, und Weib und Mann": Geschlechterdifferenzen in der Moderne*, München 1995, S. 13-60. Für eine aktuelle Übersicht über Geschichtsschreibung aus feministischer Sicht vgl. Karen Hagemann/Jean H. Quataert (Hrsg.), *Geschichte und Geschlechter: Revisionen der neueren deutschen Geschichte*, Frankfurt am Main-New York 2008.

Ich gebe zur Verdeutlichung des Gesagten zunächst ein Beispiel aus der Verwaltungs- und Alltagspraxis, das mir historisch noch bewusst ist, den heutigen Studierenden aber schon weitgehend unbekannt sein dürfte. Wir hatten in der deutschen Sprache bis hinein in alle Formulare einschließlich der Personalausweise noch bis in die 1970er Jahre *drei* soziale Geschlechter: Herr, Frau, Fräulein.[9] Dass auf der weiblichen Seite nicht nur im sozialen Umgang, sondern auch verwaltungstechnisch offiziell zwischen verheiratetem und unverheiratetem Status unterschieden wurde, auf der männlichen Seite aber nicht, das lässt sich nur mit einer zweiten zentralen Kategorie feministischer Theoriebildung erklären: Patriarchat.[10] Diese Kategorie ist nicht (mehr) so selbstverständlich wie *Gender*; sie wird kontrovers diskutiert, und manche Feministinnen lehnen sie inzwischen ganz ab. Im Altertum bedeutete Patriarchat dem Sinn des Wortes entsprechend die rechtliche Vorrangstellung (bis hin zur Verfügungsgewalt über Tod und Leben) der (Familien-)Väter über „ihre" Frauen und Kinder. Ich halte den Begriff Patriarchat nach wie vor für sinnvoll, definiere ihn aber sehr breit: Patriarchal sind für mich Gesellschaftsformationen, die sowohl die Macht als auch die Lebens- und Empfindungswelten entlang der Geschlechtergrenzen polarisieren *und* hierarchisch organisieren, wobei das Männliche im Durchschnitt höher bewertet wird als das Weibliche – was für die Männer partiell durchaus Nachteile haben kann. Mit meiner Definition vereinbar sind demnach verschiedene Abstufungen patriarchaler Herrschaft.

Um zu verdeutlichen, was ich hier mit Polarisierung und Hierarchisierung entlang der Geschlechtergrenzen meine, möchte ich daran erinnern, dass in den großen patriarchalen Religionen Gott bzw. der Schöpfer als Mann gedacht wird, was keineswegs selbstverständlich ist. Wir kennen Religionen wie die der afrikanischen Dogon, die sich

---

9   Ich erinnere mich noch daran, dass eine gute Freundin meiner Frau, die unverheiratet war, von einem männlichen Kollegen mit konstanter Bosheit als „Fräulein M." angeredet wurde. Das hörte erst auf, als sie ihm androhte, ihn als „Herrlein K." anzusprechen. Der ganzen Wahrheit halber muss ich erwähnen, dass es auch erwachsene Frauen gab, die Wert darauf legten, als Fräulein X angeredet zu werden. Aber auch das ist Ausdruck des Patriarchats: Männer brauchten nicht zu signalisieren, dass sie noch „zu haben" waren.

10 Von griech. *patér* für Vater und *archein* für herrschen. Patriarchat heißt also eigentlich nicht Männerherrschaft, sondern die Herrschaft des Vaters oder der Väter.

Gott als ein gleichwertiges Geschwisterpaar vorstellen. Auch die Kosmologie der westafrikanischen Baule geht von der Gleichrangigkeit eines männlichen und eines weiblichen Prinzips aus: Der Ursprung der Welt wird auf die Existenz eines Elternpaares zurückgeführt, auf den männlichen Himmelsgott und die weibliche Erde, die miteinander verheiratet sind.[11] Wahrscheinlich sind im Mittelmeerraum die großen Muttergöttinnen aus der vorpatriarchalen Zeit erst im Laufe der Geschichte zu unbedeutenden oder weniger sympathischen Nebenfiguren im Götterhimmel uminterpretiert worden.[12] Historisch herausgebildet hat sich patriarchale Herrschaft wohl in einem etwa zweieinhalb Jahrtausende währenden Prozess zwischen 3.100 und 600 vor Christus.[13]

10.3 Das Spektrum feministischer Ansätze

Bevor ich anhand von drei Themenbereichen Anwendungen auf die internationalen Beziehungen vorstelle, möchte ich darauf hinweisen, dass es auch in der feministischen Theorie verschiedene Orientierungen gibt. Es macht gerade die Stärke des Feminismus aus, dass er keine einheitliche Großtheorie ausgebildet hat; das ist ausdrücklich nicht sein Anspruch. Der Feminismus setzt sich aus unterschiedlichen Perspektiven kritisch mit den „herr"schenden Ansätzen auseinander, deren universelle Erklärungskraft er bestreitet. Die Alleinvertretungsansprüche der dominierenden Großtheorien gelten geradezu als Ausdruck des männlichen Wissenschaftsbetriebes, und so wäre es auch inkonsequent, wenn der Feminismus einen einheitlichen Gegenentwurf mit ebenso universellem Anspruch formulieren würde.

Es gibt verschiedene Versuche, feministische Theorie einzuteilen. So unterscheidet z.B. J. Ann Tickner in der von John Baylis, Steve Smith und Patricia Owens herausgegebenen Einführung in die Internationalen Beziehungen zwischen liberaler, kritischer, sozialkonstrukti-

---

11 Vgl. Ute Luig, *Körpermetaphorik, Sexualität und Macht der* Frauen, in: Ilse Lenz/Ute Luig (Hrsg.), *Frauenmacht ohne Herrschaft: Geschlechterverhältnisse in nichtpatriarchalen Gesellschaften*, Frankfurt am Main 1995, S. 276-301, hier S. 295.

12 Vgl. dazu Heide Göttner-Abendroth, *Die Göttin und ihr Heros: Die matriarchalen Religionen in Mythos, Märchen und Dichtung*, 10. Aufl., München 1993.

13 So jedenfalls Gerda Lerner, *Die Entstehung des Patriarchats*, Frankfurt am Main 1991 (als Taschenbuch München 1997 erschienen).

vistischer, postmoderner und postkolonialer feministischer Theorie.[14] Häufiger ist eine Konzentration auf drei Hauptströmungen: liberaler, radikaler und postmoderner Feminismus.[15] Dem liberalen Feminismus, der das Gleichheitspostulat der Aufklärung einklagt, das historisch entweder so gut wie gar nicht – wie z.B. in Afghanistan[16] – oder – so wie in Deutschland – noch nicht voll eingelöst ist, kommt es darauf an, Frauen sichtbar zu machen, ihre Leistungen und ihre Diskriminierung. Dementsprechend soll internationale Politik durch mehr rechtliche Gleichheit und bessere Partizipationschancen von Frauen reformiert werden. Christine Sylvester, die zwei wichtige (und gewichtige) Bücher zur feministischen Kritik der IB-Theorie geschrieben hat, nennt diese Richtung deshalb: *Bringing Women In*.[17]

Der radikale oder *Difference Between Women and Men* Feminismus geht darüber hinaus. Er will nicht nur die Aktivitäten und Benachteiligungen von Frauen herausarbeiten, er betont vielmehr die Unterschiede zwischen Männern und Frauen. Die Frauen sollen nicht nur aus Gründen der Gleichberechtigung ins Spiel gebracht werden, sondern auch wegen der Vorzüge ihrer spezifisch weiblichen lebensweltlichen Erfahrungen; prononciert formuliert: wenn uns die männlichen Wertvorstellungen die Kriege eingebracht haben, dann werden weibliche Werte sie abschaffen! Die überlegene weibliche Moral wird dabei meist soziologisch bzw. sozialisationstheoretisch, in seltenen Fällen auch biologisch begründet. Bei einigen marxistischen Feministinnen folgt aus der sozialen Lage der Frauen als Unterdrückte bzw. „proletarische" Quasi-Klasse eine Überlegenheit im politischen Weltverständnis, nämlich der ungetrübte, weil nicht an Verschleierung interessierte Blick für die Realität (von Herrschaft).

---

14 J. Ann Tickner, *Gender in World Politics*, in: John Baylis/Steve Smith/ Patricia Owens (Hrsg.), *The Globalization of World Politics: An Introduction to International Relations*, 4. Aufl., Oxford-New York 2008, S. 262-277, hier S. 266-268.

15 So bei Uta Ruppert, *Theorien Internationaler Beziehungen aus feministischer Perspektive*, in: dies., *Lokal bewegen*, S. 27-55, hier S. 42f.

16 Vgl. etwa Stefan Klein, *Fluchten ins Feuer: Die allermeisten Frauen in Afghanistan leben noch immer in völliger Unterdrückung. Verzweifelt wählen einige sogar den Flammentod. Die wenigen, die sich etwas Freiheit erobert haben, sind voller Angst vor den Taliban*, Süddeutsche Zeitung vom 16. Oktober 2008, S. 3.

17 Christine Sylvester, *Feminist Theory and International Relations in a Postmodern Era*, Cambridge-New York 1994.

Der feministische Postmodernismus wiederum betont die Unterschiede zwischen den Frauen, denn „die Frau" oder „die Frauen" gibt es nicht. Die Notwendigkeit der Unterscheidung entwickelte sich für den *Difference Between Women* Feminismus aus Debatten zwischen Frauen unterschiedlicher Hautfarbe oder sexueller Orientierung, vor allem aus Kontroversen zwischen Frauen aus den Industriestaaten und der Dritten Welt. Wie der Begriff *man* (Mann/Mensch) nur vermeintlich allgemein menschliche Erfahrungen und Interessen repräsentierte, tatsächlich aber Frauen ausschloss, so stand die Kategorie *woman* offenbar für die Lebenswelten und Interessen weißer, heterosexueller Mittelschichtfrauen aus den OECD-Ländern.

Bei allen theoretischen und praktischen Differenzen gibt es ein gemeinsames Anliegen des Feminismus. Es geht darum, die Ausgrenzung, Benachteiligung und Unterdrückung von Frauen in der internationalen Politik zu überwinden. Feministische Theorie ist deshalb emanzipatorisch-herrschaftskritisch, denn die realen internationalen Beziehungen (und auch die dazugehörige Teildisziplin der IB) sind geschlechtsspezifisch asymmetrisch organisiert. Aus diesem Erkenntnisinteresse ergibt sich ein enger Bezug zu trans- und internationaler frauenpolitischer Praxis. Und schließlich ein globaler Ansatz, der die Ungleichheiten in den Geschlechterverhältnissen, so wie sie in die einzelnen Gesellschaften und ihre Beziehungen zueinander eingelassen sind, weltweit thematisiert.[18]

10.4 Androzentrismus in iB und IB

Internationale Politik ist eine Domäne der Männer: Diplomaten, Staatsmänner (!), Krieger, Kaufleute sind traditionell männliche Rollen. Tatsächlich jedoch umfassen die internationalen Beziehungen mehr als die üblichen Haupt- und Staatsaktionen. Sucht man die Frauen in den internationalen Beziehungen, so wie das Cynthia Enloe in ihrem feministischen iB-Klassiker *Bananas, Beaches, and Bases* getan hat, dann eröffnet sich eine andere Welt als die der großen Politik des Geldes, der Kanonen und der öffentlichen Persönlichkeiten.[19] Diese

---

18 Vgl. Ruppert, *Theorien*, S. 44-48; ausführlich dazu Steans, *Gender and International Relations*.

19 Cynthia Enloe, *Bananas, Beaches and Bases: Making Feminist Sense of International Politics* [1989], Neuausgabe Berkeley-Los Angeles-London 2000

Männerwelt der großen Politik und Wirtschaft ist abhängig von weiblicher Zuarbeit, die sie ausbeutet. Das gilt für Militärbehörden, die überlegen, wie sie die sexuellen Dienste von Frauen um ihre ausländischen Militärbasen organisieren und kontrollieren können; oder Textil- und Elektronikfabrikanten, die möglichst billige und willige, also weibliche Arbeitskräfte über Heimarbeit oder Exportproduktionszonen in der Dritten Welt in ihre arbeitsteilige Produktion einbeziehen wollen. Ob Tourismus oder diplomatischer Dienst, Bananenproduktion oder ausländische Hausbedienstete, immer wieder findet Enloe geschlechtsspezifische Arbeitsteilung, Zuschreibungen und Parteilichkeiten der internationalen Politik zu Lasten von Frauen.

Den wenigsten dürfte z.b. bekannt sein, dass noch bis 1971 Frauen im *Foreign Service* der USA ihren Dienst quittieren mussten, wenn sie heirateten. Umgekehrt war es Tradition, dass von Diplomaten-Gattinnen erhebliche unbezahlte Mitarbeit erwartet wurde, ohne dass sie damit Anspruch auf Teile der Pension ihrer Männer erworben hätten.[20] Das heißt, sie blieben trotz ihrer unbezahlten Mitarbeit auch noch von ihren Männern wirtschaftlich abhängig. Mädchen- und Frauenhandel, Sextourismus und die Ausbeutung weiblicher Arbeitskraft im diplomatischen Dienst oder in der internationalen Arbeitsteilung im Zuge der Globalisierung und Flexibilisierung der Produktion, das sind nicht gerade die zentralen Themen im *Mainstream* (manche Feministinnen sagen deshalb auch: *Malestream*) der IB.

Das Sichtbarmachen von Frauen gilt aber nicht nur für die Benachteiligten – die große Mehrheit der Armen weltweit sind Frauen –, es gilt auch für andere Gruppen. So wird die aktive Beteiligung von Frauen in der internationalen Politik häufig einfach unterschlagen oder vergessen; z.b. ihre Beteiligung in Kriegen, in die Frauen als Kämpferinnen sehr viel mehr involviert waren als gemeinhin bekannt. Im Zweiten Weltkrieg nahmen in der UdSSR an allen Fronten insgesamt mehr als eine Million Frauen teil. Selbst in der deutschen Wehrmacht waren trotz der rigide polarisierten Geschlechterideologie des Nationalsozialismus 450.000 Frauen in de facto militärischen Funktionen tätig (ohne Sanitätsdienst).[21] Und um ein aktuelles Beispiel zu neh-

---

20 Ebd., S. 114-120; dort ist auch der erfolgreiche Widerstand der amerikanischen Frauen gegen diese Diskriminierungen beschrieben. (In vielen anderen Ländern war es übrigens ähnlich.)

21 Zur UdSSR siehe die Berichte und Interviews bei Swetlana Alexijewitsch, *Der Krieg hat kein weibliches Gesicht*, Berlin 2004.

men: unter den „Helden", die sich an Rettungsaktionen nach den Attentaten auf das *World Trade Center* am 11. September 2001 beteiligten, waren auch weibliche Feuerwehrleute. In der Medienberichterstattung kamen sie jedoch nicht vor; das hätte nicht zu der (unbewussten) Strategie der „Remaskulinisierung" nach der „Entmannung" amerikanischer Macht- und Statussymbole gepasst.[22]

Eine dritte Dimension des *Bringing Women In* betrifft Frauen in Führungspositionen. Damit soll dem Stereotyp entgegengewirkt werden, nur Männer machten Geschichte oder seien für herausragende Funktionen in der internationalen Politik geeignet. Für den Beleg einer spezifisch weiblichen Ausprägung der Politik reichen die immer wieder genannten Beispiele jedoch nicht aus. Königin Elisabeth I., Katharina die Große, Golda Meir, Indira Gandhi, Margaret Thatcher, Corazon Aquino oder Angela Merkel entsprechen formal wie inhaltlich nur zum Teil den Erwartungen.[23] Frauen, die in einer männlich dominierten Gesellschaft so weit nach oben kommen, unterliegen besonderen Anpassungszwängen; Aussagen zum Gewicht solcher Zwänge im Verhältnis zu einem „weiblichen" Politikverständnis sind erst dann möglich, wenn der Frauenanteil in diesen politischen Führungspositionen weiter ansteigt. Immerhin wird z.B. seriös diskutiert, ob uns die aktuelle Finanzkrise vielleicht erspart geblieben wäre, wenn mehr Frauen in Leitungspositionen der Finanzinstitute säßen. Allgemein gelten Frauen als vorsichtiger, während sich Männer, insbesondere unter Konkurrenzbedingungen, eher auf riskante Abenteuer einlassen.

Auch wenn einzuräumen ist, dass die Frauen keine nationale oder globale Unterklasse für sich bilden und sich wie die Männer auf verschiedene Schichten, Ethnien und Nationalitäten verteilen und an deren Konflikten beteiligt sind, so lässt sich doch festhalten, dass Frauen in der Regel weniger Macht haben als Männer und strukturell benachteiligt sind. In jedem Fall verändert sich das Bild der internationalen Beziehungen, wenn wir auf die Geschlechterverhältnisse schauen. Es kommt dabei auch Männlichkeit in den Blick, und die Frage muss ge-

---

22 Das Übergehen der weiblichen Beteiligung mit einem Kommentar von Captain Brenda Berkman vom *New York Police Department* bei Steans, *Gender*, S. 52; die geschlechtsspezifische Analyse des Umgangs mit dem Attentat bei Stephen J. Ducat, *The Wimp Factor: Gender Gaps, Holy Wars, and the Politics of Anxious Masculinity*, Boston 2004, S. 224-230.

23 Vgl. dazu Francine D'Amico/Peter R. Beckman (Hrsg.), *Women in World Politics: An Introduction*, Westport, Conn. 1995.

stellt werden, ob die männlich dominierte Wissenschaft von den internationalen Beziehungen nicht auch androzentrisch, also einseitig von männlichen Denkweisen und Erfahrungen geprägt sein könnte. Das ist jedenfalls die These von J. Ann Tickner in *Gender in International Relations*, einem weiteren jüngeren Klassiker der feministischen IB-Literatur; eine These, die sie in Auseinandersetzung mit verschiedenen Theorien in den IB und in der IPÖ, u.a. in einer feministischen Reformulierung der Grundlagen des politischen Realismus von Hans Morgenthau, entfaltet hat.[24] Es geht also nicht nur um die weltweite Diskriminierung des weiblichen Geschlechts, sondern auch um die geschlechtsspezifische Schlagseite der IB als männlicher Reflexion über menschliche Aktivitäten in den internationalen Beziehungen.

Dem männlichen Machtbegriff Morgenthaus im Sinne von Kontrolle und Behauptung stellt Tickner einen weiblichen Machtbegriff im Sinne von Fähigkeiten, Kompetenz und wechselseitiger Befähigung (*mutual enablement*) gegenüber; einem männlichen Verständnis von Sicherheit als Abgrenzung durch militärische Stärke das Interesse der Frauen an Grundbedürfnissicherung, dem männlichen Interesse an Naturausbeutung das Interesse der Ökologie- und der Frauenbewegung an einem Leben im Gleichgewicht (*equilibrium*) mit der Natur. Der zuletzt genannte Zusammenhang lässt sich bis auf die Entstehung des Staatensystems in Europa und der modernen Naturwissenschaften zurückführen. Die Natur, die traditionell als weiblich, als nährende Mutter gedacht wurde, wird in der Moderne umgedeutet in die zu kontrollierende, auszubeutende und zu beherrschende.

Auch in der politisch-ökonomischen Theorie entdeckt Tickner androzentrische Aspekte. Im *rational economic man* des Liberalismus verberge sich eine „hegemoniale Männlichkeit", die Universalisierung einer spezifischen Form egoistischen wirtschaftlichen Verhaltens; eine instrumentelle Rationalität, die Erfahrungen weiblicher Lebens- und Arbeitswelten ausklammere. Im ökonomischen Nationalismus sieht die Autorin ähnliche *Gender*-Mechanismen am Werk wie im Realismus. Der moderne Staat mit seinem Interesse an Reichtum, Macht und Autonomie habe sich parallel zur neuzeitlichen Polarisierung der Ge-

---

24 J. Ann Tickner, *Gender in International Relations: Feminist Perspectives on Achieving Global Security*, New York 1993; dies., *Hans Morgenthau's Principles of Political Realism: A Feminist Reformulation* [1988], in: James Der Derian (Hrsg.), *International Theory: Critical Investigations*, London 1995, S. 53-71, hier S. 60-64.

schlechter entwickelt. Bei Jean Bodin, einem der führenden Theoretiker der Staatssouveränität und des Merkantilismus, liefen beide Entwicklungen zusammen, denn er war ein entschiedener Befürworter der Hexenverfolgungen. Die „Hexen" wussten zuviel über Geburtenkontrolle, und der moderne Staat brauchte Arbeitskräfte und Soldaten. Was den Marxismus angeht, so findet Tickner zwar Anknüpfungspunkte für den Feminismus, aber sie referiert zugleich die feministische Kritik an der Androzentrik der marxschen Theorie, die wieder die Frauen, ihre reproduktive Arbeit als Voraussetzung für alle anderen Formen der Reproduktion und die Hausarbeit ignoriert.

Die Aufdeckung, ja Entlarvung der *Gender*-Implikationen in einem breiten Spektrum der modernen politischen Theoriebildung, die Tickner in der Auswertung einer Reihe grundlegender feministischer Studien leistet, ist faszinierend; ihre geschlechtsspezifischen Zuordnungen sind freilich nicht immer unproblematisch. Die kritische Auflösung der vermeintlichen Geschlechtsneutralität der überlieferten IB-Theorie führt bei Tickner teilweise zu einer neuen Essentialisierung (wörtlich „Verwesentlichung", d.h. etwa: Frauen sind so und Männer sind so) von männlich und weiblich. Sie versucht diese Kategorisierungen zwar abzuschwächen durch Wörter wie *often* und *many* oder durch Klammerzusätze wie „and some men" (wenn sie gerade von „den Frauen" gesprochen hat), aber die für ihre tendenziell radikalfeministische Perspektive problematischen Frauen kommen höchstens in den Fußnoten vor. Andererseits findet sich vieles, was Tickner z.B. zur Programmatik der gemeinsamen globalen Sicherheit für den Feminismus reklamiert, auch in der nicht-feministischen IB-Literatur.

Die Schwierigkeiten solcher Spaltungen zwischen etablierter, d.h. „männlicher" IB-Theorie und feministischer Kritik werden noch deutlicher in Christine Sylvesters Behandlung des Idealismus. Da in der ersten großen IB-Debatte die idealistische Tradition den Gegenpol zum einseitig männliche Lebenserfahrung repräsentierenden Realismus bildete, konnte sie nicht gleichermaßen männlich sein. Sylvester löste das Problem dadurch, dass sie den Idealismus als Plagiat bezeichnete, als eine männliche Aneignung weiblicher Kompetenzen ohne Angabe der Bezugsquellen. Damit aber machte sie sich die hegemoniale Geschlechterzuweisung *innerhalb* des männlichen Diskurses, die Bewertung des vermeintlich Unmännlichen als weiblich, zu Eigen und verdoppelte sie.[25]

---

25 Sylvester, *Feminist Theory in a Postmodern Era*, S. 7 und 94.

Ich möchte am Beispiel der feministischen Auseinandersetzung mit dem Realismus noch einmal deutlich machen, dass sich mir die etablierte IB-Theorie differenzierter darstellt, als sie in der feministischen Kritik erscheint, und dass sogar der Realismus Anschlussmöglichkeiten für gendersensible Perspektiven eröffnet. Gerade weil Macht und Autonomie im Realismus einen so zentralen Stellenwert einnehmen, repräsentiert er für den Feminismus wie keine andere Theorietradition die maskulinistische Realität männerdominierter internationaler Politik. Zur feministischen Kritik am Machtbegriff ist das Notwendige gesagt. Nachtragen muss ich noch die geschlechtsspezifische Differenzierung im Autonomieverständnis. Die reale Differenzierung beginnt in der (früh)kindlichen Sozialisation. Durch die entweder gegen- oder gleichgeschlechtliche Mutter-Kind-Dyade verläuft die Individuation für Jungen und Mädchen unterschiedlich. Weil es sich von der Mutter, der ersten und in der Regel auch heute noch entscheidenden intimen Bezugsperson lösen muss, um ein Junge/Mann (und nicht ein „Muttersöhnchen") zu werden, entwickelt sich das männliche Selbst defensiv gegen andere; sein Autonomieverständnis ist ein reaktives. Das weibliche Selbst definiert sich eher über Beziehung, seine Autonomie ist eine relationale. De facto ist natürlich auch das männliche autonome Selbst immer schon, nicht bloß zusätzlich, ein verbundenes. Aber es ist gerade für Männer charakteristisch, dass sie diese Verbundenheit und Angewiesenheit – z.B. auf weibliche Reproduktions- und Produktionstätigkeit – verleugnen, in der persönlichen und politischen Praxis wie in der politischen oder der ökonomischen Theorie.[26] Soviel zur Theorie, jetzt zu meinem Einwand.

In den frühen Debatten um die außenpolitische Orientierung der Vereinigten Staaten von Amerika charakterisierte der Realist Alexander Hamilton die idealistische profranzösische Orientierung seines Widerparts Thomas Jefferson als *womanish attachment* und seine Abneigung gegenüber England als *womanish resentment*. Persönliche Gefühle wie Dankbarkeit und Zuneigung dürften Nationen nicht beeinflussen; für eine realistische Außenpolitik zählten allein die Inte-

---

26 Ebd. S. 40; dies., *Feminist International Relations: An Unfinished Journey*, Oxford-New York 2002, Kapitel. 9: *Feminists and realists view autonomy and obligation in international relations*. Grundlegend zur Sozialisationsthematik Nancy Chodorow, *Das Erbe der Mütter: Psychoanalyse und Soziologie der Geschlechter*, 2. Aufl., München 1986. Auf diese Problematik komme ich weiter unten zurück.

ressen des Landes.[27] Das passt zur Theorie – wenn man davon absieht, dass auch Jefferson ein Mann war. Aber Hamiltons Zweifel an Jeffersons Männlichkeit haben dessen Neigung zu Frankreich vorerst nicht beeinträchtigt, und die außenpolitische Linie des Präsidenten George Washington war ein Kompromiss zwischen den beiden Richtungen, nämlich die Neutralität. Hamilton war im Übrigen sehr skeptisch, ob die kommerziell orientierten Republiken wirklich friedfertiger seien. Eines seiner Argumente gegen diese These lautete, Republiken würden schließlich genauso wie Monarchien von *Menschen* – man könnte hier dem Kontext seiner Ausführungen entsprechend übersetzen: von *Männern* – regiert, mit all ihren Aversionen, Vorlieben, Rivalitäten, Ressentiments und Neigungen zur Gewaltsamkeit:

Sparta, Athen, Rom und Karthago waren Republiken und zwei von ihnen, Athen und Karthago, Handelsrepubliken. Und doch waren sie genauso oft in Kriege verwickelt, offensive und defensive, wie die benachbarten Monarchien ihrer Zeit. (...) Im britischen Regierungssystem bilden die Vertreter des Volkes einen Zweig der Legislative. Der Handel war seit eh und je das vorherrschende Geschäft des Landes. Und doch waren wenige andere Nationen häufiger in Kriege verwickelt, und zwar Kriege, die in vielen Fällen vom Volk ausgingen. Es gab also, wenn ich das einmal so ausdrücken darf, fast so viele Kriege des Volkes wie Kriege der Könige. Das Geschrei der Nation und das Drängen ihrer Abgeordneten haben bei verschiedenen Gelegenheiten den jeweiligen Monarchen in einen Krieg hineingezogen und ihn, entgegen seinem Wunsch, ja manchmal gegen die wahren Interessen des Staates, zum Weiterkämpfen veranlasst.[28]

---

27 Zitiert nach Gebhard Schweigler, *„America First?"* Die öffentliche Meinung und die amerikanische Außenpolitik, in: Matthias Dembinski/Peter Rudolf/Jürgen Wilzewski (Hrsg.), *Amerikanische Weltpolitik nach dem Ost-West-Konflikt*, Baden-Baden 1994, S. 23-67, hier S. 27.

28 Publius (= Alexander Hamilton), *Über die Kriegsgefahr zwischen den Einzelstaaten*, in: Angela und Willi-Paul Adams (Hrsg.), *Alexander Hamilton/ James Madison/John Jay. Die Federalist-Artikel: Politische Theorie und Verfassungskommentar der amerikanischen Gründungsväter*, Paderborn 1994, 6. Artikel, S. 24-31, das Zitat S. 28f. (vgl. auch Barbara Zehnpfennig [Hrsg.], *A. Hamilton/J. Madison/J. Jay: Die Federalist Papers* [1993], München 2007, S. 75f.; die Übersetzungen sind nicht identisch). Hamilton argumentiert also zunächst „realistisch" und – wie wir heute sagen würden – indirekt gegen Immanuel Kant und die liberale Friedenstheorie, natürlich vor dem Hintergrund der amerikanischen Verfassungsdiskussion; denn er plädiert zugleich für einen Bundesstaat, für die föderative Republik, die durch ihre Verfassung die Konflikte verhindern kann, die sich ansonsten

Der Realismus Hamiltons wendet sich also nicht nur gegen den weibischen Idealismus, ganz im Gegenteil: Es geht um nüchterne Vorsorge und um eine programmatische Alternative zu einer unkontrollierten, destruktiven Variante von *Männlichkeit*. Zwar spricht Hamilton auch vom unglückseligen Einfluss einzelner Frauen auf die jeweilige Politik ihrer Zeit, aber konkret genannt werden launische oder machthungrige Männer wie Perikles oder Kardinal Wolsey, die ihre Länder bzw. Stadtstaaten in unnötige Kriege führten. Strukturell vergleichbare Überlegungen haben im 20. Jhdt. zur Begründung des modernen politischen Realismus geführt, das habe ich in Kap. 6 dargestellt. Ich habe deutlich gemacht, dass es „den" Realismus nicht gibt. Schon deshalb ist seine Zuordnung auf der *Gender*-Achse schwierig. Der politische Realismus des 20. Jhdts. ist aus einer *Reaktion* – im wesentlichen von männlichen IB-Theoretikern – auf eine machtbesessene und extrem gewalttätige Programmatik und Praxis hervorgegangen, die von anderen Männern vorangetrieben *und* von Frauen gestützt und mitinszeniert wurde.[29] Als Reaktion auf ein *Defizit* an Abgrenzung, auf eine Interpretation des Sicherheitsdilemmas durch die westlichen Demokratien, die bis zuletzt auf die Möglichkeit der Kooperation vertraute; die sich also gerade so verhielten, wie es eine (radikal)feministische Programmatik nahelegen würde.

Auch wenn ich die feministische Zurückweisung des universalistischen Anspruchs im männlichen (Sozialisations-)Modell und damit dessen Partikularität akzeptiere, so gebe ich deshalb zu bedenken, ob nicht das Insistieren der (radikal)feministischen Kritik auf der beziehungsorientierten Alternative zur separierenden Autonomie der männlichen Staatsbürger und der männlich dominierten Staaten selbst wieder Ausdruck eines Partikularismus ist. Die Vorzugswürdigkeit der

---

aus der Nachbarschaft von Staaten und ihrer Neigung, Macht und Reichtum auf Kosten eben dieser Nachbarn zu vergrößern, ergeben würden. Das heißt, er lässt sich partiell auf eine „institutionalistische" Argumentation ein.

29 Den Mythos, die Frauen seien im Nationalsozialismus nur Opfer gewesen, hat die feministische Debatte längst hinter sich gelassen; siehe aus der reichhaltigen Literatur schon Lerke Gravenhorst/Carmen Tatschmurat (Hrsg.), *TöchterFragen: NS-Frauengeschichte*, Freiburg 1990; eine aktuelle Übersicht über den Stand der Forschung gibt Claudia A. Koonz, *Geschlecht, Gedächtnis und Geschichtsschreibung: Die Historiographie zum Dritten Reich und zum Holocaust*, in: Hagemann/Quataert, *Geschichte und Geschlecht*, S. 256-289.

weiblichen Beziehungsmoral lässt sich nicht verallgemeinern, wie die Kritik auch von den Feministinnen zeigt, die die empirische Basis für eine solche Zuschreibung nicht bestreiten. Kategorien wie Autonomie und Sicherheit sind auch für eine feministische Theorie der internationalen Beziehungen unverzichtbar; und deshalb vermute ich, dass eine Außenpolitik, die nicht vom Geschlechterdualismus überlagert wird, sich auf eine Balance zwischen Autonomiesicherung und Beziehungsorientierung stützen wird. Dafür sprechen auf einer anderen Ebene auch sozialisationstheoretische Überlegungen, die bei Chodorow oder Sylvester zu kurz kommen. Das „Erbe der Mütter" ist nämlich u.U. auch für die Töchter problematisch, die zugewandte und fördernde Väter brauchen, um selbstbewusste Frauen zu werden. Das Problem im Patriarchat ist die „*Spaltung* zwischen der Mutter der Bindung und dem Vater der Ablösung".[30]

Für die geschlechterübergreifende Bedeutung von Autonomie und Sicherheit spricht auch, dass die Perspektive einer konsequent defensiv ausgerichteten Sicherheitspolitik bei manchen feministischen Autorinnen durchaus positiv besetzt ist. Damit aber entstehen das praktische Problem der Verteidigung bzw. der kollektiven Sicherheit und die Frage, warum für diese Aufgaben nur das männliche Geschlecht zuständig sein soll. Die Unterscheidung zwischen Angriff und Verteidigung mag nach der Erfahrung des nuklearen Gleichgewichts des Schreckens als abwegig erscheinen; sie ist es aber nicht generell, und zwar weder historisch noch aktuell. Soziale Kollektive haben empirisch nachweisbar auch deshalb zu den Waffen gegriffen, weil sie das reine Überleben oder die Autonomie der Gruppe (und zwar Männer, Frauen und Kinder) sichern wollten. Das bleibt auch aus patriarchatskritischer Perspektive ein Dilemma, da es ganz unwahrscheinlich ist,

---

30 Jessica Benjamin, *Die Fesseln der Liebe: Psychoanalyse, Feminismus und das Problem der Macht*, Basel 1990, S. 131, meine Betonung; vgl. auch S. 120: „Männlichkeit erscheint nicht mehr (wie noch bei Freud, daher angeblich der Penisneid, G.K.) als die ursprüngliche Orientierung der Kinder beiderlei Geschlechts, bleibt aber weiterhin mit dem Streben nach Differenz verbunden, also mit jenem Streben zur Außenwelt, zur Ablösung, das für Mädchen ebenso wichtig ist wie für Jungen, um ein Gefühl der eigenen Handlungsfähigkeit zu bekommen. Die homoerotische Identifikation mit dem Vater bietet dem kleinen Mädchen wie dem kleinen Jungen ein Vorbild der Autonomie." Vgl. aber auch schon Christiane Olivier, *Jokastes Kinder: Die Psyche der Frau im Schatten der Mutter* [1980], Berlin 2000. Zu Chodorow und Sylvester vgl. Anm. 26.

dass sich das Patriarchat simultan im Weltmaßstab auflösen wird.[31] Hier sehe ich ein mit der marxistischen Emanzipationstheorie vergleichbares Strukturproblem: die Untertheoretisierung der *internationalen* Beziehungen. Auch eine nicht-realistische IB-Theorie kann die Problematik nicht völlig ignorieren, die ein zeitgenössischer Rock-Pop-Song wie folgt auf den Punkt gebracht hat: *Bad Boys, Bad Boys, What Are You Gonna Do When They Come For You?* Und der kritische Punkt sind nicht nur die *Bad Boys*. Die *Girls* spielen ihren Teil in den unsympathischen Partien der internationalen Beziehungen, auch wenn sie nicht selbst zu Täterinnen werden. Sie sind Komplizinnen in Kolonialismus, Militarismus und Imperialismus,[32] und auch die bösesten oder kaputtesten Gewalt-Männer und Ausbeuter hatten bzw. haben in der Regel Frauen „an ihrer Seite" oder, wie z.B. Mao Zedong oder Adolf Hitler, zusätzlich nicht nur millionenfache männliche, sondern eben auch weibliche Anhängerschaft.

10.5 Staat und Geschlecht

Ich möchte mich am Beispiel Geschlechterverhältnis und Staat noch einmal auf die Analyse der Geschlechterpolarisierung einlassen und zugleich das Risiko der Verdinglichung der Kategorien „männlich-weiblich" durch eben diese Analyse deutlich machen. Feministische Untersuchungen haben herausgearbeitet, dass der moderne Staat das Öffentliche und damit das Männliche repräsentiert, zugleich aber auf die nicht-öffentliche, vielfach unterdrückte weibliche Sphäre angewiesen ist. Das gilt einmal sehr konkret materiell für den Gesellschaftsvertrag. Ihm ging über Jahrhunderte und geht vielfach heute noch ein *sexual contract* voraus, der ein Herrschaftsverhältnis zwischen Mann

---

31 Soldaten oder KämpferInnen unterschiedslos als „Mörder" zu bezeichnen, wie das auch manche männliche Pazifisten tun, ist absurd, ja geradezu obszön. Um die Differenz zwischen Verteidigung und Angriff auf die Spitze zu treiben: es ist nun einmal ein Unterschied ums Ganze, ob man sich im Zweiten Weltkrieg als russischer Jude entschied, zu den Partisanen in die Wälder zu gehen, oder ob man als SS-Mann Dörfer angezündet und die Bewohner gleich mit verbrannt hat.

32 Das wird von Cynthia Enloe, *Bananas*, ausdrücklich thematisiert, z.B. S. 16. Die Theoretisierung der Verteidigungsproblematik jedoch kommt für meine Begriffe in einer Reihe von ansonsten vorzüglichen feministischen Texten zu kurz; so etwa auch bei Steans, *Gender*.

und Frau begründet, das nicht den Regeln der Vertragsgleichheit zwischen den männlichen Staatsbürgern unterworfen wird.[33]

In der Tat sind Menschenrechte in der Geschichte des Patriarchats zunächst vor allem Männerrechte. Bis heute wird nicht einmal die Gleichheit von Männern und Frauen vor dem Gesetz oder der Rechtsanspruch der Frauen auf die Integrität ihres Körpers durchgängig anerkannt. Obwohl die Ausmaße sexueller Gewalt inzwischen hinreichend belegt sind, zählt sie immer noch zu den Verbrechen, die am wenigsten gemeldet, aufgeklärt und gesühnt werden. Schon in Friedenszeiten – erst recht im Krieg[34] – kommt es weltweit nur bei einem geringen Prozentsatz aller Vergewaltigungen zu einer Verurteilung. Gründe dafür sind ökonomische Abhängigkeit und rechtliche Minderstellung der Frauen ebenso wie schwierige und demütigende Beweisführung aufgrund der von Männern gemachten Gesetze und vor männlich dominierter Polizei und Justiz. In manchen Ländern wird heute noch nicht der Vergewaltiger bestraft, sondern die vergewaltigte Frau.[35]

Der rechtliche bzw. kulturelle Vorsprung der so genannten entwickelten Länder beträgt dabei oft nur wenige Jahrzehnte, wenn er überhaupt vorhanden ist. Verharmlosende Aussagen über Vergewaltigungen sind jedenfalls auch bei führenden Politikern in unseren Breitengraden nicht ungewöhnlich. So verteidigte sich der italienische Ministerpräsident Silvio Berlusconi kürzlich gegen den Vorwurf, Vergewaltigungen nähmen zu, weil er entgegen seinen Wahlkampfversprechungen die Verbrechensbekämpfung vernachlässige, mit dem Hinweis, absolute Sicherheit sei in diesem Bereich nicht möglich, weil es zu viele hübsche italienische Mädchen gebe.[36]

---

33 Der klassische feministische Text dazu ist Carole Pateman, *The Sexual Contract*, Stanford, Cal. 1988.

34 Als aktuelles Beispiel vgl. Jeffrey Gettleman, *Congo Finally Confronts Rape Epidemic*, IHT vom 17. Oktober 2008, S. 1: "Tens of thousands of women, possibly hundreds of thousands, have been raped in the past few years in this hilly, incongruously beautiful land (…) After years of denial and shame, the silence is being broken. Because of stepped-up efforts in the past nine months by international organizations and the Congolese government, rapists are no longer able to count on a culture of impunity."

35 United Nations Population Fund, *State of World Population 2008: Reaching Common Ground – Culture, Gender and Human Rights*, New York 2008, S. 4.

36 Vgl. *Furcht und Faustrecht*, SZ (online) vom 17. 2. 2009.

Die größte quantitative Dimension der Gewalt im Geschlechterverhältnis erreicht das Schlagen von Frauen durch Männer, genauer gesagt ihre Ehemänner; es ist sozusagen die intime Alltagsgewalt des Patriarchats. Auch hier steht die Statistik quer zur Vorstellung von bestimmten Zivilisationsstufen im Geschichtsprozess. So kam der Anthropologe David Levinson in einer Untersuchung von 120 vorstaatlichen Kulturgruppen aus 60 verschiedenen Regionen zu dem Ergebnis, das Schlagen von Frauen sei „the most common type of family violence around the world".[37] Aber Daten für die modernen, in Staaten organisierten Gesellschaften ergeben kein anderes Bild. Einem Bericht über die Türkei zufolge erfährt dort jede zweite Frau häusliche Gewalt.[38] In den USA wird ein Drittel der weiblichen Mordopfer von ihren männlichen Partnern umgebracht, erfolgt ein Drittel der Notaufnahmen von Frauen aufgrund häuslicher Gewalt.[39] In vielen Ländern haben die staatlichen Behörden auch heute noch kein Interesse an einer Verfolgung solcher Taten, selbst wenn sie offiziell strafbar sind.

Auch in Deutschland wird Gewalt gegen Frauen immer noch vernachlässigt oder gar verleugnet. So hat nach Auffassung der Ermittler im Fall des Amokläufers von Winnenden das Geschlecht „keine Rolle" gespielt, obwohl elf der zwölf in den gleichmäßig gemischten Schulklassen getöteten Opfer Mädchen waren und es weitere Hinweise auf einen geschlechtsspezifischen Zusammenhang gibt. Hätte der Attentäter in einer gemischt deutsch-türkischen Klasse elf Türken umgebracht, würde man selbstverständlich nach einer fremdenfeindlichen oder rassistischen Motivation suchen.[40]

Gleichwohl ist die Gewalt gegen Frauen trotz ihrer strukturellen Verankerung im Patriarchat nicht durchgängig und nicht gleichmäßig verteilt, außerdem sind die Verhältnisse fast überall in Bewegung; zuallererst infolge der Aktivitäten von Frauengruppen und durch nationale und internationale Normsetzung, Öffentlichkeit und politischen Druck. Gewalt gegen Frauen und die Menschenrechte von Frauen sind in sehr vielen Gesellschaften und in der internationalen Debatte, ins-

---

37 David Levinson, *Family Violence in Cross-Cultural Perspective*, London 1989, S. 38.

38 Perihan Ügeöz, *Gewalt gegen Frauen – Legitimiert durch den Begriff der Ehre*, www.istanbulpost.net/08/03/03/perihan.htm (18.2.2009)

39 Ducat, *Wimp Factor*, S. 51.

40 Vgl. die bedrückende Analyse männlicher Gewalt gegen Frauen von Alice Schwarzer, *Im Inneren des Walfischs: Warum leugnen selbst die Ermittler den Faktor Geschlecht?*, in: Die Zeit Nr. 17 vom 16. April 2009, S. 11.

besondere im Rahmen der UNO, zu einem wichtigen Thema geworden.[41] Immer mehr Frauen klagen ihre Rechte ein, und diese werden zunehmend in Verfassungen, in Gesetzen und in der sozialen Praxis anerkannt, auch wenn gegenläufige Tendenzen, nicht nur im Islamismus, nicht zu übersehen sind.[42] In den westlichen Demokratien ist die staats- und vertragsrechtliche Benachteiligung der Frauen heute weitgehend aufgehoben. Internationale Statistiken zeigen, dass Frauen und Mädchen in den letzten Jahrzehnten große Fortschritte bei Lebenserwartung, Gesundheit und Bildung gemacht und in diesen Bereichen die Benachteiligung gegenüber den Männern in vielen Regionen der Welt weitgehend ausgeglichen haben, auch wenn sich dieser Fortschritt noch nicht in politische und wirtschaftliche Macht übersetzt.

Der rechtlichen – wie der ökonomischen – Abwertung der Frauen entspricht noch vielfach die kulturelle Abwertung des Weiblichen. In seiner Autobiographie beschreibt der Literaturkritiker Marcel Reich-Ranicki, wie er im August 1955 die Nachricht vom Tode des von ihm verehrten Thomas Mann bekam. Reich-Ranicki hielt sich in einem polnischen Seebad an der Ostsee auf, als ihm das Telegramm vom Rundfunk aus Warschau überbracht wurde mit der Aufforderung, umgehend einen kurzen Nachruf zu schreiben. Seine Reaktion schildert er folgendermaßen:

Krieg ich erschüttert? Hatte ich Tränen in den Augen? (…) ich bin mir sicher: Ich fühlte mich verlassen. Denn ich wusste, dass er, Thomas Mann, mich beeindruckt und beeinflusst, vielleicht sogar geprägt hatte wie kein anderer deutscher Schriftsteller unseres Jahrhunderts. (...) Ich saß etwas hilflos im Strandkorb. Man hatte mir einst in einem preußischen Gymnasium beigebracht, dass es sich zieme, dem Weibischen und Weichlichen, dem Elegischen mannhaft Widerstand zu leisten. Sollte aber das Weibische, das Sentimentale gar schon im Anzuge sein, dann habe man sich unbedingt und sofort auf die Pflicht zu besinnen. So ging ich (...) schnell zu dem Ferienheim, in dem ich wohnte. Der Nachruf, den man von mir erwartete, sollte gleich geschrieben werden.[43]

---

41 Die Verschränkung von internationaler, nationaler und lokaler Ebene wird deutlich in der vorzüglichen Arbeit von Sonja Wölte, *International–national–lokal: FrauenMenschenrechte und Frauenbewegung in Kenia*, Königstein 2008.

42 Auch im islamischen Kulturbereich gibt es Fortschritte; vgl. etwa *Die erste Frau im Kabinett Saudi-Arabiens*, SZ vom 16.2.2009, S. 7; *Islamic Women Hold Conference on Their Rights*, IHT vom 16.2.2009, S. 8.

43 Marcel Reich-Ranicki, *Mein Leben*, 15. Aufl., Stuttgart 2001, S. 507.

Man erkennt sofort klassische geschlechtsspezifische Polarisierungen und Abwertungen. Dem Schüler Marcel Reich war in seiner Berliner Schulzeit vermittelt worden, bestimmte Formen von Subjektivität, z.B. Trauer, als unmännliche Sentimentalität bzw. als weibisch zu begreifen. Weichliches und Weibisches werden gleichgesetzt, und davon hat sich der Mann klar abzugrenzen, will er Mann bleiben. Kommt es ihn dennoch an, dann bleibt ihm nur, in die Pflicht zu flüchten. Nun ist nicht nur dieser eine Schüler so erzogen worden, sondern ganze Generationen von Männern, und die Frauen mit dem entsprechenden Gegenmuster. Da die politischen Machtpositionen in Staat und Gesellschaft noch bis in unsere Zeit überwiegend von einem Geschlecht besetzt waren, muss dieses einseitige Sozialisationsmuster politische Konsequenzen (gehabt) haben. Mit anderen Worten: der Staat hat ein Geschlecht; die Männer, die ihn repräsentieren, repräsentieren ihn als Männer, denen ein Teil allgemein menschlicher Subjektivität ausgeredet wird, den das andere Geschlecht zugewiesen bekommt.

In der Tat wurde (und wird z.T. noch) Staatlichkeit mit Männlichkeit und vor allem mit männlicher Wehrhaftigkeit identifiziert. Männer (und erst recht Frauen), die sich in einem solchen Milieu behaupten wollen, müssen ihre so konstruierte Männlichkeit (oder Tauglichkeit) unter Beweis stellen. Ein eindrucksvolles Beispiel für diese These bietet der deutsche Reichskanzler Theobald von Bethmann Hollweg, der in der Vorgeschichte des Ersten Weltkrieges von den Militärs und den Hardlinern verdächtigt wurde, zu weich und damit kein richtiger Mann zu sein. Jedenfalls verteidigte er den damaligen Kurs in seinen nach dem Krieg verfassten Memoiren mit dem Argument, die entgegengesetzte Politik, nämlich eine Verständigung mit Russland, wäre einer „Selbstentmannung" gleichgekommen.[44]

Das alles ist keineswegs Geschichte. Ich habe in Kap. 7 am Beispiel des amerikanischen Entscheidungsprozesses zur Eskalation im Vietnam-Krieg schon darauf hingewiesen, dass Zweifler keinen guten Stand hatten. Die Macher, die *can-do-guys* waren gefragt, und damit waren immer auch sexistische Konnotationen verbunden. Ich kann hier ergänzen, dass Vize-Präsident Spiro Agnew seinerzeit einen republikanischen Senator, der den Rückzug aus Vietnam forderte, mit ei-

---

44 Zitiert nach Richard New Lebow, *Kognitive Blockierung und Krisenpolitik: Deutsche Entscheidungsträger im Juli 1914*, in: Reiner Steinweg (Hrsg.), *Kriegsursachen (Friedensanalysen 21)*, Frankfurt am Main 1987, S. 191-247, hier S. 222.

nem bekannten Transsexuellen verglich; also einem Mann, der zur anderen Seite, d.h. hier zum anderen Geschlecht, „übergelaufen" war![45] Und weiter: auch Daniel Ellsberg, der Pentagon-Mitarbeiter, dem wir die (illegale) Veröffentlichung der so genannten Pentagon-Papiere über die internen Entscheidungsprozesse zum Vietnam-Krieg verdanken, war nach eigenen Angaben nach vielen Jahren sorgfältiger Überlegungen und Prüfungen der Frage, warum Präsident Lyndon B. Johnson an einem Krieg festhielt, der nach Auskunft seiner engsten Berater nicht zu gewinnen war und zunehmend unpopulär wurde, zu der Auffassung gekommen, dass es am *wimp-factor* lag; an Johnsons Angst, als unmännlich zu erscheinen.[46]

Auch US-Präsident George Bush sen. ging es in den Militärinterventionen in Panama und im Golf u.a. darum, den Vorwurf zu bekämpfen, er sei als „aristokratischer" Mann zu effeminiert, zu weich, zu schwach.[47] Bei der Irak-Intervention 2003 tauchte das Männlichkeitsthema erneut auf. Neokonservative Intellektuelle in den USA warfen den Europäern in unverhohlen sexistischer Sprache vor, sie seien keine Männer mehr und impotent. Was Präsident George Bush jr. betrifft, so wird aus Bob Woodwards Buch *Plan of Attack* deutlich, wie wichtig es für ihn war, als entscheidungsstark zu gelten. In der maßgebenden Zusammenkunft mit Tony Blair, in der es um die Frage ging, ob Großbritannien fest an der Seite der USA stehen werde, zeigte sich Bush von der Standfestigkeit des britischen Premiers so beeindruckt, dass er gegenüber Blairs Mitarbeitern anerkennend meinte: „Your man has got cojones".[48] *Cojones* ist spanisch für Hoden (umgangssprachlich: Eier) und eine klare sexuelle Anspielung auf männliche Potenz. Die Sitzung mit Blair, die in Camp David stattfand, hielt Bush ausdrücklich als das *cojones meeting* fest.

In traditionell männlich definierten und dominierten staatlichen Institutionen wie dem Militär lassen sich die genannten Mechanismen besonders deutlich aufzeigen. Das Militär ist auch heute noch nicht nur ein Instrument zur Sicherung staatlich verfasster Gesellschaften,

---

45 Ducat, *Wimp Factor*, S. 184.
46 Cynthia Enloe, *Globalization and Militarism: Feminists Make the Link*, Plymouth 2007, S. 48.
47 Vgl. dazu Carol Cohn, *Wars, Wimps, and Women*, in: Miriam Cooke/Angela Woollacott (Hrsg.), *Gendering War Talk*, Princeton, N.J. 1993, S. 227-246, hier S. 234.
48 Bob Woodward, *Plan of Attack*, New York-London-Toronto 2004, S. 178.

es ist zugleich ein Ort der Konstruktion einer bestimmten Form von Männlichkeit. Das kann man an den im Militär verbreiteten „männlichen" Eigenschaften ablesen, die entweder nie militärisch funktional waren oder es in hoch technisierten Armeen nicht mehr sind wie Trinken, Fluchen, sexuelle Abenteuer, aber auch Körperkraft, Zähigkeit und Kämpfertum. Die Furcht vor Verweiblichung spielt auch auf der symbolischen Ebene eine große Rolle in dieser Institution. Das zeigt sich am Umgang mit der Homosexualität. Sie wird inzwischen vielfach toleriert, solange sie nicht öffentlich wird. Sie darf deshalb nicht öffentlich werden, weil damit das Selbstverständnis des Militärs als Ort heterosexueller Männlichkeit in Frage gestellt würde; Homosexualität steht für die Feminisierung des Mannes.[49]

Nicht nur bei Soldaten, auch bei Zivilisten, die sich beruflich mit Krieg, Strategie oder Nuklearwaffen beschäftigen, werden bestimmte Reaktionsweisen als negativ bewertet, weil sie als weiblich kodiert sind. Man muss sich in diesem Milieu entscheiden, wie ein Mann zu sprechen, das heißt „hardnosed, realistic, unsentimental, dispassionate".[50] Damit ist Emotionalität ausgeschlossen, aber nur scheinbar. Denn „männliche" Emotionen, also Aggressivität, Rivalität, Macho-Gehabe sind stillschweigend erlaubt, nicht aber „weibliche". Ein Physiker, der an Nuklearplanungen beteiligt war, erzählte der Politikwissenschaftlerin Carol Cohn folgende Geschichte. Bei einem der üblichen Kriegs-Szenarien ergaben sich durch Veränderungen in den Parametern nur 30 Millionen Tote statt vorher 36 Millionen. Alle Beteiligten nickten zufrieden und schienen das Ergebnis zu schätzen. Plötzlich fuhr es dem Physiker heraus:

> "Wait, I've just *heard* how we're talking – *Only* thirty million! *Only* thirty million human beings killed instantly?" Silence fell upon the room. Nobody said a word. They didn't even look at me. It was awful. I felt like a woman.[51]

---

49 Vgl. dazu Carol Cohn, *Gays in the Military: Texts and Subtexts*, in: Marysia Zalewski/Jane Parpart (Hrsg.), *The „Man" Question in International Relations*, Boulder, Colo. 1998, S. 129-149; die üblichen militärischen Rationalisierungen des Apparats in der Argumentation gegen die offene Tolerierung von Homosexualität entlarvt Elizabeth Kier, *Homosexuals in the U.S. Military: Open Integration and Combat Effectiveness*, in: International Security, 23:2 (Herbst 1998), S. 5-39.

50 Cohn, *Wars, Wimps, and Women*, S. 230.

51 Ebd., S. 227.

Auch auf weit weniger spektakulären Ebenen kann man solche Spaltungen beobachten. Als aktuelles Beispiel nehme ich die Talk-Show von Anne Will am 1. März 2009, in der es um die Mitgliedschaft von Erika Steinbach für den Bund der Vertriebenen im Stiftungsrat des in Berlin geplanten Zentrums für Flucht und Vertreibung ging. Der ruhende Pol der Diskussion war Wolf von Lojewski (Journalist und früher Nachrichtensprecher des ZDF), der über Heimat, Vertreibung und Versöhnung an der Basis sprach und die Probleme eher bei den organisierten Verbänden und der „großen Politik" sah. Die politische Kontroverse wurde ausgetragen zwischen Arnulf Baring (Professor für Zeitgeschichte und Internationale Beziehungen) und Wolfgang Bosbach (Stellvertretender Vorsitzender der CDU/CSU-Bundestagsfraktion) auf der einen und Renate Künast (Vorsitzende der Bundestagsfraktion von Bündnis 90/Die Grünen) und Steffen Möller (ein noch jüngerer, schon mehrfach für seine Bemühungen um die deutsch-polnische Verständigung ausgezeichneter Schauspieler und Kabarettist) auf der anderen Seite.

Die beiden älteren Herren argumentierten nicht weniger emotional als ihre beiden jüngeren KontrahentInnen. Aber sie forderten, z.T. in äußerst unhöflicher Form, mehrfach von ihren Gesprächspartnern, vor allem von Frau Künast, der sie Emotionalität, Flapsigkeit und mangelnde Sachkenntnis vorwarfen, Sachlichkeit ein; eine Sachlichkeit, die sie selbstverständlich für sich in Anspruch nahmen. Der Vorwurf der Emotionalität, der Exzentrik, ja der Hysterie beim Thema Vertreibung wurde von Herrn Baring auch pauschal gegenüber „den Polen" erhoben, die auf diese Weise gleich mit feminisiert wurden. Gleichzeitig konnte man in einem Filmausschnitt sehen, wie extrem emotional und aggressiv Versammlungen von Vertriebenenverbänden noch im Jahre 2001 sowohl gegen den Hinweis darauf, dass die ersten Vertriebenen Tschechen waren, die 1938 das Sudetenland verlassen mussten, als auch gegen die Formulierung „verbrecherisches Nazi-Regime" in Ansprachen von Innenminister Otto Schily protestiert hatten.[52]

Wen das alles nicht beeindruckt oder kalt lässt, dem empfehle ich dringend die Lektüre des schon mehrfach zitierten Buches von Stephen J. Ducat, *The Wimp Factor*. Ducat ist Professor für Psychologie

---

52 daserste.ndr.de/annewill/videos/annewill744.html, 32:32-32:52 und 33:00-33:22, 9.3.2009. Ich schließe damit keineswegs aus, dass die Kontroverse auch von polnischen Nationalisten politisch instrumentalisiert wird, bis hin zu sexistischen Anspielungen gegenüber Frau Steinbach.

und integriert in diesem populärwissenschaftlich geschriebenen, aber sehr wohl seriösen Text anthropologische, ethnologische und neuere psychologische Literatur (überwiegend experimentelle) sowie seine eigenen Forschungen und Erfahrungen als klinischer Psychologe und Therapeut. Er zeigt, wie hochgradig sexualisiert die (in diesem Fall) amerikanische Politik ist und welche Bedeutung bei einem großen Teil konservativer Männer die Unsicherheit über ihren Geschlechtscharakter spielt. Femiphobie und Homophobie, also Furcht vor den inneren „weiblichen" Anteilen und die damit verbundenen Abwertungsstrategien nach außen, schlagen sich in Wahlverhalten und der Identifikation mit „männlichen" Aspekten von Staatlichkeit (z.B. Wehrhaftigkeit, Krieg, Unilateralismus) bzw. der Abwehr „weiblicher" Dimensionen wie Umweltschutz und Wohlfahrtsmaßnahmen (dem so genannten *nanny state*) nieder. Konservative männliche Werte vor allem in der Unterschicht und in fundamentalistischen Gruppierungen stehen häufig quer zu „offensichtlichen" ökonomischen Interessen.[53]

Was ich hier vorgestellt habe, ist gleichwohl nur ein Teil der Geschichte, auch hier gibt es eine andere Seite. Im amerikanischen Bürgerkrieg z.B. haben viele Soldaten, die für die Südstaaten kämpften, auch in der Endphase deshalb nicht aufgegeben, weil sie sich vor ihren Frauen, Müttern und Schwestern schämten. Deserteuren oder „Feiglingen" konnte es passieren, dass ihnen von bekannten oder verwandten Frauen ein Petticoat ins Zimmer gelegt wurde. Die Frauen in den Südstaaten kämpften auf ihre Weise für die Unabhängigkeit ihrer Lebensform. Sie verwünschten den Feind, agitierten an der Heimatfront, warben für die Sache der Konföderierten und für die Meldung der Männer zum Wehrdienst, gründeten Vereine zur Betreuung von Soldaten und gaben so ein Beispiel für Kriegs-Enthusiasmus.[54] Von den 32 nationalen Frauenorganisationen im Ersten Weltkrieg haben sich die meisten *für* die Mobilisierung zum Krieg engagiert.[55]

---

53 Dazu Ducat grundsätzlich: "It is not that there is something pathological about being male. Rather, the problem is the psychological cost of developing a male identity in a culture that disparages the feminine and insists that the boundaries between masculine and feminine remain unambiguous and impermeable (*Wimp Factor*, S. 5)."

54 Jean Bethke Elshtain, *Women and War*, 2. Aufl., Chicago-London 1995, S. 100. Neben Enloes *Bananas, Beaches and Bases* und Tickners *Gender in International Relations* ist dieses Buch der dritte große neuere Klassiker der feministischen Literatur; vgl. Sylvester, *Unfinished Journey*, S. 18ff.

55 Elshtain, *Women and War*, S. 111, Fußnote.

Auf der anderen Seite können selbst Staatsmänner, die sich als Staats*männer* bewähren müssen, begreifen, dass es wichtiger ist, Kompromisse zu schließen, als sich in einer fragwürdigen „männlichen" Weise zu behaupten. Als Präsident Michail Gorbatschow einen Bericht auf der Grundlage interner Interviews über die kubanische Raketenkrise von 1962 gelesen hatte, war er für eine Nacht um den Schlaf gebracht. Am nächsten Tag sagte er dem Politbüro, die Welt sei beinahe in die Luft geflogen, weil sich zwei Buben auf dem Schulhof darum gestritten hätten, wer den *bigger stick* habe. Ja, aber die beiden „Schulbuben" Kennedy und Chruschtschow haben durch Kommunikation gelernt, ihre wechselseitige Wahrnehmung zu verändern und ihre Ziele neu zu definieren. Zentral wurde für beide die Überlegung, den drohenden Krieg zu verhindern, nicht sich als der Stärkere zu beweisen. Wie es Chruschtschow in seiner klaren Sprache formuliert hat: „Ich bin kein zaristischer Offizier, der sich einen Kopfschuss geben muss, nur weil er auf einem Maskenball einen Furz gelassen hat. Es ist besser nachzugeben, als einen Krieg zu riskieren."[56]

10.6 Männer und Frauen – Krieg und Frieden

Die meisten Gewalttaten werden von Männern begangen, die Gewalt in den Beziehungen zwischen den Geschlechtern, vor allem die sexuelle Gewalt, wird weit überwiegend von Männern ausgeübt, und gesellschaftliche Zwangsinstitutionen sind weitgehend mit Männern besetzt. Aber an politischer Gewalt sind Frauen in vielfältiger Weise beteiligt. Jean Bethke Elshtain schreibt, die vielen Schwarz-Weiß-Texte, die die Verantwortung für den Krieg der männlichen Aggressivität zuschrieben, hätten sie im Laufe ihrer Beschäftigung mit dieser Thematik immer weniger überzeugt.[57] Die Mütter, die ihre Söhne für das Vaterland opferten, seien ebenso wichtig wie die Männer-Heroen. Auch Elshtain diskutiert Zusammenhänge zwischen Staat, Männlichkeit und Krieg, in der historischen Realität wie in der politischen Theorie; etwa bei Hegel, für den der Krieg der entscheidende Test für die Männlichkeit des Staates war. Aber ohne die Mitwirkung des weiblichen Ge-

---

56 Vgl. dazu Richard Ned Lebow/Janice Gross Stein, *We All Lost the Cold War*, Princeton. 1994, S. XI und 110 (meine Übersetzung des Zitats).

57 Jean Bethke Elshtain, *Sovereignty, Identity, Sacrifice*, in: V. Spike Peterson, *Gendered States: Feminist (Re)Visions of International Relations Theory*, Boulder, Col. 1993, S. 141-154, hier S. 142.

schlechts könne dieser Zusammenhang nicht wirksam werden: "There are hundreds of hair-raising tales of bellicose mothers, wives, and girlfriends writing the combat soldier and requesting the sacrifice of the enemy as a tribute, or gift, to her."[58]

Elshtain geht u.a. der Frage nach, wie die Geschlechter in der Spaltung der Bilder zwischen dem *just warrior* und der *beautiful soul*, dem „gerechten Krieger" und der „schönen Seele", noch symbiotisch mit dem Krieg verbunden sind. In der Inszenierung der Opferbereitschaft, die geschlechtsspezifisch organisiert wird, sieht sie das entscheidende Problem, nicht im Killerinstinkt. Der Krieger ist nicht der einsame Maskulinist; er gibt sein Leben aus Fürsorge, aufgrund einer – wie auch immer pervertierten – Bindung. Elshtains Perspektive ist eine Kritik der Ideologie der Opferbereitschaft und deren Umwandlung in eine Kategorie politischer Verantwortung. Aber sie fügt hinzu, dass damit das Problem von Staat, Krieg und Verteidigung nur partiell aufgelöst werden könne, für das sie keine feministische Lösung sieht. Enttäuscht resümierte die englische Pazifistin Maude Royden, die mit ihrem Friedenswagen 1915 beinahe von Frauen gelyncht worden wäre, „die harte Lektion, die die Frauenbewegung lernen musste – und später wieder vergessen würde":

> Der Glaube, Frauen seien von Natur aus friedfertiger als Männer, ist schwer erschüttert (...). Jetzt ist es evident, dass sie ebenso bösartig militaristisch, ebenso blind patriotisch sein können nicht wie der Soldat, denn bei dem finden sich diese Eigenschaften im allgemeinen nicht, aber wie der männliche Nichtkämpfer, über den sich oftmals nicht dasselbe wie über den Soldaten sagen lässt. Unter Frauen wie unter Männern gibt es Extremisten für den Krieg und für den Frieden; PazifistInnen und MilitaristInnen. (...) Es scheint keine Meinungsaufteilung nach dem Geschlecht zu geben.[59]

Eine Möglichkeit, der Differenz zwischen männlichem und weiblichem Sozialcharakter in der Friedensfrage auf die Spur zu kommen, bieten empirische Forschungen über das *gender gap*, die Differenzen zwischen den Geschlechtern mit der Variation innerhalb der Geschlechter und das Merkmal Geschlecht mit anderen Variablen in Beziehung setzen. Entgegen der zitierten Vermutung von Maude Royden gibt es durchaus eine gewisse Meinungsaufteilung nach dem Ge-

---

58 Ebd., S. 145.
59 Sybil Oldfield, *Frauen gegen den Krieg*, Frankfurt am Main 1995, S. 221; dort auch das Zitat von Royden (S. 221f.).

schlecht in Fragen von Krieg und Frieden. Möglicherweise handelt es sich dabei sogar um einen stabilen Befund, der nicht auf einzelne Länder beschränkt ist. Eine Umfrage in Haupt- bzw. großen Städten aus elf Ländern zum Golf-Krieg von 1991 ergab geschlechtsspezifische Unterschiede zwischen 0 und 20 Prozentpunkten.[60] Richard Eichenberg, der in den USA insgesamt 486 Umfragen aus der Zeit zwischen August 1990 und März 2003 zu Fragen des Einsatzes militärischer Gewalt auswertete, kam auf eine durchschnittliche Differenz zwischen Männern und Frauen von 10 Prozentpunkten. Zusammenfassend schreibt Eichenberg:

> Women are relatively less likely to endorse violent (or escalatory) actions; they are relatively more sensitive to the loss of human life; but they are relatively more sensitive to humanitarian objectives. (...) despite these relative differences between men and women, women are not uniformly pacifist, nor are men uniformly bellicose. Any difference is at the margins. (...) majorities of women supported the use of force in some historical episodes, and (...) a majority of women do support certain types of military actions. In addition, certain factors reduce the support of men as well as women.[61]

Eine Befragung in sieben islamisch geprägten Ländern zur Berechtigung der Attentate in New York und Washington, D.C. vom 11. September 2001 fand große Mehrheiten dagegen, mit Ausnahme von Kuwait, wo sich Befürworter und Gegner in etwa die Waage hielten. In drei der sieben Länder spielten Differenzen zwischen den Geschlechtern eine Rolle, in den vier anderen nicht: in Marokko vertraten 81% der Frauen, aber nur 49% der Männer die Auffassung, die Attentate seien nicht gerechtfertigt gewesen, in der Türkei waren es 80% der Frauen und 73% der Männer; in Kuwait dagegen waren nur 32% der Frauen gegenüber 41% der Männer dieser Meinung (also ein *gender gap* in der nicht erwarteten Richtung).[62]

---

60 Nancy W. Gallagher, *The Gender Gap in Popular Attitudes Toward the Use of Force*, in: Ruth H. Howes/Michael R. Stevenson (Hrsg.), *Women and the Use of Military Force*, Boulder, Col. 1993, S. 23-37.

61 Richard C. Eichenberg, *Gender Differences in Public Attitudes Toward the Use of Force in the United States, 1990-2003,* in: International Security, 28:1 (Sommer 2003), S. 110-141, das Zitat S. 136 und 138.

62 Vgl. David Moore, *Stereotypes of Young Islamic Men Challenged*, Gallup Tuesday Briefing vom 26.3.2002, tuesdaybriefing@gallup.com.

Bei allen Auffälligkeiten im Verhältnis zwischen Geschlecht und politischen Einstellungen generell und zu spezifischen Fragen dürfen also die Gemeinsamkeiten zwischen den Geschlechtern nicht übersehen werden; sie sind in der Regel größer als ihre Differenzen. Auch der Vergleich der Variable Geschlecht mit anderen Variablen ist hier aufschlussreich. Das möchte ich abschließend am Beispiel der letzten Präsidentschaftswahlen in den USA illustrieren:

Von wem die Kandidaten ihre Stimmen holten[63]

	Obama	McCain
von Weißen	61%	90%
von Schwarzen	23	1
von anderen (Latinos und Asiaten)	13	7
von Männern	44%	50%
von Frauen	56%	50%
unter 45 Jahre alt	52%	42%
45 Jahre und älter	48	58
Einkommen unter 50.000 $	42%	32%
über 50.000 $	58	68

---

63 Die Daten nach International Herald Tribune vom 6. November 2008, auf der Basis von *exit polls*.

Schematische Übersicht über den Feminismus

historische Rahmenbedingungen	internationale Frauenbewegung Frauenemanzipation
Fokus der Analyse	das Geschlechterverhältnis die Lage und Bedeutung von Frauen
zentrale Akteure	Männer und Frauen
zentrale Kategorien	*Gender* (soziales Geschlecht) Patriarchat Androzentrismus
zentrales Problem der iB	ungleiche Macht- und Wertverteilung zwischen Männern und Frauen bzw. männlich und weiblich
Lösung	Gleichberechtigung und Gleichwertigkeit von Männern und Frauen bzw. männlich und weiblich

Was man weiß bzw. wissen sollte

Der Feminismus gehört zu den jüngsten Denktraditionen in den Internationalen Beziehungen. Er ist Teil einer umfassenden theoretisch angeleiteten Forschungsperspektive, die in enger Verbindung zu nationalen und transnationalen sozial und politisch organisierten Initiativen von Frauen steht. Der Feminismus thematisiert seit über 30 Jahren in den verschiedensten Wissenschaften die Diskriminierung von Frauen und durchbricht das männliche Monopol auf Welterklärung. Zwar hat es einzelne Herausforderungen männlicher Weltsicht und männlicher Dominanz schon in früheren Zeiten gegeben – so in Olympe de Gouges Entwurf einer Erklärung der Rechte der Frau und Bürgerin während der französischen Revolution –, aber systematisch sich entfalten und politisch relevant werden konnte das „feministische Bewusstsein" erst im Zuge der Frauenbewegungen des 20. Jhdts. und vor allem durch die Fortschritte von Mädchen und Frauen beim Zugang zu institutionalisierter Bildung.

Als eine der klassischen Männerdomänen (der Staatsmann ist per Definition männlich) hat der Feminismus die Politikwissenschaft und gerade die Internationalen Beziehungen vergleichsweise spät erreicht. Der (vernachlässigte) Blick auf die Rolle der Frauen, auf die Machtverteilung zwischen den Geschlechtern und die den beiden Geschlechtern zugewiesenen Lebens- und Gefühlswelten lässt ein anderes Bild von den internationalen Beziehungen entstehen als der übliche Fokus auf den (meist von Männern betriebenen) Haupt- und Staatsaktionen. Die feministische IB-Analyse beansprucht dabei kein einheitliches Gegenmodell zu den etablierten Großtheorien, sie konzentriert sich auf deren Kritik aus verschiedenen Perspektiven, die alle nicht nur die Lage der Frauen, sondern die Kategorie *Gender* (am besten zu übersetzen als „soziales Geschlecht" oder als „Geschlechterverhältnisse") ins Zentrum stellen. Zu den wichtigsten feministischen Perspektiven gehören der liberale Feminismus, dem an der Verwirklichung der Gleichberechtigung liegt, der radikale Feminismus, der die Unterschiede zwischen Männern und Frauen und die Vorzüge „weiblicher" Werte betont, und der postmoderne Feminismus, der auch die Kategorie Frau weiter in unterschiedliche soziale Erfahrungskontexte auflöst. Gemeinsam bleibt allen feministischen Ansätzen das Ziel, die Ungleichverteilung der Lebens- und Entfaltungschancen zwischen den Geschlechtern abzubauen.

Androzentrismus, also die Bevorzugung männlicher Handlungsfelder und Sichtweisen, ist einer der Hauptvorwürfe des Feminismus gegenüber der etablierten IB-Theorie. Sowohl die Erfahrungen wie die Aktivitäten von Frauen als auch die Auswirkungen von Entscheidungen in der internationalen Politik auf das Leben von Frauen hat die IB-Forschung vernachlässigt. Die Polarisierungen in den geschlechtsspezifischen Zuschreibungen, die die historische Geschlechterforschung für die Neuzeit und dann vor allem für die Zeit des 19. und 20. Jhdts. herausgearbeitet hat, lassen sich in der realen Politik, im Verständnis des Staates, seiner Staatsbürger(innen), seiner Institutionen und seiner männlichen Repräsentanten, dementsprechend auch in der politischen Theorie bis in die IB-Theorie hinein nachweisen. So ist es wohl kein Zufall, dass einer der frühen großen Theoretiker staatlicher Souveränität, Jean Bodin, zugleich ein engagierter Befürworter der Hexenverfolgungen war. (Es ging u.a. um die Herrschaft über die weibliche Reproduktionsfähigkeit – immer schon ein Kernbereich des Patriarchats: Die „Hexen" wussten zuviel über Geburtenkontrolle.) Auch aktuelle politikwissenschaftliche Kategorien sind noch zum Teil von männlichen Denkweisen und Erfahrungshorizonten geprägt. Das gilt z.B. für so zentrale Begriffe wie Macht, Autonomie oder Sicherheit.

Geschlechtsspezifische Aspekte staatlicher Herrschaftsordnung lassen sich in vielen Bereichen aufzeigen, auch wenn wir es hier inzwischen weltweit mit einem sehr heterogenen Spektrum zu tun haben. Die öffentliche Sphäre, die immer noch vielfach als männlich identifiziert wird, ist zugleich auf eine nicht-öffentliche, weibliche Sphäre angewiesen; aber häufig nicht im Sinne einer gleichberechtigten und gleichwertigen Arbeitsteilung. Das beginnt mit der physischen Gewaltsamkeit von Männern gegenüber Frauen, die zum Teil bis heute staatlicher Korrektur entzogen bleibt, es gilt rechtlich und ökonomisch. Es gilt auch für den Bereich emotionaler und symbolischer Repräsentation. Die Abspaltung bestimmter allgemein menschlicher Reaktionsformen als „weichlich/weiblich", vor denen sich Männer, wenn sie richtige Männer sein wollen, zu hüten hätten, wird über kollektive Sozialisationsmuster und die männliche Dominanz in der Öffentlichkeit auch politisch relevant, bis hin zu Fragen von Krieg und Frieden. Dafür gibt es eine Vielzahl von Beispielen auch aus der jüngsten Geschichte. Der Diskurs über Außenpolitik ist geschlechtsspezifisch gefärbt, nicht nur in den männlich dominierten sicherheitspolitischen Institutionen und Milieus.

Gleichwohl stößt die feministische Kritik bei aller unbestreitbaren Relevanz und Brisanz geschlechtsspezifischer Analysen der realen iB wie der IB-Theorie auch auf Probleme. Sie beziehen sich m.E. vor allem auf Re-Essentialisierungen, also neue polarisierende Verfestigungen von weiblich und männlich, besonders im radikalen Feminismus. Ich vertrete die These, dass die IB-Theorie nicht so eindeutig „maskulinistisch" ist, wie sie in der feministischen Kritik gelegentlich erscheint, und „die" Frauen nicht nur Opfer der von Männern dominierten internationalen Politik, sondern als Mittäterinnen und Täterinnen auch an deren problematischen Dimensionen passiv und aktiv beteiligt sind. (Der zweite Punkt scheint mir weniger strittig als der erste.) Am Beispiel des historischen Entstehungshintergrundes des Realismus, der für die feministische Kritik in besonderer Weise die „Maskulinität" der IB-Theorie demonstriert, versuche ich aufzuzeigen, dass Autonomie, Sicherheit und Verteidigung Kategorien sind, auf die auch eine wirklich geschlechtsneutrale oder eine beide Geschlechter gleichberechtigt berücksichtigende IB-Theorie nicht verzichten kann. Umgekehrt ist z.B. Kooperation keineswegs eine spezifisch weibliche Verhaltensweise in den iB oder lassen sich etwa Vorstellungen von „gemeinsamer Sicherheit" als spezifisch feministisch reklamieren.

Eine interessante empirische Grundlage für die angedeutete Kontroverse bieten Untersuchungen über das *gender gap*, darunter unterschiedliche Einstellungen von Männern und Frauen zu Fragen der Außenpolitik, insbesondere zum Einsatz von Gewaltmitteln. Diese Untersuchungen rechtfertigen nicht die Dichotomie „kriegerische Männer – friedfertige Frauen", aber sie zeigen auch keine völlige Indifferenz der Kategorie Geschlecht. Gleichwohl sind die Gemeinsamkeiten zwischen den Geschlechtern in diesen Fragen immer noch größer als die Unterschiede. Stärkere Bedeutung könnte einem anderen Befund zukommen, nämlich einem möglichen Zusammenhang zwischen Geschlechterdemokratie und Frieden. Ein Abbau der polarisierten und hierarchisierten Lebens- und Gefühlswelten könnte *beide* Geschlechter für eine größere Friedensbereitschaft und -kompetenz qualifizieren.

Mit meinen Einwänden will ich keineswegs von der Problematik patriarchaler Herrschaftsordnung auch in den internationalen Beziehungen oder von höchst fragwürdigen – um es vorsichtig zu formulieren – Männlichkeitskonstruktionen und den damit verbundenen Erscheinungsformen von Femiphobie und Homophobie ablenken. Deren Analyse und Kritik sollte heute zum selbstverständlichen Bestandteil einer sich als emanzipiert begreifenden IB gehören.

Worüber es zu diskutieren lohnt

- über das Verhältnis zwischen Natur und Kultur in der Geschlechterordnung
- über den Befund der Polarisierung und die Problematik ihrer Verdopplung durch die Analyse (was heißt wirklich „männlich", was „weiblich"?)
- über die Auswirkungen der geschlechtsspezifischen Spaltung zwischen öffentlich und privat auf die Lage von Männern und Frauen in der internationalen Politik
- über Konsequenzen aus ungleicher Machtverteilung und asymmetrischen kulturellen Zuschreibungen zwischen den Geschlechtern für außenpolitische Entscheidungen
- über unsichere Männlichkeit und die (außen)politische Relevanz von Femiphobie und Homophobie
- über mögliche Beziehungen zwischen der „privaten" Gewalt im Geschlechterverhältnis und der Gewalt in den internationalen Beziehungen
- über die (Mit-)Täterschaft von Frauen im Chauvinismus, im Imperialismus, im Krieg
- über die Geschlechterordnung im Militär und im Krieg; repräsentiert sie nur die geschlechtsspezifische Arbeitsteilung oder sind die Geschlechterverhältnisse selbst eine mögliche Ursache für die Krieg/Frieden-Problematik?
- über mögliche Zusammenhänge zwischen Geschlechteremanzipation und Frieden

Literatur-Tipps

Empfohlene Lektüre zur Einführung:

Cilja Harders, *Krieg und Frieden in den Internationalen Beziehungen*, in: Sieglinde K. Rosenberger/Birgit Sauer (Hrsg.), Politikwissenschaft und Geschlecht, Wien 2004, S. 229-249 (eine sehr gute Einführung in feministische Ansätze zu Krieg und Frieden)

Birgit Locher, *Internationale Beziehungen aus der Geschlechterperspektive*, in: Kathrin Braun/Gesine Fuchs/Christiane Lemke/Katrin Töns (Hrsg.), Feministische Perspektiven der Politikwissenschaft, München-Wien 2000, S. 332-367 (eine der besten kurzen Übersichten über feministische Fragestellungen in den IB, die ich kenne)

Uta Ruppert, *Theorien Internationaler Beziehungen aus feministischer Perspektive*, in: dies. (Hrsg.), *Lokal bewegen – global verhandeln: Internationale Politik und Geschlecht*, Frankfurt am Main-New York 1998 (eine gute ältere Einführung in das Verhältnis zwischen Feminismus und IB-Theorie und Grundlinien feministischer IB)

Klassiker der Politischen Theorie und Ideengeschichte:

Virginia Woolf, *Three Guineas* [1938], London 1991. In drei politischen Essays beschreibt die berühmte englische Schriftstellerin eindringlich – teilweise mit feiner, aber bitterer Ironie – die Benachteiligung der Frauen und arbeitet sie Zusammenhänge zwischen Patriarchat, Nationalismus und Krieg heraus.

Weitere Literaturhinweise:

zur feministischen (IB-)Theorie und den iB allgemein

Kathrin Braun/Gesine Fuchs/Christiane Lemke/Katrin Töns (Hrsg.), *Feministische Perspektiven der Politikwissenschaft*, München-Wien 2000 (Kap. 4 behandelt die iB/IB aus der Sicht der Frauen- und Geschlechterforschung)

Claudia von Braunmühl/Marianne Heimbach-Steins/Johannes Müller/Sabine von Schorlemer, *Frauen – Gewinnerinnen oder Verliererinnen der Globalisierung: Neue Herausforderungen für eine Gender-gerechte Weltordnung*, Stuttgart 2007

Robert W. Connell, *Der gemachte Mann: Konstruktion und Krise von Männlichkeiten*, 3. Aufl., Wiesbaden 2006 (deutsche Ausgabe des modernen Klassikers über *Masculinities*)

Stephen J. Ducat, *The Wimp Factor: Gender Gaps, Holy Wars, and the Politics of Anxious Masculinity*, Boston 2004 (eine flott geschriebene, aber durchaus wissenschaftliche und sehr vielseitige politisch-psychologische Auseinandersetzung mit den politischen Auswirkungen männlicher Femiphobie und Homophobie am Beispiel der USA)

Cynthia Enloe, *Bananas, Beaches, and Bases: Making Feminist Sense of International Politics* [1989], Neuausgabe Berkeley-Los Angeles 2000 (*der* Klassiker der feministischen IB-Literatur und mein feministisches Lieblingsbuch; auch für Anfänger sehr gut zu lesen)

Sabine Hark (Hrsg.), *Dis/Kontinuitäten: Feministische Theorie*, 2. Aufl, Wiesbaden 2007 (versammelt eine Reihe – gekürzter – grundlegender Texte überwiegend aus der deutschen feministischen Debatte mit einem Kapitel über die soziale Konstruktion von Geschlecht)

Ellen Krause, *Einführung in die politikwissenschaftliche Geschlechterforschung*, Opladen 2003 (eine materialreiche Einführung; enthält auch ein Kapitel über *Geschlechterforschung und Internationale Beziehungen*)

Eva Kreisky/Birgit Sauer (Hrsg.), *Feministische Standpunkte in der Politikwissenschaft: Eine Einführung*, Frankfurt am Main 1995 (ein Markstein in der deutschsprachigen feministischen Literatur zur Politikwissenschaft, enthält auch Beiträge zu IB-Themen)

Gert Krell, *Feminismus und Internationale Beziehungen: Zwischen Dekonstruktion und Essentialisierung*, in: Zeitschrift für Internationale Beziehungen, 3:1 (Juni 1996), S. 149-181 (ein älterer sympathisierender und zugleich kritischer Literaturbericht)

Birgit Locher, *Feminismus ist mehr als 'political correctness': Anmerkungen und Ergänzungen zu Gert Krells Literaturbericht*, in: Zeitschrift für Internationale Beziehungen, 3:2 (Dezember 1996), S. 381-397 (freundliche, aber zugleich kritische Anmerkungen zur Kritik)

Jane Parpart/Marysia Zalewski (Hrsg.), *Rethinking the Man Question: Sex, Gender and Violence in International Relations*, London-New York 2008 (mit mehreren Beiträgen zur Konstruktion problematischer Männlichkeit)

Uta Ruppert (Hrsg.), *Lokal bewegen – global verhandeln: Internationale Politik und Geschlecht*, Frankfurt am Main-New York 1998 (ein wichtiger Sammelband zu Fragen feministischer IB- und Friedensforschung und zu einer Reihe von internationalen Politikfeldern aus feministischer Sicht)

Jill Steans, *Gender and International Relations: Issues, Debates and Future Directions*, Cambridge-Malden, MA 2006 (eine sehr gute und umfassende Einführung in die feministische IB-Theorie; auch für AnfängerInnen)

Christine Sylvester, *Feminist International Relations: An Unfinished Journey*, Cambridge-New York 2002 (intensive Auseinandersetzung mit Theorie-Entwicklungen in den IB der 80er und 90er Jahre aus feministischer Sicht; keine leichte Lektüre, nicht für Anfänger)

J. Ann Tickner, *Gender in International Relations: Feminist Perspectives on Achieving Global Security*, New York 1992 (ein moderner Klassiker des Feminismus, auf den ich im Text näher eingegangen bin)

Dies., *Gendering World Politics: Issues and Approaches in the Post-Cold War Era*, New York 2001 (keine bloße Neuauflage, sondern eine neue Zusammenfassung feministischer Perspektiven auf Sicherheit, Wirtschaft, Staat und Demokratie in der Globalisierung)

United Nations Population Fund, *Reaching Common Ground: Culture, Gender and Human Rights*, New York 2008 (eine von vielen UNO-Publikationen zum Thema Frauenrechte; sehr vorsichtig gegenüber kulturspezifischen Lagen und Vorbehalten)

Sonja Wölte, *International – national – lokal: FrauenMenschenrechte und Frauenbewegung in Kenia*, Königstein/Taunus 2008 (eine im doppelten Sinne beispielhafte Studie über die realpolitische Vernetzung von Analyse-Ebenen auf dem Gebiet der FrauenMenschenrechte)

Marysia Zalewski/Jane Parpart (Hrsg.), *The „Man" Question in International Relations*, Boulder, Col.-Oxford 1998 (wie der Titel schon sagt, geht es um [fragwürdige] Formen von Männlichkeit und deren Auswirkungen auf die internationale Politik)

zu Staat, Nation, Militär und Krieg

Jean Bethke Elshtain, *Women and War*, 2. Aufl., Chicago 1995 (ein inzwischen klassischer Blick auf die Weltgeschichte von Krieg und Frieden aus der Geschlechterperspektive)

Regina-Maria Dackweiler/Reinhild Schäfer (Hrsg.), *Gewalt-Verhältnisse: Feministische Perspektiven auf Geschlecht und Gewalt*, Frankfurt am Main-New York 2002 (behandelt auch das Verhältnis der Staatsmacht zu geschlechtsspezifischer Gewalt)

Christine Eifler/Ruth Seifert (Hrsg.), *Soziale Konstruktionen – Militär und Geschlechterverhältnis*, Münster 1999 (eine gute Mischung aus theoretischen und empirischen Beiträgen, Fallstudien und systematischen Analysen)

Cynthia Enloe, *Globalization and Militarism: Feminists Make the Link*, Plymouth 2007 (spannende Lektüre über aktuelle *gender* Aspekte der Globalisierung und des Militärs, den Irak-Krieg eingeschlossen)

Joshua Goldstein, *War and Gender: How Gender Shapes the War System and Vice Versa*, Cambridge 2001. Eine systematische interdisziplinäre Studie über die Frage, warum in fast allen historischen Kontexten die Männer für die Verteidigung bzw. das Töten im Krieg zuständig sind. Goldstein gibt eine gemischt biologisch-sozialkonstruktivistische Antwort.

Cilja Harders/Bettina Roß (Hrsg.), *Geschlechterverhältnisse in Krieg und Frieden: Perspektiven der feministischen Analyse internationaler Beziehungen*, Opladen 2002 (Beiträge über Frauen als Opfer, Täterinnen und Akteurinnen im Krieg, in der Außen- und Sicherheitspolitik und der Konfliktprävention, einschließlich theoretischer Reflexionen über die Bedeutung der Geschlechterverhältnisse für zentrale Aspekte der internationalen Beziehungen)

Sandra Hedinger, *Frauen über Krieg und Frieden*, Frankfurt am Main 2000 (stellt das Denken bedeutender Frauen zu Krieg, Frieden und dem Geschlechterverhältnis vor: Bertha von Suttner, Rosa Luxemburg, Hannah Arendt, Betty Reardon, J. Ann Tickner und Jean Bethke Elshtain)

Birgit Sauer, *Die Asche des Souveräns: Staat und Demokratie in der Geschlechterdebatte*, Frankfurt-New York 2001 (eine grundlegende Auseinandersetzung mit Staat und Demokratie aus feministischer Sicht, Pflichtlektüre für Fortgeschrittene)

Ruth Seifert, *Militär-Kultur-Identität: Individualisierung, Geschlechterverhältnisse und die soziale Konstruktion des Soldaten*, Bremen 1996 (eine militärsoziologische Studie mit einem vorzüglichen Teil über das Militär als diskursive Macht, die Geschlechterverhältnisse sozial konstruiert)

Dies./Christine Eifler (Hrsg.), *Gender und Militär: Internationale Erfahrungen mit Frauen und Männern in Streitkräften*, Königstein 2003 (Beiträge zur Geschlechterpolitik und -praxis im Militär in den USA, in Deutschland, Israel, Russland, Ungarn, Japan, China und Großbritannien)

11. Konstruktivismus

LESEHILFE

Ich beginne in der Einleitung mit Anmerkungen zum wissenschaftsgeschichtlichen Kontext, in dem der Konstruktivismus steht, und gehe dann etwas ausführlicher auf seine zentralen Fragestellungen und Kategorien ein. Der Konstruktivismus thematisiert die Grenze zwischen der Natur und dem Sozialen und behauptet, dass wir Menschen vieles als natürlich bezeichnen, was wir selbst hergestellt, das heißt als soziale Fakten produziert haben. Außerdem legt er Wert auf die Feststellung, dass wir auch für das Verständnis der physischen Realität auf Deutung und Interpretation angewiesen sind. Ideen und Identitäten spielen eine wichtige Rolle in den internationalen Beziehungen, sei es in der Kultur und ihren Auswirkungen auf Politik, sei es in Normen, an die sich Staaten gebunden fühlen bzw. durch die sie sich überhaupt erst als Staaten konstituieren. Insofern kann man den Konstruktivismus als einen neuen „Idealismus" bezeichnen. Ich führe aus, was das heißt, und vor allem, was es nicht heißt. In der Auseinandersetzung mit zwei zentralen Kategorien des Realismus, nämlich der Anarchie und dem nationalen Interesse, erläutere ich dann noch einmal an Gedankenexperimenten bzw. konkreten Beispielen den Perspektivenwechsel, den der Konstruktivismus in die IB gebracht hat. Abschließend weise ich auf Probleme des Konstruktivismus hin.

11.1 Einleitung

Beim Konstruktivismus stellt sich als erstes die Frage, ob er überhaupt auf eine Stufe mit anderen empirisch gehaltvollen Theorien gestellt werden darf oder ob er nicht auf einer übergeordneten, „ontologischen" Ebene der Theoriebildung in den IB angesiedelt werden muss, bei der es um Fragen nach dem grundsätzlichen Charakter der Gegenstände, der Konstitution von Akteuren und ihrer Interaktion geht.[1] So hat es sich eingebürgert, auf dieser grundsätzlichen Ebene zwischen rationalistischen und sozialkonstruktivistischen Konstitutions- bzw. Handlungstheorien zu unterscheiden. Realismus, Liberalismus, utilitaristischer Institutionalismus und Marxismus stehen bislang eher im Schatten rationalistischer Handlungstheorien, aber sie lassen sich – wie schon an manchen Stellen dieses Buches angedeutet – fast immer auch bzw. alternativ mit einer sozialkonstruktivistischen Perspektive verbinden. Beim Feminismus ist das schon deshalb offensichtlich, weil für ihn rationalistische Ansätze generell unter dem Verdacht einer geschlechtsspezifischen, d.h. männlichen Kodierung stehen. (Was nicht ausschließt, die *Gender*-Thematik auch mit solchen Ansätzen zu untersuchen.) Ich lasse diese Frage hier offen, stelle nur meinerseits die Frage, warum die IB-Theorie diesen „ontologischen" Unterschied zwischen einer rationalistischen und einer sozialkonstruktivistischen Generalperspektive erst jetzt entdeckt und nicht schon im Lichte der weniger modischen Ansätze aus der Politischen Psychologie thematisiert hat. Denn von ihr kommt eindeutig die ältere, grundsätzlichere Herausforderung rationalistischer Handlungstheorien (siehe Kap. 12).

Auch der Konstruktivismus beansprucht (noch) nicht, eine ausgearbeitete Theorie der internationalen Beziehungen bieten zu können, er versteht sich bescheidener als eine theoretisch angeleitete Forschungsperspektive. Als solche hat er in den IB seit den 1990er Jahren einen enormen Aufschwung genommen, ist er zu einer produktiven Herausforderung für die anderen neuen Weltbilder geworden. Aber der Konstruktivismus ist, anders als der Realismus, der Liberalismus, der Mar-

---

1 Vgl. etwa Thomas Risse, *Konstruktivismus, Rationalismus und Theorien Internationaler Beziehungen - warum empirisch nichts so heiß gegessen wird, wie es theoretisch gekocht wurde*, in: Gunther Hellmann/Klaus-Dieter Wolf/Michael Zürn (Hrsg.), *Die neuen internationalen Beziehungen. Forschungsstand und Perspektiven in Deutschland*, Baden-Baden 2003, S. 99-132, hier insbesondere S. 100-102.

xismus oder der Feminismus, nicht mit einer sozialen Bewegung oder einer großen politischen Tendenz verbunden – wobei Verbindung hier ausdrücklich nicht als Abhängigkeit gemeint ist: Jede sozialwissenschaftliche Tradition beansprucht intellektuelle Selbständigkeit, und zwar zu Recht, sonst wäre sie bloße Legitimationswissenschaft.

Der Konstruktivismus ist viel stärker als die anderen genannten Denkweisen ein Produkt der Eigendynamik wissenschaftlicher Reflexion. Die meisten wissenschaftlichen Impulse für den Konstruktivismus in den IB kommen aus der Soziologie und aus den Kulturwissenschaften. Dass er erst so spät einen solch starken Aufschwung in den IB nimmt – eines der für den Konstruktivismus grundlegenden soziologischen Werke stammt immerhin schon aus dem Jahre 1966[2] –, hat freilich durchaus mit außerwissenschaftlichen Entwicklungen zu tun, und zwar wieder mit dem Ende des Ost-West-Konflikts. Schließlich wurde dieser die internationale Politik seit dem Zweiten Weltkrieg strukturierende Konflikt durch „Neues Denken" beendet, nicht oder jedenfalls nicht in erster Linie oder nicht allein durch grundlegende Veränderungen in materiellen Größen wie z.B. militärischen Fähigkeiten. Hinzu kommen auf der negativen Seite neue ethno-nationalistische Konflikte, in denen es offenbar weniger um Macht und Interessen, sondern mehr um kollektive Identitäten geht; was der Nationalismus-Forschung freilich schon seit langem bekannt ist.

Etwas ketzerisch füge ich hinzu, dass es auch in den IB immer schon konstruktivistisches Denken gegeben hat; nur hat man das früher nicht so genannt. So könnte man sagen, die Englische Schule habe den Konstruktivismus vorweggenommen. Ich habe in Kap. 8 Hedley Bull als einen normativ-reflexiven Institutionalisten vorgestellt. Lebte er noch und hätte er seine Karriere noch vor sich, dann würde er sich heute vielleicht als einen Konstruktivisten bezeichnen. Timothy Dunne hat auf die Verbindungen zwischen Englischer Schule und Konstruktivismus aufmerksam gemacht. Er verweist dabei nicht nur auf Hedley Bull, sondern auch auf einen anderen Vertreter dieser Denkschule, auf Martin Wight. Ich übernehme von Dunne ein aufschlussreiches Zitat aus einem Aufsatz von Wight von 1966:

International society (...) can be properly described only in historical and sociological depth. It is the *habitual* intercourse of independent communi-

---

2   Peter L. Berger/Thomas Luckmann, *Die gesellschaftliche Konstruktion der Wirklichkeit* [1966], 20. Aufl., Frankfurt am Main 1980.

ties, beginning in the Christendom of Western Europe and gradually extending throughout the world. It is manifest in the diplomatic system; in the *conscious* maintenance of the balance of power to preserve the independence of the member-communities; in the regular operation of international law, whose *binding* force is accepted over a wide though politically unimportant range of subjects. (...) All these presuppose an *international social consciousness.*[3]

Bei Alexander Wendt, einem der führenden Vertreter des neuen Konstruktivismus in den IB liest sich das dann so:

The vast majority of states today see themselves as part of a „society of states" whose norms they adhere to not because of on-going self-interested calculations that it is good for them as individual states, but because they have internalized and identify with them. This is not to deny that states are self-interested in much of what they do *within* the boundaries of that society. But with respect to many of the fundamental questions of their co-existence states have already achieved al level of collective interest that goes well beyond „Realism".[4]

Das könnte fast wörtlich auch von Hedley Bull sein, man muss nur die entsprechenden Passagen und Zitate in Kap. 8 nachschlagen.

11.2   Zentrale Anliegen des Konstruktivismus

Der Konstruktivismus ist ein neuer Idealismus, aber nicht im Sinne unserer Alltagssprache und nicht im Sinne der ersten großen Theorietradition in den IB, gegen die der Realismus dann als Reaktion entstanden ist – oder sich stilisiert hat. Mit Idealismus ist hier gemeint, dass der Konstruktivismus Ideen einen deutlich höheren Stellenwert in der Politik einräumt als rationalistisch geprägte Theorietraditionen. Der Konstruktivismus geht davon aus, dass die Welt den Akteuren nur durch Wahrnehmung und Deutung zugänglich ist und dass sie diese Welt auf der Grundlage von Ideen und Interpretationen gestalten.

---

3   Martin Wight, *Western Values in International Relations,* in: Herbert Butterfield/Martin Wight (Hrsg.), *Diplomatic Investigations*, London 1966, S. 89-131, S. 96f.; zitiert nach Timothy Dunne, *The Social Construction of International Society*, in: European Journal of International Relations, 1:3 (Sept. 1995), S. 367-389, hier S. 376; ich übernehme Dunnes Betonungen.

4   Alexander Wendt, *Social Theory of International Politics*, Cambridge 1999, S. 242.

Ideen werden dabei nicht bloß als Ausdruck von Interessen oder als ein Filter für die Wahrnehmung von Interessen verstanden, das wäre auch im utilitaristischen Institutionalismus möglich. Im Konstruktivismus sind sie mehr: sie *ermöglichen* und *rechtfertigen* Handlungen, Handlungsspielräume und Strategien. Interessen werden mit Bezug auf Ideen definiert, ja Akteure konstituieren sich selbst und ihre Interessen erst mit und durch Ideen. Ideen kann man dabei als ein Wissen über die Wirklichkeit begreifen, das nicht nur „harte Daten" einschließt, sondern auch Normen, ästhetische Urteile und Vorstellungen über die Identität eines Akteurs im Verhältnis zu anderen Akteuren.[5]

Der Konstruktivismus, jedenfalls der moderate Konstruktivismus, mit dem ich mich hier beschäftige, leugnet nicht, dass es eine eigenständige materielle Realität gibt. Dazu gehören grundlegende biologische Funktionen und Bedürfnisse, physikalische Gesetze, Bodenschätze, Produktiv- und Destruktivkräfte. Wer diese materielle Realität ignoriert, wird sie zu spüren bekommen. Aber zentral für den Konstruktivismus ist, dass diese materielle Realität nur einen geringen Teil der gesamten Wirklichkeit ausmacht; wichtiger ist für ihn die ideelle Wirklichkeit. Oder mit den Worten von Alexander Wendt: die Natur sagt uns eben nicht, ob die Menschen gut oder böse sind, aggressiv oder friedfertig, nach Macht streben oder anderen Macht zuschreiben, ob sie selbstsüchtig oder altruistisch sind. Alle diese Eigenschaften sind variabel, sie sind nicht in einem materiellen Sinne essenziell.

Die Menschen sind Lebewesen, deren materielle Bedürfnisse einen entscheidenden Faktor für die Formierung ihrer Interessen bilden, aber letztlich sind ihre Interessen überwiegend ein Ergebnis ihrer Ideen, nicht ihrer Gene; denn Interessen sind Annahmen über Möglichkeiten zur Befriedigung von Bedürfnissen, und diese Annahmen sind historisch und kulturell variabel.[6] Auch die internationalen Beziehungen bestehen in erster Linie aus *sozialen* Tatsachen, also Tatsachen, die erst durch Verständigung bzw. Übereinkunft zwischen Menschen zu Tatsachen werden:

Constructivism is the view that the manner in which the material world shapes and is shaped by human action and interaction depends on dynamic

---

5 Vgl. dazu Markus Jachtenfuchs, *Ideen und internationale Beziehungen*, in: Zeitschrift für internationale Beziehungen, 2:2 (Dezember 1995), S. 417-442, insbesondere S. 424 und 428; zu kognitiven und normativen Ideen ebd., S. 431f.

6 Wendt, *Social Theory*, S. 133.

normative and epistemic interpretations of the material world. (...) collective understandings provide people with reasons why things are as they are and indications as to how they should use their material abilities and power. (...) The identities, interests and behavior of political agents are constructed by collective meanings, interpretations and assumptions about the world.[7]

Wenn Konstruktivisten sagen, die Realität und damit auch die Realität der internationalen Politik sei sozial konstruiert, dann sind damit drei programmatische Tendenzen verbunden:

Die Re-Sozialisierung der „Natur"

Ich habe hier Re-Sozialisierung bewusst mit Bindestrich geschrieben. Der Konstruktivismus behauptet, dass die äußeren Zwänge der Welt, also z.B. die Logik der Anarchie, zu einem großen Teil nicht materielle, sondern soziale, also von Menschen gemacht sind; sie sind sozial „konstruiert" im Sinne von „hergestellt" und damit grundsätzlich auch veränderbar. Wir neigen jedoch dazu, soziale Gegebenheiten zu „verdinglichen", wie Berger und Luckmann das nennen:

Verdinglichung ist die Auffassung von menschlichen Produkten, *als wären* sie etwas anderes als menschliche Produkte: Naturgegebenheiten, Folgen kosmischer Gesetze oder Offenbarungen eines göttlichen Willens. Verdinglichung impliziert, dass der Mensch fähig ist, seine eigene Urheberschaft der humanen Welt zu vergessen, und weiter, dass die Dialektik zwischen dem menschlichen Produzenten und seinen Produkten für das Bewusstsein verloren ist. Eine verdinglichte Welt ist per definitionem eine enthumanisierte Welt. Der Mensch erlebt sie als fremde Faktizität, ein opus alienum, über das er keine Kontrolle hat, nicht als das opus proprium seiner eigenen produktiven Leistung. (...) Die Gegenständlichkeit der gesellschaftlichen Welt bedeutet, dass diese Welt dem Menschen als etwas, das außer seiner selbst ist, gegenübersteht. Die entscheidende Frage ist, ob er sich noch bewusst bleibt, dass die gesellschaftliche Welt, wie auch immer objektiviert, von Menschen gemacht ist – und deshalb neu von ihnen gemacht werden kann.[8]

Oder kurz mit den Worten von Anthony Giddens:

---

7   Emanuel Adler, *Seizing the Middle Ground: Constructivism in World Politics*, in: European Journal of International Relations, 3:3 (September 1997), S. 319-363, 322 und 324.

8   Berger/Luckmann, *Gesellschaftliche Konstruktion*, S. 94f.

(...) verdinglichende Diskurse beziehen sich auf die 'Faktizität' von sozialen Erscheinungen, und zwar in einer solchen Weise, dass verdeckt wird, wie diese im menschlichen Handeln produziert und reproduziert werden.[9]

Auch wenn sich das fremd anhört, es ist uns im Grunde doch vertraut. Man braucht nur an die berühmte UN-Formulierung „der Krieg ist eine von Menschen gemachte Naturkatastrophe" zu denken oder an reale „Natur"katastrophen wie Überschwemmungen, von denen wir heute schon wissen, dass sie zu einem erheblichen Teil auf anthropogene Ursachen zurückgehen. Ähnliches gilt für den Geschlechterdualismus, der uns als „objektive Gegenständlichkeit", als eine Art zweiter Natur gegenübertritt. Wir können gar nicht anders, als Männer und Frauen in bestimmter Weise zu kategorisieren; trotz Feminismus und Frauenemanzipation sind auch unsere heutigen Geschlechterbilder und Geschlechterrollen bis hinein in körperliche Bewegungsmuster noch stark stereotypisiert. Tatsächlich aber ist jenseits einiger biologischer Grundtatsachen das Spektrum von männlich und weiblich historisch und transkulturell außerordentlich breit und keineswegs durchgängig eindeutig polarisiert – es ist sogar in der Natur viel breiter als wir normalerweise annehmen. Der Organismus, die Biologie, setzt dem, was gesellschaftlich möglich ist, Grenzen. Aber die biologischen Möglichkeiten werden ebenso durch die Gesellschaft geprägt, begrenzt oder erweitert. Das reicht von der Lebensdauer (z.B. dem Unterschied in der Lebenserwartung zwischen Armen und Reichen), über die sozialen Ursachen von Krankheiten bis zur Sexualität und der Ernährung. Noch einmal Berger und Luckmann:

> Sexualität und Ernährung werden viel mehr gesellschaftlich als biologisch in feste Kanäle gedrängt, wodurch diesen Aktivitäten nicht nur Grenzen gewiesen werden, sondern direkt Einfluss auf organische Funktionen ausgeübt wird. (...) Auch die Art, wie der Organismus tätig ist – Expressivität, Gang, Gestik – trägt den Stempel der Gesellschaftsstruktur.[10]

Der Konstruktivismus thematisiert also die Grenze zwischen der Natur und dem Sozialen, und er stellt fest, dass diese Grenzziehung selbst schon ein sozialer Vorgang ist. Wenn wir genauer hinschauen,

---

9 Anthony Giddens, *Die Konstitution der Gesellschaft: Grundzüge einer Theorie der Strukturierung* [1984], 3. Aufl., Frankfurt am Main-New York 2004, S. 234.

10 Berger/Luckmann, *Gesellschaftliche Konstruktion*, S. 193.

dann sehen wir, dass das, was wir oft als selbstverständliche, überzeitliche und damit gleichsam natürliche Tatsachen begreifen, in Wirklichkeit soziale, das heißt von Menschen gemachte Tatsachen sind. Ich erinnere daran, was ich in Kap. 6 zu Hans J. Morgenthaus Triebtheorie ausgeführt habe. Morgenthau geht von einem biologischen Machttrieb aus; aber er sagt selbst, dass die gesellschaftlichen Umstände einen Trieb begünstigen, einen anderen aber unterdrücken können, manchen die gesellschaftliche Zustimmung verweigern und andere gutheißen. Das ist im Grunde ein konstruktivistischer Gedanke.[11] In Kap. 12 werde ich zeigen, dass auch die Politische Psychologie in vielerlei Hinsicht konstruktivistisch argumentiert.

Die De-Naturalisierung des Sozialen zeigt sich auch am veränderten Interessenbegriff. Anders als im Realismus, im rationalistischen Institutionalismus, im Liberalismus oder im Marxismus, die alle von einer utilitaristischen Handlungstheorie ausgehen, legt der Konstruktivismus im Anschluss an Jürgen Habermas oder in Übereinstimmung mit ihm großen Wert auf Kommunikation und Verständigungshandeln. Zwar leugnet der Konstruktivismus nicht, dass interessengeleitetes strategisches Handeln einen wesentlichen Bestandteil der auswärtigen Politik und der internationalen Beziehungen bildet. Aber Interessen sind keineswegs immer definitiv vorgegeben oder ein für allemal festgelegt. In verständigungsorientiertem Handeln nehmen die Akteure in Kauf, dass der Kommunikationsprozess auch bei ihnen selbst zu einer Änderung der Präferenzen führen kann. Zu dieser Thematik hat es in

---

11 Es finden sich noch radikalere „konstruktivistische" Thesen bei Morgenthau. So schreibt er in einem Aufsatz von 1970: „ (...) the intellectual possibility of a theory of international relations depended on the recognition that the relations among nations are not something which is given to man, which he has to accept as given, and which he must cope with as best he can; rather, it is that the relations among nations have been created by the will of man and therefore can be manipulated and changed and reformed by the will of man. (...) all great political theory, from Plato and Aristotle and the Biblical prophets to our day, has been practical political theory, political theory that intervenes actively in a concrete political situation with the purpose of change through action" (Hans J. Morgenthau, *The Intellectual and Political Functions of Theory*, abgedruckt in: James Der Derian [Hrsg.], *International Theory: Critical Investigations*, Basingstoke-London 1995, S. 36-52). Man sieht an diesem Beispiel, dass interessante AutorInnen in ihrem Lebenswerk vielseitiger und breiter sind als eine einzelne Theorietradition, auch wenn sie dort ihren Schwerpunkt haben.

der Frühzeit der Zeitschrift für Internationale Beziehungen eine wegweisende wissenschaftliche Debatte zwischen Vertretern des *rational choice* Ansatzes (vorgegebene Präferenzen werden hierarchisiert und nach Kosten-Nutzen-Gesichtspunkten durchgesetzt oder ausgehandelt) und konstruktivistisch argumentierenden Autoren gegeben. Harald Müller hatte diese Debatte ausgelöst.[12] Zur Erläuterung seines Ansatzes zitiere ich aus der Replik auf seine Kritiker:

> (...) die Kommunikation dient zwar *mittelbar* dem Endzweck der Handlungskoordination im Interesse der Spieler (der Akteure, G.K.). Ihr direkter Zweck jedoch ist ausschließlich die Verständigung, die zur Infragestellung, Aufhebung, Relativierung etc. der Interessen der Spieler führen und damit auch den „Endzweck" markant verändern könnte. (...) Die Auswahl der Kommunikationsbeiträge erfolgt im strategischen Handeln zweckgebunden zur Beeinflussung von Sprechpartner und Außenwelt, um das individuelle Handlungsziel zu erreichen. Wahrheit und Lüge, Richtiges und Falsches sind in dieser Hinsicht gleichwertig. Nicht so im kommunikativen Handeln: zur Herstellung von Verständigung hat Wahrheit die Priorität über Falsches, Richtiges die Priorität über Unbilliges.[13]

Die Re-Idealisierung der Welt

Für den Konstruktivismus spielen in der sozialen Konstruktion der Wirklichkeit Ideen eine herausragende Rolle. Das heißt einmal, dass die Menschen Realität überhaupt erst durch Deutung und Sinngebung erleben und erfahren. Eine Gewehrkugel ist eine Gewehrkugel, und wenn wir von ihr richtig getroffen werden, sind wir sehr wahrscheinlich biologisch tot. Dagegen kommen wir nicht an – wir können höchstens phantasieren, dass wir im (Helden-)Himmel landen werden und dort weiterleben. Ich meine das gar nicht zynisch. Mit solchen Denkfiguren sind immer wieder Menschen, auch junge Menschen oder gar Kinder, in den Krieg und in den Tod gegangen oder geschickt worden: tausende von deutschen Studenten 1914 bei Langemarck in Flan-

---

12 Harald Müller, *Internationale Beziehungen als kommunikatives Handeln: Zur Kritik der utilitaristischen Handlungstheorien*, in: Zeitschrift für Internationale Beziehungen, 1:1 (Juni 1994), S. 15-44; Otto Keck und Rainer Schmalz-Bruns haben darauf in Heft 2:1 und 2:2 geantwortet.

13 Harald Müller, *Spielen hilft nicht immer: Die Grenzen des Rational-Choice-Ansatzes und der Platz der Theorie kommunikativen Handelns in der Analyse internationaler Beziehungen*, in: Zeitschrift für Internationale Beziehungen, 2:2 (Dezember 1995), S. 371-391, das Zitat S. 375.

dern,[14] tausende von iranischen Schulkindern im iranisch-irakischen Krieg 1980-1988. (Auch das nennt man ja „Idealismus".) Aber ob die Raketen eines Landes A eine Bedrohung für Land B sind, das ist ohne den sozialen Kontext nicht entscheidbar. Jedenfalls machen sich die USA über *eine* nordkoreanische Langstreckenrakete mehr Sorgen als über 200 französische. Die Struktur des internationalen Systems sagt uns nicht, wer Freund und wer Feind ist; darüber entscheiden unsere Vorstellungen und Interpretationen, also „Ideen".

Re-Idealisierung heißt darüber hinaus, dass auch scheinbar so eindeutig materielle Kategorien wie Macht und Interesse nicht von Ideen losgelöst werden können. Ich erinnere daran, dass der Realist Hans J. Morgenthau selbst zwischen zwei Formen der Machtpolitik unterscheidet, einer schrankenlosen Macht- und Gewaltpolitik einerseits und einer sittlich gebundenen andererseits. Worauf lässt sich dieser Unterschied zurückführen, wenn nicht auf bestimmte *Vorstellungen* von Macht- und Machtpolitik, auf das Gedankengebäude, das ihnen jeweils zugrunde liegt. Wenn man Interessen studiert, so schreibt ein moderner Historiker, der dem Konstruktivismus nahe steht, dann begibt man sich auf Glatteis, denn sie haben keine objektive Existenz jenseits der Art und Weise, in der Menschen diese Interessen „herstellen" und interpretieren.[15]

*Die Aufwertung von Kultur und Normen
in den Internationalen Beziehungen*

Konstruktivismus und Kulturforschung überschneiden sich in einigen Bereichen; beide betonen die Rolle von Strukturen, die von sozialen Gruppen geschaffen werden und aus kollektiven oder geteilten Bedeutungen bestehen.[16] Zwar ist der Begriff Kultur sehr schwierig zu fas-

---

14 In den Briefen gefallener Studenten aus dem Ersten Weltkrieg schwindet die anfängliche Kriegsbegeisterung sehr bald, wird der Krieg zunehmend als „viehische Barbarei" wahrgenommen; vgl. Manfred Hettling/Michael Jeismann, *Der Weltkrieg als Epos: Philipp Witkopfs „Kriegsbriefe gefallener Studenten"*, in: Gerhard Hirschfeld/Gerd Krumeich/Irina Renz (Hrsg.), *„Keiner fühlt sich hier mehr als Mensch..." Erlebnis und Wirkung des Ersten Weltkriegs*, Frankfurt am Main 1996, S. 205-234.

15 Vgl. Frank Ninkovich, *The Wilsonian Century: U.S. Foreign Policy Since 1900*, Chicago-London 1999, S. 7.

16 Vgl. dazu Anja Jetschke/Andrea Liese, *Kultur im Aufwind: Zur Rolle von Bedeutungen, Werten und Handlungsrepertoires in den internationalen*

sen, er kann leicht zu einer Allerweltskategorie werden; aber es scheint sinnvoll, zwischen drei Forschungstraditionen zu unterscheiden: Kultur als Bedeutungssystem (*the organization of meaning*), als Wertesystem (*culture as value preferences*) oder als Repertoire von Handlungsstrategien (*culture as templates for action*).[17] Bis in die Organisation des Militärs und die Wahl von Militärstrategien lassen sich diese Faktoren in die Analyse von Außen- und internationaler Politik integrieren.[18]

Ein anderes Feld, dessen sich die konstruktivistische Forschung angenommen hat, sind Normen in den internationalen Beziehungen. Dass sich Staaten durchaus an bestimmte Normen halten können, sagt allerdings auch der Institutionalismus. Für den rationalistisch-utilitaristischen Institutionalismus bilden jedoch nach wie vor Interessen den Ausgangspunkt für soziales Handeln; sie sind vorgegeben und werden nicht durch Ideen konstituiert, allenfalls durch Ideen oder Normen eingeschränkt und kanalisiert. Interessen werden vermittelt, koordiniert, Kooperationshindernisse durch Verständigung, Absprachen, Normen, Regeln und Verfahren ausgeräumt; aber die Identität der Akteure und ihre Interessenlage verändern sich nicht. Ihre Identität interessiert den utilitaristischen Institutionalismus nicht, und ihre Interessen stehen ein für allemal fest: rational kalkulierte Nutzenmaximierung. Das bleibt eine entscheidende Differenz zum Konstruktivismus.

Im utilitaristischen Institutionalismus sind Normen so etwas wie Verkehrsregeln: Den Verkehr gäbe es auch ohne Verkehrsregeln, und die Interessen der Verkehrsteilnehmer werden von ihnen nicht verändert; ihre Ausübung wird lediglich zum Wohle aller besser aufeinander abgestimmt. Der Konstruktivismus öffnet das Verständnis von Normen, sie können auch wie die Regeln eines Schachspiels sein. Hier könnte ohne die Regeln gar nicht gespielt werden, denn sie konstituieren das Spiel; sie bestimmen die Rollen der Figuren und ihr Verhältnis zueinander, und sie verleihen Zügen einen Sinn. Im einen Fall sind die Regeln „regulativ", im anderen „konstitutiv":

Beziehungen, in: Zeitschrift für Internationale Beziehungen, 5:1 (Juni 1998), S. 149-179, hier S. 172.

17 Vgl. Valerie M. Hudson, *Culture and Foreign Policy: Developing a Research Agenda*, in: dies. (Hrsg.), *Culture and Foreign Policy*, Boulder-London 1997, S. 1-24, hier S. 7-9.

18 Vgl. den Sammelband von Peter J. Katzenstein (Hrsg.), *The Culture of National Security: Norms and Identity in World Politics*, New York 1996.

Regulative rules are intended to have causal effects – getting people to approximate the speed limit, for example. Constitutive rules define the set of practices that make up a particular class of consciously organized social activity – that is to say, they specify *what counts as* that activity. [19]

Zwischen Konstruktivismus und normativ-reflexivem Institutionalismus besteht eine wesentlich größere Nähe, das habe ich schon angedeutet, denn der normativ-reflexive Institutionalismus geht ausdrücklich davon aus, dass sich Staaten und die *interstate society* nicht nur durch Interessen, sondern auch durch Institutionen und Normen überhaupt erst konstituieren. Zur Erinnerung: alle Staatensysteme, so sagt Hedley Bull, sind zugleich *international societies*, das heißt durch Makroinstitutionen sozialisiert, die ihr Verhalten anleiten. Hier besteht ein Unterschied zum Konstruktivismus darin, dass für Bull Institutionen und deren Normen Ordnung, d.h. Kooperation stiften. Das ist für den Konstruktivismus nicht zwingend, denn es gibt gute und schlechte Ideen, also auch gute und schlechte Normen. Die vorherrschende „Kultur" eines internationalen Systems kann auch das Ideengebäude des expansionistischen Kampfes aller gegen alle sein.[20] Nur scheinbar im Widerspruch dazu steht eine andere Differenz: Bull hat die Möglichkeiten einzelner Akteure, die kollektiven sozialen Praktiken zu verändern, die die *international society* konstituieren, wahrscheinlich skeptischer eingeschätzt, als das der moderne Konstruktivismus tut.[21] Barry Buzan hat diese Differenz zwischen Englischer Schule und Konstruktivismus aufgelöst, wie ich oben in Kap. 8.5 gezeigt habe.

Es geht also, auch wenn wir den Konstruktivismus als einen Idealismus in den IB bezeichnen, nicht darum, wie die Welt sein sollte, es geht darum wie sie ist. Der Konstruktivismus (als Idealismus) beansprucht, die Welt genauso realistisch zu sehen wie der Realismus oder der Marxismus.[22] Es geht auch nicht darum, ob der Mensch von Natur

---

19 John Gerard Ruggie, *What Makes the World Hang Together? Neo-utilitarianism and the Social Constructivist Challenge*, in: International Organization, 52:4 (Herbst 1998), S. 855-885, hier S. 871.

20 Vgl. dazu Wendt, *Social Theory*, S. 253: „The mistake here is thinking that 'culture' (shared knowledge) is the same thing as 'society' (cooperation). Shared knowledge and its various manifestations – norms, rules, etc. – are analytically neutral with respect to cooperation and conflict."

21 Nach Dunne, *The Social Construction*, S. 373.

22 Hierzu und zum Folgenden Wendt, *Social Theory*, S. 24f.

aus gut oder böse oder ob Gesellschaft eher auf Konflikt oder auf Kooperation angelegt ist. Der Konstruktivismus ist nicht von vornherein optimistischer als der Realismus. Ein weiteres Missverständnis wäre es anzunehmen, dass gemeinsame oder kollektive Ideen keine „objektive" Realität darstellten. Weit verbreitete Grundannahmen (*shared beliefs*) und das Verhalten, das aus ihnen resultiert, konfrontieren die einzelnen Akteure wie äußerliche soziale Tatsachen, auch wenn sie kollektiv hergestellt worden sind. Um bei einem vertrauten Beispiel zu bleiben: die allgemein verbreiteten Erwartungen, was Männer und Frauen zu tun oder zu lassen haben, führen häufig zu einem Verhalten, das gegebene Rollenverteilungen reproduziert. Auch wenn wir grundsätzlich anders handeln könnten, wir (bzw. viele oder die meisten) tun es nicht, denn von diesen Erwartungen geht ein (kulturell variierender) sozialer Druck aus; soziale Strukturen sind nicht weniger real als materielle. Ich zitiere aus einer feministischen Studie:

> (...) während dem Individuum prinzipiell alle Formen von denkbarer Subjektivität zur Verfügung stehen, sieht die konkrete Realität anders aus: Der individuelle Zugang zu bestimmten Formen von Subjektivität – u.a. zu einer männlichen oder weiblichen – wird von den spezifischen historischen und gesellschaftlichen Faktoren bestimmt, die in einer jeweiligen Gesellschaft am Werke sind.[23]

Konstruktivismus heißt also nicht: „anything goes", das wäre eine Fehlinterpretation. Für den seriösen Konstruktivismus ist gerade die Paradoxie des „Doppelcharakters" der Gesellschaft die entscheidende Herausforderung: Gesellschaft wird „durch Tätigkeiten konstruiert, die subjektiv gemeinten Sinn zum Ausdruck bringen", aber sie besitzt zugleich „objektive Faktizität".[24] Diese Faktizität der sozialen Welt ist etwas anderes als die realen physischen Gegebenheiten der Natur. Die

---

23 Ruth Seifert, *Militär und Ordnung der Geschlechter: Vier Thesen zur Konstruktion von Männlichkeit*, in: Klaus-Dieter Wolf (Hrsg.), *Ordnung zwischen Gewaltproduktion und Friedensstiftung*, Baden-Baden 1993, S. 213-229, hier S. 216. Zur Illustration gebe ich ein – vergleichsweise wirklich harmloses – Beispiel: Ich habe als erwachsener Mann zeitweise lange bunte Halsketten getragen, weil ich sie schön finde. Ich habe das wieder aufgegeben, weil es in unserer Kultur zu viel Befremden auslöst. Wäre ich Indianer, hätte ich dieses „Problem" nicht. In manchen Kulturen ist die „falsche" Kleidung auch heute u.U. lebensgefährlich.
24 Berger/Luckmann, *Gesellschaftliche Konstruktion*, S. 20.

Strukturmomente sozialer Systeme wirken nicht wie Naturgewalten auf die Akteure ein, um ein bestimmtes Verhalten zu erzwingen, wie Anthony Giddens es formuliert hat, dessen Strukturierungstheorie der Konstruktivismus grundlegende Anregungen verdankt.[25] Aber wenn wir sagen, die Welt der internationalen Politik sei sozial konstruiert, dann heißt das keineswegs, dass sie jederzeit spontan anders organisiert werden könnte. Soziale Strukturen können genauso hartnäckig wie materielle sein, nur sind sie nicht naturgegeben. Und „Idealismus" heißt auch nicht, dass Macht und Interessen unwichtig sind; es heißt (lediglich), dass ihre Bedeutung und ihre Wirkungen von den Vorstellungen der Akteure abhängen.

11.3 *Anarchy Is What States Make of It*: Die Kritik am Neorealismus

Der Titel eines Aufsatzes von Alexander Wendt, der den Konstruktivismus mit begründet hat, hat programmatische Bedeutung.[26] Die Anarchie des Staatensystems ist den Staaten nicht überzeitlich und unausweichlich als Struktur vorgeordnet. Sie selbst „konstruieren" diese Anarchie; was sie ist und bedeutet, hängt davon ab, was die Staaten daraus machen. Zur Erinnerung: laut Kenneth Waltz führt die Anarchie zwangsläufig zur Selbsthilfe. Da es keine zentrale Ordnungsinstanz gibt, die für die Einhaltung des Gewaltverbots sorgt, müssen sich die Staaten um ihre eigene Sicherheit kümmern, denn auf die anderen können sie sich im Zweifel nicht verlassen.

Waltz macht nur wenige Grundannahmen über die Interessen von Staaten. Eine davon ist, dass sie überleben wollen; sie wollen Sicherheit. Macht ist bei Waltz nur ein Mittel, um Sicherheit zu erlangen. Ich erinnere auch daran, dass Waltz zwei Möglichkeiten der Sicherung von Sicherheit durch Macht einräumt. Staaten können sich bemühen, ihren Status zu erhalten, das scheint seine bevorzugte Variante zu sein; sie können sich aber auch expansionistisch verhalten. Beides wären jedenfalls prinzipiell Möglichkeiten zu überleben. Wendt fügt eine dritte hinzu, die bei Waltz nicht vorgesehen ist: Staaten, die ziem-

---

25 Anthony Giddens, *Konstitution der Gesellschaft*, S. 235.

26 Der Artikel ist zuerst 1992 in International Organization erschienen. Ich verwende hier die wieder abgedruckte Fassung von Alexander Wendt, *Anarchy Is What States Make of It: The Social Construction of Power Politics*, in: Der Derian, *International Theory*, S. 129-177.

lich sicher sind, dass andere Staaten ähnliche Sicherheitsinteressen haben wie sie selbst, werden diese nicht als militärische Bedrohung erfahren, selbst wenn sie militärisch hoffnungslos unterlegen sind – wie etwa Dänemark gegenüber Deutschland. Diese Länder werden ihre Sicherheitsbedürfnisse dadurch befriedigen, dass sie ihre Konflikte gewaltfrei auf dem Wege des Rechts oder des politischen Kompromisses lösen. Das wäre dann schon kein waltzsches Selbsthilfesystem mehr.

Damit sind wir wieder bei der zentralen Aussage, dem Titel des Aufsatzes. Was die Anarchie und die Verteilung der Machtmittel konkret bewirken, hängt davon ab, was die Staaten wollen. Unter revisionistisch-expansionistischen Staaten wird die Anarchie zum Kampf um Leben oder Tod. Unter Staaten, die am Status quo interessiert sind, kann es wegen des Sicherheitsdilemmas zu Rüstungswettläufen kommen; diese können aber durch Verständigung über die wechselseitig defensiven Interessen eingehegt werden. Unter Staaten, die gemeinsame Ordnungsvorstellungen entwickeln (Wendt nennt sie *collective states*), gibt es Streit um die Lastenverteilung, aber keine Gewalt mehr.[27] Festzuhalten gegenüber dem Neorealismus ist also, dass es auch unter Bedingungen der Anarchie *verschiedene* Sicherheitssysteme geben kann. Während der Neorealismus nur den egoistisch kalkulierenden Nutzen-Maximierer kennt, der vorsorglich gegenüber jedem anderen Staat auf seine Interessen und seine Sicherheit bedacht ist, findet der Konstruktivismus ein ganzes Kontinuum von Sicherheitssystemen. Es gibt Konstellationen von Staaten oder Staatensysteme, in denen Sicherheit durch Selbsthilfe organisiert wird, aber es gibt auch andere Formen der Organisation von Sicherheit. Und: Selbsthilfesystem ist nicht gleich Selbsthilfesystem; da gibt es auch noch Variationsmöglichkeiten – wie Waltz ja selbst angedeutet hat.

Wie sieht denn der Naturzustand, in dem sich die Staaten im Realismus befinden, überhaupt aus, handelt es sich wirklich um einen *Natur*zustand? Um diese Frage zu beantworten, macht Wendt ein Gedankenexperiment. Dazu sollen wir uns vorstellen, dass es Staaten oder ähnliche Gebilde gibt, die noch nichts voneinander wissen. Das einzige, was wir voraussetzen, ist eine Art Regierung mit dem erforderlichen Apparat und das Bedürfnis dieser Regierung bzw. dieses Staates zu überleben. Jetzt kommt es zum ersten Mal zu einer Begegnung mit einer anderen Regierung, etwa in Form von *aliens*. Ob sich aus dieser Begegnung ein Sicherheitsdilemma und ein Rüstungswettlauf

---

27 Wendt, *Social Theory*, S. 104-106.

entwickeln, das hängt davon ab, welche Signale die beiden „Regierungen" aussenden und wie diese jeweils interpretiert werden. Ein Teufelskreis aus Angst und Misstrauen wäre ebenso möglich wie ein Engelskreis aus Neugier und Vertrauen. Es kann zu einem Selbsthilfesystem kommen, muss es aber nicht.

Die Akteure gehen nicht ständig vom schlimmstmöglichen Fall aus, wie der Realismus meint; wenn sie das täten, wären sie gar nicht normal lebensfähig, sondern paranoid. Sie gehen von Annahmen über *wahrscheinliches* Verhalten der anderen Seite aus, und diese Annahmen über das wahrscheinliche Verhalten ergeben sich aus der Interaktion, aus dem Umgang miteinander:

> (...) action depends on the probabilities we assign, and these are in key part a function of what the aliens do; prior to their gesture, we have no systemic basis for assigning probabilities. (...) This process of signaling, interpreting, and responding completes a 'social act' and begins the process of creating intersubjective meanings. (...) Self-help security systems evolve from cycles of interaction in which each party acts in ways that the other feels are threatening to the self, creating expectations that the other is not to be trusted. (...) We do not *begin* our relationship with the aliens in a security dilemma; security dilemmas are not given by anarchy or nature.[28]

Sicherheitssysteme sind also nicht zwangsläufig Selbsthilfesysteme, und die Interaktionen zwischen Staaten landen auch nicht zwangsläufig im Sicherheitsdilemma. Selbst wenn sich Staaten in einem Selbsthilfesystem eingerichtet haben und es durch Selbsthilfeverhalten reproduzieren, können sie grundsätzlich wieder heraus. Auch soziale Tatsachen, die zu einer Art zweiter Natur geworden sind, wie es z.B. der Ost-West-Konflikt war, können aufgrund der menschlichen Fähigkeit zur Reflexion verändert werden. Genau das hat Michail Gorbatschow mit seinem „Neuen Denken" getan. Über vierzig Jahre betrachtete die UdSSR den Ost-West-Konflikt als unvermeidliche Folge des Gegensatzes der Systeme und des Widerstands des Kapitalismus/ Imperialismus gegen den Sozialismus. Die Gruppe um Gorbatschow stellte jedoch Maximen sowjetischer Außenpolitik in Frage und akzeptierte, dass die UdSSR durch ihr eigenes Verhalten zur Feindseligkeit des Westens beigetragen und dadurch wiederum die Sowjetunion zu höheren Rüstungsausgaben veranlasst hatte.

---

28 Wendt, *Anarchy*, S. 142-144.

Durch einseitige Initiativen und freiwillige Selbstverpflichtungen setzte die sowjetische Führung einen wechselseitigen Prozess der Vertrauensbildung in Gang, der das Selbstverständnis der Akteure und ihre Beziehungen grundlegend veränderte.[29] Entscheidend war dabei erst die Rückstufung, dann die völlige Aufgabe der dichotomischen Weltsicht des Klassenkampfes sowohl in der Gesellschaftsanalyse als auch im Verständnis der internationalen Beziehungen zugunsten einer Ideologie der Menschheitsinteressen.[30] Diese ideelle Veränderung war der Ausgangspunkt für alles andere; auch wenn Gorbatschow das, was dann eingetreten ist, weder angestrebt noch erwartet hatte. Er hatte geglaubt, dass eine grundlegende Modernisierung und Reform des Sozialismus und des sozialistischen Weltsystems möglich sei.

11.4 Die Konstruktion des nationalen Interesses

Wie zu erwarten, sind für den Konstruktivismus auch nationale Interessen sozial konstruiert. Zwar gibt es auch hier eine materielle Grundlage, also eine Art Kern, von dem man annehmen kann, dass er für alle Staaten zu allen Zeiten gilt. Zu den kollektiven Interessen staatlich verfasster Gesellschaften gehören, wieder nach Alexander Wendt, (1) das physische Überleben – damit ist nicht das Überleben aller Mitglieder per se gemeint, sondern das der staatlich organisierten Gemeinschaft, für die bekanntlich schon mal einzelne Individuen geopfert werden, (2) die Autonomie, das heißt z.B. die Kontrolle über die Allokation der Ressourcen und die Wahl der Regierung, (3) wirtschaftliches Wohlergehen und (4) kollektive Selbstachtung.[31] Außer in Extremsituationen gibt es jedoch ein breites Spektrum von Vorstellungen und Möglichkeiten, wie sich diese Grundbedürfnisse befriedigen lassen, und natürlich auch Kontroversen darüber. Es geht nicht um Beliebigkeit; aber wieder ist entscheidend, dass für den Konstruktivismus nationale Interessen „soziale Fakten" sind, also Tatsachen, deren „Objektivität" sich aus intersubjektiven Verständigungen ergibt:

---

29 Wendt, *Social Theory*, S. 76, ausführlicher ders., *Anarchy*, S. 156-160.
30 Vgl. Egbert Jahn, *Die Außenpolitik Russlands,* in: Manfred Knapp/Gert Krell (Hrsg.), *Einführung in die internationale Politik: Studienbuch*, 4. Aufl., München-Wien 2004, S. 250-284, hier S. 256f.
31 Wendt, *Social Theory*, S. 233-238.

(...) the representations created by state officials make clear who and what 'we' are, who and what 'our enemies' are, in what ways 'we' are threatened by 'them' and how 'we' might best deal with those 'threats'(...) National interests, then, are social constructions that emerge out of a ubiquitous and unavoidable process of representation through which meaning is created. In representing for themselves and others the situation in which the state finds itself, state officials have already constructed the national interest. (...) *alternative representations of objects and social relations are always possible.*[32]

Jutta Weldes hat am Beispiel der kubanischen Raketenkrise von 1962 gezeigt, wie auf Seiten der USA das Selbst- und das Feindbild im Kalten Krieg mit der Interpretation einer konkreten Krise verknüpft wurden. Die Autorin bestreitet keineswegs die physische Realität der Aufstellung von sowjetischen Raketen auf Kuba, darum geht es nicht. Keine Deutung kam um diese Realität herum, nachdem die Raketen einmal von den Kameras der amerikanischen Aufklärungsflugzeuge photographiert und von den Nachrichtendiensten identifiziert waren. Interessant und relevant ist hier die Bandbreite der Interpretationen dieser Realität. Die dominierende Lesart der USA und diejenige, mit der die Regierungsvertreter an die eigene und die internationale Öffentlichkeit gingen, war, dass es sich hier um eine aggressive Invasion handelte, die die Vereinigten Staaten nicht hinnehmen konnten. Besonders aggressiv deshalb, weil sie heimlich vonstatten ging und in eklatantem Widerspruch zu Zusagen der Sowjetunion stand.

Mit dieser Deutung der Krise wurden längerfristige Überzeugungen von der Rolle der USA und der UdSSR im Ost-West-Konflikt verbunden. So wurde in den Repräsentationen ausgeschlossen, dass die Sowjetunion defensive Motive für ihre Aktion gehabt haben könnte wie z.B., eine erneute Invasion der USA in Kuba abzuschrecken oder das dramatische Ungleichgewicht zugunsten der USA bei den strategischen Nuklearwaffen zu kompensieren. Bei ihren öffentlichen Interpretationen war die US-amerikanische Führung sehr darauf bedacht, ein mögliches Symmetrie-Argument gar nicht erst aufkommen zu lassen, etwa Hinweise auf amerikanische Raketen in der Türkei. Deshalb auch der Fokus auf der Heimlichkeit und Arglist der sowjetischen Aktion, womit der Unterschied zwischen den USA als dem Führer der „freien Welt" auf der einen und der totalitären Sowjetunion auf der

---

32 Jutta Weldes, *Constructing National Interests*, in: European Journal of International Relations, 2:3 (September 1996), S. 275-318, das Zitat S. 283 und 285; Betonung von mir.

anderen Seite hervorgehoben werden konnte. Die USA als demokratischer Staat standen für Frieden sowie die Unabhängigkeit und Gleichheit aller Nationen; sie würden niemals heimlich und arglistig Raketen in anderen Ländern stationieren oder andere Länder dominieren, erobern oder ihnen ihr System aufzwingen.

Nun habe ich im Kapitel über den Feminismus schon erwähnt, dass John F. Kennedy und Nikita Chruschtschow die Krise im Verlauf der kritischen 13 Tage uminterpretiert und damit sozial „neu konstruiert" haben. Sie haben über Kommunikation festgestellt, dass ihre Wahrnehmung der Absichten der jeweils anderen Seite nicht zutraf und entdeckt, dass es beiden Seiten wichtiger war, einen Nuklearkrieg zu vermeiden als Recht zu behalten. Die Diplomatie triumphierte über die Gewalt aufgrund eines wechselseitigen Lernprozesses. Entscheidend war dabei, dass beide Konfliktparteien schließlich davon ausgehen konnten, die andere werde ihre Konzession nicht als Schwäche auslegen und sie entsprechend ausnutzen. Sie ersannen einen halb öffentlichen, halb geheimen Kompromiss, der es ihnen ermöglichte, die neue Interpretation gegenüber ihrer jeweiligen Klientel zu rechtfertigen, d.h. mit Elementen der alten Deutung zu verbinden.[33] Lernen oder „kognitive Evolution" meint in der Sprache des Konstruktivismus die Aneignung einer neuen Interpretation der Wirklichkeit. Es ist ein kreativer Prozess, der die Fähigkeit und die Motivation erhöht, Alternativen zu vorherrschenden Interpretationen zu entwickeln und auf dieser Grundlage Präferenzen und Interessen umzudefinieren.[34] So ist es kein Zufall, dass die kubanische Raketenkrise, der Höhepunkt des Kalten Krieges, auch dessen Wendepunkt und die Grundlage für die Entspannungspolitik der sechziger und siebziger Jahre bildete.

Existenzielle Krisen sind immer auch eine Chance, überlieferte Interpretationsmuster und das Verhältnis zwischen Selbst und Umwelt neu zu definieren. Das hat Michael Barnett in einer konstruktivistischen Analyse der Kontroverse über die israelische Friedenspolitik zwischen Yitzhak Shamir (Premierminister von 1990-1992) und Yitzhak Rabin (Premierminister von 1992-1995) deutlich gemacht. Traditionell gehören zum israelischen Selbstverständnis eine besondere Rolle der Religion, der Zionismus als jüdische Variante des Nationalismus und die Erfahrung der Schoa. Diese drei Elemente jüdischer

---

33 Richard Ned Lebow/Janice Gross Stein, *We All Lost the Cold War*, Princeton, N.J. 1994, S. 144f.

34 Adler, *Seizing the Middle Ground*, S. 339.

Identität waren lange verbunden mit einem *people apart*-Syndrom und einem fundamentalen Bedrohungsgefühl aus der Geschichte des Judentums, das durch den Verlauf des Nahost-Konflikts immer wieder bestätigt zu werden schien. Die Krise der israelischen Besatzungspolitik, die durch die erste Intifada ausgelöst worden war, das Ende des Ost-West-Konflikts und schließlich der internationale Friedensprozess stellten diese Konstanten im Selbstbild infrage und führten zu einer Art Identitätskrise. Hinzu kamen Spannungen im Selbstverständnis Israels als einer liberalen Demokratie, vor allem die Verschärfung des Konflikts zwischen religiöser Orthodoxie und säkularem Judentum.

Yitzhak Rabin ging es nun darum, die Identität Israels und damit seine grundlegenden nationalen Interessen neu zu interpretieren, so dass sie mit dem Friedensprozess und einem territorialen Kompromiss mit den Palästinensern in Einklang zu bringen waren. Während Shamir die kollektivistischen und ideologischen Traditionen Israels und die Geschichte der jahrhundertelangen Verfolgung beschwor und so die Beibehaltung der besetzten Territorien rechtfertigte, betonte Rabin mehr die säkularen und liberalen Traditionen seines Landes. Er bestritt die Isolation Israels und stellte seine Entwicklung in eine westlich-demokratische Perspektive von Fortschritt und Modernisierung:

> This identity was situated within an historical narrative that slightly but consequentially altered Israel's relationship to other states and political communities. By attempting to expunge ideology and religion from the Israeli collective identity, he was challenging the counternarratives that were being offered by the religious right, the settlers and the security hawks, all of whom held to a belief that Israel stood as a people apart because of either historical or religious reasons, that past events demonstrated in spades that narrative, and that the future could be deterministically spun from the past.[35]

Ganz offensichtlich ist dieser Konflikt zwischen den beiden Narrativen noch nicht beendet, er hat sich lediglich durch die erneute Krise des Friedensprozesses verändert und verschoben. Man kann die verschiedenen „Konstruktionen" des Nahost-Konflikts in Israel auch weiter ausdifferenzieren auf drei oder vier „Narrative": das des rechten Lagers, das entweder aus religiösen oder aus nationalistischen Gründen an den Siedlungen in der Westbank (und deren weiterer Expan-

---

35 Michael Barnett, *Culture, Strategy, and Foreign Policy Change: Israel's Road to Oslo*, in: European Journal of International Relations, 5:1 (März 1999), S. 5-36, hier S. 21.

sion) festhält in einer Prioritätenreihenfolge Land, Sicherheit, Frieden; das der Mitte, deren Priorität die Sicherheit ist, und das einer inzwischen stark geschwächte Linken, die glaubt, dass Sicherheit nur durch einen Friedensprozess zu erreichen ist. Zu den jeweiligen Prioritätensetzungen gehören Unterschiede im Selbst- und Feindbild, auch unterschiedliche Deutungen der jüdischen Geschichte und Kultur;[36] nicht zu vergessen soziale Differenzierungen, z.B. als Folge ambivalenter Konsequenzen der Globalisierung, die mit dem Konflikt eigentlich gar nichts zu tun haben, sich aber mit ihm verknüpfen.[37]

Dass Lernprozesse manchmal sehr lange dauern, kann man auch an der Entwicklung der Deutschland- und Ostpolitik der Bundesrepublik während des Ost-West-Konflikts studieren; also an der Art und Weise, wie die westdeutsche Politik die politische und physische Realität der Teilung erst hinweg- und dann uminterpretiert, also verschieden „sozial konstruiert" hat.[38] Bis in die siebziger Jahre hinein ging das konservative Lager davon aus, dass die Teilung Deutschlands trotz des verlorenen Krieges und der deutschen Verbrechen auch unter den Bedingungen des Ost-West-Konflikts durch eine Politik der politischen und völkerrechtlichen Nicht-Anerkennung dieses Vorgangs rückgängig gemacht werden könne. Obwohl sich alle anderen Länder, darunter auch die westlichen Verbündeten, auf eine dauerhafte Teilung Deutschlands einrichteten und ihre Beziehungen zum „Ostblock" bald nicht mehr von einem Revisionsvorbehalt abhängig machten, bestanden die von CDU und CSU geführten Regierungen auf einer Isolierung der „so genannten DDR" – wie sie damals wörtlich genannt wur-

---

36 Einen dramatischen „konstruktivistischen" Appell für ein verändertes Selbstverständnis hat jüngst Avraham Burg an seine Landsleute gerichtet: *The Holocaust is Over: We Must Rise from Its Ashes*, Basingstoke-New York 2008.

37 Zum letzten Punkt vgl. die Studie von Guy Ben-Porat, *Global Liberalism, Local Populism: Peace and Conflict in Israel/Palestine and Northern Ireland*, Syracuse, NY 2006; zur Bedeutung des jüdischen Fundamentalismus im Friedensprozess vgl. Claudia Baumgart-Ochse, *Demokratie und Gewalt im Heiligen Land: Politisierte Religion in Israel und das Scheitern des Osloer Friedensprozesses*, Baden-Baden 2008.

38 Vgl. dazu Gert Krell, *West German Ostpolitik and the German Question*, in: Journal of Peace Research, 28:3 (August 1991), S. 311-323. Ich nehme in diesem Artikel nicht Bezug auf den Konstruktivismus, aber er würde sich gut für eine konstruktivistische Umformulierung eignen.

de –, und zwar auch dann noch, als sich die BRD mit dieser Forderung immer mehr selbst isolierte.[39]

Die Sozialdemokratie war diesen Illusionen einer „Politik der Stärke" zunächst mit einer anderen Illusion entgegengetreten; sie hatte geglaubt, die Bundesrepublik könne durch eine kalkulierte „Politik der Schwäche" die Sowjetunion dazu bewegen, ihre Kriegsbeute wieder herauszugeben und einer deutschen Wiedervereinigung zuzustimmen. Die SPD und der linksliberale Flügel der FDP erkannten jedoch früher als die Konservativen und die Nationalliberalen, dass die Teilung auf unabsehbare Zeit nicht mehr durch eine physische Wiedervereinigung zu überwinden war und dass das Insistieren darauf zunehmend in Widerspruch zum moralischen Gebot der Aussöhnung mit „dem Osten" und dem politischen Gebot der Entspannung geriet.

Die sozialliberale Mehrheit, die sich 1969 auf Bundesebene durchsetzen konnte, definierte die nationale Frage um. Die scheinbar paradoxe Grundannahme der neuen deutschen Ostpolitik lautete: der einzige Weg, die Teilung zu überwinden, besteht darin, sie zu akzeptieren. Nur dadurch schien es überhaupt noch möglich, gemeinsame nationale Anliegen zu wahren. Einheit hieß jetzt vor allem, die Beziehungen *zwischen den beiden deutschen Staaten* – so die neue Sprachregelung – zu verbessern. Statt weiter die Entspannung mit der Forderung nach Wiedervereinigung zu blockieren, ergab sich jetzt die Möglichkeit, durch aktive Koexistenz Erfordernisse der Friedens- und Sicherheitspolitik produktiv mit der nationalen Frage zu verbinden. Erst im Laufe der 1980er Jahre entwickelte sich darüber ein breiter Konsens, der auch das konservative Lager einschloss. Das Ende des Ost-West-Konflikts erbrachte dann eine überraschende neue Lösung des Konflikts zwischen Aussöhnung und Entspannung auf der einen und der nationalen Frage auf der anderen Seite; eine Lösung, die niemand vorausgesehen hatte, die aber vielleicht durch den deutschen Lernprozess und die sich daraus ergebende politische Verhaltensänderung erst ermöglicht wurde.

---

39 Ich konzentriere mich hier auf die Zweiteilung, obwohl die Losung in Westdeutschland ursprünglich hieß: „dreigeteilt niemals". Die Hoffnungen, nicht nur die SBZ (sowjetisch besetzte Zone), sondern auch die „unter polnischer Verwaltung" stehenden Ostprovinzen wiederzuerlangen, waren von Anfang an noch illusionärer.

11.5 Perspektiven und Probleme

Konstruieren heißt herstellen, aber auch sich etwas ausdenken; es heißt auch, sich etwas ausdenken und es dann herstellen. Mit diesen Bedeutungen lässt sich das Grundprinzip des konstruktivistischen Weltbildes schon rudimentär erfassen. In den IB sind damit drei Themenbereiche besonders angesprochen: Im Zentrum steht das Wechselverhältnis zwischen handelnden sozialen Akteuren auf der einen und den sozialen Strukturen, die sie herstellen und die ihnen wieder als etwas scheinbar Objektives entgegentreten, also ihre Handlungsperspektiven einschränken, auf der anderen Seite. Das Gewicht von Ideen, von Interpretationen, durch die die materielle Welt erst ihren Sinn und ihre Bedeutung erhält, ist das zweite wichtige Thema. Die Rolle von Normen, „the logics of appropriateness"[40] – nicht einzelner Individuen, sondern von Kollektiven –, das dritte. Damit bringt der Konstruktivismus in einer systematisierten Form Traditionen des politischen Denkens verstärkt in die wissenschaftliche Diskussion zurück, die keineswegs neu sind. Aber er ist nicht zuletzt deshalb so fruchtbar, weil er sich mit vielen anderen Weltbildern oder Forschungsperspektiven verknüpfen lässt. So habe ich ja selbst schon an mehreren Stellen nicht nur die *Gender*-Thematik, bei der sich das besonders anbietet, sondern auch den Institutionalismus, den Liberalismus, den Marxismus, ja sogar den Realismus, jedenfalls bei Thukydides oder Morgenthau, mit konstruktivistischen Elementen oder Interpretationen verbunden. Aber auch der Konstruktivismus ist nicht ohne Probleme.

Der Konstruktivismus ist eine höchst interessante Perspektive, aber er sagt uns nicht, warum welche Ideen wann eine besondere Rolle spielen, d.h. ihm fehlt eine politische Theorie. Ideen fallen genau so wenig vom Himmel wie soziale Strukturen, sie sind selbst soziale Produkte. Und sie brauchen „Träger", also Menschen, die sie vertreten, für sie werben oder ihnen im Zweifel durch Zwang und Gewalt Geltung verschaffen.[41] Wenn der Konstruktivismus sagt, hinter Macht und Machtinteressen stecken auch wieder Ideen, dann lässt sich auch

---

40 Jeffrey T. Checkel, *The Constructivist Turn in International Relations Theory*, in: World Politics, 50:2 (Januar 1998), S. 324-348, hier S. 326.

41 Mehr und mehr Projekte untersuchen, über welche politischen Prozesse Ideen und Normen wirksam werden; eines der ersten war Thomas Risse/ Stephen C. Ropp/Kathryn Sikkink (Hrsg.), *The Power of Human Rights: International Norms and Domestic Change*, Cambridge 1999

umgekehrt formulieren: hinter mächtigen Ideen steht häufig Macht, Definitionsmacht. Das kann in sehr direkter Form geschehen, also etwa durch die Verbreitung von Religion oder politischer Ideologie mit Feuer und Schwert, aber auch in sanfterer Form durch Diskurs- oder Medienmacht. Macht ist selbst dann im Spiel, wenn die „Definiteure" gar nicht direkt als Akteure erkennbar sind, also der Ursprung bestimmter Ideen nicht mehr an Personen oder Gruppen/Klassen festgemacht werden kann. In der Friedensforschung spricht man von „kultureller Gewalt", wenn Menschen aufgrund überlieferter, traditioneller Vorurteile – z.T. werden diese auch noch von den betroffenen Opfern internalisiert –, so massiv diskriminiert werden, dass ihre Lebens- oder sogar Überlebensperspektiven beeinträchtigt sind.

Dass andererseits mit Ideen oft Partikularinteressen rationalisiert werden, und zwar entweder bewusst manipulativ oder habituell, das sind wichtige Erkenntnisse der materialistischen Weltbilder in den IB, also des Realismus oder des Marxismus, die der Konstruktivismus m.E. noch nicht ausreichend integriert hat, die jedenfalls nicht verloren gehen sollten.

Ein weiteres Problem sehe ich darin, dass die Unterscheidung zwischen Ideen und Interessen auch zu einer Art Spiel werden kann. Wenn Alexander Wendt schreibt, Interessen seien Ideen über die Realisierung bestimmter Bedürfnisse, dann wird dieses „Spiel" vielleicht besonders deutlich. Für die Abermillionen ermordeter amerikanischer Indianer oder europäischer Juden, Slawen, Sinti war es letztlich irrelevant, ob sie Opfer materieller Interessen oder Kultur- und Rassenwahns oder von beidem geworden sind. Auch wenn der Konstruktivismus immer wieder betont, ihm gehe es nicht nur um die guten Ideen bzw. den Nachweis der Wirkung positiver Normen in den internationalen Beziehungen, so weist der Schwerpunkt der Forschungen eindeutig in diese Richtung. Leider gibt es aber nicht nur fortschrittliches Lernen, also die Generierung neuer Ideen, die die Realität angemessener repräsentieren und vor allem menschlicher gestalten; es gibt auch pathologisches „Lernen" und sehr viel „altes Denken". Dazu hat die Politische Psychologie einiges zu sagen.

Schematische Übersicht über den Konstruktivismus

historische Rahmenbe- dingungen	Ende des Ost-West-Konflikts durch „Neues Denken" offenere Struktur des internationalen Systems Einflüsse aus Soziologie und Kulturwissenschaften
Fokus der Analyse	die soziale Konstruktion von Beziehungs-, Verhaltens- und Deutungsmustern das Wechselverhältnis zwischen Interaktionsprozessen und sozialen Strukturen
zentrale Akteure	Kollektive (Staaten, große gesellschaftliche Gruppen)
zentrale Kategorien	soziale Konstruktion, Praxis Prozess, Interaktion, Kommunikation Ideen, Identität Kultur, Normen
zentrales Problem der iB	verfestigte Strukturen von Machtpolitik (gewalttätige) Konfliktverstrickungen
Lösung	Lernen (*cognitive evolution*) „Neues Denken" Transformation von Machtpolitik

Was man weiß bzw. wissen sollte

Der Konstruktivismus ist eine übergeordnete Forschungsperspektive, die in den letzten 15-20 Jahren in den Internationalen Beziehungen erheblich an Bedeutung gewonnen hat. Hier ist kein Zusammenhang mit einer sozialen Bewegung gegeben; die Einflüsse kommen aus wissenschaftlichen Diskursen in der Soziologie und in den Kulturwissenschaften. Das Ende des Ost-West-Konflikts, die Art und Weise, wie dieser Konflikt zu Ende ging, und die offenere Struktur des internationalen Systems haben die neue Aufmerksamkeit für konstruktivistisches Denken begünstigt. Der Konstruktivismus verfolgt drei Anliegen. Zum einen betont er das *Wechselverhältnis* zwischen kollektivem sozialem Handeln auf der einen und sozialen Strukturen auf der anderen Seite. Die (soziale) Realität – wie etwa der Geschlechterdualismus oder die Anarchie im internationalen System – ist sehr viel mehr von uns Menschen gemacht, als sie uns erscheint; sie tritt uns zwar wie eine zweite Natur gegenüber, aber wir sind es, die sie in unserer Interaktion und Kommunikation immer wieder reproduzieren. Diese Realität kann also auch verändert werden, was nicht heißt, dass wir jederzeit spontan aus den von uns Menschen selbst geschaffenen (sozialen) Ordnungen aussteigen könnten. Soziale Fakten sind auch Fakten, sie können – zumindest kurzfristig – genauso hart und schwierig zu umgehen sein wie die physikalische oder biologische Realität.

Der Konstruktivismus betont zum zweiten, dass Ideen eine sehr viel stärkere Rolle spielen, als es die „materialistischen" Großtheorien wie der Realismus, der Liberalismus oder der Marxismus wahrhaben wollen. Das beginnt mit der Wahrnehmung der äußeren Realität, die uns nicht einfach so zur Verfügung steht, sondern nur durch Deutung und Interpretation erfahrbar wird und für uns einen Sinn bekommt, der uns zum Handeln befähigt. Das setzt sich fort mit Ideen, die neben Interessen das politische Handeln von Kollektiven steuern. Und selbst in den Interessen finden sich, wenn wir genauer hinschauen, Elemente von Ideen. Aus dem Wechselverhältnis zwischen Strukturen und sozialem Handeln einerseits und der Bedeutung von Ideen andererseits ergibt sich, dass Interessen (z.B. von Staaten) nicht etwas ein für allemal Vorgegebenes sind, sondern dass sie sich in der Interaktion, in der Kommunikation auch verändern können. Es geht sogar noch weiter: was das Interesse eines Staates ist, wie er sich selbst versteht, was seine Identität ausmacht, das lässt sich gar nicht von einer Verständigung über Staaten*beziehungen* trennen.

Drittens misst der Konstruktivismus kulturellen Faktoren, insbesondere Identität und Normen, eine größere Bedeutung bei als die meisten anderen Denkweisen in den IB. Der Respekt vor kulturellen Faktoren bedeutet wieder, dass Interessen und Strukturen nicht als universal und dauerhaft unterstellt werden können, sondern in ihren jeweiligen historischen und sozialen oder kulturellen Kontext eingebettet sind, nur so verstanden werden können und deshalb auch relativiert werden müssen. Normen und Regeln schließlich haben nicht nur eine regulative Funktion wie im utilitaristischen Institutionalismus (dort geht es um die Koordination vorgegebener Interessen), sondern eine konstitutive; d.h. sie ermöglichen ein Selbstverständnis *in der Relation* zu anderen und damit soziales Handeln.

Der Konstruktivismus ist nicht so revolutionär, wie er sich gibt, aber er fasst verschiedene überlieferte Perspektiven unter einem nützlichen Sammelbegriff zusammen. Er hat sich als eine fruchtbare Forschungsperspektive erwiesen, das zeigt seine Kritik am Neorealismus mit dem statischen Anarchie-Begriff ebenso wie die Auflösung der Kategorie des „nationalen Interesses". Auch nationale Interessen werden sozial konstruiert, sie können also auch umkonstruiert werden. Dafür gibt es eine Reihe von positiven Beispielen, die auf die Möglichkeit von Kollektiven verweisen zu lernen, das heißt sich neue Interpretationen ihrer grundlegenden außenpolitischen Interessen zu Eigen zu machen, die verfestigte Strukturen von Machtpolitik transformieren: Michail Gorbatschows Neues Denken, der Kompromiss zwischen John F. Kennedy und Nikita Chruschtschow in der kubanischen Raketenkrise und damit der Beginn der Entspannungspolitik, die deutsche Ostpolitik unter Willy Brandt/Walter Scheel oder die israelische Friedenspolitik unter Yitzhak Rabin.

Was im Konstruktivismus zu kurz kommt, sind Fragen nach dem Verhältnis zwischen Ideen und Macht. Ideen bewirken nichts, wenn sie nicht politisch mehrheitsfähig oder auf andere Weise durchgesetzt werden. Es bleibt dabei, wie Realismus oder auch Marxismus immer wieder betonen, dass Ideen hervorragend geeignet sind und auch dazu benutzt werden, sehr handfeste Interessen zu legitimieren oder zu rationalisieren. Und es gibt sehr viele *bad ideas* und sehr viel „altes Denken", auch in der internationalen Politik; ein Thema, das der Konstruktivismus eher vermeidet.

Worüber es zu diskutieren lohnt

- über das Wechselverhältnis zwischen *agency* (soziales Handeln) und *structure* (soziale Strukturen)
- über die Grenze zwischen Kultur und Natur, speziell die kulturelle Bestimmtheit von Staatensystemen (auch in historischen Phasen)
- über das Verhältnis zwischen Wahrnehmung bzw. Deutung und Realität
- über die Konstitution/Veränderung von Interessen durch Interaktion und Kommunikation
- über das Verhältnis zwischen materiellen Interessen, Ideen und Identität
- über die Bedeutung von Ideen in den internationalen Beziehungen, die Rolle von Normen, aber auch von *bad ideas*
- über das Verhältnis zwischen Ideen und Macht
- über kollektives Lernen in den internationalen Beziehungen

Literatur-Tipps

Empfohlene Literatur zur Einführung:

Alexander Wendt, *Anarchy Is What States Make of It*, in: International Organization, 46:2 (Frühjahr 1992), S. 391-425 (keine leichte Lektüre, aber es reichen Abschnitte wie *Anarchy, Self-help, and Intersubjective Knowledge* und *Anarchy and the Social Construction of Power Politics*; mit Liberalismus meint Wendt das, was ich utilitaristischen Institutionalismus nenne)

Jutta Weldes, *Constructing National Interest*, in: European Journal of International Relations, 2:3 (September 1996), S. 275-318 (eine anschauliche Einführung in den Konstruktivismus am Beispiel der kubanischen Raketenkrise; eine Alternative zu Wendt)

Sozialwissenschaftliche „Klassiker", die konstruktivistische Ansätze verfolgen:

Peter Berger/Thomas Luckmann, *Die gesellschaftliche Konstruktion der Wirklichkeit: Eine Theorie der Wissenssoziologie* [1966], 20. Aufl., Frankfurt am Main 1980, S. 49-56 (Kapitel II, 1a: Organismus und Aktivität), S. 94 ganz unten bis 98 (der Schluss von Kapitel II, 1e, ab: Verdinglichung bedeutet) und S. 191 unten bis 195 (Kapitel II.4: Organismus und Identität). Ich habe drei Auszüge ausgesucht, in denen auch für Anfänger nachvollziehbar zentrale Aspekte konstruktivistischen Denkens deutlich werden.

Werner Meinefeld, *Realität und Konstruktion: Erkenntnistheoretische Grundlagen einer Methodologie der empirischen Sozialforschung*, Opladen 1995, S. 244-254 (Kapitel III.1: Das Erkennen der Welt als realistische Konstruktion). Ich empfehle diesen noch jungen Klassiker als Beispiel für einen „konstruktivistischen Realismus" in der Erkenntnistheorie. Das ist nicht dasselbe wie Konstruktivismus in den IB, aber interessant sind die Parallelen in der Analyse des Wechselverhältnisses zwischen der äußeren Realität und ihrer Aneignung bzw. Herstellung durch den Menschen.

Weitere Literaturhinweise:

Guy Ben-Porat, *Global Liberalism, Local Populism: Peace and Conflict in Israel/Palestine and Northern Ireland*, Syracuse 2006 (eine von der HSFK ausgezeichnete vergleichende Untersuchung des Friedensprozesses in Nordirland und im Nahost-Konflikt; verbindet eine neomarxistisch inspirierte Analyse des ambivalenten Globalisierungsprozesses mit Identitätsfragen und Konfliktorientierungen in den betroffenen Ländern)

Anthony Giddens, *Die Konstitution der Gesellschaft: Grundzüge einer Theorie der Strukturierung* [1984], 3. Aufl., Frankfurt-New York 1997. Giddens ersetzt das Begriffspaar Individuum/Gesellschaft durch Handeln versus Struktur und entwirft ein neues Verständnis des Wechselverhältnisses dieser Dualität; grundlegend für die Debatten über *agency* und *structure*.

Stefano Guzzini/Anna Leander (Hrsg.), *Constructivism and International Relations: Alexander Wendt and His Critics*, London-New York 2006 (lohnend, aber nur für Fortgeschrittene)

Ronald L. Jepperson/Alexander Wendt/Peter J. Katzenstein, *Norms, Identity, and Culture in National Security*, in: Peter Katzenstein (Hrsg.), *The Culture of National Security*, New York 1996, S. 33-75 (grundlegender Aufsatz über das konstruktivistische Forschungsprogramm aus einem der ersten Sammelbände mit Fallstudien über die Rolle von Kultur und Normen in der Sicherheitspolitik)

Peter Katzenstein/Robert O. Keohane/Stephen D. Krasner (Hrsg.), *Exploration and Contestation in the Study of World Politics*, Cambridge, Mass.-London 1999 (eine Sonderausgabe von *International Organization* mit Beiträgen zur Kontroverse zwischen Rationalimus und Konstruktivismus; eher für Fortgeschrittene)

Richard Ned Lebow, *A Cultural Theory of International Relations*, Cambridge 2008. Lebow „konstruiert" in dieser beeindruckenden Studie (das Literaturverzeichnis umfasst allein 150 Seiten), ausgehend von der altgriechischen Philosophie, eine Psychologie der Identität, die er auf die internationalen Beziehungen anwendet. Er arbeitet aus einer Fülle von historischen und aktuellen Beobachtungen die (vernachlässigte) Bedeutung des *spirit* heraus, der das Bedürfnis nach Wertschätzung, Anerkennung, Prestige und Ehre gerade auch in den iB umfasst.

Harald Müller, *Internationale Beziehungen als kommunikatives Handeln: Zur Kritik der utilitaristischen Handlungstheorien*, in: Zeitschrift für Internationale Beziehungen, 1:1 (Juni 1994), S. 15-44. Müller wendet hier Habermas' Theorie kommunikativen Handelns auf die internationalen Beziehungen an und kann so die unzulängliche Kritik des rationalistischen Institutionalismus am Realismus um eine fruchtbare konstruktivistische Perspektive erweitern.

Ralph Pettman, *Commonsense Constructivism or the Making of World Affairs*, New York-London 2000 (wendet das *making* konsequent auf *world affairs, modernity, sovereign selves/social collectives/nations*, schließlich auf *states* und sogar auf *markets* an)

Thomas Risse/Stephen Ropp/Kathryn Sikkink (Hrsg.), *The Power of Norms: International Human Rights and Domestic Change*, Cambridge 1999 (ein wichtiger Sammelband, der in Fallstudien die Wirkungen internationaler Menschenrechtsnormen untersucht)

Cornelia Ulbert/Christoph Weller (Hrsg.), *Konstruktivistische Analysen der Internationalen Politik*, Wiesbaden 2005 (ein vorzüglicher Sammelband von jüngeren KollegInnen mit zwei einleitenden theoretischen Beiträgen und mit Kapiteln über *Wirklichkeitskonstruktionen durch außenpolitische Diskurse, Identitätskonstruktionen im europäischen Integrationsprozess* und *Deutungskonstruktionen in der internationalen Politik* wie Kinderarbeit, Menschenrechte oder der 11. Sept. 2001)

Wolfgang Wagner, *Die Konstruktion einer europäischen Außenpolitik: Deutsche, französische und britische Ansätze im Vergleich*, Frankfurt am Main-New York 2004

Alexander Wendt, *Social Theory of International Politics,* Cambridge 1999 (grundlegende Studie zur konstruktivistischen Programmatik; leider nicht für Anfänger)

Simone Wisotzki, *Die Nuklearwaffenpolitik Großbritanniens und Frankreichs – Eine konstruktivistische Analyse*, Frankfurt am Main 2002 (zusammengefasst in Ulbert/Weller, *Konstruktivistische Analysen*)

Reinhard Wolf, *Respekt: Ein unterschätzter Faktor in den Internationalen Beziehungen*, in: Zeitschrift für Internationale Beziehungen, 15:1 (2008), S. 5-42 (eine anregender Aufsatz über die Kategorie „Respekt" und ihre mögliche Anwendung und Bedeutung in den internationalen Beziehungen)

12. Politisch-psychologische Theorien

LESEHILFE

Einleitend nenne ich zwei Beispiele aus der deutschen Geschichte, die die Bedeutung der Politischen Psychologie für die IB unterstreichen. Im Anschluss daran gehe ich auf unterschiedliche Teilgebiete und Ansätze ein. Ich erläutere das Thema anhand von drei ausgewählten Bereichen. Zuerst stelle ich Einsichten der kognitiven Psychologie zum Thema Informationsverarbeitung vor. Im zweiten Themenbereich geht es um Beziehungen zwischen Gruppen, vor allem die Ungleichbewertung von Selbst- und Fremdgruppen, die wichtige psychologische oder psychodynamische Funktionen für Individuen und Kollektive erfüllt. Das vertiefe ich anhand psychoanalytischer Interpretationen. Ich erläutere das Konfliktmodell von Stavros Mentzos, der in destruktiver Machtlust und Aggression Kompensationen aus misslungenen Sozialisationsprozessen sieht. Solche Defizite können destruktive Führungspersönlichkeiten in einer künstlichen oder sogar pathologischen Integration mit ihren Anhängern halten, die sich aggressiv gegen Außenstehende richtet. Am Schluss führe ich die Anwendung verschiedener Kategorien aus der Politischen Psychologie am Fallbeispiel des Golf-Krieges von 1991 und des Irak-Krieges von 2003 vor.

12.1 Einführung

Die meisten Studierenden wissen wohl noch aus dem Geschichtsunterricht, dass die militärische und die politische Führung des Deutschen Reiches in der Juli-Krise 1914, die zum Ersten Weltkrieg führte, davon ausging, der Krieg gegen Serbien, mit dem sie rechnete, auf den sie sogar hinarbeitete, werde nicht zu einem Weltkrieg führen; sie glaubte, ihn lokalisieren oder wenigstens auf einen europäischen Kontinentalkrieg begrenzen zu können. Die russischen Warnungen wurden vom deutschen Botschafter in Sankt Petersburg nicht ernst genommen oder jedenfalls nicht nach Berlin weitergegeben. Der deutsche Botschafter in London jedoch, Fürst Lichnowsky, hat die Reichsleitung korrekt informiert und nachdrücklich zur Mäßigung aufgefordert. Die erhoffte Eingrenzung des Konflikts auf den Balkan sei unwahrscheinlich; jedenfalls werde England nicht neutral bleiben, wenn es zu einem größeren Kontinentalkrieg kommen sollte. Lichnowsky bat seine Regierung darum, dem „deutschen Volk einen Kampf zu ersparen, bei dem es nichts zu gewinnen und alles zu verlieren hat".[1]

Bekanntlich hat die Reichsleitung ihre Fehleinschätzung nicht korrigiert.[2] Sie hatte es versäumt, sorgfältig die Folgen eines Kontinentalkrieges gegen das Ziel abzuwägen, Österreichs Großmachtstellung zu erhalten. Ihre Erwartung, ein österreichisch-serbischer Krieg könne, wenn nicht auf den Balkan, so doch wenigstens auf einen Kontinentalkrieg ohne England begrenzt werden, war so tief verwurzelt, alle konkurrierenden Informationen waren so beharrlich ignoriert worden, dass sie schließlich, als der unerwartete, aber selbst verschuldete *worst*

---

1 Vgl. Richard Ned Lebow, *Kognitive Blockierung und Krisenpolitik: Deutsche Entscheidungsträger im Juli 1914*, in: Reiner Steinweg (Hrsg.), *Kriegsursachen*, Friedensanalysen Bd. 21, Frankfurt am Main 1987, S. 191-247, das Zitat S. 213; vgl. auch ders., *Between Peace and War: The Nature of International Crisis*, Baltimore-London 1981, S. 132.

2 Lebows hier vorgestellte Analyse ist nicht unumstritten. So meint z.B. Jack S. Levy, die Fehlinterpretationen der deutschen Entscheidungseliten seien nur teilweise auf *motivated bias* oder Wunschdenken zurückzuführen; die Annahme, Großbritannien werde neutral bleiben, sei also nicht völlig unverständlich gewesen. Levy führt den Krieg mehr auf unterschiedliche Präferenzen der Großmächte, auf ihre strategischen Planungen und auf die Dynamik ihrer Sicherheits- und Machtkonkurrenz zurück (*Preferences, Constraints, and Choices in 1914*, in: International Security, 15:3 [Winter 1990/91], S. 151-186).

case dann doch eintrat, schockiert und nicht mehr in der Lage war, die letzte Chance zur Korrektur zu nutzen; stattdessen fügte sie sich in das scheinbar Unvermeidliche. Sie wollte den Lokalkrieg ihres Verbündeten Österreich-Ungarn gegen Serbien und war bereit, dafür einen Kontinentalkrieg in Kauf zu nehmen. Damit aber hat sie den Weltkrieg, der aus dem Kontinentalkrieg hervorging und bei dem sie nichts gewinnen und alles verlieren würde, wie ihr Botschafter in London vorausgesagt hatte, fahrlässig herbeigeführt.[3]

Als zweites Beispiel möchte ich an die berühmte Rede von Joseph Goebbels, dem Chefpropagandisten des Dritten Reiches, am 18. Februar 1943 im Berliner Sportpalast erinnern, in der es ihm gelang, seine Zuhörerschaft zu Begeisterungsstürmen über den angekündigten „totalen Krieg", ja sogar einen Krieg, der noch totaler sein würde, als sich alle vorstellen konnten, hinzureißen. Goebbels, der sich Sorgen über die psychologischen Auswirkungen der Niederlage in Stalingrad machte, wollte die Katastrophe gezielt für die Mobilisierung verstärkter Kriegsanstrengungen nutzen.[4] Denn mit Verschweigen oder Mythologisierung als Heldenepos war es nicht mehr getan. Das Entsetzen der Deutschen über das Massensterben an der Wolga und die aufkommende Angst vor „den Russen" sollte in Zustimmung zu einer Radikalisierung der Kriegführung umgesetzt werden. Die Rede enthielt zugleich heftige Ausfälle gegen die Juden, sie leitete eine nochmalige Verschärfung der antisemitischen Propaganda ein.

Nun lässt sich diese Inszenierung vielleicht nicht verallgemeinern, da zu der Veranstaltung nur Vertreter von NS-Organisationen eingeladen waren, die dem Regime und seiner Ideologie besonders nahe standen. Es ist bekannt, dass die Deutschen insgesamt 1939 weit weniger vom Ausbruch des Krieges begeistert waren als 1914. Allerdings haben sich diese Reserven im Zuge der erfolgreichen Angriffskriege

---

3   Die Bewertung am Ende nach Imanuel Geiss, *Der lange Weg in die Katastrophe: Die Vorgeschichte des Ersten Weltkrieges 1815-1914*, München 1990, S. 324. Aus der neueren Literatur nenne ich beispielhaft Sönke Neitzel, *Kriegsausbruch: Deutschlands Weg in die Katastrophe 1900-1914*, München 2002, der die Kriegserwartung, die Kriegsbereitschaft und die Fehleinschätzungen auf der deutschen Seite betont, die Katastrophe aber auch auf Entwicklungen auf der Systemebene, d.h. vor allem den „Hochimperialismus" der Großmächte, zurückführt.

4   Wolfram Wette, *Das Massensterben als „Heldenepos": Stalingrad in der NS-Propaganda,* in: ders./Gerd A. Ueberschär (Hrsg.), *Stalingrad: Mythos und Wirklichkeit einer Schlacht* [1993], Frankfurt 2003, S. 43-60, S. 57f.

der deutschen Wehrmacht bald verflüchtigt. Es besteht kein Zweifel, dass es dem NS-Regime von Anfang an gelungen war, die Loyalität, ja emphatische Zustimmung der Bevölkerungsmehrheit zu seiner völkischen Diktatur zu mobilisieren. Es konnte sich dabei vor allem auf eine fast religiöse Verehrung des Führers stützen, der bis zuletzt weitgehend von Alltagskritik ausgenommen blieb („wenn das der Führer wüsste"). Die starke emotionale Bindung an dieses Regime, das ein ungeheures Aggressions- und Vernichtungspotenzial entfaltete, hat sich bis in den Zusammenbruch, ja teilweise sogar darüber hinaus erhalten. Daran haben die Rückschläge ab 1943 zunächst nichts geändert.[5] Zwar begann mit Stalingrad – leider erst dann – die allmähliche Erosion der politischen Loyalität der Deutschen gegenüber dem Nationalsozialismus; aber die Propaganda blieb auch in der Zeit der sich häufenden militärischen Niederlagen und Rückzüge nicht ohne Erfolg. Das NS-Regime war nicht ernsthaft gefährdet, die Masse der Bevölkerung ließ sich noch lange mit Durchhalteparolen beschwichtigen. Das Attentat vom 20. Juli 1944, das u.U. eine Wende hätte herbeiführen können, stieß weitgehend auf Unverständnis oder sogar Ablehnung.

Keine der bisher diskutierten Großtheorien – mit einer partiellen Ausnahme des politischen Realismus – kann erklären, warum sich Menschen in der Politik, gerade auch in der internationalen Politik, nicht nur nicht menschendienlich rational, also „vernünftig" in einem aufgeklärt humanen Verständnis, sondern häufig nicht einmal im engeren Sinne zweckrational verhalten. Zu oft sind die von ihnen verfolgten Ideen und Strategien massiv selbstschädigend. Für diese Dimension ist die Politische Psychologie zuständig. Ihr Fokus der Analyse ist die Bedeutung *individueller und kollektiver Subjektivität* für die Erklärung politischen Handelns. Im Portal „Politische Psychologie" des Berufsverbands Deutscher Psychologinnen und Psychologen heisst es dazu:

> Politische Psychologie befasst sich mit Zusammenhängen zwischen Macht und Herrschaft einerseits, unserer Subjektivität andererseits, also mit Gefühlen, Vorstellungen, Überzeugungen und Verhalten in Politik und Gesellschaft zwischen Nachbarn, Völkern, Minderheiten, Gruppen, aber auch Kollegen, Vorgesetzten und Untergebenen.[6]

---

5   Das unterstreicht, dass es sich hier nicht um nationalistischen Opportunismus handelte, obwohl es den sicher auch gegeben hat.
6   www.politische-psychologie.de/politik.html (21.3.2009).

Es geht also z.b. darum, wie Fremdenfeindlichkeit, Nationalismus, Hass und Vorurteile entstehen oder auf welche Emotionen und Handlungsmuster sich die Herrschaft von Diktaturen stützt; oder – das war in Kap. 10 schon ansatzweise Thema – um die Frage, warum Männer so viel häufiger gewalttätig sind als Frauen. Es geht aber auch um Fehlwahrnehmungen und Fehlentscheidungen.

Obwohl es wissenschaftliche Zeitschriften gibt, die sich exklusiv mit der Psychologie der Politik beschäftigen, und obwohl sich auf nationaler wie internationaler Ebene Psychologinnen und Psychologen mit anderen FachvertreterInnen in wissenschaftlichen Vereinigungen für Politische Psychologie zusammengeschlossen haben, ist die Politische Psychologie keine mit anderen Teilgebieten der Psychologie wie etwa der Entwicklungspsychologie, der Sozialpsychologie oder der Pädagogischen Psychologie (oder mit den IB im Rahmen der Politikwissenschaft) vergleichbar etablierte (Teil-)Disziplin. Politische Psychologie ist eine Art Querschnittprogramm, das sich ganz unterschiedlicher psychologischer Teilgebiete, Forschungstraditionen und methodischer Zugänge bedient. Hinzu kommt, dass sich die Politische Psychologie mit ganz verschiedenen Analyse-Ebenen beschäftigt: mit Individuen, z.B. einzelnen Entscheidungsträgern, auch mit intrapsychischen Konflikten im Individuum selbst; mit Kleingruppen, und zwar mit Vorgängen in wie zwischen solchen Gruppen, oder mit großen Kollektiven wie Nationen oder Kulturen. Untersuchungen über Einstellungen, Fehlverhalten oder Pathologien einzelner Personen können dabei auch aus einer gesellschaftswissenschaftlichen Perspektive interessant sein, wenn sie Aufschlüsse darüber geben, in welchen sozialen und sozialpsychologischen Arrangements sie in politischen Entscheidungsprozessen oder in politisch relevanten kollektiven Verhaltensweisen wirksam werden.

In diesem Kapitel berücksichtige ich in erster Linie Forschungsergebnisse der kognitiven Psychologie, der Sozialpsychologie und der Psychoanalyse. Die kognitive Psychologie befasst sich mit Strategien der Informationsverarbeitung und der Bedeutung von Einstellungen und Überzeugungen (*belief systems*). Die Sozialpsychologie untersucht vor allem Beziehungen in und zwischen Gruppen. Die Psychoanalyse beschäftigt sich mit unbewussten Prozessen, die durch innerpsychische Konflikte verursacht werden, und mit Emotionen, Phantasien, Wiederholungszwängen und Abwehrmechanismen. Von Interesse ist in diesem Zusammenhang auch die tiefenhermeneutische Kultursoziologie, die im Rahmen eines gesellschaftswissenschaftlichen

Zugangs die Inszenierung unbewusster Ängste und Wünsche in sozialen Interaktionen untersucht.[7]

Auch innerhalb der Hauptrichtungen gibt es noch wichtige Unterschiede. So sieht die kognitive Psychologie zwar generell den Menschen nicht mehr als passives Wesen, das reflexhaft auf äußere Stimuli reagiert, sondern als aktiv Informationen verarbeitendes Individuum, das ein eigenständiges Bild seiner Umwelt aufbaut. Der stärker rationalistischen kognitiven Richtung geht es dabei mehr um die korrekte Informationsverarbeitung, der stärker motivational orientierten mehr um die Bedürfnisse, die Urteilsprozesse für das Individuum erfüllen: der Mensch als rationales oder als rationalisierendes Wesen.[8] Für meine Fragestellung ist eher der weitere Ansatz der kognitiven Psychologie von Interesse, so wie ihn etwa der Psychologe und Psychotherapeut Aaron Beck versteht, der die „kognitive Therapie" entwickelt hat.[9] Beck geht davon aus, dass das Verhalten von Individuen oder Kollektiven an Emotionen *und* an Kognitionen, also Denken, Gedanken, Überzeugungen oder Einstellungen gekoppelt ist. Diese Kognitionen steuern unsere Emotionen und unser Verhalten:

> Our beliefs and information-processing systems play a decisive role in determining our feelings and behavior. We interpret and misinterpret signals from others according to our values, rules, and beliefs. (...) cognitive distortions incite anger and prompt the hostile behavior. (...) There is a continuity in the cognitive characteristics of violence across the various domains: family abuse, street crime, persecution, genocide, war.[10]

---

7 Vgl. die Abschnitte *Kognitive Psychologie* und *Eine Brücke zwischen kognitiver Psychologie und Psychoanalyse* bei Vamik D. Volkan, *Das Versagen der Diplomatie: Zur Psychoanalyse nationaler, ethnischer und religiöser Konflikte*, Gießen 1999, S. 16ff. (2. Aufl. 2000). Zu der von Alfred Lorenzer begründeten tiefenhermeneutischen Kultursoziologie vgl. Hans-Dieter König, *Tiefenhermeneutik als Methode kultursoziologischer Forschung*, in: Ronald Hitzler/Anne Honer (Hrsg.), *Sozialwissenschaftliche Hermeneutik: Eine Einführung*, Opladen 1997, S. 213-241.

8 Vgl. dazu Dieter Frey, *Kognitive Theorien*, in: ders./Siegfried Greif (Hrsg.), *Sozialpsychologie: Ein Handbuch in Schlüsselbegriffen*, 3. Aufl., Weinheim 1994, S. 50-67, hier S. 58f. (4. Aufl. 1997).

9 Ein bekanntes Buch aus dieser Tradition ist David D. Burns, *Feeling Good: The New Mood Therapy*, 2. Aufl., New York 1999. Dieses Buch ist seriöser als der etwas reißerische Titel suggeriert.

10 Aaron Beck, *Prisoners of Hate: The Cognitive Basis of Anger, Hostility, and Violence*, New York 1999, S. 30, 15 und 274.

Die Überzeugungen oder Einstellungen, die Menschen über sich selbst und das Verhältnis zu ihrer Umwelt, ihren Mitmenschen entwickeln, können durchaus im Sinne von Rationalität und Humanität überprüft und verändert werden. Dass die Menschen sich eine Welt nach ihrem Bilde schaffen und dass sie lernfähig sind, diese Einsicht ist also nicht erst dem Konstruktivismus gekommen; sie ist der Politischen Psychologie schon viel länger vertraut. Aber es ist eine andere Innenseite der Außenpolitik und der internationalen Beziehungen und eine andere, eben eine psychologische Perspektive, die hier zur Sprache gebracht wird, und vor allem eine Schattenseite; ohne deren Erhellung und ohne die Inanspruchnahme der pro-sozialen Gefühle und Phantasien der Menschen kommen auch die guten Ideen nicht weit.

Die Theorietraditionen der Politischen Psychologie haben, wie alle anderen auch, verschiedene Ursprünge. Neben wissenschaftsimmanenten Entwicklungen haben auch hier politische Impulse eine Rolle gespielt, z.B. das Interesse der am Ersten Weltkrieg beteiligten Nationalstaaten an der Disziplinierung ihrer Soldaten und an der Kriegspropaganda. Aber die Psychologie (und die Psychoanalyse) insgesamt war trotz ihrer Unterwerfung unter den Nationalsozialismus – da unterscheidet sie sich nicht von anderen Disziplinen – zu keiner Zeit nur Herrschafts-, sie hat sich immer auch als Aufklärungs- und Emanzipationswissenschaft verstanden. So spielt sie seit langem eine wichtige Rolle bei der Aufarbeitung der NS-Zeit und leistet heute viele Beiträge zur Analyse von Konflikten und Kriegen, stellt sie sich ausdrücklich politischen Bemühungen um Konfliktregulierung und Friedensstiftung zur Verfügung.[11] Obwohl sie viel älter ist als der Feminismus oder der Konstruktivismus, steht die Politische Psychologie jedoch in den IB, ja sogar in der Friedensforschung eher am Rande.

Die vergessene Dimension internationaler Konflikte: Subjektivität, so lautete der Titel eines Schwerpunktbandes der Zeitschrift „Friedensanalysen", der 1990 erschien.[12] Dazu passt, dass die Arbeitsgemeinschaft für Friedens- und Konfliktforschung (AFK), die aktuell an einer Bestandsaufnahme ihres Faches arbeitet, auch 20 Jahre später

---

11 Vgl. etwa den Sammelband von Gert Sommer/Albert Fuchs (Hrsg.), *Krieg und Frieden: Handbuch der Konflikt- und Friedenspsychologie*, Weinheim-Basel-Berlin 2004.

12 Reiner Steinweg/Christian Wellmann (Hrsg.), *Die vergessene Dimension internationaler Konflikte: Subjektivität,* Friedensanalysen Bd. 24, Frankfurt am Main 1990.

keinen Autor/keine Autorin für diesen Bereich findet.[13] Nimmt man verschiedene Einführungen in die internationale Politik in die Hand, die von Manfred Knapp und mir selbst herausgegebene eingeschlossen, dann ergibt sich derselbe Befund.[14] Ich halte die mangelnde Aufmerksamkeit der IB für die psychologischen und psychoanalytischen Theorietraditionen, die manchmal bis zur totalen Abwehr reicht, für einen großen Fehler. Ich hoffe, ich kann in diesem abschließenden Kapitel, *last but not least*, deutlich machen, warum. Ich tue das zunächst an drei zentralen Themenbereichen.

12.2 Fehlwahrnehmungen und Fehlkalkulationen

In den internationalen Beziehungen reagieren die Akteure nicht unvermittelt auf die Handlungen anderer.[15] Sie müssen sie interpretieren, und erst auf dieser Grundlage können sie selbst aktiv werden. Interaktionen haben also nicht nur eine strategische, sondern auch eine symbolische Dimension. Jede Entscheidung über eine (Re-)Aktion beginnt mit der Verarbeitung von Informationen, keineswegs nur ein passiver Vorgang, sondern ein aktiver Prozess der Konstruktion von Realität. Informationen müssen erkannt, ihre Relevanz für die anstehende Problematik muss eingeschätzt werden. Neue Informationen sind in bereits vorhandenes Wissen zu integrieren; dieses Wissen muss aktualisiert, erweitert oder verändert werden. Schließlich sind aus den Informationen Schlüsse zu ziehen. Dieser Prozess der Informationsverarbeitung unterliegt nicht nur sozialen (wie im Konstruktivismus), sondern auch psychologischen Einflüssen; und zwar irrationalen, nicht-rational intuitiven sowie affektiven Einflüssen, Voreingenommenheiten und Irrtümern. Das gilt insbesondere für Bereiche wie die internationale Politik, die von Ungewissheit und Komplexität geprägt sind.[16]

---

13 Auskunft von Prof. Dr. Peter Schlotter, bis 2008 Vorsitzender der AFK.
14 In der 4. Auflage taucht die Politische Psychologie in meinem Beitrag zu den IB-Theorien kurz auf (Manfred Knapp/Gert Krell, *Einführung in die Internationale Politik: Studienbuch*, 4. Aufl., München-Wien 2004, hier S. 81-84). Selbst in der hoch ausdifferenzierten Sammlung von *Theorien in den Internationalen Beziehungen*, die Schieder und Schindler herausgegeben haben (2. Aufl., Opladen 2006), kommt sie nicht vor.
15 Ich stütze mich hier auf Yaacov Y. I. Vertzberger, *The World in Their Minds: Information Processing, Cognition, and Perception in Foreign Policy Decisionmaking*, Stanford, Cal. 1993, S. 7ff.
16 Ebd., S. 343.

Wenn Informationen nicht eindeutig und die weitere Entwicklung ungewiss ist, dann hängt die Situationsdefinition mehr von der Persönlichkeit des oder der Entscheidungsträger(s) und ihren bevorzugten Verarbeitungsstrategien ab als von einem „objektiven Stimulus". Einstellungen, Werte oder Stereotype werden benutzt, um Informationen, die nicht von sich aus kohärent und einfach zu bewerten sind, zu organisieren. Dabei geht es nicht nur um kognitive Vorgänge. Es kommen emotionale Bedürfnisse hinzu. Informationen werden z.B. dazu benutzt oder missbraucht, um Angst zu reduzieren. Das führt zu „motivationaler Wahrnehmung", also zu Voreingenommenheit, die von dieser Angst gesteuert wird. Ein wichtiges emotionales Bedürfnis besteht in der Konsistenz von Weltbildern und Umwelt. Wird diese Konsistenz durch neue Informationen in Frage gestellt, dann fühlen wir uns häufig bedroht und versuchen (unbewusst), sie durch Interpretation oder Manipulation künstlich zu erzeugen.[17]

Oder mit den Worten von Robert Jervis, einem amerikanischen Politikwissenschaftler, der sich in einer grundlegenden Studie systematisch mit der Perzeptionsproblematik in den internationalen Beziehungen beschäftigt hat:

> The need for people to simplify the enormous amount of information they receive and the psychological pressures that result in motivated distortions mean that there will be serious discrepancies between the perceived and the actual environment. The problem is multilateral and interactive. That is, we are not dealing with one state that is perceiving a passive environment, but with many states that are perceiving and reacting to one another. To interpret what others are doing, judge how others are perceiving them, and predict how others will interpret their behavior, states have to understand the beliefs and images that others hold, which may be very different from those held by the state. As these processes continue over time, furthermore, errors are likely to be compounded, not corrected.[18]

Allein die Überlastung mit Informationen ist ein besonderes Problem in den internationalen Beziehungen; grundsätzlich aber ist jedes Individuum damit konfrontiert. Wie alle Forschungsergebnisse zeigen, kann jeder Mensch nur einen geringen Teil der Signale aufnehmen,

---

17 Ebd., S. 345.
18 Robert Jervis, *Perceiving and Coping With Threat*, in: ders./Richard Ned Lebow/Janice Gross Stein, *Psychology and Deterrence*, Baltimore 1985, S. 13-33, das Zitat S. 33.

die ihm die Umgebung liefert; er ist deshalb zu Einsparungsstrategien, zur Auswahl gezwungen, die in der einen oder anderen Form die Wahrnehmung verzerrt. Diese Einsparungsstrategien durch *belief systems* sind nicht nur notwendig, sie sind auch nützlich, und zwar sowohl auf der individuellen wie auf der politischen Ebene; der Preis dafür ist das Risiko von groben Vereinfachungen.[19] Wie der Prozess der Auswahl, der Zuordnung und der Bewertung vor sich geht, dazu hat die kognitive Psychologie unterschiedliche Theorien entwickelt. Unumstritten ist nur, dass wir nicht ohne Formen der Kategorisierung auskommen, ja gar nicht lebensfähig wären.[20]

Ein älterer Ansatz in der kognitiven Psychologie geht davon aus, dass die Widersprüchlichkeit zwischen einzelnen Kognitionen eine unangenehme psychologische Spannung aufbaut – sie wird Ungleichgewicht, Asymmetrie, Inkongruenz oder Dissonanz genannt –, die Individuen (oder auch Gruppen) auszugleichen versuchen. Die bekannteste Theorie aus diesem Bereich, die Theorie der „kognitiven Dissonanz", argumentiert, dass wir aktiv nach konsonanten Informationen suchen, dissonante Informationen vermeiden, abwerten oder passend machen. Ein keineswegs triviales Beispiel ist das Rauchen. Es kann als wissenschaftlich gesichert gelten, dass Rauchen gesundheitsschädlich ist. Aber wir kennen alle die Strategien von Rauchern, mit unangenehmen Informationen dieser Art umzugehen, sie zu rationalisieren; z.B. mit dem Hinweis darauf, dass Helmut Schmidt inzwischen 90 Jahre alt ist, obwohl er raucht wie ein Schlot.

Eine andere Theorie der sozialen Wahrnehmung, die so genannte Hypothesen-Theorie, behauptet, dass Erwartungen die Wahrnehmung steuern.[21] Unsere Erwartungen beeinflussen nicht nur das, was wir sehen, sondern auch die Art und Weise, wie wir es interpretieren. So haben – um ein einfaches Beispiel zu nennen – Experimente gezeigt,

---

19 Vgl. dazu auch Philip E. Tetlock, *Social Psychology and World Politics*, in: Daniel T. Gilbert/Susan T. Fiske/Gardner Lindzey (Hrsg.), *The Handbook of Social Psychology*, 4. Aufl., Boston, Mass.-New York-San Francisco 1998, Bd. II, S. 868-912, hier S. 877.

20 Vgl. dazu Louise Pendry, *Soziale Kognition*, in: Klaus Jonas/Wolfgang Stroebe/Miles Hewstone (Hrsg.), *Sozialpsychologie: Eine Einführung*, 5. Aufl., Berlin-Heidelberg-New York 2007, S. 111-145.

21 Vgl. dazu Waldemar Lilli/Dieter Frey, *Die Hypothesentheorie der sozialen Wahrnehmung*, in: Dieter Frey/Martin Irle (Hrsg.), *Theorien der Sozialpsychologie, Band I: Kognitive Theorien*, 2. Aufl., Bern-Göttingen-Toronto 1993, S. 49-78 (3. Aufl. 2002).

dass wir gefälschte Spielkarten, bei denen die Farben vertauscht sind (also schwarzes Karo oder rotes Pik) und die wir nur kurz sehen können, nicht als gefälscht erkennen, sondern den vertrauten Farben zuordnen. Man kann sich leicht vorstellen, dass eine Gruppe von Weißen ein Bild, auf dem ein Weißer und ein Schwarzer im Kampf gezeigt werden, anders interpretiert als eine Gruppe von Schwarzen.[22]

Allerdings unterscheidet die Hypothesen-Theorie zwischen starken und schwachen Hypothesen, zwischen stärker konzeptgesteuerter und stärker datengesteuerter Wahrnehmung. Die Stärke der Hypothese hängt u.a. ab von der Häufigkeit früherer Bestätigungen, der Anzahl der verfügbaren Hypothesen oder der Motivation. In den IB greift der Ansatz der *Conceptual Complexity* die Hypothesen-Theorie auf. So wird auch hier zwischen rigider (konzeptgesteuerter) und komplexer (datengesteuerter) Informationsverarbeitung unterschieden. Mehrere Studien haben einen Zusammenhang zwischen dem Komplexitätsgrad in der Informationsverarbeitung politischer Entscheidungsträger und dem Konfliktverhalten von Staaten festgestellt: Rigidität, also voreingenommene und starre Interpretation von äußeren Stimuli, Abwehr dissonanter Informationen, autoritäre Entscheidungsstrukturen und Prestigedenken korrelieren mit Gewaltbereitschaft und Konflikteskalation. Eine weitere bekannte Einsparungsstrategie bei der Informationsverarbeitung ist die Verwendung von Analogien. Mit Analogien strukturieren wir neue Ereignisse oder auch Ereignisketten, indem wir Parallelen herstellen zu Ereignissen, die uns schon vertraut sind; auch dabei sind gravierende Fehleinschätzungen möglich.[23]

Beeinträchtigungen der Informationsverarbeitung gelten für alle Phasen von Entscheidungsprozessen, auch die Zeit danach – selbst dann, ja oft gerade dann, wenn sich eine Entscheidung als ungünstig oder gar verheerend herausgestellt hat. Wenn schwere Entscheidungen

---

22 Christopher R. Mitchell, *The Structure of International Conflict*, Basingstoke-London 1981, S. 79f.; vgl. auch die Experimente des Verhaltensökonomen Dan Ariely, *Denken hilft zwar, nützt aber nicht: Warum wir immer wieder unvernünftige Entscheidungen treffen*, München 2008, hier Kapitel 9: *Der Effekt von Erwartungen.* (Der seriösere Originaltitel dieser populärwissenschaftlichen Abhandlung lautet: *Predictably Irrational.*)

23 Vgl. die Zusammenfassung bei Tetlock, *Psychology and World Politics*, S. 878f. und den Forchungsbericht von Michael D. Young/Mark Schaffer, *Is There Method in Our Madness? Ways of Assessing Cognition in International Relations*, in: Mershon International Studies Review, 42:1 (Mai 1998), S. 63-96.

getroffen werden müssen oder die Wahl zwischen wenig attraktiven Alternativen ansteht und eine Verschiebung nicht mehr möglich ist, greifen politische Entscheidungsträger zu Strategien der Informationsselektion. Die getroffene Wahl wird abgefedert, durch Wunschdenken, durch Ignorieren oder Abwerten konkurrierender Informationen. Besonders massiv wirken diese Mechanismen, wenn eine Regierung schon sehr viel in eine bestimmte Richtung mit den entsprechenden Entscheidungen investiert hat. *Entrapment* nennt man eine Situation, in die sich Entscheidungsträger mehr oder weniger bewusst hineinmanövriert haben oder haben lassen und aus der sie nur mit erheblichen realen oder symbolischen Verlusten wieder herauskommen. „Augen zu und durch" wird dann, salopp formuliert, die Devise.

Das oben zitierte Beispiel aus der Julikrise von 1914 kommt einem solchen Prozess sehr nahe. Aber man kann auch das Verhalten der NATO im Kosovo-Krieg 1999 oder das der israelischen Führung im Gaza-Krieg Anfang 2009 nehmen. Die NATO ging davon aus, dass in der verfahrenen Situation nach dem Scheitern der Konferenz von Rambouillet einige wenige „Bombenschläge" ausreichen würden, Slobodan Milosevic wieder an den Verhandlungstisch zu zwingen. Die Möglichkeit, dass er selbst mit einer Eskalation reagieren könnte, wurde verdrängt, obwohl sie aus internen Studien bekannt war.[24] Und was Israels Militäraktionen im Gaza-Krieg angeht, so befürchteten eine Reihe von Kommentatoren, dass sie aus taktisch-politischen und psychologischen Handlungszwängen entstanden sind, die mit realistischen strategischen Zielsetzungen nur noch wenig zu tun haben.[25]

Alle Mechanismen der Informationsverzerrung und Vereinfachung und der Rationalisierung von Entscheidungen, die ich hier beschrieben habe, laufen nicht deterministisch. (Das zeigen auch die Experimente der Verhaltensökonomie, die die Modelle der rationalen Marktteilnahme und damit Grundlagen der klassischen ökonomischen Theorie geradezu dramatisch in Frage stellen. Offenkundige Irrationalität ist also

---

24 Vgl. Adam Roberts, *NATO's „Humanitarian War" Over Kosovo,* in: Survival, 41:3 (Herbst 1999), S. 102-123, S. 112: „Yet it is hard to avoid the judgement that the campaign began in an atmosphere of unwarranted official optimism about both the capacity of bombing to reduce the Serb military threat to the Kosovars and the probability that the bombing would stay limited."

25 Vgl. etwa Amos Oz, *Spinning the Vicious Circle*, International Herald Tribune vom 8. Februar 2009; oder Roger Cohen, *Eyeless in Gaza*, The New York Review of Books, LVI:2 (Februar 12-25, 2009), S. 8.

auch in der Ökonomie weit verbreitet, aber Rationalität deshalb nicht ausgeschlossen.[26]) Es handelt sich um Tendenzen, deren Stärke von verschiedenen Faktoren abhängig ist. Motivation, Ziele und Ressourcen können die Informationsverarbeitung deutlich verbessern. Zeitdruck, Stress und Mangel an Ressourcen dagegen führen eher zu Rigidität und Stereotypisierung.[27] Die Vereinfachungen und Verzerrungen können in verschiedene Richtungen gehen, also z.B. die Lage (oder den Gegner) zu optimistisch oder zu pessimistisch einschätzen. Und in der realen Politik geht es nicht um die Wahrnehmung, die Kommunikation und die Auseinandersetzungen zwischen Individuen. Informationsverarbeitung und Entscheidungsprozesse sind immer in Institutionen und in politische Konstellationen eingebunden.

12.3 Wir und die Anderen: Von der Sozialen Identität zum Feindbild

Von Feindbildern – im Folgenden beschäftige ich mich nur mit Feindbildern zwischen Gruppen – war schon indirekt die Rede, aber unklar geblieben ist, ob sie ein Ergebnis realer Interessenkonflikte oder eine eigenständige Ursache von Konflikten sind. Das wird bis heute kontrovers diskutiert. Als klassisch gelten die Experimente von Muzafer Sherif aus den fünfziger Jahren mit Jungengruppen in einem Ferienlager. Sherif stellte fest, dass die Feindseligkeit zwischen zwei Gruppen in dem Moment drastisch anstieg, als er ein Tauziehen als Wettbewerb einführte, bei dem die gewinnende Gruppe belohnt werden, die Verlierer leer ausgehen sollten; und das obwohl zwischen beiden Gruppen viele individuelle Freundschaften bestanden.[28] Als Sherif dann ein Spiel inszenierte, bei dem es darum ging, gemeinsam mit demselben Tau einen liegen gebliebenen Laster flott zu machen, der das ersehnte Mittagessen geladen hatte, wurden die Jungen deutlich weniger aggressiv gegenüber Mitgliedern der anderen Gruppe, die Begünstigungen der Eigengruppe gingen ebenfalls zurück.

---

26 Dazu Ariely, *Denken hilft zwar.*
27 Psychoanalytisch gesprochen zur Regression in archaische Ängste und kindliches Schwarz-Weiß-Denken.
28 Diese Freundespaare waren bei der Gruppenbildung getrennt worden. Vgl. dazu Thomas Kessler/Amelie Mummendey, *Vorurteile und Beziehungen zwischen sozialen* Gruppen, in: Jonas/Stroebe/Hewstone, *Sozialpsychologie*, S. 487-531, hier 496-498.

Die Gegenposition zur These vom Primat des „realen" Interessenkonflikts (auch hier sind die Interessengegensätze letztlich sozial konstruiert) haben Experimente mit minimalen Gruppen ergeben, die mit dem Namen des Sozialpsychologen Henri Tajfel verbunden sind.[29] Minimale Gruppen sind Gruppen, die aufgrund extrem dünner, d.h. mehr oder weniger zufälliger sozialer Faktoren zusammengesetzt werden – also wenn ich etwa ein Seminar zweiteile nach den Anfangsbuchstaben der Nachnamen A-K und L-Z oder durch das Werfen einer Münze. Bei den Experimenten von Tajfel und anderen, die in verschiedenen Ländern und mit ganz unterschiedlichen Versuchspersonen durchgeführt worden sind, hat sich immer wieder ergeben, dass die bloße Klassifikation als solche ausreichte, um die Begünstigung der Eigengruppe und die Diskriminierung der anderen hervorzurufen.[30] Kategorisierungen dienen also nicht nur der Vereinfachung einer komplexen Umwelt, sie erfüllen offenbar auch ein Bedürfnis nach Identität: Wir wollen wissen, zu wem wir gehören. Die Theorie der sozialen Identität geht davon aus, dass Menschen im Allgemeinen lieber ein positives als ein negatives Selbstkonzept haben und deshalb auch ihre eigene Gruppe positiv von einer anderen unterscheiden. Viele dieser alltäglichen Diskriminierungen sind harmlos; vor allem deshalb, weil wir uns verschiedenen Gruppen zuordnen, die sich überschneiden. Problematisch werden solche hierarchisierenden sozialen Zuordnungen meist dann, wenn mehrere Gruppendifferenzierungen zusammentreffen wie Klasse, Ethnie, Geschlecht oder Religion.

Dass wir unterschiedliche Maßstäbe anlegen zur Bewertung des eigenen bzw. fremden Verhaltens, das zeigt auch die Attributionsforschung. Als Attributionsfehler bzw. Korrespondenzverzerrung wird die Überbewertung von Charaktereigenschaften bei gleichzeitiger Unterschätzung situationsbedingter Faktoren im Verhalten eines Gegenüber bezeichnet.[31] Diese Korrespondenzverzerrung findet man auch in

---

29 Ebd., S. 498ff.

30 Hans-Dieter König hat mich darauf aufmerksam gemacht, dass geprüft werden müsste, ob diese Experimente wirklich voraussetzungslos sind. Auch in ihnen spiegelten sich soziale bzw. sozialpsychologische Konstruktionsvorgänge, d.h. schlage sich schon kulturell vermitteltes Verhalten nieder. Richard Ned Lebow betont, Identitätsbildung sei nicht auf negative Abgrenzung angewiesen (*Identity and International Relations*, in: International Relations, 22:4 [2008], S. 473-492).

31 Neuere Forschungen haben gezeigt, dass der so genannte „fundamentale Attributionsfehler" kulturspezifische stark variiert; deshalb spricht man

der internationalen Politik. So haben westliche Politiker im Ost-West-Konflikt negatives Verhalten der Sowjetunion eher aus dem Regime-Charakter der UdSSR zu erklären versucht als aus bestimmten situativen Zwängen und Notlagen, in die sich die sowjetische Führung begeben hatte. Umgekehrt wurden bei vergleichbarem Verhalten auf der eigenen Seite die situativen Zwänge hervorgehoben. Ein häufig genannter Fall ist der Abschuss eines südkoreanischen Zivilflugzeugs über Sibirien durch die sowjetische Luftabwehr 1983, bei dem 269 Menschen ums Leben kamen, und der Abschuss einer iranischen Maschine im Golf durch die US-Marine 1988 mit 290 getöteten Zivilisten. Das erste Ereignis interpretierte US-Präsident Ronald Reagan als Beweis für die Barbarei der Sowjetunion; das zweite als einen tragischen, aber verzeihlichen Fehler, der auf unglückliche Umstände zurückzuführen sei.[32]

Ein ähnlicher bekannter Mechanismus ist der *double standard*, das zweierlei Maß, mit dem dasselbe Verhalten bewertet wird. Mein Lieblingsbeispiel dafür ist die Technologie der Mehrfachgefechtsköpfe, mit denen im Laufe der 1970er Jahre zunächst die Interkontinentalraketen der USA und später auch die der UdSSR ausgestattet wurden. Präsident Nixon bezeichnete in einer Rede von 1975 die schon existierenden amerikanischen Mehrfachsprengköpfe als eine stabilisierende, defensive Waffe, eine mögliche sowjetische MIRV-Entwicklung aber als destabilisierend, als einen Beweis für Erstschlagsbestrebungen.[33] In einem *möglichen* sowjetischen Waffenstand, der für Ende der siebziger/Anfang der achtziger Jahre vorausgesagt wurde, sah er also eine

---

heute von Korrespondenzverzerrung. Vgl. dazu Brian Parkinson, *Soziale Wahrnehmung und Attribution*, in: Jonas/Stroebe/Hewstone, *Sozialpsychologie*, S. 69-109, hier S. 96.

32 Jonathan Mercer, *Reputation and International Politics*, Ithaca, N.Y. 1996, S. 57; zur Attributionsproblematik vgl. auch das ganze Kapitel über *Reputation and Psychology*, insbesondere S. 48ff. Den Hinweis auf Mercer verdanke ich Vladimir J. Donskoi. Eine psychoanalytische Interpretation würde hier auf den Zusammenhang zwischen Aggressionsverleugnung und Projektion hinweisen: Damit die eigene Idealisierung aufrechterhalten werden kann, muss das Böse an anderer Stelle verfolgt werden.

33 MIRV steht für *multiple independently targetable re-entry vehicle*, ein Euphemismus für unabhängig zielfähige atomare Sprengköpfe. Was ist schon ein *re-entry vehicle* im Vergleich zu einer Atombombe! In der Psychologie nennt man das *meaningless assigns* oder *bureaucratic detachment*; in der Psychoanalyse würde man von „Derealisierung" sprechen.

Bedrohung der USA; den faktisch bereits bestehenden Vorsprung der Vereinigten Staaten deutete er als ungefährlich für die Sicherheit der anderen Seite. Noch krasser wurde das zweierlei Maß in Ausführungen von Senator Strom Thurmond zum selben Thema. Er forderte ausdrücklich eine Verbesserung der amerikanischen Raketen für die zielgenaue Zerstörung sowjetischer ICBM-Silos. Eine solche Maßnahme sei keineswegs destabilisierend, denn die Rüstungskontrollverträge erlaubten ja Modernisierungen; sie sei auch nicht provokativ, denn die USA würden ja niemals als erste mit Nuklearwaffen angreifen. Die Entwicklung der sowjetischen Interkontinentalraketen, die ihrerseits eines Tages die amerikanischen ICBMs bedrohen könnten, interpretierte er dagegen als Beweis für sowjetische Angriffsabsichten.[34]

Robert Jervis nennt dieses Phänomen: „The Belief That the Other Understands That You Are Not a Threat". Das ist die Psycho-Logik, die das Sicherheitsdilemma – eine objektive (oder sozial konstruierte) Problematik, die sich aus der Struktur des internationalen Systems ergibt – auf der subjektiv-emotionalen Ebene verschärft. Denn wenn ich fest davon überzeugt bin, dass meine Rüstung gar nicht als Bedrohung gedeutet werden kann, weil ich ja defensiv bin und nur auf die Rüstung der anderen Seite reagiere, dann kann ich gar nicht anders, als die Rüstung der anderen Seite als bösartig, d.h. als Ausdruck aggressiver Absichten zu deuten – denn warum sollte die sonst auf meine Rüstung reagieren?[35] Der Psychologe Paul Watzlawick bezeichnet das, was ich hier beschreibe, als „asymmetrische Interpunktion von Ereignisketten". Zur Veranschaulichung wählt er ein Beispiel aus dem Alltagsleben, nämlich ein Ehepaar, in dem der Mann ständig nörgelt und die Frau sich regelmäßig zurückzieht.[36]

---

34 Vgl. Gert Krell, *Rüstungsdynamik und Rüstungskontrolle: Die gesellschaftlichen Auseinandersetzungen um SALT in den USA 1969-1975*, Frankfurt am Main 1977, S. 60f. und 141. Um keine Missverständnisse aufkommen zu lassen: für die sowjetische Seite (oder die DDR) könnte ich noch krassere Belege für zweierlei Maß (*double standard*) anführen.

35 Robert Jervis, *Perception and Misperception in International Politics*, Princeton, N.J. 1976, S. 57ff. und 354f.

36 Paul Watzlawick/Janet H. Beavin/Don D. Jackson, *Menschliche Kommunikation: Formen, Störungen, Paradoxien* [1967], 11. Aufl., Bern-Stuttgart-Wien 2007, S. 57ff. Ich habe die Rollen vertauscht, um dem Geschlechterstereotyp zu entgehen. Bei Watzlawick nörgelt die Frau.

Es handelt sich offenkundig um ein eingespieltes System, von der Struktur durchaus mit einem Rüstungswettlauf vergleichbar.[37] Beide Seiten agieren und reagieren gleichzeitig; die Ereignisse folgen aufeinander wie in einer endlosen Wellenbewegung, in der ein Anfang nicht mehr auszumachen ist. Die Aufwärtsbewegung kommt von der einen, die Abwärtsbewegung von der anderen Seite. Beide Seiten sehen nicht das System, sondern sie unterbrechen (interpunktieren) die Wellenbewegung, und zwar asymmetrisch: der Mann sieht sein Nörgeln als Reaktion auf den ständigen Rückzug seiner Frau, er nimmt also nur Vs wahr; die Frau sieht ihre Rückzüge als Reaktion auf die ständige Nörgelei ihres Mannes, sie erkennt nur griechische Ls, umgekehrte Vs.[38] Diese Befangenheit im Selbstbezug gilt auch für soziale oder politische Konflikte. Je stärker eine soziale oder nationale Gruppe von einem Konflikt betroffen ist, desto schwieriger fällt es ihr, das Leiden der anderen Seite in den Blick zu nehmen oder die eigene Mitverantwortung für die Fortdauer des Konflikts anzuerkennen.

Das alles hat noch nichts mit den eigentlichen Feindbildern im engeren Sinne zu tun, obwohl sich gerade bei hartnäckigen Gruppenkonflikten fast zwangsläufig auch Feindbilder einstellen. Feindbilder sind noch einmal eine Steigerung der Bedürfnisse nach Abgrenzung, Kategorisierung und Unterscheidung; das kann bis zur politischen Paranoia, also bis ins pathologische Extrem gehen.[39] Feindbilder sind totalisierend, sie steigern die negative Einstellung gegenüber anderen Gruppen, sind in der Regel mit einer groben Spaltung zwischen Gut und Böse verbunden und erlauben keinen Perspektivenwechsel und keine Perspektivenübernahme. Sie erweisen sich als sehr hartnäckig gegenüber Korrekturimpulsen. Feindbilder sind oft deshalb so stabil, weil sie neben den schon bekannten Funktionen der Komplexitätsreduzierung und der Identitätsstiftung noch andere Funktionen in Gruppen erfüllen, insbesondere die Funktion der Gruppenkohäsion und der Aggressionskanalisierung.

---

37 Freilich kommen auf der Aggregationsebene eines Rüstungswettlaufs noch ganz andere Dimensionen und Interessen ins Spiel; insofern ist auch vor Psychologisierung zu warnen.

38 Wie dieses Modell in einem Rüstungswettlauf funktioniert, kann man nachlesen bei Gert Krell/Hans-Joachim Schmidt, *Der Rüstungswettlauf in Europa,* Frankfurt am Main-New York 1982.

39 Vgl. dazu Robert S. Robins/Jerrold M. Post, *Political Paranoia: The Psychopolitics of Hatred*, New Haven-London 1997.

Zusätzlich zur Selbstdefinition über den Kontrast und zur Selbst-werterhöhung durch die Diskriminierung anderer geht es hier auch um die projektive Abwehr verleugneter eigener innerer Konflikte, und zwar sowohl psychischer als auch realer Interessenskonflikte. Bei Wir-Bildungen, die nicht durch Dialog und Kompromiss entstanden sind, sondern aufgezwungen oder künstlich hergestellt werden, muss der Zusammenhalt durch ständige Beschwörung von Bedrohungen politisch (pseudo-)stabilisiert werden. Mit der politischen korrespondiert eine psychische (Pseudo-)Stabilisierung, weil bei dieser Gelegenheit nicht integrierte und unerwünschte Triebregungen projiziert werden können. Das Böse, das man an sich selbst nicht mag, kann man bekanntlich vortrefflich an anderen bekämpfen.[40] Dieses Modell lässt sich auch auf Kollektive anwenden:

(...) nehmen wir folgendes an: Angehörige einer Nation werden von einem inneren Konflikt bewusst oder halbbewusst gequält. Einerseits lieben und mögen sie sich selbst und ihre Nation im Sinne eines „gesunden" Narzissmus und sind stolz auf sich. Andererseits aber haben sie aufgrund verschiedener Vorkommnisse Schuldgefühle und schämen sich, bis hin zu Verachtungsgefühlen. Wird nun eine andere Nation, der Regierungschef einer anderen Nation oder ein Diktator, also eine besonders negative Figur, als „Böser" wahrgenommen, so ergibt sich wie bei den individualpsychologischen Beispielen die große Versuchung, das Böse und das Gute in sich selbst aufzuspalten, den bösen Anteil nach außen zu projizieren und ihn in einem dritten Schritt dann auch zu bekämpfen. Je mehr diese andere Nation oder der Diktator auch objektiv „böse" ist (z.B. Saddam Hussein) oder auch dazu verführt wird, noch „böser" zu sein (...), desto mehr eignet sich diese Person für eine real abgesicherte Projektion, desto eher werden wir es also mit einer Realexternalisierung zu tun haben. Jetzt handelt es sich nicht um eine einfache Phantasie, sondern um eine Überzeugung, die – durch die Realität begünstigt – sehr resistent gegen Deutungen wird.[41]

---

40 Vgl. Stavros Mentzos, *Pseudostabilisierung des Ich durch Nationalismus und Krieg*, in: Christa Rohde-Dachser (Hrsg.), *Über Liebe und Krieg: Psychoanalytische Zeitdiagnosen*, Göttingen-Zürich 1995, S. 66-84, S. 74-76.

41 Stavros Mentzos, *Der Krieg und seine psychosozialen Funktionen*, 2. Aufl., Göttingen 2002, S. 162; Mentzos konnte nicht ahnen, wie aktuell seine Analyse auch für den Konflikt zwischen den USA und dem Irak 2003 sein würde.

12.4 Führer und Gefolgschaft: Macht, Aggression, Kollusion

Da ich schon bei der Psychoanalyse bin, werde ich jetzt psychoanalytische Modelle vorstellen, die helfen, das oben schon angesprochene irrationale Zusammenwirken von Führer und Gefolgschaft zu erklären. Im Unterschied zu Sigmund Freud, der nicht zuletzt aufgrund der Erfahrung des Ersten Weltkrieges von einem menschlichen Todestrieb als Quelle der Aggression ausging, lehnt der Psychiater und Psychoanalytiker Stavros Mentzos die Vorstellung von einem angeborenen, energetisch konzipierten Aggressionstrieb ab.[42] Alle Menschen haben zwar ein biologisches Bedürfnis nach Aktivität und wollen sich selbst in der einen oder anderen Form behaupten (im Sinne des englischen Begriffs der *assertion*), aber die feindselig-bösartige und destruktive Aggression sieht Mentzos als eine Reaktionsbildung auf eine mangelnde Balance zwischen den Grundbedürfnissen nach Autonomie und Bindung. Jeder Mensch hat diese narzisstischen bzw. libidinösen Grundbedürfnisse, die immer wieder miteinander konfligieren und für eine gesunde Entwicklung in ein ungefähres Gleichgewicht gebracht werden müssen. Nun kommt es häufig (z.B. durch Überanpassung oder durch chronische Abgrenzung und Bindungsangst) zu einer Erstarrung dieser Spannung, d.h. entweder die Bindung oder die Autonomie wird einseitig bevorzugt.[43] Die daraus resultierende Frustrierung einer der beiden grundlegenden Strebungen (oder „Triebe"), so Mentzos, mobilisiert die destruktive Aggression:

Schon das Kleinstkind erfährt, dass es gehorsam und angepasst sein muss, wenn es, auf dem Schoß der Mutter sitzend, zärtlich behandelt werden will. Umgekehrt erfährt es auch bald, dass es mit Liebesentzug oder sogar mit körperlicher Bestrafung rechnen muss, wenn es allzu heftig auf seinem eigenen Willen und seinen Bemächtigungstendenzen beharrt. Gelingt es nicht, durch einfühlsame Behandlung und empathische Begleitung der Eltern diesen Konflikt produktiv, im Sinne eines Sowohl-als-auch (Bindung *und* Freiheit), zu lösen, so wird das Kind zwangsläufig Zuflucht zu einer Lösung des Typus Entweder-Oder finden, d.h., es wird sich entweder total anpassen und

---

42 Das Verhältnis seines Grundkonflikt-Konzepts zur klassischen Triebtheorie erläutert Mentzos ebd., S. 246-252.
43 Schon in der griechischen Mythologie sind die beiden Extreme tödlich: Narziss, der selbstverliebte Jüngling, der immer nur sein Spiegelbild im Fluss betrachtet, stirbt schließlich; Echo verzehrt sich vor Liebe zu Narziss. Die Geschlechterverteilung ist vermutlich nicht zufällig.

dadurch einen Teil seiner Autonomie opfern oder es wird, umgekehrt, in Opposition gehen und auf Liebe, Kontakt und Bindung verzichten. In beiden Fällen entsteht aber Frustration. (...) Damit hätten wir die gesuchte *innere Aggressionsquelle*, und zwar ohne die Annahme eines energetisch konzipierten Triebes. (...) Unter bestimmten Umständen nun kann (...) bei Personen, die aufgrund von Demütigungen und Entsagungen sowie Einschränkungen in ihren Expansions- und Entwicklungsmöglichkeiten massiv enttäuscht, gekränkt und frustriert wurden, diese narzisstische Aggressionslust als *Ersatz* für unerreichbare Befriedigungen gesucht und eingesetzt werden. Da es sich aber um einen Ersatz handelt, kann der Betroffene allmählich süchtig nach diesem gehobenen Gefühl werden, ja, er muss genau wie bei jeder anderen Sucht die Dosis ständig erhöhen. (...) Konzentrationslager-Aufseher, Folterer aller Epochen, Inquisitoren, Hexenjäger, aber auch grausam ihre Untergebenen drangsalierende Vorgesetzte usw. sind Beispiele für extreme Ausprägungen einer solchen Sucht und einer solchen Perversion. Sie hat, wie letztlich jede Sucht oder Perversion, relativ wenig mit einem tatsächlich überhöhten Triebbedürfnis bzw. mit einem angeblich starken Aggressionstrieb zu tun. Sie soll vielmehr eine gestörte und labilisierte narzisstische Homöostase wiederherstellen; oft dient sie auch der Kompensierung und Verleugnung einer schwachen männlichen Identität (...)[44]

Den Begriff der Macht differenziert Mentzos vor diesem Hintergrund in ähnlicher Weise wie den der Aggression; auch hier unterscheidet er zwischen einer funktionalen und einer dysfunktionalen Variante. Schon jedes Kleinkind hat das Bedürfnis, sich selbst als Ursache von Wirkungen zu begreifen; die Erfahrung, etwas bewirken zu können, befriedigt das Grundbedürfnis nach Autonomie. Sicherheit, Stärke, Selbständigkeit, Geborgenheit, Urvertrauen, Akzeptanz, Kompetenz und Funktionslust tragen zu einem stabilen Selbst bei. Auf diese Art gesunder Macht und Machtausübung sind nicht nur Kinder, sondern auch Erwachsene angewiesen. Bei der dysfunktionalen Macht wird die Macht nicht im Sinne der Kompetenz und der Funktionslust ausgeübt, sondern um der Macht über andere, also um des Machthabens willen.[45] Nicht alle aus der großen Zahl derjenigen, die solche Machtüberlegenheit brauchen, um ihre narzisstischen Kränkungen zu kompensieren, erlangen sie auch. Aber fast alle destruktiven Führer-

---

44 Mentzos, *Der Krieg*, S. 96 und 98.
45 Hier sehe ich eine Parallele zur soziologischen Differenzierung des Machtbegriffs bei Max Weber, *Der Beruf zur Politik*, in: ders., *Soziologie, Weltgeschichtliche Analysen, Politik*, hrsg. von Johannes Winckelmann, Stuttgart 1968, S. 167-185, S. 168-170; vgl. auch oben S. 24 und 148f.

persönlichkeiten leiden unter dieser kompensatorischen Machtsucht. Die Regierten werden von diesen Führern zum Teil einfach mit Gewalt niedergehalten; zum Teil kommt es aber auch zu „psychosozialen Arrangements", zu einer Kollusion (wörtlich: Zusammenspiel) zwischen den kompensatorischen Macht- und Größenphantasien nationalistischer (oder anderer) Führer und den vielen individuellen Kompensationsbedürfnissen der so genannten Kleinen Leute, die die Aufblähung des kollektiven Selbst als lustvoll empfinden.[46]

Einen anderen Akzent in der Charakterisierung des psychosozialen Arrangements im Nationalsozialismus setzt Alfred Lorenzer, der Begründer der tiefenhermeneutischen Kultursoziologie. Er geht von gesellschaftlichen Problemen aus, die sich über die Sozialisationsagentur Familie in infantilen Konflikten und individuellen Fehlentwicklungen niederschlagen. Aus traumatisch erzeugten Spannungen entsteht Aggression, die aber abgewehrt wird. Die unterdrückende Seite der Autorität wird verehrt, geliebt und idealisiert, zugleich wird die Aggression nach außen verschoben (auf die von der Autorität freigegebenen Gegner) oder auch nach innen über Selbstdisziplinierung bis zur Selbstzerstörung. Die Sehnsüchte nach befriedigenden sozialen Beziehungen werden nur ersatzweise erfüllt: durch eine Massenbindung, die nichts mir wirklicher Solidarität zu tun hat, sondern an die Verfolgung oder gar Vernichtung Ausgegrenzter gekoppelt ist – die aggressive Reaktion auf die Versagung der eigentlichen Bedürfnisse.[47]

Diese Kombination von autoritärem Zugriff auf die Individuen mit dem Versprechen der Befriedigung unerfüllter Wünsche steht auch im Zentrum der tiefenhermeneutischen Analysen von Hans-Dieter König, etwa seinen Interpretationen von Szenen aus dem berühmten Riefenstahl-Film über den Nürnberger Parteitag von 1934. Hitler faszinierte, weil er die Massen über die autoritäre Unterwerfung hinwegtäuschte und die Befriedigung narzisstischer Wünsche nach Größe, Macht und

---

46 Mentzos, *Der Krieg*, S. 207f. Mentzos behauptet nicht, dass Krieg allein oder primär psychologisch oder psychoanalytisch erklärt werden könnte. Ihm geht es um eine Synthese zwischen den objektiven Bestandteilen in Konflikten, also z.B. ökonomische Interessen oder politische Planungen, und den subjektiven, also Machtspiele oder Verführbarkeit. Das Verhältnis und die Konkurrenz zwischen beiden Erklärungsebenen hat er in Form von drei Streitgesprächen mit „Antilogos", einem fingierten Widerpart, in sein Buch über die psychosozialen Funktionen des Krieges integriert.

47 Alfred Lorenzer, *Das Konzil der Buchhalter – Die Zerstörung der Sinnlichkeit: Eine Religionskritik* [1981], Frankfurt am Main 2002, S. 121.

Einssein versprach. Über die charismatischen Masseninszenierungen wurden zugleich weltanschauliche Überzeugungen propagiert, die bei vielen Deutschen auf fruchtbaren Boden fielen. Die nationalsozialistische Weltanschauung suggerierte, dass mit dem Aufstieg Deutschlands auch jeder Deutsche die Chance erhalten würde, an der Größe und Macht des „Dritten Reiches" teilzuhaben.[48] Ohne die Instrumentalisierung unerfüllter Träume und unterdrückter Triebimpulse wäre der Nationalsozialismus nicht so erfolgreich gewesen. Diese Erkenntnis kann durchaus gesellschaftskritisch gewendet werden. Es ist nach den Herrschaftsverhältnissen zu fragen, den Sozialisations- und Arbeitsbedingungen, den Institutionen, Traditionen und politischen Polarisierungen, die es verhinderten, dass den Träumen und Triebimpulsen der Menschen Perspektiven einer realitätsgerechteren, humaneren und konstruktiveren Bearbeitung eröffnet wurden. Ähnliche Überlegungen gelten im Prinzip für alle totalitären Massenbewegungen.

Den psychoanalytischen Ansätzen gemeinsam ist der Blick auf die unbewussten aggressiven und libidinösen Bedürfnisse, die in politischen Zusammenhängen wie den skizzierten wirksam, aber häufig destruktiv inszeniert werden. Der Nationalsozialismus ist ein besonders dramatisches Beispiel für zerstörerische psychosoziale Arrangements. Aber sie sind in weniger extremen Formen weit verbreitet. Immer geht es um die Verleugnung der eigenen Konflikte, die Idealisierung der eigenen Gruppe (Nation oder Bewegung), die Projektion auf eine Fremdgruppe und die Aggression gegen sie. Die Verfolgung der Anderen erlaubt es, die scheinbare Ordnung im eigenen Lager aufrecht zu erhalten. Auffällig erscheint mir in diesen Arrangements die Parallele zwischen der Konfliktverleugnung auf der realsozialen *und* der psychischen Ebene. Herrschafts- und Verteilungskonflikte werden künstlich stillgelegt durch Verweis auf die von außen bedrohte Gemeinschaft, gleichzeitig können individuelle und kollektive psychische Konflikte, die aus unerwünschten Triebregungen entstehen, und unerfüllte Sehnsüchte wenigstens ersatzweise befriedigt werden. Die Alternative zu den destruktiven Scheinlösungen wäre für beide Ebenen die dialogische Konfliktbearbeitung.

---

48 Hans-Dieter König, *Hitler als charismatischer Massenführer: Tiefenhermeneutische Fallrekonstruktion zweier Sequenzen aus dem Film „Triumph des Willens" und ihre sozialisationstheoretische Bedeutung*, in: Zeitschrift für Politische Psychologie, 4:1 (1996), S. 7-42, hier S. 36.

12.5 Zur Politischen Psychologie des Golf-Krieges von 1991 und des Irak-Krieges von 2003

Zum Abschluss möchte ich selbst einen Versuch der Integration von subjektiven und objektiven Dimensionen in der internationalen Politik vornehmen, und zwar am Beispiel der Golf-Kriege von 1991 und 2003.[49] Es kommen dabei verschiedene Kategorien aus der Politischen Psychologie zur Sprache: *motivated bias* (verzerrte Wahrnehmungen, die von unbewussten emotionalen Bedürfnissen gesteuert werden), die Psycho-Logik von Bedrohtheitsvorstellungen, *entrapment* (d.h. das Gefangensein in einer selbst gestellten Falle), kollektive Projektionen.

Der Golf-Krieg von 1991[50]

Trotz klarer Anhaltspunkte – die englische Zeitschrift *The Economist* listete fünf Warnsignale allein in den sechs Monaten vor der Invasion des Irak in Kuwait Anfang August 1991 auf – hielt die amerikanische Führung daran fest, dass sich Saddam Hussein gemäßigt habe und dass die USA es nicht mit ihm verderben sollten. Dabei war schon seit Jahren aus dem Kongress und von der CIA Widerspruch gegen eine zu enge Verbindung mit dem Diktator laut geworden. Aus vermeintlich übergeordneten strategischen Interessen, der Eindämmung der iranischen Revolution, hielten die USA jedoch am „Stabilitätsfaktor Irak" fest. Statt rechtzeitig eine klare politische Abschreckungsposition aufzubauen, versicherten sie Saddam Hussein auf verschiedenen Kanälen bis zuletzt ihres Wohlwollens. Als mildernder Umstand lässt sich nur anführen, dass der Irak auch seine arabischen Nachbarn getäuscht hat, die bis zuletzt nicht mit einer Invasion rechneten.

Es stellt sich auch die Frage, ob Saddam Hussein überhaupt abschreckbar war. Denn Fehlkalkulationen, selektive Wahrnehmung und kulturelle Distanz – was nicht dasselbe ist wie Irrationalität – waren auch auf Seiten der irakischen Führung zu beobachten. Man könnte

---

49 1991 hatte der Irak unter Saddam Hussein Kuwait besetzt. Eine Koalition aus westlichen (in erster Linie die USA) und arabischen Staaten machte diese Besetzung mit militärischen Mitteln rückgängig.

50 Für das Folgende greife ich auf einen Artikel von mir selbst zurück: Gert Krell, *Krise und Krieg: Zur politischen Anatomie des Golf-Konflikts*, in: ders./Bernd W. Kubbig (Hrsg.), *Krieg und Frieden am Golf*, Frankfurt am Main 1991, S. 129-139, dort auch die Belege im Einzelnen.

sogar in Anlehnung an frühe Debatten in der Friedensforschung sagen, die Politik des Irak trug autistische Züge.[51] Der Realitätsverlust Saddam Husseins zeigte sich einmal in seiner Bewertung der Annexion Kuwaits. Die irakische Führung hat die politische Bedeutung ihres gewalttätigen Rechtsbruchs offenbar nie wirklich begriffen. Von den dann folgenden Reaktionen wurde Saddam Hussein nicht nur deshalb überrascht, weil er die Zusicherungen der USA sehr großzügig in seinem Sinne interpretiert hatte, sondern auch, weil er die Demokratien verachtete. Seine oft zitierte Äußerung, er könne Millionen Tote verkraften, aber die USA nicht einmal ein paar Tausend, spiegelt diese Hybris. Auch seine Chancen im Krieg hat der Irak falsch eingeschätzt. Saddam Hussein hoffte offenbar auf einen Zusammenbruch der Koalition, weshalb er das Eingreifen Israels zu provozieren suchte, und darauf, dass der Regionalvorteil militärisch zu seinen Gunsten ausschlagen werde. Aber wie konnte der Diktator erwarten, er werde aus einem Krieg mit dem Rest der Welt als Sieger hervorgehen?

Neben Fehleinschätzungen spielten Bedrohungsvorstellungen eine wichtige Rolle in der Eskalation des Konflikts: traditionell zwischen Kuwait und dem Irak, wobei Kuwaits mangelnde Kompromissbereitschaft in der Frage der Inseln im *Schatt al Arab* nicht zuletzt daraus resultierte, dass Bagdad mit einem besseren Zugang zum Golf den Anrainerstaat noch leichter hätte „in die Zange nehmen" können – und das vor dem Hintergrund seiner traditionellen Revisionsansprüche; in der unmittelbaren Vorgeschichte der Invasion dann im Verhältnis zwischen Israel und dem Irak, als Saddam Hussein Vergeltung gegenüber Israel mit Chemiewaffen ankündigte. Das israelische Entsetzen war verständlich, aber möglicherweise wurde übersehen, dass der Diktator diese Vergeltungsdrohung im Rahmen einer neuen Abschreckungsdoktrin formuliert hatte, die seinerseits von der Sorge vor einem erneuten militärischen Angriff auf das Nuklearprogramm des Irak bestimmt war. Eine defensive Motivation wurde dem Diktator von seiner Umwelt nicht mehr abgenommen, zu bedrohlich waren sein Machtpotenzial und seine Machtansprüche geworden.

Er selbst wollte oder konnte seinerseits nicht begreifen, dass diese Ansprüche ein entscheidender Grund für die Besorgnisse und die Vor-

---

51 Autistisch heißt soviel wie extrem selbstbezogen, ohne Kontakt mit der Außenwelt. Dieter Senghaas hatte seinerzeit den Rüstungswettlauf im Ost-West-Konflikt als autistisch bezeichnet, vgl. ders., *Rüstung und Militarismus*, Frankfurt am Main 1972.

sichtsmaßnahmen seiner späteren Kriegsgegner waren – z.b. die Zollfahndung nach Lieferungen, die für das irakische Atomprogramm von Bedeutung sein konnten; Maßnahmen, die er nun wieder als Verschwörung und Einkreisung interpretierte. Die dahinter liegende Psycho-Logik, die wir auch aus anderen Konfliktkonstellationen kennen, etwa aus der Vorgeschichte des Ersten Weltkrieges, habe ich oben als „asymmetrische Interpunktion von Ereignisketten" vorgestellt.

Als ein weiterer Punkt ist das Phänomen des *entrapment* zu diskutieren.[52] Auf amerikanischer Seite ist hier das frühe und massive militärische Engagement zu erwähnen („going too far too fast", wie die *New York Times* meinte), das dann fast unvermeidlich noch einmal gesteigert und bis zum Ultimatum geführt wurde. Schon wegen der innen- und außenpolitischen Kosten dieses massiven Aufmarschs geriet Präsident Bush sen. (also Vater Bush) so unter einen von ihm selbst gesetzten Zugzwang. Historische Analogien – der Vietnam-Krieg und die iranische Geiselaffäre – haben diesen Zugzwang zum frühen massiven Einsatz verstärkt.[53] Auf der anderen Seite bildet die Invasion Kuwaits durch Saddam Hussein ein geradezu klassisches Beispiel für *entrapment*, und zwar in mehrfacher Hinsicht. Der Land- und Bankraub sollte den Irak aus der weitgehend selbst verschuldeten wirtschaftlichen und politischen Misere herausführen; er war die Flucht nach vorn aus einer fast ausweglosen Lage. Saddam Hussein opferte dabei zugleich, um den Rücken frei zu halten, im Handstreich die Kriegsziele, für die er sein Volk acht Jahre lang im Krieg gegen Iran hatte bluten lassen. Mit der Annexion brach der Diktator dann endgültig alle Brücken hinter sich ab; das heißt, es blieb dem Regime nur die erneute Flucht nach vorn, in die „Mutter aller Schlachten".

---

52 Das klassische Beispiel für *entrapment* ist der Spieler, der immer mehr verliert, aber trotzdem weiterspielt in der Hoffnung, dass der ganze Einsatz sich am Ende doch noch auszahlt.

53 Auch die Analogie zum Münchner Abkommen und der Hintergrund des Zweiten Weltkrieges, in dem Präsident Bush sen. Soldat war, haben seine Entscheidung beeinflusst. Vgl. dazu Stephen J. Wayne, *President Bush Goes to War*, in: Stanley A. Renshon (Hrsg.), *The Political Psychology of the Gulf War: Leaders, Publics, and the Process of Conflict*, Pittsburgh 1993, S. 9-48; zu Saddam Hussein vgl. Jerrold M. Post, *The Defining Moment of Saddam's Life: A Political Psychology Perspective on the Leadership and Decision Making of Saddam Hussein During the Gulf War*, ebd., S. 49-66.

Auch Idealisierungen, Feindbilder und Projektionen ließen sich in diesem Konflikt beobachten, Schwarz und Weiß waren spiegelbildlich verteilt. Der Feind waren arabischer Extremismus und islamischer Fundamentalismus auf der einen, Zionismus und Imperialismus auf der anderen Seite. Dem entsprachen die Selbstbilder: Saddam Hussein als aufbegehrender Rebell, der die Ehre der Araber wiederherstellen wollte, bzw. die überlegene westliche Zivilisation, die den „arabischen Hitler" in die Schranken zu weisen hatte. Nicht zufällig wurden Assoziationen mit der kriegerischen Vergangenheit zwischen Christentum und Islam geweckt. Die eigenen Anteile an der Gewalt in der Region wurden verleugnet oder der Gegenseite zugeschoben. Bis 1979 hatte der Westen das repressive Regime im Iran als Stabilitätsfaktor aufgerüstet, nachdem der Schah selbst mit Hilfe westlicher Geheimdienste an die Macht gekommen war. Als Iran dann kippte, setzte man auf den Irak als neuen „Stabilitätsfaktor". Man tolerierte sogar, dass Saddam Hussein seine eigene Bevölkerung mit Chemiewaffen massakrierte.

Die Verleugnung der eigenen Anteile galt auch für die Regionalmächte, sie trugen Mitverantwortung für chronische Instabilität: Iran mit dem Fanatismus seiner Revolution, Syrien mit seiner machiavellistischen Koalitions- und Spaltungspolitik, die reichen Golfmonarchien mit ihrer Geldgier, die Türkei mit ihren ehrgeizigen Staudammprojekten, die den Nachbarn buchstäblich das Wasser abgraben können, Israel mit seinem Druck auf die Palästinenser. Das heroische Selbstbildnis des Irak jedoch war nicht minder fragwürdig als die Unschuldsmiene der Staatengemeinschaft unter Führung der USA, im Gegenteil. Wie sollte Saddam Hussein mit seiner blutigen Diktatur und seiner rassistischen Politik gegenüber Juden, Persern und Kurden zum Einiger Arabiens werden? Wie konnte die Befreiung der Palästinenser mit der gewalttätigen Unterwerfung der Kuwaitis begründet werden? Was war mit der gerechten Verteilung des Öls im Kampf gegen den Imperialismus, dessen Hilfe der Irak nur zu gern in Anspruch nahm, wenn er sie brauchte, etwa gegen Iran? Das waren alles Ausreden für die selbst produzierte Misere eines Regimes, das mit der Invasion die gesamte Region und Millionen von Menschen aus vielen islamischen Ländern wirtschaftlich schwer schädigte.

Die aufgezeigten Beispiele für Fehleinschätzungen, Selbstbindungen und Projektionen haben den Konflikt verschärft, eine Deeskalation verhindert. Doch im Kern war es ein Machtkonflikt um Einfluss und Kontrolle, politisch, wirtschaftlich und militärisch. Aber was heißt Macht? Der Politologe und Friedensforscher Karl W. Deutsch hat einmal „Willen" als den Wunsch, nicht zu lernen, und „Macht" als die Fähigkeit, nicht lernen zu müssen, definiert. Dieser zerstörerischen Variante stellte er einen anderen Begriff von Macht gegenüber: die Fähigkeit, sich für Alternativen offen zu halten.[54] Im Falle des Irak war pathologische, selbstschädigende Machtpolitik besonders deutlich zu beobachten: Die internen Problemlagen wurden nach außen gewendet. Der Irak war stark und schwach zugleich, militärisch weit übergerüstet, wirtschaftlich gelähmt – beides ein Ergebnis des achtjährigen Krieges mit Iran. Die politische Führung erwies sich als reformunfähig, sie verweigerte die innere Anpassung an die von ihr selbst herbeigeführten äußeren Bedingungen. Mit Druck, Drohung und Erpressung der reichen arabischen Ölnachbarn sollten die fehlenden Ressourcen für ein Entwicklungsprogramm eingeworben werden, dem durch die internen wie nach außen gerichteten Machtansprüche (Militarisierung, Repräsentationsluxus, teurer Sicherheitsapparat) die Grundlagen entzogen worden waren. Als auch das scheiterte, blieb nur der „Befreiungsschlag" gegen die auf die Umwelt projizierte Strangulierung. Die erneute Verweigerung der Anpassung, also des Rückzugs aus Kuwait, erschien somit fast zwingend. Sie hätte den Diktator in die Zwangslage zurückgeworfen, aus der er gerade ausgebrochen war.

Auch auf amerikanischer Seite spielt eine versäumte Anpassungsleistung eine wichtige Rolle: die selbst verschuldete Ölabhängigkeit. Hätte es Saddam Hussein geschickter angestellt, er hätte seine Gegenspieler, allen voran Präsident Bush sen., in größte Schwierigkeiten bringen können. Der „Zauberlehrling", den die Industriestaaten (West und Ost gleichermaßen) militärisch großgezogen hatten, bedrohte plötzlich Lebensinteressen des Westens. Bekanntlich hatten die USA zu Beginn der achtziger Jahre fast demonstrativ auf Energiepolitik verzichtet; ihre Importabhängigkeit von arabischem OPEC-Öl stieg wieder deutlich an. Bush habe Energiepolitik durch Außenpolitik ersetzt, kommentierte die *New York Times*. Natürlich hätte schon im damaligen Golf-Konflikt eine geringere Abhängigkeit von den Öllieferungen die prinzipielle Problematik des irakischen Machtanspruchs – militärisch und politisch – nicht beseitigt. Aber vielleicht hätte sie die Flexibilität bei der Formierung von Gegenmacht erhöht.

---

54 Karl W. Deutsch, *The Nerves of Government: Models of Political Communication and Control*, New York-London 1969, S. 111: „Power in this narrow sense is the priority of output over intake, the ability to talk instead of listen. In a sense, it is the ability to afford not to learn."

Manchmal hat man den Eindruck, die Geschichte wiederhole sich, dann aber als Farce. Gegenüber dem Irak-Krieg von 2003 erscheint der Golf-Krieg von 1991 trotz der genannten politisch-psychologischen Faktoren im Nachhinein als das Produkt vergleichsweise rationaler Entscheidungen, zumindest auf Seiten der USA. Für den noch andauernden Krieg im Irak erweist sich inzwischen auch offiziell – nicht nur durch Berichte von Beteiligten und Experten, sondern auch durch regierungsamtliche Untersuchungen –, dass sich keine der für die Intervention vorgebrachten Begründungen aufrechterhalten lässt. Aber nicht nur das: es wird immer offensichtlicher, dass wir es mit einer Kette von gravierenden selbstschädigenden Fehleinschätzungen, Fehlkalkulationen und Fehlentscheidungen zu tun haben. Es dürfte nur wenige vergleichbare Wege zum Krieg geben, in denen Wunschdenken oder *motivated bias* unter relevanten Entscheidungsträgern, in diesem Fall die Fixierung auf den Großfeind Irak unter Saddam Hussein, eine so große Rolle bei der Selbsttäuschung, der Verzerrung und Manipulation einer Bedrohungslage gespielt haben.[55]

Die Kette von Fehleinschätzungen und Fehlentscheidungen beginnt mit der massiven Unterstützung radikal-islamischer Mudjahedin durch die CIA vermittelt über Pakistan gegen die sowjetische Besatzung in Afghanistan und damit dem Aufstieg Osama bin Ladens. Der ehemalige afghanische Präsident Najibullah, der 1992 von den Taliban ermordet wurde, hatte noch versucht, Washington davon zu überzeugen, eine Koalitionsregierung in Kabul zu unterstützen, die wenigstens die brutalsten Islamisten von der Macht fernhalten würde. Wenn es nicht gelinge, dem Fundamentalismus in Afghanistan Grenzen zu setzen, dann werde sich das Land zu einem Zentrum des Drogenhandels und des Terrorismus entwickeln. Nach dem Sieg über die Taliban versäumte die US-Regierung nicht nur (wieder) eine nachhaltige Stabilisierung Afghanistans, sondern sogar die nachhaltige Bekämpfung der dort übrig gebliebenen terroristischen Gruppierungen, und zwar aufgrund ihrer Irak-Obsession.[56]

---

55 Ich stütze mich für diesen Abschnitt u.a. auf Expertisen und Besprechungen der aktuellen Literatur in der *New York Review of Books (NYRB)*.

56 Vgl. dazu Ahmed Rashid, *The Rise of bin Laden*, in: NYRB, 27. Mai 2004, S. 19-22 (zu Steve Coll, *Ghost Wars: The Secret History of the CIA,*

Diese Irak-Obsession war bei Teilen der Regierung Bush jr. von Anfang an so stark, dass sie erst die Gefahr, die von al-Qaida drohte und vor der sie durch die CIA und den Terrorismus-Beauftragten Richard Clarke wiederholt gewarnt wurde, herunterspielte; und als sie durch die Attentate vom 11. September 2001 unübersehbar geworden war, dann mit Saddam Hussein und der möglichen Weitergabe seiner (vermeintlichen) Massenvernichtungswaffen an die Terroristen in eine enge Verbindung brachte. Der Wunsch, das irakische Regime durch Krieg zu beseitigen, weil es über Massenvernichtungswaffen zu verfügen und Verbindungen zum Terrornetzwerk der al-Qaida zu pflegen schien, und mit diesem *regime change* einen Demokratisierungsprozess im Nahen Osten einzuleiten, war schließlich so stark, dass die Schwierigkeiten einer demokratischen Neuorganisation, ja überhaupt jeder Nachkriegsordnung des Irak in extrem fahrlässiger Weise unterschätzt wurden. Hatte man sich in der Beurteilung von Saddam Hussein auf einen Extremfall von *worst case* Annahmen eingelassen, so wählte man für die Erfolgsaussichten des eigenen Vorgehens (wider besseres Wissen) den Extremfall einer *best case* Analyse.[57]

Heute ist klar:

- dass es keine Massenvernichtungswaffen im Irak und keine Verbindungen zwischen dem Regime und al-Qaida gab
- dass in vielen Fällen nicht eindeutige nachrichtendienstliche Informationen systematisch einseitig interpretiert wurden

---

Afghanistan, and bin Laden, from the Soviet Invasion to September 10, 2001, New York 2004).

57 Vgl. dazu Wesley K. Clark, *Iraq: What Went Wrong*, in: NYRB, 23. Oktober 2003, S. 52-54; Thomas Powers, *The Vanishing Case for War*, in: NYRB, 4. Dezember 2003, S. 12-17; ders., *The Failure*, in: NYRB, 29. April 2004, S. 4-6; Arthur Schlesinger Jr., *Eyeless in Iraq*, in: NYRB, 23. Oktober 2003, S. 24-27 (zu Ivo H. Daalder/James M. Lindsay, *America Unbound: The Bush Revolution in Foreign Policy*, Washington 2003; Fred I. Greenstein [Hrsg.], *The George W. Bush Presidency: An Early Assessment*, Baltimore 2003); Brian Urquhart, *A Matter of Truth*, in: NYRB, 13. Mai 2004, S. 8-12 (zu Richard A. Clarke, *Against All Enemies: Inside America's War on Terror*, New York 2004, deutsch unter dem Titel: *Against all Enemies: Der Insiderbericht über Amerikas Krieg gegen den Terror*, Hamburg 2004); ders., *Hidden Truths*, in: NYRB, 25. März 2004, S. 39-44 (zu Hans Blix, *Disarming Iraq*, New York 2004, deutsch unter dem Titel: *Mission Irak: Wahrheit und Lügen*, München 2004; Lord Hutton, *The Report of the Inquiry into the Circumstances Surrounding the Death of Dr. David Kelly, CMG*, London, Januar 2004).

- dass die Nachrichtendienste mal mehr, mal weniger subtil unter Druck gesetzt wurden, die (schon festliegenden) Regierungspositionen zu unterstützen
- dass den Inspektionen durch die Vereinten Nationen keine Chance gegeben wurde, die These von den Massenvernichtungswaffen in Händen der irakischen Regierung zu widerlegen, weil man die Widerlegung nicht glauben wollte bzw. sie nicht ins Konzept passte
- dass eine auch nur vorläufige Stabilisierung des Irak mit großen Schwierigkeiten, Verlusten an Menschenleben, erheblichen finanziellen und politischen Kosten verbunden und trotzdem keineswegs sicher sein würde.

Auch wenn man die Dramatik der durch den 11. September 2001 veränderten Sicherheitslage in Rechnung stellt, wird man nicht an der Einsicht vorbeikommen, dass die Regierungen der USA und Großbritanniens in ihre eigenen Deutungsfallen gelaufen sind und letztlich eine Situation herbeigeführt haben, die dem islamistischen Terrorismus nicht den Boden entzog, sondern ihm neue Nahrung, d.h. Argumente, Rekruten und Umfelder verschaffte.[58]

In ein Gesamtbild der Konfliktanalyse müssen – ähnlich wie das Stavros Mentzos für den Golfkrieg von 1991 skizziert hat – auch die materiell-strategischen Gesichtspunkte, also insbesondere Fragen der politischen Kontrolle und des Einflusses in der Region, der überdimensionalen Abhängigkeit gerade der Regierung Bush vom Erdöl und der Sicherheit und Stabilität der Erdöllieferungen (auch im Lichte der Bedenken über die längerfristige Zuverlässigkeit Saudi-Arabiens) sowie der Zukunft des israelisch-palästinensischen Konflikts integriert werden. Hier stünden sich dann wieder rationalistische und politisch-psychologische Interpretationen gegenüber, wobei ich in diesem Fall letzteren Vorrang einräumen würde. Die kollektiven Selbsttäuschungen, ja Halluzinationen, vor allem in den USA und dort nicht nur bei der Regierung, sondern auch bei durchaus qualifizierten Journalisten

---

58 Vgl. auch die sorgfältige und differenzierte Detailanalyse von Lawrence Freedman, *War in Iraq: Selling the Threat*, in: Survival, 46:2 (Sommer 2004), S. 7-49 und die emphatischere Version bei Jeffrey Record, *Threat Confusion and its Penalties*, in: Survival, 46:2 (Sommer 2004), S. 51-71. Ausführliche Rekonstruktionen der zahllosen (Fehl-)Entscheidungsprozesse in der Bush-Administration vor und während des Irak-Krieges u.a. bei Bob Woodward, *Plan of Attack*, New York-London-Toronto 2004 und *State of Denial*, New York-London-Toronto 2006.

und in weiten Teilen der Bevölkerung sowie das „blind wütende" Zuschlagen gegen einen Gegner, der mit den erfahrenen und den befürchteten Bedrohungen diesmal wirklich nichts zu tun hatte, erinnern an das Verhalten von Personen mit posttraumatischem Stress-Syndrom. In diesem Zusammenhang wäre auch die These von der „Ersatzhandlung" zu diskutieren: Der Irak wurde nicht deshalb angegriffen, weil er die größte Bedrohung darstellte, sondern auch weil man ihn – so schien es jedenfalls – ohne große Risiken und mit hoher Erfolgsaussicht angreifen und so Handlungskompetenz dokumentieren oder sich psychologisch entlasten konnte.

In einem solchen Gesamtbild wären auch Analysen zu berücksichtigen, die sich mit den fundamentalistischen Aufladungen des Konflikts, keineswegs nur bei den islamistischen Terroristen, beschäftigen. Oder wären die grandiosen Phantasien von einer Neuordnung der Welt nach amerikanischem Bilde zu analysieren, „messianic big ideas not properly thought through",[59] überhaupt das christlich-fundamentalistische Gedankengut, das in der republikanischen Partei und für den Ex-Präsidenten selbst eine wichtige Rolle spielt. Dazu gehören die Einteilung der Welt in Gut und Böse und der Kampf, ja der Kreuzzug gegen das externalisierte Böse (*axis of evil*) bis hin zu dem von George Bush jr. selbst formulierten Anspruch, die Welt vom Bösen zu befreien. Damit ließe sich die Frage nach der Bedeutung des Identitätsgewinns durch die Selbstdefinition über den Kampf gegen den Feind verbinden. Schließlich wäre die Rolle der Einbettung des politischen Handelns in eine göttliche (Heils-)Planung politisch-psychologisch zu untersuchen und zu bewerten: Amerika ist von Gott berufen, die Welt zum Frieden zu führen, und die Opfer, die es für die Freiheit der Fremden bringt, sind nicht Amerikas Geschenk an die Welt, sondern Gottes Geschenk an die Menschheit.[60]

Dazu möchte ich am Schluss noch Martin Altmeyer, einen psychoanalytisch orientierten Psychologen zu Wort kommen lassen, der sich durch faszinierende Zeitdiagnosen einen Namen gemacht hat und vielen Zeitungslesern schon bekannt sein dürfte. (Altmeyer hat eine „relationale Psychoanalyse" entwickelt, die Identität und Entwicklung an die Spiegelung im Gegenüber bindet.)

---

59 Brian Urquhart, *A Cautionary Tale*, in: NYRB, 10. Juni 2004, S. 10.
60 Für Belege zu Bushs Fundamentalismus vgl. Joan Didion, *Mr. Bush and the Divine*, in: NYRB, 6. November 2003, S. 81-86, hier S. 85.

Wir müssen vermuten, dass nicht nur religiöser Hass gegen den gottlosen Westen die islamistischen Kommandos beflügelte, sondern auch eine grandiose Phantasie, die sich hinter der Fassade der heiligen Tat verbarg: die todesmutige Vernichtung der vermeintlichen Symbole des Bösen diente auch der Herstellung eigener Größe. Vertraut mit der Bilderwelt des Westens schufen die Selbstmordattentäter ein bleibendes Bild der eigenen Mächtigkeit und der Ohmacht des verletzten Gegners – mit uns allen als universellen Augenzeugen. Freilich – um das hinzuzufügen und Missverständnissen vorzubeugen – sind auch die westlichen Reaktionen nicht frei von Mustern eines verletzten Narzissmus, wie er sich in der Renaissance eines manichäischen Weltbilds spiegelbildlich äußert: Wenn auf beiden Seiten das Gute den Kampf gegen das Böse führt, ist die wechselseitige Vernichtungsphantasie eines kollektiven pathologischen Narzissmus zu ahnen, der es um die Auslöschung des jeweils anderen geht.[61]

---

61 Martin Altmeyer, *Im Spiegel des Anderen: Anwendungen einer relationalen Psychoanalyse*, Gießen 2003, S. 255f.

Schematische Übersicht über politisch-psychologische Theorien in den IB

	kognitive Psychologie	Sozial-psychologie	Psychoanalyse
historische Rahmenbedingungen	keine spezifischen		
Fokus der Analyse	Informationsverarbeitung Einstellungen Überzeugungen	Beziehungen zwischen Gruppen	Verhältnis zw. individuellen Konflikten und sozialen Inszenierungen
zentrale Akteure	Individuen, Gruppen, nationale Kollektive		
zentrale Kategorien	z.b. kognitive Dissonanz Wunschdenken *(motivated bias)* *entrapment*	z.b. Attribution *double standard* Gruppenidentität Feindbilder	Autonomie und Bindung Realexternalisierung psychosoziales Arrangement
zentrales Problem der IB	gravierende-Fehlwahrnehmungen und Fehlkalkulationen	verfestigte Feindschaften Feindbilder	Kollusion zw. Machtbedürfnissen von Führern mit Größenphantasien der „Kleinen Leute"
Lösung	offene Struktur der Informationsverarbeitung Offenheit für Alternativen Lernfähigkeit	Fähigkeit zum Perspektivenwechsel	Balance zw. Autonomie und Bindung, entsprechende Erziehung authentische Integration in Gruppen

Was man weiß bzw. wissen sollte

Die politisch-psychologischen Theorietraditionen in den IB haben von allen hier diskutierten wahrscheinlich die schwächste Basis außerhalb der Wissenschaft, jedenfalls gibt es keine soziale oder politische Bewegung, die sie besonders unterstützen würde. Vielleicht ist das einer der Gründe dafür, dass sie etwas am Rande der IB stehen. Ganz zu Unrecht, denn viele Erscheinungsformen in den iB, vor allem die grandiosen und pathologischen Fehlleistungen und Fehlentscheidungen, gerade auch die Selbstschädigungen der Politik lassen sich mit den schon diskutierten Denkweisen nicht oder nur teilweise begreifen. Die Politische Psychologie interessiert sich gerade für das, was den anderen Großtheorien als irrational erscheint. Wieder geht es um die Konstruktion der Wirklichkeit, aber aus einer anderen Perspektive als beim Konstruktivismus. Es geht um die Subjektivität von Individuen und Gruppen, um psychologische und psychoanalytische Dimensionen von Informationsverarbeitung, um Wahrnehmung, Fehlwahrnehmungen und Fehlkalkulationen, um Wir-Bildungen und Feindbilder, um (intra)psychische Konflikte und deren Auswirkungen auf politisches Handeln bzw. deren politische Inszenierung.

Die kognitive Psychologie hat herausgearbeitet, dass die Informationsverarbeitung, die Voraussetzung für soziales Handeln ist, Selektionsmechanismen unterliegt, die zu gravierenden Fehlinterpretationen führen können. Das gilt insbesondere für Entscheidungsprozesse, die unter Zeitdruck stehen und nicht offen organisiert sind. Bei schwierigen Güterabwägungen und bei großer Unsicherheit werden oft die zu erwartenden Entwicklungen vorselektiert, um überhaupt zu einer Entscheidung zu kommen oder eine einmal getroffene Entscheidung zu legitimieren. Wenn Führungsgruppen in bestimmte politische Strategien schon viel investiert haben, dann neigen sie dazu, sich für Informationen, die einen anderen Kurs nahe legen, und für Alternativen nicht mehr offen zu halten.

Andere Forschungen haben gezeigt, dass es sozialen Gruppen sehr schwer fällt, ohne die Abwertung anderer Gruppen ihre Identität zu definieren und ihren Zusammenhalt zu gewährleisten. Auch in der internationalen Politik begegnet uns dieser Mangel an Objektivität in der Bewertung offenkundig vergleichbaren Verhaltens; also wird das Sicherheitsdilemma durch Psycho-Logik verschärft. Es wird nicht als ein systemischer Mechanismus erkannt, sondern die andere Seite wird als aktiv, die eigene nur als reaktiv wahrgenommen. (Paul Watzlawick nennt das „asymmetrische Interpunktion von Ereignisketten".) Die Bevorzugung der eigenen und die Abwertung einer anderen Gruppe können sich bis zu aggressiven Feindbildern steigern, wobei immer zu klären bleibt, in welchem Verhältnis „realer" Konflikt und Feindbild zueinander stehen. (Es gibt auch falsche Freundbilder!) Feindbilder haben oft die Funktion, einen künstlichen Gruppenzusammenhalt herzustellen, in dem pathologische Machtbedürfnisse von Führungspersönlichkeiten ein verhängnisvolles psychosoziales Arrangement mit den kompensatorischen Größen- und Machtphantasien von Teilen der „Beherrschten" eingehen. Besonders anfällig für solche Arrangements sind nach Stavros Mentzos Menschen, denen es nicht vergönnt ist, ein Gleichgewicht zwischen den beiden Grundbedürfnissen nach Autonomie einerseits und Bindung andererseits auszubilden.

In allen psychoanalytischen Beiträgen, die sich eine gesellschaftswissenschaftliche Perspektive zu Eigen machen, geht es um kollektive Inszenierungen unbewusster, unterdrückter und abgewehrter psychischer Bedürfnisse oder Triebregungen. Idealisierungen der Eigengruppe, Projektion der Abspaltungen und deren Bekämpfung in der Fremdgruppe, Scheinintegration und emotionale Ersatzbefriedigung, das sind zentrale Mechanismen auf der subjektiven Ebene, die zur gewaltsamen Eskalation von Konflikten auch in den internationalen Beziehungen führen können oder sie stützen. Der Nationalsozialismus ist dafür ein besonders dramatisches und verhängnisvolles Beispiel.

Im Golf-Krieg von 1991 zwischen dem Irak und einer Koalition unter Führung der USA waren neben der konkreten machtpolitischen Auseinandersetzung eine Reihe politisch-psychologischer Faktoren zu beobachten: selektive Wahrnehmung, Fehlkalulationen, wechselseitige Bedrohtheitsvorstellungen, *entrapment* und Flucht nach vorn aus schwierigen Entscheidungslagen, die Konstruktion des Feindes, um von internen Problemen abzulenken oder Mitschuld am Konflikt verleugnen zu können, Projektion und Realexternalisierung. Die Hauptursache des Krieges dürfte jedoch in einer pathologischen Form von Machtpolitik gelegen haben, die selbstverschuldete Krisen nach außen verlagerte, weil sie korrektur- und lernunfähig geworden war. Aus der Rückschau der Irak-Intervention vom Frühjahr 2003 erscheint die Politik der USA im Golf-Konflikt von 1991 noch als vergleichsweise rational. Die Intervention von 2003 war, so viel steht heute fest, das Ergebnis einer Kette von gravierenden und selbstschädigenden Fehldeutungen, Fehlkalkulationen und Fehlentscheidungen. Selten dürfte *motivated bias* eine so zentrale Rolle gespielt haben.

Worüber es zu diskutieren lohnt

- über Differenzen bzw. Schnittmengen und Ergänzungen zwischen Psychologie und Psychoanalyse
- über das Verhältnis zwischen „rationalen" und „irrationalen" Anteilen in Konflikten
- über die neurologischen und psychologischen Grenzen des menschlichen Wahrnehmungs- und Entscheidungsapparats und über seine Verführbarkeit
- über politisch-institutionelle Gründe für Fehlwahrnehmungen und Fehlkalkulationen und über Voraussetzungen für deren Vermeidung
- über Strategien zur Verhinderung von *entrapment*
- über die Frage, ob Diskriminierungen zwischen Gruppen unvermeidlich sind oder Gruppenkohäsion auch ohne Abwertung anderer möglich ist – oder: unter welchen Voraussetzungen Gruppenbildung konstruktiv-produktiv ist und wann sie neurotisch wird
- über das Verhältnis zwischen Manipulation und Selbsttäuschung bei Feindbildern
- über das Homöostase-Modell (Gleichgewicht zwischen Autophilie und Heterophilie) bei Mentzos und seine Aggressionstheorie sowie über die zeitgenössische psychoanalytische Affekttheorie überhaupt
- über Voraussetzungen für eine politische Kultur, die psychosoziale Arrangements zwischen pathologischen Führungspersönlichkeiten und Kompensationsbedürfnissen von Beherrschten erschwert
- über den Machtbegriff bei Hans J. Morgenthau, Max Weber, J. Ann Tickner, Stavros Mentzos und Karl W. Deutsch
- über die eigenen Ressentiments

Literatur-Tipps

Empfohlene Literatur zur Einführung:

Philip E. Tetlock, *Social Psychology and World Politics*, in: Daniel T. Gilbert/Susan T. Fiske/Gardner Lindzey (Hrsg.), *The Handbook of Social Psychology*, 4. Aufl., Boston, Mass.-New York-San Francisco 1998, Bd. II, S. 868-912, hier S. 875-889 und 895-897 (die Kapitel über *Cognitivism, Motivational Processes, Placing Psychological Processes in Political Context* und *Subnational Fragmentation*; der ganze Artikel wäre als Einführung zu lang und zum Teil auch zu schwierig)

Thomas Kessler/Amelie Mummendey, *Vorurteile und Beziehungen zwischen sozialen* Gruppen, in: Klaus Jonas/Wolfgang Stroebe/Miles Hewstone (Hrsg.), *Sozialpsychologie: Eine Einführung*, 5. Aufl., Berlin-Heidelberg-New York 2007, S. 487-531 (Grundlagen aus einem der besten Handbücher zur Sozialpsychologie)

Stavros Mentzos, *Pseudostabilisierung des Ich durch Nationalismus und Krieg*, in: Christa Rohde-Dachser, *Über Liebe und Krieg: Psychoanalytische Zeitdiagnosen*, Göttingen 1995, S. 66-84 (eine gute Zusammenfassung der Grundgedanken des unten genannten Buches von Mentzos; eine vorzügliche Einführung in den Beitrag der Psychoanalyse zu den IB)

Hans-Dieter König, *Hitler als charismatischer Massenführer: Tiefenhermeneutische Fallrekonstruktion zweier Sequenzen aus dem Film „Triumph des Willens" und ihre sozialisationstheoretische Bedeutung*, in: Zeitschrift für Politische Psychologie, 4:1 (1996), S. 7-42 (analysiert die manifesten und latenten politischen und psychologischen Botschaften in zwei Abschnitten aus einem der berühmtesten NS-Propagandafilme; ein sehr eindrucksvolles Beispiel für tiefenhermeneutische Kultursoziologie)

Klassischer Text der Politischen Psychologie:

Sigmund Freud, *Massenpsychologie und Ich-Analyse* [1921], Frankfurt am Main 1993 (ein Klassiker der Sozialpsychologie, der immer noch mit großem Gewinn zu lesen ist, auch wenn Freud hier unter dem Einfluss demokratieskeptischer Theorien des 19. Jhdts. argumentiert und wenig Hoffnung auf weniger autoritäre Formen kollektiven Verhaltens erkennen lässt)

Weitere Literaturhinweise

Dan Ariely, *Denken hilft zwar, nützt aber nichts: Warum wir immer wieder unvernünftige Entscheidungen treffen*, München 2008. Der englische Originaltitel (*Predictably Irrational*) ist seriöser als die deutsche Übersetzung. Es handelt sich um das Buch eines Verhaltensökonomen, der anhand einer Vielzahl von Experimenten zeigt, wie wenig durchschnittliche ökonomische und andere Entscheidungen mit rationalen Kalkülen zu tun haben.

Aaron Beck, *Prisoners of Hate: The Cognitive Basis of Anger, Hostility, and Violence*, New York 2000. Bei diesem Titel handelt es sich um eine teilweise populärwissenschaftliche Darstellung aus Sicht eines kognitiven Psychologen, die verschiedene Analyse-Ebenen, private und politische, verbindet. Die genuin politischen Dimensionen kommen in diesem Buch zu kurz, aber es bietet eine interessante Alternative oder sogar Ergänzung zu den stärker psychoanalytisch orientierten Ansätzen von Mentzos oder Volkan.

Wolfgang Benz (Hrsg.), *Jahrbuch für Antisemitismusforschung*, Berlin (jährlich)

Wilhelm Brüggen/Michael Jäger (Hrsg.), *Brauchen wir Feinde? Feindbildproduktion nach dem 11. September 2001 in sozialpsychologischer und dis-*

kursanalytischer Sicht, 2. Aufl., Berlin 2004 (spannende Beiträge von namhaften deutschen Sozialpsychologen/Psychoanalytikern über Zusammenhänge zwischen politischer Macht und spontanen Feindbildern, u.a. die Umlenkung gesellschaftlicher Aggressionen nach außen, und über Kulturwandel und Feindbilder)

Janice Gross Stein, *Psychological Explanations of International Conflict*, in: Walter Carlsnaes/Thomas Risse/Beth A. Simmons (Hrsg.), *Handbook of International Relations*, London-Thousand Oaks-New Delhi 2002, S. 292-398 (eine ausgezeichnete Übersicht über den Stand der Forschung; leider weniger für Anfänger geeignet)

Christian Büttner, *Der Krieg in den Köpfen der Menschen: Pädagogische und psychologische Friedens- und Konfliktforschung*, in: Egbert Jahn/Sabine Fischer/Astrid Sahm (Hrsg.), *Die Zukunft des Friedens, Bd. 2*, Wiesbaden 2005, S. 519-535 (berichtet schwerpunktmäßig über Forschungen der HSFK auf dem genannten Gebiet)

John Bunzl/Alexandra Senft (Hrsg.), *Zwischen Antisemitismus und Islamophobie: Vorurteile und Projektionen in Europa und Nahost*, Hamburg 2008 (mit mehreren guten Beiträgen über Antisemitismus bzw. Islamophobie)

Robert Jervis, *Perception and Misperception in International Politics*, Princeton, N.J. 1976 (der IB-Klassiker zum Thema)

Yuen Foong Khong, *Analogies at War: Korea, Munich, Dien Bien Phu, and the Vietnam Decisions of 1965*, Princeton, N.J. 1992 (eine Arbeit über die Rolle von Analogieschlüssen bei Entscheidungen über Krieg und Frieden)

Hans-Dieter König, *George W. Bush und der fanatische Kriege gegen den Terrorismus: Eine psychoanalytische Studie zum Autoritarismus in Amerika*, Gießen 2008. König arbeitet heraus, wie sich George W. Bush als Präsident in seinen Reden immer wieder auf die irrationalen Affekte bezog, die durch die Attentate vom 11. September ausgelöst wurden.

Richard Ned Lebow, *Between Peace and War: The Nature of International Crisis*, Baltimore-London 1981 (eine wichtige ältere Arbeit im Grenzbereich zwischen Politischer Psychologie, Geschichte und Politikwissenschaft; Lebow untersucht dreizehn internationale Krisen, von denen einige im Krieg endeten, andere nicht)

Stavros Mentzos, *Der Krieg und seine psychosozialen Funktionen*, 2. Aufl., Göttingen 2002 (sollte zur Pflichtlektüre eines jeden Studierenden nicht nur der IB, sondern der Politikwissenschaft überhaupt gehören)

Haim Omer/Arist von Schlippe/Nahi Alon, *Feindbilder – Psychologie der Dämonisierung: Zum Verständnis destruktiver Konflikte*, Göttingen 2006 (ein spannendes Buch von psychotherapeutisch Tätigen, die der dämonisierenden Perspektive eine tragische gegenüberstellen; daraus ergeben sich konstruktive Konsequenzen für verschiedene Ebenen der Politik, auch die iB)

Robert S. Robins/Jerrold M. Post, *Political Paranoia: The Psychopolitics of Hatred*, New Haven-London 1997 (systematische Studie eines Psychiaters und eines Politologen zu einem betrüblichen, aber leider sehr wichtigen Thema in den iB)

David O. Sears/Leonie Huddy/Robert Jervis (Hrsg.), *Oxford Handbook of Political Psychology*, Oxford-New York 2003 (mit mehreren Beiträgen, die für die IB relevant sind)

Gert Sommer/Albert Fuchs (Hrsg.), *Krieg und Frieden: Handbuch der Konflikt- und Friedenspsychologie*, Weinheim-Basel-Berlin 2004 (eine sehr nützliche, umfangreiche Sammlung von 46 knappen Beiträgen nicht nur zu psychologischen Aspekten von Konflikten und Konfliktbearbeitung; leider teilweise sehr unsystematisch angeordnet)

Yaacov Y. I. Vertzberger, *The World in Their Minds: Information Processing, Cognition, and Perception in Foreign Policy Decisionmaking*, Stanford, Cal. 1993 (ein systematisches, umfangreiches Standardwerk zum Thema)

Gerhard Vinnai, *Hitler – Scheitern und Vernichtungswut: Zur Genese des faschistischen Täters*, Gießen 2004 (arbeitet an Hand von Hitlers Werdegang Persönlichkeits-Strukturen heraus, die für viele Menschen jener Epoche auf verwandte Art kennzeichnend waren)

Vamik Volkan, *Das Versagen der Diplomatie: Zur Psychoanalyse nationaler, ethnischer und religiöser Konflikte*, Gießen 2000 (ein vorzügliches Buch von einem der führenden in der internationalen Politik engagierten Psychoanalytiker; geht von ähnlichen Fragestellungen wie Mentzos aus)

Harald Welzer, *Täter: Wie aus ganz normalen Menschen Massenmörder werden*, 2. Aufl., Frankfurt am Main 2007 (ein neueres Standardwerk, das die Bedeutung institutioneller und ideologischer Faktoren herausarbeitet)

Allgemeine Literaturhinweise

IB-Theorie

Hier führe ich nur allgemeine Literatur zur IB-Theorie auf, Literaturhinweise zu den einzelnen Denkweisen befinden sich in den entsprechenden Kapiteln.

John Baylis/Steve Smith/Patricia Owens (Hrsg.), *The Globalization of World Politics: An Introduction to International Relations*, 4. Aufl., Oxford-New York 2008 (enthält neben Kap. zu Geschichte und Gegenstandsbereichen der Weltpolitik Beiträge über Realismus, Marxismus, Liberalismus, Sozialkonstruktivismus und über *Alternative Approaches to International Theory*)

Scott Burchill/Andrew Linklater/Richard Devetak/Jack Donnelly/Matthew Paterson/Christian Reus-Smit/Jacqui True, *Theories of International Relations*, 3. Aufl., Houndmills, Basingstoke-New York 2005 (orientiert sich mehr an den Großtheorien als die meisten anderen genannten Titel, kommt meiner Konzeption am nächsten; eine 4. Aufl. mit den Herausgebern Scott Burchill/Richard Devetak/Jacqui True ist für 2009 angekündigt)

Stephen Chan/Cerwyn Moore (Hrsg.), *Theories of International Relations*, vier Bände, Thousand Oaks, Cal.-New Delhi-London 2006 (versammelt 80 einflussreiche Beiträge von IB-TheoretikerInnen; die vier Bände sind strukturiert nach (1) Realismus, und zwar klassisch wie modern, (2) Pluralismus, d.h. insbesondere Liberalismus, (3) Strukturalismus ab Marx und (4) Reflexive Theorien wie Konstruktivismus, Feminismus, Postmodernismus)

Ernst-Otto Czempiel, *Internationale Politik: Ein Konfliktmodell*, Paderborn-München-Wien 1981. Der Autor entwickelt ein Modell der internationalen Politik als Summe von Handlungszusammenhängen. Für Einsteiger geeignet ist das Kapitel über Modelle der internationalen Politik, das unterschiedliche Weltbilder in verschiedenen Theorietraditionen thematisiert: Welt als Weltgeschichte, als Staatenwelt, als Weltgesellschaft, als Wachstumseinheit, als Weltmarkt, als System.

Tim Dunne/Milya Kurki/Steve Smith (Hrsg.), *International Relations Theories*, London-New York 2006 (enthält neben drei grundsätzlichen Artikeln zur IB-Theorie Fachbeiträge zu allen Denkweisen einschließlich *Poststructuralism, Postcolonialism* und *Green Theory*)

Colin Elman/Miriam Fendius Elman (Hrsg.), *Progress in International Relations Theory: Appraising the Field*, Cambridge, Mass.-London 2003 (ein hervorragender Sammelband unter einer wissenschaftstheoretisch angeleiteten Perspektive des Fortschritts in den IB; nicht für Anfänger)

Martin Griffiths (Hrsg.), *International Relations Theory for the Twenty-First Century: An Introduction*, New York 2007 (neben den üblichen Theorietraditionen wie Realismus, Liberalismus oder Marxismus kommen auch Postkolonialismus, Poststrukturalismus, Internationale Politische Ökonomie und Theorien über Staatsbildung zur Sprache)

Gunther Hellmann/Klaus Dieter Wolf/Michael Zürn (Hrsg.), *Die neuen Internationalen Beziehungen: Forschungsstand und Perspektiven in Deutschland*, Baden-Baden 2003 (eine vorzügliche Bilanz der jüngeren deutschen IB-Theorie und IB-Forschung; für Fortgeschrittene)

Robert Jackson/Georg Sørensen, *Introduction to International Relations: Theories and Approaches*, 3. Aufl., London 2007 (behandelt die großen Traditionen einschl. Konstruktivismus)

Ursula Lehmkuhl, *Theorien Internationaler Politik: Einführung und Texte*, 3. Aufl., München-Wien 2001 (eine Sammlung grundlegender Texte zu verschiedenen Theorien in den IB mit Einleitungen der Herausgeberin)

Christiane Lemke, *Internationale Beziehungen: Grundkonzepte, Theorien und Problemfelder*, 2. Aufl., München-Wien 2008 (gibt im ersten von sechs Kapiteln eine knappe Übersicht über sechs Theorietraditionen)

Ulrich Menzel, *Zwischen Idealismus und Realismus: Die Lehre von den Internationalen Beziehungen*, 3. Aufl., Frankfurt am Main 2004 (eine theoretisch strukturierte Entwicklungsgeschichte der Lehre von den internationalen Beziehungen, die der Autor mit der Realgeschichte verbindet)

Joseph S. Nye, *Understanding International Conflicts: An Introduction to Theory and History*, 7. Aufl., New York 2008 (ein Renner der IB-Theorie; verbindet neueste Geschichte ab dem Ersten Weltkrieg mit Theorien in den IB: Realismus, Liberalismus im weitesten Sinne und Konstruktivismus)

Siegfried Schieder/Manuela Spindler (Hrsg.), Theorien der Internationalen Beziehungen, 2. Aufl., Opladen 2006 (eine sehr gute, hoch ausdifferenzierte und deshalb fast handbuchartige Darstellung und Analyse von IB-Theorien von jüngeren AutorInnen; schade, dass bei 18 Theorien oder Theorie-Ansätzen die Politische Psychologie der iB nicht vorkommt)

Jennifer Anne Sterling-Folker (Hrsg.), *Making Sense of Internationale Relations Theory*, Boulder, Colo. 2006. Der Reiz dieses Sammelbandes besteht darin, dass sich alle Beiträge auf ihre spezifische Weise mit demselben Fall, nämlich der Krise und dem Krieg um den Kosovo 1998-99, beschäftigen.

Paul R. Viotti/Mark V. Kauppi, *International Relations Theory: Realism, Pluralism, Globalism and Beyond*, 3. Aufl., Boston 1998 (ein gutes Buch, aber ich halte die Einteilung der Großtheorien nicht für tragfähig; eine vierte Auflage ist für 2009 angekündigt)

Cynthia Weber, *International Relations Theory: A Critical Introduction*, 2. Aufl., Abingdon-New York 2005. Webers strukturierende Perspektiven sind Realismus, Idealismus, Konstruktivismus, Neomarxismus, *Gender*, Globalisierung und Modernisierung/Entwicklungstheorie. Jedes Kapitel wird mit der Analyse eines bestimmten Films verbunden!

Bernhard Zangl/Michael Zürn, *Frieden und Krieg: Sicherheit in der nationalen und postnationalen Konstellation*, Frankfurt am Main 2003 (ein zweigeteilter Band unter einem etwas missverständlichen Titel: der erste Teil gibt eine Einführung in zentrale Großtheorien der IB, der zweite prüft, inwiefern die klassischen IB-Großtheoren für die Analyse der neuen „postnationalen" Konstellation noch taugen; eher für Fortgeschrittene)

Politische Theorie und IB-Theorie
(Geschichte und Vorgeschichte)

David Boucher (Hrsg.), *Political Theories of International Relations*, Oxford 1998 (unterteilt die Politische Theorie der Internationalen Beziehungen in drei Hauptrichtungen: *Empirical Realism* [u.a. mit Thukydides, Machiavelli und Hobbes], *Universal Moral Order* [u.a. mit Grotius, Locke und Kant] sowie *Historical Reason* [u.a. mit Rousseau, Hegel und Marx])

Chris Brown/Terry Nardin/Nicholas Rengger (Hrsg.), *International Relations in Political Thought: Texts from the Ancient Greeks to the First World War*, Cambridge-New York 2002 (reichhaltige, sehr gut strukturierte Sammlung von zum Teil auch weniger bekannten, oft allerdings sehr kurzen Texten)

Ian Clark/Iver B. Neumann (Hrsg.), *Classical Theories of International Relations*, 2. Aufl. Basingstoke-London 1999 (mit Beiträgen zu einzelnen Klassikern wie Hobbes, Grotius, Kant, Rousseau, Smith und Hegel)

Beate Jahn (Hrsg.), *Classical Theory in International Relations*, Cambridge-New York 2006 (hervorragender Sammelband mit Texten u.a. zu Kant, Smith, Mill, Grotius, Hobbes und Clausewitz)

Mark V. Kauppi/Paul R. Viotti, *The Global Philosophers: World Politics in Western Thought*, New York-Oxford-Toronto 1992 (ein schönes Buch, ein Klassiker über die Klassiker, und zwar von Homer bis Lenin)

Torbjörn Knutsen, *A History of International Relations Theory*, 2. Aufl., Manchester-New York 1997 (Knutsen geht nicht so weit zurück wie Kauppi/Viotti, er beginnt mit der Neuzeit; ein spannendes, sehr gutes Buch)

Walter Reese-Schäfer, *Klassiker der politischen Ideengeschichte: Von Platon bis Marx*, München-Wien 2007 (ein grundlegendes Lehrbuch zur Politischen Theorie und Ideengeschichte; mehrere Artikel sind auch für die IB-Theorie von Interesse: Machiavelli, Smith, Kant sowie Marx)

Wissenschaftliche Zeitschriften

Ich mache in dieser Aufstellung eine zweifache Einschränkung: Ich nenne nur Zeitschriften, die sich auf die iB/IB spezialisiert haben, dort in der Regel nur diejenigen, deren Schwerpunkt in der Theorie liegt. Natürlich findet man auch in vielen anderen Zeitschriften Artikel zur IB-Theorie.

European Journal of International Relations (breites Spektrum, aber schwerpunktmäßig Institutionalismus und Konstruktivismus)

International Feminist Journal of Politics (eine feministische Zeitschrift; nicht nur, aber auch IB-Theorie)

International Organization (im Spektrum eher institutionalistisch)

International Relations (bewusst pluralistisch, hat sich als eine der führenden Zeitschriften auch für Theorie-Debatten etabliert)

International Security (zwischen Realismus und Institutionalismus)

International Studies Quarterly (Zeitschrift der International Studies Association; nicht nur IB-Theorie)

Journal of Peace Research (viel IB-Theorie unter der Friedensperspektive)

Millennium (eher „linke" und „kritische" Theorien)

Political Psychology (hier nur Politische Psychologie, meist quantitativ; in den anderen Zeitschriften kaum)

Review of International Political Economy (hier viel Neo-Marxismus zu finden, in den anderen weniger)

World Politics (eine der ältesten etablierten Zeitschriften, die auch Beiträge zur IB-Theorie bringt)

Zeitschrift für Internationale Beziehungen (die einzige deutschsprachige Zeitschrift für IB-Theorie; ein breites mittleres Spektrum)

Zeitschrift für Politische Psychologie (offizielles Organ der Sektion Politische Psychologie im Berufsverband deutscher Psychologen und Psychologinnen, sucht die Verbindung zwischen Theorie und Praxis; Schwerpunktthemen waren u.a. Rechtsextremismus und Fremdenfeindlichkeit, Politische Traumatisierung, Sozialisation und Identität)

Handbücher und Lexika

Ulrich Albrecht/Helmut Volger, *Lexikon der Internationalen Politik*, München-Wien 1997 (nicht primär, aber auch an Theorie orientiert; umfasst viele Einträge zur Friedens- und Konfliktforschung)

Walter Carlsnaes/Thomas Risse/Beth A. Simmons, *Handbook of International Relations*, London-Thousand Oaks, Cal.-New Delhi 2002 (ein ausgezeichnetes Handbuch, das den internationalen Stand der Forschung wiedergibt; Großtheorien sind auch vertreten, insbesondere Konstruktivismus, Feminismus, Psychologische Ansätze der Konfliktanalyse, das Verhältnis zwischen Innen- und Außenpolitik – leider nicht für Anfänger)

Martin Griffiths/Steven C. Roach/M. Scott Solomon, *Fifty Key Thinkers in International Relations*, 2. Aufl., New York-London 2008 (intellektuelle Kurzporträts von 50 namhaften IB-TheoretikerInnen)

Dieter Nohlen (Hrsg.), *Lexikon der Politik*, 6 Bde., München 1992ff. (ein nun schon etwas älteres, aber immer noch ergiebiges Lexikon auch aus Sicht der IB-Theorie, und zwar insbesondere Bd. 1, Politische Theorien, hrsg. von Dieter Nohlen und Rainer-Olaf Schultze, für zentrale Kategorien und Theorien der Politik allgemein, dort z.B. die Einträge „Feminismus" oder „Fordismus", und Bd. 6, Internationale Beziehungen, hrsg. von Andreas Boeckh, dort z.B. die Einträge „Internationale Beziehungen/Internationale Politik", „Internationale Beziehungen als akademische Disziplin", „Neorealistische und realistische Schule", „Polit-ökonomische Schule", „Regimeanalyse", „Völkerrecht" oder „Weltsystem"; zum Konstruktivismus in den IB findet sich in beiden Bänden jedoch nichts Brauchbares)

Dieter Nohlen (Hrsg.), *Kleines Lexikon der Politik*, 4. Aufl., München 2007 (mit Beiträgen zu einer Reihe von grundlegenden Stichwörtern der Politik, darunter auch einige iB-relevante)

Manfred G. Schmidt, *Wörterbuch zur Politik*, 2. Aufl., Stuttgart 2004 (ein sehr gutes allgemeines politikwissenschaftliches Lexikon; mit vielen Einträgen, die auch für die internationalen Beziehungen von Bedeutung sind)

Wichard Woyke (Hsg.), *Handwörterbuch Internationale Politik*, 11. Aufl., Opladen 2007 (erfolgreiches Handbuch; einige Einträge zur IB-Theorie)

Empfehlungen für eine Anfänger-Bibliothek

Neben Fachbüchern führe ich einige andere Bücher und Texte auf, die – neben *Weltbilder und Weltordnung* natürlich – meiner Ansicht nach zur Pflichtlektüre für die historische und gesellschaftswissenschaftliche Allgemeinbildung von Studierenden der iB/IB gehören:

Hans-Jürgen Bieling, *Internationale Politische Ökonomie: Eine Einführung*, Wiesbaden 2007 (siehe S. 273 und 314f.)

Immanuel Kant, *Zum Ewigen Frieden* [1796], Berlin 2002 (siehe S. 43, 68, 177f., 191, 215f., 227)

Harald Müller, *Wie kann eine neue Weltordnung aussehen? Wege in eine nachhaltige Politik*, Frankfurt am Main 2008 (siehe S. 32 und 53)

Martin List, *Internationale Politik studieren: Eine Einführung*, Wiesbaden 2006 (siehe S. 51)

Karl Marx, *Der 18. Brumaire des Louis Napoleon* [1852], in: Iring Fetscher (Hrsg.), *Karl Marx – Friedrich Engels: Studienausgabe in fünf Bänden*, Berlin 2004, Bd. 4 (siehe S. 84)

Stavros Mentzos, *Der Krieg und seine psychosozialen Funktionen*, 2. Aufl., Göttingen 2002 (siehe S. 402-404 und 421)

Walter Reese-Schäfer, *Klassiker der politischen Ideengeschichte: Von Platon bis Marx*, München-Wien 2007 (siehe S. 71 und 425)

Hagen Schulze, *Staat und Nation in der europäischen Geschichte*, 2. Aufl., München 2004 (siehe S. 104f.)

Jill Steans, *Gender and International Relations: Issues, Debates and Future Directions*, Cambridge-Malden, Mass. 2006 (siehe S. 320 und 352)

Stiftung Entwicklung und Frieden/Institut für Entwicklung und Frieden, *Globale Trends 2007*, Frankfurt am Main 2006 (die nächste Ausgabe erscheint 2009) (siehe S. 51)

Reinhard Wendt, *Vom Kolonialismus zur Globalisierung: Europa und die Welt seit 1500*, Paderborn-München-Wien 2007 (siehe S. 53, 78, 293 und 315)

Virginia Woolf, *Three Guineas* [1938], Chichester 2002, Teil 1 (siehe S. 351)

Meine internationale Bestenliste

Barry Buzan, *From International to World Society? English School Theory and the Social Structure of Globalisation*, Cambridge-New York 2004 (für Fortgeschrittene, siehe S. 250, 252-254, 261)

Cynthia Enloe, *Bananas, Beaches and Bases*, 2. Aufl., Berkeley-Los Angeles 2000 (auch für Anfänger, siehe S. 324f., 351)

Richard Ned Lebow, *A Cultural Theory of International Relations*, Cambridge-New York 2008 (eher für Fortgeschrittene, siehe S. 383)

Ian S. Lustick, *Unsettled States – Disputed Lands: Britain and Ireland, France and Algeria, Israel and the West Bank-Gaza*, Ithaca, NY 1993 (eher für Fortgeschrittene, siehe S. 228)

Herman M. Schwartz, *States versus Markets: The Emergence of a Global Economy*, 2. Aufl., Houndmills, Basingstoke-New York 2000 (eher für Fortgeschrittene, siehe S. 275, 285, 290f., 306f., 314f.)

Fritz Stern, *Fünf Deutschland und ein Leben*, 8. Aufl., München 2007 (auch für Anfänger, siehe S. 106)

Meine eigene Bestenliste

Denjenigen, die noch etwas anderes *von mir* lesen wollen, empfehle ich:

Gert Krell, *Capitalism and Armaments: Business Cycles and Defense Spending in the United States, 1945-1979*, in: Journal of Peace Research, 18:3 (August 1981), S. 221-240 (unter methodischen Gesichtspunkten mein bester Aufsatz, weil ich hier Hypothesen gebildet, sie *operationalisiert* – d.h. Kriterien formuliert habe, nach denen sie getestet werden können – und dann anhand von Daten und Mini-Fallstudien überprüft habe; der Kontext sind Kontroversen im Rahmen der Bereichstheorie „Rüstungsdynamik" zwischen Realismus, Liberalismus und Marxismus)

Gert Krell, *Zur Problematik nuklearer Optionen*, in: Erhard Forndran/Gert Krell (Hrsg.), *Kernwaffen im Ost-West-Vergleich: Zur Beurteilung militärischer Potentiale und Fähigkeiten*, Baden-Baden 1984, S. 79-116. Ich setze mich hier in der Hochphase der Friedensbewegung systematisch und kritisch anhand des militärstrategischen Denkens mit dem Kern der nuklearen Abschreckung auseinander. Diese Diskussionen sind heute kaum noch nachvollziehbar, obwohl sich weder ihre materielle Basis noch die dazugehörigen Doktrinen grundlegend verändert haben.

Gert Krell, *Schatten der Vergangenheit: Nazi-Zeit, Holocaust und Nahost-Konflikt*, HSFK-Report 7/2008, Frankfurt am Main 2008 (eine historisch-politische Analyse, die wieder ganz ohne IB-Theorie auskommt, aber mir gleichwohl sehr am Herzen liegt; es geht um die Frage, welche moralischen und politischen Konsequenzen sich aus der NS-Zeit und dem Holocaust für die deutsche Haltung gegenüber dem Nahost-Konflikt ergeben)

Personenregister

A

Abbé Saint-Pierre (1658-1743) 145
Agnew, Spiro (1918-1996) 337
Allende, Salvador (1908-1973) 209
Allison, Graham T. 217-218, 221-222
Altmeyer, Martin 415
Anderson, Benedict 92
Anderson, George 220
Anderson, Perry 62-63
Aquino, Corazon 326
Aristoteles (384-324 v. Chr.) 19, 22
Arrighi, Giovanni 292
Artaxerxes II. (?-359 v. Chr.) 153

B

Babst, Dean V. (1921-2006) 195
Bao Dai (1913-1997) 202
Baring, Arnulf 340
Barnett, Michael 373
Bauer, Otto (1881-1938) 269
Bauman, Zygmunt 214
Baylis, John 322
Beck, Aaron 390
Bentham, Jeremy (1748-1832) 27
Berg-Schlosser, Dirk 18
Berger, Peter 6, 360-361
Berlusconi, Silvio 334
Bernstein, Eduard (1850-1932) 193
Bethke Elshtain, Jean 331-332, 342-343
Bethmann Hollweg, Theobald von (1856-1921) 337
Bieling, Hans-Jürgen 315
bin Laden, Osama 40, 412
Bismarck, Fürst Otto von (1815-1898) 117, 140
Blair, Tony 338
Bleek, Wilhelm 19
Bodin, Jean (1529/30-1596) 328, 348
Boot, Max 297

Bosbach, Wolfgang 340
Bothe, Michael 16
Braig, Marianne 16
Brandt, Willi (1913-1992) 381
Breuer, Stefan 81-82
Briand, Aristide (1862-1932) 142
Brock, Lothar 16, 215
Bull, Hedley (1932-1985) 161, 236, 246-249, 252, 294, 296, 297, 299, 305, 338, 357, 358, 366, 412, 415
Bush, George sen. 338, 409, 411
Bush, George jr. 39, 41, 294, 296, 299, 305, 338, 412- 415
Butschek, Felix 64
Buzan, Barry 250, 252-254, 258, 287, 366

C

Carr, Edward Hallett (1892-1982) 139, 141, 143-145, 147, 150
Chodorow, Nancy 332
Chruschtschow, Nikita (1894-1971) 155, 221, 342, 373, 381
Churchill, Sir Winston (1874-1965) 220
Clarke, Richard A. 412
Clausewitz, Carl von (1780-1831) 28, 166
Clinton, Hillary 298
Clinton, William J. 21
Cohn, Carol 339
Crick, Bernhard (1929-2008) 24
Czempiel, Ernst-Otto 16, 183, 188-190, 192

D

d'Azeglio, Massimo (1798-1866) 93
Deane, Phyllis 55, 65
Defoe, Daniel (1660-1731) 65
Deutsch, Karl W. (1912-1992) 410, 419

Sachregister

Abkürzungen

BRD	Bundesrepublik Deutschland
CIA	Central Intelligence Agency
CTBT	Comprehensive Test Ban Treaty (Vertrag über das umfassende Verbot von nuklearen Testversuchen)
DDR	Deutsche Demokratische Republik
EG	Europäische Gemeinschaft(en)
EU	Europäische Union
GATT	General Agreement on Tariffs and Trade (Allgemeines Zoll- und Handelsabkommen)
HSFK	Hessische Stiftung Friedens- und Konfliktforschung
iB	internationale Beziehungen (als politische Wirklichkeit)
IB	Internationale Beziehungen (als Fachgebiet)
ICC	International Criminal Court (Internationaler Strafgerichtshof)
IGOs	International Governmental Organizations (internationale Regierungsorganisationen)
IHT	International Herald Tribune
INGOs	International Non-Governmental Organizations (internationale Nicht-Regierungsorganisationen)
IMF/IWF	International Monetary Fund (Internationaler Währungsfonds)
KGB	Komitet gosudarstvennoy bezopasnosti (Komitee für Staatssicherheit, UdSSR)
KP/KPI/KPdSU	Kommunistische Partei/Italiens/der Sowjetunion
KSE-Vertrag	Vertrag über konventionelle Streitkräfte in Europa
KSZE	Konferenz über Sicherheit und Zusammenarbeit in Europa
MIRV	Multiple Independently Targetable Re-entry Vehicle (nuklearer Mehrfachgefechtskopf)
NATO	North Atlantic Treaty Organization (Nordatlantikvertrag)
OECD	Organization for Economic Cooperation and Development (Organisation für wirtschaftliche Zusammenarbeit und Entwicklung)
OPEC	Organization of Petroleum Exporting Countries (Organisation Erdölexportierender Länder)
SDS	Sozialistischer Deutscher Studentenbund
SZ	Süddeutsche Zeitung
UdSSR	Union der sozialistischen Sowjetrepubliken
UNO	United Nations Organization (Organisation der Vereinten Nationen)
UNHCR	United Nations High Commissioner for Refugees (Flüchtlingskommissariat der Vereinten Nationen)
WTO	World Trade Organization (Welthandelsorganisation)